Sabine Kebir
Mein Herz liegt neben der Schreibmaschine

Sabine Kebir

# Mein Herz
# liegt neben der Schreibmaschine

## Ruth Berlaus Leben vor, mit und nach Bertolt Brecht

Editions Lalla Moulati
Algier 2006

Diese Arbeit wurde durch die Deutsche Forschungsgesellschaft
mit Stipendien von insgesamt 27 Monaten
und Forschungsaufenthalten
in Dänemark und New York unterstützt.

Ganze oder teilweise Reproduktion
bedarf der Genehmigung von Verlag und Autorin

Editions Lalla Moulati, Algier
ISBN 9961-788-06-0
Dépôt légal : 1877-2006

1. Auflage 2006
Copyright: Sabine Kebir

**S.Kebir@web.de**

Einbandgestaltung: Aksinia Raphael
Das Titelfoto (Akademie der Künste)
zeigt Ruth Berlau und Bertolt Brecht im Jahre 1938,
aufgenommen von Mogens Voltelen

# Inhalt

Vorbemerkung ............................................................. 7

1. Abenteuerjournalistin, Schauspielerin, Regisseurin ............ 15
2. Der Flüchtling aus dem Nachbarland ............................. 42
3. Von symbiotischer und pädagogischer Liebe ...................... 64
4. Kampf oder Kunst? Vallensbæk und Spanien ....................... 83
5. „Bis Hitler mich verstößt" ................................... 114
6. Finnland: „Viertes Rad von jemandem" .......................... 133
7. „I not shall give up" ........................................ 157
8. „Wer bist du heute?" .......................................... 183
9. Zwischenstation Schweiz ...................................... 229
10. Zwischen Regiepult und geschlossener Abteilung .............. 258
11. „Jetzt kehrst du mir den Rücken" ............................. 310
12. „Weine nicht" ................................................ 359

Lebensdaten Ruth Berlau ............................................. 393
Bibliographie Ruth Berlaus .......................................... 398
Personenverzeichnis ................................................. 405

# Vorbemerkung

Ruth Berlau (1906-1974) war Europaradlerin, Schauspielerin, Regisseurin. Sie war auch Autorin, obwohl sie weder die Schriftform des Dänischen noch des Deutschen beherrschte. Aber immer wieder brachte sie Menschen dazu, mit ihr zusammen zu schreiben. Einer davon war Bertolt Brecht.
Unter dem Titel *Brechts Lai-Tu. Erinnerungen und Notate von Ruth Berlau* veröffentliche Hans Joachim Bunge[1] 1985 in Darmstadt und 1987 in Ostberlin ein Buch, das als erstes würdiges Denkmal Berlaus gelten kann. Es war auf der Grundlage von Gesprächen entstanden, die Bunge 1959 mit ihr geführt und in einen zusammenhängenden Text transformiert hatte.[2]
Als ihre unter Brechts Mitarbeit entstandene Novellensammlung *Jedes Tier kann es* 1989 endlich deutsch erschien, hielt der Text auf dem Rückumschlag fest, daß sie bereits „das erste Arbeitertheater Dänemarks" gegründet hatte, bevor sie 1933 Brecht und Helene Weigel kennenlernte. „Fortan war ihr Leben von der Liebe zu und der Arbeit für Brecht bestimmt. Sie knüpfte für ihn Kontakte, übersetzte und inszenierte seine Stücke und gab die *Svendborger Gedichte* heraus." Dann folgte sie ihm ins Exil. „Brechts Theaterarbeit dokumentierte sie in unzähligen Fotografien. 1944 schenkte sie einem Kind das Leben; es starb jedoch bald." Nach der Emigration war sie „Regisseurin am Berliner Ensemble und gründete das Brecht-Archiv. Brecht ließ sie zunehmend links liegen, und nach seinem Tod wurde ihr gekündigt."[3]
Hier ist bereits die dem damaligen feministischen Zeitgeist entsprungene Stilisierung Ruth Berlaus zum Stereotyp einer Frau zu erkennen, die sich rastlos für das Werk eines Mannes einsetzte und nur Undank erntete. Obwohl Bunges Publikation keinen Anlaß

dazu gab, wurde in unzähligen Rezensionen die Behauptung unerhörter Ausbeutung Ruth Berlaus durch Brecht aufgestellt[4] und in der Sekundärliteratur, in mehreren Theaterstücken und szenischen Montagen phantasievoll fortgeschrieben.[5] Diese Tendenz erreichte 1994 ihren Höhepunkt mit John Fuegis Buch *Leben und Lügen Bertolt Brechts*. Hier wurden Elisabeth Hauptmann, Margarete Steffin und Ruth Berlau zu „Dramatikerinnen von Weltrang", die an bestimmten Werken Brechts „mehr schrieben als Brecht selbst".[6] Solche Übertreibungen führten dazu, daß die Forschung nach den wirklichen selbständigen Arbeiten dieser Frauen und ihren Beiträgen zu Brechts Arbeiten gar nicht interessierte.

In mehreren Büchern[7] bin ich solchen und anderen Ideologisierungen der Frauen um Brecht entgegengetreten. Ich ging davon aus, daß sie eigenverantwortliche Individuen waren, deren Entfaltungsmöglichkeiten vor allem durch den männlich dominierten Kulturmarkt und die Exilsituation eingeschränkt wurden.

Wünschenswert war auch eine auf tiefere Forschungen gegründete Biographie Ruth Berlaus. 1985 war das Lai-Tu-Buch als ihre Autobiographie verstanden worden. Als Bunge sie 1959 interviewte, war es ihm jedoch nicht um eine vollständige Darstellung ihres Lebens gegangen, sondern um das Zeugnis, das sie über Brecht ablegen wollte. Vier Jahre nach dessen Tod gab es auch von ihm noch keine Biographie. Und das Gespräch wurde ganz im Sinne Brechts geführt, da es sich wenig um das private Verhältnis, sondern vor allem um seine Arbeitsprojekte drehte. Kaum war erfaßt, was es bedeutete, daß Ruth Berlau Dänin war. Wenn erwähnt ist, daß Brecht Dänemark als die „zu kleinen Inseln" bezeichnete, an die man keinerlei Vergleichsmaßstäbe anlegen könne, war damit nichts über die Situation dieses Landes und über das komplexe Verhältnis zu seinen Nachbarn gesagt, insbesondere zum übermächtigen Deutschland. Auch gab es weitaus mehr gemeinsame Projekte, an denen Berlau und Brecht gearbeitet hatten, als die, über die Bunge 1959 mit ihr sprach. Wenn sie auch oft Fragment blieben, zeigen sie doch, wie tief sich Brecht auf die von Ruth Berlau aufgeworfenen feministischen Problemstellungen einließ, deren Schärfe ihn überraschte. Die Große Berliner und Frankfurter Ausgabe schließt diese weitgehend unbekannten Texte und Fragmente aus, wenn auf sie der folgende Ab-

schnitt im Editionsbericht zutrifft: In den Fällen, „in denen Brecht seine Anteile an Texten ausdrücklich anderen überlassen hat, wird dies als Tatbestand anerkannt, und deshalb werden entsprechende Texte nicht als die Brechts angesehen, auch dann nicht, wenn ihr quantitativer Anteil hoch ist. Das ist z. B. bei Erwin Strittmatters *Katzgraben* der Fall oder bei Ruth Berlaus Geschichten-Sammlung *Jedes Tier kann es*."[8]
Meine Annäherung an die faszinierende Gestalt Ruth Berlaus basiert vor allem auf der gründlichen Durchsicht ihrer Berliner und Kopenhagener Nachlässe. Allein das Ruth-Berlau-Archiv der Akademie der Künste enthält ca. 50 000 Blatt in dänisch, deutsch und englisch. Das Brecht-Archiv enthält etwa 1500 Blätter von und zu Ruth Berlau.[9] Die ebenfalls umfangreichen Bestände der Königlichen Bibliothek Kopenhagen sind nicht quantifiziert. Der Leser der Notizen und der vielen literarischen Ansätze muß sich auf abrupte Wechsel der Perspektiven des Erzählens gefaßt machen und nicht selten auf unvorbereiteten Themenwechsel. Was sie sagte oder schrieb, konnte sie jederzeit widerrufen. Brecht hat darin Kühnheit gesehen, sich auf Widersprüche einzulassen – was für ihn die Grundlage dialektischen Denkens war. Jedoch blieben die meisten von Berlaus Ansätzen Fragment.

Als Mensch und als Autorin tritt sie uns als imposante, aber vielfach gespaltene Persönlichkeit entgegen, die mit sich und der Welt unzählige Kämpfe ausfocht. Viele ihrer Zeitgenossen bestätigen, daß Ruth Berlaus Haltungen von großer Güte und hinreißendem Humor zu beißender Bitterkeit wechselten, bis hin zur Gewaltbereitschaft. Wer etwas von ihr geschenkt bekam, konnte nicht sicher sein, ob sie es früher oder später nicht zurückforderte. Sie trat als emanzipierte Sozialistin auf und konnte wenig später als durch und durch bürgerliche Frau erscheinen, die sich nur in Abhängigkeit von einem Mann sicher wähnte. Ihre Ärzte und sie selbst vermuteten eine Tendenz zur Schizophrenie. Einmal bekannte sie hinsichtlich Brechts: „Wenn mein Gehirn sich spaltete // In Liebe – Haß // Meinte er, ich hätte ihn verraten."[10]
In den Gesprächen mit Hans Bunge ist ihr tiefes Leiden fast nur zwischen den Zeilen zu spüren, das viele Autoren, aber auch das Publikum, dann um so phantasievoller interpretierten. Eine Biographie

kann versuchen, dieses Leiden in seiner Entwicklung zu erfassen und aus heutiger psychiatrischer Sicht zu interpretieren. Man würde es vermutlich als Form des 'Borderline-Syndroms` sehen, mit dem 'Grenzgänger` bezeichnet werden, deren Verhalten sich für die Umwelt und auch für die nächsten Angehörigen als äußerst instabil erweist. Es wird auf erbliche Veranlagungen und/oder traumatische Kindheitserlebnisse zurückgeführt, die die Ausbildung von Identität behindern. Symptome sind Hyperaktivität, Konzentrationsschwäche, Eßstörungen und Suchtverhalten, Schwierigkeiten im Umgang mit Geld und mit der Wahrheit. Symbiotische Liebeswünsche, die zwischen Kleinkind und Mutter normal sind, empfinden solche Menschen auch später gegenüber Partnern, die sie – im Gegensatz zu sich selbst – für gefestigte, gesellschaftlich anerkannte Persönlichkeiten halten. Erfüllen sich die Erwartungen nicht, können Borderliner den geliebten Menschen komplett entwerten, ihn wenig später aber wieder in den Himmel heben. Großen Schwankungen ist auch die Einschätzung der eigenen Persönlichkeit unterworfen. Verhängnisvoll ist die Botschaft der trivialen Massenkultur, symbiotische Liebesbeziehungen auch für Erwachsene immer noch als Ideal hinzustellen, das mit gutem Willen leicht realisierbar sei. Die Psychotherapie erwartet die Heilung des Borderline-Syndroms jedoch keineswegs in der Erfüllung der symbiotischen Liebeswünsche, da sie Partnerschaften zwischen Erwachsenen überfordern. Für eine Milderung des vielschichtigen Abhängigkeitssyndroms steht mittlerweile die Kombination langwieriger Einzel- und Gruppentherapie zur Verfügung.[11]
Von diesen Diagnose- und Heilungsmöglichkeiten konnte Ruth Berlau noch nicht profitieren. Vielmehr war die damalige Psychiatrie noch tief in der Frage gespalten, ob man solchen Krankheitsbildern mit Zwangsjacke und Absonderung oder mit Integration ins normale Leben begegnen solle. Effiziente Formen der Integration standen aber kaum zur Verfügung. Das Schicksal der Betroffenen hing von der jeweiligen Staatsideologie und einer unkontrollierbaren Ärzteschaft ab. Während die Psychiatrie in Deutschland in den zwanziger Jahren von einem liberalen Aufbruch geprägt war, orientierten die Nationalsozialisten wieder auf die Strategie der Absonderung psychisch Kranker, die bis zur Euthanasie führte. Im Amerika des New

Deal und auch im Nachkriegseuropa begannen sich Behandlungsformen herauszubilden, die auf Reintegration zielten. Entgegen einer weit verbreiteten Auffassung hat sich Brecht mit der Psychologie und Psychiatrie seiner Zeit auseinandergesetzt und versucht, die Herausforderung anzunehmen, die ein Mensch stellte, dessen Entwicklung anders verlief, als er es sich vorgestellt hatte. Obwohl er sich aus heutiger Sicht teilweise richtig verhielt, machte er doch auch grundlegende Fehler. Sein Verhalten gegenüber Ruth Berlau zeigt aber, wie tief er engagiert war in den von vielen Intellektuellen und Künstlern der Zeit unternommenen Versuch, das Verhältnis von vermeintlichem Wahn, Kultur und Zivilisation neu zu sehen und zu gestalten.

Dieser Versuch einer Biographie Ruth Berlaus ist unter Vorbehalten von etlichen Persönlichkeitsrechtsträgern entstanden. Ganz besonders danke ich Johannes und Hilda Hoffmann, die trotz einiger Meinungsverschiedenheiten die Publikation dieser Arbeit möglich machten. Auf der Basis von neuen Materialien will sie zur Diskussion über eine Frau herausfordern, deren Würde und Kreativität außer Frage steht. Endgültige Schlüssigkeit wird nicht in Anspruch genommen. Interpretationen verstehen sich ausdrücklich als Vermutungen.
Meinem Kollegen Hans Christian Nørregaard, der seit Jahrzehnten mit wissenschaftlichen Arbeiten zu Brecht und Dänemark beschäftigt ist, danke ich für einen langen fruchtbaren Austausch. Besonderer Dank gebührt auch Yrjö Varpio, der auf Grund von Angaben, die ich in Ruth Berlaus Briefen fand, ihre unter Pseudonym erschienenen finnischen Publikationen in Bibliotheken suchte und fand. Außerdem beriet und korrigierte er mich immer wieder in finnischen Angelegenheiten. Ebenfalls sehr wichtig war die Unterstützung von Werner Wüthrich mit seinen fruchtbaren Forschungen in der Schweiz. Große Hilfe leistete Barbara Ohl bei Recherchen in Dänemark. Barbara Sørensen unterstützte mich mit großem Engagement bei Übersetzungen aus dem Dänischen. Ebenfalls übersetzt haben für mich Bo Adam und Signe Schlichtkrull.
Des weiteren danke ich: Simone Barck, Ricarda Bethke, Stephan Bock, Gudrun Bunge, Peter Deeg, Helma De Fronzo, Almut Giesecke, Annedore Günzel-Merk, Rudy Hassing, Werner Hecht, Wla-

dislaw Hedeler, Christa Neubert-Herwig, Ulla Jessing, Henry Johanson, Anke Jonas, Heinz Kahlau, Helga Königshof, Franka Köpp, Dieter Knaup, Ingrid Kühnert, Jan Lässig, James K. Lyon, Herrn und Frau Lehrmann-Madsen, Jürgen Marten, Grischa Meyer, Christa Moog, Peter Palitzsch, Peter Penewski, Klaus Pohlken, Birgit Peter, Nita Rose, Frido Solter, Gisela Steineckert, Eva Strittmatter, Vera Tenschert, Manuela Thieme (*Magazin*), Klaus Völker, Carl Weber, Peter Voigt, Jean Villain, Jakob Voltelen sowie den Mitarbeitern des Brecht-Archivs, des Archivs der Akademie der Künste, der Handschriftenabteilung der Königlichen Bibliothek Kopenhagen, den Mitarbeitern des Archivs der Arbeiterbewegung in Kopenhagen. Großer Dank gebührt auch der Deutschen Forschungsgesellschaft, die für diese Arbeit 27 Monate Stipendium sowie Forschungsaufenthalte in Dänemark und New York gewährte.

Folgende Kürzel werden verwendet:

RB – Ruth Berlau
RBA – Ruth-Berlau-Archiv im Archiv der Akademie der Künste, Berlin (Signaturen auf dem Stand 2004)
BBA – Bertolt-Brecht-Archiv, ebd.
HWA – Helene-Weigel-Archiv, ebd.
EHA – Elisabeth-Hauptmann-Archiv, ebd.
HBA – Hans-Bunge-Archiv, ebd.
RBAH – Ruth-Berlau-Archiv Hoffmann, Berlin
RBAHKOP – Ruth-Berlau-Archiv in der Königlichen Bibliothek Kopenhagen, das nur mit dem Einverständnis der Urheberrechtsinhaberin RBs genutzt werden kann
ABA – Arbejderbevægelsens Biobliotek og Arkiv (Archiv der Arbeiterbewegung), Kopenhagen
BE – Berliner Ensemble
TT BBA 2166 – Transkription der Tonbändgespräche RBs mit Hans Bunge, 1959
*Berlau/Bunge* – *Brechts La-Tu: Erinnerungen und Notate von Ruth Berlau*, hrsg. von Hans Bunge, Berlin 1987
*Berlau/Meyer* – Grischa Meyer: *Ruth Berlau. Fotografin an Brechts Seite*, München, 2003

*Nørregaard: Brecht und Dänemark* – Hans Christian Nørregaard: *Bertolt Brecht und Dänemark*. In: *Exil in Dänemark*, hrsg. von Birgit Nielsen, Heide (Schleswig Holstein), 1993, S. 401–461.
*Nørregaard: Berlau ohne Brecht* – Hans Christian Nørregaard: *Berlau ohne Brecht*. In: *The Brecht Yearbook* 30, 2005, S. 149–181.
*Hecht: Chronik* – Werner Hecht: *Brecht Chronik 1898–1956*, Frankfurt am Main 1997.
*GBFA* – Bertolt Brecht: *Werke*. Große Kommentierte Berliner und Frankfurter Ausgabe 1–31, 1989–2000
*GW* – Bertolt Brecht: *Gesammelte Werke* 1–20, Frankfurt am Main 1967.
*Ü* – Übersetzung. Wenn nicht anders vermerkt, stammt die Übersetzung von der Verfasserin.

[1] Hans Joachim Bunge (1919-1090), lernte RB 1952 kennen und wurde durch ihre Vermittlung 1953 Regie- und Dramaturgieassistent am Berliner Ensemble, später übernahm er RBs Funktion als Archivleiter. 1962 wegen Differenzen mit Helene Weigel entlassen, wissenschaftlicher Mitarbeiter der Akademie der Künste, dort 1965 wegen Unterstützung Wolf Biermanns und Robert Havemanns entlassen, seitdem freischaffend. Bunge wurde zum bedeutenden Mittler von Brechts Werk durch Vorträge in ganz Deutschland, aber auch durch zahlreiche Interviews mit Mitarbeitern und Freunden.

[2] Ich bin Bunge zu großem Dank verpflichtet, weil er mir schon Jahre vor Erscheinen von *Brechts Lai-Tu* gestattete, das Manuskript nicht nur einzusehen, sondern auch daraus zu zitieren, obwohl noch unklar war, ob und wann er es publizieren konnte. Siehe: Sabine Kebir: *Alles oder nichts: Kin-jeh und Lai-Tu*, in: *Ein akzeptabler Mann?* Berlin 1987, 1998.

[3] Rückseitentext zu: RB: *Jedes Tier kann es*, Mannheim 1989.

[4] Die Titel folgender Rezensionen in RBA 389 zu Bunges Buch charakterisieren die Stilisierung des öffentliche Bildes von RB.
Wolf Scheller: *Benutzt, gebraucht und aufgefressen*. In: *Esslinger Zeitung*, 19./20. 10. 1985. Erschien, z. T. unter anderem Titel in: *Basler Zeitung*, 11.10.1985, *Die Presse*, 12./13.3.1985, *Rheinische Post*, 19.10.1985. *Kieler Nachrichten*, 25.10.1985, *Rhein-Neckar-Zeitung*, 23./24.11.1985, *Die Rheinpfalz*, 13.2.1986.
Rolf Michaelis: *Ein Apfel, der gegessen wird*. In: *Die Zeit*, 6. 12. 85
Ditta Rudle: *Musen für den Pascha*. In: *Wochenpresse*, 8.10.1985
Martin Esslin: *Lai-Tu, des großen Mandarins Gefährtin*, *Die Welt* v. 19. 10. 1985.
Hans Heinz Hahnl: *Von Brecht aufgefressen*, *Neue AZ. Wiener Tageblatt*, 19./20. 10. 1985.
Marie Hüllenkremer: *Gehofft, geträumt. Ruth Berlau, Brecht und die Liebe*, *Kölner Stadt-Anzeiger*, 3. 12. 1985.
Heiko Strech: *Ruth Berlau, Brechts schwer schuftende Muse*, *Tages-Anzeiger*, Zürich, 29. 1. 1986.

Jens Frederiksen: *Das Protokoll einer blinden Hingabe*, Allgemeine Zeitung, Mainz, 7. 12. 1985.
Juliuis Bittmann: *Kaltschnäuziger Frauenverbraucher*, Passauer Neue Presse, 9.1.1986.
Barbara Höpping: *Sie ließ sich freiwillig ausbeuten*, Rhein Zeitung, Koblenz, 4./5. 1. 1986.
Heinrich Goertz: *Der verzuckerte Stückeschreiber*, Hannoversche Allgemeine Zeitung, 4./5.1986.
1985 Ditta Rudle: *Musen für den Pascha*, Basler Zeitung, 11.10.1985.
Barbara Junglas: *Ruth Berlau. Sie bezahlte die Spesen*, mid nachrichten. Agentur für Kultur, Frankfurt am Main, Oktober 1985.

[5] *Ruth. Eine Erzählung über Ruth Berlau und Bertolt Brecht*. Montage von Ausschnitten aus Brechts *Lai-Tu* von Hans Bunge und Gedichten und Texten von Brecht. 1986 mit Brigitte Bruun im Fiol Teatret in Kopenhagen aufgeführt.

Hans-Peter Krüger: *Die Aufschreiberin*, 1998 in Karlsruhe mit Katharina Busch aufgeführt, BBA B735/J98-08.

Outi Nyytäjä: *Palava Nainen*, aufgeführt mit Liisi Tandefelt im Teatteri Avoimet, Helsinki 1998.

Peter Hugges: *Forbrændt*, 2001 im Husets Teater mit Rebekka Owe in Kopenhagen aufgeführt.

[6] John Fuegi: *Brecht & Co. The Life and Lies of Bertolt Brecht*, London 1994. Hier und im Folgenden wird aus der (erweiterten) deutschen Fassung zitiert: *Brecht & Co.*, Hamburg 1998, S. 902.

[7] Nach *Ein akzeptabler Mann?* erschien 1997 *Ich fragte nicht nach meinem Anteil. Elisabeth Hauptmanns Arbeit mit Brecht* und 2000 *Abstieg in den Ruhm. Helene Weigel. Eine Biographie*, (beide Aufbau-Verlag, Berlin).

[8] Registerband der GBFA, S. 811.

[9] Hier sind noch nicht die Briefe RBs eingerechnet, die kürzlich im Brecht-Nachlaß von Victor Cohen in der Schweiz aufgefunden wurden.

[10] HBA 350/69.

[11] Zur Borderline-Krankheit sind folgende populäwissenschaftliche Bücher zu empfehlen: Robin Norwood: *Wenn Frauen zuviel lieben. Die heimliche Sucht, gebraucht zu werden*, Reinbeck 2004 *(22.Auflage seit 1986)*
Jerold J.Kreisman, Hal Straus: *Ich hasse dich – verlaß' mich nicht. Die schwarzweiße Welt der Borderline-Persönlichkeit*, München 2003, (14. Auflage in deutsch seit 1989) S. 22-32. Das aktuelle medizinisch-fachliche Standardwerk, das für diese Arbeit ebenfalls konsultiert wurde, ist: Marsha Linehan: *Dialektisch-Behaviorale Therapie der Borderline-Persönlichkeitsstörung*, CUIP-Medien, München 1996. Im Klappentext steht u. a., daß es sich auch heute noch um die „Therapie der wohl schwierigsten Patientengruppe" handelt. Einen Einblick in das selbstquälerische Innenleben von Borderlinern ist auch über http://www.bulimie-borderline.de zu gewinnen.

## 1. Abenteuerjournalistin, Schauspielerin, Regisseurin

Ruth Berlau wurde am 24. August 1906 am Enighedsvej 17 im vornehmen Kopenhagener Vorort Charlottenlund als Tochter von Blanca und Heinrich Berlau geboren. Die Mutter stammte aus einer angesehenen Kaufmannsfamilie. Der Vater, der aus der Gegend um Flensburg kam, hatte sein Berufsleben als Kellner begonnen und profitierte im ersten Weltkrieg von Handelsgeschäften zwischen Deutschland und Dänemark. Er war dann ein sehr erfolgreicher Antiquitätenhändler, der den Beinamen 'Teppich-Berlau` trug.[1]
Ruth wurde am 27. Januar 1907 in der Domkirche Vor Frue Kirk getauft. Sie und ihre etwas ältere Schwester Edith[2] wuchsen in Luxus auf.
Von ihrer Mutter wurde die kleine Ruth Ute genannt. Sie war ein quirliges und zu rückhaltlosen Emotionen neigendes Kind. 1954 beschrieb sie in plastischer Sprache ihre erste Begegnung mit dem berühmten Karrikaturisten, Clown und Schaupieler Robert Storm Petersen[3], allgemein Storm P. genannt: „Ich war acht Jahre alt, wen meine Ältern mich eine Eintritskarte kaufte zu eine große Versamlungshaus grade neben unser landhaus. Storm P. zeignete für Kinder: Hunde, Katze und Tigere der auf uns sprang das er snelstens mit ein Par stricke [=Striche] die wilde Tiere im Käfig setzen müßte. Dann fängte er an lustige Geschikten zu erzählen und spielte uns alle hand Sachen vor – jedenfals kam ich zu hause mit mein Kiefer herunterhängend: ich hatte den aus Gelenk gelacht – ein Arzt mußte geholt werden um den im Platz zu hauen."[4]
Um 1910 zog die Familie näher zum Zentrum, in die Fredericiagade 14. Das war nicht weit von Amalienborg, der königlichen Residenz. Edith und Ruth gingen in die von katholischen Nonnen geführte Schule St. Josephe, wo sie auch französisch und deutsch lernten. Auf

dem Schulweg konnten sie dem König Christian[5] begegnen, der jeden Morgen in seiner Uniform durch die Innenstadt ritt. Die Bürger blieben stehen, nahmen die Hüte ab und grüßten, worauf der König zurück grüßte. Die kleine Ruth machte einen Knix, und er machte ihr seine Honneurs. Als sie eines Wintermorgens im Schnee herumtollte, übersah sie den König, der vor ihr sein Pferd stoppen mußte. Angeblich warf sie ihm einen dicken Schneeball an die Nase. Der König soll aber nur gelacht und sie fortan besonders aufmerksam gegrüßt haben. Der Vorfall wurde den Nonnen gemeldet, die entrüstet waren und Mutter Blanca zur Schule bestellten. Im allgemeinen hatte sie aber keine Probleme in der Schule, erinnerte sich Berlau 1955. Für eine schöne junge Nonne habe sie sogar einmal einen Brief an einen geheimnisvollen Ort getragen. Die Hand, die ihn diskret entgegennahm, habe keiner Frau gehört.[6] Ruth Berlau gab ihren autobiographischen Erzählungen gern eine phantastische Note.

Schon die kleine Ruth ließ sich von ihrer Einbildungskraft mitreißen und konnte dabei leicht die Kontrolle über sich verlieren. Das zeigt auch die Erinnerung der Mitschülerin Helga Agnete Roosekamp, wiedergegeben von ihrem Sohn. Das mutigste, stets zu Streichen aufgelegte Kind sei sie gewesen. „Sie hatte schimmernde schwarze Augen, die in einer so intensiven Art spielten, daß sie alle mitriß." Schon damals habe sie sich wie eine Schauspielerin durchs Leben bewegt und jede Gelegenheit genutzt, „etwas Dramatisches aufzuführen". In der Wohnung einer Klassenkameradin, die ihren Geburtstag feierte, gab es eine Tiersammlung aus dem kostbaren Porzellan der Marke Bing & Grøndahl, die die Kinder respektvoll betrachteten. Die kleine Ruth aber griff sich eine Porzellanschlange und begann sie beschwörend anzusprechen, „als ob sie lebendig sei. Sie hielt sie mit beiden Händen vor sich und streichelte sie, nahm sie an die Wange, während sie auf dramatische Weise zu ihr sprach, so als wolle sie sie aus der Gefangenschaft befreien – und alle Kinder fanden dies ein herrliches Schauspiel." Als sie sich immer mehr in ihr Spiel steigerte, lag die Schlange plötzlich am Boden. „Nun fiel Ruth neben dem zerbrochenen Tier auf die Knie und weinte herzzerreißend – nicht weil ein kostbares Stück Porzellan zerbrochen war, sondern weil die Schlange für sie lebendig gewesen war [...]. Sie, die sie hatte retten wollen, hatte sie nun getötet." Auch die anderen Mädchen fingen an

zu weinen.[7] Diese Geschichte kann als Hinweis auf längeren sexuellen Mißbrauch verstanden werden, dem das Kind Ruth vielleicht ausgesetzt gewesen war.
Die Ehe der Eltern war nicht glücklich. Ruth suchte früh nach anderen Bindungen. Angeblich als Dreizehnjährige stürzte sie sich in ein Liebesabenteuer mit dem jungen Erik Wegener, Sohn eines Kammerjunkers des Königs. Als sie merkte, daß sie schwanger war, bat sie die Schwester, ihr zu helfen, eine Möglichkeit zur Abtreibung zu finden. Edith war dagegen und riet, das Kind bei einer Tante in Hamburg zur Welt zur bringen. Weil Ruth aber absolut keine Schwangerschaft wollte, begleitete Edith sie schließlich zu einem ersten Gespräch mit einer Frau, die bereit war, den illegalen Eingriff vorzunehmen.
Nach Hause zurückgekehrt, überlegten die beiden, wie sie zu dem Geld kommen könnten, um die Abtreibung zu bezahlen. Plötzlich entdeckten sie die Mutter in einer Blutlache. Sie hatte sich die Pulsadern geöffnet und den Gashahn aufgedreht. Es gelang den Schwestern, sie ins Krankenhaus zu bringen. Während sie vor dem Operationssaal bangten, ob die Ärzte die Mutter retten könnten, erschien der betrunkene Vater und verkündete, daß er sich scheiden lassen werde.
Selbstmordversuche galten damals in Dänemark als Straftat. Die Mutter stand in Gefahr einer Gefängnisstrafe oder der Einweisung in eine Nervenklinik. Dazu kam es nicht. Nachdem sie wegen ihrer Verletzungen viele Monate im Krankenhaus bleiben mußte, stabilisierte sich ihr psychischer Zustand. Edith und Ruth wollten nicht mehr beim Vater leben und stürzten sich viel zu früh in einen Emanzipationsprozeß. Nachdem Ruth die Abtreibung überstanden hatte, mochte sie nicht mehr zur Schule gehen. Sie setzte sich aufs Fahrrad und verkaufte Kaffee an den Haustüren. Mit ihrem hübschen Gesicht und ihrem geschickten Mundwerk ernährte sie damit eine Weile sich selbst und angeblich auch die Schwester, die Abitur machte und später ein Jurastudium begann.[8]
Das schon lange gestörte Familienleben, das mit schweren Schicksalsschlägen jäh endete, verarbeiteten beide Mädchen unterschiedlich. Edith wirkte ernst und zurückhaltend. Sie hatte Angst vor Beziehungen. Ruth, die einen extrovertierten Eindruck machte, suchte Bestätigung in immer neuen Beziehungen. Ihre Fröhlichkeit und ihr Witz konnten unvermittelt in Düsternis und Sarkasmus umschlagen.

Beide waren schlank und bildschön. Ruth war ein dunkler, fast südländischer Typ. Edith war blond und hatte blaue Augen. Über das Leben, das Ruth Berlau mit Mutter und Schwester in den darauffolgenden Jahren führte, hat sie nichts erzählt. Ganz so mittellos, wie sie es später darstellte, waren sie nicht. Blanca Berlau eröffnete einen Laden für Damenwäsche. Der Vater finanzierte Ruth die erste eigene Wohnung. Während sie weiter mit Kaffee handelte, arbeitete sie auch als Sprechstundenhilfe eines Zahnarztes in der vornehmen Bredgade. Die adrette Schwesterntracht gefiel ihr zwar, aber sehr ernst nahm sie diese Arbeit nicht. Jedenfalls bekannte sie später, daß sie nicht einmal die Bohrer richtig reinigte. Der Arzt bedrängte sie mit Heiratsanträgen, die ihr jedoch lästig waren.[9]

Ruth Berlau wünschte sich ein interessanteres Leben. Im Sommer 1928 bot sie Ole Cavling, dem Chefredakteur der Boulevardzeitung *Ekstrabladet* an, allein mit dem Fahrrad nach Paris zu fahren und von unterwegs spannende Reportagen zu schicken. Bevor sie am 2. August losfuhr, wurde sie interviewt. Die „unerschrockene junge Dame" trug ein selbstgenähtes Kleid im Pfadfinderstil. Weil sie vom guten Ruf Dänemarks im Ausland wußte, hatte sie eine kleine dänischen Flagge auf die Brust genäht. Sollten Mädchenentführer sie bedrängen, würde sie in eine Pfeife blasen, die sie am Gürtel befestigt hatte. „Übrigens habe ich auch einen kleinen Revolver." Sie hoffe, sich von ihren 98 Pfund noch 10 Pfund abzustrampeln.[10] Die junge Dame war scheinbar magersüchtig.
Berlaus kleine Berichte erschienen - jeweils mit einem Foto - als Serie *Mit Ruth und dem Fahrrad auf Abenteuertur*. Ausgestattet mit Rucksack und Schlafsack setzte sie von Gedser nach Warnemünde über und radelte nach Hamburg. Dort wollte sie ihre Tante besuchen, die sie jedoch nicht antraf. Es regnete, alle Hotels waren belegt. In ein Hotel, vor dem sie eine dänische Flagge sah, erzwang sie sich Eintritt. „Die Frau war sehr unwillig, aber ich schubste sie mit dem Vorderrad meines Fahrrads in die Tür hinein und sagte, daß ich jetzt hierbleiben würde; ich war kurz davor, ihr mit dem Revolver zu drohen."[11] Teilweise per Autopstop kam sie am 8. August bis Köln. Bei Liège überschritt sie die belgische Grenze. Entlang der Meuse ging es bis Dinant. Dort bekam sie Herzschmerzen. „Sollte mich jetzt dieses

Pfund Fleisch im Stich lassen? Nur einmal zuvor in meinem langen Leben hatte ich Herzschmerzen, als ich nämlich Tyrodin eingenommen hatte, um abzunehmen." Die Krise ging vorüber, aber kurz vor der französischen Grenze wurde ihr schwindelig. Während sie am Ufer der Meuse halb eingenickt war, merkte sie, daß ein Mann sich am Schloß ihres Rads zu schaffen machte. „Ich nahm die Pfeife in den Mund, gerade in dem Augenblick, als er das Rad auf die Schultern nehmen wollte." Der Mann ließ es fallen, worauf sie in Gelächter ausbrach. Als er sah, „daß er es mit einem Mädchen zu tun hatte, wurde er plötzlich mutig und kam schnell auf mich zu. Ich sprang auf das Rad, und er mir nach, aber kurz danach gab er die Verfolgung auf."

Am 11. August kam sie nachts um 3 Uhr in Paris an, von wo sie morgens einen Bericht telegrafierte, den *Ekstrabladet* durch ein Telephoninterview ergänzte. Dann zog sie mit einer Gruppe von Landsleuten umher, die von ihrer Fahrradtour beeindruckt waren. Darüber berichteten auch mehrere Pariser Zeitungen, selbst das berühmte Sportblatt *L`Auto*.

Die Radlerin verstand sich nicht in erster Linie als Reisereporterin, die Beobachtungen über fremde Länder und Menschen zu Papier bringen wollte. Die Sensation war sie selbst, als Vertreterin eines neuen, aktiven Frauenbilds. Wie sie später erzählte, war die Reise aber arm an aufregenden Ereignissen. Damit *Ekstrabladet* die Serie nicht abbrach, dachte sie sich auf der Fahrt von Paris nach Brüssel dramatische Erlebnisse aus. Einmal hätten Autofahrer ihre Reifen durchlöchert, während sie sich in einem Wirtshaus mit einem Glas Milch erfrischte. Den Burschen sei es eigentlich darum gegangen, daß sie in ihr Auto stiege. Sie aber flickte ruhig ihre Fahrradreifen. Später, so flunkerte sie, hätte sich auf der Landstraße eine wilde Jagd entwickelt, in deren Verlauf sie ihren Verfolgern eine Kugel in den Hinterreifen schoß. Deswegen wäre sie auf dem Markt in Breskens angeblich verhaftet worden. Auf der Nordseefähre nach Flusing wäre es ihr jedoch gelungen, sich mit dem Polizeimeister anzufreunden, der sie schließlich freigelassen habe.

Aus Amsterdam, der Folkloreinsel Marken und Groningen schickte sie kleine Stimmungsbilder. Am 24. August wollte sie in Hamburg sein, „denn am Freitag hat Ruth Geburtstag, und ich hoffe, daß meine Tante und mein Onkel zu Hause sind".

Als Berlau 1959 Bunge über diese Fahrradreise nach Paris erzählte, hob sie vor allem den grandiosen Empfang hervor, der ihr am 26. August in Kopenhagen angeblich bereitet worden war. Am Rathausplatz, wo sich damals schon die Redaktion vom *Ekstrabladet* befand, sei sie auf eine große Menschenmenge gestoßen. Auf ihre Frage, was los sei, antwortete ein kleiner Junge: „Da ist viel los. Ruth kommt heut abend an!"[12] In einer anderen Erzählung gibt es diesen Jungen nicht, sondern eine Leuchtschrift hoch über dem Rathausplatz, der ihre Ankunft ankündigte. Außerdem heißt es hier, daß sie zum Zeitpunkt der Reise statt 22 erst 16 Jahre alt gewesen wäre.[13] Im *Ekstrabladet* findet sich keine Spur von einem pompösen Empfang.[14]
Ruth Berlaus autobiographische Äußerungen bedürfen der Überprüfung durch weitere Zeugnisse. Die Konfrontation späterer Erinnerungen mit zeitauthentischen Quellen ergibt oft erhebliche Diskrepanzen.

Nach der Parisreise wollte sie nicht in die Zahnarztpraxis zurückkehren. Sie suchte eine Möglichkeit, nach Amerika zu gehen, die sich jedoch nicht ergab. Dann besuchte sie Kurse in einer Übersetzerschule, stellte aber fest, daß es ihr an Konzentrationsfähigkeit mangelte.[15] Am 24. November 1928 heiratete sie den renommierten Hals-Nasen-Ohrenspezialisten Robert Lund[16]. 1926 hatte sie sich in den sehr attraktiven, aber doppelt so alten Mann verliebt, als er am frühen Morgen nach einer Party im Garten seines Landhauses nach Glasscherben suchte, damit seine Kinder dort wieder gefahrlos spielen konnten.[17] Kurz vor der Hochzeit traf sie ihren Vater auf der Straße. Er hielt die Heirat für eine Dummheit. Auch Mutter Blanca war zunächst dagegen. Nachdem der beeindruckende Lund sie besucht hatte, änderte sie ihre Meinung.[18]
Lund, der sich kurz zuvor scheiden gelassen hatte, behielt seine beiden älteren Kinder Jørn und Cecilie bei sich. Aber die junge Stiefmutter mußte keine Erziehungsaufgaben übernehmen. Die Familie hatte eine Wohnung an der Dossering 14, einem der Binnenseen von Kopenhagen. Ruth trug nun Kleider der besten Couturiers von Kopenhagen und fuhr den luxuriösen Wagen ihres Mannes. Das Paar unternahm Auslandsreisen in ganz Europa. Lund war temperamentvoll, manchmal cholerisch, meistens aber von enormer Güte und

Großzügigkeit. Als Arzt war er sozial engagiert. Er war vielseitig gebildet, liebte Musik und Theater.
Nicht nur Ruth Berlaus Schönheit und Spontaneität, sondern auch ihr ungezügeltes Wesen muß Lund angezogen haben, denn er versuchte nicht, sie zu beherrschen. Er bot ihr viel Freiheit und Entwicklungsmöglichkeiten. An seiner Seite konnte Berlau einiges nachholen, was sie an Schulbildung versäumt hatte. Es war wohl seiner Bibliothek zu verdanken, daß sie nun auch mal Kierkegaards Aphorismen las. Sigmund Freud, gab sie später an, sei das Bildungserlebnis mit dem nachhaltigsten Eindruck gewesen.[19]
Berlau fühlte in sich kreative Potenzen, wußte aber nicht, worin sie genau bestanden. Für ihr Selbstwertgefühl war es wichtig, mit bedeutenden Männern zu verkehren. Aus einer späteren Notiz geht hervor, daß sie damals in nächtlichen Träumen Hegel traf und sich mit Voltaire duellierte.[20] Bei Lund verkehrten viele renommierte Wissenschaftler und Künstler. Ein enger Freund des Hauses war Otto Gelsted[21], damals der bedeutendste Dichter Dänemarks. Im Gegensatz zu Brecht habe er auch Liebe zur Natur in seine Dichtung gebracht.[22] Spätere Äußerungen lassen vermuten, daß Gelsted zeitweilig Berlaus Liebhaber war und immer ein aufrichtiger Freund, der ihr half, ihre verborgenen Talente zu suchen und zu entwickeln.[23] Dabei habe er immer wieder kritisch betont, wie sehr sie ihre mangelnde Bildung behindern würde. Sein 1934 erschienener Gedichtband *Unterm Gewitter* trug die Widmung „Für Ruth Berlau"[24]

Mit dreiundzwanzig Jahren entschloß sie sich, Schauspielerin zu werden. Da Lund auch Vertrauensarzt des Königlichen Theaters am Kongens Nytorv war, waren die notwendigen Kontakte schnell hergestellt. Aus einem am 31. Januar 1931 begonnenen Tagebuch[25] geht hervor, daß sie sich mit der berühmtesten Schauspielerin Dänemarks, Bodil Ipsen[26], unterhalten hatte. Dabei hatte sie das Gefühl, daß ihr eigenes Leben erst jetzt begänne. Ipsen, die ihr als der faszinierendste Mensch erschien, der ihr je begegnet war, soll ihr erzählt haben, daß sie niemals wirklich geliebt habe, weder einen Mann, noch eine Frau. Das hatte Ruth Berlau erschüttert, und sie wünschte sich, der Mensch zu werden, den Ipsen endlich lieben könne. Ihrer Vorstellung nach war das aber nur möglich, wenn die Schauspielerin

bereit sei, sich ausschließlich ihr allein mit ganzer Seele zu schenken, anstatt das Liebesbedürfnis mit verschiedenen Menschen zu befriedigen. Ruth Berlau war sich sicher, Bodil Ipsen glücklich zu machen, obwohl sie von sich selbst bekannte, es niemals werden zu können. Beim Liebesgeschehen sei sie selbst immer nur Zuschauer gewesen, auch in dem Moment, als Ipsen ihr sagte, daß sie sie liebe. Das war ihr oberflächlich erschienen. Vielleicht, so hoffte sie, könne sie sie mit der Zeit dazu bringen, sie wirklich zu lieben.
Am 1. Februar probte sie mit Thorkild Roose[27], einem führenden Regisseur und Dramaturgen des Königlichen Theaters, zwei Rollen: Ranghild aus dem Stück *Svend Dyrings Haus* von Henrik Hertz[28] und Pernille aus *Pernilles kurze Jungfernschaft* von Ludvig Holberg[29]. Roose hielt ihre Ausstrahlung für interessant, sagte aber zugleich, daß er sie für talentloser hielt als hundert andere, denen er Unterricht verweigert hätte. Mutter Blanca aber hatte am 2. Februar über ihre Ranghild vor Rührung geweint. Edith hatte sie sehr natürlich gefunden und sich sogar amüsiert. Am 3. Februar spielte sie die Pernille Robert Lund vor, den sie tags zuvor mit Bedauern als ihren „Auserwählten" bezeichnet hatte. Auch er war von ihrem Spiel angetan und habe freundlicher reagiert, als sie es erwartet hatte. Als sie danach in ein Café gingen, hätte er ihr jedoch gesagt, daß er sie nicht mehr liebe.
Die Eheleute waren bereits voneinander enttäuscht. Zwischen ihnen stand eine gläserne Wand. Als Ruth Berlau am 19. Februar Pernille und Ranghild bei ihrer Schulfreundin, der beliebten Schausspielerin Karin Nellemose[30] probte, löste deren offensichtliches Liebesglück bei ihr Sehnsucht nach dem Jugendfreund Erik Wegener aus, mit dem sie sich ab und zu noch traf. Sie stellte sich – wohl nicht zum ersten Mal – vor, daß sie mit ihm verheiratet und das gemeinsame Kind am Leben sei. Das Kind, so dachte sie wohl, und vielleicht auch Erik, hätten ihre Liebeswünsche nach inniger Verschmelzung erfüllen können. Lund war dazu offenbar nicht in der Lage. Stets hatte sie das Gefühl, daß ihr wesentliche Teile seiner Persönlichkeit nicht gehörten, daß sie in großen Teilen seines Lebens einfach keine Rolle spielte.
Daraus zog sie die richtige Schlußfolgerung, daß auch sie eine Lebensaufgabe brauchte, eine Arbeit, in die sie ihre großen Energien einbringen konnte. Lund ging in seiner Arbeit auf und verfolgte außerdem vielseitige Interessen und Hobbys, an denen seine Frau

nicht ohne weiteres teilhaben konnte. Trotzdem bemühten sich die beiden noch sehr um einander. Als er am 4. Februar nach Norwegen allein zum Skiurlaub fuhr – offenbar weil es ein Zerwürfnis gegeben hatte –, war sie todtraurig. Drei Tage später reiste sie ihm nach. Lund freute sich und ließ vor Rührung sogar ein paar Tränen sehen. Sie verbrachten einen glücklichen Skiurlaub zusammen. Nur wenn Lund sich auschließlich mit ihr beschäftigte – und das war vor allem auf Reisen der Fall – hatte Ruth Berlau das Gefühl, ihren Mann wirklich zu besitzen.
Als sie auf der Hinreise Lunds Freunde in Stockholm besucht hatte, war ihr eher wieder der tiefe Graben ins Bewußtsein gekommen, der zwischen ihnen bestand. Diese Leute, hielt sie fest, könnten niemals ihre eigenen Freunde werden.

Nachdem sie am 2. Februar mit Edith zusammen eine beeindruckende Rezitationsveranstaltung Thorkild Rooses von Dantes *Göttlicher Komödie* besucht hatte, legte sie am nächsten Tag einen kleinen Blumenstrauß vor dessen Tür. Im Verlaufe des Sprechunterrichts, den er ihr gab, änderte Roose allmählich seine Meinung über ihr Talent. Die beiden kamen sich auch erotisch näher.
Viele Intellektuelle, darunter auch Künstler des Königlichen Theaters, waren damals antiroyalistisch und links eingestellt, nicht wenige blickten sogar mit Sympathie nach Russland. Das Theater spielte klassisches und modernes bürgerliches Repertoire, öffnete sich aber auch für avantgardistische Projekte von außen. Zu bestimmten Zeiten überließ es seinen Saal der Forsøgsscenen (Versuchsbühne), - die 1929 von dem Regisseur Per Knutzon[31] und seiner Frau, der bekannten Kabarettistin Lulu Ziegler[32] gegründet worden war. Beide kannten die Arbeiterkulturszene in Deutschland und wollten eine politisch engagierte Laienbühne in Kopenhagen aufbauen. Damals zeigte Knutzon in Mitternachtsvorstellungen im Königlichen Theater sowjetische Filme. Hinterher trat Ziegler mit politischen Songs auf. Berlau notierte am 5. Februar, daß sie dort mit Edith einen solchen Film gesehen habe. Am 22. sah sie mit Lund das Stück *Barrabas* des Norwegers Nordahl Grieg[33] in einer Inszenierung der Versuchsbühne. Sie war davon begeistert, zugleich aber stolz auf die Kritik ihres gebildeten Gatten, der betont habe, daß ihm die Bibel

doch noch besser gefiele als das, was Grieg daraus gemacht hatte. In der von Knutzon organisierten Schauspielschule wurden vor allem Arbeiter und Arbeitslose ausgebildet. Doch hier landete plötzlich auch die wohlsituierte Frau Berlau-Lund. Sie war von Knutzon außerordentlich angetan. Kurzerhand übersetzte sie das deutsche Stück *Krankheit der Jugend* von Ferdinand Bruckner, das die sexuellen Probleme Jugendlicher behandelte und spielte ihm am 27. März daraus vor. Im April begeisterte sie sich bereits für Knutzons kommunistische Ideen und seine radikale Haltung zur Erotik. Der Regisseur sei der Auffassung, notierte sie stolz, in ihr genau die Begabung gefunden zu haben, die Dänemark brauche.

Knutzon wählte für Ruth Berlaus Debüt nicht Bruckner, sondern ein Stück von Bertolt Brecht. Det Ny Teater hatte im selben Jahr die *Dreigroschenoper* aufgeführt. Ruth und Edith hatten eine Vorstellung gesehen und hervorragend gefunden. Ruth Berlau war überglücklich, daß Knutzon ihr anbot, in *Trommeln in der Nacht* die Rolle der Marie zu spielen, bald sogar die weibliche Hauptrolle, die Anna Balicke.

Die Proben mit Knutzon gefielen ihr sehr. Das Eheleben geriet dabei jedoch aus den Fugen. Am 18. April hielt sie fest, daß zwischen ihr und Lund nur noch Freundschaft möglich war. Das sei aber besser als der frühere Liebesirrtum. Sie meinte, daß das Kapitel Liebe für sie eigentlich abgeschlossen sei. Das schloß sie auch aus Beschwerden, die sie immer wieder in der Gegend des Herzens spürte. Allerdings konnte der deswegen aufgesuchte Spezialist kein organisches Leiden finden.

Laut Tagebuch soll Lund auf die Ehekrise mit einem Alkoholexzeß reagiert haben. Zuviel Alkohol war jedoch vor allem ein Problem seiner Frau, der er deshalb immer wieder Medikamente verordnete. Dann rauften sich die beiden doch wieder zu einem netten Wochenende zusammen, zu dem auch Lunds Studienfreund Knud Krabbe stieß, ein renommierter Nervenarzt, mit dem Edith damals ihr erstes Verhältnis eingegangen war.

Dennoch kriselte die Ehe weiter. Lund warf ihr vor, daß sie ihn nicht hätte heiraten dürfen. Am 26. April zog Ruth Berlau aus der ehelichen Wohnung aus und quartierte sich bei ihrer Mutter ein. Mit Knutzon traf sie sich im Continental-Hotel, tags darauf im Bahnhofshotel. Sie war vollkommen erfüllt von dieser neuen Beziehung und den täglichen Proben für das Brecht-Stück. Es konnte aber auch vorkommen, daß sie nachts am Fenster stand und weinte. *Trommeln in der Nacht* bekam den dänischen Titel *De – Anarkist* (Sie – Anarchist). Vorgesehen war nur eine Aufführung, die am 17. Mai 1930 um Mitternacht im Folketeater stattfand. Sie wurde ein großer Erfolg für Berlau und Knutzon. Alles habe geklappt, notierte sie für diesen Tag. Im Publikum war auch ihr Ehemann. Der bekannte Journalist Svend Borberg[34], damals neben Frederik Schyberg der wichtigste Theaterkritiker, bescheinigte ihr „ursprünglichen künstlerischen Schaffensdrang". Er beklagte, daß in Dänemark „der Himmel allein" für das Schicksal einer solchen Begabung sorgen werde. Sie brauche eine Ausbildung,[35] die offenbar weder Roose noch Knutzon bislang in der richtigen Weise befördert hatten. Der konservative Schyberg nannte die Versuchsbühne ein „mißliebiges Unternehmen", was man „am besten bei der Primadonna der Vorstellung, Fräulein Ruth Berlau" erkenne. Sie habe zweifellos Talent, das jedoch durch eine „dramatische Zeileis-Behandlung[36] nur Schaden nehmen werde. Besonders notwendig sei die professionelle „Einübung der Stimmlage".[37] Ruth Berlau hatte eine tiefe und raue Stimme, versuchte aber offenbar – der Mode der Zeit entsprechend – in höheren Stimmlagen zu sprechen. Es kann sein, daß ihr diese Anstrengung zuviel Konzentration raubte.

Obwohl sie damals von anderen Theatern sofort attraktive Rollenangebote bekam, entschied sie sich für eine Bewerbung an der Schauspielschule des Königlichen Theaters im Herbst.

Mit Bodil Ipsen war sie nun befreundet, ohne, daß daraus die ersehnte große Liebe geworden war. Für den 10. Mai hielt sie fest, daß sie bei ihr Valdemar Koppel getroffen hatte, den Chefredakteur von *Politiken*, der größten Tageszeitung. Er zeigte sich für die Idee aufgeschlossen, sie in den Sommerferien erneut auf Fahrradtour zu schicken: über Schweden und Finnland in die Sowjetunion. Ruth Berlau war neugierig auf das Land, in dem es keine Arbeitslosen geben und Frauen gleichberechtigt sein sollten. *Politiken* wollte mit ihren Reportagen junge Leser gewinnen. Die seit 1924 mit Thorwald Stauning[38] regierenden Sozialdemokraten hatten auch für Arbeiter Urlaubsregelungen eingeführt. Berlau sollte als Kundschafterin des

beginnenden Massentourismus preiswerte Reisemöglichkeiten testen. Koppel versprach ihr üppige Honorare und Spesen.[39]
Weil sie sich beim Abfassen von Texten unsicher fühlte, traf es sich gut, daß sie bei *Politiken* mit dem von ihr auch erotisch begeisterten Svend Borberg zusammentraf. Er wollte ihr helfen. Der von ihrer vielseitigen Begabung überzeugte Mann würde, so notierte sie, die von ihr geschickten Artikel durchredigieren. Bevor es am 4. Juni losging, versöhnte sie sich mit ihrem Ehemann. Er habe Edith, die an Depressionen litt, nach Kolding begleitet, wahrscheinlich in eine psychatrische Behandlung. Berlau war ihm dankbar, daß er sich trotz allem mit ihr und ihrer Familie eng verbunden fühlte.[40]
Von Ruth Berlaus Abfahrt im Kopenhagener Freihafen brachte *Politiken* ein Foto, das sie in einem Kittelkleid und Baskenmütze mit einem von der Firma Globus gesponserten Fahrrad zeigt. Sie wirkt zart wie ein Kind. Nur die seltsam gespannte Stirn der Vierundzwanzigjährigen irritiert den Betrachter ein wenig. Unter der Überschrift *In die weite Welt* hinaus und dem Motto „Alle Wanderlustigen dürfen ihrer Spur folgen" wurde ihr Projekt den Lesern vorgestellt: Sie habe sich schon immer sehr für Rußland interessiert. Als künftige Schauspielerin sei sie aber auch neugierig auf die dortige Theaterkunst. Die Rückfahrt solle über Polen und Deutschland gehen. Angst habe sie nicht. In der sowjetischen Botschaft hätte man über die Zweifel gelacht, „daß man lebend von dort zurückkehren könne, und so baten sie mich, diejenige zu sein, die beweist, daß alles ganz einfach geht."[41] Ein ähnliches Foto wie *Politiken* brachte die Zeitschrift *Verden og vi* (Die Erde und wir) sogar groß auf der Frontseite.[42]
Ihre Berichte erschienen unter dem Titel *Min Cykle og jeg* (Mein Fahrrad und ich). Aus Stockholm, wo sie am 7. Juni anlangte, telegraphierte sie einen Bericht über die sommerlich-warme Landschaft Südschwedens, wo sie auch Bilder des Elends sah, die es in Dänemark nicht mehr gab: Leute pflügten per Hand hinter einem Kuhgespann. Am Ende listete sie die Kosten für den ersten Reisetag auf.[43]
Am 11. Juni veröffentlichte *Politiken* einen Aufruf an die Jugendlichen, es ihr nachzumachen: mit Rucksack, selbstgenähtem Schlafsack und einem Spirituskocher könne man herrliche Ferien sogar im Ausland machen. Sie beschreibt, wie man sich mit wenig Geld auf solchen Reisen selbst versorgt, wie schön eine Sommernacht

unter freiem Himmel und ein Bad unterm Wasserfall ist. Braungebrannt sei sie wie ihr Khakikleid. Den Zeitungslesern blieb allerdings verborgen, daß Berlau, wie sie Bunge 1959 erzählte, einen Teil der Strecke mit dem Zug fuhr und sich in Stockholm in einem Luxushotel mit Massagen verwöhnen lassen konnte.
Mit dem Boot fuhr sie über Åbo [Turku – S. K.] nach Helsinki. Den Zeitungslesern wurde auch vorenthalten, daß die dortige sowjetische Botschaft ihrem Reiseplan zunächst weit weniger gewogen war als die in Kopenhagen. Man zögerte, ihr das Visum zu geben. Nachdem sie lange beteuert hatte, wie sehr sie sich für das Leben in der Sowjetunion interessiere, lud der Botschafter sie ein, einige Tage sein Gast zu sein. Mit seiner Frau besuchte sie einige Museen, wobei ihr sicher auch politisch auf den Zahn gefühlt wurde. Schließlich bekam sie das Visum.
Bunge sagte sie 1959: „Von der Grenze ab saß ich nun wirklich auf meinem Fahrrad. Ich konnte nur einen Satz russisch: 'Bitte sagen Sie mir den Weg nach Moskau!'"[44]
Ihre zeitauthentischen Zeitungsreportagen lassen einen anderen Verlauf erkennen. Nach dem am 21. Juni erschienenen Zeitungsbericht hatte ihr ein Pilot angeboten, sie im Flugzeug gratis nach Reval (Tallinn – S. K.) mitzunehmen. Und dem Tagebuch ist zu entnehmen, daß sie, um rechtzeitig zu einer Theaterolympiade in Moskau zu sein, am 15. Juni ein weiteres Flugzeug von Reval nach Leningrad genommen hatte. Laut *Politiken* vom 21. 6. 1930 wurde sie dort dank eines Empfehlungsbriefes ihrer Lehrers Thorkild Roose von den Theaterleuten großzügig empfangen. Am nächsten Tag werde es weiter nach Moskau gehen. Man habe sie gewarnt, daß russische Landstraßen für Radfahrer schwer zu befahren und Herbergen überfüllt seien. Essen gäbe es nur auf Marken. Für Fremde sei Rußland merkwürdig teuer.
Die Reportagen endeten, bevor der den Lesern versprochene spannendste Teil der Reise begann. Für den 18. Juni notierte sie deprimiert ins Tagebuch, daß die sowjetischen Behörden ihr nicht gestattet hatten, mit dem Fahrrad nach Moskau zu fahren. Nachdem sie in Leningrad viel besichtigt und mehrere Theaterstücke gesehen hatte – im Alexandrinski-Theater weinte sie vor Rührung – fuhr sie am 22. Juni mit dem Nachtzug nach Moskau. Bei den sowjetischen Stellen, die für die Betreuung von Ausländern zuständig waren, halfen ihr nicht

nur die Empfehlungen von Roose. Svend Borberg genoß ebenfalls Hochschätzung. Auch hier organisierte man ihr ein Besichtigungsprogramm: Sie besuchte den Moskauer Kulturpark und die Seidenfabrik 'Rote Rose', in der 3000 Frauen arbeiteten. Wichtig erschien ihr der dem Betrieb angeschlossene Kindergarten. Am selben Tag besuchte sie noch eine Bibliothek, eine Gymnastikschule, einen Klub. Tags darauf lernte sie ein Projekt kennen, das ehemalige Prostituierte ins Arbeitsleben einzugliedern suchte. Am 28. Juni war sie bei einer Frau auf dem Lande, die ihr erklärte, daß die drei Hauptfeinde des Kommunismus Papst, Kapitalist und Generalität seien. Am 1. Juli sah sie *Prinzessin Turandot* im Theater an der Taganka, am 2. Juli ein Straßentheater. Am 4. Juli begann die Theaterolympiade – ein alljährlicher Wettbewerb von Laiengruppen aus den Sowjetrepubliken und dem Ausland, die ihr unvergeßliche Theatererlebnisse boten. Sie wohnte auch Proben des berühmten Wsewolod Meyerhold bei.[45]
Offenbar hatte nicht nur die sowjetische Botschaft in Kopenhagen, sondern auch Chefredakteur Koppel nicht damit gerechnet, daß sich die Radfahrerin bis zur Theaterolympiade nach Moskau durchschlagen würde. Berlau erzählte 1959, daß *Politiken* an ihren begeisterten Theaterreportagen nicht interessiert war. Über den dänischen Konsul sandte ihr Koppel das Reisegeld für die sofortige Rückkehr. Daraufhin habe sie ihm ein Telegramm geschickt: „Leck mich am Arsch!` Und damit beendete ich meine bürgerliche journalistische Zeit und blieb dann drei Monate in Moskau."[46] Dem Tagebuch ist jedoch zu entnehmen, daß sie ihren Aufenthalt im Heimatland der Werktätigen nach der Theaterolympiade sofort abbrach. Für den 10. Juli ist festgehalten, daß sie mit einem Flugzeug nach einer Zwischenlandung in Smolensk in Vilnius übernachtete. Am nächsten Tag flog sie über Königsberg Richtung Deutschland und landete um 15 Uhr in Berlin, wo sie sich zehn gute Tage machte. Für Dänen war auch das Berliner Theaterleben eine Attraktion. Notiert ist, daß sie sich schon am Ankunftstag eine von Max Reinhardt inszenierte Komödie *Wie werde ick reich und glücklich* im Kurfürstendammtheater ansah.
Die Erwähnung eines „Olaf" scheint auf ein Abenteuer hinzuweisen. In den nächsten Tagen notierte sie nur Namen von Schauspielern – z. B. Elisabeth Bergner – was auf weitere Theaterbesuche hindeutet.

Am 21. 6. ist festgehalten, daß Robert Lund im Hotel Nordland eingetroffen war. Mit seinem Wagen fuhren sie nach Dresden und Prag, dann nach Salzburg. Eine längere Zeit waren sie auf einer Alm. Auf der Rückfahrt machten sie Station in Oberammergau und München. Am 9. August waren sie daheim. Wie immer hatten sie sich auf Reisen gut verstanden. Ruth Berlau zog wieder zu ihrem Ehemann zurück und weinte vor Rührung, als sie seine Kinder und das Dienstpersonal wiedersah.
In späteren Darstellungen der ersten Rußlandreise erzählte sie stets, daß sie mehrere Monate in der Sowjetunion verbrachte, drei davon sogar auf der Lenin-Schule[47], weil auch ihre russischen Bekannten festgestellt hätten, daß ihr Bildung fehle.[48] Weil eine Fahrradtour durch die Sowjetunion in der DDR natürlich prestigeträchtig war, behauptete sie stets, daß sie große Teile der Reise auch innerhalb der Sowjetunion mit dem Fahrrad zurückgelegt und beim Trampen viele interessante Leute kennengelernt habe. Einmal flunkerte sie z. B., daß sie samt ihrem Globus-Fahrrad von Ochsenkarren, Traktoristen und auch mal von einer Lastkraftwagenfahrerin mitgenommen worden sei, die eine Ladung junger Schweine transportierte und ihr stolz ein Mitgliedsbuch der Partei zeigte.[49]

Zwar ist sie nicht, wie sie 1959 Bunge gegenüber behauptete, per Flugzeug mit mehreren Notlandungen von Moskau direkt nach Kopenhagen geflogen und vom Flugplatz sofort ins Büro der Kommunistischen Partei geradelt.[50] Richtig ist aber, daß sie nach ihrem Sommerurlaub um Aufnahme bat und bald den charismatischen Parteiführer Aksel Larsen[51] kennenlernte. Er fragte, welche besondere Fähigkeit sie einbringen könne. Als sie sich als angehende Künstlerin bezeichnete, wurde ihr aufgetragen, sich um die Verbesserung einer von der Partei geplanten Ausstellung für Kinder zu bemühen. Sie hatte die Idee, den berühmten Storm P. um Hilfe zu bitten und tatsächlich fertigte er drei von ihr gewünschte Zeichnungen an, die die Feindbilder der Sowjetunion zeigten: einen General, einen Pfarrer und einen Kapitalisten. Obwohl Storm P. kein Kommunist war, half er ihr auch bei der Konzeption der Ausstellung. Sie bekam schließlich ihr Parteibuch.[52]
Die KP Dänemarks war klein neben den mächtigen Sozialdemokraten. Diese hatten eine Landreform durchgeführt und Verbesserun-

gen im Versicherungs-, Gesundheits-, und Bildungswesen erreicht. Aber es gelang nicht, die Arbeitslosigkeit entscheidend zu senken. Das Tuberkuloserisiko war für Arbeiter doppelt so hoch wie für die Mittel- und Oberschichten. Die KP versprach den Unterklassen mehr Gerechtigkeit. Dafür gab es auch in den Mittelschichten und unter Intellektuellen Sympathie. Für eine rasche und radikale Veränderung der alltäglichen Lebenswelt traten z. B. die damals profiliertesten Architekten und Gestalter ein. Zunächst ist vor allem der von Brecht später als „bedeutendste Birne", d. h. größtes Gehirn Dänemarks[53] bezeichnete Poul Henningsen[54] zu nennen. Als Architekt war er Vertreter des Funktionalismus, der in Dänemark kurz „Funki-Stil" hieß. Über Zeitschriften versuchte der bis heute unter seinem Kürzel PH berühmte Mann Kristallisationspunkte einer neuen radikaldemokratischen Kultur zu schaffen. Berlau schrieb über ihn später, daß er zwischen Kommunismus und Sozialdemokratie schwankte.[55] Mit Martin Andersen Nexø gründete er 1934 den Verein 'Freisinniger Kulturkampf',[56] der Linksintellektuelle, Sozialdemokraten und Kommunisten in einer Kulturfront zusammenführen wollte. Hennigsen engagierte sich auch als politischer Kabarettist und Textlieferant für Arbeiterbühnen. Seine verjazzten Songs und seine schönen stromsparenden Lampen sind noch heute in Dänemark beliebt. Zwischen Hennigsens begabtem Schüler Mogens Voltelen[57] und Ruth Berlau war zu Beginn der dreißiger Jahre ein Liebesverhältnis entstanden, das nie zu einer exklusiven Beziehung wurde, aber zu einer aufrichtigen Freundschaft führte. Der junge Architekt hat damals auch das Wäschegeschäft von Blanca Berlau renoviert. Voltelen war engagiert in Henningsens Kulturzeitschriften. Knutzons Arbeiterlaienbühne unterstützte er ehrenamtlich als Beleuchter und Bühnenbildner.

Am 1. September 1930 legte Ruth Berlau die Aufnahmeprüfung an der Schauspielschule des Königlichen Theaters ab. Sie trug Passagen aus Strindbergs *Fräulein Julie* vor und wurde – laut Tagebuch desselben Tages – als talentiert angenommen. Sie sei die bestaussehende Schülerin. Aber ihre Stimme wurde immer noch als merkwürdig nervös wahrgenommen, auch arbeite sie nicht genug.
Später schilderte Berlau die Schauspielschule als Institution eines antiquierten Plüschtheaters. Nur der Sprechunterricht bei Thorkild

Roose und Theatergeschichte bei Torben Krogh interessierten sie wirklich.[58] Als sie den Stammbaum der dänischen Könige auswendig lernen und vortragen sollte, verweigerte sie sich.[59]
Die Elevin durfte das Zigarettenmädchen in *Carmen* spielen, das sich mit der Hauptfigur prügelt. Am 25. Oktober 1930 hält das Tagebuch Erinnerungen an die Generalprobe fest. Regisseur Svend Gade wäre mit ihr zufrieden gewesen und stellte ihr die Rolle von Fräulein Julie in Aussicht. Svend Borberg – damals Berlaus Liebhaber – wohnte der Probe bei. Obwohl er weiterhin von Berlaus Talent überzeugt war, hielt er die Rolle noch für eine Überforderung.
Nicht nur die immer wieder auftauchenden Zweifel an ihrem Talent machten Ruth Berlau das Leben schwer, sondern auch die Eheprobleme. In derselben Notiz berichtete sie, daß ihr Ehemann fortdauernd niedergedrückt sei. Sie sehnte sich nach einem unabhängigen Leben. Aber Lund verlassen konnte sie nicht, weil sie nichts verdiente, für die Ausbildung aber zahlen mußte. Sie fühlte sich zu Hause nur noch wohl, wenn sie sich ins Bett legen und die Tür schließen konnte. Die Anwesenheit von Lunds Kindern störte sie. Daß er mit ihnen ins Kino flüchtete, war ihr aber auch nicht recht. Am nächsten Tag hielt sie fest, daß sie einfach nicht zusammen paßten, und daß sie selbst wahrscheinlich eheuntauglich sei.
Das eigentliche Problem war aber wohl nach wie vor, daß sie es nicht ertragen konnte, wenn sich Lund nicht ausschließlich mit ihr beschäftigte. Ihre Haltung zu ihm schwankte in Extremen. Einer Aufzeichnung vom 3. November 1930 ist zu entnehmen, daß sie sich ein Leben ohne ihn, das sie sich immer wieder wünschte, doch nicht wirklich vorstellen konnte.
Hier bricht das Tagebuch für zweieinhalb Jahre ab. 1957 erinnerte sie sich, daß ihr Dichterfreund Otto Gelsted sie damals vor einer schweren Nervenkrise gerettet habe. Sie hätte Schwierigkeiten gehabt, sich selbst zu definieren.[60] Gelsted war beunruhigt, daß sie sich oft überschätzte, um wenig später in Minderwertigkeitskomplexe zu verfallen.[61]
Zu den Gründen, weshalb es ihr schwer fiel, sich selbst realistisch einzuschätzen, trug sicher bei, daß sie zwar eine vielbegehrte Frau war, eine wirkliche sexuelle Befriedigung aber ausblieb. Auch wenn sie liebte und geliebt wurde, fühlte sie sich stets nur als Objekt. Weil

sie schön und aktiv war, konnte sie das Schicksal zwar immer wieder neu herausfordern, erlebte aber immer wieder Enttäuschungen.
Am 16. März 1931 beantragte das Ehepaar Lund wegen „tiefer und dauernder Nicht-Übereinstimmung" die Trennung.[62] Um Berlau an der Schauspielschule eine Freistelle und wenigstens kleine Honorare zu verschaffen, schrieb der einflußreiche Borberg am selben Tag dem Theaterchef Andreas Møller, daß er bei ihr „ganz ungewöhnliche Bühnenmöglichkeiten" vermute. Weil sich bald andere Theater für sie interessieren würden, empfahl er, sie mit geeigneten Rollen ans Königliche Theater zu binden.[63]
Am 22. April wurde die Trennung amtlich bestätigt. Berlau zog aus der Wohnung an der Dossering aus. Als sie bald jedoch zu ihrem Mann zurückkehrte, nahm Lund eine große Wohnung in der dritten Etage der Kronprinsessegade 18, nur ein paar Schritte entfernt von Blanca Berlaus Geschäft. Von den vorderen Räumen sah man auf den Park des Rosenborgschlosses. Der hintere Teil der Wohnung reichte über den Seitenflügel bis ins Quergebäude.
Die Eheleute gewährten sich fortan gewisse Freiräume. Lund war bereit, seiner Frau Liebhaber zuzugestehen, sofern deren Bildung und Einfluß ihrer Entwicklung dienen konnte, wie das bei Svend Borberg der Fall war.[64]

Eine Chance für eine interessante Rolle bekam sie erst 1932. Als Karin Nellemose erkrankte, konnte Berlau am 12. Februar die Hermia im *Sommernachtstraum* übernehmen. *Politiken* fand, daß die neue Hermia „weder den Charme noch den sicheren Humor" ihrer Vorgängerin erreichte.[65] Obwohl das auch andere Kritiker meinten, bekräftigte Borberg gegenüber Møller seine Überzeugung, daß Berlau eine große Zukunft als Schauspielerin vor sich habe.[66]
Karin Nellemose übernahm die Hermia erneut. Als jedoch die neunundvierzigjährige Starschauspielerin Clara Pontoppidan nach einigen Vorstellungen als Puck ausfiel, bekam Berlau mit dieser Rolle im April eine neue Chance. Der berühmte Regisseur Johannes Poulsen riet ihr, sich zur Vorbereitung der akrobatisch anspruchsvollen Rolle im Zirkus umzuschauen. Sie nahm Unterricht bei dem großen Choreographen Harald Lander.[67] Im Vorfeld der Premiere warb eine Zeitschrift mit einer Porträtzeichnung: „Eins von den heutigen jun-

gen Talenten! Die hübsche Ruth Berlau von der Schule des Königlichen Theaters hat ihre Debütrolle als *Puck*." Sie sei „voller Phantasie und Liebreiz", in ihrem Spiel liege „Intelligenz" und eine „feine Auffassung der Kunst".[68]

Weil sie über den Horizont ihrer Rollen hinausdachte, schlug sie dem experimentierfreudigen Poulsen für die Rolle des Löwen Storm P. vor. Der aber konnte sich fremde Texte nicht merken und improvisierte oft mit eigenen Witzen. Weil sie deshalb ständig lachen mußte, bat Berlau ihn, beim ersten gemeinsamen Auftritt am 27. 4. 1932 davon abzulassen. „Er gab mir die Hand und sagte: 'Ich schwöre, ich sage kein Wort außerhalb meiner Rolle – und die kann ich nicht.'" Bei der Aufführung vergaß auch sie ihren Text immer wieder. Sie war sich nicht einmal des Handlungsablaufs sicher. Der alte Souffleur mußte ihr sogar zuflüstern, wann sie vom Eichenbaum auf den Tannebaum springen sollte. Poulsen habe sie in einem Trikot spielen lassen, in dem sie quasi nackt aussah. Als sie von einem der Bäume winken mußte, wurde sie vom Scheinwerfer geblendet und fiel herunter, spielte aber weiter. Und nachdem der Löwe alias Storm P. Thysbe getötet hatte und – jenseits aller Regieanweisungen - ein Pipi über Thysbe andeutete, mußte sie wieder so lachen, daß sie beinahe ein zweites Mal vom Baum gefallen wäre. Storm P. habe sich nach der Vorstellung mit der Bemerkung entschuldigt, daß er doch gar nichts gesagt hätte.[69]

Statt anzuerkennen, daß Berlau nach dem Sturz tapfer weitergespielt hatte, zeigte sich Regisseur Poulsen enttäuscht.[70] Für die Presse zählten ihre Mißgeschicke weniger. *Berlingske Tidene* zeigte sich begeistert von der neuen Rollenauffassung der „Weltumradlerin". Ruth Berlau habe „ein sehr schönes Gesicht, eine moderne durchtrainierte Figur und eine phänomenale Körperlichkeit, die ihren Puck viel lebendiger und akrobatischer werden ließ, als es bisher auf dänischen Bühnen zu sehen war." Kritisiert wurde erneut mangelnde Sprachkultur. Unkontrollierter Wechsel von Sopran und Alt hätten manche Textpassage unverständlich gemacht. *Dagens Nyheder* lobte ebenfalls ihre „gymnastischen Fähigkeiten", wunderte sich aber, daß der Darstellung „jegliche Romantik" fehlte. Aus einem ähnlichen Urteil schlußfolgerte *Berlingske Tidene*, daß die „Lebendigkeit" von Frau Berlau auf der Bühne ins „moderne Repertoire" gehöre. „Sie ist ganz ausdrücklich eine Frau des gegenwärtigen Zeitalters."[71]

Ruth Berlau strich später eher die komischen Seiten diese Erfahrung heraus, war damals aber traumatisiert. Sie wurde die Angst nicht mehr los, den Text zu vergessen oder etwas anderes falsch zu machen. Obwohl ihr immer wieder große Rollen angetragen wurden, lehnte sie sie fortan ab. Sie behauptete einfach, daß sie sie nicht bewältigen könne. Die Selbstzweifel beeinträchtigten aber wohl nicht die zauberhafte Ausstrahlung, die sie auch weiterhin auf der Bühne hatte. Später erinnerte sie sich an die Rolle der Nonne Marcella in dem spanischen Stück *Nonnenkind*. Als Marcella mit einem Spiegel in ihrer Zelle ertappt worden war, beteuerte sie, daß sie nicht hineingeschaut, sondern nur die Sonne eingefangen habe. Berlau warf bei dieser Szene einen Blick in den Saal und war erstaunt über die tiefe Ergriffenheit, die im Publikum herrschte.[72]

Statt auf die Bühne zog es Berlau hinter das Regiepult. Ein Bühnensternchen konnte aber von keiner etablierten Bühne eine solche Chance erwarten. Sie kam aus anderer Richtung. Als sie im Herbst 1932 einmal während einer Aufführung des *Sommernachttraums* in ihrer Garderobe saß, rief der Pförtner an: vier Männer wollten sie sprechen. Sie stellten sich als Mitglieder eines Laientheaters arbeitsloser Seeleute vor und baten Ruth Berlau, bei einem von ihnen geschriebenen Agit-Prop-Stück *12 Jahre Soviet Regie* zu führen. Sie verabredeten sich zum Ende der Vorstellung und gingen dann zu einem der Seeleute nach Hause. Obwohl sie warnte, daß sie keine Ahnung von einem Schiff habe, von der Arbeit auf See, den Gefahren und den Lohnverhältnissen, meinten sie, daß es genügen würde, wenn sie sich auf die Arrangements der Szenen beschränke. Das erforderliche Spezialwissen hätten sie selbst.[73] Das Stück kam am 7. November zur Aufführung, dem Jahrestag der bolschewistischen Revolution.[74]
In der internationalen Szene der Seeleute gab es damals starke prosowjetische Strömungen. In Kopenhagen gab es mehrere direkt oder indirekt durch die Komintern unterstützte rote Seemannsclubs. Ruth Berlau begann u. a. in den Räumen eines solchen Clubs mit ihrer Truppe zu proben. Bald schrieb sie auch selbst Sketche. KP-Chef Aksel Larsen, der die Probleme der Unterschichten besser kannte, soll sie dabei unterstützt und vor allem mit Themen inspiriert haben.[75]

Viele ihrer Darsteller waren arbeitslos. Die künstlerische Beschäftigung belebte ihren Alltag und machte ihnen Spaß. Außerdem sorgte Berlau mit eigenem Geld für Kaffee und belegte Brote.[76] Ihre Seemannstruppe fusionierte bald mit Knutzons Leuten, die sich jetzt das Revolutionære Teater oder kurz RT nannten. Es konnte Kostüme und Requisiten beim Königlichen Theater ausleihen. Diese Art kulturellen Austauschs war damals nicht selten. Berufsschauspieler, darunter Stars wie John Price und Karin Nellemose sorgten sogar für Animation bei Kulturveranstaltungen der Arbeiterlaien. Für Theaterexperimente, die die Erfahrungswelt der Unterschichten in den Kulturbetrieb einbrachten, interessierte sich auch Bodil Ipsen. Weder ihr Status noch ihr Stil ließen es zu, daß sie selbst bei Knutzon auftrat. Sie war aber z. B. bereit, eine für das RT empfohlene junge Arbeiterin auf ihre schauspielerischen Möglichkeiten zu prüfen. Dagmar Davidson[77], die sich als Dienstmädchen, Putzfrau und auch als Arbeiterin in einer Lampenfabrik durchgeschlagen hatte, brachte zum Vorsprechen ihr Baby mit, das sie noch stillte. Ipsen fand, daß sie begabt, vielleicht sogar interessant für die große Bühne war. Knutzon schlug ihr große Rollen vor. Wegen ihrer Mutterpflichten wollte Dagmar Davidson zunächst nur im Chor mitwirken. Sie nahm dann aber eine größere Rolle in einem von Knutzon inszenierten Monumentalstück an, über angebliche Komplizenschaft deutscher Sozialdemokraten und Faschisten gegen die Kommunisten, das auf dem zentralen Rathausplatz aufgeführt wurde. Weil es noch keine Mikrophone gab, spielten etwa hundert Laien mit Megaphonen.[78] Die Darsteller traten ungeschminkt und in Arbeiteroveralls auf.
Es gab bekannte Intellektuelle, die den Arbeiterbühnen Texte zur Verfügung stellten: Neben Poul Henningsen, Hans Kirk[79], Hans Scherfig[80] und Kjeld Abell[81] tat das auch Otto Gelsted. Spektakulär waren die Beiträge des prominenten Architekten Edvard Heiberg[82], der damals zu den von Lund genehmigten Liebhabern seiner Frau gehörte.[83] Er engagierte sich für sexuelle Aufklärung der Arbeiterjugend. Mit ihm entwickelte das RT ein Stück über die untragbaren Wohnverhältnisse der dänischen Unterklassen und das Stück *Wir sind die reinen Frauen*, in dem es um die sexuelle Selbstbestimmung ging. Als deren Voraussetzung galt das noch hart umkämpfte Recht auf Verhütung und Abtreibung.

Daß das RT auch die Proberäume des Königlichen Theaters nutzen konnte, verdankte es Ruth Berlau. Laut Dagmar Davidson war sie „eine schöne Dame mit einer wunderbaren dunklen Stimme. Sie war tüchtig."[84] Allmählich wurden rauchige Stimmen offenbar als interessant wahrgenommen. Berlau konnte die ihre nun vor allem für Rezitationen positiv zur Geltung bringen. So saß sie in großen Arbeiterversammlungen neben Martin Andersen Nexø und las aus seinen Romanen vor.[85]

Nexø war von ihrem Aktivismus beeindruckt, insbesondere von den Fahrradtouren. Die dritte europäische Fahrradreise, die sie im August 1932 zu einem u. a. von Nexø organisierten Antikriegskongreß[86] nach Amsterdam unternahm, wurde zum echten Abenteuer. *Ekstrabladet* meldete am 1. September 1932 auf seiner Titelseite, dass sie vor der holländischen Grenze in Konflikt mit deutschen Polizisten geraten sei, die sie zum Hitlergruß zwingen wollten. Als sie ihn verweigerte, sei sie blutig geschlagen worden.[87] Nexø nahm den Vorfall zum Anlaß für eine Botschaft an die deutschen Arbeiter: „Jeder von uns hat Frau, Schwester und Tochter, denen Aehnliches passieren kann. Hier muß gekämpft werden, hier muß die proletarische Jugend heranziehen, gleichviel, ob sie sozialdemokratisch oder kommunistisch ist. // Krieg dem Kriege heißt Kampf dem Faschismus – Krieg der Bestie! Westeuropa ist dabei, bestialisiert zu werden; nur die proletarische Jugend kann uns alle retten!"[88]

Seltsamerweise spielte diese doch wichtige Episode außer in einem summarischen Lebenslauf keine Rolle in Berlaus mündlichen oder schriftlichen Erinnerungen.[89]

Einige Monate später traf sie ein schwerer persönlicher Schlag. Edith hatte es nicht mehr ausgehalten, bei dem verheirateten Knud Krabbe nur die Rolle der Geliebten zu spielen. Krabbe, der selbst ein renommierter Nervenarzt war, hatte monatelang erfolglos versucht, ihre Krise mit starken Medikamenten zu behandeln. Am 17. Januar 1933 mietete sie ein Hotelzimmer und versuchte, sich mit Tabletten das Leben zu nehmen. Ihrer Schwester hinterließ sie einen Zettel, auf dem sie ihre kommunistische Weltanschauung bekräftigte, zugleich aber meinte, daß ihr Nervenkostüm „konservativ" sei.[90] Erst in der nächsten Nacht wurde sie gefunden, noch lebend. Lund brachte sie ins Kommunale Krankenhaus. Am 24. März 1933 hielt

Berlau entsetzt fest, daß ihre Schwester an einer psychischen Krankheit leide, die vielleicht unheilbar war. Sollte sich das bestätigen, drohte Edith lebenslange Einschließung in einer geschlossenen Anstalt. Die Abschiebung selbstmordgefährdeter liebeskranker Frauen in Nervenkliniken war immer noch eine gängige Methode der Männer, sich der Probleme zu entledigen, die solche Frauen stellten. Auch Lunds erste Ehefrau war, als sie sich in einen norwegischen Professor verliebt hatte, für eine Weile in eine Nervenklinik gekommen.[91]

[1] Blanca Cathrine Betty, geb. Dehlsen (5. 10. 1883– 1966), Heinrich Wilhelm Berlau (1977–1950). Später lebte Heinrich Berlau vom Betrieb mehrerer Hotels. RBAH und RBAHKOP.
[2] Edith Berlau, 24. 12. 1904 geboren, Todesdatum nicht ermittelt.
[3] Robert Storm Petersen (1882–1949), begann als Maler mit Motiven sozialen Elends. Seine Zeichnungen und Karikaturen wurden zunehmend satirischer. Storm P. trat auch in Stummfilmen und im Theater auf.
[4] RBA 102. Zit. aus dem Typoskript zu: *Was uns durch's Leben trägt, sind unsere Füße! Eine wahre Geschichte über den dänischen Zeichner Robert Storm Petersen, Das Magazin* 8/1954. RBs orthographische und grammatische Fähigkeiten waren abhängig von ihrem Gesundheitszustand. Im folgenden werde ich ihre Texte grammatisch und orthographisch bearbeiten mit Ausnahme von Zitaten aus bereits publizierten Texten, bei denen ihre persönliche Orthographie beibehalten wurde.
[5] Christian X. regierte 1912–1947.
[6] RBA 61.
[7] Erik Roosekamp: *En ung pige og hendes sygdom*, 2000, zit. nach: www. Erik Rosekamp.
[8] *Berlau/Bunge*, S. 11-15.
[9] Ebd., S. 15f.
[10] Dr. Rank: *Med Ruth og Fut paa Tur til Paris*, Ekstrabladet, 4. 8. 1928. Ü: Sørensen.
[11] Die hier und im folgenden mit Daten angegebenen Zitate aus den Reiseberichten stammen aus dem *Ekstrabladet* zwischen 7. und 28. 8. 1928. Ü: Sørensen.
[12] *Berlau/Bunge*, S. 18.
[13] *Nimm Dein Fahrrad*, RBAHKOP.
[14] Hier und im folgenden beziehe ich mich auf die Korrekturen bezüglich RB, die H. C. Nørregard übte an: John Fuegi: *The Life and Lies of Bertolt Brecht*, London 1994. John Willett, James K. Lyon, Siegfried Mews, Chapel Hill, H. C. Nørregaard: *A Brechtbuster Goes Bust: Scholary Mistakes, Misquotes, and Malpractices in John Fuegi's Brecht and Company*. In: The Brecht Yearbook 20, 1995, S. 312.
[15] Die Notiz befindet sich in einer mit „1947" beschrifteten Manschette, vielleicht das Entstehungsjahr. Das Blatt selbst ist zeitlich ungenau mit „1929" überschrieben, RBA N 299.
[16] Robert Henry Lund (28. 1. 1887–22. 3. 1960), arbeitete in Forschung und Lehre,

hatte eine Privatpraxis am H. Ch. Andersen-Boulevard auf der Höhe des Rathausplatzes und leitete das Sundby-Hospital.
[17] *Berlau/Bunge*, S. 32.
[18] RBA N 299.
[19] BBA 1958/23.
[20] *Den store Kärlighed*, August 1957, RBA 144.
[21] Otto Gelsted (1888–1968) war auch Übersetzer (und a. von Brecht, Neruda, Hikmet, Homer) und Kritiker (1920: *Das Unbewußte von Freud*), nahm gegen die katholische Tradition Stellung und entwickelte sich politisch nach links. Mitarbeit an *Kritisk Revy, Plan, Arbejderbladet, Land og folk*.
[22] *Gibts eine Methode Schreiben zu lernen?* RBAHKOP.
[23] 1961 nennt RB Gelsted „den Geliebten meiner Jugend, die Freude meines Alters". – Nachlaß Otto Gelsteds in der KBK, zit. n.: Nørregaard: *Brecht und Dänemark*, S. 435.
[24] HBA 627.
[25] Die wörtliche Wiedergabe des Tagebuchs 1930-1935 im ganzen und in Ausschnitten behalten sich die Urheberrechtsverwalter Ruth Berlaus allein vor. Eine in Dänemark befindliche Kopie konnte ich einsehen und erhielt die Erlaubnis sinngemäßer Wiedergabe. Wenn nicht anders angemerkt, korrespondieren die Daten und dazugehörende Bemerkungen im folgenden Text dieses Kapitels mit dem Tagebuch.
[26] Bodil Ipsen (1889–1964) wirkte zwischen 1909 und 1959 mit breitem Repertoire und a. am Königlichen Theater, Dagmar-Theater und Volkstheater, häufig im Film und im Radio. Mit großer Natürlichkeit, aber auch eruptiven Ausbrüchen, spielte sie klassische und moderne Rollen. 1937 debütierte sie als Regisseurin mit Nordhal Griegs Stück Unsere Ehre und unsere Macht. Ab 1941 auch Filmregisseurin. Es gibt ein von RB verfaßtes und von Brecht mit Anmerkungen versehenes Porträtfragment, aus dem hervorgeht, daß sie sich als Schauspielerin unterfordert fühlte und es ihr erst durch die Regietätigkeit gelungen sein soll, sich von Kokainabhängigkeit zu befreien. RB deutete hier auch ähnliche sexuelle Probleme an wie sie sie selber hatte. BBA–B 1159/20–37.
[27] Thorkild Roose (1874-1961), war auch Schauspieler und übte die Funktion eines Oberspielleiters im Königlichen Theater aus.
[28] Henrik Hertz (1798–1870), dänischer Dramatiker.
[29] Ludvig Holberg (1684–1754), dänischer Dramatiker, Theologe, dann Leiter des Königlichen Theaters.
[30] Karin Nellemose (1905–1993), Schauspielerin am Königlichen Theater, spielte auch im Film.
[31] Per Knutzon (1897–1948) Schauspieler, Regisseur, Theaterleiter, sowohl für Laienbühnen als auch für das professionelle Theater. Mitglied der KP, später der Sozialdemokraten.
[32] Lulu Ziegler (1903–1973), Schauspielerin, Kabarettkünstlerin, engagierte sich auf der Agit-Prop-Szene.
[33] Nordhal Grieg (1992–1943), studierte in Oxford Philologie und Geschichte, schrieb sozialkritische, Gedichte und Dramen, nutzte Montagetechnik und scharfe Kontraste.

34   Svend Borberg (1888–1947) Journalist, Dramatiker. Nachdem er mit der Linken sympatisiert hatte, wurde er ab 1936 zum Propagandisten nationalsozialistischer Kulturkonzepte. Seine Stücke wurden im faschistischen Deutschland aufgeführt, z. B. *Sünder und Heiliger* im Berliner Schillertheater mit Will Quadflieg und unter der Regie von Ernst Legal.
35   Svend Borberg: *De-Anarkist*, Politiken, 20. 5. 1930.
36   Synonym für Quacksalberei nach: Valentin Zeileis, autodidaktisch gebildeter Arzt in Österreich.
37   Frederik Schyberg in *Nationaltidene*, zit. n. Nørregaard: *Brecht und Dänemark*, S.426.
38   Thorwald Stauning (1873–1942), urspr. Arbeiter in einer Zigarrenfabrik, 1910–1939 Führer der Sozialdemokraten, ab 1924 Premierminister. 1929–1940 führte er eine Koalition mit der Radikalen Linkspartei und der Sozialliberalen Partei. Unter der deutschen Besatzung leitete er die Allparteienregierung.
39   *Berlau/Bunge*, S. 18.
40   *Tagebuch 1930–1935*, 6. 6. 1930, auf dem Weg nach Stockholm notiert.
41   Aliquis: *Ud i den vide Verden*, Politiken, 5. 6. 1930. Ü: Sørensen.
42   *Verden og vi, no.* 27, 9. 7. 1930.
43   Hier und im folgenden beziehe ich mich jeweils mit Datumsangaben im Text aus RBs Reisereportagen in *Politiken*, 8.–21. 6. 1930 und aus dem *Tagebuch 1930–1935*.
44   *Berlau/Bunge*, S. 21.
45   Moskauer Eintagungen im *Tagebuch*, a. a. O., 23.6.-9.7.
46   *Berlau/Bunge*, S. 21.
47   Die dem Exekutivkomitee der Komintern unterstehende Internationale Lenin-Schule (1926–1928) bildete ausländischer Kader in gesellschaftswissenschaftlichen Disziplinen aus. Auf meine Bitte hat Wladislaw Hedeler eine Akte RBs im Archiv der Lenin-Schule gesucht, aber nicht gefunden.
48   *Was erlebte ich in Moskau*? RBA N 99
49   *Ein Gespräch über Bauern*. Hier gab RB ein idealisiertes Bild des sowjetischen Landlebens als eigene Erfahrung aus. RBA 158. Siehe auch: RBAHKOP.
50   *Berlau/Bunge*, S. 21-22.
51   Aksel Larsen (1897–1972), Mitbegründer der KP Dänemarks, 1928/9 Ausbildung in der Sowjetunion, 1932 ins Folketing gewählt. Während der Besatzung arbeitete er illegal, kam in die KZ Sachsenhausen und Neuengamme, 1945 Minister ohne Portefeuille. 1958 aus KP ausgeschlossen, gründete die Sozialistische Volkspartei, die mit den Sozialdemokraten zusammenarbeitete. Mitarbeiter des CIA.
52   *Berlau/Bunge*, S. 22.
53   RBA 142.
54   Poul Henningsen (1894–1967), Architekt, Designer, Maler, Liedermacher. Herausgeber der wichtigen Kulturzeitschriften *Kritisk Revy* und *Kulturkampen*.
55   RBA N 299.
56   Der Verein löste sich nach dem deutsch-sowjetischen Pakt auf.
57   Mogens Voltelen (1908–1995) Architekt, Designer, Mitredakteur u. a. bei *Kritisk Revy* und *Kulturkampen*. Er wurde Dänemarks wichtigster Experte für Beleuchtung.
58   *Berlau/Bunge*, S. 24.

59 RBA N 299
60 RB gibt in einer Erinnerung diese Auffassungen Gelsteds wieder. *Den store Kärlighed*, August 1957, RBA 144.
61 RB: *Des jungen Denkers Problem*, HBA 350/ 50.
62 Zit. n.: Nørregaard: *Berlau ohne Brecht*, S. 154.
63 Svend Borberg an Andreas Møller, 16. 2. 1931, zit. n. ebd.
64 Ebd., S. 158.
65 Jørgen Rode in: *Politiken*, 13. 2. 1932.
66 Nørregaard: *Berlau ohne Brecht*, S. 154–55.
67 *Mennesker jeg mødte og dem jeg ikke mødte eller Jeg er en snop*,, Juli 1954, RBAHKOP.
68 Zeitungsausriß o. Titel, Autor, Datum, Zeichnung von Ebbe Sadølin, RBAHKOP.
69 *Berlau/Bunge*, S. 26.
70 RBA 301. Unter dieser autobiographischen Aufzeichnung steht ein Ergänzungsvorschlag von Brechts Hand, der beinhaltet, daß RB nun zu verstehen begann, daß das Schauspiel kein einfacher Beruf sei.
71 [ohne Autor], zit. n.: *Berlau/Meyer*, S. 8. und: Palle Huld (Schauspieler am königlichen Theater): *As far as I can remember*, zit. nach: www.Lars Åberg: *RB. Reise durch Leben und Geschichte.*
72 *Berlau/Bunge*, S. 30. Hier behauptet Berlau, daß die Marcella ihre letzte Rolle am Königlichen Theater gewesen sei. Aber auch hier spielte ihr das Gedächtnis einen Streich, die Inszenierung war 1932.
73 RBAHKOP.
74 Siehe: Nørregaard: *Berlau ohne Brecht*, S. 157.
75 TT 2166/ 7 und 14.
76 *Der Kumpel Bertolt Brecht*, RBA N 117, S.8.
77 Dagmar Andreasen, geb. Davidson (1910–1991) Tochter einer deutschen Mutter und eines dänischen Vaters, aktiv in der Frauengewerkschaft, 1933 KP, aktive Teilnahme am Widerstand gegen die deutsche Besatzung. Nach dem Krieg blieb sie der Arbeiterkulturbewegung verbunden, trat in ihren alten Rollen und mit Brecht-Gedichten auf, u. a. im Rundfunk. Auch in der neuen Frauenbewegung aktiv und populär: 1970–1975 über 300 Vorträge pro Jahr. 1988 den Gelsted-Kirk-Scherfig-Preis. Zum 80. Geburtstags drehte Rudy Hassing den Film *Åh! Dagmar. Arbejder og kunstner.*
78 Dagmar Andreasen: *Teaterarbejder. Politisk teater.* (Gespräch mit Kika Mølgaard), Kopenhagen 1980, S. 37–41.
79 Hans Kirk (1898–1962), Jurist, Autor, Journalist, Mitarbeit an linken Kulturzeitschriften, an Plan, Arbejderbladet, Mitglied der KP. Erfolge mit den Romanen Fischer und Sklaven. Zählt neben Nexø und Scherfig zu den bedeutendsten dän. Erzählern des 20. Jh.
80 Hans Scherfig (1905–1979), Maler, politischer Karrikaturist, Romanautor. S. arbeitete gegen die deutsche Besatzung, den Stalinismus. Neben Kirk und Gelsted wichtigste kulturpolitische Persönlichkeit der KP. Wie diese lebenslang mit RB befreundet.
81 Kjeld Abell (1901–1961), erfolgreicher politischer Dramatiker, Theatermaler

und -dekorateur. *Melodien der blev væk* (Die verschwundene Melodie) wurde der größte dänische Theatererfolg der dreißiger Jahre.

82   Edvard Heiberg (1897–1958), bedeutender Architekt, beeinflußt von Le Courbusier, 1930 Professor am Weimarer Bauhaus, begründete den dänischen Funktionalismus. Als Wilhelm Reich 1933 versuchte, seinen SEXPOL-Verlag von Berlin nach Kopenhagen zu verlegen, verteidigte Heiberg ihn (auch gegen die dänischen Kommunisten) mit einem Artikel, in dem das männliche Sexualorgan erwähnt wurde. Wegen Verstoßes gegen den Pornographieparagraphen verbüßte er 1933 eine Haftstrafe.

83   Nørregaard: *Berlau ohne Brecht*, S. 158.

84   Dagmar Andreasen: *Teaterararbejder*, a. a. O.. S. 37, 48, 84.

85   RBA 84

86   Weitere Initiatoren des Kongresses waren Karin Michaelis, Heinrich Mann, Barbusse, Gorki, Rolland, Einstein, Dreiser, Sinclair, Dos Passos, Laxness.

87   Nørregaard: *Berlau ohne Brecht*, S. 157.

88   Andersen Nexø ruft zur antifaschistischen Einheitsfront! In: *Arbeiterstimme*, Dresden, 8. 9. 1932. BBA C4711. Neben Nexøs Aufruf ist ein Appell Edvard Heibergs zum Sturz der kapitalistischen Gesellschaft gedruckt, die niemals „für das Proletariat und die werktätigen Massen gute Wohnungen" schaffen werde.

89   Erwähnt nur in einem summarischen Lebenslauf, 5. 2. 1952, in dem auf den Artikel von Nexø verwiesen wird, RBAHKOP.

90   RBAHKOP.

91   Lund bewarb sich Mitte der zwanziger Jahre um die angesehene Professur des Reichskrankenhauses. Ein norwegisches Mitglied der Prüfungskommission lud ihn und seine Gattin zu einer Segelpartie ein, auf der sie und der Norweger sich verliebten. Später heirateten sie. RBA N 299.

## 2. Der Flüchtling aus dem Nachbarland

Schon im April 1933 machte Alfred Rosenberg, Chefideologe des neuen Regimes im Nachbarland, deutlich, daß man von Dänemark erwarte, sich nicht in eine „internationale deutschfeindliche Front" einzureihen. Die nordischen Nachbarn sollten vielmehr einem „rassen- und blutsverwandtem Volk" die Hand reichen.[1] Die von Edvard Heiberg herausgegebene Zeitschrift *Plan* befürchtete denn auch eine erneute Komplizenschaft wie im Ersten Weltkrieg und zeigte auf dem Titelblatt vom November 1933 den Ministerpräsidenten Stauning als Weihnachtsmann, der in einer Hand bereits einen Korb Granaten und in der anderen die dänische Flagge trug.[2]
Zunächst aber wurde Dänemark zur ersten Station vieler Emigranten. Mit gültigem Paß konnten sie sich hier sechs Monate ohne Visum aufhalten. Wegen der großen Arbeitslosigkeit gewährte man ihnen keine Arbeitserlaubnis.[3] Sozialdemokratische Flüchtlinge bekamen Aufenthaltsgenehmigung und finanzielle Unterstützung. Über das Aufenthaltsrecht von Kommunisten wurde alle drei Monate von der Fremdenpolizei neu entschieden.[4] Ab 1934 besorgte die dänische Sektion der Internationalen Roten Hilfe – für deren Vorläuferorganisationen Edith in den Jahren zuvor gearbeitet haben soll[5] – solchen Flüchtlingen Mittagstische und Schlafplätze bei Arbeiterfamilien. Dagmar Davidson beherbergte einen Emigranten im Wohnzimmer.[6] Ruth Berlau beauftragte ihre Köchin Emilie, Eßpakete, Zigaretten und ein bißchen Geld an Flüchtlinge zu verteilen. Angeblich soll sie durch den Einfluß der Emigranten in die KP eingetreten sein.[7] Tatsächlich wuchs das Prestige der Partei und ihrer Zeitung *Arbejderbladet*.
Im Mai 1933 wurde Knutzons RT zur Theaterolympiade nach Moskau eingeladen. Die Reise begann auf einem Kühlschiff, das die Kopenhagener Werft Burmeister & Wain für die Sowjetunion ge-

baut hatte. Voltelen war mit einer Leica dabei. Seinen Fotos ist zu entnehmen, daß auf dem Schiffsdeck gesonnt, getanzt und geprobt wurde. Berlau und Ziegler sind im Chor zu sehen, während Knutzon dirigiert.[8] Von Kiel ging es mit dem Zug bis Moskau. An der siebentägigen Theaterolympiade nahmen Laienkünstler aus 22 Ländern teil. Deutsche waren kaum vertreten, weil das Regime vielen den Paß verwehrt hatte. Piscator, der Mitglied der Jury war, schrieb, daß hinter den angereisten Truppen eine ganze „Kulturarmee" stünde. „Bei den Dänen fiel auf die Zusammenfassung der verschiedensten Elemente der szenischen Wirkung. (Pantomime, Musik, Sprechchor, Sport.) Die Franzosen brachten satirischen Esprit mit kabarettistischem Einschlag. Das jüdische TRAM und die deutsche Truppe aus der Tschechei brachten eine revolutionäre Transformation alter Formen, z. B. der Kantate, des Oratoriums. Lebendige Auflockerung bei den Holländern. Die Engländer wiederum nach der früheren Art der Agitpropgruppen relativ starre Formen, aber sehr lebendige Ausdrucksfähigkeit, besonders in der sprachlichen Wiedergabe. So zeigten die Mongolen z. B. den völlig in den äußeren Formen einer Agitproptruppe noch steckenden Schweizern, wie notwendig es ist, die nationale Form auszuprägen."[9]

Ruth Berlau erwähnte später zwar die Teilnahme des RT an der Theaterolympiade, berichtete aber nie, daß es gemeinsam mit der von Jacques Prévert geführten französischen Gruppe *Octobre* den ersten Preis gewann. Das hängt vermutlich damit zusammen, daß sie sich in der DDR als Gründerin und Chefin des RT darstellte und die leitende Rolle Knutzons, mit dem sie sich später entzweite, herunterspielte. Das Verdienst, den ersten Preis errungen zu haben, wollte sie sich aber doch nicht zuschreiben.[10]

Nach der Theaterolympiade blieb sie einige Wochen in Moskau, vor allem um sich über Kindertheater zu informieren. In dieser Zeit traf sie dort Nordhal Grieg, mit dem sie ein Liebesverhältnis begann.[11] Sie fuhr zusammen mit Aksel Larsen zurück, mit dem sie im Zug Sketchmaterial für das RT erarbeitete. Nach einer Zwischenstation in Berlin fuhren sie weiter nach Paris. Dort trafen sie den Kulturfunktionär der Komintern Alfred Kurella[12], der ihnen Einzelheiten über die Lage im faschistischen Deutschland erzählte.[13] Berlau hielt fest, daß dies interessante, aber auch deprimierende Stunden ge-

wesen seien. Es hatte noch keine Bedeutung für sie, daß Kurella entschieden den „Sozialistischen Realismus" sowjetischer Prägung auch gegen Bertolt Brecht vertrat.
In der Augustnummer der Zeitschrift *Vore Damer* (Unsere Damen) schilderte Ruth Berlau in einem umfangreichen Artikel die Theaterolympiade als gigantisches multikulturelles Ereignis. Besonders beeindruckend waren für sie die Kontakte mit Frauen aus den verschiedenen Völkerschaften der Sowjetunion. Georgierinnen berichteten von der Alphabetisierung. Tatarinnen erzählten, welche Befreiung das Ablegen des Schleiers bedeutete. Der Artikel war illustriert von folklorisch ausstaffierten Darstellerinnen und von Frauen bei der Arbeit. Neben schweren Tätigkeiten, z. B. an Landmaschinen, wurden auch Frauen in qualifizierten Positionen vorgestellt wie eine elegante Elektroingenieurin beim Bedienen von Schalthebeln.[14] Sie wird Vorbild der Hauptfigur eines Romans, den Ruth Berlau bald beginnen sollte.

Im Sommer 1933 plante eine von Hans Kirk geleitete, vorwiegend kommunistisch orientierte Studentengruppe ein Kulturprogramm für eine Immatrikulationsfeier. Heiberg schlug vor, die damals auch in Deutschland sehr bekannte große alte Dame der dänischen Emanzipationsliteratur, Karin Michaelis[15], als Rednerin zu gewinnen. Sie wohnte auf der etwa fünf Autostunden von Kopenhagen entfernten Insel Thurø. Daß Berlau die Einladung überbringen sollte, begeisterte sie zunächst nicht. Michaelis war für sie eine bürgerliche Persönlichkeit, die sich auf Nebenkampfschauplätzen engagierte wie den Tierschutz. Als jemand sagte, daß sie bei Michaelis auch Bertolt Brecht treffen könne, sagte sie zu.[16] Weil sie in Erfahrung gebracht hatte, daß er ein Bauernhaus auf der Nachbarinsel Fünen ausbauen wollte, nahm sie am 9. August Voltelen mit, der als Architekt Ratschläge geben konnte.
Michaelis, die damals fünfzehn Flüchtlinge in ihren verschiedenen Häusern untergebracht hatte, sagte zu, die Rede zu halten.[17] Am nächsten Morgen wies sie den jungen Leuten den Weg zur Villa Torelore. Hier hatte sie Helene Weigel, deren mütterliche Vertraute sie seit vielen Jahren war,[18] samt ihrer Familie untergebracht. Michaelis hatte Brecht die ungeheure Summe von über 42000 Kronen für den Kauf des Fischerhauses vorgestreckt,[19] und auch dafür gesorgt, daß er bei

der Fremdenpolizei nicht nur als politischer Flüchtling, sondern auch als Teil einer rassisch verfolgten Familie betrachtet wurde.[20]
Auf den Fotos, die Voltelen an diesem Tag mit einer Leica machte, trägt Brecht bereits einen dänischen Arbeiteroverall vom selben Typ, in dem auch das RT auftrat. Ruth Berlau mußte das sehr rühren. Aber etwas anderes frappierte sie noch mehr: Während sie ihn nach dänischer Gewohnheit bei der Begrüßung sofort duzte, setzte er Distanz, indem er zwar die Hand gab, aber doch einen kleinen Schritt zurück ging. Auf ihre Bitte, zur Studentenfeier zu sprechen, erwiderte er, daß er doch kein guter Redner sei und sich als Flüchtling politisch zurückhalten müsse.
Vollkommen unerwartet stand plötzlich Essen auf dem Tisch, auch für die Gäste aus Kopenhagen. Nun lernte Berlau die aparte Ehefrau des Dramatikers kennen, deren Qualitäten als Schauspielerin in Dänemark unbekannt waren. Die selbstbewußte und fröhlichen Atmosphäre, die in dieser Familie herrschte und sich von der gedrückten Stimmung bei anderen Emigranten offenbar sehr unterschied, beeindruckte sie. Brecht schlug vor, daß Helene Weigel zu dem Kulturabend etwas singen oder lesen könne. Sie sagte zu. Als sich Brecht zur Siesta zurückzog und Weigel mit Voltelen zu dem als künftige Wohnstätte gedachten Haus nach Skovsbostrand am Svendborger Sund fuhr, blieb Ruth Berlau eine Weile allein im Garten zurück..
Nachdem Brecht seine Mittagsruhe beendet hatte, fragte sie ihn, ob er Material für Laientheater hätte. Er lud sie in sein Arbeitszimmer ein. Dort zeigte er ihr ein graues Heft, ein Exemplar seines Stücks *Die Mutter*. Daß bei der Berliner Inszenierung im Vorjahr professionelle Schauspieler und Laien zusammen gespielt hatten, war für Berlau hochinteressant. Als Brecht sagte, daß ein Projektionsapparat nützlich wäre, um das Stück mit neuen Fotos zu aktualisieren, konnte sie stolz berichten, einen solchen Apparat bereits gekauft zu haben und auch einzusetzen. Er bedauerte, nur ein Exemplar des Stücks zu haben, das er nicht ausleihen könne. Von Kopenhagen aus teilte Berlau ihm mit, daß sie, als er einmal kurz den Raum verließ, das *Mutter*-Heft stibitzt hätte und bereits versuche, das Stück zu übersetzen.[21]
So bedeutsam diese erste Begegnung noch werden sollte, Ruth Berlaus Tagebuch hielt davon nichts fest. Die einzige zeitauthentische Zeugenschaft sind Voltelens Fotos. Aus ihnen geht hervor, daß sie

an diesem Tag auch andere Emigranten kennenlernten, darunter den mit Brecht eng befreundeten Autor Ernst Ottwalt und seine Frau Waltraut Nikolaus[22].
Per Knutzon und Lulu Ziegler hatten schon vor Ruth Berlau den Kontakt mit Brecht und Ottwalt hergestellt. Am 5. August dankte Ziegler dem „lieben Genossen Brecht" für eine Nachricht, die in einem Brief von Ottwald gestanden hatte. Sie stellte sich als die einzige Künstlerin vor, die in Dänemark den von ihm repräsentierten Stil beherrsche, der hier„Weimarer Stil" hieß. Sie plante einen Abend, bei dem sie u. a. Lieder von ihm und Eisler sowie dänische Lieder vortragen wolle. Daß die deutschen Lieder deutsch gesungen würden, erfordere die internationale Solidarität, die durch Hitlers Machtergreifung nicht zerbrochen sei. Ziegler hoffte, daß Brecht ihr beim Einstudieren helfe. Sie versprach Unterstützung und Kontakte für ihn und Weigel.[23]

Zur Immatrikulationsfeier am 5. September wurden die Künstler mit einem eleganten Lincoln von Thurø abgeholt. Am Steuer war Robert Lund, neben ihm nahm Brecht Platz. Hinten saßen Helene Weigel und Karin Michaelis.[24] In Kopenhagen eilte Berlau zu letzten Proben ihrer Truppe, da auch das RT einen Beitrag zur Studentenfeier brachte. Die anderen blieben in der Kronprinsessegade. Dort traf bald der Pianist Otto Mortensen ein, der Weigels Auftritt begleiten und sich mit ihr vorbereiten wollte. Während sie die *Vier Lieder einer Arbeitermutter* probten, äußerte der sehr musikalische Lund immer wieder seine Verwunderung und hier und da auch mal eine Kritik. Weigel und Brecht waren für Einwände immer offen. Zwischen Lund und Brecht entwickelte sich bald eine Schachfreundschaft. Karin Michaelis hielt eine flammende Rede gegen die Naziherrschaft, obwohl sie wußte, daß sie damit ihre sehr einträgliche Position auf dem deutschen Buchmarkt aufs Spiel setzte. Dann trat die als Berliner Arbeitermutter kostümierte Helene Weigel auf. Ruth Berlau, die die Proben nicht erlebt hatte, wollte die Notenblätter wenden. Der durch raffiniertes understatement besonders eindringliche Vortrag ergriff nicht nur das Publikum, sondern auch sie selbst so stark, daß sie das Umblättern vergaß. In diesem Moment spürte sie einen dramatischen Zwiespalt[25] in ihrem Verhältnis zur Weigel, mit dem sie fortan leben mußte: sie empfand aufrichtige Bewunderung

für die große Künstlerin und spürte zugleich immer auch die weibliche Konkurrentin.
Was ihre Arbeitertruppe bot, erschien ihr aus späterer Sicht recht simpel. Stolz blieb sie aber zeitlebens, daß Brecht von einer Szene dermaßen beeindruckt war, daß er sie nie vergessen und auch einmal für seine eigene Regie nutzen sollte. In dem Sketch gab es eine Passage darüber, daß den Arbeitern kaum etwas im Portemonnaie übrig blieb, nachdem sie Miete, Gas, Versicherungen u. s. w. bezahlt hatten. Einer der wichtigsten Darsteller des RT, Gustav Gabrielsen – ein arbeitsloser Heizer, der damals mit der zwanzig Jahre jüngeren Dagmar Davidson lebte – sollte etwas bezahlen und in seinem Portemonnaie nach Münzen herumstochern. Diesmal hielt er sich besonders lange über dem offenen Portemonnaie auf. Die Regisseurin wurde bereits unruhig. Hatte er den Text vergessen? Brecht begann zu lachen, was sie noch panischer machte. Erst als sie später darüber sprachen, verstand sie, daß Brecht das ewige Stochern im leeren Portemonnaie für eine bewußt inszenierte Geste hielt.
Nach der Veranstaltung wurde mit dem Vorstand des Studentenvereins ausgehandelt, wieviel Honorar die Truppe bekommen sollte, deren Kosten Berlau selber vorfinanzierte. Sie protestierte lautstark, weil der Verein trotz kommunistischer Orientierung nur die Ehrengäste zu Kartoffelsalat und Würstchen einladen wollte, nicht aber ihre Arbeiterlaien. Daraufhin zog Brecht einfach den Hauptdarsteller Gabrielsen neben sich an den Tisch. Damit erzwang er auf elegante Weise, daß allen Essen serviert wurde.
Für den nächsten Morgen lud Brecht Berlau ins Hotel ein. Nach der bekannten Melodie des Mackie-Messer Songs trug er ihr seine *Moritat vom Reichtagsbrand* vor. Obwohl sie nicht alles verstand, ließ sie sich von dem Lachen anstecken, mit dem er sich selber immer wieder unterbrach. Plötzlich trat Helene Weigel ins Zimmer und setzte Berlau durch eine recht unwirsche Miene in Erstaunen. Sie begriff erst später, daß die Weigel bereits einen Flirt vermutete. Tatsächlich war bei Ruth Berlau bereits eine Sehnsucht erwacht, die sie in Gefahr brachte, die Kontrolle über sich zu verlieren. Als Brecht einmal den Raum verließ, ergriff sie ein herumliegendes Seidenhemd. Als sie ihren Kopf darin vergrub, nahm sie einen Erdgeruch und das Schnellerwerden ihres eigenen Herzschlags wahr. Sie folgte sogar

dem Impuls, diesmal das Hemd zu stibitzen und schob es unter ihre Jacke. Jedoch besann sie sich und legte es an seine Stelle zurück.[26] Von dieser neuen Verliebtheit ist in den zeitauthentischen Tagebuchaufzeichnungen noch immer nichts festgehalten. Vielmehr geht daraus Ruth Berlaus Entsetzen hervor, daß Edith für die Ärzte mehr und mehr als unheilbar krank galt.[27] Wie sehr sie selbst unter der Furcht litt, krank zu werden und in die Mühlen der Psychiatrie zu geraten, zeigt ein Brief an Voltelen, dem sie am 25. Oktober 1933 brieflich das Versprechen abnahm, sie zu erschießen, falls sie wahnsinnig werde. Den Brief schrieb sie aus Paris, wohin sie sich zurückgezogen hatte, weil es zu Konkurrenzproblemen wegen der Leitung des RT gekommen war. Finanziell von der KP unterstützt, inszenierte Per Knutzon zum diesjährigen Jahrestag der russischen Revolution ein „Riesenspektakel über die Geschichte des Klassenkampfes auf fünf Etagen in einer Sporthalle." Ruth Berlau trug sich mit dem Gedanken, die Arbeit mit dem RT aufzugeben.[28]

Wie intensiv Brecht Anfang September 1933 wirklich um sie geworben hatte, sei dahingestellt. Eine neue Geliebte konnte er sich eigentlich nicht leisten. In Paris wartete seine mittelose und tuberkulosekranke Freundin Margarete Steffin auf ihn. Als Mitglied der KPD konnte sie nicht nach Deutschland zurück. Wenig später fuhr er mit ihr nach Sanary-sur-Mer, wo sich viele deutsche Emigranten aufhielten. Dort arbeiteten sie am *Dreigroschenroman*. Wegen der Liebesbeziehung zu Steffin wollte sich die Weigel damals von Brecht trennen, sobald sie ein Engagement fand, das sie finanziell unabhängig machte. Obwohl er mit einer Eskalation seiner Ehekonflikte rechnen mußte, schiffte er sich am 20. Dezember mit Steffin nach dem dänischen Esbjerg ein. Von dort reiste er nach Fünen weiter, Steffin nach Kopenhagen.
Anlaufstelle für geflohene Kommunisten war das Hotel Nordland in der Vesterbrogade. Es lag in unmittelbarer Nähe eines für Westeuropa zuständigen Hauptbüros der Komintern. Niemand anders als Mogens Voltelen hatte dem Skandinavienbeauftragten Ernst Wollweber die Räume seiner ehemaligen Firma Elvo & Co. verkauft. Ihr Name wurde nur in Selvo & Co umgeändert.[29] Steffin wußte bereits bei ihrer Ankunft, daß sie am nächsten Tag privat untergebracht sein

würde – in der Kronprinsessegade 18.[30] Brecht hatte Berlau telegrafisch gebeten, sie aufzunehmen. Zu Weihnachten, das er stets mit Frau und Kindern beging, war Steffins Anwesenheit für Weigel unzumutbar. Berlau wußte über diese Mitarbeiterin Brechts nur, daß sie ein politischer Flüchtling war. Sie holte sie mit dem großen Lincoln ab. Am Weihnachtsabend ging es Margarete Steffin schlecht und schließlich erzählte sie, daß sie Brecht liebe. Im Gespräch mit Bunge sagte Berlau 1959, daß sie drei Monate bei ihr blieb und, daß sie sich sehr gut verstanden hätten.[31] Margarete Steffin hat es nicht so empfunden. Obwohl sie finanziell von Brecht abhängig war, zog sie schon am 15. Januar lieber in eine Pension.[32]

Brecht besuchte sie mehrfach in Kopenhagen, um am *Dreigroschenroman* weiterzuarbeiten. Anfang Februar trafen sie Per Knutzon.[33] Er hoffte, *Die Rundköpfe und die Spitzköpfe* und *Die heilige Johanna der Schlachthöfe* an einer professionellen Bühne inszenieren zu können. Svend Borberg hatte für beide Stücke in *Politiken* wärmstens geworben. In einem Mitte Februar an Brecht gerichteten Brief berichtete Steffin von einem Besuch bei Otto Gelsted, der schon *Die Rundköpfe und die Spitzköpfe* übersetzte. Er habe sie gebeten, Brecht über Streitigkeiten zwischen ihm, Knutzon und Berlau zu berichten, in dem es darum ging, welche Stücke Brechts dem Königlichen Theater vorgeschlagen werden sollten. Berlau wolle nicht, daß die *Rundköpfe*, sondern daß die *Heilige Johanna* inszeniert werde. Steffin hatte den Eindruck, daß Gelsted Ruth Berlau zwar sehr freundschaftlich verbunden sei, es nun aber ablehne, weiterhin „Geschäftliches mit ihr zu besprechen. Er nimmt an, dass sie alles unbewußt macht, aber jedenfalls sei ein Hintertreiben und Verfälschen u. Herumerzählen unausbleiblich, wenn sie etwas in die Finger nimmt, sie habe zu wenig *juristisches* u. zu viel falsch angewandtes diplomatisches Talent." Ruth Berlau wolle die Johanna spielen und hätte die Chancen für das andere Stücke dadurch stark gemindert. Brecht könne an ihrer Schrift sehen, daß sie sehr aufgeregt sei. Berlau habe ihr so „scheussliche Männergeschichten" erzählt, daß sie „jede Eifersucht verloren" habe. „Wenn Dich mal ein schönes Mädchen anruft, mußt Du von Klatsch bis Kinderkriegen selbst die Folgen überlegen. Geht mich alles nichts mehr an. Du sitzt im Nebel."

So schmerzvoll es für Margarete Steffin gewesen sein muß, in Berlau eine gefährliche Konkurrentin zu erkennen, war ihr zugleich klar, daß es in Dänemark von anderer Seite kaum mehr politische Solidarität geben würde. Deshalb konnte sie weder den Kontakt noch künftige Arbeitsbeziehungen mit Ruth Berlau in Frage stellen. Im selben Brief widersprach sie Brechts Meinung, daß Berlaus Fähigkeiten als Schauspielerin begrenzt seien. Hinter ihrer Attraktivität stecke sicher auch Talent. Sie selbst habe vor, sie bei der Vorbereitung eines geplanten Vortragsabends zu unterstützen, bei der sie auch singen wolle. Dafür sollte Brecht Textvorschläge machen.[34]

Während Berlau gegenüber Steffin die femme fatale herauskehrte, ging es ihr in Wirklichkeit schlecht. Am 24. März 1934 notierte sie in ihr Tagebuch, daß die Ärzte bei Edith Schizophrenie festgestellt hätten. Im Zusammenhang mit dem Selbstmordversuch zog diese Diagnose nach damaligen Regeln die zeitlich unbegrenzte Einweisung in eine geschlossene Abteilung einer Nervenklinik nach sich. Anfang April sollte Edith in die große psychiatrische Anstalt St. Hans in Roskilde eingewiesen werden. Die Zeit seit dem Zusammenbruch der Schwester sei auch für sie die schlimmste Zeit ihres Lebens gewesen. Daß sie nach Abschluß der Ausbildung keinen Vertrag mit dem Königlichen Theater bekommen hatte, erfüllte Berlau zusätzlich mit Gefühlen der Frustration und Angst.
Der von Steffin erwähnte Vortragsabend, für den sie am 26. Februar einen Saal in der Bredgade gemietet hatte, stellte einen Versuch dar, sich als Rezitationskünstlerin zu profilieren. Sie trug Szenen aus *Fräulein Julie* vor und Gedichte, vor allem von Gelsted, Walt Withman und anderen. Weil der Abend wohl dazu gedacht war, sich den Kopenhagener Theatern zu empfehlen, waren die Texte unpolitisch und auch nur sehr dezent erotisch.[35] Die Tagebuchnotiz vom 24. März hielt fest, daß sich im Vorfeld zwar sicher gefühlt habe, der Abend aber doch ein Fiasko geworden sei. Auch waren ihre Versuche zu schreiben bislang nicht geglückt, weil sie sich nicht genug konzentrieren könne. Sie dachte darüber nach, ob sie einen Monat bei Hans Kirk verbringen solle, um mit seiner Hilfe an einem Buchprojekt zu arbeiten. Am 25. März hielt sie fest, daß Lund ihr nun kalt und herzlos erscheine, weil er kaum Verständnis für ihre Trauer

um Ediths Schicksal aufbrachte. Wieder bemitleidete sie sich selbst, daß sie sich nicht von ihm trennen konnte. Am schlimmsten sei der Zusammenbruch Ediths für die Mutter. Ihr selbst raube er geistige Kraft und Vitalität. Ein Liebesleben führe sie zur Zeit nicht. Voltelen sei nur ein guter Freund, der ihre Entwicklung nicht sonderlich beeinflussen könne. Mit Bertolt Brecht, hielt sie fest, verbringe sie jedoch hin und wieder gute Momente.
Während ihre eigentliche Berufsperspektive unklar blieb, profilierte sie sich in der Kulturszene als kommunistische Aktivistin. Im Mai 1934 hatte Thorkild Roose im Königlichen Theater das sowjetische Drama *Brot* über die Kollektivierung der Landwirtschaft in der damaligen Mode eines Folklorestücks inszeniert. Die Aufführung war erfolglos bis zu dem Tag, an dem die KP sämtliche Karten kaufte. Nun gab es immer wieder Zwischenapplaus. Danach strömten an die tausend Kommunisten auf den Platz zwischen dem Theater und dem Kaufhaus Magasin du Nord. Plötzlich öffnete sich das Fenster vom Kostümdepot und Ruth Berlau begann, eine große rote Fahne mit Hammer und Sichel zu schwenken. Die Leute stimmten die Internationale an. Für einen Augenblick konnte man das Königliche Theater als eine für den Bolschewismus reif geschossene Festung halten.[36]
Am 1. August 1934 bekam Ruth Berlau dann doch ein festes Engagement am Königlichen Theater – aber keineswegs als Jungstar, sondern als aparter Dekor. Monatelang blieb sie ohne Rollen.

Brecht hatte Ende Februar 1934 den Besuch von Hanns Eisler genutzt, um seiner Frau die Zustimmung zu Steffins Übersiedlung nach Skovsbostrand abzuringen. Weigel sah ein, daß er wie in Berlin auch hier nur kollektiv arbeiten konnte. Eisler und Steffin wohnten in der Pension Stella Maris. Mit ihnen begann Brecht eine Neufassung von *Die Rundköpfe und die Spitzköpfe*. Steffin war nicht nur seine Sekretärin. Ihre Kenntnisse des proletarischen Milieus waren für ihn ebenso wertvoll wie das Wissen, das sie sich über Geschichte und Formen der Weltliteratur angeeignet hatte. Zugleich drang sie darauf, daß Texte, selbst wenn sie in Jamben verfaßt waren, auch einfachen Leuten verständlich sein mußten.
Berlau erlebte bei ihren Besuchen, daß Brecht auch berühmte Freunde wie Karl Korsch und Walter Benjamin in seine eigenen Arbeiten

einspannte und diese das für sich selbst als Gewinn betrachteten. Sie versuchte, auch ihre Freunde bei Brecht einzuführen. Obwohl das, was Brecht nach der Dreigroschenoper produziert hatte, für die Dänen neu und fremd war, war Otto Gelsted immer wieder bereit, Brecht zu übersetzen. Brecht wiederum inspirierte sich an Gedichten Gelsteds.[37] Ein weiterer produktiver Kontakt ergab sich mit Hans Scherfig. Mit ihm plante Brecht 1934 ein Kinderbuch, in dem Hitler als eine zunächst unbedeutende Kartoffel dargestellt werden sollte, die mit der Zeit aber zu gefährlicher Größe heranwuchs.[38] Aus dem Kinderbuch wurde nichts. Aber *Plan* brachte am 3. September 1934 eine solche Zeichnung Scherfigs mit dem von Gelsted übersetzten Brecht-Gedicht *Traum von einer großen Miesmacherin.*[39] Berlau machte Brecht auch mit Storm P. bekannt, der 1935 eine Vignette für den dänischen *Dreigroschenroman* exakt nach seinen Wünschen anfertigte.[40] Und sie brachte ihn auch mit Nexø zusammen. Ruth Berlaus Verliebtheit, die von Brecht zunächst nur mit Sympathie erwidert wurde, bezog sich auf die ganze Familie. In den ersten zwei Jahren war die Beziehung zur Weigel sogar intensiver. Brecht soll eifersüchtig gewesen sein, wenn er seine frühe Nachtruhe begann, die beiden sich aber weiter unterhielten. Einmal wurde er dabei ertappt, wie er hinterm Schlüsselloch stand.[41]
Um wieder etwas Theaterluft zu schnuppern, begleitete die Weigel Berlau auch einmal für einige Tage auf eine Tournee. Die „Provinztheaterdirektrice" Gerda Christophersen[42] hatte Berlau für eine Rolle in dem Lustspiel *Peter der Große* engagiert, in dem kein anderer als Per Knutzon Regie führte – für ihn eine Brotarbeit. Daß Weigel dabei Berlaus mäßige Schauspielkunst kritisierte, änderte am guten Verhältnis vorerst nichts.[43]
Dennoch konnte es auch schon zu Eifersuchtsausbrüchen kommen. Cecilie Lund erinnerte sich an den Silvesterabend 1934, den beide Familien zusammen in Skovsbostrand verbrachten. Stiefmutter und Gastgeberin spielten zusammen Schach, lagen aber plötzlich am Boden und prügelten sich.[44] In einem Milieu, in dem man von zunehmender Angleichung der Geschlechter überzeugt war, kann eine Prügelei zwischen Frauen als nicht sehr skandalös betrachtet worden sein.
Weil sie als Schauspielerin kaum noch Ehrgeiz hatte, erwähnte Berlau später niemals die kleine Filmrolle, die sie damals als Bodil

Ipsens Dienstmädchen in *Det gyldne Smil* (Das goldene Lächeln) spielte. Im schwarzen Kleid mit weißem Spitzenschürzchen wirbelte sie im Vorzimmer umher, öffnete Ipsens Partner die Tür und ließ ihn wissen, daß die Dame nicht empfangsbereit sei. Es sind die einzigen Filmaufnahmen, die von Ruth Berlau existieren.[45] Ihrem damaligen Briefwechsel mit Voltelen ist zu entnehmen, daß Brecht „hysterischen" Unmut zeigte, weil sie mit dem aus seiner Sicht miesen Regisseur Paul Fejos, der aus Hollywood kam, zusammenarbeiten wollte. Voltelen hatte mehr Verständnis: Auch eine kleine Filmrolle brachte mit einem Schlage eine größere Summe Geld.[46]

Per Knutzon und Lulu Ziegler lebten als freie Künstler damals mit noch größerem Risiko.[47] Briefe belegen, daß sie keine geringeren Anstrengungen als Berlau unternahmen, um Brechts Stücke zur Aufführung zu bringen. Die drei hatten beim Königlichen Theater Interesse für die *Heilige Johanna der Schlachthöfe* geweckt. Wahrscheinlich war es noch wichtiger, daß der renommierte Svend Borberg an der Übersetzung saß. Knutzon hatte gehofft, daß Brecht ihn als Regisseur und Lulu als Johanna vorschlagen würde. Borberg brachte jedoch Bodil Ipsen ins Spiel. Obwohl Weigel und Brecht Ziegler für geeigneter hielten[48], schloß das Königliche Theater am 4. Juni 1934 mit Ipsen und Brecht Verträge über das Stück ab. Darum entbrannte jedoch hinter den Kulissen ein so heftiger Streit, daß keine Proben angesetzt wurden. In Dänemark war es heikel, die politische Ökonomie ausgerechnet am Beispiel der Schlachthöfe durchzubuchstabieren. Der Fleischexport nach Deutschland stellte sowohl in Friedens- als auch und Kriegszeiten eine Hauptsäule der Volkswirtschaft dar. Wie aus einem Brief Steffins hervorgeht, war spätestens nach einem Jahr klar, daß es keine Aufführung geben würde.[49]
Allein Ruth Berlau gab nicht auf. Ein Foto vom Herbst 1935 zeigt eine *Johanna*-Probe mit den Arbeiterlaien auf dem Dachgarten des Königlichen Theaters. Als Johanna ist sie selbst zu sehen.[50] Frau Luckerniddle probte Dagmar Davidson, die Andreasen hieß, nachdem sie ein Mitglied des RT geheiratet hatte. Weigel, für die die Rolle geschrieben war, half bei der Einstudierung. Wenn die große Bühne den Mut zu dem Stück nicht hatte, wollte Berlau mit dem RT wenigstens Ausschnitte in Arbeiterclubs vorführen.

Knutzon wollte *Die Rundköpfe und die Spitzköpfe* inszenieren, die Gelsted übersetzte. Mit der Nanna bot das Stück eine gute Rolle für Ziegler. Sensibel für die politische Gefährdung auch dieses Projekts, fragte Knutzon immer wieder an, ob er nicht die unverfänglichere *Dreigroschenoper* inszenieren dürfe.[51] Brecht ließ sie aus finanziellen Gründen durch bürgerliche Theater spielen. Knutzon gab er die Genehmigung nicht, weil er hoffte, mit diesem kommunistischen Regisseur eines seiner aktuellen und politisch brisanten Stücken auf die Bühne zu bringen.

Im April 1934 schrieb ihm Knutzon, daß er und „die rut b" sich träfen, „um ein paar reiche Schweine" als Sponsoren für *Die Rundköpfe und die Spitzköpfe* zu gewinnen.[52] Diese äußerten jedoch die Befürchtung, „daß die Zensur oder die deutsche Botschaft eventuell das Stück verbieten" könnten. Die Persiflage Hitlers sei zu deutlich.[53] Brecht suggerierte nun, das Stück in orientalischer Märchenart verfremdet zu inszenieren.[54] Eine Entscheidung blieb aus.

Durch das Zögern der professionellen Bühnen wurde Berlaus Inszenierung einiger Szenen aus *Die Mutter* mit dem RT die erste Aufführung einer Arbeit Brechts nach seiner Flucht ins dänische Königreich. Daß sie erst nach zwei Jahren zustande kam, lag an den Schwierigkeiten der Übersetzung. Berlau hatte sich zunächst zu eng ans Original gehalten. Da Brecht ihr nur den Sinn erklären, nicht aber im dänischen Ausdruck helfen konnte, schlug er vor, die endgültigen Formulierungen den Arbeitern zu überlassen. Sie würden sie bei den Proben wahrscheinlich problemlos finden.[55]

Ende September 1935 begannen die Proben in der Wohnung des Ehepaars Berlau/Lund. Ehemalige Mitglieder des RT erinnerten sich an ihr Zimmer am Ende eines langen Gangs. Im Gegensatz zum reich mit Antiquitäten ausgestatteten Rest der Wohnung war es asketisch eingerichtet, „wie bei einer russischen Kommissarin". Lund sei „absolut kein Kommunist" gewesen, sie dagegen ein Wesen mit vielen Gesichtern. Manchmal schaffte sie es nicht, sich vor den Proben oder auch vor Parteiversammlungen umzuziehen. Dann ließ sie ihren Pelz im Kofferraum des Lincoln zurück. Darunter habe sie eine „revolutionäre Uniform" getragen, vielleicht einen Arbeiteroverall. Einmal kam sie mit einem rückenfreien seegrünen Abendkleid zur Probe.

Sehr schön, sehr schlank sei sie gewesen. Obwohl sie als Chamäleon erschien, wirkten ihre politischen Haltungen aufrichtig.[56]
Später fanden die Proben im Keller des sowjetfreundlichen Seemansclubs in der Gothersgade 15 statt. Hier befand sich auch ein Kulissendepot des Königlichen Theaters. Die Proben dauerten etwa bis 21 Uhr. Dann setzten sich die Spieler im Kreis auf den Boden, diskutierten noch ein wenig und tranken Kaffee, den die Regisseurin spendierte. Dagmar Andreasen konnte nicht mehr als zwei Stunden proben. Sie war zwar sehr engagiert, mußte aber ihre Arbeit als Putzfrau im Ostbahnhof schon um 5 Uhr morgens beginnen. Trotzdem war Berlau mit ihren Leistungen sehr zufrieden. Die Rollen des Pawel und des Iwan mußten umbesetzt werden, weil die Darsteller wegen Zigarettenschmuggels ins Gefängnis kamen. Von den billigen Zigaretten hatte auch die Gruppe profitiert.[57]
Für die Übertragung der Songs zog Berlau Otto Gelsted heran. Sie gerieten ihm nicht trocken genug, weil er in einer von Brecht sehr verschiedenen, eher lyrischen Tradition stand. Auch hier konnte die Weigel helfen, die etwas dänisch gelernt hatte.[58] Trotzdem blieben ihr die Bühnen des Gastlands versperrt, denn eine Arbeitserlaubnis konnte sie nicht bekommen.
Mogens Voltelen fungierte als Lichtmeister und leitete auch die Herstellung des Bühnenbilds durch die Truppe selbst. Es handelte sich um dieselbe auf Holzrahmen aufgezogene Leinwanddekoration, die Caspar Neher für die Berliner Aufführung 1932 entworfen hatte. Da von jeder Szene einige Berliner Fotos zur Verfügung standen, wurde auch geprüft, ob die Gruppenarrangements übernommen werden konnten.[59] Um Fixierung und Fortschritt des von ihm anvisierten neuen Spielstils zu ermöglichen, regte Brecht an, prinzipiell jede neue Inszenierung als Weiterentwicklung der vorherigen aufzufassen. 1948 schrieb er, daß der erste Versuch, Modelle des epischen Theaters zu nutzen, von Ruth Berlau in Kopenhagen unternommen worden sei.[60] Im *Arbejderbladet* erklärte sie damals, was sie selbst mittlerweile von seiner Lehrstückdramatik wußte: Der Zuschauer solle in die Lage versetzt werden, das Bühnengeschehen zu kritisieren, anstatt sich einzufühlen und mitreißen zu lassen. Das erfordere neuartige Stücke und Spielweisen.[61]
Als Brecht und Weigel gegen Ende der Proben in den Seemannsclub in die Gothersgade kamen, hielten sie sich mit Kritik zurück.

Jedoch wurde Berlau auch jetzt wieder durch Brechts gelegentliches Auflachen irritiert. Er fand es komisch, wenn die Arbeiterlaien beim Darstellen von Arbeitern die Gesten der professionellen bürgerlichen Bühne nachahmen wollten.[62] Andreasens schlichtes Spiel gefiel ihm, weil sie gar nicht erst versuchte, Einfühlung im Stil der professionellen Theater zu produzieren. Da sie als Kind in Deutschland gelebt hatte, verstand sie Brechts gelegentliche Regieanweisungen gut. Er kam aber auch mit den anderen zurecht, weil er selbst vorspielte.

Aus Annoncen in Arbeiterzeitschriften geht hervor, daß meistens Kernszenen wie *Erster Mai* und *Kupfersammelstelle* gespielt wurden, manchmal auch fast das ganze Stück. Da die Aufführungen noch von einem Mandolinenorchester und Zwischentexten Berlaus begleitet waren, konnte das bis zu zwei Stunden dauern. *Die Mutter* wurde unter dem Namen Gorkis gespielt. Er war damals viel bekannter als Brecht, der nur als Bearbeiter genannt war. Die Aufführungen wurden in Betrieben, auf Versammlungen der KP, vor Studenten und auf kleinen Varietébühnen wie 'Røde Mølle Kro' gezeigt sowie in Borups Højskole, einer der Arbeiterbewegung nahestehenden Taubstummenschule.

Am 7. Oktober 1935 schiffte sich Brecht nach New York ein, um dort an den Proben einer Inszenierung der *Mutter* durch ein Gewerkschaftstheater teilzunehmen. Bevor er das Schiff bestieg, sandte er seiner Frau, die wegen der Proben zur *Mutter* und der gleichzeitig stattfindenden Proben zur *Johanna* in der Kronprinsessegade wohnte, eine Postkarte. Er wünschte gute Arbeit und ließ das Ehepaar Lund grüßen.[63] Zwischen den beiden Familien herrschte noch bürgerliche Korrektheit.

Berlaus Tagebuch enthält kein Wort über Inszenierung und Aufführung der *Mutter*, vermerkte jedoch am 7. Oktober 1935, daß demnächst ein Roman von ihr beim Verlag Hasselbalch erscheine. Dort kam damals auch Brechts *Dreigroschenroman* mit der Vignette von Storm P. heraus. *Ekstrabladet* brachte ein Vorab-Interview mit großem Foto der Autorin, die auch als Schauspielerin und als Europaradlerin in Erinnerung gerufen wurde. Einen unterhaltsamen Roman habe sie schreiben wollen, sagte sie, über die Kontraste zwischen Westeuropa und der Sowjetunion. Seit sie 1930 zum ersten Mal dort war, habe sich der Lebensstandard sehr verbessert. Die größte Errungenschaft sei, daß es keine Arbeitslosigkeit gäbe und die Jugend deshalb ihr Bedürfnis nach Liebe in Würde ausleben könne.[64]

*Videre,* deutsch: *Weiter,* ist die Liebesgeschichte des sowjetischen Mädchens Katja zu dem dänischen Journalisten Preben, der die Entwicklung des Landes von Moskau aus beobachtet. Katja wird für eine Qualifizierung beim Bau des größten Elektrizitätswerks der Welt am Weißen Meer vorgeschlagen. Weil Preben ihr nicht folgen will, streiten sie sich und er verschwindet. Als Katja ihn mit einer Kopfverletzung bewußtlos in einem Bootshaus findet, weiß sie, daß sie ohne ihn nicht mehr leben kann. Preben schlägt ihr vor, mit ihm nach Dänemark zu kommen. Dort herrscht viel Arbeitslosigkeit. Katja kann sich das Leben ohne Preben ebensowenig vorstellen wie eines ohne Arbeitsperspektive. Und doch zweifelt sie, ob Arbeit für die Frau das oberste Lebensziel sein könne. Werden die psychische Geschlechtsunterschiede nicht immer erhalten bleiben? Oft hatte sie beobachtet, daß Frauen mehr litten, wenn eine sexuelle Verbindung zerbrach. Was nützten Stimmrecht, gleicher Lohn für gleiche Arbeit, das Recht auf Schwangerschaftsabbruch und die Möglichkeit, Minister oder Eisenbahnarbeiter werden zu können, wenn die Frau doch in der Liebe vom Mann abhängig bliebe?[65]

Obwohl sich die beiden weiterhin lieben, geht Preben allein nach Dänemark zurück und Katja ins große Werk am Weißen Meer, wo sie eine stürmische berufliche Entwicklung als Elektroingenieurin nimmt. Obwohl sie andere Männer kennenlernt, kann sie Preben nicht vergessen. Schließlich setzt sie durch, daß sie ausreisen und auch zurückkommen kann, wenn es ihr in Dänemark nicht gefallen sollte. Allerdings muß Preben ihr einen Vorvertrag für eine Arbeitsstelle schicken. Wegen der großen Arbeitslosigkeit kann er nur eine fingierte Arbeitszusage senden. Katjas Ausreiseerlaubnis ist mit einem Geheimauftrag verknüpft. Sie soll Professor Neubär im faschistischen Berlin aufsuchen, der der Sowjetunion geheime Wirtschaftsdaten zur Verfügung stellen will.

Katja gefällt Kopenhagen. Aber die Entdeckung, daß die Arbeitszusage ein Schwindel war, nimmt sie Preben übel. Um ihren Geheimauftrag zu erledigen, trampt sie nach Berlin. Als sie aus dem Fenster ihres billigen Hotels beobachtet, wie eine Elektrische eine Anhöhe hinauffährt, fühlt sie, daß ihre Identität als Elektroingenieurin jetzt für sie mehr Bedeutung hat als ihre Liebe zu Preben. Sie beschließt, in die Sowjetunion zurückkehren.

Anders als dieser Romanschluß suggeriert, blieb der Widerspruch zwischen Gefühl und Verstand in Ruth Berlaus Augen lebenslang ein Grunddilemma der eigenen und der weiblichen Existenz überhaupt. Der Konfliktkern von *Videre* – die aus Berlaus Sicht typisch weibliche Spannung zwischen Gefühl und Verstand – war auch ein Versuch, Ediths Tragödie aufzuarbeiten. Weitere werden folgen.

Voltelen hatte geholfen, das Manuskript der in Stil, Rechtschreibung und Grammatik unsicheren Freundin zu arrangieren und zu tippen.[66] Laut Tagebuch vom 7. Oktober 1935 zeigte sich Gelstedt unzufrieden, weil Berlau den Roman nicht genug ausgearbeitet hatte, wozu ihr aber Konzentration und Energie gefehlt habe.

Dem Leser von heute fallen Ungereimtheiten wie eine trampende Spionin und erhebliche Ungleichgewichte auf. Potentiell spannende Drehpunkte und Stellen wie das Treffen mit Professor Neubär werden auf wenigen Zeilen abgehandelt. Nicht als Montageschnitt, sondern wenn es sich zufällig anbietet, wird die Handlung unterbrochen, um ausführlich Kinderkrippen, Kulturclubs, Betriebe oder das sowjetische Gesundheitswesen zu beschreiben. Da sich aber damals viele Leser für das Sozialsystem der Sowjetunion interessierten, schadete das der Aufnahme des Buches nicht. Ausgerechnet der kommunistische Autor Hans Kirk, mit dem Berlau befreundet war, meinte aber in seiner Rezension, daß manches Detail über die Sowjetunion näherer Nachprüfung nicht standhielte. Trotzdem sei *Videre* eine „tüchtige und sachliche Arbeit". Mit dem Gegensatz zwischen der bürgerlichen und der sozialistischen Auffassung der Ehe habe die Autorin etwas Wesentliches literarisch angepackt.[67] Auch *Berlingske Tidene* fand die Figur der Katja sehr interessant. Aber der Autorin scheine „die Gabe zu fehlen, Männer zu individualisieren".[68] Während der sowjetische Hintergrund gut gelungen sei, befand eine weitere Rezension, sei es der „debütierenden Autorin" schwer gefallen, „ihren Figuren Leben einzuhauchen". Sie blieben „Staffage in einer kalten Dekoration." Die gute Anlage der Geschichte erfordere aber „größere Reife als Ruth Berlau sie besitzt. Für einen Roman sind ihre Schreibfertigkeiten nicht ausreichend".

Trotzdem sei das Buch ein „ausgezeichneter, leicht lesbarer und unterhaltender Urlaubsroman".[69]

Bunge gegenüber gab Berlau an, daß *Videre* neben der Übersetzung der *Mutter* Gegenstand der frühesten Arbeitsgespräche mit Brecht war. Dessen Bearbeitung von Sergej Tretjakows Stück *Ich will ein Kind haben*[70] von 1929 war ein vergleichbares Projekt gewesen. Auch hier wurde ein neues, extrem rationalistisches Konzept der Weiblichkeit vorgestellt, das mit der Lebensrealität kollidiert. Wenn Berlau nach Skovsbostrand kam, ließ sich Brecht erzählen, was sie neu geschrieben hatte. Dann gab er Tipps. Er fand es zu melodramatisch, daß sich Katja der Stärke ihrer Gefühle erst durch Prebens Unfall klar wurde, der als unbewußter Selbstmordversuch inszeniert war. Er meinte, es genüge, wenn der junge Mann nach dem Streit ein paar Tage verschwände und sie ihn beim Kartenspiel mit den Fischern aufgabele. Solche Änderungsvorschläge nahm Berlau damals noch nicht sehr ernst. Ihren melodramatischen Zug, den sie selbst als Sentimentalität charakterisierte, und den Brecht in der Kunst nicht mochte, hat sie nach eigener Aussage nie abgelegt.[71] *Videre* wurde von Margarete Steffin sofort ins Deutsche übertragen. Ende 1935 schrieb sie Brecht, daß sie die Übersetzung als „gegenleistung für erwiesene gefälligkeiten" gemacht habe. Berlau habe nichts dafür gezahlt. „Aus verschiedenen gründen (nicht privaten) möchte ich bloss nicht als übersetzer genannt werden."[72]
Mit dem Erfolg von *Videre* und der Inszenierung von Teilen der *Mutter* hatte Ruth Berlau endlich ausbaufähige Talente gefunden. Am 7. Oktober 1935 notierte sie, weiterschreiben zu wollen, eventuell Romane für Mädchen. Ideen kämen ihr erst, wenn sie vor der Schreibmaschine sitze. Obwohl ihre Schwester weit entrückt war, ließen sie die Gedanken an sie niemals los.
Ein halbes Jahr zuvor, am 27. April, hatte sie von ihrer Sorge geschrieben, selber wahnsinnig zu werden. Lund hatte sie an den Kopf geworfen, daß sie für ihn nur noch Ekelgefühle empfinde und er ihr jegliche Lebensfreude verderbe. Jetzt empfand sie wieder so etwas wie Liebe für ihn, wenn sie auch meinte, daß diese keine Zukunft mehr habe.
Unter dem Datum vom 7. Oktober steht auch, daß die Treffen mit Bertolt Brecht zum Wichtigsten in ihrem Leben geworden waren.

Das von ihr lange ersehnte, von Brecht lange verweigerte Liebesverhältnis scheint erst nach seiner Rückkehr aus New York, im Februar 1936, begonnen zu haben. Daß ihn eine innere Stimme davor gewarnt hatte und weiterhin warnte, belegt wohl das Gedicht *Einmal nur über dem Pfühle*[73], das er ihr damals schickte. Es enthielt die Mitteilung, daß er ihr „Pfirsichgesicht" kein zweites Mal in den Kissen sehen wolle. Der Schreiber sei froh, auf dem Dach seines Hauses ein Ruder zu wissen. Das bedeutete wohl die Möglichkeit, sich entfernen zu können.

Vor Brechts Rückkehr war Margarete Steffin in die Sowjetunion gereist, um sich im warmen Klima der Krim zu erholen. Der Zeitpunkt war nicht frei gewählt. Ihr war die Verlängerung des Aufenthalts in Dänemark verweigert worden. Steffin litt unter der nun zeitlich unkalkulierbaren Trennung von Brecht. Als er ihr einen gemeinsamen Aufenthalt in London in Aussicht stellte, antwortete sie, daß es ihr gleich sei, wo sie sich träfen, „bloss nicht gern kopenhagen."[74] Die Stadt war Berlaus Reich. Aber damals hatte Brecht Zweifel an seiner Beziehung zu Berlau, nicht an der Beziehung zu Steffin. Ihr schrieb er damals, daß sie sich nie mehr seinetwegen ängstigen müsse.[75]

Auf die „Gefälligkeiten" der Nebenbuhlerin blieb Steffin weiterhin angewiesen. Berlau vermittelte ihr damals eine Scheinehe mit dem Kommunisten Svend Jensen Juul, die am 29. August 1936 im Rathaus Frederiksberg geschlossen wurde. Damit erhielt sie die dänische Staatsbürgerschaft und einen Paß. Weil ihre Tuberkulose immer wieder aufflackerte, war es wichtig, daß sie nun auch das dänische Gesundheitswesen kostenlos in Anspruch nehmen konnte. Das zerknittert überlieferte Original des Gedichts *Einmal nur über dem Pfühle* hat Ruth Berlau offenbar lange mit sich herumgetragen.[76]

[1] Zit. n.: Harald Engberg: *Brecht auf Fünen. Exil in Dänemark 1933–1939*, Wuppertal 1974, S. 23.
[2] Die Jahrgänge 1933–1935 von Plan sind fast vollständig in Brechts Nachlaßbibliothek vorhanden.
[3] Siehe: Ludwig Hoffmann, Curt Trepte, Jan Peter: *Exil in Skandinavien*. In: *Exil in der Tschechoslowakei, in Großbritannien, Skandinavien und Palästina*, Leipzig 1980, S. 331.
[4] Siehe: Harald Engberg: *Brecht auf Fünen*, a. a. O., S. 23.
[5] RB behauptete, daß Edith die ʼRote Hilfeʻ eine Zeit lang geleitet haben soll (*Berlau/Bunge*, S. 60). Nørregaard konnte dafür keine Belege finden. Da Edith 1934

schon in St. Hans lebte, kann es sich nur um ein Engagement in den Vorläuferorganisationen gehandelt haben.
6 RBA 301.
7 *Berlau/Bunge*, S. 86.
8 Voltelens Fotos über die Reise des RT liegen im ABA.
9 Erwin Piscator: *Moskowiade*. In: *Schriften 2. Aufsätze, Reden, Gespräche*, Berlin 1968, S. 99–100.
10 Siehe: *Berlau/Bunge*, S. 32. Hier stellt sie sich selbst als Begründerin des ersten dänischen Arbeitertheaters dar. Siehe auch: *Bertolt Brecht als Flüchtling*, RBAH-KOP.
11 RB an Hans Mayer, 11. 5. 1955, in: *Who was Ruth Berlau?* In: *The Brecht Yearbook, Wisconsin 2005, S. 231*.
12 Alfred Kurella (1895-1975), 1919 als Kurier der KPD in Moskau, hohe Funktionen in der internationalen kommunistischen Jugend- und Kulturbewegung. Er hatte 1931 in der Moskauer *Literatur der Weltrevolution* (Nr. 4 vom April 1931) scharf gegen Brechts *Die Maßnahme* polemisiert. Kurella blieb Brechts kultur- und kunstkritischer Gegner während des Moskauer Exils und in der späteren DDR.
13 Rückschauender Tagebucheintrag vom 25. 3. 1935.
14 RB: *Er der Mennesker i Sovjetrusland?* In: *Vore Damer*, 1. 8. 1933, S. 4–6.
15 Karin (dän. Karen) Michaelis (1872–1950) Der Emanzipationsroman *Das gefährliche Alter* (1910), in dem sie das weibliche Begehren dem männlichen gleichstellte, wurde Weltbestseller. In den zwanziger Jahren war die Romanserie über die halbwüchsige Abenteurerin Bibi international erfolgreich. M. war psychoanalytisch, pazifistisch, sozial und feministisch engagiert, auch in Menschenrechtsfragen.
16 *Berlau/Bunge*, S. 38.
17 Siehe: Birgit. S. Nielsen: *Karin Michaelis als Helferin deutscher Emigranten*. In: *Geflüchtet unter das dänische Strohdach. Schriftsteller und Künstler im dänischen Exil nach 1933*, hrsg. v. Willy Dähnhardt und Birgit S. Nielsen, Heide in Holstein, 1988, S. 39–50.
18 Siehe: Sabine Kebir: *Abstieg in den Ruhm, Helene Weigel. Eine Biographie*, Berlin 2000.
19 Dies geht aus handgeschriebenen Erklärungen Brechts von 1936 und 1937 hervor, die kürzlich im Brecht-Nachlaß von Victor Cohen gefunden wurden, BBA o. Sg.
20 Nørregaard entnahm den Akten der Fremdenpolizei, daß Michaelis dort die Empfehlung erwirkte, „daß der Betreffende hier die Freistatt, die er während des Rassenkampfs in Deutschland braucht, finden kann." Nørregaard: *Brecht in Dänemark*, a. a. O. S. 405–406.
21 *Berlau/Bunge*, S. 37-46.
22 Ernst Ottwalt (1901–1943), Mitarbeit am Drehbuch *Kuhle Wampe*, besonders sein Buch *Denn sie wissen, was sie tun. Ein deutscher Justizroman* (1932) war den Nazis besonders verhaßt. Waltraut Nikolaus hatte als Gerichtsberichterstatterin an mehreren Büchern Ottwalts mitgearbeitet. Ihnen fehlten die Mittel, in Dänemark zu bleiben, 1934 gingen sie in die Sowjetunion.
23 Lulu Ziegler an Brecht, undat., BBA 476/36.
24 RBA N 117.

[25] Berlau/Bunge, S. 46-48. „Ich fühlte mich völlig schizophren. Immer wieder bei großen Augenblicken bemerke ich dieses Doppelbewußtsein."
[26] Ebd., S. 48–51.
[27] Auf 1933 rückschauender Tagebucheintrag vom 24. 3. 1934.
[28] Siehe: Nørregaard: *Berlau ohne Brecht*, S. 159.
[29] Gespräch mit Rudy Hassing, Januar 2001. Siehe auch: Lars Borgersrud: *Die Wollweber-Organisation und Norwegen*, Berlin 2001, S. 42.
[30] Margarete Steffin an Walter Benjamin, 20. 12. 1933. *Briefe an berühmte Männer. Walter Benjamin, Bertolt Brecht, Arnold Zweig*, hrsg. v. Stefan Hauck, Hamburg 1999, S. 103.
[31] *Berlau/Bunge*, S. 102.
[32] Stefan Hauck: *Chronologie*, in: *Steffin: Briefe an berühmte Männer*, a. a. O., S. 321.
[33] Margarete Steffin an Walter Benjamin, Mitte Februar 1934. *Briefe* a. a. O., S. 109–110.
[34] Margarete Steffin an Brecht, Mitte Februar 1934. ebd., S.113–115.
[35] Nørregaard: *Berlau ohne Brecht*, S. 162.
[36] Palle Huld: *As far as I can remember*, a., a., O.
[37] Hans Christian Nørregaard wies nach, daß Brecht einige Anleihen von Gelsted fast, bzw. ganz wörtlich übernommen hatte. Das Prosagedicht *Rapport von Deutschland*, das er damals sowohl in Prag als auch in Moskau „als sein eigenes originales Produkt" publizierte, schuldet mehrere Anleihen Gelsteds *Rapport fra Tyksland*, erschienen 1934 in dem Ruth Berlau gewidmeten Band *Unterm Gewitter*. Jedoch sind grundlegende Differenzen zwischen Brecht und Gelsted nicht zu übersehen. Letzterer „war ein Bohémien, dessen Stärke in der Naturlyrik lag und der oft Vorbehalte gegenüber dem didaktischen Ton in Brechts Arbeiten erkennen ließ. Er war, obschon kommunistischer Sympatisant, einer dänischen Tradition, die Brecht fremd und gleichgültig war, verhaftet." *Brecht und Dänemark*, a. a. O., S. 435.
[38] RBA 117.
[39] Plan, 3. 9. 1934.
[40] Siehe: Brecht an Robert Storm Petersen, Januar. 1935, *GBFA* 28, S. 482.
[41] *Berlau/Bunge*, S. 59.
[42] Gerda Christophersen hatte 1911 die Hauptrolle im Stummfilm Den farlige Alder eller En moders skændsel (Das gefährliche Alter oder die Schande einer Mutter) nach Michaelis Roman gespielt, in dem dessen emanzipatorischer Impetus allerdings in sein Gegenteil verkehrt wurde. Das war auch der Fall bei der 1927 gedrehten deutsche Version mit Asta Nielsen.
[43] *Berlau/Bunge*, S. 65.
[44] Gespräch mit Rudy Hassing, 2001.
[45] Hassing und Nørregaard haben die Berlau-Sequenz im 1934/35 entstandenen Film (Drehbuch Kaj Monk) von Paul Fejos (1887–1963) in ihren Film *Unter dem Strohdach. Brecht und Dänemark* von 1998 integriert.
[46] Nørregaard: *Berlau ohne Brecht*, S. 165f.
[47] Siehe: Lulu Ziegler an Brecht, 6. 5. 1934. BBA 476/34.
[48] Per Knutzon an Brecht, 26. 3. 1934, BBA 476/40 und Lulu Ziegler an Brecht, 6. 5. 1934, BBA 476/34.

⁴⁹ Margarete Steffin an Arnold Zweig, 31. 7. 1935, *Briefe*, a. a. O., S. 141–142.
⁵⁰ *Berlau/Bunge*, S. 67.
⁵¹ Per Knutzon an Brecht, [Frühjahr 1934], BBA 476/24. und am 15. 7. 1935, BBA 476/21.
⁵² Per Knutzon an Bertolt Brecht, [Anfang 1934], BBA 476/37.
⁵³ Per Knutzon an Brecht, 30. 4. 1934, BBA 476/35.
⁵⁴ Brecht an Per Knutzon, Ende April. 1934, *GBFA* 28, S. 414.
⁵⁵ Berlau/Bunge, S. 52.
⁵⁶ Zeitzeugen im Radiofeature von Rudy Hassing: *Brænende – men vorbrændt* (1985).
⁵⁷ RBA 301.
⁵⁸ *Berlau/Bunge*, S. 52.
⁵⁹ TT BBA 2166/21.
⁶⁰ *GBFA* 25, S. 77.
⁶¹ RB: R. T. : *Opfører Moderen, in : Arbejderbladet*, 8. 3. 1935.
⁶² RB: *Meine erste Zusammenarbeit mit Brecht, in: Erinnerungen an Brecht*, hrsg. v. Hubert Witt, Leipzig 1964, S. 124.
⁶³ *GBFA* 28, S. 528.
⁶⁴ *Arbejde og Kærlighed.* Interview m. RB in: *Ekstrabladet*, 11. 9. 1935.
⁶⁵ *Videre*, Steen Hasselbalchs Forlag, Kopenhagen 1935, S.62–66.
⁶⁶ Information aus Gesprächen H. C. Nørregaards mit Voltelen 1976. Siehe auch: Ders. Berlau ohne Brecht, S. 159.
⁶⁷ Hans Kirk: *To bøger om Erotik*, in: *Arbeiterbladets Ugeblad*, 20. 12. 1935. Daneben Anzeige für das Buch.
⁶⁸ S. [Schyberg?] : *RBs Roman*. In: *Berlingske Tidene*, 30. 10. 1935.
⁶⁹ Ausriß ohne Zeitungsnamen, o. D.: RB: *Videre*.
⁷⁰ Sergej Tretjakow: *Ich will ein Kind haben*. In der autorisierten Übersetzung aus dem Russischen von Ernst Hube. Bearbeitet von Bert Brecht. Abgedr. in: Fritz Mierau: *Erfindung und Korrektur. Tretjakows Ästhetik der Operativität*, Berlin 1976, S. 179–246.
⁷¹ *Berlau/Bunge*, S. 57.
⁷² Margarete Steffin an Brecht, November/Dezember 1935. In: Margarete Steffin: *Briefe*, a. a. O., S. 159. Die Übersetzung ist verschollen.
⁷³ *GBFA* 14, S. 321.
⁷⁴ Margarete Steffin an Brecht, 20. 2. 1936. In: *Briefe*, a. a. O., S. 171.
⁷⁵ Brecht an Margarete Steffin, 26. 2. 1936, *GBFA* 28, S. 548.
⁷⁶ RBAHKOP.

## 3. Von symbiotischer und pädagogischer Liebe

Ruth Berlau war sich sicher, in Brecht endlich den Menschen gefunden zu haben, dem sie sich mit Leib und Seele hingeben konnte. Weil sie um ihn kämpfen mußte wie um keinen Mann zuvor, fühlte sie sich diesmal nicht als Objekt, sondern auch als Subjekt. Mit dem Gedicht *Einmal nur über dem Pfühle* hätte ihr allerdings klar werden müssen, daß Brecht eben so wenig wie Robert Lund symbiotische Liebeswünsche hegte. Die Spontaneität und Leidenschaftlichkeit, die von ihr ausgingen, waren ihm nicht geheuer. „Tue mir also den Gefallen und liebe mich nicht zu sehr"[1], sollte er später für sie dichten. Nicht nur an Männern, sondern auch an Frauen schätzte er in erster Linie Vernunft, die eine kreative Partnerschaft ermöglichte. Steffin sah er auf manchen Gebieten als seine Lehrerin an. Weigel hatte mit ihrer Darstellung der Mutter 1932 einen grundlegenden Wandel von einer symbolistischen zu einer soziologisch fundierten Figurengestaltung in seinen Stücken hervorgerufen.
Steffins Gedichte, Novellen und Dramenversuche versah Brecht mit Bemerkungen und Hinweisen. Auf Berlaus Bitte, sie das Schreiben zu lehren, ging er in einer Art ein, in der man einem Kind etwas beibringt. Auf seinem Arbeitstisch stand damals auch ein kleiner, von Weigel gebastelter Holzesel. Er trug ein Schild: „Auch ich will dich verstehen" – eine Mahnung zu einem Schreiben, das auch einfachen Menschen zugänglich sein sollte. Wenn Brecht mit Berlau über seine Arbeiten sprach, zog sie am Schwanz dieses Esels, sobald sie etwas nicht verstanden hatte.[2] Damit sie konzentriertes knappes Schreiben lernte, hielt er sie zu regelrechten Exerzitien an. Dafür bastelte er selbst ein Büchlein mit schwarzem Pappeinband. Aus Zeitungen schnitt er Buchstaben aus, die er als Titel auf den Umschlag klebte:

*Die zu kleinen Inseln.*³ Damit war Dänemark gemeint. Die geringe Größe des Landes und seine territoriale Zerrissenheit erschienen Brecht als Hauptgrund, weshalb es sich nicht wirkungsvoll gegen Druck und Einfluß des faschistischen Nachbarlands wehren konnte. Er riet Berlau, sich bei literarischen Versuchen lieber mit Beobachtungen ihrer eigenen Gesellschaft zu üben, als über Länder wie die Sowjetunion zu schreiben, die sie nur aus der Besucherperspektive kannte. Zu einer unideologischen, auf das Konkrete gerichteten Schreibhaltung mußte er sich aber auch selbst bewußt anhalten. An einen Holzbalken geheftet, prangte ein zweiter Mahnzettel in seinem Arbeitszimmer: „Die Wahrheit ist konkret." Diesen Zettel riß Ruth Berlau sich ab⁴ und behielt ihn lebenslang als Losung.

Ihre Beschreibung einer Maidemonstration in der Mitte der dreißiger Jahre ist wohl ein solches Übungsstück. Der kleine, dänisch abgefaßte Text schildert, wie die Arbeiter sich an bestimmten Orten gruppierten, um dann loszumarschieren. Die Leute von der Insel Amager strömten über die Knippelsbrücke und die Langebrücke in die Innenstadt. Unter ihnen waren auch die Arbeiter von der Schiffswerft Burmeister & Wains. Beim Nyhavn sammelten sich Hafenarbeiter. Vom internationalen Seemannsclub kamen Matrosen aus aller Welt mit ihren dänischen Kameraden gezogen. Im Stadtteil Nørrebro trafen sich die Metallarbeiterinnen. Vor Hanibal Sanders Fabrik sammelten sich Textilarbeiterinnen. Brauereiarbeiter, die vor der Tuborg-Fabrik standen, trafen ihre Kameraden von Carlsberg, um mit ihnen zusammen zu marschieren. Die Tabak- und die Schuharbeiter, die Tischler, die Schneider und die Dienstboten erschienen am Gemüsemarkt. Berlau bewegte sich mit einem Motorrad zwischen den verschiedenen Demonstrationszügen und begleitete sie jeweils eine Weile. Manchmal gerieten sie ins Stocken, behinderten die Weiterfahrt von Straßenbahnen und Autos, in denen vornehmere Leute saßen und nervös an Zigaretten zogen. Für Ordnung sorgten zahlreiche Polizisten mit Knüppeln, teilweise auch zu Pferde. Die Marschierenden bewegten sich in die Richtung des Fælleden-Volksparks.⁵ Dort war eine große Tribüne errichtet und mit roten Fahnen behängt worden. Nachdem die Führer der verschiedenen Gewerkschaften geredet hatten, ergriff auch Staatsminister Stauning das Wort. Er sprach „über die großen Dinge, die die Arbeiterklasse durch den Sozialismus erreicht hat. Das Volk aß warme Würste und trank Bier."[6]

Beim Manuskript liegt eine Bleistiftzeichnung von Brecht, auf der die Sammlungsorte der Maidemonstranten skizziert und größtenteils deutsch beschriftet sind.[7] Ähnliche Zeichnungen machte er sich auch für die Planung eigener Arbeiten.[8]

Ihr grammatisch und orthographisch mangelhaftes Deutsch habe Brecht bei der Zusammenarbeit nie gestört, sagte Ruth Berlau später. Die Übungsstückchen schrieb sie natürlich dänisch. Da sie auf eigenen Beobachtungen beruhten, haben sie öfter Tagebuchcharakter. Indem sie sie Brecht übersetzte, verbesserte sie allmählich ihr Deutsch.[9] Er konnte das Dänische zwar kaum sprechen, lernte es über die tägliche Lektüre von *Politiken* aber so weit, daß er auch an ihre Aufzeichnungen Randbemerkungen anbringen konnte.

Etwa zwei Wochen nach dem Erlebnis *über dem Pfühle* reiste Brecht für einige Monate nach London, wo er an einem Drehbuch für Fritz Kortner mitarbeitete. Er erhielt dort Besuch von seiner Ehefrau und Margarete Steffin.

Um ihn ebenfalls besuchen zu können, beschaffte sich Berlau von einer Osloer Zeitschrift, die von Nordhal Grieg geleitet wurde, einen Auftrag für eine Reportage über das Steinkohlenrevier bei Cardiff. Aus ihren Notizen dafür gehen die großen Schwierigkeiten hervor, die sie als Frau und als unbequeme Journalistin überwinden mußte, um sich einen realistischen Eindruck über die Lebensbedingungen und die Arbeit in den Minen zu verschaffen. Die Verantwortlichen hofften, daß sie sich mit der Besichtigung einer schmucken Arbeiterwohnung zufrieden geben würde, die sich aber als Heim eines Meisters entpuppte. Die Behausungen der Vorarbeiter erwiesen sich als viel ärmlicher. Sie bestand darauf, zu den Schächten geführt zu werden. Vor der Schachtausfahrt sah sie, wie ein schmächtiger Junge von dreizehn oder vierzehn Jahren sich abmühte, die in schnellem Rhythmus mit dem Paternoster ankommenden Loren auf die Gleise zu ziehen. Im letzten Wagen vermutete sie zunächst auch Kohlen. Es waren aber die mit Kohlenstaub bedeckten Arbeiter. Während ihrer Pause hackten die Leute halbnasses Holz. Als Berlau nach dem Grund fragte, antwortete jemand, daß sie sich damit ein kleines Feuer

machen wollten. Um in den Schacht einfahren zu können und dort mehr zu sehen als die oberen Stockwerke, wo es elektrisches Licht gab und relativ komfortable Arbeitsbedingungen herrschten, mußte sie erneut hart kämpfen. Unten im 20. Stock nahm sie sogar den Bohrer in die Hand und versuchte, eine Zeit lang damit zu arbeiten.[10] Im Vergleich zu ihren Notizen stellt die mit Brechts Hilfe geschriebene Reportage *Just for al little Fire* ein pointiertes Meisterstück dar, dessen Wirkung durch äußerste Verknappung entsteht. Zunächst wird der Weg durch eine Straße mit den jämmerlichen Häusern und staubbedeckten Vorgärten der Kumpel beschrieben, dann das Schuften des Jungen und das Holzhacken und Feuermachen der Arbeiter. „Das formulierte Brecht dann sehr schön in einem Artikel, daß die den ganzen Tag über im Kohlenbergwerk schufteten und selbst keine Kohlen hatten."[11]
Auf der Rückreise machte Berlau erneut Station in London, wo ihr eine junge Emigrantin aus Berlin eine Unterkunft beschaffte. Gerda Singer[12], Freundin von Louise und Hanns Eisler, erinnerte sich, wie die schöne Dänin – mit dem Ellenbogen auf den Flügel gestützt – jedes Wort Brechts mit glühendem Blick verfolgte. Diese emotionale Person, der es unmöglich war, ihre Gefühle zu verbergen, erschien ihr als das Gegenteil von Steffin. Sie habe auch zu wenig Wissen besessen, um Brecht wie Steffin helfen zu können, sei aber sehr lernbegierig gewesen.[13] Gerda Singer und Ruth Berlau befreundeten sich. Aus einer Aufzeichnung Berlaus geht hervor, daß sie in Brechts Auftrag den Londoner Kongreß der International Association of Writers for the Defence of Culture besuchte, der den 1. Pariser Schriftstellerkongress zur Verteidigung der Kultur von 1935 fortsetzte. Autoren aus ganz Europa berieten, wie die Kultur auf die Expansion des Faschismus, der auch in Spanien drohte, reagieren müsse. André Malraux schlug eine internationale Enzyklopädie vor, die mit einer kulturhistorischen Sicht über das 18. Jahrhundert eingeleitet werden sollte. Wie aber konnte eine solche Enzyklopädie der modernen Aufklärung bezahlt werden, fragte H. G. Wells. Die *Enzyclopaedia Britannica* habe soviel wie ein Kriegsschiff gekostet. Als niemand antwortete, nahm er Stock und Hut und verließ aufrechten Ganges den Saal.[14] Auch Brecht hielt es für wichtig, gegen das um sich greifende faschistische Gedankengut

67

den Faden der Aufklärung wieder aufzunehmen. Vielleicht angeregt durch Berlaus Bericht, ergriff er die Initiative für die Gründung eines internationalen Netzwerks von Intellektuellen, für das er den Namen Diderot-Gesellschaft vorschlug. Er regte an, daß sie eine weniger aufwendige Enzyklopädie in Form von Einzelbroschüren herausbringen könnte.

In London beschäftigten sich Brecht und Berlau auch mit einem Ansatz zu einem Lustspiel, das *Freuden und Leiden der kleinen Seeräuber* heißen sollte. Diesem nicht weiter verfolgten Projekt kann das von Brecht in London verfaßte *Lied der liebenden Witwe*[15] sicher zugeordnet werden. Vielleicht gehört auch das Erzählungsfragment *Die Mutter aller Seeleute der Welt* zu diesem Plan.[16]

Das Liebesverhältnis zwischen Berlau und Brecht wurde vielleicht schon in London wieder aufgenommen. Da sie sich wegen der Entfernung zwischen Kopenhagen und Fünen nur gelegentlich trafen, konnte Brecht es als eine Beziehung ansehen, die seine bestehenden Beziehungen nicht störte.

Es war wohl weniger Berlaus Schönheit und ihr Eifer, von ihm zu lernen, weshalb er seinen Widerstand aufgegeben hatte. Ausschlaggebender war wohl, daß sie Probleme aufwarf, die ihn als ungelöste Widersprüche der weiblichen Existenz interessierten.

Der größte Widerspruch ihres Lebens war die von ihr als unhaltbar empfundene Ehe mit Lund. Daß sie diesen gütigen Mann vor allem aus finanziellen Gründen nicht verlassen konnte, nagte an ihrem Selbstwertgefühl. Allein konnte sie ihren Lebensunterhalt nicht bestreiten und keines ihrer anderen Liebesverhältnisse hatte eine Alternative ergeben.

Daß sie Brecht gestand, das er einzige Mann war, der sie sexuell befriedige,[17] frappierte ihn. Wieso schlief sie immer wieder mit Männern, ohne dabei etwas zu empfinden? Sein Erstaunen spiegelt sich in dem Gedicht *Wenn sie trinkt, fällt sie in jedes Bett*. Danach behauptete sie, daß ihr andere Männer, mit denen sie unter Alkoholeinfluß schliefe, eigentlich nichts bedeuteten. Am Ende äußert das Gedicht den Verdacht, daß sie vielleicht auch trinke, wenn sie Lust auf einen bestimmten Mann hätte.[18] Darin kommt die Vermutung zum Ausdruck, daß ihre Nymphomanie nicht nur die Folge des Trinkens war, sondern eine Droge wie das Trinken auch. Aus Brechts Sicht war es das Wechselspiel von Existenzsorgen und Drogen, das ihr die Konzentration raubte und sie an der vollen Entfaltung ihrer Talente hinderte. Mit Alkohol, Zigaretten, Medikamenten und Sex schien sie gegen ihre permanente Sorge um Geld sowie gegen die Angst anzukämpfen, auf ähnliche Weise durchzudrehen wie ihre Schwester.

Seit der Jahrhundertwende und besonders in den zwanziger Jahren wurde es zu einem Gemeinplatz der Linken, daß Menschen mit psychischen Störungen oder angeblich anormalem sozialem Verhalten nicht in Kliniken oder Gefängnisse eingesperrt werden dürften. Auch Brecht war der Auffassung, daß sie ins normale Leben integriert werden sollten, möglichst in einen Arbeitsprozeß. Denn was hieß überhaupt ´psychisch gestört`? Was hieß ´normal`? Steckten hinter solchen Begriffen nicht zweifelhafte Maßstäbe? Fritz Langs Film *M - eine Stadt sucht einen Mörder* suggerierte 1930 durch die große Kunst des Hauptdarstellers Peter Lorre, daß sogar ein Sexualverbrechen auf soziale Ausgrenzungen zurückzuführen sein kann. Karin Michaelis, die damalige Wohltäterin der Familie Brecht–Weigel, holte besonders gewitzte Diebe aus dem Gefängnis und suchte für deren Intelligenz neue Betätigungsfelder. Margarete Steffin hat ein Manuskript hinterlassen, in dem ein Leningrader Straßenkind durch Aufnahme in eine Familie und eine Ausbildung den Weg ins ordentliche sowjetische Leben fand.[19] Berlau selbst schilderte in *Videre* den Bau des Weißmeerkanals durch Sträflinge nicht unter dem Aspekt der ihr wohl unbekannten schrecklichen Lebensbedingungen, sondern ebenfalls als eine Resozialisation, die sinnvoller als Haft war.
Für Brecht stand es außer Frage, daß sich die aktive und engagierte Ruth Berlau, die zwar ein Alkoholproblem und ein unbefriedigendes Liebesleben hatte, von ihren Ängsten befreien könne. Auch Konzentration ließ sich erlernen. Und in ihrem sprunghaften Wechsel von Stimmungen und Haltungen, den die Psychiatrie damals wahrscheinlich als schizophrene Tendenz bezeichnet hätte, sah er wohl eher eine Vorform dialektischen Denkens. In der Kulturszene der Weimarer Republik wurde Schizophrenie häufig als Veranlagung zu künstlerischem Ausdruck positiv gewertet.
Die faschistischen Bewegungen vertraten allerdings die seit der Jahrhundertwende in vielen Ländern bestehende Gegenposition der

„Pychohyghiene" und der Eugenik. Zusammenfließen von Kunst und Wahn galt hier als ungesund und konnte später zur Begründung von Euthanasie herhalten.

Damit Ruth Berlau das Schicksal ihrer Schwester nicht länger wie eine eigenes Trauma mit sich herumtrug, schlug Brecht eine konkretere literarische Verarbeitung vor als *Videre* es gewesen war. Aus den Gesprächen über Ediths Schicksal entstand die Novelle *Regnen* (Regen). Sie erzählt die Liebesgeschichte einer Studentin zu einem Regierungsbeamten. Die Studentin meint zunächst, ertragen zu können, daß er verheiratet ist. Der Mann hat für sie zwar eine große elegante Wohnung gemietet, schämt sich aber, mit ihr in der Öffentlichkeit aufzutreten. Nachdem er ihr vorgeschlagen hat, ihn auf einen Kongreß nach Brüssel zu begleiten, reist er schließlich doch mit seiner Frau, da diese mit Selbstmord droht. Für die Studentin ist das der Anlaß zum Bruch. Die beiden machen eine Abschiedsreise nach Malmö. Auf der Rückfahrt beschließen sie, sich zwei Jahre nicht zu sehen und dann zu prüfen, ob sie die Beziehung wieder aufnehmen können. In dieser Zeit will sie sich für ihren Freund „emanzipieren", d. h. ihr Studium abschließen und eigenes Geld verdienen. Während diese Verabredung getroffen wird, spürt sie, wie ihr Körper vollkommen steif wird – eine Reaktion auf große innere Spannung, die die Psychiatrie als „Stupor" bezeichnet. Monatelang versucht die Studentin vergeblich, sich von ihrem Geliebten zu lösen. Statt dessen gerät sie in eine Nervenkrise. Ihrem Ziel, sich „für ihn" zu emanzipieren, erscheint vor allem deshalb aussichtslos, weil sechzig Prozent der Universitätsabsolventen keine Arbeit finden. Sie fragt sich, ob sie in Wirklichkeit nicht doch die Heirat, die materielle Versorgung brauche und anstrebe. „Es ist, als wenn man sich durstig über einen Brunnen mit Wasser beugt, um davon zu trinken, aber je tiefer man sich hinunter beugt, um so mehr weicht der Wasserspiegel zurück."[20] Die Studentin beendet ihr Leben durch Selbstmord.
Soweit die Fabel von *Regnen*. Eine zweite Ebene dieser bislang nur auf dänisch publizierten Novelle enthält Bruchstücke Brechtscher Liebes- und Gesellschaftsphilosophie. Sie werden teils als Meinung der Erzählerin ausgegeben, tauchen aber auch im Tagebuch der toten Studentin auf, wenn sie versucht, ihre Situation rational zu analysieren.

Sie fragt sich, ob es nicht die fehlende Solidarität in der Gesellschaft
ist, die in vielen Menschen einen fast religiösen Glauben an die Macht
der Familien- und der Geschlechtsliebe hervorruft. Die Probleme der
Konkurrenzgesellschaft erzeugen unstillbare Sehnsucht nach „Liebe ohne Abstand", können aber im privaten Raum auch nicht gelöst
werden. „Zwei Herzen, die einander gefunden haben", richten gegen
die Arbeitslosigkeit nichts aus. Statt dessen kann die zu enge Verquikkung der Probleme des Sozialen mit dem Privaten die Harmonie des
Liebesakts stören. Den Umzug von einer Fünf- in eine Zweizimmerwohnung halte nicht jede Liebe aus, heißt es einmal. Um den Liebesakt zu entmystifizieren, wird die Ehedefinition Kants zitiert über
den „wechselseitigen Gebrauch, den ein Mensch von eines anderen
Geschlechtsorganen und Vermögen macht". Kants Definition[21], so
reflektiert die Erzählerin, bekomme in der zugespitzten Entwicklung
der Konkurrenzgesellschaft nicht weniger, sondern mehr Bedeutung,
wenn auch eine negative. Die eigentliche Geschlechtsliebe werde immer weniger realisiert, sechzig Prozent der Frauen habe kein Lustempfinden in der Liebe. Freud habe schon das Ende der menschlichen
Sexualität überhaupt befürchtet.[22]
Die Novelle enthält eine Nebengeschichte, die suggerieren will, daß
im proletarischen Milieu die Rolle der Sexualität illusionsloser gesehen werde: Eine junge Arbeiterin hat ein Verhältnis mit einem älteren
Arbeiter, der sich für sie scheiden lassen will. Seine Frau ist einverstanden, verlangt aber so viel Unterstützung, daß er zögert. Befragt,
ob es nicht besser sei, die Ehe ihres Freundes nicht zu stören, sagt das
Mädchen, daß sie ihren Liebhaber gar nicht heiraten wolle, um nicht
von einem so viel älteren Mann abhängig zu sein. Die Probleme in
seiner Familie seien eigentlich nur Geldprobleme. Sie besteht darauf,
daß sie zusammen bleiben und sich weiter treffen würden, solange es
ihnen beiden gefiele.[23]
Die in *Regnen* auftauchenden Theorien über die soziale Überfrachtung der Sexualität entsprachen den Anschauungen vieler Intellektueller im Zeitalter Freuds. Brecht stand der psychoanalytischen
Methodik zwar kritisch gegenüber, vertrat aber selbstverständlich
Freuds grundlegende Erkenntnis, daß Sexualität und Moral in ein
neues Verhältnis gebracht werden müßten. Das Sexuelle sollte nicht
mehr ausschließlich - wie in der religiösen und in der kleinbürger-

lichen Konzeption - als zunächst romantische, dann pflichtgemäße Ergänzung der sozialen Verantwortung gelebt werden müssen. Die rigide Sachlichkeit der Ehedefinitionen Kants setzte Brecht damals und später immer wieder gegen die Verkitschung ein, in der das Thema der ewigen Liebe häufig abgehandelt wird.[24]
In den Gesprächen mit Bunge sagte Berlau 1959, daß Brecht die Novelle *Regnen* selbst aufgeschrieben habe.[25] Man muß sich hier aber eher eine dialogische Arbeitsweise vorstellen: Berlau erzählte, Brecht formulierte und diktierte bestimmte Teile, fügte schließlich eigene Betrachtungen hinzu. Diese und andere Novellen wurden zunächst in ihrem mangelhaften Dänisch-Deutsch niedergeschrieben. Berlaus spätere dänische Publikation von *Regnen* wirkt nicht nur wegen der eingestreuten trockenen und teilweise ungenau wiedergegeben philosophischen Brecht-Traktate roh und unfertig. Sie konservieren sogar in der dänischen Druckfassung einzelne deutsche Wörter wie „Standpunkt", „Grund" u. a. Davon abgesehen ist die Erzählung jedoch Zeugnis eines intensiven Zwiegesprächs mit dem Ziel, Berlau aus der fatalen Identifikation mit der Schwester zu befreien.
Brecht riet ihr auch zu einer soziologischen Untersuchung, nämlich die Schicksale von Ediths Mitpatientinnen zu erforschen. Wenn sie Edith in St. Hans besuchte, begann Berlau tatsächlich eine Reihe von Frauen nach den Gründen für ihre Einsperrung zu befragen. Soweit sie nicht geistig behindert waren, sollen die meisten Frauen ökonomische Probleme angegeben haben. Danach folgten Probleme des Liebeslebens, häufig sexuelle Frustration.[26] Berlaus soziologische Recherche schien zu bestätigen, daß das Verhältnis der Geschlechter grundlegend gestört war. Aus Brechts marxistischer Sicht war die materielle Unabhängigkeit der Frauen der Hebel, mit der sich die Frauen mehr sexuelle Selbstbestimmung verschaffen konnten.
Daß durch die gemeinsame Bearbeitung von Ediths Geschichte bei Ruth Berlau eine therapeutische Wirkung eintrat, bezeugt ihre spätere Bemerkung, Brecht habe ihr damit menschlich viel weitergeholfen.[27] Dies war freilich auch möglich, weil es sich zugleich um ein Zwiegespräch von Liebenden handelte, die dabei waren, in der Diskussion über Edith die Bedingungen ihrer Verbindung auszuhandeln. Analog zur Geschichte der jungen Arbeiterin in *Regnen* erklärte Brecht, daß ein neues Liebesverhältnis auch für ihn nicht bedeute, die bereits be-

stehenden Verhältnisse zu entwerten oder zu beenden. Das bezog sich nicht nur auf seine sozialen Pflichten, sondern auch auf die Liebesverhältnisse zu seiner Frau und seiner Geliebten. Weil Ruth Berlau ebenfalls verheiratet war und andere Liebesverhältnisse unterhielt, war diese Bedingung ausgewogen. Und doch stand sie ihrem symbiotischen Liebeswunsch entgegen. Würde sie eine von ihr so intensiv empfundene Liebesbeziehung, die nicht exklusiv werden konnte, aushalten? Oder doch durchdrehen? Sie müsse lernen, sagte Brecht immer wieder, ihre Gefühle mehr unter die Kontrolle ihres Verstandes zu bringen. Er selber hatte sich schon als Jugendlicher auferlegt, Gefühlsüberschwang zu meiden. Als er die *Mattäuspassion* in der Augsburger Barfüßerkirche gehört hatte, beschloß er, künftig dem „Stupor" auszuweichen, „in den man da verfiel, dieses wilde Koma".[28]

Der Unterricht, den Brecht Berlau gab, umfaßte bald mehr als Schreibtechnik. In *Regnen* wurde die Studentin durch ihren Geliebten aufgefordert, die Stirn nicht in Falten zu ziehen, damit sie sich aus einer Verspannung löste. Dieselbe Ermahnung richtete Becht immer wieder an Ruth Berlau: in vielen Briefen, im Gedicht und zweifellos auch mündlich. Das weist auf seine Verankerung im Behaviorismus, einer von dem Amerikaner Watson[29] entwickelte Verhaltenslehre, die in den zwanziger Jahren auch in Deutschland zu Einfluß kam und bis heute in der Verhaltenstherapie fortwirkt. Der Behaviorismus war neben der Nationalökonomie des Faschismus, der Musik, dem Weltbild der modernen bürgerlichen Physik, als viertes Thema eines 1931 u. a. von Brecht und Benjamin geplanten Marxistischen Clubs vorgesehen. Einen Vortrag darüber sollte der befreundete Kultur- und Literaturkritiker Armin Kesser halten.[30]
Der Behaviorismus wollte psychischen Problemen nicht mit Ausschluß und Sonderbehandlung, sondern durch neue Formen der Sozialisation begegnen, die auch dem Kranken eine aktive Rolle zuwiesen. In einem am 20. April 1934 im *Ekstrabladet* gedruckten umfangreichen Interview nannte Brecht den Behaviorismus eine „ganz neue Psychologie". Im Unterschied zur „introspektiven seelischen Tiefenforschung früherer Psychologen" gründe er sich „ausschließlich auf die nach außen tretenden Wirkungen der menschlichen Psyche – das Verhalten des Menschen."[31]

Im Konstatieren des engen Zusammenhangs zwischen Ursprungsmilieu und Individualität differieren Psychoanalyse und Behaviorismus nicht. Watson meinte aber, daß die von der Psychoanalyse etablierte Methode der rationalen Auswertung einer seelischen Tiefenschau nicht ausreiche. Brecht folgte ihm darin, daß neues Verhalten auch durch Üben und praktisches Handeln des Körpers stimuliert werden müsse. Dadurch würden, so meinte er, neue Reflexe und sogar chemische Prozesse erzeugt. Mit seiner Vorstellung, daß der Mensch nicht nur sich selbst, sondern auch seine Umwelt aktiv verändern könne, ging Brecht dann aber weit über Watson hinaus. Bevor der Behaviorismus die Psychotherapie auf breiter Linie beeinflußte, wurde zur psychologischen Grundlage der Werbeindustrie. Die Bedeutung des Behaviorismus für Brecht ist bislang nur für seine Theaterpraxis erkannt worden. Er etablierte eine enge Beziehung zwischen Denken, Gestus und Handeln. Armin Kesser notierte am 21. 12. 1931 anläßlich der Uraufführung von Brechts *Mahagonny*, daß dieses Werk „*den Gestus als bestimmendes Mittel*" einführe. „O, dass die Geste zugleich mit dem Wort verfallen ist!"[af] Brechts Behaviorismus kommt auch Beobachtung Ruth Berlaus zum Ausdruck. Er habe besonders jungen Schauspielern immer wieder Gestisches vorgemacht: „den Gang der Müdigkeit oder den Gang der Sinnlichkeit, den Gang der Eitelkeit oder den Gang der Beleidigten. Damit verschafft er dem Schauspieler eine Grundlage, denn der Gang ist die Haltung."[33] Die Änderungen einer Inszenierung kam bei ihm durch raschen Übergang von der Diskussion zum Ausprobieren zustande. Auch im wirklichen Leben glaubte Brecht an einen engen Zusammenhang zwischen Gestik und geistiger Verfassung, durch deren Tag auf Tag folgende Summierung sich die Geschichte des Individuums als eine eng verwobene Geschichte des Körpers und des Geistes ergibt. Den engen Bezug, den die Behavioristen zwischen Individualität und Ursprungsmilieu eines Menschen sahen, gab er in den Versen *Ich weiss: wenn ich nicht funktioniere* wieder. Hier geht es um eine Person, die aus der Ober- oder Mittelschicht stammt und versucht, die Klassengrenze zum Proletariat zu überschreiten. Die Peron wurde aber nur zu einer neuen Weltanschauung „überredet", die sie psychisch nicht verinnerlichen kann. Obwohl die Person nicht mehr an Gott glaubt, erzeugen Kirchenglocken – vermutlich auf Grund einer chemischen

Reaktion – einen Pawlowscher Reflex, der ähnliche Gefühle auslöst wie vor der „Überredung". Wenn die Person im Sinne ihrer neuen Weltanschauung „richtig" handelt, wird sie selber „unrichtig". Und das erzeugt bei ihr eine Krankheit.[34] Dieses Gedicht könnte sich auf Edith Berlau beziehen, genauer auf die Nachricht, die sie für Ruth hinterließ, bevor sie ihren Selbstmordversuch unternahm: Zwar sei sie Kommunistin, ihr Nervensystem sei aber konservativ geblieben.[35] Die Erstschrift des Gedichts befindet sich auf einem von zwei Notizblöcken, die in Deutschland begonnen und im dänischen Exil weiter beschrieben wurden. Sie enthalten u. a. mehrere Bemerkungen zum Behaviorismus, aber auch weitere Erstschriften von Gedichten, die mit Sicherheit in Hinblick auf Ruth Berlau entstanden.[36] Denken galt Brecht erst als vollendet, wenn es einen körperlichen Ausdruck gefunden hatte. Umgekehrt war für ihn Haltung, Stimme, der körperliche Ausdruck insgesamt ein Zeichen für den geistigen Zustand eines Menschen. Wie die Behavioristen war er aber auch überzeugt, daß sich über eine bewußt eingenommene Körperhaltung sowohl psychische als auch somatische Leiden beeinflussen lassen: „Weinen entsteht durch Trauer", behauptete er, „aber es entsteht auch Trauer durch das Weinen".[37] Umgekehrt meinte er, daß man Heiterkeit selbst produzieren könne und müsse, eine Mahnung, die er immer wieder an Ruth Berlau richtete.[38] Und eine bewußt hergestellte glatte Stirn, meinte er, helfe dem Denken, Depressionen zu überwinden und aus Sackgassen herauszufinden.

Die berühmten Lai-Tu-Geschichten Brechts sind das Zeugnis eines behavioristischen Lehr- und Therapievertrages, den er damals mit Ruth Berlau schloß. Diese kleinen Aphorismen, manchmal auch Gedichte, sollten ihr helfen, die Stirn glatt zu halten. Sie sollte sich auch bewußt werden, daß ihre Probleme Teil der Widersprüche waren, in denen die meisten Frauen lebten. Daher konzipierte er diese Aphorismen und Gedichte zugleich als Teil jenes Weltanschauungskatechismus, der als *Me-ti*, bzw. *Buch der Wendungen* bekannt ist. Mit dieser als offenes work in progress konzipierten Sammlung kleiner Texte in fernöstlichem Gewand reagierte er gegen das erstarrte sowjetische Theoriegebäude des Marxismus-Leninismus. Nachdem die Sowjetunion in ihrer Anfangsphase eine fortschrittliche Sexual-

politik etabliert hatte, verordnete sie schon gegen Ende der zwanziger Jahre eine prüde Geschlechtermoral, die auch arbeitende Frauen darin behinderte, sich von patriarchalen Fesseln zu befreien.
Vor 1936, also vor Beginn der Liebesbeziehung, taucht Ruth Berlau im *Buch der Wendungen* schon als Schüler Me-tis auf, dem klassischen „Meister" der Lehre der Widersprüche. Dieser Schüler, der zunächst vor allem politische Fragen stellt, heißt Ro, manchmal auch Rho, bisweilen Tu, Tu-fu oder Tu-su. Er will am Klassenkampf teilnehmen und fragt nach der Philosophie, die er, um gut kämpfen zu können, studieren müsse. Me-ti rät, zunächst nicht von Bücherweisheiten auszugehen, sondern von einem Denken, das sich an der Lebenspraxis orientiert und „Handeln ermöglicht".[39] Auch in diesem Aphorismus ist der behavioristische Hintergrund zu erkennen.
Etwa zur Zeit des Beginns des Liebesverhältnisses werden die verschiedenen männlichen Schüler Me-tis, hinter denen sich schon Ruth Berlau verborgen hatte, zu einer weiblichen Figur zusammengeschmolzen: Lai-tu. Das Buch der Wendungen diskutiert den Themenkomplex der Geschlechterverhältnisse ähnlich wie in *Regnen*. Lai-tu soll lernen, ihre Gefühle besser ihrem Verstand unterzuordnen. Me-tis Mißtrauen gegen Gefühle rührt aus der Erfahrung, daß sie leicht manipuliert werden können. Er ist nicht gegen Gefühle an sich, sondern nur gegen ihren Überschwang. Wer meine, es gäbe Gefühlsbewegungen ohne Vernunft und umgekehrt, verstehe unter „Vernunft etwas Falsches".[40] Skeptisch stand er Liebesschwüren gegenüber: „Ich habe dich oft angehalten, nicht zu mir zu sagen: ich liebe dich, sondern: ich bin gern mit dir zusammen; nicht: verlaß dich auf mich, sondern: rechne in bestimmten Grenzen mit mir; nicht: für mich gibt es nichts als dich, sondern: es ist angenehm, daß es dich gibt."[41] Wichtiger als Liebesworte erschien dem Behavioristen Liebeshandeln. Es gehörte aber zu Brechts Kompromissen in der realen Liebesbeziehung zu Berlau, daß sie das gewünschte Wort nicht nur selber aussprechen durfte, sondern auch von ihm bekam, wenn auch am liebsten in für ihn verfremdeter, nämlich dänischer Form: Jeg elsker dig, abgekürzt: J. e. d..
Lai-tu stellte ihre Fragen nicht nur dem „Meister" Me-ti, sondern auch ihrem Geliebten Kin-jeh (manchmal auch: „Ken-jeh", „Kienleh"), der ebenfalls ihr Lehrer und zugleich damit beschäftigt war, ein

allgemeines *Lehrbuch des Verhaltens* zu schreiben. Anders als Verhaltensbücher der Vergangenheit befaßte es sich nicht nur mit Regeln für das Verhalten des Einzelnen, sondern auch mit den Beziehungen der Menschen untereinander.[42] Kin-jeh behauptete, daß man sich die Liebe zwischen zwei Menschen auch als eine Produktion vorstellen könne. Liebende produzierten „freundliche Handlungen", die zuerst bei ihnen selbst Veränderungen hervorriefen. Bei Liebenden einer „hohen Ordnung" würde sich eine ständige Haltung der „freundlichen Handlungen" nicht nur dem Geliebten gegenüber zeigen, sondern verallgemeinern.[43] Eine solche Haltung könne einer „dritten Sache" zugute kommen. Dies war Brechts Metapher für den Kampf um eine bessere Welt, der einer privaten Beziehung einen höheren Sinn geben könnte.[44] Me-ti lehrte, daß das „Verhältnis zwischen zwei Menschen gut sei, wenn da eine dritte Sache vorliege, der das Interesse beider gelte." Das hätte auch zur Folge, daß sich ihr Verhältnis leichter ordne, „eben nach dem Bedürfnis dieser Sache."[45]
Den Umkehrschluß, daß ein gemeinsames Engagement für eine „dritte Sache" schon Grundlage der geschlechtlichen Liebe sein könne, läßt Me-ti allerdings nicht gelten. Daß Lai-tu, obwohl es ihr nicht gefiel, mit ihrem Ehemann weiter schlief, weil auch er sich für die dritte Sache zu interessieren begann, billigte er nicht: „Das heißt: ein Stück Brot zu bekommen und es mit Gift hinunterzuspülen."[46]
Die berühmteste, oft mißverstandene Lai-Tu-Geschichte ist die vom Apfel, der zu Ruhm kommt, „indem er gegessen wird." Sie bezieht sich auf die Selbstzweifel Ruth Berlaus, weil sie bislang weder auf der Bühne noch als Autorin Bedeutendes geleistet hatte. „Daß im Hinblick auf sie Dichtungen hervorgebracht wurden und gute Leute sich besser verhielten als sonst, achtete sie für nichts." Me-ti wollte ihr Mut machen, daß auch Freundlichkeit und Güte Leistungen sind, aus denen man Selbstbewußtsein schöpfen kann.[47] Da der um 1936 datierte Text zu einem Zeitpunkt entstand, als Brecht noch kaum etwas für und über sie geschrieben hatte, kann mit den in Hinblick auf sie entstandenen Dichtungen nur der Gedichtband gemeint sein, den ihr Gelsted 1934 gewidmet hatte. Auch Nordhal Griegs Roman *Jung muß die Welt noch sein* enthielt ein Porträt Ruth Berlaus.
Der Ernst des Therapievertrags geht besonders daraus hervor, daß dem Therapeuten unbedingt die Wahrheit gesagt werden mußte.

Auch wenn Kienleh über eine Wahrheit „sehr betroffen" war, „sammelte" er „die Wahrheit sorgfältig auf, alle, die Tu-Fu ihm gab, viele Wahrheit; Kienleh hatte alle Hände damit zu tun, sie zu sammeln, es wurde wie eine Ernte." Me-ti legte streng nach: „Willst du, daß er dich liebt oder ein Phantasiebild? Wie soll er dir einen Rat geben, wenn er nicht weiß, wie du bist?"[48]
Der manchmal autoritär wirkende Impetus der Lai-tu-Geschichten erstaunt weniger, wenn man ihn als behavioristisches Therapieprogramm erkennt. Er wird auch dadurch relativiert, daß Kin-je ebenfalls ein Lernender ist. Wie Lai-Tu gehört er zu Me-tis Schülern. Brecht verstand sich als Lehrmeister für eine begrenzte Zeit. Das Ziel des pädagogisch-therapeutischen Projekts war nicht weniger, sondern mehr Selbstbestimmtheit Ruth Berlaus.
Daß eine Beziehung, in der Therapeut und Liebhaber identisch sind, große Risiken barg, scheint Brecht nicht bewußt gewesen zu sein. Wenn er Berlau riet, sowohl das Trinken als auch unbefriedigende sexuelle Erlebnisse bewußt zu meiden, hoffte sie sehnlichst, daß das nicht nur ein therapeutischer Ratschlag war, sondern auch ein aufkeimender Besitzanspruch Brechts. In allem, was Brecht schriftlich über Ruth Berlau hinterlassen hat, steht der Therapeut im Vordergrund und es finden sich auch mehrere Hinweise, daß die Beziehung nicht als exklusive, sondern als offene angelegt war. Aber es ist natürlich zu unterstellen, daß er auf unbewußter oder auch auf halb bewußter Ebene die Impulse des Liebhabers nicht immer kontrollieren konnte. Diese unvermeidliche Konfusion ist für den „Patienten" höchst gefährlich, weshalb sie in der klinischen Therapie streng untersagt ist.

Per Knutzons Möglichkeiten als Regisseur vergrößerten sich, als er 1935 Leitungsmitglied von Riddersalen wurde, einem kleinen Theater, das von der KP etwas finanzielle Unterstützung erhielt. Berlau, die sich mit Knutzon nicht mehr so gut verstand, war an der im Herbst 1936 dort begonnenen Inszenierung von *Die Rundköpfe und die Spitzköpfe* nicht beteiligt. Steffin, die recht gut dänisch gelernt hatte, fungierte als Sprachmittlerin zwischen den Darstellern und Brecht, der Knutzon bei der Regie unterstützte. Als Steffin auf Robert Lunds Drängen wegen der Ausweitung ihrer Tuberkulose

auf die Ohren ins Krankenhaus mußte, wurde sie durch die Weigel ersetzt. Da Knutzon für die verfremdende epische Spielweise kein großes Verständnis aufbrachte, kam es zwischen ihm und Brecht zu einigen Spannungen. Die Premiere am 4. November war dennoch erfolgreich. Die ganze linke und linksbürgerliche Szene Kopenhagens war erschienen.[49] In den folgenden Tagen kam es dann aber zu antisemitischen Demonstrationen dänischer Nazis vor dem Theater. Und bald setzte in rechtsextremen Blättern Hetze gegen Brecht ein.[50] Das Publikum blieb weg. Nach 21 Aufführungen wurde das Stück mit großen finanziellen Verlusten für Knutzon abgesetzt.
Es war ein unglücklicher Umstand, daß acht Tage nach der Premiere von *Die Rundköpfe und die Spitzköpfe* im Königlichen Theater *Die sieben Todsünden der Kleinbürger* in der Inszenierung des berühmten Choreographen Harald Lander Premiere hatten. Obwohl auch hier das Publikum begeistert war, wurde das Ballettstück nach zwei Aufführungen abgesetzt. Die rechte Presse drehte immer mehr auf und begrüßte es, daß „pornographischen Kommunisten" klar gemacht werde, „was sie in einem Gastland dürfen und was nicht." Das Königliche Theater solle „abgeschmackter und undänischer Agitation" nicht „die Hand reichen".[51] Die *Nationaltidene* freute sich: „Die rote Front am Kongens Nytorv wankt" und verlangte, dem Spielleiter Roose den Stuhl für die Tür zu setzen, der dem Einfluß des „kommunistisch infizierten Teils der Künstlerjugend" erlegen sei.[52]
Berlau wollte in Erfahrung bringen, ob das Königliche Theater Selbstzensur geübt hatte oder ob Brecht von höherer Stelle boykottiert wurde. Sie bemühte sich um eine Audienz bei Justizminister Steinke und fragte ihn, ob es in Dänemark erlaubt oder verboten sei, Brecht aufzuführen. Steinke bekannte sich ausdrücklich zur Freiheit der Kunst. Er wäre bereit, ein Auge zuzudrücken, könne aber nicht dafür garantieren, daß die deutsche Gesandschaft das auch tue. Nun verlangte Ruth Berlau, daß das Justizministerium im Namen der Kunstfreiheit die Aufführung der Inszenierung garantieren solle. Darauf erhob sich Steinke, führte sie zur Tür und soll gesagt haben, daß er für sie nur nachts noch Zeit habe.[53] Harald Lander hat 1963 bestätigt, daß das Ballett abgesetzt wurde, weil auf den dänischen Botschafter in Berlin Druck ausgeübt worden sei.[54]

Daß Brecht erotische Opfergaben, die um seinetwillen oder auch um der dritten Sache willen dargebracht wurden, keineswegs billigte, zeigt die Geschichte *Lai-tu flirtet*. Me-ti sagt Kin-je jedoch: "Wenn Lai-tu nur flirtete, um dir untreu zu sein, würde ich nichts sagen."[55]

[1] Zeile aus dem Gedicht: „*Allem, was du empfindest* gib // Die kleinste Größe", GBFA 14, S. 456. Auf Brechts lange Abwehr gegen eine engere Beziehung zu RB scheint auch *Das sechste Sonett* zu deuten: „Als ich vor Jahr und Tag mich an dich hing // war ich darauf nicht allzu sehr erpicht", *GBFA* 11, S.182. Das Originaltyposkript liegt in der Mappe *Meine Gedichte*, RBAHKOP, die RB 1961 der Königlichen Bibliothek Kopenhagen übergab.

[2] *Berlau/Bunge*, S. 101.

[3] Ebd., S. 58.

[4] Ebd.,, S. 276.

[5] Fælleden war ursprünglich ein Anger, auf dem es am 1. Mai 1872 zu einer blutigen Auseinandersetzung zwischen demonstrierenden Arbeitern und der Polizei gekommen war. Bis heute finden dort die Maidemonstrationen statt.

[6] RBA 298

[7] Die Stadtskizze bezeichnet nur den Gemüsemarkt in halb schwedischer Sprachform „Grøn torget" statt dänisch „Grøn torvet". Das kann auf spätere Entstehung in Schweden hinweisen. Beschrieben wird aber ein 1. Mai um 1935.

[8] Eine im Stil ähnliche Planskizze zum *Guten Menschen von Sezuan* in: *Bertolt Brecht. Sein Leben in Bildern und Texten*, hrsg. v. Werner Hecht, Frankfurt am Main 1978, S. 176–177.

[9] *Berlau/Bunge*, S. 60.

[10] Ebd., S. 81.

[11] TT BBA 2166/26. In *Berlau/Bunge*, S. 81 ist allgemeiner formuliert: „Brecht half mir beim Schreiben der Artikel für die Zeitung." Publiziert wurde auch nur ein Artikel: *Just for a little Fire*. In: *Veien Frem* (Der Weg vorwärts), 4/1937 (Oslo). Enthalten war u. a.: Bertolt Brecht: *Fünf Schwierigkeiten beim Schreiben der Wahrheit* und Beiträge von August Strindberg und Nordhal Grieg.

[12] Gerda Singer, später: Goedhart (Lebensdaten nicht ermittelt) emigrierte 1934 nach London, 1938 in die USA. An der Beschaffung des Einreisevisums für die Brecht-Truppe beteiligt. Dreieinhalb Jahre in japanischem KZ auf Borneo, 1946 zurück in Santa Monica, lernte fotografieren u. machte erste Porträts von Brecht und Weigel. Ab 1947 in Holland wohnend, bis zu Brechts Tod freischaffende Fotografin für das BE.

[13] Gerda Goedhart, Käthe Rülicke-Weiler: *Brecht Portraits*. BBA Z42/5.

[14] RBA 299. Brecht entschuldigte sich, an dem Kongreß nicht teilnehmen zu können: *GBFA* 28, S. 556. Auf die Enzyklopädie und die Episode um Wells geht er ein in: Inselbriefe 1, *GBFA* 14, S. 328–329.

[15] *GBFA* 14, S. 328. Das Projekt ist vielleicht im Zusammenhang zu sehen mit Äußerungen Brechts in einem Interview, das am 14. Juni 1935 *Berlingske Tidene* brachte. Hier kündigte er an, eine neue Operette in Arbeit zu haben, eine Fortsetzung der Geschichte der Seeräuberjenny. Die Hauptperson sei jedenfalls eine weibliche Piratin. Siehe: Harald Engberg: *Brecht auf Fünen*, a., a., 0., S. 141.

16 Es liegt unter Verschiedenes. Mappe Berlau in BBA 209/04-05.
17 Dies geht aus dem im Folgenden beschriebenen Gedicht Brechts hervor, sowie u. a. aus RBs Notiz, 15. 11. 1953, BBA 971/37f.
18 *GBFA* 15, S. 351–352.
19 BBA 508/21ff.
20 *Regnen*, in: *Ethvert dyr kan det*, Kopenhagen 1940, S. 141.
21 „Die natürliche Geschlechtsgemeinschaft ist nun entweder die nach der bloßen tierischen Natur [...], oder nach dem Gesetz. Die letztere ist die Ehe [...] Immanuel Kant: *Die Metaphysik der Sitten.(1774) Die Rechtslehre, Erster Teil, Das Privatrecht,§* 24.
22 *Ethvert dyr* , a. a. O., S. 129–140.
23 Ebd., S. 144ff.
24 Der erste Bezug Brechts auf die Kantschen Formulierungen sind in den 1933–1935 entstandenen Notizen zum Tuiroman, *GBFA* 17, S. 29. Siehe auch: *Über die Kunst des Beischlafs*, ebd., S. 145-147. Das ebenfalls zu diesem Komplex gehörende Sonett *Über Kants Definition der Ehe* (*GBFA* 11, S. 270) entstand 1938 während der Zusammenarbeit an *Jedes Tier kann es*. Kants Ehe-Definitionen siehe auch in: *Der Hofmeister*, GBFA 8, S. 362.
25 *Berlau/Bunge*, S. 61.
26 Ebd.
27 Ebd., S. 60.
28 *GBFA* 27, S. 200.
29 John Broadus Watson (1878-1958), 1914: *Behavior: A Textbook of Comparative Psychology*. W. erklärte wie Pawlow das Verhalten von Menschen, Tieren aber auch menschlicher Gruppen aus Umwelteinflüssen. Brechts Nachlaß soll 1976 noch W.s *Behaviorism* enthalten haben. Siehe: Meinhard Adler: *Brecht im Spiel der technischen Zeit. Naturwissenschaftliche, psychologische und wissenschaftstheoretische Kategorien im Werk Bertolt Brechts*, Berlin 1976, S. 47.
30 Armin Kesser (1906–1965). Siehe: Erdmut Wizisla: *Benjamin und Brecht, Frankfurt am Main* 2005, S. 82. Wie aus Kessers *Tagebuchaufzeichnungen über Brecht 1930–1963, Sinn und Form* November/Dezember 2004), hervorgeht, war er Brechts Gewährsmann in Sachen Behaviorismus.
31 Zit. n.: Hansjürgen Rosenbauer: *Brechts unmarxistischer Ziehvater*. (=Watson) In: *Frankfurter Rundschau*, 16. 11. 1968. Siehe auch ders.: *Brecht und der Behaviorismus*, Gehlen, Bad Homburg, Berlin, Zürich, 1970.
32 Armin Kesser: *Tagebuchaufzeichnungen über Brecht* a. a. O., S. 743 Am 1. 2. 1935 notierte Kesser: „Symbol und Gestus oder Über den Gestus. Achselzucken ist ein Wort (Aussage)...", ebd., S. 746. Kesser emigrierte nach Zürich, wo er Mitarbeiter am Institut für angewandte Psychologie wurde. Eine geplante Doktorarbeit über den Behaviorismus, in der Brechts Dramentheorie eine Rolle spielen sollte, kam nicht zustande. Siehe: Werner Wüthrich: *Bertolt Brecht in der Schweiz*, Zürich 2003, S. 44.
33 Berlau/Bunge, S. 232.
34 *GBFA* 14, S. 94–95. Der Zeilenkommentar datiert die Verse schon um 1930. Zur Wahrscheinlichkeit einer späteren Datierung in die dänische Zeit siehe Anm. 36.
35 RBAHKOP. Auch die in Brechts Gedicht erwähnte Zuwendung zur Religion könnte auf Edith Berlau deuten, deren Frömmigkeit für spätere Lebensphasen er-

wiesen ist. Vor ihrer Internierung soll Edith ihrer Schwester gegenüber auch geäußert haben, daß sie am Kommunismus zweifle, und daß ihr der sozialdemokratische Weg freundlicher erscheine. Ida Bachmann an Brecht, 11. 1. 1946, a., a., O.

[36] BBA 827/30. Neben *Ich weiß wenn ich nicht funktioniere* befinden sich auf demselben Block auch die Erstschriften von Gedichten, die auf jeden Fall erst in Dänemark entstanden: wie z. B. *Wenn ich in deinem Wagen fahre*, *Der, den ich liebe* und *Wenn sie trinkt fällt sie in jedes Bett*.

[37] *GBFA* 22/1, S. 593.

[38] Bertolt Brecht und die Tugenden, in: *Berlau/Bunge*, S. 286.

[39] *GBFA* 18, S. 62f.

[40] Ebd., S. 138f.

[41] Ebd., S. 167.

[42] Ebd., S. 134f.

[43] Ebd., S. 175f.

[44] Die „dritte Sache" kam zuerst in *Die Mutter* vor. *GBFA* 3, S. 374.

[45] *GBFA* 18, S. 173.

[46] Ebd., S. 178.

[47] Ebd. S. 156.

[48] Ebd., S. 174.

[49] Margarete Steffin an Walter Benjamin, 11. und 29. 10. 1936, in: *Briefe an berühmte Männer*, a., a., O., S. 207, 212.

[50] Siehe: Nørregaard: *Brecht und Dänemark*, S. 423.

[51] Knud Secher in *Fynens Stiftstidene*, 19. 11. 1936, zit. n. Harald Engberg: *Brecht auf Fünen*, a., a., O., S. 171.

[52] Johannes Fog-Petersen in: *Nationaltidene*, 26. 11. 1936, zit. n. ebd., S. 173f.

[53] RBA N 299.

[54] Harald Lander an Harald Engeberg, 23. 1. 1963, zit. n. Harald Engberg: *Brecht auf Fünen*, a., a., O., S. 175

[55] *GBFA* 18, S. 163.

# 4. Kampf oder Kunst? Vallensbæk und Spanien

Als Brecht Mitte der dreißiger Jahre die Herausgabe seiner Gesammelten Werke für Wieland Herzfeldes Malik-Verlag in Prag plante, stellte er nicht nur sich selbst, sondern auch Ruth Berlau die Frage, ob er ‚Bert Brecht' oder ‚Bertolt Brecht' setzen sollte. Er wollte sich vom Image des *Dreigroschenoper*-Autors befreien, der als „Bert Brecht" international bekannt war. Humorvoll meinte sie, daß sich Shakespeare schließlich auch nicht „Willy" genannt habe und ermutigte Brecht zur Rückkehr zu „Bertolt"[1]. Außerdem hielt sie diesen Namen, den er an der Wiege erhalten hatte, für den innigsten und benutzte ihn deshalb auch selbst, während Weigel ihn mit 'Bert' oder auch 'Brecht' ansprach und Steffin wie seine Kinder 'Bidi' zu ihm sagte. Berlau brachte Brecht dazu, sie in intimen Stunden und oft auch in Briefen 'Ute' zu nennen – wie sie von Kindheit an bei ihrer Mutter hieß.

Eine nicht offiziell gelebte Liebe braucht geheime Codes. Als sie einmal nachts zusammen den Himmel betrachteten, wies Brecht auf das Siebengestirn Kassiopeia und erklärte es zum Sternbild ihrer Gemeinsamkeit. Wenn sie getrennt seien, könnten sie bestimmte Zeiten vereinbaren und beide von ihren verschiedenen Standorten aus gleichzeitig das Sternbild betrachten. Dann folgte „ein vorsichtiger, ein himmlisch leichter Kuß".[2]

Brecht kam selten nach Kopenhagen und mochte keine Stundenhotels. Um einen Ort zu schaffen, an dem sie ungestört zusammen sein konnten, kaufte Berlau von Voltelen ein kleines Haus im südwestlich von Kopenhagen gelegenen Vallensbæk. Zu ihrem Leidwesen ließ sich Brecht aber auch dorthin nur selten entführen. Als sie sich einmal darüber beklagte, teilte er ihr über eine Lai-tu-Geschichte mit, daß er

für das seinetwegen gekaufte Haus trotzdem dankbar sei. Er sähe es als Zufluchtsstätte an, falls er sich aus politischen Gründen einmal verstecken müsse.³ Anfang 1937 wurde Vallensbæk jedoch zum Ort eines Schreibkurses im Fach Dramatik.
Nach den Skandalen, die Brechts Arbeiten in Riddersalen und im Königlichen Theater ausgelöst hatten, war ihm klar, daß er keine Stücke mehr auf dänische Bühnen bringen würde. Vielleicht war mit einer leichten Komödie, die unter anderem Namen laufen konnte, wenigstens Geld zu verdienen. Geld brauchte auch Berlau, um unabhängig von Lund zu werden.
1959 erzählte sie Bunge, daß sie in knackiger Winterkälte auf dem Motorrad nach Vallensbæk fuhren. Dort war das Wasser eingefroren. Um Tee zu kochen, mußte sie den Ofen befeuern und Schnee schmelzen. Weil Brecht mit seiner Zigarre dasaß und ihr als scheinbar teilnahmsloser Patriarch zuschaute, wurden Berlaus Bewegungen immer nervöser. Später entspannte sich die Atmosphäre. In einer achttägigen Klausur schrieben sie das Stück *Alle wissen alles*, wobei sie sehr viel gelacht hätten.⁴

Als Inspiration dienten die Geschichten dreier Meisterdiebe. 1931 hatte die Polizei einen ´Det borende X` (Das bohrende X) genannten Einbrecher gefaßt, der über 15 Jahre lang Diebstähle in phänomenaler Geschwindigkeit mit einem Bohrer bewerkstelligt hatte. Anhand der Abstände, die zwischen den Einbrüchen lagen, rechneten sich Polizei und Boulevardpresse aus, daß er ungefähr 800 Kronen im Monat verbrauchte. Da das nicht allzu viel Geld war, in den Augen der meisten Menschen aber für ein ausgezeichnetes Leben ausreichte, genoß das Bohrende X einige Sympathien. Bei der Verhaftung stellte sich heraus, daß es sich im bürgerlichen Leben hinter dem friedfertigen Gemüse- und Obsthändler Julius Thorvald Framlev verborgen hatte.⁵
Brecht empfand das Umschlagen bürgerlicher Existenzen in eine Verbrecherlaufbahn und umgekehrt als einen Wesenskern des Kapitalismus, den er schon in der *Dreigroschenoper* spaßhaft auf die Bühne gebracht hatte.⁶ Karin Michaelis hatte ihm weitere Geschichten von gewitzten Dieben erzählt, die sie bei der Resozialisierung unterstützt hatte. Hans Petersen war es Mitte der zwanziger Jahre

gelungen, „die Polizei durch die tollsten Diebstähle zu verspotten. Er plünderte zum Beispiel ein Haus und sandte einen am nächsten Tag eingehenden Bericht in doppelter Ausfertigung an die Zeitungen und an die Polizei." Auch Petersen war populär. Dänen „verzeihen fast alles, wenn sie darüber lachen können."[7] Als er verurteilt war, bat Michaelis den König, ihn ihr freizugeben für einen Resozialisierungsversuch. Der auf Thurø zunächst gefürchtete Petersen wurde mit Michaelis' Hilfe zum anerkannten Mitglied der Inselgesellschaft und endete als Antiquar in Kopenhagen. 1933, als sie ihre Häuser deutschen Flüchtlingen zur Verfügung stellte, war aus dem Bungalow, den Ernst Ottwalt bewohnte, gerade Meisterdieb no. 3 ausgezogen. Es hatte die Flüchtlinge amüsiert, daß Storm Nielsen aus Angst um sein Fahrrad als einziger auf Thurø seine Tür mit mehreren Schlössern gesichert hatte.[8] In Berlaus recht ungenauen Erzählungen über das Stück verschmelzen diese drei realen Meisterdiebe bereits zu einer Figur.

Die Hauptrolle des Fischhändlers Rasmussen wurde für Storm P. geschrieben. Ein witziges Spiel mit Hüten knüpfte an eine damals sehr populäre Clownsnummer von ihm an.[9] Er sollte auch seine anderen Talente einbringen. Tatsächlich liegen von ihm vier Zeichnungen zu *Alle wissen alles* vor: Fischhändler Rasmussen, auf dessen Kopf sich sieben Hüte türmen, Zahnarzt Hansen: ein eleganter Dandy, mit Zigarette und Zahnzange, Rentier Christensen: dick, glatzköpfig, auf einer Couch sitzend. Die Skizze des Bühnenbilds zeigt drei nebeneinanderliegende Räume: in der Mitte den Fischladen Rasmussens, links die Wohnung von Christensen, rechts die Praxis Hansens.

Der Aktionär Christensen hat nicht immer genug Geld für den Haushalt flüssig. Er spielt gerne den Detektiv und verdächtigt den schäbigen Fischhändler des Diebstahls, weil er neuerdings sieben Hüte (u. a. einen Hut des Egoisten, einen Hut des Altruisten, einen Künstlerhut u. s. w.) besitzt, die er nur gestohlen haben kann. Christensen behauptet öffentlich, daß Rasmussen wohl das Bohrende X sei. Um sich zu schützen, bestellt er ein Kombinationssicherheitsschloß. Mit seinem anderen Nachbarn, Zahnarzt Hansen, hat er dagegen freundliche Kontakte. Nicht bei Christensen, aber beim Publikum erregt es Verdacht, daß der Arzt seit Monaten an der Erfindung eines elektrischen Zahnbohrers arbeitet, der jedoch beim Patentamt keine

Anerkennung findet, weil die Bohrleistung zu stark ist. Hansen hat damit einen Kiefer durchbohrt und sogar ganze Herdplatten. Er ist aus anderem Grund als Christensen schlecht auf den Fischhändler zu sprechen. Obwohl selbst ein Don Juan, glaubt er, daß in Rasmussens Hinterzimmer Frauen verführt werden, darunter auch seine Gattin. Soweit die Elemente für eine Klatsch- und Denunziationskomödie, die keine Gelegenheit für Humor ausläßt. Zeitweise wird in allen drei Räumen gleichzeitig gespielt. Höhepunkt ist ein bei Rasmussen stattfindender Faschingsball des Fischhändlervereins, auf dem die Gäste als Fische verkleidet sind. Hier erscheint Polizeikommissar Olsen, um das Bohrende X zu verhaften. Daß der Gastgeber nicht anwesend ist, verstärkt den Verdacht. Ohne endgültige Bestätigung auf der Bühne wird für den Zuschauer jedoch immer klarer, daß das Bohrende X wohl eher derjenige ist, der sich als eifrigster Verbrecherjäger aufspielt.

Gegenüber der wirklichen Geschichte vom Bohrenden X wurde hier eine raffinierte Verschiebung vorgenommen. Analog zum allseits bekannten Obst- und Gemüsehändler Framlev muß das Publikum zunächst auch Fischhändler Rasmussen für das Bohrende X halten. Es bekommt aber immer mehr Elemente zu sehen, die den Verdacht nähren, daß es Rentier Christensen sein muß. Rasmussen, der im Gegensatz zum Egoismus seiner beiden Nachbarn menschlichere Umgangsformen pflegt, erscheint am Ende als rechtschaffener Held des gesunden Menschenverstands, der äußerst aggressiv von Nachbarn verfolgt wird, die damit ihre eigenen krummen Machenschaften verbergen wollen.

Insgesamt sei schwer auseinanderzuhalten, wer was beigesteuert habe, erzählte Ruth später. Ihren Anteil am Stück sah sie in Beiträgen spezifisch dänischen Humors, den man sich vor allem als Situationskomik vorstellen muß. Klar ist, daß in Hansen der Zahnarzt aus der Bredgade verkörpert war, bei dem sie als junges Mädchen gearbeitet und die Bohreinsätze nicht sachgemäß sterilisiert hatte. Mit der ausgefeilten dramaturgischen Technik eines Kriminalspiels, demonstrierte Brecht seiner Schülerin u. a., in welche Richtung er die Zuschauerkunst entwickeln wollte: Das Publikum sollte aktiviert werden, indem es mehr zu sehen und zu verstehen bekam als die Figuren auf der Bühne.[10] Dieser Strategie diente auch das durch die

Zeichnung von Storm P. bekannte Bühnenbild: die Wände zwischen den drei Räumen waren durchsichtig für das Publikum, das von vornherein mehr sehen sollte als die Akteure.

Kurze Zeit nach der Klausur in Vallensbæk bekam Ruth Berlau von Brecht eine Lai-Tu-Geschichte zugeschickt, über die sie sich lebenslang ärgerte. Hier wurde erzählt, wie sie sich nicht mit ihren gewöhnlich doch schönen, sondern mit verärgerten und hektischen Bewegungen bemüht hatte, den Ofen zu heizen und Schnee für den Tee zu schmelzen. Daher war sich Me-ti[11] nicht als Gast, sondern als Ausbeuter vorgekommen.[12] Berlau und Brecht hatten den Ausflug nach Vallensbæk offenbar sehr verschieden verstanden. Für sie stand die Freude auf die kostbare gemeinsame Zeit im Vordergrund. Da war es bitter, daß Brecht ihr beim Heizen und Schneeschmelzen nicht zur Hand ging. Er sah den Schreibkurs als Geschenk für sie an, das von seiner Seite Vorbereitungen erfordert hatte. Dafür, meinte er wohl, durfte er sich beim Feuermachen und Schneeschmelzen noch etwas ausruhen. Auch hielt er Berlaus nervöse Bewegungen für Zeichen von Unsicherheit. Der strenge Ton des Aphorismus setzte darauf, daß sie überwindbar war.[13]

Nach acht Tagen Vallensbæk fuhren Brecht und Berlau mit einem chaotischen Manuskript gemeinsam nach Fünen. Noch 1959 erschien es ihr seltsam, daß Brecht auf ihrer Begleitung bestanden hatte. Nach diesen acht Tagen der Intimität war ihr das Zusammentreffen mit Weigel und Steffin peinlich. Er wollte den beiden anderen Frauen offenbar nicht verbergen, welcher Art seine Beziehungen zu Berlau jetzt waren, zugleich aber deutlich machen, daß vor allem gearbeitet worden war. Da ein Erfolg mit einem zwar kunstvoll gebauten, aber doch klamaukartigen Stück tatsächlich die einzige Möglichkeit für die Gruppe zu sein schien, Geld für den Lebensunterhalt zu erwerben, haben das Weigel und Steffin wohl oder übel akzeptiert.

Margarete Steffin hatte schon eigene Versuche im Kriminalgenre unternommen, die Brecht nicht ermutigt hatte. Anderes läge ihr mehr, hatte er gesagt.[14] Sie fand dieses mit Berlau geschriebene Kriminalspiel aber ebenfalls nicht besonders gelungen. Dennoch stellte sie ein sauberes Manuskript her[15]: *Alle wissen alles. Schwank in 3 Akten*[16]. Irgendwie wuchs ihre Motivation zur Mitarbeit beim Abtippen, denn sie reicherte das Stück mit eigenen komischen Einfällen an, z. B. mit mehrfach auftauchenden orangefarbenen Füllfederhaltern. Die fand Berlau natürlich gar nicht gut.[17] Wie aus Brechts handschriftlichen Regieanweisungen und Zusätzen im Typoskript hervorgeht, hat er Steffins Füller jedoch ausdrücklich legitimiert und sogar an von ihr nicht vorgesehenen Stellen zusätzlich erneut eingebaut.[18] Ein gewichtigerer Beitrag Steffins war, daß eine der Hauptrollen, Rasmussens Lehrjunge Valdemar, ab Seite 10 plötzlich Berliner Dialekt spricht.[19] Denkbar ist auch, daß die zur Fastnacht aus dem Radio kommenden Faschings-Verse von Steffin stammen.

Über eine zweite, verborgene und gar nicht lustige Ebene von *Alle wissen alles* hat Ruth Berlau nie gesprochen. Einen Hinweis gibt die einzige Spur in der *GBFA*, ein *Vorwort* zu diesem angeblich aus einer uralten englischen Vorlage entwickelten „dänischen Schwank", zu dem Brecht nur „einige Ratschläge" beigesteuert haben wollte. Das zeitgenössische Publikum, so meinte er, würde das Spiel mit Verdächtigungen und Denunziationen, die auf den eigentlich redlichen Protagonisten, den Fischhändler, niederprasselten, als „recht aktuell" empfinden.[20] Was war damit gemeint? Ein dem Stück vorangestelltes dunkles Versmotto nimmt Bezug auf Shakespeares *Timon von Athen*, wo es um Verrat unter Freunden geht. Der Zeilenkommentar der *GBFA* suggeriert, daß Brecht Assoziationen zum Spitzelwesen im Dritten Reich wecken wollte.[21] Wahrscheinlich ist, daß er auch die Sowjetunion im Blick hatte, wo genau in der Zeit, als das Stück entstand, mehrere seiner besten Freunde auf Grund rätselhafter Denunziationen verhaftet worden waren: darunter Carola Neher[22] und Ernst Ottwalt, sein Nachbar in Skovsbostrand, der mit seiner Frau das Haus von Meisterdieb Nielsen übernommen hatte. Brecht mußte damals den Verdacht hegen, daß der in der Schweiz lebende gemeinsame Freund Bernhard von Brentano an Ottwalts Verhaftung zumindest indirekt mitschuldig sei, weil er in westlichen Zeitschriften über angeblich hitlerfreundliche Briefe geschrieben hatte, die Ottwalt ihm aus Moskau geschickt haben sollte.[23] Daß unliebsam gewordene Emigranten wie Ottwalts Frau Waltraut Nicolas nach Deutschland ausgewiesen wurden und dort sofort ins KZ kamen, offenbarte ein diabolisches Zusammenspiel der sowjetischen mit den faschistischen

Behörden. Der „redliche" Fischhändler Rasmussen, der von verschiedenen Seiten beschuldigt und denunziert wird, könnte Ernst Ottwalt verkörpern.[24] Besonders für Linke war es schwer, den schlimmsten Vermutungen über Stalins Schreckensherrschaft zu glauben. Auch die dänischen Kommunisten verstanden damals nicht, daß der 1. Sekretär ihrer Partei, Arne Munch-Petersen[25], von den Säuberungen betroffen war. Sein plötzliches Verschwinden in der Sowjetunion erklärte man sich mit einem geheimen Kominternauftrag. Gerade die karnevaleske Seite von *Alle wissen alles* läßt das Stück als einen Exorzismus gegenüber einer „verteufelten" Situation erscheinen.

*Alle wissen alles* kam Steffin wahrscheinlich nicht nur als Verrat vor, weil Brecht es mit Berlau zusammen geschrieben hatte. Auch die gemeinsame künstlerische Maxime, daß ein politischer Widerspruch nicht nur als Schattierung aufgepfropft, sondern in den Grundaxen des Stücks angelegt sein müsse, war hier verletzt. Da sie ein konformistischeres Bild der Sowjetunion hatte als Brecht, liegt auch nahe, daß sie diese Schattierung nicht billigte. Ein Gedicht: „mein freund ist nicht mehr wie er war / in schlacht und paus und frühem jahr. // stimmt strenge nicht mehr seinen lauf / dann künd ich ihm die Strenge auf [...]"[26], drückte Bitternis aus und eine Streikdrohung. Auf diesem Niveau wollte sie nicht weiter mitarbeiten.
Trotz allem wurde ein Typoskript an Walter Benjamin nach Paris gesandt, mit dem Brecht seit 1931 Pläne eines gemeinsamen Kriminalromans hegte.[27] Und im Herbst 1937 wurde Benjamin von Helene Weigel gebeten, „das Exemplar des Stückes *Alle wissen alles* postlagernd nach Zürich" zu schicken. „Ich will es dort Leuten geben."[28] Sinnvoll war das nur, wenn es unter Brechts Namen angeboten werden sollte. Gemeinsame Arbeit und gemeinsames Management von Projekten fand völlig unabhängig von der Situation an der Liebesfront statt. Helene Weigel suchte damals wieder nach Arbeitsmöglichkeiten in der Schweiz, in Österreich oder der Tschechoslowakei, um sich von Brecht trennen zu können.

Im Frühsommer 1937 verbrachten Berlau und Brecht mit der gemeinsamen Freundin Gerda Singer aus London noch einmal einige Tage im Häuschen in Vallensbæk.[29]

Aus Solidarität mit dem von den Truppen Francos bedrängten republikanischen Spanien fand im Juli 1937 der 2. Internationale Schriftstellerkongreß in Valencia und Madrid statt. Die Abschlußsitzung wurde am 16. und 17. Juli in Paris ausgerichtet, weil nicht alle Autoren nach Spanien kommen wollten. Dazu gehörte auch der von Karin Michaelis und Ruth Berlau begleitete Brecht. Im Gegensatz z. B. zu Nexø und Grieg, die bereits in Spanien teilgenommen hatten, war er der Meinung, daß Intellektuelle sich nicht in Lebensgefahr bringen, sondern rasch öffentlichkeitswirksame Werke zum Spanienkrieg schaffen sollten. Während der Großveranstaltung im Theâtre de la Porte Saint-Martin luden André Malraux und Michail Kolzow[30], Korrespondent der *Prawda* und seit Oktober 1936 Politkommandeur der russischen Streitkräfte in Spanien, die Autoren nochmals ein, nach Spanien zu kommen und dort auf Seiten der Internationalen Brigaden in Spanien zu arbeiten. Berlau war sofort für den Vorschlag gewonnen. Darüber kam es zu einer Auseinandersetzung mit Brecht. Sie versprach, nur ein paar Reportagen in ungefährlichen Gebieten zu machen und schnell zurückzukommen. Zum Abschied tranken sie eine halbe Flasche Sekt in seinem Hotelzimmer. Als er sah, daß er sie von ihrem Vorhaben nicht abbringen konnte, schlief er ein.[31]
Berlau kam im Flugzeug Kolzows nach Madrid. Auf dessen Rat bat sie Egon Erwin Kisch, ob sie ihn begleiten dürfe, um das Handwerk des Reporters zu lernen.[32] Seine Maxime, von konkreten Ausgangspunkten her zu schreiben, war mit der von Brecht identisch, in Spanien aber besonders schwer zu befolgen. Was sie sahen und erlebten, war auch für hartgesottene Geister zu belastend. Kisch stellte zwar fest, daß Ruth Berlau zu sentimental sei.[33] Sie erinnerte sich aber, daß auch ihn manchmal Depressionen übermannten.[34]
Ein dänisch abgefaßtes Konvolut[35] gibt Erinnerungen an die Zeit im Juli und August 1937 in Spanien wieder. Über den Zeilen und an den Rändern finden sich mit Bleistift gemachte Bemerkungen und Vorschläge von Brechts Hand. Nach Berlaus Angaben war er mit ihren Erzählungen und Texten unzufrieden, weil sie die Hintergründe der Konflikte innerhalb der republikanischen Koalition nicht berührten. Obwohl es für ihn einfach gewesen wäre, aus Berlaus Vorlagen ähnlich eindringliche Kurzreportagen wie die über das Kohlenrevier in Cardiff zu machen, kam es diesmal zu keiner Weiterarbeit und Publikation.

Dennoch sind die Texte interessant. Zwar fehlt jeglicher Hinweis, daß Ruth Berlau wirklich mit dem Gewehr in der Hand gekämpft hat, wie sie später in der DDR des öfteren behauptete.[36] Als Reporterin wagte sie sich – entgegen ihren Versprechungen – aber furchtlos in die vordersten Linien. Ein republikanischer Offizier führte sie an der mitten durch die Straßen des zerbombten Madrid verlaufenden Frontlinie bis zwölf Meter an die Frankisten heran. Zwischen Sandsäcken hindurch konnte sie auf ihre Schützengräben schauen. Und während sie durch einen sehr engen republikanischen Graben kroch, hörte sie sogar die Stimmen der Frankisten.
Berlau nahm auch an Reisen ins Landesinnere teil, die für die Autoren organisiert wurden. Sie besuchte Invalidenheime und Hospitäler, um verletzte Landsleute aufzumuntern.
Aufschlußreich ist der Bericht über ein in einem Kloster in Barcelona eingerichtetes Gefängnis, in dem die Republik große, aber auch kleine Feinde inhaftierte. Eine vornehm gekleidete Fürstin saß hier ein. Sie wurde weiterhin von ihrem treuen Dienstmädchen bedient, das dafür von anderen Gefangenen geneckt wurde. Es gab aber auch viele kleine Selbständige, die sich den Forderungen der Revolution entzogen hatten, z. B. eine arme Fischersfrau, die ihrer Ablieferungspflicht an den Staat nicht nachgekommen war. Weil es im Kloster mehr oder weniger komfortable Aufenthalts- und Schlafplätze gab, war ein System der Selbstverwaltung installiert worden. Es gab Versammlungen, auf denen die Gefangenen in endlosen Diskussionen untereinander auszuhandeln hatten, wer die besseren und wer die schlechteren Plätze bekommen sollte, je nachdem, welchen Schaden sie der Revolution zugefügt hatten. An dieser Stelle forderten Anmerkungen Brechts eine kritische Haltung der Autorin heraus. Sie müsse die Positionen der Abweichler – genannt sind hier Anarchisten, Syndikalisten und Trotzkisten – ausführen, dabei aber betonen, daß die Diskussionen unter den Bedingungen der Gefangenschaft keine Lösung finden konnten.
Für die spanischen Frauen, deren Lage auf dem Land ähnlich der in islamischen Ländern war, hatte die Republik viel Fortschritt gebracht. Berlau beschrieb, daß der Schleier, der noch weit verbreitet gewesen war, nun verschwunden war. Es kursierten viele interessante Geschichten über die ersten Schritte, die Frauen ins öffentliche

Leben wagten. Ihnen standen nun alle Arbeitsmöglichkeiten offen. Große Popularität genoß Dolores Ibarruri, damals 'Passionaria' genannt. Sie sprach auch in den Schützengräben zu den Soldaten. Auf Plakaten, Transparenten, Häuserwänden und sogar auf Asphalt waren überall ihre Wahllosungen und ihr Aufruf zu lesen: *Lieber sterben als auf Knien leben.*[38]

Aus dem Spanienkrieg stammt auch eine von Berlau mehrfach erzählte Geschichte, die zeigt, daß ihre Stärke als Autorin vor allem auf dem Gebiet der Anekdote lag. Sie spielte sich anläßlich einer Kulturveranstaltung für verletzte Kämpfer auf der Dachterrasse einer ehemaligen Patriziervilla ab. Berlau stieg die Treppen „hinter einem Wald von Krücken" hinauf. Dann wurde sie Zeugin, wie ein deutscher Schriftsteller und eine deutscher Dichter auf der sehr kleinen Bühne öffentlich Konkurrenz austrugen, indem sie heftig stritten, wer wen vorstellen sollte.[38] In einer anderen Variante der Anekdote gab Berlau die Identität der beiden, später in der DDR offiziell hoch geschätzten Autoren preis: Der Schriftsteller war Willi Bredel, der Dichter Erich Weinert. Leider fehlt dieser von Bunge wiedergegebenen Variante die Schärfe, weil der lächerliche Streit weggelassen wurde.[39]

Zusammen mit dem aus Schweden stammenden sozialdemokratischen Rechtsanwalt Georg Branting[40], mit dem sie eine Liebesbeziehung einging,[41] übernahm Ruth Berlau Verantwortlichkeiten für die zahlreichen Waisenkinder, die der Bürgerkrieg hervorbrachte. In den Städten versuchten tausende solcher Kinder mit kleinen Diebstählen zu überleben. Für sie waren in den U-Bahnstationen von Madrid Versorgungsstützpunkte eingerichtet worden, wo sie abends Brot und Weintrauben bekamen, sich waschen und schlafen konnten. Die Betreuer solcher Kinder mußten schwere Konflikte und Erziehungsprobleme bewältigen. Lange hatten die Kinder und Jugendlichen auf sich selbst gestellt überlebt, jetzt wollten sie sich den Erwachsenen nicht unterordnen. Ein Teil der Kinder konnte nach Frankreich evakuiert werden.[42] Im August fuhr Berlau mit Branting und einem Spanier vom Evakuierungs- und Flüchtlingskomitee nach Paris, wo sie zusammen Unterbringungsmöglichkeiten für Waisen und andere Flüchtlinge inspizierten. In der Umgebung von Paris besuchten sie ein großes Fabrikgebäude, in dem tausend spanische Kinder lebten. Engländerinnen und Amerikanerinnen suchten sich dort Kinder zur Adoption aus. Der Millionär Rothschild hatte der Flüchtlingshilfe einen Stall für Rassehengste in vornehmer Umgebung zur Verfügung gestellt und wollte der spanischen Republik ein weiteres großes Haus vermieten, in dem Flüchtlingskinder nicht nur leben, sondern auch arbeiten sollten.[43] Maria Osten[44], die Lebensgefährtin Michail Kolzows, die Berlau wohl schon 1936 in London kennengelernt hatte, adoptierte ein spanisches Waisenkind und nahm es in die Sowjetunion mit.

Als Ruth Berlau Bunge 1959 über ihre Zeit in Spanien erzählte, sprach sie mit größter Hochachtung von einer Frau, die sich sowjetischen Frontsoldaten unter deren Panzern hingegeben hatte, angeblich, um sie vor Geschlechtskrankheiten zu schützen, die sie sich in den Bordells zuziehen konnten. Hinterher sei diese Frau zu ihr gekommen und habe gefragt, ob sie ihr ein Bad machen könne. Das sei ihr leider nicht möglich gewesen.[45] Auf ähnlichem Papier und in ähnlicher Form wie die anderen Spanien-Texte, aber in Berlaus ungelenkem Deutsch geschrieben, ist eine Lai-Tu-Geschichte, in der eine „Klassenkampfhure" in schrecklichem Zustand unter den Tanks hervorkommt und „Lai" bittet, sie zu waschen. In diesem Text gibt es einen verräterischen Perspektivwechsel: Kin-Jeh, heißt es, habe das Verhalten Lais als Fehler angesehen.[46] Der Fehler war wohl nicht darin zu sehen, daß Lai kein Bad zur Verfügung stellen konnte. Vielmehr scheint sich auch Lai selbst für Liebesdienste an Panzerfahrern zur Verfügung gestellt zu haben. Es könnte sich um das Ausleben einer sexuellen Phantasie handeln, was bei Berlaus Tendenz zur Nymphomanie nicht auszuschließen ist und auch zur Symptomatik von Borderline-Kranken gehört. Eine indirekte Bestätigung scheint der Titel eines Gedichts von Ruth Berlau zu liefern, das auch den Dissens zwischen ihr und Brecht über den Sinn ihrer Spanienreise behandelt: *Eine Klassenkampfhetäre kommt in Schwierigkeiten, weil sie nicht erkennen kann, wer am besten der Dritten Sache nützt* // Ist es nun der Fahnenträger [...] Oder sollte es derjenige sein // Der weit vom Schlachtfeld // Unter einem Strohdach die Fahne // webte?"[47]

Aus Brechts therapeutischer Sicht konnte dieses Verhalten als Zeichen fortdauernder psychischer Labilität gelten, ein Rückfall in die Nymphomanie, durch den vielleicht die Geschichte ausgelöst wurde, in der Kin-jeh schwerwiegende Geständnisse Lai-Tus „wie eine Ernte" aufsammelte. Ruth Berlau sah in seiner Betroffenheit natürlich lieber Eifersucht.

Während sie in Spanien und Frankreich war, erhielt Brecht von Berlau lange keine Nachricht. Dabei stellte sich heraus, daß er mehr an ihr hing, als er es sich bis dahin selbst eingestanden hatte. Me-ti sinnierte bereits über den möglichen Tod seines Lieblingsschülers, dem er kurzsichtiges Draufgängertum vorwarf.[48] Ohne zu wissen, ob Briefe sie erreichten, schickte er Berlau ein anrührendes Gedicht, in dem er sie beschwor, jedem Regentropfen auszuweichen, weil er sie erschlagen könne.[49] Die Urfassung befindet sich auf einem der bereits erwähnten Blöcke mit den Notizen über die Behavioristen und anderen Gedichten für Ruth Berlau. In anderen Gedichten Kin-jehs über Lai-tu im Bürgerkrieg werden die Diskussionen der vergangenen Jahre als zartes „Gespräch zweier Pappeln" bezeichnet, das „verstummt" sei. Kin-jeh konnte nachts nicht schlafen und zweifelte am Wert der Ratschläge, die er Lai-Tu bisher gegeben hatte.[50]
An Brechts auch für andere spürbarer Besorgnis las Margarete Steffin ab, wie nahe ihm Berlau mittlerweile stand. Am 11. August 1937 hielt sie in ihrem Kalender fest, daß sie den kleinen Ring ablege, den er ihr als Zeichen der Verbundenheit geschenkt hatte.[51] Die Hoffnung, ihre Nebenbuhlerin wäre für immer verschwunden, drückte sie in der Notiz aus, für diesen Fall „einen schönen Kranz" zu kaufen. Brecht gegenüber verordnete sie sich Kühle.[52]
Als Berlau schließlich die Ankunft ihres Schiffes angekündigt hatte, fuhr Brecht nach Kopenhagen. Aber statt Berlau kamen andere Freunde von Bord: Gerhart[53] und Hilde Eisler[54]. Nach Steffins Kalendereintrag „Gerhart" vom 3. September muß Brecht die Eislers mit nach Skovsbostrand mitgenommen haben, wo auch Louise und Hanns Eisler weilten.[55] Sie erinnerten sich vage an eine Frau auf dem Schiff, auf die Brechts Beschreibung zutraf. Wie Berlau später Klaus Völker erzählte, war sie mit Georg Branting schon in Esbjerg von Bord gegangen und per Eisenbahn für ein paar Tage nach Vallensbæk gefahren.[56]
Daß sie Brecht, der so angstvoll auf sie gewartet hatte, ausgewichen war, kränkte ihn sehr.[57] Da er den Grund noch gar nicht kannte,

steckte dahinter nicht nur verletzter Männerstolz. Sexuelle Treue konnte er nicht verlangen. Aus einem anderen Gedicht-Lied Kinjehs geht hervor, daß er die offene Beziehung nicht nur akzeptiert, sondern sogar ermutigt hatte. Er selbst habe sie „weggeschickt", um an fremden Kämpfen teilzunehmen, in denen sie u. a. auch „fremde Männer" und „fremde Gedanken" kennenlernen würde.[58] Das Treueversprechen, das sie sich gegeben hatten, zielte auf eine tiefere Verläßlichkeit.

Ein Indiz weist darauf, daß Ruth Berlau Brecht wenige Tage nach ihrer Ankunft kontaktiert, zumindest angerufen hatte. Dabei ging es offenbar nicht nur um Freude und Vorwürfe, sondern gleich um praktische Fragen. Am 9. September schrieb Brecht an Robert Lunds Anwalt Gustav Vøhtz, daß ihm Frau Berlau geraten habe, ihn um die Entgegennahme von Tantiemen zu bitten, die Per Knutzon zahlen mußte für die von ihm nun doch genehmigte Inszenierung der *Dreigroschenoper*. Sie war mit Lulu Ziegler als Polly in Riddersalen geplant. Mit Knutzon sei ausgemacht, daß er sie nicht der Agentur Carl Strakosch überlassen solle. Strakosch vertrat Brechts Theaterverlag Bloch Erben in Kopenhagen und würde das Geld nach Deutschland weiterleiten, von wo er seine Anteile nicht mehr bekommen konnte.[59]

Da Brecht sich nicht physisch in den spanischen Bürgerkrieg stürzte, gewann er Zeit, um als einziger Künstler von Weltruf mit einem wirkungsvollen Werk darüber an die europäische Öffentlichkeit treten, ehe der Konflikt entschieden war. Einen Monat nach dem Schriftstellerkongreß hatte er mit Steffin die *Gewehre der Frau Carrar* fertiggestellt. Das Stück wurde am 16. Oktober 1937 unter der Regie Slatan Dudows mit Helene Weigel und emigrierten deutschen Schauspielern in Paris uraufgeführt. Dorthin begleitete Brecht Weigel am 11. September, wahrscheinlich bevor er Berlau wiedergesehen hatte. Haus und Kinder wurden von Steffin gehütet.
Nach einem großen, auch von der französischen Presse wahrgenommenen Erfolg als Carrar in Paris reiste Helene Weigel in die Schweiz, nach Österreich und Prag, um dort nach Arbeitsmöglichkeiten zu suchen. Vergeblich. Brecht kehrte am 20. Oktober nach Skovsbostrand zurück. Schon wenig später schrieb er Weigel, daß die Vorbereitungen für eine dänische *Carrar*-Inszenierung mit Ruth

Berlaus Laientruppe auf vollen Touren liefen. Mit deren Bühnenbild könnte dann auch eine deutsche Emigrantenaufführung möglich werden.[60] Um in einem solchen Rahmen zu spielen, brauchte Weigel keine Arbeitserlaubnis.
Das von manchen Biographen beschworene Zerwürfnis zwischen Berlau und Brecht wegen ihrer sexuellen Eskapaden in Spanien kann, – wenn es überhaupt dazu kam – nur kurz gewesen sein. Sie selbst sagte, daß er sie damals vor allem deshalb zum ersten Male „angeschrieen" habe, weil sie nicht in der Lage war, ihm die Konflikte zu erklären, die innerhalb des republikanischen Lagers bestanden,[61] über die nach außen nur Gerüchte drangen. Aus seiner Sicht hatte er recht behalten: ihre Spanienfahrt sei ergebnislos geblieben. Um so erfolgreicher war sie nun in Sachen Spanien nach ihrer Rückkehr. Sie fuhr zu Karin Michaelis, um sie um eine Spende für spanische Waisenkinder und Medikamente für die republikanische Armee zu bitten. Da Michaelis in einem finanziellen Engpaß stand, stellte sie ihr eine kostbare Perlenkette zur Verfügung.[62] Über diese Spende berichteten viele Zeitungen, in denen sich Michaelis über die Politik der Nichteinmischung empörte, die England, die französische Volksfrontregierung und auch Staunings Dänemark gegenüber der aus demokratischen Wahlen hervorgegangenen spanischen Republik verfolgten.
Auch viele Sozialdemokraten waren mit der Haltung der Regierung nicht einverstanden, deren Solidarität sich mit der Aufnahme von Flüchtlingen erschöpfte. In dieser Situation kam es zu einer Fusion des RT mit dem bislang von den Sozialdemokraten finanziell unterstützten Arbejdernes Teater (AT)[63]. Die Kommunistische Partei Dänemarks begann sich damals auf die Illegalität vorzubereiten und löste ihr Propagandainstrument RT durch Entzug der Geldmittel praktisch auf. Da jedoch in Bezug auf den Spanienkonflikt eine inoffizielle Einheitsfront zwischen Kommunisten und einem Teil der sozialdemokratischen Basis entstanden war, konnte sich ein Großteil der Truppe fortan im AT engagieren.[64] Zum übernommenen Personal gehörte auch die Regisseurin Berlau, die sofort nach ihrer Rückkehr mit dem AT ein sowjetisches Stück *Der Blumenweg* von Valentin Katajew inszenierte. Es hatte am 30. September Uraufführung.[65]
Vor allem aber konnte sie die politisch bedeutsame Inszenierung von *Fru Carrars Geværer* in Angriff nehmen. Die Übersetzung

entstand mit wesentlicher Unterstützung von Mogens Voltelen. Für das Bühnenbild gewann sie Else Alfeld[66], später eine bedeutende Malerin. Die dänische Carrar sollte Dagmar Andreasen spielen, für die das Stück eine beklemmende persönliche Bedeutung hatte. Ihr jüngerer Bruder Peter, der auch in Berlaus Truppe gespielt hatte, war als erster Däne auf republikanischer Seite in Spanien gefallen.[67] Die Proben fanden wieder im Seemannsclub in der Gothersgade und in der Kronprinsessegade statt.

Dramatische Turbulenz in der Probenzeit entstand, als die Truppe beschloß, eines ihrer wichtigsten Mitglieder auszuschließen. Es handelte sich um Henry Jul Andersen, genannt ´Toter Maurer`, weil er noch nie fest in seinem Beruf gearbeitet hatte. Jetzt stand er auf einer durch die Gewerkschaften verbreiteten Liste von Streikbrechern. In den Augen der anderen war das ein Verbrechen, obwohl alle wußten, daß er keine Chance auf einen regulären Arbeitsplatz hatte. Für Berlau bedeutete das einen erheblichen Verlust, weil er sein Engagement in der Truppe sehr ernst nahm. In den *Carrar*-Proben hatte er mit großer Leidenschaft auf einer Trommel Kanonendonner erzeugt. Da er um seinen Platz im RT verzweifelt kämpfte, wurde ein Kompromiß gefunden. Er durfte nicht trommeln, aber die Instrumente zwischen Probenlokal und Königlichem Theater transportieren, wo Berlau sie ausgeliehen hatte.

Brecht schlug ihr vor, Szenenfotos, die der emigrierte Fotograf Josef Breitenbach von der Pariser Aufführung nach seinen Anweisungen gemacht hatte, für die Gruppenarrangements ihrer Inszenierung zu nutzen. Daß ihre Truppe wenig Verständnis für die Modellmethode hatte, geht aus dem Brief hervor, den Berlau an Breitenbach schrieb. Er ist auch das älteste bislang bekannte Dokument von ihr in deutscher Sprache. Obwohl damals auch im Dänischen Substantive noch groß geschrieben wurden, hatte sie bereits die von Brecht bevorzugte Kleinschreibung übernommen: „unser trup ist sehr arm (und partei zahlt uns nichts) ausser dem sind wir beinah fertig mit regie und mein trup siet nicht ein die notwendigkeit diese bilder weil wir wie gesagt bald fertig sind.(warum hat ihr uns das nicht früher geschickt)." Die von Breitenbach geforderten 180 Francs wollte sie teils über die Kasse der Truppe, teils über Verwertung der Fotos in Zeitungen aufbringen. „[...] ich hoffe das geht so, wie? sei nicht zu

entteuscht über kleine dänemark. // ich tue was ich kann, das heist 180 frc. // ruth berlau"[68]
Aus den unter „1947" liegenden Erinnerungen geht Berlaus Stolz über die dänische Uraufführung von *Die Gewehre der Frau Carrar* hervor, die wie die der *Mutter* in der Taubstummenschule Borups Højskole stattfand. Es drängte mehr Publikum in den Saal, als es Plätze gab. Die Bühne war nur 3.30 x 2.50 m groß. Unter den gewichtigen Schritten Dagmar Andreasens knackten die Dielen. Berlau war stolz, daß die Inszenierung das von Brecht geforderte rasche Tempo eingehalten hatte: 55 Minuten, die Zeit, die Carrar braucht, um ein Brot zu backen.[69]
Der Aufführung schloß sich eine Solidaritätsveranstaltung an. An spanische und deutsche Flüchtlinge wurden Geschenke verteilt. Ein Verein von Näherinnen spendete Kleidung für spanische Kinder. Eine Resolution forderte Stauning auf, das Asylrecht zu erweitern. *Aftenbladet* schrieb tags darauf: „Das sehr dramatische Stück wurde ausgezeichnet dargeboten, geprägt sowohl von der Begeisterung dieser Laienschauspieler als auch von der gelungenen Regie Ruth Berlaus. Besonders Dagmar Andreasen als Mutter spielte mit Feingefühl und Empfindsamkeit."[70]
Dem Abend hatte auch Georg Branting beigewohnt. Er war Vorstandsmitglied des schwedischen Hilfskomitees für Spanienflüchtlinge und machte auch sofort seinen Einfluß als Reichstagsabgeordneter geltend, um in der großen schwedischen Laientheaterszene *Carrar*-Inszenierungen zu ermöglichen.

Für die mit Weigel geplante deutsche Aufführung mußten Laien aus den Reihen der Emigranten gewonnen werden, auch wenn sie noch nie auf der Bühne gestanden hatten. Berlau und Weigel teilten sich die Regie. Jul Andersen, der diesmal trommeln durfte, zeigte Berlau ein Gedicht: *Glücklich trotz allem*. Es drückte aus, daß auch ein Arbeitsloser seine Würde bewahren kann. Nur Gewohnheiten würden den Menschen zum Sklaven machen. Bodil Ipsen gefiel das Gedicht des Toten Maurers und sie wollte es vor Beginn der Aufführung rezitieren.[71]
Sie fand am 14. Februar 1938 in Borups Højskole statt. Wieder erschien die ganze linke Kulturszene einschließlich vieler Mitglieder

des Königlichen Theaters. Es war die erste Gelegenheit für die Weigel, ihre Kunst einer größeren dänischen Öffentlichkeit zu zeigen. Der Erfolg war überwältigend. Bodil Ipsen stieg erneut auf die kleine Bühne und trug, die Weigel umarmend, Brechts Gedicht *Die Schauspielerin im Exil*[72] in Gelsteds Übersetzung vor. Der *Social Democrat*, der dem Stück schon am 20. 12. 1937 eine „geniale Komposition" bescheinigt hatte, konstatierte eine nochmals gesteigerte Wirkung, weil „die Hauptrolle einer Schauspielerin übertragen" worden sei.[73] Schyberg schrieb am Folgetag in *Politiken*, daß *Die Gewehre der Frau Carrar* für ein Propagandastück ganz gut und die Weigel umwerfend gewesen sei. Ihr distanziertes Spiel solle sie allerdings lieber aufgeben. Und daß sich Ipsen durch ihre letzte Rezitation der Weigel gegenüber selbst „ausgelöscht", d. h. erniedrigt habe, ärgerte ihn.[74] Die brennende Aktualität des Stücks und das Presseecho bewirkten, daß auch die deutsche Version noch mehrfach aufgeführt wurde. Die zweite Vorstellung organisierte ein Mitglied des Gewerkschaftsvorstands, C. H. Hedtoft-Hansen[75], der knapp zwanzig Jahre später einmal Ministerpräsident werden sollte.

Ruth Berlau und Dagmar Andreasen waren erstaunt gewesen, wie sehr sich Weigels Darstellung von der dänischen Inszenierung abhob. Trotz der starken Spannung, die zwischen Berlau und Weigel mittlerweile herrschte, engagierte sich letztere auch für die Weiterentwicklung der dänischen Fassung. Andreasen erinnerte sich, wie sie ihr klarmachte, daß sie das Knüpfen von Fischernetzen wirklich lernen müsse: „du kannst nicht nur mit den Händen irgendetwas machen". Theatralisch eindrucksvoller war auch, daß die Weigel das Brot – wie es in Spanien üblich war – auf der Erde knetete und formte, während Andreasen nach dänischer Art den Teig auf einem Tisch zubereitet hatte.[76]

Da die spanische Tragödie viele Dänen stark beschäftigte, wurde die Inszenierung noch oft gespielt, manchmal ergänzt durch Lieddarbietungen Lulu Zieglers. Nach dem Vorbild von Breitenbach machte Voltelen viele Fotos. Da sein Name im Modellbuch von 1952 fehlt, wurden sie später Ruth Berlau zugeschrieben. Voltelens Name fehlte auch bei der von Berlau damals edierten dänischen Übersetzung des Stücks, die als erster Band einer „Diderot-Bibliothek" präsentiert wurde. Als Übersetzer sind hier nur Berlau und Otto Gelsted genannt.[77] Das geschah wahrscheinlich mit Einverständnis Voltelens, der seine zahlreichen Hilfeleistungen für Brecht als stille politische Solidaritätsleistung betrachtet haben mag. Da er es trotz seiner hohen Begabung schwer hatte, sich als Architekt beruflich zu behaupten, war ihm vielleicht daran gelegen, daß sein Name in der Öffentlichkeit nicht mit dem von Brecht in Verbindung gebracht wurde. Aus Berlaus Aufzeichnungen geht hervor, daß der Tote Maurer alias Henry Jul Andersen nicht nur durch den Arbeitsmarkt Ablehnung erfuhr und schließlich auch durch die Laienspielgruppe, in der er seinen Lebensinhalt sah. Auch in der Liebe hatte er kein Glück. Else Alfeld, die das Bühnenbild machte und die Manuela spielte, ging auf sein Werben nicht ein. All das mochte eine Rolle spielen, daß er sich als Freiwilliger für Spanien meldete. Brecht, der ihn für einen begabten Arbeiterdichter hielt, meinte auch jetzt, daß sich ein künstlerisches Talent wie er nicht opfern dürfe. Als sich Andersen vor seiner Abreise von ihm verabschiedete, mußte er ihm versprechen, nicht an die Front zu gehen und immer Notizbuch und Stift bei sich zu tragen.[78] Jul Andersen kehrte nicht aus Spanien zurück. Brecht ließ sich von einem seiner Kameraden genau berichten, was er von seinem Ende wußte. Einen Tag lang war er nicht zu sprechen, weil er versuchte, Andersens Gedichte zu übersetzen. Mehrfach fragte er bei Berlau nach, ob er den Satz „Die Gewohnheiten machen die Menschen zu Sklaven" richtig verstanden habe.[79]

Als die spanische Koalitionsregierung durch das Eingreifen Hitlers und Mussolinis auf Francos Seite immer mehr in Bedrängnis geriet, hatte ein Stück mit dem Titel *Die Niederlage* von Nordhal Grieg großen Erfolg in Oslo. Es rief die Pariser Kommune in Erinnerung, die 1871 von deutschen und französischen Truppen besiegt worden war, obwohl sie eben gegeneinander Krieg geführt hatten. Als *Nederlaget* am 4. Dezember 1937 am Königlichen Theater von Kopenhagen Premiere hatte, spielte Berlau eine Trinkerin. Brecht, der ihre nachlässige Art, sich für die Bühne zu schminken, 1936 heftig kritisiert hatte,[80] schickte ihr nun ein Gedicht *Selbstgespräch einer Schauspielerin beim Schminken*. Damit wollte er ihr helfen, dieser kleinen Rolle Bedeutung zu geben, obwohl nur fünf Sätze zu sprechen waren. Er riet zu genauestem Studium dieses winzigen Textes, um seine potentielle Vielschichtigkeit zu ergründen. Auch ermahnte er sie, sich nicht einfach nur „wie eine alte Säuferin" zu schminken, sondern als eine Person, deren frühere Schönheit erkennbar sein solle. Das Publikum müsse sich nach dem Grund fragen, warum sie jetzt so zerstört war.[81] Es kann vermutet werden, daß Brecht mit diesem Gedicht über die Darstellung einer Alkoholikerin nicht nur einen künstlerischen Rat geben wollte, sondern auch eine therapeutische Absicht verfolgte. Nach der Premiere war Nordhal Grieg irritiert, weil das Publikum – einschließlich des Königs – offenbar fröhlich applaudiert hatte, wenn Kommunarden starben. Berlau fuhr mit ihm zu Brecht, wo Steffin das Stück ins Deutsche übersetzte. Brecht sagte Grieg, daß bereits der Titel *Die Niederlage* falsch gewählt sei und gab ihm dann einen Schnellkurs über Verfremdung, die allzu spontanen Reaktionen des Publikums entgegenwirken könne. Für Grieg, erinnerte sich Berlau später, seien Brechts Bemerkungen bitter gewesen. Er habe vielleicht recht, soll er gesagt haben. Aber er, Grieg, werde nie so schreiben können, wie Brecht ihm vorschlug.[82]

Zum irreparablen Bruch kam es zwischen Brecht und Per Knutzon, weil dieser entgegen der Abmachung, die Tantiemen der *Dreigroschenoper* nicht an Gustav Vøhtz, sondern an Carl Strakosch überwiesen hatte. Berlau griff in den Konflikt ein und setzte den Rest ihrer freundschaftlichen Beziehungen zu Knutzon und auch zu Strakosch aufs Spiel. Letzterem versuchte sie klar zu machen, daß er als Jude nicht mehr lange der dänische Vertreter des arisierten Verlags Bloch Erben sein werde. Strakosch wollte sie daraufhin von der Polizei aus seinem Büro werfen lassen. Berlau ging auch zu KP-Chef Aksel Larsen, den Brecht um entschiedene Stellungnahme gebeten hatte.[83] Sie verlangte, Knutzon aus der KP auszuschließen.[84] Larsen meinte aber, daß sich der Regisseur keinen Bruch mit dem Monopolisten Strakosch hätte leisten können und erteilte ihm nur eine Rüge. Brecht schrieb er, die Sache sei durch „Klatschgeschichten und persönliche Reibereien" aufgebauscht worden.[85] Das war ein Hinweis auf Genossin Berlau. Larsen drohte ihr sogar mit Parteiausschluß, erteilte letztlich aber auch ihr nur eine Rüge.[86]
Knutzon war in einer schwierigen Lage gewesen. Mit *Die Rundköpfe und die Spitzköpfe* hatte er viel Geld verloren, mit der *Drei-*

*groschenoper* wollte er endlich einmal durch Brecht verdienen. Im Gegensatz zu Berlau war er durch Intervention von Staatsminister Stauning persönlich von allen Projekten ausgeschlossen worden, die von sozialdemokratischer Seite Geld bekamen.[87]
Während Berlau mit Knutzon und Larsen im Parteigebäude stritt, wartete Helene Weigel in einem Restaurant auf sie. Die beiden Frauen hatten vorgehabt, nach Malmö überzusetzen, um eine schwedische *Carrar*-Inszenierung zu sehen. Da es zu spät für das Schiff geworden war, besorgte Berlau rasch Flugtickets. Weigel war bis dahin noch nie geflogen[88]
Im Gegensatz zu Knutzon sahen die Sozialdemokraten Berlau nur als Salonkommunistin an und hatten damals nichts dagegen, daß sie mit dem von ihnen finanzierten Arbejdernes Teater arbeitete. Das für Solidarität mit Spanien wirkende „Komitee 1937", das sich aus Sozialdemokraten und Kommunisten zusammensetzte, lud in einer Annonce des *Arbejderbladet* am 12. April 1938 zu einem großen Festabend mit Tanz ins Haus der Maler in der Stengade ein. Unter „freundlicher Mitwirkung" von Berufsschauspielern wie Karin Nellemose und Ruth Berlau" waren u. a. auch Szenen aus *Den hellige Johanne* angekündigt.[89]

Edith Berlau lebte immer noch in St. Hans in Roskilde. Vor allem aus den Lebensgeschichten ihrer Mitpatientinnen, aber auch anderer Frauen, entstand in enger Zusammenarbeit zwischen Ruth Berlau und Brecht eine Novellensammlung über die Unfähigkeit von Männern aller Klassen und Schichten, die Liebesbedürfnisse der Frauen zu befriedigen: „Jedes Tier kann es, aber sie können es nicht mehr. // Das kommt daher, daß sie Hornhaut an den Fingern haben vom Geldzählen [...]. Sie haben die erstaunlichsten Dinge erfunden, Telephon, Telegraphie, sogar drahtlos [...]. Ja, sie beherrschen alle möglichen Apparate, aber eine Frau umarmen, das können sie nicht mehr."[90] Daß die sexuelle Misere aber doch nicht allein von den Männern ausging, suggerierte die Geschichte *Ein Teppich – drei Tage!* Hier ist der egoistische Teil des Paares eine Frau, die mit ihrem Mann nur schläft, wenn er ihr einen teuren Wunsch erfüllt. Grundlage soll ein Gespräch zwischen Berlau und Voltelen über Eheprobleme gewesen sein.[91]

Die als Rahmenhandlung gedachte Novelle *Jedes Tier kann es* handelt von sieben bei einem Straßenbahnunglück umgekommen Frauen, die sich in der Totenkapelle gegenseitig ihr mißglücktes Liebesleben erzählen. Diese, mit phantastischen Elementen arbeitende Geschichte habe Brecht verfaßt. Auch die groteske Novelle *Der große Vergnügungspark. Ein Albtraum,* die in deutsch vorliege, sei allein von ihm. Das Urtyposkript weist durchgängig Brechts Diktion auf, ist aber größtenteils in Berlaus abenteuerlicher deutscher Orthographie und Grammatik getippt, an einigen Stellen aber auch korrekt. Daraus ist die Arbeitsweise zu erkennen: Brecht diktierte und an der Schreibmaschine wechselten sich beide ab.[92] In dieser, in manchen Details von Kafka inspirierten Novelle geht es nicht um die Liebesproblematik im engeren Sinne, sondern um das allgemeine Streben nach Glück, das die Kulturindustrie mit Ersatzprodukten bedient.[93] Hier war das Kopenhagener Tivoli gemeint. Daß die Menschen, die in den Vergnügungspark streben, an Behinderungen leiden und auf Krücken zum Eingang streben, ist ein surreales Bild ihrer Entfremdung.

Auffallende Parallelen zu *Der große Vergnügungspark* weist eine von Berlau geschriebene Novelle *Tivoligäste* auf, die in einem Konvolut der KBK liegt, das Material zu demselben Novellenkomplex und Exzerpte zur Entfremdungsproblematik enthält [cp]. Hier wird das Tivoli weniger kritisch, aber wohl realistischer als bei Brecht gezeichnet: als Miniaturbild der sozialdemokratischen Gesellschaft Dänemarks, als ein Ort, an dem sich sehr heterogene Schichten begegnen: Adlige und Geschäftsleute, die sich die teuersten Vergnügungen leisten, Kleinbürger, die es auf Smørrebrod mit Krabben abgesehen haben, bis zu Familien mit Kindern, die die Spielangebote nutzen. Auf den Bänken sitzen auch Leute, die sich keinen Spaß kaufen können und nur der Einsamkeit entfliehen wollen, ein Gefühl, das während des Feuerwerks besonders stark wird. Die Gespräche scheinen banal, manchmal sorgenvoll wie das eines Paares, das sich hier trifft, weil es keinen Ort für die Liebe hat. Auf einer anderen Bank sitzen ein Mann und eine Frau, die sich in zartem Dialog kennenlernen. Als das Tivoli geschlossen werden soll, zögern sie aufzustehen. Die Frau will verbergen, daß sie hinkt. Nachdem man sich schließlich doch verabschiedet hat, streben beide schnell in ver-

schiedene Richtungen. Die Frau, die gehofft hatte, daß der Mann sie begleiten würde, weint. Als sie sich noch einmal umdreht, sieht sie, daß er eine gelbe Blindenbinde hervorzieht und sich über den Arm streift. Die Liebeschance wurde vertan, weil der Mut fehlte, sich dem anderen so zu zeigen, wie man wirklich war.
Der Vergleich von Berlaus *Tivoligäste* und Brechts *Vergnügungspark* zeigt mehrere ähnliche Elemente wie das der Behinderung der Besucher. Die Novellen wurden offenbar nach gemeinsam gefaßten Vorgaben geschrieben. Ähnliche Parallelarbeit ist auch zwischen Brecht und Elisabeth Hauptmann vorgekommen[95].

Die Verfälschung des Geschlechtslebens durch die materielle Abhängigkeit der Frau bearbeiteten Berlau und Brecht in vielen Varianten. Immer noch war das auch Berlaus privates Problem. Immer noch bestand ihre Ehe mit Lund. Zwei Gedichte Brechts von 1938 zeigen, wie lange sie mit der Trennung haderte. Zum „vierten Male" hätte sie mitgeteilt, daß sie „alle Brücken" hinter sich verbrannt habe und sich „diesmal endgültig" in einem „Taumel des Neuen" befinde. Um keinen weiteren Rückfall zu riskieren, empfahl Brecht, daß sie lieber vor sich selbst zugeben solle, noch etwas mehr Zeit für die Trennung, d. h. für ihre Selbständigkeit zu benötigen.[96] In einem anderen Gedicht suggerierte er, daß die Ehebande für sie „Krücken" darstellten, die ihr – nicht anders als die Krücken der Besucher des Vergnügungsparks – zwar das Gehen ermöglichten, sie aber doch von sich selbst entfremdeten. Hier erschien er selbst als ungeduldig gewordener „Arzt", der ihr „lachend wie ein Ungeheuer" die Krükken aus den Händen reißt und ins Feuer wirft. Die Patientin geht dann auf eigenen Füßen, was ihr allerdings etwas schwerer fällt, wenn sie bei anderen Leuten „Krücken" sieht[97], d. h. bürgerliche Eheverhältnisse.
Berlau hat auf eines der Typoskripte, auf dem dieses Gedicht überliefert ist, notiert, daß es vom August 1938 stammt, als sie sich von Robert Lund trennte.[98] Damals hatte sie sich in eine kleine Pension in Skovsbostrand eingemietet und arbeitete mit Brecht intensiv an den Novellen. Eines Morgens kam ihr Ehemann, um sie für die gemeinsame Urlaubsreise abzuholen. Es fiel ihr sehr schwer, diesem ritterlichen Mann zu sagen, daß sie nicht mitfahren und ihn endgül-

tig verlassen wollte.[99] Er warnte sie: „Die zweite Violine kannst du nicht spielen."[100]
Sie hatte die Krücken abgeworfen. Am 13. August hielt Brecht in seinem Journal aber nur fest, daß er Berlau bei einem Novellenband *Jedes Tier kann es* unterstütze. Aus der Notiz geht auch hervor, daß über den „Orgasmus als Glücksfall" in größerem Kreis diskutiert wurde. Walter Benjamin war es, der die in *Regnen* eingearbeitete Behauptung aufstellte, daß Freud das Absterben der Sexualität für möglich hielt.[101] Verbesserte Sexualtechnik allein, notierte Brecht damals, löse das Problem nicht, solange die Frauen zuviel Lebensenergie in die Jagd nach einem Mann investieren müßten, der in der Lage sei, sie zu ernähren.[102]

Wenn Dänemark in den Sog eines politischen Anpassungsprozesses an den übermächtigen Nachbarn geriet, lag das auch daran, daß reger Kulturaustausch stattfand. Am 24. Juli 1938 war Innenminister Hermann Göring auf einer Privatjacht unterwegs zum Schloß Kronborg in Helsingør. Er wollte den Hamletfestspielen beiwohnen, die in diesem Jahr von deutschen Schauspielern bestritten wurden. Die deutsche Film- und Theaterkultur samt ihrer Stars erfreute sich bei den Dänen großer Popularität. Da Göring auch das Deutsche Theater leitete, war es ganz natürlich, daß er die Künstler begleitete, darunter Gustav Gründgens, der den Hamlet gab, Marianne Hoppe und Heinrich George. Der Bürgermeister von Helsingør empfing den in weißer Paradeuniform erschienenen Generalfeldmarschall wie einen Staatsgast.[103]
Auch Görings Konkurrent Joseph Goebbels pflegte den Kulturaustausch. Auf Rat Georges, der ein Verehrer Bodil Ipsens war, lud er im selben Jahr das Königliche Theater zu einem Gastspiel mit *Maria Stuart* in sein Schillertheater ein. Ipsen nahm die Einladung an. Ihr Theaterpartner Poul Reumert[104], der am Kongens Nytorv den Leicester darstellte, fuhr aus Protest gegen die Rassenpolitik nicht mit. Zu Hause blieb auch die Darstellerin der Zofe Margareta, Ruth Berlau. Auf einer Reise, die sie 1936 mit Lund nach Deutschland unternommen hatte, soll sie eine Hakenkreuzfahne heruntergerissen haben.[105] Ihre Freunde Thorkild Roose und Bodil Ipsen ertrugen es, im Schillertheater mit Hitlergruß empfangen zu werden.[106] Ei-

nen besonders schroffen Wandel vollzog damals Svend Borberg. Er wurde zwar kein Nazi, entwickelte sich aber zu einem „gewieften Opportunisten", der unter dem Deckmantel ästhetischer Neutralität auch extremste nationalsozialistische Kunst loben konnte. Seine eigenen Dramen kamen auf die Spielpläne vieler deutscher Theater. Mit Brecht und Berlau beschäftigte er sich nicht mehr, polemisierte aber auch nicht gegen sie.[107]

Am 4. August, zwei Wochen nach Görings Besuch auf Schloß Kronborg, hielt dort Niels Bohr im Rahmen eines Internationalen Kongresses für Anthropologie und Ethnographie einen Vortrag über *Die Erkenntnislehre der Physik und die Menschenkulturen*, in dem er auf die Verantwortung der Wissenschaft hinsichtlich der unabsehbaren Folgen der Kernspaltung hinwies. Der Vortrag, den *Politiken* tags darauf kommentierte, weckte Brechts Interesse.[108] Das Thema des Verrats der Intellektuellen, das auch den kryptischen Hintergrund von *Alle wissen alles* abgegeben hatte, interessierte ihn unter mehreren Aspekten. Berlau erzählte 1959, daß sie bei der dänischen Fassung von *Galilei* noch nicht in der Lage war, mitzuarbeiten.[109] Sie habe aber ein Treffen zwischen Brecht und Niels Bohr ermöglichen können.[110] Das Treffen hätte Brecht sehr interessiert. Aber weder er noch Bohr haben es je bestätigt. Brecht berichtete stets nur von einem Besuch bei einem Assistenten Bohrs, der wahrscheinlich im Frühjahr 1938 stattfand.[111] Berlau war dabei. Zwischen Brecht und Christian Møller kam es zum Disput. Der Professor beharrte auf der autonomen Entwicklung der Wissenschaften. Brecht vertrat, daß die Intellektuellen die Folgen ihres Forschens für die Gesellschaft in Betracht ziehen müßten.[112]

Weil sie mitbekommen hatte, daß Brecht leichter schrieb, wenn er an konkrete Schauspieler dachte, suggerierte ihm Berlau, den Galilei ihrem berühmten Kollegen Poul Reumert auf den Leib zu schreiben.[113] Daß er ihn in dem schon erwähnten Interview im *Ekstrabladet* am 20. 4. 1934 in laxen Formulierungen als konventionellen Schauspieler bezeichnet hatte,[114] war keine gute Voraussetzung, um den Star für die Rolle zu interessieren. Aber Brecht schrieb das Stück eigentlich für die USA, die er angesichts der Kriegsgefahr als neues Exil ins Auge faßte.

In der Herbstsaison 1938 bekam Berlau eine Rolle angeboten, die sie endlich einmal interessierte: die Martta in dem finnischen Stück *Die Frauen von Niskavuori* von Hella Wuolijoki[115]. Es ging hier um die auf Reformen basierende skandinavische Vorstellung von der Auflösung der alten Feudalgesellschaft auf dem Lande. Das Stück hatte in vielen Ländern Erfolg. Da man es einer „völkischen" Blut- und-Boden-Ideologie anpassen konnte, wurde es auch in Deutschland gespielt, aber unter Pseudonym.[116]
Als Berlau das Manuskript mit der relativ großen Rolle sah, geriet sie zunächst in Panik. Das Auswendiglernen fiel ihr weiterhin schwer. Aber sie nahm die Rolle an, weil ihr schien, daß ein Schimmer Marxismus darin steckte. Weigel und Brecht halfen ihr bei der Einstudierung. Mit einem großen Biberpelz akzentuierte sie die soziale Stellung ihrer Figur. Das mißfiel vielen Kollegen und der Regisseur sah einen Krach mit der Autorin voraus, die zur Generalprobe kommen wollte. Berlau blieb aber bei ihrer Konzeption. Zu ihrer eigenen Überraschung umarmte sie Wuolijoki, die von der ganz neuartigen Rollenauffassung begeistert war.[117]
Zu dieser Zeit, im Herbst 1938, nahm sich Berlau eine eigene, in einer Dachschräge liegende Dreiraumwohnung in Kattesundet 16, eine damals bescheidene Adresse im Zentrum von Kopenhagen. Brecht half ihr beim Umzug.[118] Kurz darauf machte Voltelen eine Fotoserie. Die Wohnung war ganz im „Funki"-Stil eingerichtet. Zu erkennen sind mindestens zwei PH-Lampen. Voltelen steuerte von ihm entworfene Ledersessel bei. An der Wand ist u. a. die Abbildung der Skulptur einer sowjetischen Kolchosbäuerin mit im Nacken geknotetem Kopftuch zu erkennen. Auch Berlau und Brecht sind auf den Fotos zu sehen. Sie war mit höchster Eleganz gekleidet, in einem der schwarzen „Witwenkleider", die Brecht an ihr liebte. Ihr Körper strahlt innere Ruhe und einen weichen Schmelz aus, der Liebesglück und Stolz signalisiert, endlich das Leben in die eigene Hand genommen zu haben. Mittlerweile 32 Jahre alt, wirkt sie grazil wie ein junges Mädchen. Voltelens Fotos lassen ahnen, was Kin-jeh meinte, als er 1945 von Lai-Tu schrieb, daß natürlich auch die Grazie ihrer Bewegungen für die Konstruktion seiner Gedichte Bedeutung gehabt hätte.[119] Brecht, der dozierend oder diktierend zu sehen ist, strahlt Weichheit aus, die man auf anderen Fotos von ihm kaum sieht.

Nun sah es so aus, als würde das Therapieunternehmen gelingen. Lai-tu hatte gelernt, „fröhlich, ganzherzig, ehrlich, ausdauernd und eine gute Kämpferin" zu sein. Kin-jeh, der ihr dabei geholfen hatte, meinte nun, daß sie sich diese Eigenschaften ganz zu eigen gemacht hätte und auch ohne seine Hilfe bewahren würde.[120] Me-ti bemerkte, daß Kin-Jeh Lai-tu glücklicher und schöner gemacht hätte. Der Behaviorist entgegnete, daß man es etwas anders sehen müsse: „sie macht sich für mich glücklich".[121]

[1] RBA 117/9.
[2] RB: *Kassiopeia*, in: *Berlau/Bunge*, S. 243.
[3] *GBFA* 18, S. 174.
[4] RBs Aussagen zum Stück hier und weiter unten: *Berlau/Bunge*, S. 74–77. Die folgende Darstellung beruht darüber hinaus auf neuen, größtenteils eigenen Recherchen über dieses von der Forschung vernachlässigte Stück. Siehe: Sabine Kebir: *Wir haben uns dabei fast totgelacht. Ist ‚Alle wissen alles' ein unbekanntes Lustspiel von Bertolt Brecht & Co?* Mit kommentiertem Textausschnitt. In: *Theater der Zeit*, 2/ 2002, S. 20–29. Siehe auch: *Dreigroschenheft* 3/2002, S. 38–45; Sabine Kebir: *Neues zu Alle wissen alles*. In: *Dreigroschenheft* 1/2003, S. 37–39. Siehe auch: H. C. Nørregaard: *Glauben, Rätseln, Wissen*, a. a. O.
[5] *Politiken* meldete die Festnahme Framlevs auf der Frontseite am 9. 5. 1931. Er starb 1933 im Zuchthaus.
[6] Das gilt auch für *Happy End*, ein von Elisabeth Hauptmann unter Brechts Mitarbeit 1930 verfaßtes Stück. Siehe: Sabine Kebir: *Ich fragte nicht nach meinem Anteil*, a,, a., O., S. 112 ff.
[7] Karin Michaelis: *Der kleine Kobold. Lebenserinnerungen*, Freiburg i. Breisgau, 1998, S. 287–288.
[8] Birgit S. Nielsen: *Die Freundschaft Bert Brechts und Helene Weigels mit Karin Michaelis: Eine literarisch-menschliche Beziehung im Exil*. In: *Die Künste und die Wissenschaften im Exil 1933–1945*, hrsg. v. E. Böhne und W. Motzkau–Valeton, Gelringen 1992, S. 81.
[9] Brecht soll diese Nummer oft erzählt haben: Um seine Hüte nicht irgendwo zu vergessen, bringt Storm P. eine riesige Maschine auf die Bühne, die sie ihm durch Luftzug immer wieder zurückbringt, sobald er eine Hupvorrichtung bedient. Siehe: *Berlau/Bunge*, S. 23.
[10] Im auf das Stück bezogenen *Vorwort zu einem Schwank*, strich Brecht als interessant heraus: „Ein Mann vollführt einige Bewegungen, zwei andere deuten diese. Sie sind nur auf das Gehör angewiesen [...], während der Zuschauer auch noch sieht und so zu einer richtigen Deutung kommt." *GBFA* 22/1, S. 503.
[11] Me-ti spielt hier die Rolle Kin-jehs, der offenbar noch nicht erfunden war.
[12] *GBFA* 18, S. 177–178. Der Abschnitt „ich sollte dich gern sehen" heißt in einer anderen Fassung „ich sollte dich lieben": *GW* 12, S. 174.
[13] *Berlau/Bunge*, S. 74–77.
[14] Margarete Steffin an Walter Benjamin, Mitte Febr. 1934, in: *Briefe*, a. a. O., S,. 110.

[15] TT BBA 2166/65.
[16] Steffins deutsches Typoskript ist in den Findbüchern des BBA unter der Rubrik Mitarbeit an Stücken und Stückbearbeitungen als Stück von RB verzeichnet: BBA 626/1–62. Es wurde von RB 1945 fotografiert, in der New Yorker Public Library unter dem Copyright Bertolt Brechts hinterlegt, Filmkopie: RBA 79.
[17] TT BBA 2166/65
[18] BBA 626/16und 626/46.
[19] Steffin setzte auch Rollen für Furcht und Elend des Dritten Reiches und für ihre Übersetzung von Griegs Niederlage in Berliner Dialekt.
[20] *Vorwort zu einem Schwank*, GBFA 22/1, S. 503.
[21] Ebd., S. 1060.
[22] Carola Neher wurde am 25. 6. 1936 verhaftet. Brecht erfuhr Anfang 1937 davon. Als RB, die den sowjetischen Botschafter kannte, Brecht zu diesem begleitete, war es ihr peinlich, daß er sofort nach einer Möglichkeit fragte, festzustellen, was mit Carola Neher geschehen sei. RB bezeugt auch spätere Bemühungen um C. N. : TT BBA 2166/89–90. Siehe auch: *GBFA* 29, S. 13, S. 30ff, *GBFA* 30, S. 118–119.
[23] Siehe: Bernhard von Brentano an Bertolt Brecht, 23. 1. 1937, BBA 481/4 und Brechts Antwort, 10. 2. 1937, *GBFA* 29, S. 8–9.
[24] Brecht ahnte nicht, daß Ottwalt, um sich zu retten, selbst zum Denunzianten geworden war. Siehe: Georg Lukács, Johannes R. Becher, Friedrich Wolf u. a.: *Die Säuberung. Moskau 1936: Stenogramm einer geschlossenen Parteiversammlung*, Hamburg 1991, S. 109ff. Ottwald starb 1943 im Gulag. Waltraut Nicolas überlebte das KZ.
[25] Arne Munch-Petersen (1904–1937), Jurist, 1925 Mitglied der KP, 1927 ZK, 1931 1. Sekretär der KP, 1935 Wahl ins Folketing, 1936 Kominternzentrale Moskau. Im Sommer 1937 verlor die Partei den Kontakt zu ihm. Erst 1950 totgesagt. 1957 kam heraus, daß er 1937 vom NKVD verhaftet worden war. 1969 gab Aksel Larsen zu, daß er schon 1937 Hinweise auf seinen Tod hatte.
[26] Zit. n. Heidrun Loeper: *Anderweis. Ein Gedicht von Margarete Steffin im Nachlaß Bertolt Brechts*. In: *NDL*, 2/2002, S. 159. „Nicht die Beziehung [zu RB – S. K.] an sich oder sie allein mag Steffin zu ihrem Gedicht veranlaßt haben, sondern vor allem ihre Enttäuschung über die Qualität des Stücks, an dem Brecht sich beteiligte und auch sie selbst dafür beanspruchte." – *Noch einmal: Anderweis*, NDL 5/2002. Das Gedicht ist fälschlich gedruckt in: *GBFA* 14, S. 415/16.
[27] Siehe: Erdmut Wizisla: *Benjamin und Brecht*, Frankfurt am Main, 2004, S. 90 ff.
[28] Helene Weigel an Walter Benjamin, 3. 11. 1937, in: *Wir sind zu berühmt, um überall hinzugehen. Helene Weigel. Briefwechsel 1935–1971*, S. 14f.
[29] Gerda Goedhart, Käthe Rülicke-Weiler: Brecht Portraits, a. a. O., S. 6
[30] Michail Jefimowitsch Kolzow (1898–1942), Schriftsteller und Journalist, Leiter des Jourgaz-Verlags, der ausländische Autoren publizierte. 1938 als angeblicher britischer Spion verhaftet, 1942 erschossen. Er verbirgt sich hinter der von Hemingway imposant gezeichneten Figur des Karkow in Wem die Stunde schlägt.
[31] *Berlau/Bunge*, S. 148.
[32] RBA N 80
[33] RBAHKOP
[34] RBA N 80.

[35] RBA 300. Das Konvolut (dänisch) besteht aus gefaltetem Durchschlagpapier, wie ein Brief auf der ersten und dritten Seite mit Schreibmaschine beschrieben.
[36] Berlau/Bunge, S. 69 und im unten zitierten Gedicht.
[37] Bis hierhin stammen alle Spanientexte aus RBA 300.
[38] RBA N 147.
[39] Berlau/Bunge, S. 70.
[40] Georg Branting (1887–1961) Sozialdem. Abgeordneter und Senator. Als Rechtsanwalt verteidigte er Kommunisten und wirkte bei mehreren internationalen Menschenrechtsinitiativen mit, z. B. der Verteidigung von Sacco und Vanzetti. Leitete den Londoner Gegenprozeß zum Reichtagsbrandprozeß.
[41] RBA N 244.
[42] RBA 300.
[43] RBA 301 Ein weiteres Spanienfragment: *Madrid er skön* liegt in: RBAHKOP.
[44] Maria Osten (1908–1942), deutsche Publizistin, in die Sowjetunion emigriert, für die Komintern tätig. Neben Bredel war sie Redaktionssekretärin von Das Wort, einer Moskauer Zeitschrift für emigrierte Autoren. Brecht gehörte neben Feuchtwanger der Auslandsredaktion an. O. fiel den Säuberungen zum Opfer.
[45] Ebd., S. 71.
[46] RB: Der beste Schüler, HBA 350/ 51. Nach Papier und Faltung gehört das Blatt zu den anderen Notizen über Spanien.
[47] Zit. n.: *Berlau/Bunge*, S. 258. Entstehungszeit unklar.
[48] *GBFA* 18, S. 163–164.
[49] *GBFA* 14, S. 353.
[50] *GBFA* 18, S. 166.
[51] BBA 2112/142.
[52] BBA 2112/155–156. Die Notiz steht quer über den Seiten 7.–13. 11. 1937, ist aber sicher vorher entstanden.
[53] Gerhart Eisler (1997–1968), Bruder von Hanns Eisler, Journalist und Funktionär der KPÖ, ab 1921 KPD. Im Kominternauftrag in China, 1933–1935 in den USA, Spanien, Frankreich, mehrfach verhaftet. 1941–1947 offiziell als Journalist in den USA. Unter Ulbricht als Westemigrant marginalisiert, 1962 Vorsitzender des staatlichen Rundfunkkomitees der DDR, 1967 Mitglied des ZK.
[54] Hilde Eisler (1912–2000), 1931 KPD, Ehefrau von Gerhart Eisler, 1936 Haft wegen Hochverrat, Ausweisung, Prag, Spanien, USA. DDR: u. a. Leiterin d. Kulturredaktion d. *Wochenpost*, 1955–1976 Chefredakteurin von *Das Magazin*.
[55] Nach Steffins Kalender waren sie auch am 4. September noch dort. BBA 2112/145.
[56] Klaus Völker: *Bertolt Brecht*. Eine Biographie, München, Wien 1976, S. 261.
[57] *GBFA* 14, S. 352–353
[58] *GBFA* 28, S. 165.
[59] Brecht an Gustav Vøhtz, 9. 9. 1937, *GBFA* 29, S. 45f. Siehe auch die nachfolgend abgedruckten Briefe an Knutzon, dem Brecht versprochen hatte, im Falle von juristischen Problemen die Tantiemensumme zurückzugeben. Auf S. 47 f. ein Brief an ein Stockholmer Theater zu demselben Problem.
[60] Brecht an Helene Weigel, 28./29. 10. 1933. *GBFA* 29, S. 52.
[61] *Berlau/Bunge*, S. 72.

⁶² *Sie gab mir ihre Perlen* [Nachruf auf Karin Michaelis], Aufbau 7/1950, S. 655f.
⁶³ Mitte der zwanziger Jahre von Bertel Budtz-Müller gegründet, orientierte sich auch an Piscator.
⁶⁴ Gespräch mit H. C. Nørregaard, 23. 4. 2006.
⁶⁵ Nørregaard: *Berlau ohne Brecht*, a. a. O., S. 167.
⁶⁶ Else Alfeld (1910–1974), wurde zur international anerkannten avantgardistischen Malerin, mit RB zeitlebens befreundet.
⁶⁷ RBA 301.
⁶⁸ RB an Josef Breitenbach, 23. 11. 1937, zit. nach: Keith Holz / Wolfgang Schopf: *Im Auge des Exils. Josef Breitenbach und die Freie Deutsche Kultur in Paris 1933-1941*, Berlin 2001, S. 96.
⁶⁹ RBA 298-299.
⁷⁰ S. P. R.: *Fru Carrars Geværer*. In: *Aftenbladet* von 20. 12. 1933.
⁷¹ RBA 297.
⁷² *GBFA* 14, S. 355.
⁷³ Jul. B.: *Bertolt Brecht: Fru Carrars Geværer*. In: *Social Democrat*, 20. 4. 1938.
⁷⁴ Zit. n.: Harald Engberg: *Brecht auf Fühnen*, a. a. O., S. 94–96.
⁷⁵ C. H. Hedtoft-Hansen war unter dem Namen Hans Hedtoft 1955–1960 Ministerpräsident.
⁷⁶ Dagmar Andreasen im [Rundfunk-]Gespräch mit Lutz Volke, BBA TK 154. Brecht über Andreasens Carrar: GBFA 24, S. 223–225.
⁷⁷ Die Ausgabe ähnelt den *Versuche*-Heften. Umschlagsfoto: Dagmar Andreasen als Carrar.
⁷⁸ *Berlau/Bunge*, S. 54f.
⁷⁹ Ebd. und RBA 117/12. Brecht schrieb zwei Gedichte über Andersens Tod: *GBFA* 14, S. 409–410 und S. 416–417.
⁸⁰ *Berlau/Bunge*, S. 66. Damals spielte sie eine Lehrerin in *Eva leistet ihre Kinderpflicht ab* von Kjeld Abell.
⁸¹ *GBFA* 14, S. 423.
⁸² RBA 117/12.
⁸³ Brecht an Aksel Larsen am 25. 3. 1938, *GBFA* 29, S. 80.
⁸⁴ *Berlau/Bunge*, S. 89-90.
⁸⁵ Stellungnahme der KP, zit. n. Zeilenkommentar zu Brechts Brief an Larsen, *GBFA* 29, S. 608.
⁸⁶ Am 13. Mai schrieb Brecht an Larsen, die KP müsse dafür sorgen, daß sein Name nicht mehr mit Knutzon/Ziegler in Verbindung gebracht werde, was ein Aufführungsverbot bedeutete. Zugleich dementierte er, daß RB ihn gegen Knutzon beeinflußt hätte. *GBFA* 29, S. 94.
⁸⁷ Im ABA liegt ein Brief von 30. 6. 1938, mit dem Thorwald Stauning die sozialdemokratischen Kulturorganisationen anwies, die „über 20 Jahre" verfolgte Linie einzuhalten, „sich nicht auf eine Zusammenarbeit mit Personen, die in der kommunistischen Partei organisiert sind, einzulassen. Wenn Per Knutzon sich offiziell von der kommunistischen Parte lossagt, kann er – wie andere, die diesen Schritt gegangen sind – die Erlaubnis bekommen, mit unserer Partei zu arbeiten." Zit. n.: Hoffmann, Trepte, Peter: *Kunst und Literatur im skandinavischen Exil*, a.a. O. ,S. 383.

[88] *Berlau/Bunge*, S. 90.
[89] Nørregaard: *Brecht und Dänemark*, a. a. O., S. 432.
[90] *Jedes Tier kann es*, Mannheim 1989, S. 132.
[91] *Berlau/Bunge*, S. 62. RB erzählt hier auch, daß sie selbst eine Frau für Voltelen ausgesucht habe.
[92] Ebd., S. 61. Das größtenteils von RB, in kleinen Passagen auch von Brecht getippte Typoskript liegt in BBA 1080/75–85. Publiziert ist nur die deutsche Rückübersetzung Regine Elsässers von RBs dänischer Übersetzung in: *Jedes Tier kann es*, a. a. O. S. 137.
[93] Siehe: Sabine Kebir: *Der große Vergnügungspark – ein kafkaesker Albtraum von Brecht*, inspiriert von Ruth Berlau, in: *NDL* 5/2002, S. 154f, sowie: *Sabine Kebir: Berlau mit Brecht auf Kafkas Spuren und ein Dissens über die Vergnügungsindustrie*, in: *The Brecht Yearbook* 30/ 2006, S. 205-216.
[94] Tivoligäster, RBAHKOP. Die hier liegenden Exzerpte zur Entfremdung sind nicht von Ruth Berlau gemacht. Eine deutsche Übersetzung *Tivoligäste* von Birgit Peter in: *The Brecht Yyearbook* 30/2005, S. 219-222. In RBA 83 liegt eine von RB stammende dänisch-schwedische Version.
[95] Beide schrieben eine Erzählung über den Fall einer Frau Einsmann, die als Mann verkleidet arbeitete. Der Arbeitsplatz oder im Schweiße deines Angesichts sollst du kein Brot essen, *GBFA* 4, S. 345. Hauptmanns Version ist verschollen. Siehe: Sabine Kebir: *Ich fragte nicht*, a. a. O., S. 98, 257.
[96] *GBFA* 14, S. 426.
[97] Ebd., S. 411–412.
[98] Zeilenkommentar zu *Die Krücken*. Ebd., S. 664.
[99] *Berlau/Bunge*, S. 64–65.
[100] RB an Peter Suhrkamp, 16. 1. 1951, in: *Jedes Tier kann es*, a. a. O., S. 149.
[101] *GBFA*, 26, S. 317–318.
[102] *Über die Kunst des Beischlafs*, *GBFA* 17, S. 145–147. Das Gedicht *Über den Verfall der Liebe*, *GBFA* 14, S. 416, gehört ebenfalls in den Umkreis von *Jedes Tier kann es*.
[103] Das Ereignis wird durch eine Wochenschausequenz belegt, die im Film *Unter dem Strohdach*, a. a. O., von Nørregaard und Hassing wiedergegeben ist.
[104] Poul Reumert (1883–1968), spielte klassische und moderne Rollen, auch im Film. Durch Humor und Intelligenz war er lange der beliebteste Schauspieler Dänemarks. Häufig Partner Bodil Ipsens.
[105] Gespräch mit Rudy Hassing, Januar 2002.
[106] Nørregaard: *Brecht und Dänemark*, a. a. O., S. 78. Görings Besuch und Ipsens Gastspiel sind im Film Brecht og Danmark, a. a. O. mit Originalaufnahmen dokumentiert.
[107] Nørregaard: *Berlau ohne Brecht*, S. 167 und 173. 1941 lobte Borberg den Film Jud Süß überschwänglich.
[108] Als er im Januar 1939 in der Zeitschrift *Tilskueren* (Der Zuschauer) abgedruckt wurde, ließ Brecht ihn übersetzen und verwendete einen Ausschnitt daraus als Motto für *Leben des Galilei*.
[109] *Brecht und die humorvollen Dänen*, a. a. O., S. 16.
[110] *Berlau/Bunge*, S. 92.

[111] *GBFA* 22/1, S. 523 und 549.
[112] Ernst Schuhmacher: *Bertolt Brechts Leben des Galilei und andere Stücke*, Berlin 1968, S. 115.
[113] TT BBA 2611/28.
[114] Siehe: Harald Engberg: *Brecht auf Fünen*, a. a. O., S. 123.
[115] Hella Wuolijoki (1886–1954) geb. in Estland, studierte in Helsinki, nahm an der finnischen Unabhängigkeitsbewegung und der Revolution von 1917 teil, leitete Unternehmen mit europaweiten Handelbeziehungen. Selbst parteilos, unterhielt sie enge Kontakte zur Moskauer Exilführung der finnischen KP. Als Vermittlerin zur Sowjetunion, die sie wahrscheinlich nicht erst seit dem Winterkrieg 1940 war, verfügte sie auch über direkte Kontakte zur politischen Klasse Finnlands, die der Gruppe um Brecht sehr zugute kommen sollten.
[116] "Die besten Kritiken, die ich je erhalten habe, [...] standen im *Völkischen Beobachter* und im *Berliner Tageblatt*." Als das Pseudonym gelüftet war, verlor Wuolijoki die deutschen Bühnenverträge. Zit. n.: Hans Peter Neureuter: *Brecht in Finnland*, Habilitation, Universität Regensburg, 1987, S. 150–151.
[117] *Berlau/Bunge*, S. 29.
[118] RBA N 244.
[119] *GBFA* 18, S. 192.
[120] Ebd., S. 156.
[121] Ebd., S. 176.

## 5. „Bis Hitler mich verstößt"

Während Franco mit Hitlers und Mussolinis Hilfe die Vernichtung der aus freien Wahlen hervorgegangenen spanischen Republik vollendete, forderte die skandinavischen Linke, daß sich die nordeuropäischen Länder zu gemeinsamer Politik gegen Deutschland zusammenschließen sollten. Me-ti erwartete von Lai-tu, daß sie sich für das Bündnis der „drei Reiche Deh, Sueh und Noh" gegen den mächtigen Nachbarn einsetze.[1] Stauning verkündete jedoch, daß Dänemark nicht den „Kettenhund" des Nordens spielen werde. Er dachte öffentlich über den von Hitler vorgeschlagenen Nichtangriffspakt nach.

Seit 1935 verkehrte der junge Journalist Knud Rasmussen alias Fredrik Martner alias Crassus bei Brecht. Er arbeitete bei *Fyns Social-Demokrat* in Odense. Mehrfach hatte er Bewunderndes über Brecht und Weigel geschrieben. Ohne mit Honorar rechnen zu können, übersetzte er Brechts aktuelle Arbeiten. Ab September 1938 sind Briefe Berlaus an Rasmussen überliefert. Sie offenbart sich hier als rabiate Briefschreiberin, die wie ein Seemann fluchte: „[...] warum zum Teufel, hast Du meine Lesung nicht gehört? [...] ich bin wirklich richtig ärgerlich, denn es wäre wichtig für mich gewesen. Biest. Ja, ich weiß Bescheid, komm nicht mit Entschuldigungen, Du solltest Helli holen usw."[2] Rasmussen war auch eng mit Weigel und Steffin befreundet. Berlau trat Rasmussen gegenüber als energische Agentin Brechts auf. Seine Übersetzungen versuchte sie zu kontrollieren und zu beschleunigen. Auch feuerte sie ihn an, für übersetzte Gedichte und Novellen Zeitschriften zu finden, die gegebenenfalls unter Pseudonym drucken würden. Im September 1938 kritisierte sie, daß *Galilei* für ihren Geschmack in zu feinem Stil übersetzt sei. Sie hoffe, daß ihm die Umarbeitung Spaß mache. Denn ohne Spaß könne Arbeit mit und für Brecht nicht gelingen.[3]

Ein anderes Mal teilte sie mit, daß sie ein paar Tage heimlich bei Brecht gewesen war, da sie sich ohne Sonderurlaub nicht mehr als eine Stunde vom Theater entfernen durfte.[4] Wenn sie Rasmussen wegen seiner Arbeiten für Brecht des öfteren peitschte, lobte sie ihn zu anderen Gelegenheiten und versprach, ihn „nach der Revolution zu vergolden".[5]

Berlau studierte damals Szenen aus *Furcht und Elend des Dritten Reiches* mit Laien in Rasmussens Übersetzung ein, die sie „mundgerecht und gut" fand.[6] Weigel hatte 1938 in Paris u. a. als jüdische Frau mit diesem Stück einen auch von der Presse gefeierten Erfolg gehabt. Anläßlich einer vom Spanienkomitee und der Dänischen Sozialdemokratischen Jugend ausgerichteten Feier kündigte das Regierungsorgan *Social-Demokraten* für den 27. November 1938 u. a. auch die „Premiere von zwei Sketches des weltbekannten deutschen, jetzt natürlich landflüchtigen Schriftstellers Bert Brecht" an. Nach satirischen Liedern, u. a. über Görings Besuch in Helsingør und Österreichs Anschluß wurden *Die Stunde des Arbeiters* und *Arbeitsbeschaffung* aufgeführt. Weigels Rolle spielte Frida Budtz-Müller, die Gattin des Begründers des AT.[7] Am 9. Dezember war eine weitere Vorstellung in Borups Højskole geplant, bei der Helene Weigel selbst *Die jüdische Frau* auf deutsch und das Dienstmädchen in *Rechtsfindung* sogar auf dänisch spielen wollte.[8] Ob diese Vorstellung stattfand, ist nicht geklärt. Dagmar Andreasen erinnerte sich an Aufführungen von *Der Spitzel* und *Die jüdische Frau* mit Ruth Berlau in der Titelrolle.[9] Damals gelang es ihr, Fuß im dänischen Rundfunk zu fassen, wo ihre dunkle Stimme nun offenbar als interessant wahrgenommen wurde. Dem Rundfunk machte sie auch eigene Vorschläge, z. B. eine Lesung von Kafkas Novelle *Der Nachbar* zu produzieren, die sie selbst übersetzt hatte. Sie bat Rasmussen sowohl um eine Endredaktion[10] als auch um die Veröffentlichung eines fingierten Interviews über Kafka, das als Werbung für die Sendung dienen sollte.[11] In dem auf deutsch skizzierten – d. h. von Brecht diktierten – Interview ging es darum, daß auch die große Kunst Kafkas darin bestehe, die Botschaft nicht direkt auszusprechen, sondern vom Publikum erschließen zu lassen.[12]

Berlau forderte Rasmussen immer wieder auf, Artikel, Rezensionen oder Interviews über sie und mit ihr zu publizieren, vor allem über das Arbeitertheater und ihre Regietätigkeit. Sie berichtete ihm auch vom Fortschritt ihrer Novellen, die unter dem Pseudonym Maria Sten herausgebracht werden sollten, weil sie wahrscheinlich als pornographisch aufgefaßt würden.[13] Deshalb solle er in seiner Rezension Maria Sten als Dänin vorstellen, die in Amerika lebe, wo das Buch auch erscheinen werde.[14] Rasmussens sprachliche Hilfe erwartete sie insbesondere für die Novelle *Regnen*, die Ediths Geschichte wiedergab. Brecht habe ihr erzählt, daß Rasmussen sie nicht verstanden hätte. Sie bat ihn, sie nochmals zu lesen[15] und sie bei der Übersetzung der Kant-Zitate zu unterstützen.[16] Das Ergebnis erschien ihr jedoch „haarsträubend".[17] In der späteren dänischen Druckfassung von *Regnen* ist nicht nur Kant, sondern auch Brecht immer noch mißverständlich wiedergegeben.

Das Frühjahr 1939 – insbesondere der Monat März – war für Berlau wahrscheinlich die Lebensepoche mit den vielfältigsten und nervenaufreibendsten Aktivitäten. Die Verschärfung der Kriegsgefahr machte den Umzug Brechts, seiner Familie und Steffins in ein sicheres Exilland dringlich. Es lag nahe, den Visaanträgen für die USA künstlerische Empfehlungen beizulegen. Berlau suchte ihren ehemaligen Intendanten Andreas Møller auf, der nun Departementschef bei Staunig war. Obwohl er einst die Verträge für *Die Heilige Johanna der Schlachthöfe* und *Die Sieben Todsünden der Kleinbürger* unterzeichnet hatte, verweigerte er die gewünschte Empfehlung.[18]
Da mit den USA-Visa nicht umgehend zu rechnen war, mußte ein Zwischenaufenthalt in Schweden organisiert werden. Um sich vor Flüchtlingsströmen zu schützen, erteilte Schweden Visa nur an Personen, die nach Deutschland zurückkehren oder eine mindestens sechsmonatige Aufenthaltsgenehmigung des bisherigen Zufluchtslandes vorweisen konnten. Dänemark gewährte Brecht aber nur drei Monate. Das von Branting geleitete schwedische Spanienkomitee versuchte, legale Voraussetzungen für seine Umsiedlung zu schaffen. Brecht und Weigel sollten zu einer Vortragsserie *Über experimentelles Theater* vom Reichsverbund der Amateurtheater eingeladen werden. Den Schriftverkehr von schwedischer Seite führte der Arbeiterschriftsteller Henry Peter Matthies[19] mit Berlau.
Wegen der notwendigen sechsmonatigen Aufenthaltsgenehmigung suchte Berlau erneut Justizminister Steinke auf. Sie ließ durchblik-

ken, daß Dänemark Brecht damit doch endgültig loswerden könne. Er soll geantwortet haben: „Gut, sehr gut. Lieben Sie ihn?" Erstaunlicherweise erinnerte sich Steinke an eine Aufführung der *Mutter* und meinte, daß man einem Gorki die Aufenthaltsgenehmigung nicht vorenthalten könne. Zum Abschied sagte er angeblich wie 1936, als sie sich wegen der Absetzung der *Sieben Todsünden* beschwert hatte, daß er künftig nur nachts für sie Zeit habe.[20]

Diese Unterredung brachte den Durchbruch nicht. Berlau mußte Branting anrufen. Er kam per Flugzeug nach Kopenhagen und intervenierte persönlich bei den dänischen Behörden für die sechsmonatige Aufenthaltsgenehmigung.[21] Von schwedischer Seite lagen aber weder das Visum noch die für die Vorträge nötige Arbeitserlaubnis vor, sondern nur eine Grenzempfehlung für Brecht und Weigel, die Berlau Matthies gegenüber als „die größte lebende Schauspielerin" bezeichnete. Es gäbe nur wenige Menschen, schrieb sie, die sich über die Bedeutung des „Meisters" im klaren seien und wenige, auf die er sich verlassen könne.[22]

Über das fertiggestellte Stück *Leben des Galileio Galilei* wollte Brecht mit Freunden diskutieren und Aufführungschancen in den USA testen. Für die Vervielfältigung wurde ein Kopiergerät gebraucht. In der Hoffnung, über Rasmussen bei einer Zeitungsredaktion einen Duplikator leihen zu können, bekam dieser sowohl von Steffin[23] als auch von Berlau[24] wochenlang nervöse Briefe. Beide waren – ohne voneinander zu wissen – bereit, notfalls selbst ein solches Gerät mit eigenem Geld auszuleihen oder gar zu kaufen, was aber niemand, besonders Brecht nicht, erfahren sollte. Mitte März schrieb Berlau aus einer „verstaubten" Garderobe, daß sie nach Skovsbostrand fahren werde, um beim Hektographieren zu helfen.[25]

Stellt man die verschiedenen Quellen über den März 1939 zusammen, war Berlau nicht nur mit der Organisation der Flucht von Brecht und Weigel und der intensiven Suche nach dem Duplikator beschäftigt. Im Radio sprach sie die Rolle von Marie Curies Schwester. Im Theater probte sie die Christine für *Traumspiel* und die Kristina für *Gustav Vasa*, beides Stücke von Strindberg.[26] Außerdem stand sie als Regisseurin in aufreibenden Endproben von *Alle wissen alles*. Aus der Fassung von 1937 hatte sie eine dänische Übersetzung entwickelt: *Alle véd alt*, überliefert als gebundenes Textbuch.[27] Die handschriftlichen Korrekturen und Regieanweisungen Brechts sowie die durch Zusammenkleben alter und neuer Textteile der ursprünglichen deutschen Version sind hier nahtlos übernommen.[28] Weil Brecht keine Chance mehr auf dänischen Bühnen hatte und Berlau durch ihre allseits bekannte Nähe zu ihm als Autorin auch nicht in Frage kam, war das Stück anonym über den Anwalt Gustav Vøhtz dem Königlichen Theater vorgeschlagen worden.[29] Nachdem dieses kein Interesse signalisierte, hatte Berlau Rasmussen gebeten, bei anderen Theaterdirektoren für das Stück besonders damit zu werben, daß sich der berühmte Storm P. für die Hauptrolle interessiere, die auch für ihn geschrieben sei. Autor sei ein „alter Engländer".[30] Notfalls sollte auch Rasmussen als Autor fungieren: „Weißt Du, es ist für uns im Augenblick das Wichtigste, weil es Geld einbringt. Schwöre, verdammt noch mal zum Teufel, daß Du tust, was Du kannst, und vielleicht wird es notwendig, daß Du es zu guter Letzt bist, der es übersetzt, modernisiert und verdänischt hat. [...] wer glaubt dem alten Engländer in Verbindung mit mir???"[31]

Daß Storm P. sich, wie Berlau Bunge 1959 erzählte, anhaltend für die sehr textreiche Rolle interessiert haben soll, ist unwahrscheinlich. Denn ebenso wie sie konnte er sich fremden Text schlecht merken. Berlau brachte Storm P. jetzt wahrscheinlich nur noch als Bluff ins Spiel.

Als sie 1959 über ihren Aufführungsversuch von *Alle véd alt* sprach, hatte sie vergessen, daß sie im März 1939 nicht als Autorin, sondern nur als Regisseurin fungiert hatte. „Ganz Kopenhagen bebte, alle Kritiker raunten: 'Berlau hat ein Stück geschrieben! Berlau hat selber Regie geführt` u.s.w.. Ich war ja das rote Tuch für sie; *Rote Ruth* wurde ich genannt. [...] Alle wollten zur Premiere kommen. Das Stück sollte sogar im Apollo-Theater am Rathausplatz gespielt werden."

Der mit Brecht befreundete Nationalökonom Fritz Sternberg habe die Generalprobe gesehen und geurteilt: „Das kannst du nicht machen morgen, das ist unmöglich!" Berlau beschloß, die Premiere platzen zu lassen. Für die Schauspieler war ihre Entscheidung „grauenvoll". Sie selbst sei dann mit Sternberg zu Brecht gefahren.[32]

Ein mit den Zeichnungen Strom P.s geschmückter Programmzettel[33] gibt den 6. April, den Gründonnerstag 1939, als Tag der geplanten

Premiere an. Aufführungsort war tatsächlich das neben dem Tivoli gelegene Apollotheater, das an Feiertagen seinen Saal freien Truppen vermietete. Die Rolle des Fischhändlers spielte Berlaus bewährter Arbeiterschauspieler Gustav Gabrielsen, der einst den langen Blick ins Portemonnaie erfunden, später den Lehrer in der *Mutter* und den Pedro in *Carrar* gespielt hatte. Und wenn „Dagmar Andersen" ein Druckfehler ist, hatte seine ehemalige Freundin Dagmar Andreasen die Rolle von Kammersängerin Linsen übernommen, einer Kundin des Fischladens. Alle anderen Darsteller waren ebenfalls Laien, die – so sagt die Frontseite – einem „AMATØR–TEATRET" angehörten. Außer Gabrielsen und Andreasen hatte keiner der 24 Darsteller je etwas mit dem RT oder dem AT zu tun gehabt. Auf der Rückseite des Programmzettels bat die Regisseurin um Nachsicht, daß nicht das vorgesehene Bühnenbild zu sehen sei, sondern eine vom Apollotheater zur Verfügung gestellte Behelfsdekoration. Auch hätte die Truppe „nicht die Probezeit und die Kräfte" gehabt, „die für eine solche Aufgabe notwendig sind". Aber sie bekannte sich leidenschaftlich zur Regiearbeit mit Laien: „Als ich die Amateure zum ersten Mal proben sah, waren das Leute mit ursprünglichem Talent, mit soviel Potential an genauem Gestus und Mimik, daß ich sicher war, ein solches Stück mit ihnen bewältigen zu können. Nach achtstündigem Arbeitstag im Kontor oder in der Fabrik kommen sie zur Probe mit Kraft und Lust zu produzieren."

Unklar ist, wieso Berlau das Scheitern der Premiere mit Sternberg in Verbindung brachte, dessen Besuch nicht im Frühjahr 1939, sondern im September 1938 belegbar ist. Kann aber seine Intervention ganz aus der Luft gegriffen sein? Vielleicht gab es zwei Aufführungsversuche – einer im September 1938, für dessen Abbruch Sternberg plädiert haben könnte, und ein anderer im April 1939, der ebenfalls nicht glückte.

Über Brechts Rolle bei der Inszenierung im Frühjahr 1939 geben einige Briefe Berlaus an Rasmussen Auskunft: „[...] ich hoffe, daß Brecht jetzt am Sonnabend nach Kopenhagen kommt und hoffentlich 8 Tage bis zu den *Alle wissen alles* – Proben bleibt." Dann folgt die Bitte, daß Rasmussen zu dieser Zeit nicht nach Skovsbostrand fahren solle, „dann hat Brecht nämlich keinen Grund, sich für die Proben am Sonnabend entschuldigen zu lassen, und ich kann das große

Stück nicht allein durchführen. [...] Brecht muß zu einigen Proben hier sein."[34] Bald schrieb sie, daß Brecht gekommen war, „hier war große Bühnenprobe von *Alle wissen alles*, und es half mir ungeheuer, daß er zu dieser Probe kam."[35] Er blieb aber offenbar nicht lange genug. Das komplexe Stück war für die Laien nicht zu bewältigen. Der Programmzettel weist Berlau als Regisseurin aus. Ein Autor ist nicht vermerkt. Statt dessen ist auf der Innenseite der seltsame Kommentar eines „gammel Dramatiker" – einen „alten Dramatikers" gedruckt, der einige leicht modifizierte Passagen aus dem *Vorwort zu einem Schwank* enthält. Während dort behauptet wird, daß das Stück auf einem vergessenen englischen Schwank „aus den neunziger Jahren" beruhe, behauptete der „gammel dramatiker", daß es sich um eine „jüngere, umfangreichere und robustere Schwester" von Richard Brinslay Sheridans *Lästerschule*[36] handele, ein viel älteres, auf dänischen Bühnen damals erfolgreiches Stück. Auch hier ging es um Bespitzelung und Verleumdung, auch hier wurde das Publikum durch eine bestimmte Dramaturgie dazu gebracht, den auf der Bühne getroffenen Urteilen zu mißtrauen.

Ein Grund für das Scheitern der Inszenierung ist vermutlich in der großen Überlastung Berlaus zu suchen, in die sich Sorge vor der näher rückenden Trennung von Brecht mischte. Der Streß kam auch in einer verzweifelten Bitte an Rasmussen zum Ausdruck. Da sie nach einem Wochenende bei Brecht am Montag um 11 Uhr 30 bei der Probe im Königlichen Theater erscheinen mußte, sollte er ihr Abfahrtszeiten der Nachtzüge schreiben: „Ich kann mich auf einem Fahrplan nicht zurechtfinden. Ich habe Löcher im Gehirn: Fahrpläne, Buchstaben, Grammatik u. ä. können in meiner halbverwesten (Gehirn-) Masse nicht existieren."[37]

Am 5. April, am Tag als die Generalprobe zu *Alle véd alt* scheiterte, schrieb Brecht an Matthies, daß er die sechsmonatige Aufenthaltsgenehmigung für Dänemark erhalten habe.[38] Ostergast in Skovsbostrand war dann nicht Sternberg, sondern Knud Rasmussen. Er berichtete später, daß Brecht am Karfreitag im Garten saß und im Radio einen Bericht darüber hörte, wie Mussolini Albanien besetzt hatte. Er beschloß augenblicklich, den Aufenthalt auf Fünen zu beenden und leitete den Verkauf des Fischerhauses ein. Mitte April konnte er ab-

reisen. „Er lüftete die mütze, als Ruth Berlau das auto startete, um ihn nach kopenhagen zu fahren, und sagte zu uns, die zurückblieben: 'Auf wiedersehen und vielen dank`."[39]
Ein paar Tage hatte Berlau ihn noch für sich allein. Sie arbeiteten wahrscheinlich an dem Einakter *Dansen,* der als Unterpfand weiterer Zusammengehörigkeit für die zurückbleibende Regisseurin gedacht war. Parabelhaft wurde hier die Frage durchgespielt, ob sich „Dansen" für den Fleischexport nach Deutschland entscheiden oder mit „Svensson" Waffen aus dessen Eisen schmieden sollte, um sich gegen die drohende Invasion zu schützen. Das kleine Stück richtete sich gegen den geplanten Nichtangriffspakt zwischen Dänemark und Deutschland, der am 1. Juni jedoch abgeschlossen wurde.
Wahrscheinlich gab Brecht Berlau damals auch den eisernen Ring, eine unauffällige Alliance, den sie fortan trug. Auch sie hatte ein Geschenk vorbereitet. Wegen der Besetzung der Tschechoslowakei konnten die von Wieland Herzfelde geplanten *Gedichte im Exil* nicht mehr erscheinen. Berlau kam auf die Idee, einen Teil davon als Subskriptionsdruck mit dem Titel *Svendborger Gedichte* herauszugeben. Zur Finanzierung von 1000 Stück sollte Brecht hundert numerierte Exemplare signieren, die für 10 anstatt für 5 Kronen angeboten wurden. Aus einer späteren Notiz Berlaus geht hervor, daß Brecht das Vorhaben nicht billigte. Gedichte privat zu drucken, sei „mittelalterlich", man lebe schließlich im „Warenzeitalter" Er schriebe nicht „für einzelne und die Einzelnen nähmen nichts Geschriebenes als einzelne" entgegen. Als Berlau für die Subskription warb, schien sich seine Befürchtung zu bestätigen. Poul Henningsen nannte Berlau am Telephon aufdringlich. Die unsignierten Gedichte seien genau so gut.[40] Berlau ließ sich aber nicht abbringen. Äußerlich war das Heft – wie auch schon *Fru Carrars Geværer* in der Art der *Versuche* aufgemacht. Um Probleme mit der künftigen Besatzungsverwaltung zu vermeiden, wurde als Herausgeber der Malik-Verlag mit Sitz in London angegeben. Welche Schwierigkeiten sie hatte, die Druckerei zu bezahlen und wie schwierig der bereits konspirativ vor sich gehende Vertrieb war, dürfe Rasmussen weder Brecht noch Steffin verraten. Sie sollten von den Finanzierungsproblemen möglichst nichts erfahren und sich auf die technischen Dinge konzentrieren. Brecht habe ein bestimmtes Papier ausgesucht und Steffin läse Korrektur.[41]

Vor der Abreise nach Schweden wohnten auch Weigel und die achtjährige Tochter Barbara einige Tage bei Berlau. Der dreizehnjährige Stefan und Margarete Steffin waren in einer Pension untergebracht.[42] Am Abend des 22. April setzten Brecht und Weigel in Begleitung Berlaus nach Malmö über. Dann fuhren sie zu dritt mit dem Nachtzug nach Stockholm. Hier trafen sie Branting. Studenten halfen beim Umzug ins Haus der Bildhauerin Ninnan Santesson, das auf der Insel Lidingö lag. Die mit den Kindern am 7. Mai eintreffende Steffin bezog eine Unterkunft in der Nachbarschaft.
Berlau kehrte am 26. April nach Kopenhagen zurück, fest entschlossen, so oft sie konnte, nach Stockholm zu reisen. Es war noch nicht so weit wie Amerika. Im Theater, wo sie solche Reisen verheimlichen mußte, würde sie Urlaub beantragen, um angeblich in Odense ihren Freund Knud Rasmussen zu besuchen.[43]

Meistens kam sie mit dem Schiff, manchmal aber auch mit dem Motorrad. Weil bei Helene Weigel verständlicherweise die Sorge wuchs, daß Ruth Berlau eine zweite ständige Begleiterin im Exil werden könne, kühlten die Beziehungen sehr ab. Die Weigel verwehrte ihr den Zutritt zum Haus. Was Brecht außer Haus treibe, sagte sie, interessiere sie nicht.[44]
So schlug Ruth Berlau für ihre Übernachtungen in einem nahegelegenen Wäldchen ein Zelt auf, in dem sie ihre Schreibmaschine aufstellte. Auf das Zelt können sich Brechts Verse *Biwak* beziehen, in denen von einem Kupferkessel die Rede ist, der an einer schrägen Wand hängt.[45] Da auch gefragt wird, ob sie den kleinen eisernen Ring noch trage, ist wahrscheinlicher, daß die Verse auf ihre Kopenhagener Wohnung in der Kattesundet gemünzt waren, die in der Dachschräge lag. Dann wiese der Titel darauf, daß diese Wohnung nur noch als Provisorium auf Zeit galt. Als Berlau im Juli Matthies für einige Tips bezüglich ihrer Novellen dankte, ließ sie durchblicken, daß sie bereits die Flucht nach Schweden erwog: „Auf Wiedersehen, spätestens bis Hitlers Begierde nach meinem süßen, blühenden Vaterland unwiderstehlich wird."[46]
Auf einer Feier zum 70. Geburtstag von Andersen Nexø am 4. Juni lernte die Brecht-Gruppe Hans Tombrock[47] kennen, ein aus Dortmund stammender, legendärer Vagabund, der sich autodidaktisch zum Zeichner und Grafiker herangebildet hatte. Brecht inspirierte

ihn zu verschiedenen Serien über seine Stücke, besonders zu *Galilei*. Dabei kamen sich die beiden persönlich so nahe, daß er Tombrock auch in seine Beziehung zu Ruth Berlau einweihte. „Daß mich jemand anders im Zelt besuchte, hätte Brecht nicht gern gesehen, nur bei Tombrock machte er eine Ausnahme."[48]
Das Zelt war nicht nur ein Ort der Liebe, sondern auch der Arbeit. Der Erfolg, den Brechts Vorträge vor Laientruppen von Studenten und Arbeitern sowie arbeitslosen Schauspielern gehabt hatte, war Anlaß, *Dansen* auf die schwedischen Verhältnisse umzuschreiben. Eine sozialdemokratische Laiengruppe war interessiert *Was kostet das Eisen*, das Stück eines zur Anonymität gezwungenen deutschen Autors auf der Basis der dänischen Übersetzung von Ruth Berlau und unter ihrer Regie einzustudieren.
Brecht riet, das Stück im „Knockaboutstil" aufzuführen – eine Worterfindung, die ‚à la Chaplin' bedeutete. Die Darsteller trugen übergroße Schuhe. Tombrock besorgte Masken bei einem Lieferanten für Faschingsutensilien. Der Eisenhändler bekam eine Perücke, deren Haare sich sträuben konnten als dann auch bei ihm der Krieg ausbrach. Zur Dekoration wurden einige, von Linken als demagogisch empfundene Äußerungen skandinavischer Staatsmänner verwendet.[49]
Als komisch gilt in Schweden auch die dänische Sprache, weshalb Berlaus Übersetzung des Stücks ins Schwedische die willkommene Arbeitsgrundlage blieb. Ossian Eklund, der damals den Kunden mit einer Maske darstellte, die Assoziationen an Filme mit Dick & Doof und an Hitlers Schnurrbart weckte, erinnerte sich, daß man das Stück „auf eine Art Dänisch-Schwedisch" gespielt habe, „jeder hat seine eigenen Repliken mehr oder weniger übersetzt, mit Absicht etwas nachlässig, wodurch man ein ganz eigenes Element von Clownerie beisteuerte."
Um die Autorschaft glaubwürdiger zu verschleiern, wurde wieder ein Engländer erfunden: „John Kent". Ein Augenzeuge der Premiere, Arne Lyden, erinnerte sich, dass einige Kursteilnehmer über das Stück verärgert waren, denen es als „eine Unverschämtheit gegenüber Schweden" erschien. Es löste auch Irritation aus, daß Brecht, den man allgemein doch für den Verfasser hielt, seine Urheberschaft versteckte.[50]
Kurz vor der Premiere wurde die Regisseurin zur Probe von *Der Mann ohne Seele*[51] nach Kopenhagen gerufen, wegen „9 Repliken als Mädchen von der Heilsarmee. Infam!"[52] Mutter Blanca, die zwei

Ferienwochen auf Lidingö verbrachte, erlebte die Premiere wahrscheinlich mit.[53]
Als Berlau zurückkam, übergab ihr Brecht ein kleines ledergebundenes Heft, in das er Premierenfotos eingeklebt hatte. Eine Woche zuvor hatte er der Zeitschrift *Folket* gesagt: daß die „deutsche sozialgerichtete dramatische Literatur" nun nur noch im Ausland lebe und dort vor allem von Amateurtheatern bewahrt werde. Überhaupt meine er, daß alles, „was das Ausland an deutscher Kultur nicht rettet, untergehen wird."[54] Die Hoffnung, daß *Mutter Courage und ihre Kinder* von einer professionellen Bühne in Schweden aufgeführt werden könnte, war illusorisch.
Schweden begann damals, politisch riskant scheinende Personen zu internieren. Menschen, deren politische Gefährdung in Deutschland bekannt war, konnten sogar dorthin abgeschoben werden. Berlau soll den gefährlichen Auftrag eines Hilfskomitees angenommen haben, die Abschiebung eines Mannes auf wagehalsige Art zu vereiteln. Über einen Mittelsmann bei der Polizei war bekannt, mit welchem Zug er befördert werden sollte. Sie sollte im selben Zug fahren und ihn so verletzen, daß er ins Krankenhaus gebracht werden mußte. Die Auskunft war aber falsch, der Mann war auf anderem Wege transportiert worden.[55] Diese antifaschistische Heldentat hätte Ruth Berlau hinter Gitter bringen können.
Brecht war weiterhin gegen diese Art Kühnheit von Intellektuellen. Im August 1939 entstand das Gedicht *Ardens sed virens*, das Ruth Berlau zur Vorsicht mahnte. Für sie stünde hinterm „Schlachtfeld nie ein Pferd". Sicher zu Recht hielt sie dieses Gedicht, das nicht nur ihren Charakter, sondern auch das Verhältnis, das zwischen ihr und Brecht bestand, sehr genau beschrieb, für das schönste, das er für sie geschrieben hatte: „Herrlich, was im schönen Feuer // Nicht zu kalter Asche kehrt! // Schwester sieh, du bist mir teuer // Brennend, aber nicht verzehrt".[56] Als sie nach den Sommerferien nach Kopenhagen zurückkehrte, gab ihr Brecht eine Schallplatte mit, auf die er *Biwak* und *Ardens sed virens* gesprochen hatte.[57] Es gab damals Tonstudios wie heute Copyshops, in denen man privat Platten aufnehmen und pressen lassen konnte.
Den am 23. August geschlossenen Nichtangriffsvertrag zwischen Deutschland und der Sowjetunion, den die meisten westeuropäischen

Antifaschisten als Verrat auffaßten, interpretierte Berlau wie Brecht als die einzige Möglichkeit, den Angriff auf die Sowjetunion noch etwas aufzuschieben. Nach der Besetzung Polens schrieb sie Rasmussen: „Welch ein Schwindelkrieg!!! Entweder ist das Ganze [durch Eingreifen Englands und Frankreichs – S. K.] in 14 Tagen vorbei, oder wir werden gewaltig hineingezogen. [...] Was sagen Sie (und man) über den sowjetisch-deutschen Pakt? Ich sehe ihn sehr hoffnungsvoll. Aber die Weltrevolution muß wohl noch etwas warten."[58]

Wenig später schrieb Rasmussen, daß sie in Kopenhagen bleiben werde, bis man sie aus ihrer Wohnung tragen würde, bzw. „Hitler mich verstößt." Im selben Brief heißt es, daß sie über Flauberts *Madame Bovary* ein Hörspiel schriebe, das mit dem Prozeß um das Werk beginne.[59] Aus einem weiteren Brief geht hervor, daß sie dafür „selbstverständlich gute Ratschläge von dem Dramatiker" bekommen hätte, den sie besucht habe. Allerdings müsse sie Änderungen vornehmen. Unterstützung hatte sie auch von Gelsted erhofft, der jedoch zweifelte, daß sie den Stoff bewältigen werde.[60] Der dänisch notierte Szenenplan von *Frau Bovary auf der Anklagebank* ist leicht als Brechts Diktat zu erkennen. Auf denselben Blättern finden sich deutsche Ratschläge, z. T. von seiner Hand für die Rahmenhandlung: der Prozeß gegen Flauberts scheinbar teilnahmslose, indifferente Darstellungsweise.[61]
Das als gebundenes Textbuch überlieferte Hörspiel[62] hielt sich in den Grundachsen nah am Roman, verzichtete aber nicht auf neue Akzentuierungen. Außer dem Prozeß wurden weitere Szenen hinzugefügt, z. B. eine Parallelszene zur Erniedrigung von Charles Bovary in der Schule, die zeigen sollte, wie schlecht auch Emma durch die Schule aufs Leben vorbereitet wurde: Im Schlafsaal der Klosterschule unterhält sie sich flüsternd mit einem anderen Mädchen über die Erregung, die Gedichte Shelleys und *Romeo und Julia* bei ihnen hervorgerufen hatten. Viel mehr wußten sie nicht über die Liebe.[63] Emmas Geschichte wurde geschickt den dramatischen Möglichkeiten des Funkmediums angepaßt. So überlagern sich in der Todesszene die Stimmen der Liebhaber, des Gatten, des Apothekers Homais und des Wucherers zu einem funkgerechten Delirium. Neu ist auch die Schlußszene: Ein Gespräch zwischen Emile Zola und anderen Gästen

in einem Pariser Café, während die Zeitungsjungen den Ausgang des Prozesses ausrufen, bei dem Flaubert freigesprochen werden mußte: „Ein vulgärer und oft schockierender Realismus, aber ein Kunstwerk." „Nicht das Interpretieren ist unsittlich, sondern das Interpretierte." „Frau Bovary frei, die Provinz verurteilt!"[64] Die Rahmenhandlung stellt sich - wie auch das Interview zu Kafka - als Teil von Brechts ästhetischem Lehrprogramm für Berlau dar, die auch als Künstlerin dazu neigte, Gefühlen und Botschaften allzu direkt Ausdruck zu verleihen. Scharf herausgearbeitet sind in diesem Hörspiel die Widersprüche, in die Emma Bovarys Liebesverlangen gerät, weil sie über kein eigenes Geld verfügt. Einst war das Berlaus eigenes Existenzproblem, auch ihre Ehe war zur Versorgungsehe geworden. Robert Lund und Charles Bovary hatten gemeinsam, das Streben ihrer Frau nach Selbstverwirklichung in überdurchschnittlichem, ja tragischem Ausmaß zu tolerieren und sogar zu fördern. Das machte die Einlösung der sexuellen Wünsche aber eher komplizierter. Im Hörspiel gibt es eine neue Szene, in der Madame Bovary ihrem Hund ähnliche Sehnsüchte beschreibt, wie sie Berlau selbst einst ihrem Tagebuch anvertraut hatte: „Ich war mir sicher, daß ich verliebt war, aber ich spürte kein Glück. Liebe ist doch Glück. [...] Ich *will* Glück, Leidenschaft, Rausch empfinden! Ich will leben. Wenn Charles nur ein einziges Mal meinen Gedanken entgegenkommen würde, würde mein Herz sicher überfließen. [...] Ich habe versucht, sein Herz zum Lodern zu bringen, aber es gelang mir nie, einen Funken zu erzeugen. [...] Ich hasse die unverrückbare Ruhe, die geborgene Schwere und auch, *ja*, auch das Glück, das ich ihm gebe.[65] Der weibliche Kampf für das Recht auf selbstbestimmte Geschlechtsliebe war auch das Grundthema des damals in Entstehung befindlichen *Guten Menschen von Sezuan*. Das Hörspiel erweist sich als damit korrespondierende Parallelarbeit.

Seit dem Sommer 1939 hatte Steffin Probleme mit dem Blinddarm. Da sie Anspruch auf kostenlose medizinische Behandlung in Dänemark hatte, kehrte sie für die Operation Ende November nach Kopenhagen zurück. Berlau und ihre Mutter übernahmen die Betreuung.[66] Wie Steffin an Rasmussen schrieb, bekam er nur so schnell Post, weil Berlau ihr Briefumschläge und Papier gebracht hatte.[67] Ein anderes Mal brachte sie Ananas.[68] Obwohl die Operation gut

verlief, dauerte die Genesung lange. Steffin erholte sich eine Zeit lang bei Familie Nexø in Stenløse. Ende Januar blieb sie noch ein paar Tage bei Berlau. Sind die beiden Frauen gut miteinander ausgekommen, oder stieg die Spannung wieder an? Mehrdeutig ist, wenn Berlau an Rasmussen schrieb, es sei „eine gute Nacht" gewesen, „als Grete fuhr". Sie erzählte auch von einer für die Ärzte rätselhaften Krankheit, von der sie selber befallen war: „[...] ich kann nichts essen, Hysterie, Nikotin, was weiß ich."[69] Wochen später ging es ihr endlich besser. Sie sei so entkräftet gewesen, daß sie nicht arbeiten konnte. Nun sei sie dabei, ihr *Bovary*-Hörspiel von 63 auf 42 Seiten zusammenstreichen. Falls sie die Reinschrift nicht zustande brächte, bat sie Rasmussen, diese Arbeit zu übernehmen.[70]
Ruth Berlaus Krankheitsbeschwerden können Ausdruck wachsender Trennungsangst gewesen sein. Durch den am 30. November begonnenen sowjetischen Finnland-Feldzug wurde es immer wahrscheinlicher, daß sich Brecht auch ohne US-Visum so weit entfernen müßte, daß Stippvisiten unmöglich wurden – nämlich in die Sowjetunion. Für diesen Fall sandte er eine Lai-Tu-Geschichte. Diese beschrieb das künftige Verhältnis zwischen ihnen als Freiheit auf einigen Gebieten und unverbrüchlicher Gebundenheit auf anderen. Kin-je wollte Lai-tu seinen Schatten zurücklassen. Dieser würde immer bei ihr sein, ihr aber nicht „über jede Schwelle und nicht in jedes Haus" folgen. Er würde versuchen, ihr einen Weg zu weisen und unbeirrt auf sie warten, wenn sie nicht nachkäme, „oder nicht folgen wollte".[71]
Eines Tages, als sie in Brechts Arbeitszimmer trat, übergab er ihr einen mittelgroßen Kieselstein, in den er „e p e p" eingeritzt hatte. Gemeint war „et prope et procul" – „in der Nähe, in der Ferne". Damit endeten meist seine Briefe. Das Geschenk, schlug er vor, könne als Papierbeschwerer dienen.[72]
Anfang 1940 war Ruth Berlau mit letzten Arbeiten an den mit Brecht zusammen geschriebenen Novellen beschäftigt. Erscheinungstermin, schrieb sie Rasmussen, sei der 10. April. Sie freute sich auf ein ihrer Meinung nach auch schön gestaltetes Buch, in dem enorme Arbeit stecke.[73]

Am 9. April, einen Tag, bevor *Ethvert dyr kan det* erscheinen sollte, wurde sie durch ungeheuren Flugzeuglärm geweckt. Der Himmel

war dunkel von schwarzen Bomberflugzeugen. „So viele haben wir nicht, dachte ich, Hitler kommt. Die Flugzeuge flogen sehr tief und ich konnte [nicht] deutlich sehen, ob da keine Hakenkreuze drauf waren." Da Telephon und Radio stumm waren, packte sie ihren Rucksack und startete das Motorrad.[74] Angeblich sei sie nach Stenløse gefahren, um Martin Andersen Nexø zur Flucht in die Sowjetunion zu bewegen. Als sie ankam, stand bereits ein Auto der sowjetischen Botschaft vor seinem Anwesen. Aber Nexø habe abgelehnt. Er bat nur, in die Nähe des Flugplatzes gefahren zu werden, um die Landung der „Schweine" zu beobachten.[75]
Als sie zu den Proben zu Lagerquists *Mann ohne Seele* kam, fand sie die Bühne leer. In der Garderobe saß bleich die Regisseurin Bodil Ipsen. Das Stück sei abgesetzt worden, sagte sie. Im Königlichen Theater würde jetzt nur noch gespielt, was den Deutschen recht sei. Verboten wurde auch das Fotomagazin von *Berlingske Tidene*, das ihr Mann Einar Blach leitete.[76]
Während Norwegen sich zwei Monate lang verteidigte, setzte Dänemark dem Einmarsch keinen Widerstand entgegen und war schon am Abend des 9. April vollständig besetzt. Christian X. hatte die Dänen zu „Ruhe und Ordnung" und einer „loyalen Haltung gegenüber allen, die hier Verantwortung tragen" aufgerufen, d. h. auch gegenüber den Deutschen.[77] Hitler verzichtete nicht nur auf die Rückgabe der Gebiete, die nach dem ersten Weltkrieg dänisch geworden waren. Das Land behielt auch erhebliche Souveränitätsrechte. Die Regierung Stauning blieb im Amt. Das parlamentarische Leben konnte fortgesetzt werden. Sogar die Kommunisten durften weiter daran teilnehmen. Die Okkupanten ließen vorerst auch die Juden unbehelligt. Sie errichteten keine Militärzensur. Wenn *Der Mann ohne Seele* abgesetzt und das größte Bildmagazin des Landes verboten wurde, dann geschah dies in vorauseilendem Gehorsam dänischer Institutionen unter dem Einfluß einheimischer Nazis. Die Besatzungsmacht trat so wenig als möglich in Erscheinung. Ihre Truppen waren kaserniert und angehalten, sich wie Gäste zu benehmen. Trotzdem war es sehr mutig, daß Ruth Berlau mit ihrer Amateurtruppe weiterhin Szenen aus *Furcht und Elend des Dritten Reiches* spielte. Da Schweden am 12. April den Visumszwang für Dänen eingeführt hatte, sei sie gespannt, schrieb sie an Rasmussen, ob sie zu „B." fah-

ren könne. Ab 15. Mai begann ihr Urlaub. Die Telephon- und Postverbindung zwischen beiden Ländern war unterbrochen. Sie hoffte, daß Rasmussen von seiner Redaktion aus bessere Möglichkeiten hatte, Brecht zu erreichen. Da nach der Besetzung Dänemarks auch eine Invasion Schwedens drohen konnte, wußte sie, daß er nicht mehr lange dort bleiben würde.

Ihr Buch *Jedes Tier kann es* war trotz allem erschienen. Weshalb die ursprünglich als Rahmenhandlung gedachte gleichnamige Novelle an vorletzte Stelle gerückt war, ist nicht mehr nachvollziehbar. Statt mit ihrer eigenen Novelle *Tivoligäste*, die in den Band besser gepaßt hätte, endete er mit Brechts *Der große Vergnügungspark*. Die Geschichte *Regnen* wurde aufgenommen, obwohl sie noch unfertig wirkt.[78]
Sie schrieb Rasmussen, daß sie seine Rezension[79] enttäuschend fand, „ein wenig schwer und langweilig, nicht amüsant", wenn auch besser als die ihres Freundes Hans Kirk im *Arbejderbladet*. Immerhin sei Odense bislang die einzige Stelle, wo ihr Buch überhaupt verkauft werde. Sie bat Rasmussen ihr zu schreiben, was seine Bekannten nach der Lektüre darüber sagten. Aus ihrem Brief geht hervor, daß er auch die *Svendborger Gedichte* vertrieb.[80]
Hans Kirk hatte in seiner Rezension bezweifelt, ob wirklich so viele Frauen sexuell unbefriedigt seien wie das „bis zur Torheit einseitige Buch" behaupte. Es verträte die Auffassung, daß daran die Männer mit ihrer „schlappen, geistlosen Erotik" schuld sind. Am besten gefiel ihm die Novelle *Jedes Tier kann es*, aber „höchst mißglückt" nannte er *Der große Vergnügungspark*. Daß sich hinter Maria Sten ein „rabiates und gewaltsames Talent" verberge, war vielleicht der Versuch, das Pseudonym wenigstens für einen kleinen Leserkreis ein wenig zu lüften.[81]
Als sie eines Abends nach Hause kam, fand Berlau ihre Wohnung von dänischen Nazis verwüstet vor. Die Deutschen machten solche Razzien in Dänemark noch nicht. Nun hätte die Partei darauf gedrungen, daß sie emigriere.[82]
Am Tag des Einmarschs in Dänemark und Norwegen lag in Schweden ein Rechtsputsch in der Luft. Georg Branting riet Brecht, das Land sofort zu verlassen.[83] Jetzt bewährte sich die anläßlich der Aufführung der *Frauen von Niskavuori* geknüpfte Bekanntschaft

mit Hella Wuolijoki. Da diese über beste Beziehungen nicht nur zum linken Spektrum, sondern auch zu finnischen Regierungskreisen verfügte, konnte sie rasch für Einreisegenehmigungen sorgen. Brecht traf mit seiner Familie und Margarete Steffin schon am 17. April 1940 in Helsinki ein. Von hier aus bat er Matthies, Ruth Berlau über den Amateurtheaterverband die nun auch für Dänen nötige Einladung für eine Regietätigkeit in Schweden zu schicken. Er sorge sich um ihre Sicherheit.[84] Brecht bat auch Hella Wuolijoki um eine Einladung für Berlau nach Finnland. Was sie für seine Stücke getan hätte und die Herausgabe der *Svendborger Gedichte* würde genügen, um den Naziapparat gegen sie in Bewegung zu setzen. Vor Kriegsende könne sie nicht nach Dänemark zurückkehren.[85] Von vergeblichen Anrufen in dieser Zeit zeugt das Gedicht *O dünnes Sausen in der schwarzen Muschel! // Statt schnellen Herzschlags nur ein leer Geticke! // Dann kommt, wie zwischen sieben Städten, ein Getuschel // Und eine müde Stimme: svarer ikke"*. Das heißt „antwortet nicht" und war die Formel der Telefonvermittlerinnen, wenn die gewünschte Verbindung nicht zustande kam.[86]

[1] *GBFA* 18, S. 171.
[2] RB an Knud Rasmussen [Herbst 1938] BBA E8/1–4. Ü: Zitate aus Briefen RBs in diesem Kapitel fußen auf Übersetzungen von Barbara Ohl.
[3] RB an Knud Rasmussen, Sonntag im Sept. 1938, BBA E8/89.
[4] RB an Knud Rasmussen, [März 1939] BBA E8/30.
[5] RB an Knud Rasmussen, 11. 3. 1939, BBA E8/77.
[6] RB an Knud Rasmussen, 1. 10. 1938, BBA E8/87–88. In der DDR behauptete sie, daß sie selbst die Übersetzung von *Furcht und Elend des Dritten Reiches* gemacht hätte. TT BBA 2166/16. Siehe auch: RB an Peter Suhrkamp, 16. 1. 1951, HBA 350/83.
[7] Nørregaard: *Brecht und Dänemark*, S. 433.
[8] RB an Knud Rasmussen, undat., BBA E8/21–22.
[9] Nørregaard: *Brecht und Dänemark*, a. a. O., S. 433 und 458.
[10] RB an Knud Rasmussen, undat., BBA E8/35–36.
[11] RB an Knud Rasmussen, undat., BBA E8/41. Ob es zu der Sendung kam, war nicht zu ermitteln.
[12] BBA E8/23.
[13] RB an Knud Rasmussen am 22. 12. 1939, BBA E8/83.
[14] RB an Knud Rasmussen, undat., BBA E8/25
[15] RB an Knud Rasmussen, [März 1939], BBA E8/30.
[16] RB an Knud Rasmussen, [März 1939], BBA E8/1–4.
[17] RB an Knud Rasmussen, undat., BBA E8/18.
[18] RBA 301.

[19] Henry Peter Matthies (1992–1988), Schriftsteller, Übersetzer, Publizist. Romanautor und Herausgeber.
[20] RBA 297 und 301.
[21] RBAHKOP.
[22] RB an Henry Peter Matthies, undat., BBA Z19/230.
[23] Margarete Steffin an Knud Rasmussen, undat., BBA E9/31–32.
[24] RB an Knud Rasmussen im März 1939, BBA E8/78.
[25] RB an Knud Rasmussen, undat., [Mitte März 1939], BBA E8/37.
[26] Sie schrieb, daß ihr Strindberg sehr aktuell erschiene und ihr die Arbeit gefiele. RB an Knud Rasmussen, undat., [März 1939], BBA E8/29.
[27] RBA 306. In Nørregaards Archiv befindet sich ein Textbuch kleineren Formats, in dem die finnische Adresse RBs notiert ist. In den USA soll sich ein weiteres Exemplar befinden. Nørregaard hielt die dänische Fassung 1993 noch für das Original und den deutschen Text für eine Übersetzung: *Brecht und Dänemark*, a. a. O., S. 137.
[28] Zur Inszenierungsgeschichte siehe: Hans Christian Nørregaard: *Glauben, Rätseln, Wissen*, a. a. O. Siehe auch: Sabine Kebir: *Neues zu Alle wissen alles*. In: *Dreigroschenheft* 1/2003, S. 37–39.
[29] RBA 142.
[30] RB an Knud Rasmussen, 23. 2. 1939, BBA E80–81.
[31] RB an Knud Rasmussen, [Winter 1938/9] BBA E8/18.
[32] TT BBA 2166/66. RB gab hier auch an, die Hutszene mehrfach inszeniert zu haben. Näheres ist nicht bekannt. Vergl. : *Berlau/Bunge*, S. 77f.
[33] RBAHKOP.
[34] RB an Knud Rasmussen, [März 1939], BBA E8/5–10.
[35] RB an Knud Rasmussen, [Ende März], 1939BBA E8/29.
[36] Richard Brinslay Sheridans Stück *The School for Scandal* (Die Lästerschule) wurde 1777 uraufgeführt.
[37] RB an Knud Rasmussen, [Mitte März 1939], BBA E8/37.
[38] Bertolt Brecht an Henry Peter Matthies, GBFA 29, S. 135.
[39] Harald Engeberg: *Brecht auf Fünen*, a., a., O., S. 240.
[40] RBA 301 und RBA 297.
[41] RB an Knud Rasmussen [23. oder 24. 4. 1939], BBA E/76.
[42] Jan E. Olsson: *Brechts schwedisches Exil*, Dissertation in Lund, 1969, Teil 1, S. 42–43.
[43] RB an Knud Rasmussen [Ende Januar/Anfang Februar 1940] E8/39.
[44] RBAH.
[45] *GBFA* 15, S. 438.
[46] RB an Henry Peter Matthies, 29. 7. 1939, BBA Z19/232.
[47] Hans Tombrock (1895–1966), arbeitete in Bergwerken, auf Schiffen, Herausgeber von Der Vagabund. Als Linker und Landstreicher verfolgt, emigrierte er 1933. Lehrte zu Beginn der fünfziger Jahre an Kunsthochschulen der DDR, ging wegen zunehmender politischer Schwierigkeiten 1952 nach Hamburg.
[48] *Berlau/Bunge*, S. 112–113.
[49] *GBFA* 24, S. 257.
[50] Alle Informationen zur Aufführung aus: Jan E. Olsson: *Bertolt Brechts schwedisches Exil*, a. a. O., Teil 3, S. 103–105.

⁵¹ Stück von Per Lagerquist (1891–1874), schwedischer Romanautor, Lyriker und Dramatiker, gesellschaftskritisch, 1951 Nobelpreis.
⁵² RB an Knud Rasmussen [Mitte August 1939], E8/45.
⁵³ Margarete Steffin an Knud Rasmussen, 4. 7. 1939, BBA E12a–b.
⁵⁴ Zit. n.: Hecht: *Chronik*, a. a. O., S. 583.
⁵⁵ Jan E. Olsson gibt hier eine Episode wieder, die ihm RB erzählte. *Bertolt Brechts schwedisches Exil*, a. a. O., Teil 1, S. 57–61.
⁵⁶ *GBFA* 14, S. 438. In RBAHKOP finden sich Blätter mit Varianten einzelner Gedichtzeilen.
⁵⁷ Klaus Völker: *Bertolt Brecht*, a. a. O., S. 298.
⁵⁸ RB an Knud Rasmussen, September 1939, BBA E8/71.
⁵⁹ RB an Knud Rasmussen [Oktober 1939], BBA E8/70.
⁶⁰ RB an Knud Rasmussen [Ende Januar/Anf. Februar 1940]. BBA E8/39.
⁶¹ BBA 2210/16–20.
⁶² RB: *Fru Bovary paa Anklagebænken. En celeber Sædeligheds-Proces i Paris 1857. Hørespil efter Gustave Flaubert's Roman og den historiske Proces*, Privatarchiv in Dänemark.
⁶³ Ebd., S. 2–4.
⁶⁴ Ebd., S. 47–48.
⁶⁵ Ebd., S. 8. Ü: Bo Adam.
⁶⁶ Blanca Berlau schrieb am 9. 10. 1940 an Knud Rasmussen, daß sie Steffin täglich besucht habe. BBA Z11/23.
⁶⁷ Margarete Steffin an Knud Rasmussen [Anf. Dezember 1939] BBA E9/105–107.
⁶⁸ Margarete Steffin an Knud Rasmussen [Dez. 1939] BBA E9/100–101.
⁶⁹ RB an Knud Rasmussen [Ende Jan./Anf. Feb. 1940), BBA E8/39.
⁷⁰ RB an Knud Rasmussen [Winter/Frühjahr 1940], BBA E(/40.
⁷¹ *GBFA* 18, S. 187.
⁷² RBA 301.
⁷³ RB an Knud Rasmussen, [Anf. 1940] BBA E8/25
⁷⁴ RBA 301.
⁷⁵ RBA 117/20.
⁷⁶ RB: *Speech made at National Woman's Party Congress*, Washington, D.C. May 9th,1942, in: *Who was Ruth Berlau*, a., a., O., S. 223.
⁷⁷ Christian X: Proklamation in: Berlingske Tidene, 10. 9. 1940.
⁷⁸ In der deutschen Ausgabe fehlt *Regen*, da die Novelle „weder den Witz noch die lapidare Erzählform der übrigen hat: Klaus Völker: *Brennend, aber nicht verzehrt?* Nachwort zu RB: *Jedes Tier kann es*, a., a., O., S. 158.
⁷⁹ Crassus [Knud Rasmussen]: *En modig Bog* in: *Fyns Social-Demokrat*, 26. 4. 1940.
⁸⁰ RB an Knud Rasmussen [April 1940] BBA E8/33–34.
⁸¹ Hans Kirk: *Opgør med Mandkønnet*, in: *Arbeijderbladet*, 21. 4. 1940.
⁸² RBA 117/20 In zeitgenössischen Dokumenten erwähnte RB diesen Überfall nicht.
⁸³ Jan E. Olsson: *Bertolt Brechts schwedisches Exil*, Teil 1, a. a. O., S. 63–66.
⁸⁴ Bertolt Brecht an Henry Peter Matthies , Ende April 1940, BBA 29, S. 167.
⁸⁵ Bertolt Brecht an Hella Wuolijoki, Ende April/Anf. Mai 1940, BBA 29, S. 168–169.
⁸⁶ *GBFA* 14, S. 426. Der Zeilenkommentar bringt das Gedicht mit RBs Spanienreise in Zusammenhang. RB datierte es auf Januar 1939, RBAHKOP.

## 6. Finnland: „Viertes Rad von jemandem"

Um Pfingsten 1940 konnte Ruth Berlau an Rasmussen schreiben, daß sie wohl bald abreisen werde. Weil der sowjetische Winterfeldzug gegen Finnland bei den Dänen viel Solidarität geweckt hatte, hoffte sie, daß er in seinem Blatt Artikel von ihr über den Wiederaufbau des Landes unterbringen könne. Eine schlechte Nachricht war, daß der Rundfunk das *Bovary*-Hörspiel abgelehnt hatte. Bodil Ipsen könne sich jedoch vorstellen, es als Theaterstück zu inszenieren. Gedacht war erneut an eine simultan bespielbare Konstruktion mehrerer Räume auf der Bühne: Der Staatsanwalt sollte in einem oberen Raum agieren, während sich das Schicksal Emma Bovarys unten abspielte. Daß Ipsen einem solchem Avantgardismus nicht ganz vertraute und doch eher auf Einfühlungseffekte beim Publikum setzen wollte, geht daraus hervor, daß das Licht im oberen Bereich meist ausgeschaltet bleiben sollte, wenn unten die Haupthandlung vorangetrieben wurde. Der Verkauf von *Jedes Tier kann es* verlief enttäuschend. Die Menschen hatten andere Sorgen.[1]
Als Berlau Mitte Mai abreiste, kündigte sie nicht ihre Wohnung, nicht ihrer Sekretärin Agnes Jacobsen, nicht am Theater. Die Rückkehr hielt sie sich offen. Aber sie nahm ihr Geld mit, ihren Schmuck und die Schreibmaschine. Ferner auch einen Strauß kleiner roter Rosen, den ihr Mogens Voltelen zum Abschied übergab.
In einem wenig später entstandenem Text über ihre nächtliche Zugreise nach Stockholm erzählte sie einen bizarren Wachtraum. Im Dunkeln hörte sie Herzschläge, die nicht die ihren zu sein schienen. Sie griff nach dem anderen Herzen, konnte es aber nicht finden. Ihr war, als befinde sie sich in einem Schneetreiben. Das Schlagen des Herzens wurde mehr und mehr von den Schellen eines Schlittens übertönt, der an sie heranfuhr. Auf diesem Schlitten lag das Herz,

sie drückte es an sich, spürte Wärme und Glück. Aber als sie es öffnen und hineinschauen wollte, zersprang es in viele Stücke, die der Wind davontrug. Während sie die blutigen Splitter des zersprungenen Herzens weinend aufsammelte, kam ein neuer Schlitten mit einem neuen Herzen herangefahren. Auch dieses Herz ergriff sie, um es zu öffnen. Jedoch konnte sie es ebenso wenig halten wir das erste Herz. „Aber diesmal floh das Herz, fuhr mit Schellengeklingel im Schlitten davon. Ich war steif vor Kälte, ich konnte nicht einmal meine Augenlider bewegen, aber meine Augen waren offen, [...]" Es schien ihr, daß das flüchtige Herz gelacht hatte. "Zwei lange schmale Hände reichten mir Vaters schwarze Bibel und eine Stimme sagte mir, ich solle schwören zu vergessen, daß ich liebe, aber ich konnte keine Bewegung machen. Der Schlitten fuhr hin und her und darauf lag das lachende Herz. Ich war sicher, daß es sein Herz war, und war mir auch sicher, daß ich es geöffnet hätte, wenn ich es nur hätte ergreifen können, aber das konnte ich nicht, denn ich war steif vor Kälte. [...] Erst auf dem Schiff zwischen Stockholm und Turku wurde mir klar, daß ich gerade deshalb auf dem Weg nach Finnland war, um sein Herz zu öffnen."[2] Es scheint, daß Ruth Berlau im Zug zwischen Malmö und Stockholm einen Angsttraum über ihre Liebeswünsche zu Lund und Brecht hatte und dabei einen Stupor erlebte. So beklemmend der Traum gewesen war, er bekräftigte sie in ihrem Vorhaben, Brechts Herz endgültig in Besitz zu nehmen.

In Stockholm fand sie einen Brief von ihm, in dem er versicherte, daß er ihre Reise künftig immer mitorganisieren werde. Sie solle nicht in Irritation und Zweifel verfallen, wenn Verzögerungen einträten. An jedem Punkt der Welt würde er auf sie warten. „Und ich rechne nicht wegen Dir auf Dein Kommen, sondern wegen mir, Ruth." Auch forderte er sie auf, das Visum für die USA zu beantragen. Er habe ihren Namen der League of American Writers mitgeteilt, die sich für die Visa von Emigrantenschriftstellern einsetzte. Bei Branting hätte er sich für Geld verbürgt, das sie eventuell benötige. Die Druckfahnen von *Jedes Tier kann es,* habe er bei sich. „Liebe Ruth, komm bald. Alles ist unverändert, sicher und gut. J. e. d. // Und es wird unverändert sein. So lange unsere Trennung dauern mag. Auch in zehn, auch in zwanzig Jahren." Lai-tu wurde ermahnt, Gefahren klug zu umgehen, „bis *unsere* Sache beginnt, die echte, für die man sich aufsparen muß."[3] Damit war der Kommunismus nach Hitler und Stalin gemeint. Berlau las in diesen Zeilen vor allem das ersehnte Versprechen ewiger Liebe, das Kin-jeh in seinen Traktaten bislang verweigert hatte.

Am 20. Mai 1940 meldete sie sich pflichtgemäß bei der Polizei von Helsinki an.[4] Sie mietete sich in die Pension Fridhäll ein, die eigentlich ein Altersheim für schwedischsprachige Männer war. Obwohl Weigel und Steffin wußten, daß Berlau zu ihnen stoßen würde,[5] waren sie durch ihre Ankunft schockiert. Sie sahen sich in größerer Gefahr als die Dänin, die leichter untertauchen konnte. Weigel machte ihren Unmut deutlich, indem sie nur für fünf Personen Plätze auf der Mathilda Thordén reservierte, die am 5. August 1940 von Petsamo in Richtung USA auslaufen sollte. Brecht mußte Berlau bitten, selbst für das Schiff zu reservieren.[6] Als im Juni Gerüchte aufkamen, daß die von Petsamo startenden Schiffe von Briten und Deutschen kontrolliert würden, vertrat Weigel die Auffassung, daß die Nordroute für Deutsche nicht mehr in Frage komme, für eine Dänin aber gefahrlos sei. Auf den erneuten Versuch, sie aus der Gruppe auszuschließen, reagierte die ja nur äußerlich forsch auftretende Berlau panisch. Es kam zu Auseinandersetzungen mit Brecht. Sie hatte Dänemark doch nicht verlassen, um einsam um die Welt zu fahren! Er beteuerte, daß auch er gemeinsames Reisen vorziehen würde. Am wichtigsten sei aber doch, daß sie an denselben Ort kämen.[7]
Der schwedische Schriftsteller Arnold Ljungdal[8], der sich damals in Helsinki aufhielt und vorhatte, mit Brechts Tross nach den USA zu reisen, erinnerte sich: „Wie lose aber auch der Zusammenhalt dieses Kollektivs immer aussehen mochte, so war er doch in einem Punkt unzerbrechlich, wenn es nämlich galt, Brecht zu umwachen, seine Arbeitsruhe zu verteidigen und zu verhindern, daß er durch die zeitraubenden Sorgen und Schwierigkeiten des Alltags belästigt wurde. [...] nach außen funktionierte die Solidarität im großen und ganzen mustergültig. Aber innerhalb knisterte es oft genug – vor allem konnte niemandem die offene Rivalität der drei Frauen um Brechts Gunst verborgen bleiben. Wie er es fertig brachte, hierbei das Gleichgewicht zu wahren, ist mir immer ein Rätsel geblieben. Daß die Situation auch für ihn hin und wieder problematisch wurde, dessen wurde ich einige Male Zeuge."[9]

Im Winterkrieg 1939/40 hatten sowjetische Bomberflugzeuge fast 3000 Angriffe auf Finnland geflogen. Nahezu die gesamte Bevölkerung Kareliens war aus ihrer sowjetisierten Heimat geflohen, mußte untergebracht und versorgt werden. Wegen der Luftangriffe wurde ein Teil der Gebäude Helsinkis mit Sandsäcken geschützt, Fenster verschalt. Das muß Berlau an Madrid erinnert haben. Dem Brecht-Clan war es nicht recht, daß immer mehr Finnen den deutschen Faschismus als kleineres Übel betrachteten als das Bündnis, das Moskau ihnen aufzwingen wollte. Der notwendige Import von Lebensmitteln wurde erschwert, weil Deutschland durch eine Handelsblockade Druck auf Finnland ausübte. Wuolijoki hatte während des Winterkriegs den Regierungsauftrag wahrgenommen, über ihre Beziehungen zu den KP-Führern Wille Kuusinen[10] und Hertta Kuusinen[11], die Friedensverhandlungen mit der Sowjetunion in Gang zu bringen.
Abends kamen von Wuolijoki vermittelte Besucher zu Brecht, z. B. der Regisseur Eino Salmelainen, der eine Aufführung von *Mutter Courage und ihre Kinder* in die Wege leiten wollte. Wenn Brecht und Weigel eingeladen wurden, war Steffin einbezogen, Berlau nicht. Vielen Finnen erschien es peinlich, daß diese schöne Frau ihre Verliebtheit offen zur Schau trug. Sie soll zu manchen Abendgesellschaften auch uneingeladen erschienen sein, „eine rote Rose überreichend. Sie war ein Gerücht, galt als exzentrisch, schwierig, emanzipiert."[12]
Viele Abende mußte sie allein verbringen. In einer Aufzeichnung beschrieb sie, wie sie an einem der hellen Mittsommerabende in einem Pavillon ein Bier getrunken und eine grandiose postkartenähnliche Aussicht vor sich gehabt hatte: eine knallrote Sonne vergoldete eine stählerne Brücke, daneben spiegelten sich Tannen und Birken im Wasser. Sie sprach eine andere Frau an, die wie sie allein an einem Tisch saß und die sie für eine Hure hielt. Die Frau erzählte ihr dann, daß sie für einen Hungerlohn in einem Kontor arbeite, ihre Familie auf dem Lande aber noch weniger verdiene. Ein weiterer Krieg würde die Lage noch verschlechtern. „Die Hälfte der Finnen wollen die Russen, die andere Hälfte die Deutschen. Ihr waren die Russen lieber."[13]

Da die USA-Visa nicht eintrafen, nahm Brecht Wuolijokis Einladung an, den Sommer auf ihrem Gut Marlebäck zu verbringen. Ber-

laus polizeilicher Abmeldung aus Helsinki am 7. August zufolge, wäre sie erst einen Monat nach den anderen dort eingetroffen. Das Gutshaus diente als halb offizieller Treffpunkt zwischen konservativen, sozialdemokratischen und linken Politikern, Journalisten und Künstlern. Berlau erinnerte sich, daß Wuolijoki dort mit Ministern Poker spielte.[14] Auf den Festen, die die Hausherrin in ihrem Sommersalon ausrichtete, konnte man auch den Botschafter des mächtigen Nachbarn treffen. Marlebäk war die Schaltstelle für informelle Kontakte der finnischen Regierung mit der Sowjetunion.
Brecht war mit Familie und Steffin in einer etwa 500 Meter entfernten Villa untergebracht. Berlau wohnte im Gut. Jeden Sonnabend abend wurde die Sauna angeheizt.
Während Weigel für Brecht, Steffin und die Kinder auf einem Holzofen das Essen zubereiten mußte, aß die von Wuolijoki bewunderte Darstellerin der Martta an ihrem Tisch. Sie betrachtete Berlaus Verliebtheit, die eigentlich der eines Backfischs glich, mit Sorge. Absichtsvoll erzählte sie ihr von ihrer eigenen ersten Liebe. Sie war 14, der von ihr angebetete deutsche Student 32 Jahre alt, „ein gejagter und einsamer Mensch." Es sei unverantwortlich von ihr gewesen, ihn lange mit der Behauptung gequält zu haben, ohne ihn nicht länger leben zu können.[15]
Nach dem Abendessen traf man sich im Salon des Gutshauses. Wuolijoki spendierte Kaffee, den sie aus Amerika geschickt bekam. Steffin erinnerte sich: „Einmal hat Ruth den Kaffee gekocht. Da hab ich mich sehr geärgert. Ruth schenkte allen Kaffee ein – und nur für Brecht Sahne und Zucker. Mit einem Lächeln. Ich war oft sehr gekränkt."[16]
Aus Wuolijokis Autobiographie geht hervor, daß auch Weigel „mit ihrem edlen Profil und ihren schlanken Fingern" die Kaffeemaschine bediente. „Die Finger der großen Tragödin waren hoffnungslos rauh und gerötet vom Kartoffelschälen und Geschirrspülen für ihre Flüchtlingsfamilie, und ihr Haar von den Sorgen ergraut." Trotzdem strahlte sie „Humor und Lebensfreude" aus. Jeder bekam nur eine Tasse Kaffe „von dem ganz Echten". Schön wie eine Blume habe Ruth Berlau unter einer Tizian-Kopie gesessen und „ihr geheimnisvolles Mona-Lisa-Lächeln Brecht zu Füßen" gelegt. „Durch die geöffneten Fenster und die Verandatür atmete der Kymi herein, und meine langen weißen, zarten Gardinen wehten nach draußen."[17] Dann begann die Gastgeberin

faszinierende Geschichten über die Leute der Gegend zu erzählen. Als Wuolijoki über ihren Stückentwurf *Die Sägemehlprinzessin* sprach, entstand die Idee einer gemeinsamen Bearbeitung. In wenigen Wochen wurde *Puntila und sein Knecht Matti* geschrieben. Nicht nur Steffin stenografierte Wuojikis Erzählungen mit. Auch in Berlaus Nachlaß finden sich Notizen über Geschichten, deren Bedeutung für den *Puntila* erkennbar ist. Sie haben das Grundmotiv der flexiblen oder stabilen Identität von Menschen. Eine der Geschichten handelt von einem Paar, der Mann stammte aus dem englischen Adel, die Frau war eine Berliner Arbeiterin. Obwohl der Mann sich auch politisch dem Proletariat annähern wollte, passierte etwas anderes: die Frau wurde zur englischen Lady. Eine weitere Geschichte handelte von einer reichen Finnin, die ihren Knecht geheiratet hatte und sich weiterhin von ihm bedienen ließ. Nach seinem Tod fand sie Schuldscheine über 300 000 Finnmark, die er Armen geborgt hatte. Eine dritte Geschichte erzählt von einem berühmten Dichter, der viel hungern mußte und soviel trank, daß er Persönlichkeitsveränderungen erlitt. Sein Arzt meinte aber, an seinem Zustand sei die Kunst schuld. Seine besten Verse verfaßte er, wenn er „halbvoll" war.[18] In Berlaus Notiz war von einem namentlich nicht genannten estnischen Dichter die Rede. In den damals ebenfalls begonnen *Flüchtlingsgesprächen* ist diese Erzählung auf den finnischen Nationaldichter Aleksis Kivi[19] bezogen.[20] Aus Briefen an Rasmussen von Steffin[21] und Berlau geht hervor, daß beide Kivi lasen und ihn wärmstens empfahlen. Von Berlau erhielt er eine Postkarte mit dem in Bahnhofsnähe befindlichen Standbild Kivis, das in den *Flüchtlingsgesprächen* erwähnt ist.[22]

Veränderte menschliche Identitäten, die durch veränderte soziale Bedingungen entstehen, waren ein wichtiges Thema von Brechts Stücken von *Mann ist Mann* bis zum *Guten Menschen von Sezuan*. Daß er sich nun auch für Persönlichkeitsveränderungen interessierte, die durch Alkohol ausgelöst wurden, hatte vielleicht etwas mit Berlaus Alkoholproblemen zu tun, die auf Marlebæk heikel wurden.
Da Besuche Brechts bei Berlau im Gutshaus offenbar nicht möglich waren, hatte sie auf einem nahegelegenen Birkenhügel ihr Zelt aufgeschlagen. Darin stand die Schreibmaschine, auf der – mit sehr viel Spaß – die erste Fassung des *Puntila* entstand. Man kann verstehen,

daß Steffin, die auch Erzählungen Wuolijokis mitgeschrieben hatte, keine Lust hatte, direkter mitzuarbeiten. Aber sie stellte auch diesmal saubere Abschriften her. Das Eheexamen und Mattis Schlag auf Evas Hintern gingen auf Einfälle Ruth Berlaus zurück. „Da war ich schon so weit, daß ich da sehr viel helfen konnte.[23] Obwohl Brecht ihr später keine *Puntila*-Tantiemen zugestehen wollte, schrieb er ihr einmal, daß er das Stück „ohne unsere Spaziergänge im Laubwald" nicht hätte schreiben können.[24] Im Zelt begann auch die Arbeit an den *Flüchtlingsgesprächen*, für Brecht eine leichte Aufgabe, die Berlau später als „Lockerungsübung" bezeichnete. Auch dafür habe sie viele Anregungen gegeben, „nicht nur zum Kapitel über Dänemark."[25]

Daß im Laubwald nicht nur gedichtet wurde,[26] blieb nicht unbemerkt. Vappu, Woulijokis Tochter, hintertrug ihrer Mutter, was die Forstarbeiter beobachtet hatten. „Schließlich verlor Helene Weigel die Nerven und bat Hella, Berlau aus Marlebäck zu verweisen."[27] Berlau verließ jedoch nur das Gutshaus und verbrachte von nun auch die Nächte in ihrem Zelt. Sie tröstete sich dort mit Obstschnaps. Erneut war ihr klargemacht worden, daß sie das letzte Glied von Brechts Truppe darstellte, das am leichtesten abzutrennen war.

Sie dürfe keine Angst haben, daß er sie verlassen würde, versicherte Brecht auch schriftlich.[28] Im Gegensatz zu Puntila war Berlau normalerweise freundlich. Wenn sie trank, konnte sie bitter, sarkastisch, nicht selten auch aggressiv werden. Anlaß gab es aus ihrer Sicht genug. Für sie hatte sich die Situation im Vergleich zu Dänemark dramatischer verändert als für ihn. Er war immer noch stets von mehreren Menschen umgeben, die sich auf ihn bezogen. Sie aber hatte nur ihn. Von allen anderen Bindungen und Aufgaben war sie abgeschnitten. Damals schrieb sie einen verzweifelten Brief an Voltelen, in dem sie ihn bat, ihr regelmäßig zu schreiben: „ [...] ich kann so schlecht ganz auf Dich verzichten." Sie wünschte sich, daß er Arbeit in Schweden oder Finnland suchte, damit sie sich sehen könnten. Daß er Robert Lund benachrichtigen sollte, wenn er oder ein anderer Freund nach Schweden käme, deutet darauf, daß er bei solchen Gelegenheiten Medikamente, vielleicht auch Geld schickte.[29] Zugleich bat sie Voltelen, sie zu informieren, wie sie rasch eine Scheidung in die Wege leiten könne. Aus dem Brief geht auch hervor, daß die Verbannung aus dem Gutshaus schnell wieder aufgehoben worden war. Gerade probiere sie

aus, schrieb sie, den weißen Kachelofen ihres eleganten Schlafzimmers zu heizen. Sie bat um warme Winterwäsche und um den Film, den Voltelen 1938 von ihr und Brecht gemacht hatte, sowie einige Abzüge. Außerdem gab sie ihm ein Schubfach in ihrer Wohnung an, in dem die Lai-Tu-Geschichten lagen. Er sollte sie abtippen und sie ihr dann nach und nach zuschicken, nichts davon dürfe verloren gehen. Sie bat auch um eine Mappe, auf der *Briefe über Bovary*[30] stünde. Das „kleine Prosastück über die traumartigen Zustände, die Lai-tu überfallen, und das damit endet ′da wußte ich, daß ich sie liebe‵",[31] vermisse sie sehr. Als sie neulich einsam am Fluß saß, hätte sie über ihre Beziehung nachgedacht und „wurde tief in mir so zufrieden, denn unsere Freundschaft ist vollkommen". Wenn sie seinen mittlerweile gedörrten Rosenstrauch betrachtete, kamen ihr die Tränen.[32]
In einem weiteren Brief an Voltelen vom 12. September beschwor sie die damals auch Brecht beeindruckende finnische Natur als „prachtvoll", aber „ungeheuer egozentrisch". Ihr ginge es „ganz fürchterlich heute, ach, Mogens, es ist und bleibt schrecklich, 4. Rad von jemandem zu sein, ich weiß nicht weiter. Wenn wir nur etwas zusammen jammern könnten." Erneut bat sie um die Lai-Tu-Texte. „Ich bin so traurig und vermisse Dich sehr. Der Fluß hat auf mich im Augenblick eine gewisse Anziehungskraft."[33]
Der Grund ihrer Depression war, daß Brecht ihr mit Rücksichtnahme auf die Gastgeberin und die beiden anderen Frauen sexuelle Abstinenz vorgeschlagen hatte. Es kam zu schwerem Streit. In einem Brief entschuldigte er sich für Entgleisungen. Er hatte ihr gedroht, sie nach Helsinki, Stockholm oder sogar Berlin zu schicken. „Ich war sehr zornig. Aber das ist gut, daß Du Dich *nicht* schicken läßt." Am selben Tag schrieb er, daß es jetzt doch vor allem wichtig sei, wenn er mit seiner Arbeit vorankäme, die schließlich die Grundlage künftigen Lebensunterhalts für die ganze Gruppe bedeutete. In Zeiten konzentrierten Schreibens werde er „ganz und gar unsinnlich" und „die harmlosesten Bemerkungen erotischer Art" erschienen ihm „fast unerträglich" und sogar „beleidigend." Ihrem Vorwurf, daß er nicht wisse, was Liebe sei, widersprach er. Liebe könne sich „immerzu in Fürsorge verwandeln [...] und dann wieder aus der Fürsorge in Liebe und überhaupt noch in viele Dinge und immer zurück." Auch im Streit vergäße er nie „wie mutig und ganz und gar positiv Du bist, Ruth, [...]."[34]

Berlau, die nicht glauben konnte, daß er selbst auf Sex verzichtete, entwickelte die später oft kolportierte Zwangsvorstellung, er hätte auf Marlebæk ein Verhältnis mit einer Kuhmagd gehabt. In Wirklichkeit scheint sie ihr eigenes großes Verlangen auf ihn projiziert zu haben. Damals begann sich eine Konfliktstruktur herauszubilden, die fortan für das Verhältnis charakteristisch war. Die beiderseitige Autonomie, die durch das entfernte Wohnen in Dänemark gegeben war, existierte nicht mehr. Berlau war plötzlich in viel höherem Maße von Brecht abhängig. Da sie noch eigenes Geld hatte, handelte es sich wohl eher um eine psychische und sexuelle Abhängigkeit, deren Ausmaß ihn überraschte. Was Lai-u gelernt zu haben schien, war wie weggeweht. Sein schon früher immer wieder gemachter Vorschlag, einen Teil der erotischen Wünsche durch Arbeit zu sublimieren, war für sie nicht realisierbar. Damals trat ihre – von mir vermutete – Borderline-Krankheit in ein akutes Krisenstadium: Der oder die Kranke hat Vertrauen zum geliebten Menschen nur, wenn er unmittelbar anwesend ist. Briefe und mündliche Versicherungen helfen nicht. Jedes Alleinsein bedeutete fortan nicht nur psychischen, sondern immer mehr auch physisch wahrgenommenen Schmerz für Ruth Berlau.

Daß sie einmal den nicht unvernünftigen Versuch unternahm, ihren Kummer in körperlicher Anstrengung zu ertränken, zeigt ein weiterer kleiner Brief Brechts, in dem er sich für „Holzschlagen" bedankte. Sie war darauf gekommen, daß auch in seinem Haus Öfen zu beheizen waren. In seinem Dank hob er hervor, daß sie ihm erneut als Feuermacherin Arbeitszeit geschenkt hätte: „Ich schrieb und dachte an Vallensbæk: gerne."[35]

Anfang Oktober kehrte die Gruppe nach Helsinki zurück. Mit Frau und Kindern zog Brecht in eine Zweizimmerwohnung im Hafenviertel. Um den Frieden in seiner Familie zu unterstützen, lud Wuolijoki Berlau ein, bei ihr in der Merikatu zu wohnen. Sie zog aber die Pension Fridhäll vor, wo sie Brecht ungestört empfangen konnte. Statt dessen kam Steffin bei Wuolijoki unter. Sie half ihr bei der deutschen Fassung ihres neuen Stücks *Die junge Herrin von Niskavuori*. Die Handelsblockade bestand weiter. Vor den Lebensmitteläden gab es Schlangen. Kinder bekamen nur zwei Deziliter Milch pro Tag.

In der Pension Fridhäll wurde zum Frühstück etwas ausgeschenkt, „was entfernte Ähnlichkeit mit Kaffee hatte". Berlau wickelte ihre Kanne in Zeitungspapier und trug sie morgens um sieben zu Brecht. Er erwartete sie am Fenster mit einer anderen Kanne, in die sie das Getränk umgoß. „Dabei wurde kein Wort gesagt, nicht einmal Guten Morgen oder Danke."[36] Dieses alltägliche Überbringen des Kaffees, den Brecht zum Arbeiten dringend brauchte, ist bisher nur als weiblich-fürsorglicher Opfergang Ruth Berlaus interpretiert worden. Es war aber auch so, daß sie diesen morgendlichen Kontakt dringend brauchte, weil er nie die Nacht bei ihr verbrachte.

Um jeder der Frauen Zuwendung zu geben, erlegte sich Brecht ein strenges Zeitregime auf. Nachdem er einige Stunden allein geschrieben hatte, arbeitete er mit Margarete Steffin am *Guten Menschen von Sezuan*. Berlau besuchte er gegen drei Uhr und arbeitete mit ihr ebenfalls einige Stunden. Den Abend verbrachte er mit Frau und Kindern, gegebenenfalls auch mit Freunden.

Für Berlau war unerklärlich, wieso Voltelen nichts von sich hören ließ. Hatte er sie vergessen? Sie versprach ihm, den kleinen Rosenstrauß durch das ganze Exil mit sich zu führen, bis sie sich wiedersehen würden.[37] Da die amerikanischen Visa nicht in Sicht waren, fand sie im November eine billigere Unterkunft am Bulevardi 30 B 1. Es war wieder ein Altersheim mit gesicherter Verpflegung. Aber Kaffe gab es dort nicht mehr.[38]

Während des harten Winters brach wegen Energieknappheit der öffentliche Verkehr zusammen. Teilweise wurde er durch Pferdekutschen ersetzt, die mit Laternen beleuchtet waren.[39] Berlaus Briefe aus dieser Zeit klingen wieder munterer. Durch seine Nachmittagsbesuche und das gemeinsame Arbeiten gelang es Brecht, sie zu beruhigen. Als er jedoch Ende Oktober 1940 mehrere Wochen wegen Ischias an seine Wohnung gefesselt war, in die sie nicht kommen konnte, geriet sie wieder in Panik. Ein kurzer Brief Brechts, in dem er sie bat, „keine Pulver"[40] einzunehmen, scheint anzudeuten, daß sie gegen aufkommende Angst Medikamente nahm.

Wegen der Kälte, fehlendem Obst und zu wenig eiweißhaltiger Nahrung schritt Steffins Tuberkulose sichtbar fort. Von ihren finanziellen Möglichkeiten her war es Berlau am ehesten möglich, Lebensmittel auf dem schwarzen Markt zu ergattern. Sie konnte sich jeden Tag „ein kleines himmlisches Glas" Milch leisten. Trotzdem litt sie an Anämie.[41] Als sie einmal versuchte, der Brecht-Familie ein Wurstpaket zu schenken, wies Weigel es schroff zurück. Brecht verarbeitete den Vorfall zu einer Lai-Tu-Geschichte, in der ihre Freundlichkeit und Vernunft hervorgehoben wurde.[42]

Im Dezember ergab sich für Berlau eine kleine Regietätigkeit für einen Sketch über die „letzte Kaffeebohne"[43], den schwedischsprachige Kindern aufführen wollten. Es ging um den Zusammenhang zwischen unerfüllbaren Weihnachtswünschen, der Handelsblockade und der Kriegsgefahr. Man könne „sich ja einen ganzen Teil erlauben, wenn es Kinder sagen"[44] Von dem Sketch existieren Szenenskizzen: *Smör eller kanoner* (Butter oder Kanonen) und *Uniformen paa besög* (Uniform zu Besuch). Auf den Rückseiten der Blätter finden sich kurze deutsche Bemerkungen, teils von Berlau, teils von Brecht geschrieben,[45] der den Sketch im Journal zusammenfaßte: Ein Junge bekommt eine Uniform zu Weihnachten. Es gibt jedoch weder Schokolade, noch Kuchen, noch Apfelsinen. Im Traum erscheinen ihm Personifizierungen dieser Wünsche. Dann tritt die Uniform „aus dem Schrank und versucht, sie zu kommandieren, aber sie sind nicht zu kommandieren. Sie stellen den Jungen (und das Publikum) vor die Wahl: sie oder die Uniform [...]."[46] Berlau schrieb an Rasmussen, daß die Inszenierung gelungen war. Die Arbeit mit Kindern habe ihr Spaß gemacht. Steffin sei zur Aufführung gekommen und wollte fotografieren. Schließlich fehlte der Film im Apparat.[47]

Weihnachten war für Berlau ein doppelt schwieriges Fest, weil sie es allein verbringen mußte und weil Ediths Geburtstag damit zusammen fiel. Um trübe Gedanken zu verscheuchen, leistete sie sich einen Sporturlaub, wofür ihr Lund ihre alten Skis nachgeschickt hatte. In ihrem offensichtlich sehr guten Hotel gab es zum Frühstück Kaffee und Sandkuchen. Draußen herrschten 26 Grad Kälte.[48]

Zu Wuolijokis mondäner Silvesterfeier sah Ruth Berlau die anderen wieder. Die waren in ihren Trinksitten den Russen ähnlich und verpflichteten die Gäste, es ihnen beim Prosten gleich zu tun. Es war das einzige Mal, daß Berlau Brecht beschwipst erlebte. Vergeblich habe er versucht, seinen Zustand durch „ganz schnelle hölzerne Bewegungen" zu verbergen.[49]

Im Brief an Voltelen aus Marlebäck hatte gestanden: „Mogens, keiner von uns ist ja Schriftsteller, ich weiß das, aber nun müssen wir, hörst Du?"[50]. In den nachmittäglichen Sitzungen mit Brecht waren weitere Novellen entstanden. Berlau bat Rasmussen Publikationsmöglichkeiten für die von ihr geschriebene Story *Der Teufel im Dampfbad* unter dem finnischen Pseudonym Laina Vitikainen zu finden. Sie schickte ihm auch noch eine andere „kleine hinreißende Novelle", die *Elf Minuten* hieß. Er solle sie *Magazinet*, der Sonntagsbeilage von *Politiken* anbieten. Sie erscheine gerade in *Eeva*[51], der ersten modernen finnischsprachigen Frauenillustrierten.

*Elf Minuten* handelt von einer Straßenbahnführerin, die ihren Mann mit einer Frau in die Bahn steigen sieht, offensichtlich seine Geliebte. Als die beiden in der Nähe der gemeinsamen Wohnung aussteigen, erleidet die Straßenbahnschaffnerin einen Schock. An der Endhaltestelle pausiert sie elf Minuten zu lange, bis sie sich wieder in der Lage sieht, die Bahn zu fahren. Wegen der Verspätung wird sie entlassen. Das Urtyposkript ist erhalten. Zwei, das Entlassungsgespräch mit dem Inspektor betreffende Blätter sowie konzeptionelle Notizen in Deutsch sind Brecht-Diktate. Aber in der Grundanlage der Erzählung ist wieder das von Berlau bereits in *Videre* behandelte Problem zu erkennen, daß die psychische Struktur der Frau – ihre tieferes Liebesempfinden – in Konflikt mit den Regeln der modernen Arbeitswelt gerät.[52]

Auch bei anderen dänischen Typoskripten dieser Zeit liegen in Berlaus Deutsch geschriebene Stichpunkte, die Beteiligung Brechts an den konzeptionellen Vorarbeiten belegen. Wahrscheinlich ist, daß er auch Teile der Erzählungen deutsch vorformuliert und diktiert hat. Als Übersetzer ins Finnische kann Elmer Diktonius[53] fungiert haben, der damals Novellen Brechts und Steffins übertrug. Daß Berlau auch versuchte, Kurzgeschichten in Schweden zu publizieren, belegt u. a. das in ihrem Schwedisch erhaltene Typoskript von *Tivoligäste*.[54] Diese Novelle erschien ebenfalls in *Eeva*.

Ende Januar 1941 konnte Berlau Rasmussen triumphierend mitteilen, daß *Eeva* eine Serie von sechs Novellen bei ihr bestellt habe. Sie bekäme zwar nur 350 Finnmark pro Text, was aber fast ihren Lebensunterhalt decke.[55] Es handelte sich eher um eine Reportageserie, die unter dem Titel *Liebe zu Finnland. Eine Dänin sieht das*

*Land der tausend Seen* ab März 1941 gedruckt wurde. Auf der ersten Seite des Urtyposkripts tauchen mitten im dänischen Text plötzlich deutsche Wörter und ganze deutsche Abschnitte auf, ein Zeichen, daß Brecht diktierte und Berlau versuchte, sofort zu übersetzen, was nicht immer gelang. Es geht hier um Beobachtungen verschiedenster Art, vor allem werden Geschichten von und über Marlebäck erzählt. Jedoch kommen auch „Sandsäcke, Bretterverschalungen" und „weissgetünchte Autos" in Helsinki vor. Diese Schutzmaßnahmen gegen sowjetische Bombenangriffe werden von der Straßenbahn aus beschrieben, in der die Protagonistin zum Hauptpostamt fährt, um einen Brief ihres Liebsten abzuholen. Beschrieben wird auch Berlaus Abschied von Kopenhagen und sogar die Geschichte der schlittenfahrenden Herzen. Die Serie wurde unter dem Pseudonym Eleonora von Tranaborg gedruckt.[56]

Trotz dieser Erfolge fand ihr Novellenband *Jedes Tier kann es* bei den Finnen damals keinen Anklang. Das zeigt ein späteres Zeugnis von Erkki Vala[57]: „Unter dem Namen *Maria Sten* hatte sie ein mutiges Buch über die Liebe geschrieben, *Ethvert Dyr kann det*, das Arthur Jensens Verlag kurz vor der deutschen Okkupation herausgebracht hatte. ‚Es gibt jetzt nicht mehr viele, die sich noch für individuelle Probleme interessieren', sagte sie, als sie mir das Buch gab, aber ich hoffe, daß Sie es wenigstens lesen.' Ich tat es wirklich. Aber was sie mit ihrem Buch wollte, verstand ich erst viel später."[58]

Mitte Januar zog Berlau aus dem Altersheim aus und mietete ein Zimmer in der parallel gelegenen Ruoholahdenkatu. Voltelen, der der einizige Mensch war, der wußte, welche Bedeutung die *Lai-Tu*-Texte für sie besaßen, hatte sie immer noch nicht abgeschrieben. Sie bat ihn, die Texte Rasmussen zu schicken, obwohl es ihr unangenehm war, sie von einem Fremden abtippen zu lassen.[59] Rasmussen hielt sie zu strenger Vertraulichkeit an. Vor allem dürfe Brecht von der Aktion nichts erfahren.[60]

Es dauerte noch lange, bis Voltelen die Texte herausrückte und Rasmussen sie abgeschrieben hatte. Erst im Mai 1941 hielt Berlau sie in Händen. Ihrem Dank an Rasmussen fügte sie hinzu: „Daß Sie überhaupt nichts über die Dichtungen schreiben, liegt sicher daran, daß sie so sehr direkt sind, aber sie sind doch schön, nicht? Und lehrreich? Und eine ganz andere Seite des Meisters?"[61]

Ende Februar hatte sie Rasmussen enthusiastisch für eine von ihm geschickte Illustrierte gedankt, die auch bei „himself" Jubel ausgelöst habe.[62] Brecht und Berlau hatten seit 1937 eine Sammlung von Zeitfotos angelegt, aus der allmählich die *Kriegsfibel* entstand. Rasmussen sollte Bekannte um ältere Nummern der Illustrierten *Billedbladet* bitten. Auch neue Bilder interessierten, „Kriegsbilder brauchen wir, schneiden Sie, schneiden Sie, schneiden Sie aus!" Sie wollte auch ein Foto von Stauning haben, der immer noch Regierungschef war und fragte, was aus dem Gewerkschaftsführer Hedtoft-Hansen geworden sei, der *Carrar*-Aufführungen organisiert hatte. Die Bitte um ein Foto vom „letzten Ferkel im Profil"[63] war wohl eine verschlüsselte Bitte um ein Hitlerbild. Dessen theatralischer Habitus interessierte Brecht hinsichtlich seines in Arbeit befindlichen Stücks *Aufstieg des Arturo Ui*. Die faschistischen „Akteure" verstünden es, notierte er in sein Journal, mit der „Kunst des epischen Theaters, Vorkommnissen banaler Art den historischen Anstrich zu geben."[64] Am *Ui* arbeitete Berlau nicht mit. Das Stück entstand in Zusammenarbeit mit Steffin.[65]

Berlau und Steffin hatten es jetzt eilig, ihre Ehen scheiden zu lassen, ehe sie in die USA kamen. Um vorzubeugen, daß Berlau eine weitere Kostgängerin ihres Haushalts werden könnte, half Helene Weigel ihr, einen Scheidungsvertrag aufzusetzen, in dem auch künftige Versorgungsansprüche festgeschrieben waren. Allerdings war Lund immer schon bereit gewesen, seine im Exil lebende Frau zu unterstützen. Als die Scheidung im Winter 1941/42 ausgesprochen wurde, verheiratete er sich umgehend neu.

Nun besaßen alle Visa für Mexiko, wo man notfalls auf die USA-Visa warten konnte. Am schwierigsten war Steffins Fall, die den erforderlichen Gesundheitsnachweis nicht erbringen konnte. Den amerikanischen Übersetzer Hoffmann Hays bat Brecht um eine Bürgschaft für die Schriftstellerin Berlau, die über einige finanzielle Mittel verfüge. Hays könne als Grund für Berlaus Kommen angeben, daß er ihr Buch *Ehtvert dyr kan det* für die USA bearbeiten wolle. Eisler, der bereits in den USA lebte, würde ihm bestätigen, „daß eine so große Freundlichkeit von Ihnen für Ruth Berlau zu erbitten nichts anderes ist, als wenn ich sie für mich selber erbäte."[66]

Berlau beschrieb, daß sie oft mit roten Fingernägeln und Ohrringen zur amerikanischen Botschaft ging. Brecht hielt sie an, sich alles, was sie dem Konsul gesagt hatte, genau zu notieren, um sich während der Befragung bei der Einreise in die USA nicht zu verhaspeln.[67] Als sie schon meinte, das Visum endlich bekommen zu können, hatten Nachforschungen des Konsuls in Kopenhagen ergeben, daß sie Mitglied der KP und mehrfach in der Sowjetunion gewesen war. Brecht riet ihr, im dänischen Konsulat um Hilfe zu bitten und darauf hinzuweisen, daß sie doch keineswegs die Gefährlichkeit eines Dimitroff[68] besäße. Der dänische Konsul half ihr wirklich, indem er sie seinem amerikanischen Kollegen als „Salonkommunistin" schilderte.[69] Am 29. März 1941 bekam sie das amerikanische Quotenvisum Nr. 353.[70]

Obwohl die anderen das Visum noch nicht hatten, war der Abschluß der ersten Fassung von *Arturo Ui* am 1. April Anlaß, daß sich die Gruppe bei Brecht und Weigel in der Köydenpunojakankatu 13A zu einem Nachmittagstee traf. Weigel hatte ihren Widerstand gegen gelegentliche Anwesenheit von Berlau aufgegeben. Auf Sylvi-Kyllikki Kilpi[71], die offiziell beauftragt war, sich um die Flüchtlinge zu kümmern, wirkte die Gruppe wie eine verschworene Gemeinschaft. „Helena kochte Tee, und an den Tisch kamen auch Frau Steffin und Frau Berlau-Lund, zusammen mit den anderen Familienmitgliedern. Mir blieb das Gefühl nach, als ob sie alle ein spannendes, erregendes gemeinsames Geheimnis gehabt hätten, das sie mir nicht erzählen wollten."[72] Von Berlau hatte sie bislang gehört, „sie wäre hysterisch, und [daß] es schwer sei, mit ihr auszukommen. Sie machte einen gesunden und frohen Eindruck, war geschmackvoll gekleidet. Aber sie gehört jenem sexuell und ethisch besonderen Frauentyp an, den ich instinktiv meide, weil sie nach eigenen Gesetzen handeln und es schwer ist, sie zu verstehen. Sie war eine schlanke, schöne Frau, von Beruf Schauspielerin. // Ich dachte daran, daß sie mit einem bekannten Arzt in Kopenhagen verheiratet war, und daß sie eigentlich keinen Grund gehabt hätte, als Emigrantin durch die Welt zu fahren, obwohl sie eine Jüdin ist.[73] Was denkt Dr. Lund? Ist er besorgt um seine junge und schöne Frau? Was mag ihr Geheimnis sein? Auf alle Fälle ist sie von Bert Brecht bezaubert. Die Lungentuberkulose von Frau Steffin-Jul scheint sich im Lauf des Frühlings gefährlich zu entwickeln. Und Frau Heli ist freundlich zu all diesen Frauen Brechts."[74]

Diese Freundlichkeit ist Helene Weigel wahrscheinlich sehr schwer gefallen. Nicht weniger schwierig war die erneute Teilnahme Ruth Berlaus an solchen Treffen für Margarete Steffin. Die folgenden, damals entstandenen Verse können eigentlich nur auf Berlau gemünzt sein: „Seit sieben Jahren sitz ich jetzt am Tische // Mit Niedrigkeit und Bosheit Bein an Bein // [...]"[75]
Es gab jedoch für keinen der Gruppe eine Alternative zur gemeinsamen Flucht. Das politische Klima wurde stetig rauher. Finnland knüpfte immer engere Bande zu Deutschland. In den Restaurants standen Hakenkreuze auf den Tischen, in den Straßen hingen Hakenkreuzflaggen.[76] Nachdem auch Steffin ihr Visum bekommen hatte, schrieb Berlau an Rasmussen, wie froh sie sei, daß sie am 16. Mai in die USA abreisen könnten. „Ich denke oft, ob Sie nicht bald selbst etwas schreiben? Nun sind Sie lange bei dem Meister in die Lehre gegangen, und das hemmt sehr, das weiß ich, aber man lernt viel, und sie sollten bald etwas schreiben. Ich weiß, daß Sie jeden Tag schreiben, aber etwas Eigenes, meine ich?"[77]
Am Abend zuvor hatten die finnischen Freunde – darunter Hella Wuolijoki, Elmer Diktonius, Erkki Vala, Sylvi-Kylliki Kilpi und wohl auch Hertta Kuusinen – im noblen Restaurant Torni ein Abschiedsessen gegeben. Die Stimmung war endlich gelöst. Berlau verschenkte Exemplare der *Svendborger Gedichte* und von *Jedes Tier kann es*. Zu Erkki Vala kam sie mit einem besonderen Anliegen. „Sie besaß ein Zelt aus Seidenstoff, das sie auf die lange Reise nicht mitnehmen konnte. Ob ich das nicht übernehmen könnte – vielleicht hatte ich ja einen Sohn, der es brauchen könnte? – Ja, ich habe einen Sohn, der Pfadfinder ist, sagte ich. – Und der so die Ehrenbezeugung macht, sagte sie und machte vor, wie Pfadfinder sich zu grüßen pflegen. Sie war ja Schauspielerin vom Königlichen Theater in Kopenhagen."[78]

In Leningrad, erinnerte sich Berlau später, schlief sie mit Steffin im selben Hotelzimmer und erlebte mit, wie sich ihr Zustand dramatisch verschlechterte. Selbst im Schlaf hustete sie fortwährend. Am nächsten Morgen ging es mit dem Expresszug ´Pfeil` weiter in Richtung Moskau, wo ein kleines Empfangskomitee auf Brecht wartete.[79] Neben Vertretern der Auslandskommission des Schriftstellerverbands war auch Maria Osten gekommen. Im pompösen

Hotel Metropol bekam die Gruppe ein Doppelapartment. Da das Honorar für die Übersetzung von Nexøs *Erinnerungen*, die Steffin und Brecht zusammen gemacht hatten, in Dollars ausgezahlt wurde, stand genug Geld für die Weiterreise zur Verfügung. Brecht kaufte für alle Geschenke. Für Berlau suchte er kleine Hermelinpelze aus, die gut zu den schwarzen Kleidern paßten, die er an ihr so mochte.[80] Außerdem erhielt sie noch einen schwarzen Pelzmantel.[81]
Steffin wurde kränker und kränker. Sie bekam ein eigenes Zimmer und wurde ärztlich betreut. An einem „Volksabend" – wahrscheinlich ein buntes Programm mit Agit-Prop, Akrobatik und Volksliedern – kam es wieder zu Spannungen zwischen ihr und Berlau.[82] Deren spätere Erinnerungen an die Moskauer Tage sind merkwürdig dünn. Das hing nicht nur mit der prekären Lage ihrer Rivalin zusammen, sondern auch damit, daß Brechts Verhältnis zur stalinistischen Sowjetunion in der DDR ein Tabuthema war. So erzählte sie nur summarisch, daß sie mit Brecht Maria Osten besuchte. Diese hatte bereits die großzügige Wohnung verloren, in der sie mit Michail Kolzow gelebt hatte, der seit 1938 in Haft war. Mit dem adoptierten spanischen Kind wohnte sie in einem kleinen Zimmer. Brecht habe sich sehr um sie „gekümmert".[83] Hinter dieser Formulierung stecken wohl die bedrückenden Gespräche, die sie mit Maria Osten führten. Darin bestätigten sich die schlimmsten Vermutungen, die man in Skandinavien über die Hinrichtung Sergej Tretjakows, die Verhaftung von Michail Kolzow, Ernst Ottwalt, Carola Neher und anderen Freunden gehegt hatte.[84] Auch bestand kein Zweifel, daß sich Maria Osten selbst in größter Gefahr befand.
Michail Apletin, der für Verbindungen mit dem Ausland zuständige Vertreter des Schriftstellerverbands, schlug Brecht eine bezahlte Zusammenarbeit für das KGB in den USA vor, was er jedoch ablehnte. Er betonte aber, daß er sich niemals antisowjetisch betätigen würde.[85] Berlau begleitete ihn mehrfach zu solchen Gesprächen. Sie berichtete später, daß niemand versuchte, seine Entscheidung zu beeinflussen, in die USA zu gehen. Auf die Frage, ob er ein neues Stück habe, das gedruckt werden könne, nannte er *Furcht und Elend des Dritten Reiches*, das allerdings ein Anti-Hitler-Stück sei und wegen des Freundschaftsvertrages mit Deutschland sicher nicht in Frage käme. Berlau übergab jedoch ihr Exemplar des Stücks. Diese Leute

und auch Arthur Pieck, der einst die Theaterolympiade geleitet hatte, vermittelten ihr den Eindruck, daß sie vom baldigen Kriegsbeginn und dem Ende des Freundschaftspakts überzeugt waren.[86]
Bis heute läßt sich nur spekulieren, wieso Brecht, der damals als „Trotzkist" gelten mußte, ungehindert durch das Land des Gulag reisen durfte. Es mag eine Rolle gespielt haben, daß er von Wuolijoki kam, die die informellen Kontakte zu Finnland vermittelte. Ebenso wichtig war sicher Brechts Freundschaft zu Lion Feuchtwanger. Zweifellos wollte sich Stalin die Loyalität des in Amerika lebenden weltberühmten Autors erhalten. Daß Feuchtwanger Brecht seine sowjetischen Konten zur Verfügung gestellt hatte,[87] trug vermutlich auch zu dessen Schutz bei. Unwahrscheinlich ist, daß Brecht selber bereits als zweiter Feuchtwanger gegolten haben könnte. Da er seit Jahren keine prestigeträchtigen Aufführungen und Publikationen im Westen hatte, sahen die sowjetischen Behörden in ihm noch keinen Intellektuellen, der Einfluß auf die Weltöffentlichkeit nehmen konnte.

Der sich dramatisch verschlechternde Zustand Margarete Steffins überdeckte immer mehr das Bewußtsein der bedrückenden politischen Lage. Nachdem sie noch für Brecht gedolmetscht hatte, wurde sie am 29. Mai grau im Gesicht und brach zusammen. Der Schriftstellerverband half, daß Brecht sie in eine komfortable Spezialklinik für Tuberkulosekranke bringen konnte, wo sie ein großzügiges Einzelzimmer bekam. Er versuchte, die für den 13. Juni ausgestellten Schiffskarten umzubuchen. Das war unmöglich. „Ich bin überzeugt, daß Brecht auch nicht weggefahren wäre, wenn man [für Steffin] nicht alles so gut geordnet hätte. [...] Es war alles genau abgesprochen: nachdem sie ein paar Monate im Krankenhaus gelegen hatte, sollte sie sich zuerst mal in einem sowjetischen Sanatorium erholen." Als Steffin erfuhr, daß die Billets gekauft waren, verlor sie – Berlau zufolge – keineswegs die Fassung. „Grete Steffin war gut gelaunt. Sie war eine wirkliche Kommunistin und hat keine Trauer gezeigt. Sie war eine große Persönlichkeit und hat Brecht fröhlich wegfahren lassen."[88] Als Unterpfand ihres Bundes ließ er neben ihren eigenen Arbeiten auch den Teil seiner Manuskripte zurück, die er doppelt hatte, sowie die notwendigen Dollar, damit sie nachreisen konnte. Maria Osten wollte sich um die Kranke kümmern.

Nachdem Brecht Steffin einen letzten Besuch abgestattet und täglichen Telegrammaustausch vereinbart hatte, bestieg die nun nur noch aus fünf Personen bestehende Gruppe am 30. Mai um 17 Uhr die Transsibirische Eisenbahn. Verabschiedet wurden sie von Johannes R. Becher und seiner Frau Lilly.
In den ersten Tagen trafen noch Telegramme von Margarete Steffin ein. Am 4. Juni kam die Nachricht, daß sie vormittags gestorben war. Berlau hielt später fest, sie habe sich auf die Toilette zurückgezogen und geweint.[89] Sie bot Brecht, der sich bis dahin mit Frau und Kindern ein Abteil geteilt hatte, ihre Einzelkabine an. „Aber die Weigel sagte: ‚Warum? Das vergißt er schnell.'"[90] Brecht habe wieder gelächelt, als sie in Wladiwostok ausstiegen. „Da standen kleine russische Jungen und verkauften Maiglöckchen. Das waren Grete Steffins Lieblingsblumen. Als ich sie zum letzten Mal sah, brachte ich ihr auch Maiglöckchen."[91]
Maria Osten schrieb Brecht über die letzten Gespräche mit Steffin, in denen es auch um den Kummer gegangen sei, den ihr sein Verhältnis zu Berlau bereitet hatte. „Erzählt, daß sie oft geweint hat, daß ihr die kleinen Schwindeleien so nahe gegangen sei [en]. Aber jetzt glaubt sie doch, daß Brecht verstehe – und alles besser würde. In Amerika würde er auch den Unterschied sehen."[92] Gemeint war der Unterschied in der Qualität ihrer und Berlaus Mitarbeit.

In Wladiwostok blieben der Gruppe ein paar Tage Zeit, in denen sie „Kleinigkeiten wie sowjetische Blusen" kauften. Am 13 Juni stach das komfortable schwedische Frachtschiff 'Annie Johnson' in See. Später stellte sich heraus, daß es das letzte Passagierschiff war, das von Wladiwostok nach den USA fahren konnte. Es war voll belegt. Wegen eines Buchungsfehlers stand Brechts Familie und Berlau nur eine Kabine zur Verfügung. Um doch noch zu einem separaten Schlafplatz zu kommen, freundete Berlau sich mit dem Funker an, der seine Kabine zur Verfügung stellen konnte, weil er immer in seinem Arbeitsraum sein mußte und dort auch schlief. Der Mann stellte ihr hartnäckig nach. „Es dauerte lange, bis er begriffen hatte, dass ich gern die Kabine haben wollte, aber nicht ihn."
Von Brechts Kindern hatte sie sich mit Ziegenpeter angesteckt. Doch selbst mit geschwollenen Wangen wirkte sie anziehend auf Männer.

Der Schiffsarzt, der sie behandelte, schlug ihr vor, gemeinsam Abendessen zu gehen. Alle anderen Leute hätten sich von ihr fern gehalten. Die Erkrankung hinderte sie auch, auf den Philippinen an Land zu gehen. Mit Brecht zusammen beobachtete sie vom Schiff aus, wie es gelöscht und mit Kokosraspeln beladen wurde. Die Philippinier kamen ihr sehr schön vor, waren aber die dünnsten Menschen, die sie je gesehen hatte. Ungeheuer beeindruckte sie die winzige Portion Reis, die die Hafenarbeiter auf einem Blatt zu sich nahmen. Brecht brachte ihr vom Landgang in Manila einen attraktiven chinesischen Schlafanzug aus schwarzer Seide mit. Kurz nachdem sie die philippinischen Inseln verlassen hatten, wurden diese von den Japanern angegriffen. Brecht habe sich während der ganzen Fahrt als vorbildlicher Familienvater verhalten. Obwohl er eigentlich wasserscheu war und sich auch nicht gerne auszog, sei er auf der 'Annie Johnson' jeden Tag in einer sehr kleinen braunen Badehose im Swimmingpool gewesen. „Er war sehr angenehm und sehr nett zu Helli und den Kindern." Berlau hatte sich vorgenommen, während der Überfahrt die *Fünf Schwierigkeiten beim Schreiben der Wahrheit* abzutippen, die damals noch nicht gedruckt waren. Ich saß da in meiner Kabine und schrieb, aber da mußte ja alles stimmen, *sch* usw. – es wurde also nichts."[93] Als Sekretärin war Steffin weder durch sie noch durch Weigel ersetzbar, die zu Sehnenscheidentzündungen neigte. Brecht tippte jedoch auch selbst.

An Lou Eisler schrieb Berlau damals, wie "unglaublig und entzätlich" es sei „das die Grete nicht mehr da ist. Du weist nicht wie sie sich freute da sie endlich das visum hatte."[94]

Die Flüchtenden, die am 22. Juni über den Rundfunk erfuhren, daß der Krieg gegen die UdSSR begonnen hatte, ahnten nicht, daß Maria Osten schon zwei Tage nach Steffins Tod verhaftet worden war. Ein Jahr später wurden sie und ihr Gefährte Michail Kolzow als Feinde der Sowjetunion hingerichtet.[95]

---

[1] RB an Knud Rasmussen [Mitte Mai 1940], BBA E8/57.
[2] Eleonora von Tranaborg (Pseudonym RBs): *Rakkautta Suomea kohtaan. Transkatar tuli katsomaan tuhatjärvien maata* [Liebe zu Finnland. Eine Dänin sieht das Land der Tausend Seen], in: *Eeva*, März 1941, S. 8. Ü: Yrjö Varpio.
[3] Brecht an RB, Mitte April 1940, *GBFA* 29, S. 163–164.
[4] Hans Peter Neureuter: *Brecht in Finnland* a.,a., O., S. 66–67. Vor allem hin-

sichtlich der politischen Situation Finnlands stütze ich mich im folgenden auf diese Arbeit. Weitere Informationen verdanke ich Yrjö Varpio.
5   Margarete Steffin an Louise Eisler, 30. 4. 1940, Hanns Eisler Archiv 4248/2.
6   Brecht an RB Ende Mai./Anf. Juni 1940, *GBFA* 29, S. 173.
7   Brecht an RB [Juni 1940], *GBFA* 29, S. 174.
8   Arnold Ljungdal (1901–1968), Lyriker und Publizist, übersetzte Brecht ins Schwedische, Vorsitzender einer Freundschaftsgesellschaft Schweden/DDR.
9   Zit. n. : Hans Peter Neureuter: *Brecht in Finnland*, Teil 2, a. a. O., S. 119.
10  Otto Vilhelm Kuusinen (1881–1964) Führer der finnischen KP, nach Niederschlagung der finnischen Revolution 1917 Flucht nach Moskau, ins ZK der KPDSU kooptiert und nach dem Winterkrieg Vorsitzender der Karelischen SSR, später auch stellv. Vorsitzender des Obersten Sowjets.
11  Hertta Kuusinen ( 1904–1974), war bis 1934 mit ihrem Vater O. V. Kuusinen in der UdSSR, hatte dann führende Funktionen in der finnischen KP inne. 1934–1939 und 1941–1944 in Haft. Nach dem 2. Weltkrieg leitete sie die Volksdemokratische Partei im Reichstag.
12  Hans Peter Neureuter: *Brecht in Finnland*, a. a. O., Teil 2, S. 63–64.
13  RBA 301.
14  BBA TT 2166/ 77.
15  RBA 301. Siehe auch: Hans Peter Neureuter: *Brecht in Finnland*, a. a. O., S. 144.
16  Margarete Steffin, zit. nach: Maria Osten: *Aufzeichnungen für Brecht*. In: *Margarete Steffin: Konfutse versteht nichts von Frauen*, Berlin 1991, S. 339f.
17  Hella Wuolijoki: *Und ich war nicht Gefangene*, Rostock 1987, S. 228–229.
18  RBA 301.
19  Aleksis Kivi (1834 –1972), Begründer der finnischsprachigen Romanprosa, schuf Dramatik und Lyrik, vertrat antireligöse, aufklärerische Positionen. Meist in Geldnöten, starb er geistig umnachtet.
20  Nachdem er Kivi erwähnt hat, sagt Ziffel: Ich habe gehört, es ist hier eine Landessitte, daß die besseren Dichter am Hunger sterben. Sie wird aber lückenhaft durchgeführt, indem einige auch durch Alkohol umgekommen sein sollen." *GBFA* 18, S. 218.
21  Margarete Steffin an Knud Rasmussen, undat., BBA E9/57. Sie bemerkte, daß man den finnischen Humor offenbar – ähnlich wie den dänischen – nicht übersetzen könne.
22  RB an Knud Rasmussen, 16. 12. 1940, BBA E8/55–56. In einem späteren Brief fragte sie nach, ob *Sieben Brüder* gelesen habe, eines seiner Hauptwerke. RB an Knud Rasmussen, 29. 2. 1941, BBA E8/52–53.
23  TT 2166/79
24  Brecht an RB, 16. 6. 1943, *GBFA* 29, S. 269.
25  *Berlau/Bunge*, S. 122.
26  Siehe: *Im finnischen Wald, in seinem Arm* – ein späteres Gedicht RBs, HBA 350/ 53.
27  Vappu Tuomioja: *Sulo, Hella ja Vappuli: Muistelmia vuosilta 1911–1945*, Porvo 1997, S. 248–249.
28  Brecht an RB am 4. 9. 1940, *GBFA* 29, S. 186.
29  Das geht aus dem Brechts an RB, 28. 1. 1941 hervor, *GBFA* 29, S. 197.
30  Diese Briefe, von Brecht und/oder Gelsted sind nicht überliefert.

[31] In *GW* 12, S. 570 „daß ich sie liebte". In *GBFA* 18, S. 178:„daß sie mich liebte".
[32] RB an Mogens Voltelen, [Ende August /Anf. September 1940], BBA E8/61–62.
[33] RB an Mogens Voltelen, 12. 9. 1940, BBA E8/63. E8/69.
[34] Brecht an RB, 15. 9. 1940, *GBFA* 29, S. 186.
[35] Brecht an RB, 20. 9. 1940, ebd., S. 187. Im *Journal* am 14. 9. 1940 beschrieb er den ästhetischen Reiz eines geübten Holzschlägers, den er beobachtet hatte. Daraus folgt, daß die Gäste sich mit diesen Arbeiten nicht befassen mußten. Das Holzschlagen RBs kann als selbstverordnete Beruhigungstherapie im Sinne des Behaviorismus gesehen werden, inspiriert vielleicht von Brechts Beobachtung des Arbeiters.
[36] TT BBA 2166/77.
[37] RB an Mogens Voltelen, 24. 10. 1940, BBA E8/65.
[38] RB an Knud Rasmussen, [Mitte/Ende November 1940], BBA E8/24.
[39] RB an Knud Rasmussen, 16. 12. 1940, BBA E8/55–56.
[40] Brecht an RB, November 1940, *GBFA* 29, S. 192.
[41] RB an Knud Rasmussen, 29. 2. 1941, BBA E8/52–53.
[42] *GBFA* 18, S. 186–187.
[43] RB an Knud Rasmussen [Januar/Februar 1941], BBA E8/48.
[44] RB an Knud Rasmussen, 21. 1. 1941, BBA E8/54.
[45] Die Bleistiftnotizen in RBAHKOP sind schwer entzifferbar. In RBA 321 liegt der schwedische Text einer politischen *Revyn 1940* (Revue 1940), in der ein die angegebenen Themen behandelndes Kindergedicht als 2. Nummer Barnsketch (fru Berlau) (Kindersketch ((Frau Berlau)) ausgewiesen ist. Titel: Schlange stehen. Die Strophen sind einem Schokoladenkeks, einem Zuckerhut, einer Butterrolle, Apfelsine und Banane sowie der Kaffeebohne gewidmet. Die anderen Nummern der Revue, die ebenfalls die Versorgungsprobleme des Landes thematisieren, sind von schwedischsprachigen Finnen verfaßt.
[46] *GBFA* 26, S. 452.
[47] RB an Knud Rasmussen [Januar/Februar 1941], BBA E8/48.
[48] RB an Knud Rasmussen, 21. 1. 1941, BBA E8/54.
[49] *Berlau/Bunge*, S. 149.
[50] RB an Mogens Voltelen [August/September 1940], BBA E8/66.
[51] RB an Knud Rasmussen. Das auf dem Brief notierte Datum 29. 2. 1941 ist durchgestrichen und durch 3/3 ersetzt. BBA E8/52–53. Eeva. Zeitung der modernen Frau erschien seit 1933 monatlich mit 38–40 Seiten über Mode, Klatsch, aber auch mit literarisch anspruchsvollen Texten. *Eeva* existiert bis heute.
[52] *11 Minutter. En Fortälling fra Helsingfors* af Maria Sten, RBA 24. RB schrieb an Knud Rasmussen, 13. 5. 1941, BBA E8/67, daß sie Elf Minuten auch „in Stockholm verkauft" habe. Auf der verschollenen schwedischen Fassung basiert eine deutsche, die in Stockholm spielt. Die Version *Eleven Minutes* belegt einen Publikationsversuch in den USA. RBA 24–26.
[53] Elmer Diktonius (1896–1961), Dichter und Kritiker, von Brecht als „finnischer Horaz" bezeichnet.
[54] Die Zeitschriften *Morgenbrisen* und *Folket i bild* hätten Novellen angenommen, aber weder Belege noch Geld geschickt. RB an Knud Rasmussen [Januar/Februar 1941], BBA E8/48.

55 RB an Knud Rasmussen am 21. 1. 1941, BBA E8/54.
56 RB an Knud Rasmussen, 5. 4. 1941, BBA E8/68.
57 Erkki Vala (1902–1991) Publizist kommunistischer Tendenz, begann, *Courage* zu übersetzen.
58 Erkki Vala in Hufvudstadsbladet , 27. 3. 1964. Zit. n.: Hans Peter Neureuter: *Brecht in Finnland*, a. a. O., S. 151.
59 RB an Mogens Voltelen, 11. Dezember 1940,BBA E8/64.
60 RB an Knud Rasmussen, 16. 12. 1940, BBA E8/55–56.
61 RB an Knud Rasmussen, 5. 4. 1941, BBA E8/68.
62 RB an Knud Rasmussen, 29. 2. 1941, BBA E8/52–53.
63 RB an Knud Rasmussen, 16. 12. 1940, BBA E8/55–56.
64 *GBFA* 26, S. 431.
65 TT 2166/80
66 Brecht an Hoffmann Hays, 3. 3. 1941, *GBFA* 29, S. 198.
67 Brecht an RB, undat. BBA 1799/13.
68 RBA 117. Georgi Dimitroff (1982–1949), aus Bulgarien stammender Arbeiterführer, 1935–1943 Generalsekretär der Komintern, als Hauptangeklagter im Reichstagsbrandprozeß freigesprochen. Erster Ministerpräsident Bulgariens nach dem 2. Weltkrieg.
69 RBA 117/20
70 FBI-Akte BBA Z53/222.
71 Sylvi-Kyllikki Kilpi (1899–1987), sozialdemokratische Abgeordnete, nach dem 2. Weltkrieg für die Volksdemokratische Partei im Parlament.
72 Zit. nach : Hans Peter Neureuter: *Brecht in Finnland*, a. a. O., Teil 2, S. 69.
73 Besonders wenn sie dunkle Haare hatten, wurden Emigranten oft für Juden gehalten.
74 Tagebuch von Sylvi-Kyllikki Kilpi, 1. 4. 1941, BBA 2231/68.
75 BBA 152/16. Zit. n.: *John Fuegi: Brecht & Co.*, a., a., O., S. 563.
76 RBA 117/20.
77 RB an Knud Rasmussen, 13. Mai 1941, BBA E8/67.
78 Erkki Vala: *Brecht in Finnland*. In: *Hufvudstadsbladet* v. 27. 3. 1964, zit. n.: Hans Peter Neureuter: *Brecht in Finnland*, a. a. O., Teil 2, S. 151.
79 RBA 117/20.
80 TT 2166/96.
81 *Berlau/Bunge*, S. 126.
82 Maria Osten: *Aufzeichnungen für Brecht* [nach dem Tode Steffins], in: Margarete Steffin: *Konfutse versteht nichts von Frauen*, a. a. O., Berlin 1991,S. 340.
83 TT 2166/90.
84 Beim Treffen mit Bernhard Reich im Hotel Metropol versprach Brecht, sich für dessen bereits in Lagerhaft befindliche Frau, Asja Lacis, bei einem Botschafter der Sowjetunion im Ausland einzusetzen. – Berhard Reich: *Im Wettlauf mit der Zeit*, Berlin 1970, S. 376–377.
85 John Fuegi: *Brecht & Co.*, a. a. O., S. 576.
86 TT BBA 2166/82.
87 Dies geht aus einem von Steffin ins Russische übersetzten Brief Brechts an Tschagin hervor. Siehe: John Fuegi: Brecht & Co., a. a. O., S. 575. Der hier ohne Da-

tum wiedergegebene Brief liegt im Zentralen Staatsarchiv für Literatur und Kunst, Moskau: 631/14/459.

[88] TT BBA 2166/91–92. Vergl. die Variante in: *Berlau/Bunge*, S. 104f.

[89] RBA N 244.

[90] Daß Brechts Trauer um Steffin nicht nach wenigen Tagen erledigt war, beweisen etliche Gedichte und sein Journal. Er schrieb zwar, „Hitler hat sie umgebracht und der Hunger", setzte aber selbstkritisch hinzu: „Die gelungenen Werke soll man vergessen, aber nicht die mißlungenen." *GBFA* 27, S. 106, 107, 110.

[91] TT BBA 2166/31.

[92] Maria Osten: *Aufzeichnungen für Brecht*, a. a. O., S. 340.

[93] TT 2166/96–99. Vergl.: *Berlau/Bunge*, S. 126–131.

[94] Berlau an Louise Eisler, [Sommer 1941], Hanns Eisler Archiv 4092. Im selben Brief erkundigte sie sich nach Gerda Singer-Goedhart, die inzwischen auch in die USA emigriert war.

[95] Noch 1959 wußte Berlau nichts vom wirklichen Schicksal Maria Ostens. Sie habe sich einmal nach dem spanischen Kind erkundigt, daß sie adoptiert hatte und dem es, so meinte Berlau, in der Sowjetunion gut gehen müsse. TT2166/99.

# 7. „I not shall give up"

Die Einwanderungsbehörden, die die Befragung der Ankömmlinge auf dem Schiff vornahmen, machten der wegen ihrer Mitgliedschaft in der KP nervösen Ruth Berlau keine Schwierigkeiten. Als Beruf gab sie Journalistin und Fotografin an – letzteres, obwohl sie bis dahin nur „geknipst" hatte, „eben wie ein Amateur"[1]. In Los Angeles wurde die Brecht-Familie von Martha Feuchtwanger und Alexander Granach erwartet. Berlau sah ein, daß es besser war, wenn sie sich separierte. „Auf dem Schiff hatte ich Genossen[2] kennengelernt und fuhr an diesem Abend nach Los Angeles."
Am nächsten Tag, am 22. Juli, war sie mit Brecht am Busbahnhof von Santa Monica verabredet.[3] Er hatte für sie eine Wohnmöglichkeit bei einem alten Bekannten gefunden, dem holländischen Maler Ernst van Leyden[4]. Aus der Zeit, in der sie bei dem schönen dunkelhaarigen Mann wohnte, erzählte sie später eine Anekdote. Einmal erschien Brecht ungewöhnlich früh, während van Leyden ihr an einem Sportgerät Klimmzüge vorführte. „Brecht, der allen Sport echt verachtete, schaute uns an, ging zur Stange, zog sich höher als ich jemals jemanden gesehen habe, und nahm mich in die Dachkammer, die ich bei diesem Maler gemietet hatte. Wir sagten kein Wort, nur ich vielleicht hab hervorgebracht ein: du." Die Anekdote ist überschrieben mit *Er zeigte mir seine Liebe.*[5] Brechts gelegentliche Anwandlungen von Eifersucht waren für sie wertvollste Liebesbeweise.
Berlau konnte bald ein kleines Haus in der 26. Straße mieten, nicht weit entfernt von Brechts Domizil in der 25. Straße. Wie sie ihm in Finnland jeden Morgen den Kaffee gebracht hatte, brachte sie ihm nun jeden Morgen die Zeitung.[6] Das ist nicht nur als Dienstleistung zu verstehen, sondern vor allem als ein von ihr selbst dringend benötigter Kontakt. Denn sowohl aus familiären als auch aus gesell-

schaftlichen Gründen konnte Brecht die Nacht nicht bei ihr verbringen. Wie in Finnland kam er erst nachmittags zu ihr, nachdem er vormittags einige Stunden allein gearbeitet hatte, Mittag gegessen und sich ausgeruht hatte.
Auf den 24. August 1941 datiert ist eine mit englischen Einsprengseln deutsch geschriebene Notiz, in der Berlau ihre Gefühle in der neuen Umgebung festhielt. Sie wunderte sich, daß sie beim Blick aus einem Drugstorefenster in Santa Monica nichts anderes empfand, als wenn sie aus einem Kaufhaus in Svendborg, auf Lidingö oder in Helsinki geschaut hatte – obwohl draußen subtropische Obstbäume standen und ihr die Leute lustiger erschienen. Gleich geblieben aber war ein Gefühl der Leere und ihre Haltung: die einer Wartenden.[7] Am Zielort des Exils hatte sie ihr eigentliches Ziel, Brechts Herz für sich allein zu erobern, nicht erreicht. Er hatte ihr gesagt, daß er Deutschland mit einer Jüdin verlassen habe und es mit dieser Jüdin wieder betreten werde. Solange seine Fürsorgepflicht für Frau und Kinder unabweisbar war, konnte Berlau nicht ergründen, was ihn sonst noch an Helene Weigel band.
Die Korrespondenz mit Rasmussen brach damals ab. Vielleicht wurden Kontakte in die USA riskant für ihn. Die Zeit war abgelaufen, in der Dänemarks Souveränität weitgehend respektiert wurde. Am 20. August 1941, zwei Tage vor dem Angriff auf die UdSSR, war die KP verboten worden. Hitler verstärkte den Appell an die germanische Eintracht. Als Stauning 1942 starb, schickte er einen Kranz, auf dem eine orangene Schleife mit schwarzem Hakenkreuz prangte.[8] Viele dänische Linke suchten in Schweden Zuflucht, darunter Gelsted, Knutzon, Ziegler. Der hartnäckige Nexø verließ Dänemark erst 1943 auf einem der vielen Fischerboote, mit denen die dänischen Juden über den Øresund nach Schweden gerettet wurden.[9] Für linke Arbeiter wie Dagmar Andreasen, die im Lande bleiben mußten, begann eine harte Zeit illegaler Arbeit.

Schon am ersten Tag in Santa Monica hatte Berlau Lion Feuchtwanger kennengelernt. Er riet Brecht, nicht nach New York zu gehen. Bessere Aussichten, Geld zu verdienen, bestünden in Hollywood. Brecht begann mit Fritz Kortner und Ferdinand Reyher[10] an Filmideen zu arbeiten.[11] Im Dezember entwarf er „für das Theater eine

*Jeanne d'Arc 1940*" das spätere Stück *Die Gesichte der Simone Machard*.[12] Die Idee war ihm nach der Niederlage Frankreichs bereits in Finnland gekommen.[13] An diesem Stoff zeigte Feuchtwanger Interesse, der während der deutschen Invasion in Frankreich interniert gewesen war. Ein Privatvertrag wurde geschlossen, der die künftige Aufteilung von Tantiemen regeln sollte: Brecht bekam 35%, Feuchtwanger 30%. Auch Feuchtwangers Frau Martha und Ruth Berlau waren als Mitarbeiterinnen vorgesehen mit 15%, bzw. 20%.[14] Weil sie sich in die Rolle Steffins hineinwachsen sah, war Berlau glücklich, als Brecht ihr die Geschichte erzählte und sie aufforderte, einen Plan zu machen, wo ihrer Meinung nach die Träume der Simone liegen könnten. Solange sie dabei war, erklärte sie 1959, seien die Arbeitssitzungen kurz gewesen. „Mehr machte Feuchtwanger ja gar nicht mit."[15] Die Arbeit intensivierte sich erst im Spätherbst 1942, als sie schon nicht mehr in Santa Monica war.[16]

Mit dem österreichischen Schauspieler und Drehbuchautor Robert Thoeren[17], der glänzende Verträge mit der Metro-Goldwyn-Mayer hatte, kam es zu einer Zusammenarbeit, bei der auch Ruth Berlau mitwirkte. Die Filmidee fußte auf einer Reportage aus dem *Life*-Magazin über die britischen Bermuda-Inseln. Die Luxus-Hotels, in denen früher reiche Paare die Flitterwochen verbrachten, waren zum Zentrum der britischen Kriegszensur geworden. Von hier aus wurde jetzt der weltweite Post- und Telephonverkehr kontrolliert. Man suchte aber nicht nur kriegswichtige Informationen, sondern auch nach Hinweisen auf illegale Transfers britischer Währung in die USA. Unter den in mehreren Sprachen bewanderten 880 Zensoren waren viele Frauen. Sie bewohnten die mit Sandsäcken gegen Torpedoangriffe geschützten Hotels. Neuerdings gab es auf den Bermudas auch eine amerikanische Militärbasis. *Life* berichtete aus der Sicht der GIs, deren Dienst hier offenbar angenehme Seiten hatte. Große Fotos zeigten eine Reihe junger, besonders hübscher „Censorettes" am Swimmingpool, am Strand und in den Bars, wo auch amerikanischen GIs verkehrten und wo es folglich zu Flirts kam. Der *Life*-Artikel stellte die erotische Freizügigkeit, die durch die Frauenemanzipation für beide Geschlechter im Kriegsdienst möglich geworden war, als einen Zivilisationsfortschritt dar.[18] Im Film *Bermuda*

*Troubles* ging es um ein illegales Exportgeschäft, über das eine der Zensorinnen konspirativ in Form von Liebesbriefen korrespondiert. Dadurch gerieten die echten erotischen Strategien in Unordnung. Berlau erinnerte sich 1959, daß sie sich beim Schreiben zwar sehr amüsiert, das Drehbuch aber nicht verkauft hätten.[19] Bald kam es zu Konflikten mit Thoeren, der sich in Brechts Augen zu eng an Hollywoods eingefahrene Rezepte hielt."[20] Obwohl er auf die finanzielle Unterstützung von Hanns Eisler angewiesen war und dringend Geld verdienen mußte, wollte und konnte er der Weltmetropole des Films seine Seele nicht verkaufen.

Zu *Bermuda Troubles* gibt es eine stattliche Zahl von Typoskripten im RBA, deren Diktion sie jedoch als Brechts Diktate erkennbar macht. Das ist auch bei anderen Fragmenten der Fall. Nur ein Teil der Typoskripte ist im BBA als Kopie vorhanden und dort als Mitarbeit an Arbeiten anderer registriert. In der *GBFA* erhält der Leser einen verkürzten Blick auf die wirkliche Ausarbeitungsstufe des Materials, weil sie nur die Teile der Filmskripte wiedergibt, die Brecht selbst tippte oder handschriftlich hinterließ.[21] Nicht nur an der Diktion, sondern auch an den Konfliktkernen und großen Achsen der meisten damaligen Filmentwürfe läßt sich aber erkennen, daß Brecht der prägende Part war. An Liebeskonflikten interessierte ihn nur, inwieweit sie von ökonomischen Hintergründen verfälscht wurden. Berlau dagegen baute ihre Geschichten stets von Spannungen in der Paarbeziehung auf. Obwohl sie damit den Anforderungen Hollywoods näher kam, ließ sich Brecht bei der Filmarbeit wohl nur auf ihren Sinn für Situationskomik ein. Was Lai-tu für lustig gehalten habe, hob Kin-jeh später hervor, habe ihn durchaus beeinflußt.[22]

Die Chancen eines Drehbuchs stiegen in Hollywood, wenn es auf einen berühmten Star zugeschnitten war. Diesen Status hatte Peter Lorre[23], den Brecht für einen der Weigel gleichrangigen epischen Schauspieler hielt und für den er tiefe Freundschaft empfand. Lorre bekam damals aber nur Typen zu spielen, die man als wurzellos, widernatürlich und grotesk, ansehen sollte – Variationen seines Welterfolgs, des Sexualverbrechers Beckert in Fritz Langs *M. Eine Stadt sucht einen Mörder*. Dank seiner großen Kunst war auch in seinen Hollywood-Figuren stets noch der an Marginalisierung leidende Mensch zu erkennen.[24] Obwohl er gut verdiente, litt Lorre unter dieser Einengung und war bereits dro-

genabhängig. Auf Brechts Vorschlag, gemeinsam ein Drehbuch zu schreiben, ging er sofort ein. Script-Girl – diesmal in Englisch – von *Rich Man's Friend* war Ruth Berlau. Der Plot fußte auf Lorres eigenen ersten Exilmonaten in London, als er finanziell ganz von einem Freund abhängig gewesen war. Im Script arrangiert der Freund für „L." ein Treffen mit einem Produzenten aus Hollywood. L. fehlt aber geeignete Kleidung und sogar das Geld für die Untergrundbahn. Zufällig trifft er auf eine Werbekolonne, die mit seinem Foto Reklame für seinen letzten, in Deutschland gedrehten Erfolgsfilm macht. Er kann eines der Plakate entwenden und erreicht den Produzenten, bevor dieser den Zug besteigt. Nun darf er nach Hollywood mitreisen.[25] Dieses Drehbuch wurde ebenfalls nicht angenommen. Es war Peter Lorre selbst, der die Arbeit an diesem und zahlreichen späteren Filmentwürfen bezahlte. Auch zwischen Lorre und Berlau entstand enge Freundschaft. *Valse triste* ist der Titel eines in mehreren Varianten vorliegenden Filmentwurfs, in dem größerer Einfluß Ruth Berlaus zu vermuten ist. Es geht um die beruflichen Versagensängste einer Tänzerin. Sie sind weder in ihren Fähigkeiten noch in ihrer Disziplin begründet. Unmenschlich hart aber sind die Anforderungen. Die Heldin liebt einen armen jungen Wissenschaftler, den sie unterstützen möchte. Selbst nach einem Unfall versucht sie, ihre Karriere und ihren Anspruch auf Liebe zu retten, endet aber wie Tschaikowskis sterbender Schwan tanzend auf der Bühne.[26]
J. K. Lyon meint, daß Brecht mehr Chancen in Hollywood gehabt hätte, wenn er die unter dortigen Linken verbreiteten trotzkistischen Positionen vertreten hätte.[27] Da er offen darüber sprach, von einer Schwächung der Sowjetunion durch Hitler nichts zu halten, galt er als Stalinist. Aus welchen Gründen auch immer seine Filmideen nicht verkaufbar waren, sie wurden anscheinend hin und wieder plagiiert. Eine unbeabsichtigt undichte Stelle war die seit vielen Jahren mit Weigel und Brecht befreundete Elisabeth Bergner, die in den USA erfolgreich Theater spielte. Berlau, die sie 1930 in Berlin in *Wie es euch gefällt* bewundert hatte, lernte sie auf Bergners Silvesterparty 1941/42 kennen und schloß mit ihr Freundschaft. Aus Brechts Journalen geht hervor, daß er Anfang 1942 mit Berlau, Bergner und deren Mann, dem Schriftsteller, Regisseur und Produzenten Paul Czinner, Anfang 1942 eine Filmidee Bergners ausarbeitete, über die

diese arglos mit anderen sprach. Nur leicht abgewandelt sei die Idee dann bald im Kino aufgetaucht.[28]
Bei Bergner lernten Brecht und Berlau auch Arch Oboler kennen, einen renommierten Autor von Drehbüchern und Funkhörspielen „ein Kolzowtyp, zotenreißend, smart, nicht uninteressant, wenn über Technik sprechend."[29] Von Oboler ermutigt, entwarfen sie auch Hörspiele. Überliefert sind zwei Synopsen in gutem Deutsch, aber in schlechter Orthographie getippt, was auf ein Diktat Brechts deutet. Die erste handelt davon, wie 1940 Soldaten und Gestapo-Leute in ein Osloer Hospital eindringen, um verwundete Saboteure zu verhaften. Der Arzt, der das verhindern will, wird ebenfalls verhaftet. Seine Kollegen treten in Streik, seine Verlobte kommt mit dem Widerstand in Kontakt.
Die zweite Synopse spielt auf den Lofoten. Ein Fischer wird von der Kugel einer deutschen Patrouille getroffen und liegt verwundet in seinem Boot. Die Frau ruft einen Arzt. Er soll ohne weißen Kittel zu ihrem Mann rudern, damit die Deutschen ihn nicht als Arzt erkennen. Er glaubt, daß sie ihn nicht behindern werden. Während er die Kugel herausschneidet, wird er verhaftet.[30]
Am 29. März 1942 notierte Brecht, daß Ruth Berlau Oboler über Elisabeth Bergner ein Hörspiel zum Widerstand in Norwegen vorgeschlagen habe. „Er hat es jetzt gestohlen und unter seinem Namen aufgeführt. Geld bekommt er nicht dafür, da es für defence[31] ist, jedoch den Ruhm."[32]
Überall wo die Flüchtlinge arbeiten wollten, herrschte harte Konkurrenz. Auch Brechts für Amerika geschriebene Stücke hatten keine Chance. Er fühlte sich wie „Franz von Assisi im Aquarium" oder „Lenin im Prater".[33]

Ein mit „Mildred" unterschriebener Brief enthält die Einladung einer Literaturagentur, bei der sich Ruth Berlau während einer Book Review Hour als Gutachterin für skandinavische Literatur bewerben konnte. Das Ganze sollte in einem luxuriösen Haus guatelmatekischen Stils im südlich von Los Angeles gelegenen Laguna Beach stattfinden. Man erwartete 75 Personen, die teils auf Stühlen, teils am Boden sitzen würden, während Berlau im Mittelweg an einem Pult sprechen sollte. Mildred bat um die Einsendung ihrer Fotos. Herzlich fügte sie hinzu, wie gut es sei, daß sie nun auch etwas anderes kennenlerne als

Santa Monica. Laguna Beach sei die zweitbekannteste Kolonie von Künstlern und Schriftstellern. Mildred teilte auch mit, daß sie Verbindung zu einem Literaturagenten in New York und zur berühmten linksliberalen Publizistin Dorothy Thompson[34] herstellen könne.[35]
Im Januar 1942 sandte Ruth Berlau an Mildred die von einer Gudrun ins Amerikanische übersetze Novelle *Every Animal knows* und zwölf Seiten von *Rain*[36] zur Weiterleitung nach New York. Sie wurde jedoch weder als Gutachterin akzeptiert, noch bekam sie als Autorin eine Chance. Obwohl die Frauenemanzipation während des New Deal der Roosevelt-Ära voranschritt, waren diese Novellen der Zeit zu weit voraus. Nur ein pornographischer Verlag wollte sie drucken. Brecht riet ab. „*Jedes Tier kann es* geht als Frauenbuch oder gar nicht, glaub mir."[37]
Berlaus finanzielle Reserven schmolzen dahin. Auch wegen der aus ihrer Sicht ungeklärten Situation mit Brecht griff sie zum Alkohol. In der englisch geschriebenen autobiographischen Geschichte *I not shall give up* ist die Ich-Erzählerin wegen auffälliger Trunkenheit in der Öffentlichkeit von der Polizei festgenommen worden. Im Rausch erlebt sie erneut, wie deutsche Bomberflugzeuge über den dänischen Himmel donnern. Plötzlich wird sie sich bewußt, daß sie sich in den USA befindet. Aber die beklemmenden Gefühle lassen nicht nach. Denn ihr fällt ein, daß zwei von ihr dem Rundfunk vorgeschlagene Features über den norwegischen Widerstand ebenso abgelehnt wurden wie ihr Buchprojekt *They owe us Love*[38]
Als die Ich-Erzählerin den Polizisten von den Flugzeugen über ihrer Heimat erzählt und erwähnt, daß amerikanische Zeitungen dort verboten sind, bekommen sie plötzlich Respekt und lassen sie frei. Draußen herrscht reges Nachtleben. Männer flüstern ihr Angebote zu. Das deprimiert sie erneut. Ist etwa Prostitution ihre einzige Chance, Geld in im letzten Land zu verdienen, das Hitler noch stoppen kann, „the United States, the hope of Europe"?[39]
Der Erzählung nach hat der Rauschtraum aber auch ein paar gute Augenblicke. Sie erinnert sich an kleine Annehmlichkeiten ihres jetzigen Alltags: an das schöne Gefühl, sich morgens kaltes Wasser über das Gesicht zu gießen, an den ersten Löffel Haferflocken und den ersten Hauch frischer Luft. Die Aufzählung dieser angenehmen Dinge ihres Morgens, den sie fast immer allein verbringen

mußte, stehen auch als oft wiederholte Ratschläge in Brechts Briefen an Ruth Berlau. Nach behavioristischen Vorstellungen mußten psychisch Gefährdete einen regelmäßigen Tagesablauf einhalten, in den angenehme Dinge ganz bewußt eingebaut und wahrgenommen werden sollten. Brecht scheint sich darüber im klaren gewesen zu sein, daß Berlaus psychischer Zustand nach wie vor fragil und seine Verantwortung für sie hoch war.

Das Typoskript von *I not shall give up* ist gebunden und liegt mit zwei anderen Geschichten in einer repräsentativen Mappe, die wohl zur Bewerbung bei Zeitschriften oder Literaturagenturen gedacht war. Die zweite Novelle *The devil is a bad driver* spielt im eleganten Milieu Dänemarks. Eine junge Dame am Steuer einer weißen Limousine jagt mit ihrem Verlobten in irrsinnigem Tempo über die Landstraßen. Als sie fast in einem See gelandet sind, löst er die Verlobung.[40] In *Between Trafic Lights* fährt eine junge Frau mit einem Bekannten im offenen Wagen durch die Stadt. Weil der ihnen zufällig begegnende Ehemann gleichmütig reagiert, schließ die Frau, daß er sie nicht mehr liebt. In diesem Detail spiegelt sich Ruth Berlaus unerschütterliche Überzeugung wieder, daß sich Liebe durch Eifersucht manifestiert. Short Storys dieser Art publizierten damals viele Zeitungen und Zeitschriften. Drucknachweise von diesen Geschichten konnten jedoch nicht gefunden werden.

Immerhin gelang es Ruth Berlau – vielleicht über Mildred – Verbindungen zum Milieu der Frauenrechtlerinnen zu knüpfen. Sie lernte eine „J. K." kennen, hinter der Jeanette Rankin[41] zu vermuten ist, die Vorsitzende der Womans Party of California. Eine Zusammenfassung von J. K.s Leben in der für Berlau typischen humoristisch-anekdotischen Form suggeriert, daß sich die beiden sehr freundschaftlich begegneten. Es war Berlau sympathisch, daß „J. K." angeblich fünfzig Jahre auf die Rückkehr eines Liebhabers aus ihrer Studentenzeit in Heidelberg gewartet hatte.[42] Wenn sie selbst auch mehr von ihrem Liebhaber hatte, fühlte sie sich doch auch als ewig Wartende.

Über ihre Verbindung zu Rankin wurde sie eingeladen, am 9. Mai 1942 als Dänin auf einem von der National Womans Party in Washington veranstalteten internationalen Frauenkongreß gegen den Faschismus zu sprechen. Brecht riet ihr, in der Rede die Stärkung der Demokratie als wirksamstes Mittel gegen den Faschismus darzustellen.[43] Daß damit die stärkere Teilnahme der Frauen am öffentlichen Leben gemeint war, zeigt die vom feministischen Standpunkt auch heute noch interessante Rede, die Ruth Berlau unter ihrem Pseudonym Maria Sten hielt. Mit Beispielen aus dem besetzten Dänemark legte sie dar, daß der Faschismus, wo er Frauenrechte beschnitt, zugleich andere demokratische Errungenschaften zerstörte. Aus dieser Perspektive stünde die Beleidigung der „größten dänischen Schauspielerin" wegen der Absetzung eines antifaschistischen Stücks auf einer Stufe mit dem Verbot des Fotomagazins ihres Mannes. Eine Woche nach der Besetzung hatten dänische Nazis eine Frau von der Leitung ihrer eigenen Fabrik verdrängt. Eine jüdische Kinderärztin war gezwungen worden, ihre Praxis zu schließen. Eine Offiziersgattin, deren Mann aus der Armee entlassen worden war, bekam keine Arbeit, weil viele Unternehmen nur noch ledige Frauen einstellten.[44] Die Frauen, die der Faschismus in den Status der Hausfrauen zurück versetzen wolle, seien weltweit auf Gleichberechtigung und „real control" des gesellschaftlichen Lebens angewiesen. Deshalb dürften sie sich nicht mit den ihnen bislang zugebilligten Berufsfeldern begnügen: Schule, Kunst und Gesundheit. Die Männer hätten bisher nur gezeigt, wie man Geld vermehrt, Rekorde bricht und wie man Brücken und Städte baut. Die seien allerdings auf Sand errichtet. Telefon, Telegrafen und Radio hätten sie erfunden, doch „all diese Dinge sind blutbefleckt, wenn sie sie nutzen. Ist es etwa eine schöne Welt, die sie uns gebaut haben? War es eine Glanzleistung, daß sie Spanien die Unterstützung verweigerten und damit die Chance verspielten, Hitler zu stoppen? War München eine gute Idee?" Sie hoffe, daß „Gleichberechtigung der Frauen in Politik und Regierung künftig Kriegen vorbeugen" werde.[45] Das Redemanuskript ist nicht vollständig. Laut einem in der KBK liegenden Zeitungsausriß hatte die „junge dänische Novellistin und Schauspielerin vom Königlichen Theater" auch gefordert, daß „Amerika richtungweisend wird, damit die Gleichberechtigung von Männern und Frauen zum Weg der ganzen Welt in die Demokratie werden kann. In Europa haben wir weder einen Wegweiser noch einen Fürsprecher der Demokratie wie Mrs. Roosevelt. Warum können Sie die Verfassungsänderung über gleiche

Rechte für alle, ungeachtet des Geschlechts, nicht wenigstens in den Vereinigten Staaten durchsetzen?" Der Faschismus sei erst besiegt, wenn die volle Gleichheit aller vor dem Gesetz erreicht sei.[46]
Die Rede bekam viel Beifall. Im Publikum gab es dänische Seeleute, die in Maria Sten ihre ‚rote Ruth' erkannten. Merkwürdigerweise sprach auch eine Kongreßteilnehmerin, eine ältere Dame, Berlau auf ihre KP-Mitgliedschaft an. Als sie fragte, wie sie darauf komme, antwortete die Dame, daß sie das vom dänischen Konsul gehört habe.[47] Brecht riet Berlau, sich über diese Indiskretion schriftlich bei der dänischen Botschaft zu beschweren, da sie ihr jede Arbeitschancen nehmen konnte.[48]
Die für diese Beschwerde geeignete Person traf Berlau schon in Washington – den ehemaligen dänischen Gesandten Henrik Kauffmann. Er leitete die von den USA anerkannte dänische Exilregierung[49] und hatte Verträge abgeschlossen, die den Alliierten erlaubten, in Grönland und auf dem damals auch zu Dänemark gehörenden Island Militärbasen zu errichten. Damit wurde die Besetzung dieser Gebiete durch die Deutschen verhindert. Die Seeleute, die Berlau so begeistert beklatscht hatten, gehörten zu den dänischen und norwegischen Schiffen, die nach der Besatzung nicht in die Heimathäfen zurückgekehrt waren, sondern sich den Alliierten zur Verfügung gestellt hatten. Sie waren jetzt Teil der von Roosevelt als „Seebrücke" bezeichneten Verbindung zwischen den USA und Skandinavien, mit deren Hilfe dort die Demokratie wieder hergestellt werden sollte. Auf der Nordatlantikroute wurde aber auch die Materialhilfe für die Sowjetunion transportiert. Natürlich waren diese Schiffe ständig den Angriffen deutscher U-Boote ausgesetzt. Schiffe, die mit derselben Mission den Pazifik überquerten, konnten ebenfalls torpediert oder von japanischen Selbstmordfliegern zerstört werden.
Berlaus Rede hatte auch Henrik Kauffmann gefallen. Er sorgte dafür, daß sich der dänische Konsul entschuldigte. Um der Öffentlichkeit zu demonstrieren, daß sie keine gefährliche Kommunistin sei, lud dieser sie für ein paar Tage zu sich ein und zeigte sich mit ihr in der Öffentlichkeit. Von ihm erfuhr sie auch, daß ihr das Konsulat monatlich 75 Dollar überweisen könne, die Lund in Dänemark einzuzahlen hatte.
Eine Empfehlung Kauffmanns bewirkte, daß Berlau eine Einladung vom New Yorker Office of War Information (OWI) erhielt, um dort

eine Rede ähnlichen Inhalts für das Radio aufzunehmen, die auf Kurzwelle nach Dänemark gesendet werden sollte. Nachdem auch diese Radiorede und ihre tiefe Stimme gut angekommen waren, bot man ihr an, in der skandinavischen Abteilung des OWI zu arbeiten. Diese wurde damals von der ebenfalls emigrierten Dänin Ida Bachmann geleitet, die sich freute, sie einstellen zu können.

Da Berlau das vergebliche Filmeschreiben in Hollywood frustriert hatte, fiel es ihr nicht schwer, sich für den Job zu entscheiden. Sie fand eine preiswerte Einzimmerwohnung mit Bad, Kammer und Balkon, allerdings in einem Prostituiertenviertel. An Brecht schrieb sie, daß ihn das sicher nicht stören werde und er sofort nachkommen könne.[50] Als er das nicht tat, sie sich aber mit Ida Bachmann immer besser verstand, mieteten die beiden Frauen im Juni 1942 für 75 Dollar im Monat eine Wohnung im dritten und letzten Stock von 124 East in der 57. Straße. Das Haus gehörte zur alten, niedrigen Bebauung Manhattans. Von hier war es nicht weit zum Office, das an der Kreuzung zwischen 57. Straße und Broadway lag.

Die *New York Herald Tribune* brachte im November 1942 einen großen Artikel über das Kurzwellenprogramm des OWI für die besetzten Länder, hauptsächlich zu dem speziellen Programmteil, der von Redakteurinnen für die Frauen dieser Gebiete produziert wurde. Die im Königlichen Theater von Kopenhagen als Schauspielerin ausgebildete dänische Redakteurin habe den Frauen ihres Landes über *The children's crusade* erzählt, über allein herumziehende Flüchtlingskinder.[51] Illustriert war der Artikel u. a. mit einem Foto Berlaus vorm Mikrophon und dem Foto einer Norwegerin, die dabei war, einen Seemann zu interviewen. Sein Schiff hatte einen Torpedoangriff der Deutschen überstanden.[52]

Da ihr die Welt der Seeleute vertraut war, konnte Berlau diese Art Gespräche ebenfalls übernehmen. Ihr Berliner[53] und ihr Kopenhagener Nachlaß[54] enthalten viele Bearbeitungen von Seemannsinterviews, die für die Sendereihe *Special Events* bestimmt waren. Der schwedische Seemann Holger Aronssohn berichtete, daß er mit einigen Kameraden 48 Tage auf einem Floß zubrachte, nachdem sein Schiff torpediert worden war. Leutnant Robert W. Slye erzählte, wie sein Schiff von Japanern beschossen wurde. Es gibt auch einige Berichte, in denen skandinavische Seeleute von ihrer Zusammenarbeit mit den amerikanischen Geheimdiensten berichteten. Aus einem, teils in dänisch, teils in englisch abgefaßten tagebuchartigen Bericht eines dänischen Matrosen geht hervor, daß damals 65% der dänischen Flotte unter britischer Flagge fuhr.[55] Ihre Gesprächspartner suchte Berlau in einem Seemannsheim für Skandinavier, das in der South Street 25, nahe dem Fulton Fish Market lag. Mit der dänischen Leiterin des Hauses, Meta Juul, befreundete sie sich.

Für Ida Bachmann war das Zusammenleben mit der Kollegin unerwartet schwierig. Wie sie später an Brecht schrieb, mangelte es ihr an Ausgeglichenheit. Normalerweise freundlich und warmherzig, konnte sie plötzlich in unerklärbare Erregungszustände geraten, zerstritt sich mit ihren besten Freunden und wurde speziell ihr gegenüber extrem herrisch. Solche Krisen konnten länger dauern und plötzlich enden. Berlau entschuldigte sich dann, daß dies ihr „anderes Gesicht" gewesen sei. Das deutet an, daß sie sich mittlerweile selbst für schizophren hielt. Wegen solcher Turbulenzen wollte Ida Bachmann sich zunächst wieder selbständig machen, aber es gelang ihr nicht, eine geeignete preiswerte Wohnung zu finden. Außerdem faßte sie zu Ruth Berlau trotz ihrer Launenhaftigkeit Zuneigung. Ihre Intelligenz und Phantasie bewunderte sie sehr.[56]

Als „assistent script editor" bekam Berlau ein Gehalt von 2600 Dollar im Jahr.[57] Mit der Rente von Lund lag ihr Einkommen beim eineinhalbfachen eines Facharbeiters. Damit sah sie sich nun endlich in einer Position, in der sie ein neues Leben beginnen und Brecht zu einer Entscheidung zwingen konnte.

Von der dramatischen Korrespondenz im Sommer 1942 sind nur seine Briefe erhalten. Aus ihnen läßt sich aber teilweise schließen, was Berlau schrieb.[58] Er war überrascht, als sie nicht zurückkehrte und konnte zunächst nicht glauben, daß sie dabei war, einen so großartigen Job zu erobern. Der Therapievertrag sah Trennungen nur aus wirklich triftigen Gründen vor. Brecht befürchtete eine Parallele zu ihrer seiner Meinung nach falschen Abreise nach Spanien. Auch zog er einen Vergleich zu Galy Gay aus *Mann ist Mann*, „der ausging, einen Fisch zu kaufen. Und den Himalaja eroberte. Da mußt Du entschuldigen, wenn man durcheinanderkommt, Ruth."[59] Daß er sie

in erotischer Hinsicht vermißte, machte er u. a. durch die Bemerkung deutlich, er denke manchmal an ihren „Stein".[60] Damit war der Kiesel mit der Aufschrift „e p e p" gemeint. Er diente ihr nicht als Briefbeschwerer, sondern als Talisman, wenn sie getrennt waren. Dann legte sie ihn sich auch mal in ihren sehnsuchtsvoll brennenden Schoß.[61] Brecht drang auf häufigen, möglichst täglichen Briefwechsel. Obwohl sie das später gerne als Eifersucht hinstellte, steckte doch auch die Befürchtung dahinter, sie könne unter Alkoholeinfluß die Kontrolle über sich verlieren.
Bald legte Ruth Berlau seine Weigerung, ihr sofort nach New York zu folgen, als eine Entscheidung gegen sie und für Helene Weigel aus.[62] Eine Entscheidung für einen Menschen war bei Brecht aber nie zugleich eine Entscheidung gegen einen anderen. Von seiner Seite aus, erklärte er, war der Brief, den er ihr in Stockholm zurückgelassen hatte, ohne Abstriche weiter gültig.[63] Wolle sie „wirklich aus dem Exil nichts anderes machen als nur eine unendliche Lovestory mit Auf und Ab, Vorwürfen, Zweifeln, Verzweiflungen, Drohungen usw. usw.?" Er habe gegenwärtig weder Geld noch Zeit, um nach New York zu kommen. Als Emigrant brauche er eine behördliche Erlaubnis, aber auch „einen Grund meinen Bekannten hier gegenüber, die nur darauf warten, mich als Don Juan zu entlarven." Es fiele ihm schwer, nicht in „steinernes Schweigen" zu fallen, wovon ihn nur die Erinnerung an Zeiten abhielte, in der er keine Teste zu bestehen und Vorwürfe zu schlucken hatte. Sie müsse die Haltung des „Alles-oder Nichts" aufgeben.[64]
Berlau versuchte ihn auch damit zu locken, daß sie ihm Aufträge vom OWI beschaffen könne. Ein offenbar mit inhaltlichen Auflagen bestelltes „Freiheitslied" mochte er „nicht für 1000 $" schreiben. „Aber ich werde der Frau das nicht antworten, wenn sie mir schreibt, sondern sehr freundlich. Eine Szene will ich mir gern überlegen."[65] Damit war wohl ein Beitrag zu einem Hörspiel gemeint. Seinen Besuch stellte er erst in Aussicht, wenn er die materielle Lage der Familie in Santa Monica gesichert habe.[66] Damals bahnte sich endlich eine finanziell lohnende Zusammenarbeit mit Fritz Lang für das Drehbuch *Hangman also die* an.
Brecht fand es merkwürdig, daß er über die von Bertholt Viertel in Szene gesetzte New Yorker Aufführung von *Furcht und Elend des Dritten*

*Reiches* nicht von Ruth Berlau, sondern von der nun auch dort im Exil lebenden Karin Michaelis unterrichtet wurde. Über Berlaus langes Schweigen beunruhigt, schrieb er: „[...] ich weiß nicht, mit wem Du bist und arbeitest. Vielleicht hast Du keine Zeit."[67] Tatsächlich hatte sie ein Verhältnis mit dem jungen Kollegen Bernard Frizell begonnen[68], dem gegenüber sie sich als Brechts „Nebenfrau" bezeichnete.[69]
In seinem Journal probte Brecht bereits den Bruch. Aus einer als Erzählung eines Dritten getarnten Eintragung vom 20. Juni 1942 geht hervor, daß er begann, sich gegen seine emotionale Bindung an Ruth Berlau zu wehren. „Jemand erzählt: Als diese Frau anfing, mir durch ihren Egozentrismus die Arbeitskraft zu bedrohen, beschloß ich, mich ihrem Einfluß zu entziehen. Ich machte den Entschluß möglichst beiläufig und für mich gleichsam unbemerkt und schob die Gedanken an sie zu den Fragen, welche ihrer Natur nach unlösbar sind." Der Mann habe sich jedoch gezwungen, weiterhin Gutes von der Frau zu denken, aber mit einer Distanz, „wie man über nicht eben Nahestehende denkt." Und er habe beschlossen, sich nicht mehr über ihre Launenhaftigkeit zu ärgern, sondern ihrer Unabhängigkeit Beifall zu zollen. Es gäbe nichts Schwereres, „als jemanden aufzugeben, ohne ihn zu entwerten, aber eben das ist das richtige."
Am folgenden Tag notierte er, daß er kürzlich nachts im dunstigen Himmel das Sternbild Orion zu sehen meinte, das ihn – ähnlich wie Kassiopeia mit Berlau – mit Margarete Steffin verbunden hatte. Dabei kam ihm der Gedanke, daß man „die Freundlichkeit, die man zu Gestorbenen gefühlt hat, auf Lebende übertragen" solle.[70] Die Geduld, die er Berlau gegenüber an den Tag legte, entsprang fortan weniger einer ungebrochenen Zuneigung als Verantwortungsgefühl. Davon zeugen auch die Verse: „Auch das Beschädigte // Nimm es in Kauf // Dies nicht Bestätigte // Schnell, gib es auf".[71]
Aber selbst ein Brecht konnte seine Gefühle nicht so dirigieren, wie er es sich vorgenommen hatte. Seine Liebe zu Ruth Berlau nahm mehr und mehr die Form an, in der man ein Kind liebt, das sich aus Krankheits- oder anderen Gründen nicht in die Richtung entwickelt, die man selbst gewünscht hat. Um sich vor Forderungen zu schützen, die er nicht erfüllen konnte oder wollte, schlug er nun öfter einen autoritären Ton an, hörte aber nie auf, immer wieder auch ihre Vernunft anzusprechen. Er ließ keine Gelegenheit aus, ihr zu versichern, daß

sie weiterhin fest auf ihn bauen konnte. Als er Anfang August in Santa Monica ein neues Haus suchte, versprach er, darauf zu achten, daß es in der Nähe eine Wohngelegenheit auch für sie gäbe.[72] Von dem neuen Haus in der 26. Straße schickte er ihr die Skizze des Erdgeschosses. Darauf war zu sehen, daß sie in sein Arbeitszimmer kommen konnte, ohne die Wohnräume der Weigel und der Kinder zu durchqueren.[73] Allmählich entspannte sich die Stimmung in den Briefen. Der eigentliche Grund, daß sie im Moment nicht zusammenkommen konnten, schien nun weniger ein Zerwürfnis, sondern die Arbeit, der sie an verschiedenen Orten nachzugehen hatten. Berlaus Tätigkeit beim OWI hielt er nun für nützlich und er wollte sie nicht mehr aus dieser Arbeit „reißen, ohne eine andere zu wissen". Sie legten eine gemeinsame Sparkasse an, um seine Reise nach New York zu finanzieren, sobald die Arbeiten an *Hangman also die* abgeschlossen wären. Auch sie sollte aus der Kasse eine Reise nach Santa Monica bestreiten, wenn sie wieder ernsthaft an der Beziehung zweifelte.[74] Entgegen der Phantasie etlicher Autoren, gibt es keine Quelle, aus der hervorgeht, daß Brecht in Hollywood andere Verhältnisse einging. Gelegenheiten dazu gab es viele, da er als erotisch interessanter Mann wahrgenommen wurde.[75]
Daß er die Weigel über seine Beziehungen zu anderen Frauen schon immer ins Bild setzen konnte, wirkte sich positiv auf ihr Verhältnis aus. Obwohl es ihr überhaupt nicht leicht fiel, wußte und akzeptierte sie, was sie von ihm erwarten konnte und was nicht: jedenfalls keine monogame Ehe.[76] Berlau gegenüber ging es ohne Flunkereien nicht ab. Brecht konnte ihre Eifersucht nur dämpfen, wenn er behauptete, daß sein Eheleben keine erotische Seite mehr hätte. Realiter wurde, seit Berlau in New York war, das Zusammenleben mit Weigel harmonischer, wahrscheinlich auch im sexuellen Bereich. Brechts berufliche Solidarität für die nun so viele Jahre chancenlose Schauspielerin war kompromißlos. Als Fritz Lang die kleine Rolle strich, die ihr in *Hangman also Die* zugedacht war, betrat Brecht sein Studio nie mehr. Aber er hatte genug Geld verdient, um das Haus in der 26. Straße zu kaufen. Er hatte sogar Spielraum gewonnen, wieder Theaterstücke zu schreiben.
Um ihm erneut ihre Liebe zu beweisen, schickte Berlau ihm schließlich ihre Wohnungsschlüssel und ein Gedicht, in dem heißt: [...] Kei-

ne Ruhe hab ich / wenn er auf meine / Tühre klopfen muß / Offen ist meine Tür / Mein Herz / Mein Schoss / für ihn – für ihn / allein.[77] Ihre Briefe unterschrieb sie mit „Deine Kreatur" womit sie seine Verantwortlichkeit für sie hervorhob. Obwohl ein solches Liebesverhältnis nicht seinen Vorstellungen von Emanzipation und Ebenbürtigkeit entsprach, akzeptierte er den Begriff und verwandte ihn sogar bisweilen selbst. Er entsprach einer Realität: Der aus seiner Sicht ausgebliebene endgültige Erfolg des Therapievertrages hatte eine Abhängigkeit Berlaus zementiert. Das bedeutete eine permanente besondere Verantwortung.

Selbst die Krisenbriefe enthielten oft Ratschläge für ihre Radioarbeit. Berlau schickte ihm „Radioscripte" und fragte nach seiner Meinung. Das Hörspiel *The With Silk Heaven* hielt er für „wirkungsvoll. Wird etwas damit geschehen?"[78] Es geht um den deutschen Soldaten Heinrich, der mit den ersten deutschen Flugzeugen nach Dänemark gekommenen ist. Er besucht seine dänische Freundin Karen, wird aber abweisend empfangen. Als er nach Rußland muß und sich verabschieden will, prophezeit sie ihm, daß er dort fallen wird. Ihre Mutter arbeitet in einer Fabrik, in der weiße Fallschirme für die Deutschen genäht werden. Die Arbeiterinnen verwenden statt des extra festen Zwirns eine schwächere Sorte, damit die Schirme reißen. Das Hörspiel enthält weitere Anleitungen zur Sabotage, u. a., den Eindringlingen gewünschte Auskünfte zu verweigern, bzw. sie fehlzuleiten u.s.w..
Aus der Titelei geht hervor, daß das Hörspiel Teil einer Serie *Plays for Women at War*[79] darstellte, für die weitere Ideenskizzen, z. B. über kämpfende Frauen im Spanienkrieg und im chinesisch-japanischen Krieg existieren.[80] Dazu gehört wohl auch das in Englisch vorliegende Hörspiel *Fighters*, dessen Hauptfigur ebenfalls Karen heißt und vielleicht eine Fortsetzung von *The With Silk Heaven* darstellt. Es spielt auf den von Kauffmann mit den Alliierten vereinbarten Militärbasen auf Island. Vom Flugplatz in Reykjavik telefoniert die Dänin Karen mit ihrem norwegischen Verlobten Nordhal, der sich als Flieger in den Dienst der Alliierten gestellt hat. Die beiden hatten sich in den Kriegswirren verloren. Nordhal befindet sich auf dem Stützpunkt Vatnavik, der nur eine Stunde entfernt ist. Karen erzählt

von den Bomberschwadronen vom 9. April 1940 und wie sie unter
großen Schwierigkeiten nach Schweden floh. Nordhal schlägt vor,
sie mit seinem Flugzeug sofort abzuholen. Er begreift nicht, weshalb
sie das ablehnt, zugleich aber in immer dramatischeren Worten ihre
Liebe zu ihm beteuert. Im Gegensatz zu ihm verstehen die Hörer,
daß auch Karen für die Alliierten tätig und in ihren Bewegungen nicht
frei ist.[81] *Fighters* ist ein sehr gelungenes Hörspiel, in dem Brechts
Lehre, die Botschaft nicht propagandistisch, sondern dramaturgisch
verdeckt zum Ausdruck zu bringen, überzeugend umgesetzt ist. In
dem tragischen Fernsprechdialog der Liebenden spiegeln sich wohl
die Telephongespräche zwischen New York und Santa Monica wieder, wenn auch mit etwas veränderten Akzenten. Daß der männliche
Held Nordhal heißt, kann eine Anspielung auf Nordhal Grieg sein,
der als Pilot auf Seiten der Alliierten kämpfte.

Am 17. Oktober 1942 klebte Brecht einen Brief Berlaus in sein
Journal. Sie berichtete von einem großen Meeting in der Carnegie
Hall, auf dem bekannte Künstler unter dem Eindruck des sich bei
Stalingrad konsolidierenden russischen Widerstands für die rasche
Errichtung der zweiten Front in Europa eintraten. Orson Welles besitze zwar eine herrliche Stimme, schrieb sie, sähe aber nicht gut
aus und habe ganz abhängig von seinem Manuskript gesprochen.
Der weißhaarige Chaplin sähe dagegen sehr gut aus und habe seinen
Auftritt geschickt inszeniert, indem er, bevor er zu sprechen begann,
die Mikrophonanlage selbst neu arrangierte. Seine hervorragende
Rede habe er frei gesprochen, „ungeheuer angenehm, lustig und
ernst." Am besten hatte ihr gefallen, daß er seine Position als die eines „Weltbürgers" bezeichnet hatte. Das Victory-Zeichen, das er mit
zwei Fingern geformt hätte, konnte auch als Zeichen für die zweite
Front verstanden werden.[82]
Immer wieder klagte Berlau Brechts Besuch in New York ein. Er
versicherte: „Du mußt *eine* Sorge nie haben: daß ich Dich vergesse
oder mich entferne (solange Du dableibst und Dich nicht entfernst,
ist das unmöglich, ganz und gar, Ruth)." Sie dürfe nicht weinen. Er
denke immerfort daran, wie er – nach Abschluß der Arbeit an *Hangman also die* – für einige Zeit zu ihr kommen könne.[83] Einen Monat
später schrieb er, daß es vielleicht erst im Januar möglich sei, sie

dann aber im Dezember eine Woche kommen solle.[84] Damit er eine Reiseerlaubnis bekäme, müsse sie ihm eine Einladung Piscators zu Vorträgen an der School for Social Research schicken.[85] Wenig später teilte er mit, daß „ein Mann" – d. h. ein FBI-Mitarbeiter – ihn über sie ausgefragt hätte. Er habe gesagt, daß sie mit ihm zusammen an einem Film für Elisabeth Bergner gearbeitet und Radiofeatures gemacht hätte. Auf die Frage, wovon sie lebe, hätte er vage geantwortet, daß sie Geld aus Europa besäße. Außerdem habe er auf den dänischen Gesandten verwiesen.[86] Gemeint war Exilregierungschef Kauffmann. Zum Neuen Jahr schrieb er, daß er zu Weihnachten, wie abgemacht, um 11 Uhr in den Garten gegangen sei, um Kassiopeia zu suchen. Sie dürfe nicht ungeduldig werden, in Gedanken laufe er mit ihr schon über den Broadway.[87]

Am 12. Februar erreichte er um 8.30 Uhr Grand Central Terminal und gelangte wahrscheinlich über die Park Avenue oder die Lexington in wenigen Minuten zu Berlaus Wohnung. Sie stand ihnen allein zur Verfügung. Ida Bachmann war vorübergehend zu einer Freundin gezogen. Jetzt lernte Berlau einen großen Kreis von Emigranten kennen, mit denen Brecht in Deutschland befreundet gewesen war: Karl Korsch, den er als seinen philosophischen Lehrer bezeichnete, weiterhin den aus der KPD ausgeschlossenen Gewerkschaftsfunktionär Jakob Walcher, seine Frau Hertha, die Sekretärin von Clara Zetkin gewesen war, Hannah und Hermann Budzislawski[88] – letzterer damals enger Mitarbeiter Dorothy Thompsons. Ruth Berlau machte auch Bekanntschaft mit dem Paar, das mit demselben Schiff wie sie aus Frankreich gekommen war: Hilde und Gerhart Eisler. Der Bruder von Hanns Eisler war langjähriger Funktionär der Komintern, jetzt offiziell für linke Blätter in den USA tätig, aber ständig vom FBI beschattet. Sie trafen auch Elisabeth Hauptmann, die von 1924 bis 1933 am Entstehen vieler Stücke Brechts – darunter der *Dreigroschenoper* – beteiligt und 1934 in die USA geflohen war. Berlaus Bitte, sie zwei oder vier Stunden wöchentlich beim Abfassen deutscher und englischer Geschäftspost für Brecht zu unterstützen, lehnte Hauptmann ab und meinte, daß man für Brecht nur vierundzwanzig Stunden tätig sein könne oder gar nicht.[89] Als er sich selbst erkundigte, ob sie mit ihm wie-

der künstlerisch zusammen arbeiten wollte, sagte sie, daß sie zwar Lust, aber keine Zeit hätte.[90] Der wirkliche Grund war ihr damaliger Lebenspartner Horst Baerensprung, der ebenfalls emigrierte ehemalige sozialdemokratische Polizeipräsident von Magdeburg. Er war eifersüchtig auf Brecht und mochte auch nicht, wenn Hauptmann in der gemeinsamen Wohnung am Riverside Drive 243 auf der Schreibmaschine klapperte.[91]
Am 6. März fand auf Initiative der *Tribune for Free German Literature and Art in America* ein Brecht-Abend in der School of Social Research statt. Schauspieler – darunter auch Peter Lorre – lasen und sangen aktuelle Brecht-Texte. Brecht und Berlau lernten an diesem Abend Paul Dessau kennen, der von ihm komponierte Lieder am Klavier vortrug. Höhepunkt war Elisabeth Bergners Rezitation des *Kinderkreuzzugs*. Brecht mußte sich mit Lorre und Bergner mehrfach auf der Bühne zeigen und wurde von Zeitungen interviewt. Der erfolgreiche Abend wurde mehrfach wiederholt.
Ruth Berlau brachte Brecht in Kontakt mit John Houseman, dem Leiter der Rundfunkprogrammgestaltung des OWI. Er gab ihm die Möglichkeit, einige Sendungen für das deutsche Programm zu gestalten, wofür sogar ein Orchester zur Verfügung stand. Geplant waren u. a. Aufnahmen mit Lotte Lenya. Die Sendungen wurden jedoch von Mitarbeitern des deutschen „desk" sabotiert. James K. Lyon vermutet, daß dahinter das FBI stand. Es war überzeugt, daß Propagandasendungen radikaler Emigranten die Feindseligkeit der Deutschen gegenüber den Alliierten stärkten.[92]
Anfang Mai verbrachten Brecht und Berlau eine Woche in New City bei Kurt Weill und Lotte Lenya. Sie arbeiteten dort an einer Musical-Variante von *Der gute Mensch von Sezuan* und entwickelten eine Stückidee aus Jaroslav Hašeks Roman *Die Abenteuer des braven Soldaten Schwejk*. Ernst Aufricht war bereit, das Stück zu produzieren, für das Weill eine broadwayfähige Musik komponieren wollte. Außerdem wurde mit Hoffmann Hays ein neuer Versuch gestartet, etwas für Elisabeth Bergner zu schreiben: eine Adaption von John Websters *Duchess of Malfi*. Auftraggeber war ihr Mann Paul Czinner.
Nachdem Brecht am 23. Mai nach Kalifornien zurückgefahren war, bedankte er sich in mehreren Briefen bei Ruth Berlau für eine harmonische Zeit. Besonders gern erinnerte er sich an ihre langen weißen

„großmütterlichen" Nachthemden. Sie waren für ihn so stark erotisch aufgeladen, daß er wünschte, die in die 57. Straße zurückkehrende Ida Bachmann solle sie besser nicht zu sehen bekommen. „Bist Du praktisch, lustig, neugierig, lerneifrig, treu, Liebe?"[93] Und wenig später stellte er zufrieden fest: „Wir waren nie so lang beisammen und es ging gut." Ihre Interviews mit Seeleuten schienen ihm bester Rohstoff für eine literarische Verwertung: „Ich wollte, Du machtest Dir Notizen, einige von den Sailorgeschichten waren so großartig!"[94] Als er im Juli mit Peter Lorre in dessen Sommerhaus am Lake Arrohead an Filmstoffen arbeitete, traf er einen Produzenten, dem er einen „alten gemeinsamen Stoff aus der Frauenrechtsbewegung erzählt" habe, „von dem Ehestreik wegen der Lehrerin, die verheiratet ist und deshalb gefeuert wird. Du weißt, das mit dem Gouverneur und der Korsettverbrennung." Der Produzent schien interessiert.[95] Innerhalb von drei Wochen hatte Brecht eine erste Rohfassung des *Schwejk* geschrieben. Berlau bekam einzelne Szenen zugeschickt und sollte ihre Kritik schreiben: „Auch über Details, Ruth. Ich kann alles noch verwerten." Sie führte auch die immer schwieriger werdenden Vertragsverhandlungen mit Weill. Dem war an einem Übersetzer mit großem Namen gelegen, Brecht wünschte eine zwar dichterische, aber politisch doch ganz genaue Übersetzung. Berlau bekam die delikate Aufgabe, den komplizierten Kontakt mit Weill zu halten und Alfred Kreymborgs Übersetzung zu kontrollieren. Sie sollte auch bei der tschechischen Exilregierung um die Rechte am Schwejk-Stoff nachsuchen und erforschen, ob es eine tschechische Abart des Englischen gäbe, die dem Tschechisch-Deutsch entspräche. Davon könne Kreymborg dann profitieren.[96]

Unter Ruth Berlaus Typoskripten für die *Special Events* des OWI sind auch Texte für eine am 13. Juni 1943 ausgestrahlte Sendung, in der sich Karin Michaelis, Dorothy Thompson und Eleanor Roosevelt an die dänischen Frauen wandten. Thompson lobte den Grad an Emanzipation, den diese vor der Besatzung erreicht hatten. Von Dänemark habe auch die amerikanische Landwirtschaft und das Schulwesen gelernt. „Wir werden unsere Schuld bezahlen [...], euch in die Arme nehmen und [...] alle Deutschen aus dem Land treiben." Eleanor Roosevelt beschwor eine neue bessere Welt, in der die Menschen unter frei gewählten Regierungen in ökonomischem Frieden und ohne rassistische und religiöse Diskriminierung" leben könnten. Michaelis bat die Dänen, die Bombardierungen der Alliierten als Vorboten der Befreiung zu sehen und selbst dafür aktiv zu werden.[97] Aus Michaelis` Briefen an Dritte geht hervor, daß Berlau ihr weitere Radioauftritte ermöglichte. In einer anderen Sendung rief sie die Dänen auf, ihren König zu unterstützen, der der Besatzungsmacht entgegengetreten war, als die Juden deportiert werden sollten.[98] Die nun einundsiebzigjährige Michaelis war im Exil sehr arm. Sie lebte in einem winzigen Studio ebenfalls in der 57. Straße.

Das OWI unterstand natürlich der Kriegszensur. Berlau mußte die dänischen Originaltöne, die gesendet werden sollten, ihren zwei Sekretären ins Amerikanische übersetzen, was ihr immer leichter fiel. Erstaunlicherweise gelang es ihr, Sendungen mit dem schwarzen Kommunisten Paul Robeson[99] durchzusetzen. Sie wollte ihn in ihrem Programm die Hymne *United Nations on the March* singen lassen. Der Vorschlag wurde abgelehnt, weil im dänischen Programm ausschließlich dänisch gesendet werden sollte. Sie ließ Robeson die dänische Übersetzung in einem privaten Studio aufnehmen und führte die Platte bei der nächsten Redaktionskonferenz vor. Sie wurde dann tatsächlich gesendet.[100] Für das norwegische Programm gibt es ein Sendemanuskript einer Rede Robesons, in der er sagte, daß im Kampf gegen den Faschismus Klassenunterschiede und politische Uneinigkeit keine Rolle spielen dürften. Auch die amerikanischen „Negroes" hielten den Faschismus für den größten Feind der Menschheit und kämpften deshalb in der Marine und der Armee der USA. Dann war vorgesehen, daß er – sicher auf norwegisch – die Ballade von *Joe Hill* sang.[101] Ob Robesons ebenfalls von Berlau produzierte dänische Version von Brechts Gedicht *An die Nachgeborenen* gesendet wurde, ist unbekannt.[102]

Der Rundfunk war die ideale Arbeitsstätte für Ruth Berlau. Ohne Angst, daß ihr die Konzentrationsschwäche einen Streich spielen würde, konnte sie hier ihre kreativen Talente entfalten: als Autorin, als Moderatorin und auch als Organisatorin von kulturpolitischen Wagnissen wie die Auftritte Robesons.

In Dänemark nahm der Widerstand zu. Der Besatzungsmacht gelang es nicht, die Regierung Scavenius zur Verhängung des Ausnahmezustands zu bewegen. Sie mußte ihn am 29. August 1943 selbst dekretieren. Darauf brach ein Generalstreik aus. Die deutsche Wehrmacht antwortete mit Terror. Brecht schrieb Berlau von seiner Genugtuung, daß er sogar von Kämpfen bei Svendborg gehört hätte, wodurch der Titel der von ihr herausgegebenen Gedichtsammlung „sehr gewonnen" habe. Er hoffe aber, daß die Widerständler vorsichtig vorgingen. Denn mit der Hilfe einer zweiten Front der Alliierten konnten sie immer noch nicht rechnen.[103]

[1] BBA TT 2166/152.
[2] Die Genossen waren vielleicht Egon Breiner und Helene Bauer, die Witwe Otto Bauers, die ebenfalls auf der Annie Johnson das amerikanische Exil erreichten. Siehe: Hecht: *Chronik*, S. 676.
[3] *Berlau/Bunge*, S. 139.
[4] Oskar Moritz Ernst van Leyden, (1892–1969), Maler, Architekt, Bildhauer. In Elisabeth Hauptmanns Tagebuch v. 1926 ist erwähnt, daß er sie u. Brecht fotografierte: Sabine Kebir: *Ich fragte nicht*, a. a. O., S. 45f, 49f. In Santa Monica war er mit Brecht und Weigel befreundet, malte ein Portrait von beiden, siehe: Sabine Kebir: *Abstieg in den Ruhm*, a. a. O., S. 194.) Nach dem Krieg Lehre an Kunstschulen in Rotterdam und Berlin.
[5] Er zeigte mir seine Liebe, in: *Who was Ruth Berlau*, a. a. O., S. 238.
[6] Das ist zu entnehmen aus Brechts Bemerkung, daß er sich die Zeitung nun selber hole, nachdem Ruth Berlau im Mai 1942 Santa Monica verlassen hatte. Brecht an RB, Anf. Mai 1942, *GBFA* 29, S. 228.
[7] RBA 301.
[8] Die Schleife ist heute im Kopenhagener Arbejdermuseet in der Rømersgade ausgestellt.
[9] Nach mehrfacher Haft hielt sich der gesundheitlich geschwächte Nexø als Schuhmachermeister Rasmussen in einem Krankenhaus auf, bevor er mit den Juden zusammen floh. H.C. Hansen und Hans Hedtoft, die der informellen sozialdemokratischen Regierung angehörten, hatten von den Deportationsplänen erfahren und die Juden gewarnt. – Aldo Keel: *Der trotzige Däne*, a. a. O., S. 262.
[10] Brecht hatte 1927 ein Stück Reyhers über Boxer von Elisabeth Hauptmann übersetzen lassen und Erich Engel zur Aufführung empfohlen. Seitdem setzte sich auch Reyher für Brecht in den USA ein. Zusammenarbeit u. a. am Galilei.
[11] *GBFA* 27, S. 392.
[12] Ebd., S. 35.
[13] *GBFA* 26, S. 399f.
[14] BBA o. Sg. Der Vertrag vom 7. 2. 1943 liegt im Brecht-Nachlaß von Victor Cohen.
[15] BBA TT 2166/106-107.
[16] Die Hauptarbeit am Stück erfolgte zwischen November 1942 und Februar 1943. Siehe: *GBFA* 27, S. 140 ff.
[17] Robert Thoeren (1903–1957) öster. Schauspieler, ab 1928 in Berlin, 1933 Emi-

gration nach Frankreich, Erfolg mit Drehbuch *Fanfares d' Amour* (mehrfach wiederverfilmt, u. a. als *Manche mögen's heiß* durch Billy Wilder). Ab 1938 schrieb er für Hollywood.

[18] Oliver Jensen: *Old Bermuda. Honeymoon Isles become U. S. Defense Bastion.* In: *Life*, 19. 5. 1941, RBA N 49. Bei Brechts Inszenierung von Marieluise Fleißers Stück *Pioniere in Ingolstadt*, das ein ähnliches Thema behandelte, war es 1929 zu einem großen Theaterskandal gekommen.

[19] BBA TT 2166/ 105

[20] *GBFA* 27, S. 27–28.

[21] *GBFA* 20, S. 40–50. In RBA N 49 liegen wesentlich umfangreichere Originaltyposkripte von Plänen und verschiedenen Ausarbeitungsstufen.

[22] *GBFA* 18, S. 192.

[23] Peter Lorre (1904-1964), erste Schauspielerfahrung im Stegreiftheater Jakob Morenos, dann an Theatern in Breslau, Zürich, Wien. 1929 engagierte ihn Brecht als Fabian für die Berliner Inszenierung von Marieluise Fleißers Pioniere in Ingolstadt. 1933 Exil, drehte in London in Hitchcocks Der Mann der zuviel wußte. 1934 Ankunft in Hollywood, wo er bald zum vielbeschäftigten Kleindarsteller wurde, der aber auch diesen Rollen unverwechselbaren Glanz gab.

[24] Siehe: Gerd Gemünden: *Die Masken des Bösen. Peter Lorre im Exil*. In: *Ein Fremder im Paradies*, hrsg. von Michael Omasta, Brigitte Mayr u.a., Wien 2004.

[25] In RBA N 49 liegt ein von RB getippter Plan und ein weiterer, von Brecht getippter Szenenplan. In *GBFA* 20, S. 23–26. Einer der Entwürfe zum Film in: *Ein Fremder im Paradies*, S.159ff.

[26] In RBA N 86–87 liegt ein *Valse Furioso* betitelter Anfang der Story, der von RB zu stammen scheint u. handschriftliche Zusätze von Brecht enthält und 7 ganze und 3 zerschnittene Seiten mit der von Brecht diktierten u. von RB getippten Geschichte mit neuem Anfang, z. T. in Dialogform. Die Tänzerin heißt hier Ula Lördag. In *GBFA* 20, S. 20–22: eine weitere Version, in der die schwedisch-amerikanische Tänzerin Frederike Ohlquist heißt.

[27] James K. Lyon : *Brecht in Amerika*, Frankfurt am Main 1984, S. 406.

[28] Ebd., S. 81–82. Siehe auch S. 72.

[29] Ebd, S. 67.

[30] RBA N 368

[31] ‚defence' bezeichnete Institutionen, die für die Landesverteidigung wirkten.

[32] *GBFA* XVII, S. 76.

[33] *GBFA* 27, S. 71.

[34] Über Thompson, die Berlau wohl erst 1945 kennenlernte, liegt in RBA 302 eine Anekdote: Weil sie Roosevelts Wahlkampf leidenschaftlich unterstützte, verlor sie ihre tägliche Kolumne in der *Harald Tribune*. Der Präsident machte einen Witz darüber, daß er seinen Job gewonnen, sie aber den ihren verloren habe. Brecht kannte Thompson seit Ende der zwanziger Jahre.

[35] Mildred an RB, undat. RBA o. Sg.

[36] RB an Mildred, 30. 1. 1942, RBA 74.

[37] Brecht an RB, Ende Mai/Anf. Juni 1942, *GBFA* 29, S. 235.

[38] Wahrscheinlich ein anderer Titel für *Jedes Tier kann es*.

[39] Obwohl im Text vom fünften Jahr des Exils die Rede ist, stammt das Typoskript sicher aus dem ersten Jahr in USA. Auf ihm ist die Adresse 844, 26. Street, Santa Monica notiert, wo RB bis Mai 1942 wohnte. Diese und die folgenden Geschichten wurden von Inge Cambell übersetzt. RBAHKOP.

[40] Eine deutsche Übersetzung liegt in RBA N 13.

[41] Jeanette Rankin (1880–1973) wurde als erste Frau der Welt 1916 ins Repräsentantenhaus gewählt. Als Republikanerin kämpfte sie für das 1920 durchgesetzte Frauenwahlrecht. Als sie 1917 gegen den Kriegseintritt stimmte, verlor sie die Aussicht auf einen Senatorenposten. 1940 erneut Abgeordnete. Zeitlebens setzte sie sich für Frauen- Friedens- und Demokratieinitiativen ein.

[42] RBA 299.

[43] *GBFA* 29, S. 228.

[44] RBs Beispiele beziehen sich nicht auf Maßnahmen der Besatzer, sondern auf Initiativen dänischer Nazis, die sich an deutschen Verhältnissen inspirierten. Gleichzeitig mit den Gesetzen gegen Juden ließ Hitler 1933 auch Diskriminierungsgesetze gegen Frauen erlassen wie das Verbot, leitende und freie Berufe auszuüben. Nur 10% der Studierenden durften Frauen sein. Verheiratete Frauen wurden nicht mehr verbeamtet, Beamtengattinnen durften überhaupt nicht arbeiten.

[45] RB: *Speech made at National Woman's Party Congress*, a. a. O., S. 223- 225. Die Rede ist nicht vollständig erhalten, einige Abschnitte sind unleserlich, siehe: RBA N 96.

[46] Zeitungsausriß: *Woman face in Nazism*, RBAHKOP.

[47] BBA TT 2166/113–114.

[48] Brecht an RB, Anf. Mai 1942, *GBFA* 29, S. 229.

[49] RBA 903. Henrik Kauffmann (1888–1963), zweifellos identisch mit dem im FBI-Bericht BBA Z12/218 (Auszüge der FBI-Akte Brechts, in der auch Beobachtungen RBs durch das FBI vermerkt sind) erwähnten Henryk Hauffmann, „Minister der dänischen [Exil-]Delegation in Washington", der von Berlau als Bürge genannt wurde, als sie eine Leserkarte der Public Library in Manhatten beantragte. K. vertrat ein strategisches Bündnis zwischen Dänemark und den USA. Um eine Besetzung Ostgrönlands durch die Deutschen zu verhindern, vereinbarte er mit den Alliierten, dort und in Island Militärbasen zu errichten. Das wurde nach dem Krieg von der dänischen Regierung nachträglich legalisiert. Island wurde unabhängig.

[50] TT BBA 2166/113–116.

[51] In RBA 116 liegt die Sendung: *Boernekorsteg* (Kinderkreuzug), inspiriert von: *The Children's Crusade*, Filmsynopse, 1941, *GBFA* 20, S. 26–30 und : *Der Kinderkreuzzug. GBFA* 15, S. 50ff.

[52] Dorothy Dunbar Bromley: *OWI Short–Wave Programs to Europe Stress Women's Aid in Revolt Aigainst Nazis*. In: *New York Herald Tribune*, 22. 11. 1942. Das Foto RBs klebte Brecht in sein *Journal, GBFA* 27, S. 135.

[53] RBA N 95.

[54] RBAHKOP.

[55] RBA 104. Dies ist der einzige Text ihrer Arbeit für das OWI, der ein Datum trägt: 8. 12. 1942.

[56] Ida Bachmann an Brecht (englisch), 11. 1. 1946, BBA 286/04–10.

[57] FBI Akte BBA Z53/319.

58 RBs Briefe aus der amerikanischen Zeit sind im Brecht-Nachlaß von Victor Cohen gefunden worden, z. Z. aber noch nicht einzusehen.
59 Brecht an RB, Anf. Mai 1942, *GBFA* 29, S. 228.
60 Brecht an RB, Ende Mai / Anf. Juni 1942, ebd., S. 233.
61 *Berlau/Bunge*, S. 249.
62 Brecht an RB, 25. Mai 1942, *GBFA* 29, S. 230. Daß RB trotz allem Weigel als Schauspielerin helfen wollte, zeigt ein Brief, den sie von Washington aus, am 12. 5. 1942 an Wieland Herzfelde schrieb. Sie bat ihn, dafür zu sorgen daß Weigel in einer New Yorker Inszenierung von Furcht und Elend des Dritten Reiches die jüdische Frau spielen könne. Berlau wolle sich selbst an den Reisekosten beteiligen. BBA E12/60.
63 Brecht an RB, Mai/Juni 1942, ebd., S. 232.
64 Brecht an RB, Anf./Mitte Juni 1942, ebd., S. 240.
65 Brecht an RB, Ende Mai/Anf. Juni 1942, *GBFA* 29, S. 235.
66 Brecht an RB, 23. Mai 1942, ebd., S. 229.
67 Brecht an RB, Juli/Aug. 1942, ebd., S. 244.
68 John Fuegi: *Brecht & Co.*, a., a., O., S. 611-612.
69 Anna Hagen Harrington im Interview. James K. Lyon: *Brecht in Amerika*, a. a. O., S. 306.
70 *GBFA* 27, S. 106–107.
71 *GBFA* 15, S. 84, dat.: 25. 1. 1943 datiert.
72 Brecht an RB, Ende Juli/Anf. August 1942, *GBFA* 29, S. 247
73 Brecht an RB, 10./11.August 1942, ebd., S. 248.
74 Brecht an RB, 10. 9. 1942, ebd., S. 249f.
75 Eine von Salka Viertel erwähnte, aber namentlich nicht genannte „berühmte deutsche Schauspielerin" in Hollywood soll ihn als erotisch interessantesten Mann bezeichnet haben, der ihr je begegnet sei. James K. Lyon: *Brecht in Amerika*, a. a. O. , S. 301. Es könnte sich um Marlene Dietrich gehandelt haben.
76 Dies geht u. a. aus einem undatierten Brieffragment Helene Weigels aus dem Brecht-Nachlaß Victor Cohen hervor.
77 undat. , BBA 974/74. Zit. n.: John Fuegi: *Brecht & Co.*, a., a., O., S. 606.
78 Brecht an RB, Mitte Juni 1942, *GBFA* 29, S. 239. Anfang Juni hatte er geschrieben, daß er die (ihm wahrscheinlich dänisch vorliegende) „Parachutszene" nicht ganz verstanden habe. Ebd., S. 235. Das Hörspiel liegt in einer wohl später in der DDR gemachten deutschen Übersetzung vor, die nicht von R. B: stammt: *Der weiße seidene Himmel*, RBAHKOP. Daß es gesendet wurde, ist nicht gesichert.
79 Ebd.
80 BBA 1919.
81 BBA 2210/64–69.
82 RB an Brecht, [Mitte Oktober 1942], geklebt in sein *Journal* am 17. 10. 1942, *GBFA* 27, S. 127.
83 Brecht an RB, 2. 11. 1942, *GBFA* 29, S. 252.
84 Brecht an RB, November/Dezember 1942, ebd., S. 256.
85 Brecht an RB, Dez. 1942, ebd., S. 257.
86 Brecht an RB, Ende Dezember 1942, ebd., S. 257.
87 Brecht an RB, Ende Dezember 1942, ebd., S. 258.
88 Hermann Budzislawski (1901–1978), Ökonom und Staatswissenschaftler, Jour-

nalist, undercover der KPD in der SPD. 1933 Emigration, wo er bis 1948 auch in großen Tageszeitungen publizierte. 1941–1945 Arbeit für D. Thompson. In der DDR u. a. Prof. für Pressewesen in Leipzig, Arbeit im Radio und als Journalist.
[89] *Berlau/Bunge*, S. 9.
[90] *GBFA* 27, S. 150. Seit 1937 war Hauptmann für internationale Flüchtlingsorganisationen in New York tätig, u. a. für die mexikanische Spanienhilfe.
[91] Elisabeth Hauptmann an Brecht, 9. 1. 1946, BBA 211/23. Horst Baerensprung war als Hitlergegner kurze Zeit im KZ gewesen, konnte aber mittels seiner Verbindungen zur Polizei fliehen. Arbeitete in China für den Nachrichtendienst Tschiang Kai-Scheks, in den USA u. a. für Rundfunksender. Hauptmann ahnte wohl nicht, daß er auch bezahlter Informant für das Office of Strategic Services (Vorläufer des CIA) war und die linke Emigrantenszene zu beobachten hatte. Siehe: John Fuegi: *Brecht & Co*, a., a., O., S. 697f.
[92] James K. Lyon und John B. Fuegi: *Brecht*, BBA C582.
[93] Brecht an RB, 24. u. 26. 5. 1943, *GBFA* 29, S. 261f.
[94] Brecht an RB, 6. 6. 1943, ebd., S. 265.
[95] Brecht an RB, 3. 7. 1943, ebd., S. 276. RB erwähnt den Plan eines „Frauen–Films" für den sich Brecht jedoch nicht wirklich interessiert habe. RBA 117. Ein Produzent namens Goldsmith erinnerte sich, daß ihm Brecht einen modernen Lysistrata-Stoff vorgeschlagen habe: James K. Lyon: *Brecht in Amerika*, a., a., O., S. 113.
[96] Brecht an RB, 23. Juli 1943, *GBFA* 29, S. 282.
[97] Die Reden von Michaelis, Roosevelt und Thompson: RBA N 95.
[98] Karin Michaelis an Else Siegle, Dez. 1943. Siehe: Birgit S. Nielsen: *Karin Michaelis als Helferin deutscher Emigranten*, a. a. O., S. 76.
[99] Paul Robeson (1898–1976), Schauspieler und Sänger in Theater, Musical, Film. Berühmt als Othello. 1936/37 Konzerte für die Internationalen Brigaden in Spanien. Mitglied der KP. R. zählt heute zu den anerkannten Vorkämpfern der Bürgerrechtsbewegung. R. hatte sich 1941 für die Produktion der Dreigroschenoper mit einem Ensemble farbiger Schauspieler in Kalifornien interessiert, die wegen des Einspruchs Weills nicht zustande kam. Siehe *GBFA* 19, S. 216–227.
[100] *Selbst unter Dorschen gibt es einen, der ist groß, und einen, der ist klein*, Teil einer (unpublizierten) Serie über Einstein, Niels Bor und Brecht, RBA N 240. Siehe auch: RB an Hans Kirk, 6. 10. 1953, RBA o. Sg.
[101] In RBA 239 liegt die amerikanische Version der Rede Robesons.
[102] Brecht dankte RB Mitte Juli 1943 für eine Robesonplatte. *GBFA* 29, S. 281.
[103] Brecht an RB am 31. 8. 1943, ebd., S. 299.

## 8. Kapitel
## „Wer bist du heute?"

Nach dem Sieg der sowjetischen Armee bei Stalingrad und während ihres Vorrückens nach Westen fuhren große Zeitschriften wie *Suterday Evening Post, Colliers* und *Life* fort, nicht nur das militärische Bündnis, sondern manchmal sogar eine friedliche wirtschaftliche Zusammenarbeit nach dem Krieg zu propagieren.[1] Bestimmte Institutionen versuchten aber bereits, einer möglichen Zunahme kommunistischen Einflusses nach dem Krieg vorzubeugen. Kurt Weill, der die amerikanische Staatsbürgerschaft beantragt hatte, wurde bei seiner Anhörung im August 1943 gefragt, ob er im Falle eines Konflikts mit der UdSSR bereit wäre, gegen diese mit der Waffe zu kämpfen.[2] Während der ebenfalls 1943 entstandene Film *Wem die Stunde schlägt* einen amerikanischen Brückensprenger auf Seiten der spanischen Republik noch öffentlich glorifizierte, wurden reale Spanienkämpfer schon unter Kommunismusverdacht gestellt. Ein von Ruth Berlau interviewter dänischer Seemann, der in Spanien gewesen war und bei einem FBI-Verhör gesagt hatte, „nichts gegen Rußland" zu haben, war als „unsicherer Ausländer" eingestuft worden und konnte deshalb auf den gut löhnenden amerikanischen Schiffen erst heuern, als die „Seebrücke" funktionierte und viele Menschenleben kostete.[3]
Ruth Berlau selbst geriet in das Malwerk solcher Bewertungen.[4] Am 23. Juli 1943 wurde sie zu ihren Vorgesetzten bestellt, die ihr mitteilten, daß sie wegen ihres Engagements in Spanien nicht mehr länger im OWI arbeiten dürfe. „Sie hätten also lieber gehabt, wenn ich auf der Seite von Franco gewesen wäre." Berlau glaubte, daß der dänische Sozialdemokrat Hans Bendix, den sie von Kopenhagen her kannte und dem sie selbst im OWI Arbeit verschafft hatte, sie

183

denunziert hätte. Auch Ida Bachmann wurde entlassen. Um sicher zu stellen, daß Ruth Berlau keine Dokumente mitnahm, durfte sie in Begleitung zweier Männer gerade noch ihren Hut abholen.[5] Brecht schrieb, sich gewundert zu haben, daß sie „angesichts der zunehmenden Reaktion" nicht schon eher entlassen worden war. Er riet ihr, Einspruch zu erheben und schickte sofort 200 Dollar, damit sie nicht „den nächsten besten Job" annehmen müsse. Mehr Geld stellte er in Aussicht, wenn die Produktion des *Schwejk* oder des von Bergner bestellten Stücks im Herbst zustande käme. Weil sich Chancen dafür nur durch ihre Vermittlungsarbeit ergeben konnten, bat er sie, zunächst in New York zu bleiben, aber sofort zu kommen, wenn sie sich schlecht fühle. Erneut riet er ihr, die Seemannsgeschichten zu einem Buch zu verarbeiten. Wenn sie keine neue Arbeit fände, solle sie im Winter dann mit ihm zurückfahren. Um nicht in Depressionen zu verfallen, solle sie „lustig und energisch und meine liebe Kreatur" bleiben.[6] Er ermutigte sie auch, wieder Novellen anzubieten, da ihr das ja auch in Finnland gelungen war.[7] Feuchtwanger könne eine Verbindung zur Wochenzeitschrift *Colliers* herstellen. Sie sollte ihre Geschichten auch an *Life* und *Suterday Evening Post* schicken.[8] Diese Zeitschriften brachten literarische Storys prominenter Autoren. In *Colliers* schrieben z. B. Hemingway und Hitchcock, aber auch die Emigrantin Vicky Baum, die durch *Menschen im Hotel* Weltruhm erlangt hatte. Die Durchsicht dieser Zeitschriften ergab, daß Ruth Berlau hier keine Chance bekam.

Es fiel ihr sehr schwer, nicht sofort die Zelte in New York abzubrechen. Dann führte sie aber doch den Kampf um *Schwejk* mit Ernst Aufricht, dem Übersetzer Alfred Kreymborg und Kurt Weill weiter. Brecht fand ihre Rahmenhandlung für die Seemannsgeschichten sehr gut: „Mach das unbedingt. Ich helfe gern beim Durchgehen, aber kümmere Dich nicht um meine Theorien dabei, schreib einfach los." Seine Bemerkung, daß sie dafür einen Tapferkeitsorden verdiene, zeigt, daß er wußte, wie schwer es ihr fiel, in New York zu bleiben. Immer wieder mußte sie beruhigt werden, daß es in Santa Monica keine andere Frau gäbe: „Nein, da ist niemand hier und nichts enger geknüpft."[9] Letzteres bezog sich auf seine Ehe, die er – in diesem Punkt nicht wahrheitsgemäß – als rein sachlich und vor allem unerotisch darstellte.

Eine im selben Brief erwähnte Tätigkeit in einer Fabrik, die Berlau offenbar doch aufgenommen hatte, scheint sie rasch aufgegeben zu haben. Angesichts der prekär bleibenden Finanzlage sah Brecht nur die Alternative, daß sie in Kalifornien ohne Geld zusammen sein könnten oder aber im Herbst mit erhofften Einnahmen in New York. Aus seinen Briefen, aus denen ersichtlich ist, daß die Krisentöne des vergangenen Jahres wieder aufkamen, geht hervor, daß sie zwischen Verzweiflung und der Anerkennung seiner Argumente lebte. Sie verstand nicht, wieso sie Karin Michaelis nicht begleiten könne, die Brecht und Weigel nach Santa Monica zu einem Erholungsaufenthalt eingeladen hatten. Darüber kam es am 6. September zu einem Eklat am Telephon, auf den am 7. ein Brief folgte, der zu den bittersten gehört, die Brecht ihr je schrieb: Seit Monaten unterstelle sie in haßerfülltem Ton, daß er sie in Santa Monica nicht haben wolle, weil er dort kleinbürgerliches Familienglück verteidige. Er erinnerte daran, daß nicht er sie weggeschickt hatte, sondern daß sie aus freier Entscheidung nach New York gegangen war. Eine Stelle für sie in Santa Monica zu finden sei nicht leichter als dort. Und wenn er zu den geplanten Produktionen nach New York käme, sei sie dann wieder am falschen Ort. Ohne sie werde jedoch keines der Projekte klappen. Ihr „Übergehen von Liebe zu Haß, von Freundlichkeit zu Feindseligkeit" habe sie beide schon viel gekostet.[10]

Für die Erregungszustände, unter denen sie, seit sie ihre Arbeit verloren hatte, stärker litt, sah Brecht die Bedrängnisse des Exils insgesamt verantwortlich wie auch einen Mangel an roten Blutkörperchen und eine beginnende Gehörschwäche, auf deren Behandlung er immer wieder drang. In dem behavioristischen Gedicht *Und es sind die finstern Zeiten* ermahnte er sie, die Stirne glatt, einen leichten Gang und ein weiches Lächeln zu behalten.[11] Es war jedoch vor allem seine Ankunft am 19. November, die ihren Zustand stabilisierte.

Das FBI registrierte, daß Gerhart Eisler, der unter Verdacht geheimdienstlicher Aktivitäten – insbesondere der Atomspionage – für die Sowjetunion stand, am 17. Januar 1944 eine Stunde und fünfzehn Minuten mit Brecht in Berlaus Wohnung verbracht hatte.[12] Kurioserweise fand dort ebenfalls Anfang 1944 ein Treffen mit Ruth Fischer[13] statt, der Schwester von Gerhart und Hanns Eisler. Sie hatte 1924/5 die KPD mit einem ultralinken Kurs geleitet, und war seit dem Einschwenken Thälmanns auf die Moskauer Linie eine erbitterte Gegnerin der Partei, ihrer Brüder und Brechts. Aufricht, der hoffte, *Schwejk* am Broadway produzieren zu können, hatte erfahren, daß sie einen Artikel vorbereitete, in dem sie Brechts gesamtes Werk als raffinierte Unterstützung Stalins darstellte. In der Hoffnung, eine persönliche Aussprache könne sie von ihrem Vorhaben abbringen, arrangierte Aufricht eine Begegnung. „Ich stieg mit ihr die vier Treppen hinauf. Sie keuchte, sie war unförmig dick und herzkrank. Der Anfang des Abends war sonnig, bei Rühreiern, die Ruth Berlau servierte, bis die Fischer zur Attacke überging: 'Brecht, Sie mit Ihrem politischen Primanergehirn fingen an, sich für die Partei zu interessieren, als sie schon von Stalin zersetzt war.'" Aufricht versuchte, „eine proletarische Brücke zu finden. Die arme Berlau verschwand in der Küche, wenn sie es vor Aufregung nicht aushielt, und brachte frische Rühreier, die niemand beachtete." Aber Brecht und Fischer hörten bis weit nach Mitternacht nicht auf, sich gegenseitig als Häretiker zu beschimpfen.[14]

Während sich eine *Schwejk*-Inszenierung als immer unrealisierbarer erwies, wurde die Bearbeitung von Websters *Duchess of Malfi* fortgesetzt. Jetzt arbeitete nicht mehr Hoffmann Hays mit, sondern Wyston Hugh Auden, ein bedeutender Dichter aus England, der ebenfalls in der 57. Straße wohnte, in einer billigen Pension im westlichen Teil. Brecht schätzte die Zusammenarbeit mit Auden sehr. Das in englischen Jamben verfaßte Stück handelt von der Liebe eines Bruders zu seiner Schwester, der sie mit rasender Eifersucht verfolgt. Weil man Elisabeth Bergner in das schmuddelige, völlig verrauchte und ständig verdunkelte Zimmer von Auden nicht einladen konnte, gingen Berlau und Brecht zu ihr abends, um das Geschriebene zu diskutieren. Bergner brachte auch eigene Vorstellungen in den Text ein.[15]

Im Februar 1944 überstürzten sich positive Ereignisse. Brecht konnte mit einem Broadway-Produzenten einen Vertrag über den noch nicht geschriebenen *Kaukasischen Kreidekreis* abschließen und wenig später einen Vertrag über eine Neuübersetzung der *Dreigroschenoper*. Außerdem gelang es Feuchtwanger, die Filmrechte seines Romans *Die Gesichte der Simone Machard* zu verkaufen. Brecht bekam 22000 Dollar. Berlau sagte zu Bunge 1959, daß ihr laut ursprünglichem Ver-

trag davon eigentlich die Hälfte zugestanden hätte, die sie aber nie bekam. Sie räumte ein, daß „diese Aufteilung im Vertrag nur wegen der Steuer gemacht wurde".[16] Das Geld wurde auch für ihren Lebensunterhalt eingesetzt. Mit 200 Dollar Grundgehalt im Monat war Ruth Berlau nun Brechts Angestellte.[17] Für weitere Ausgaben sandte er Extrachecks, z. B. für Flüge nach Kalifornien. Einmal reiste sie in einem Stratosphärenflugzeug, „ein Luxus über alle Maßen"[18]
Kurz vor Brechts Abreise am 22. März hatte die Bergner Berlau einen Termin bei ihrem Arzt vermittelt. „Ich glaubte, daß ich ein Kind bekommen würde, wußte es aber noch nicht genau; er hatte eine Blutprobe gemacht." Während eines Besuchs von Karl Korsch klingelte spät abends das Telephon. „Es war der Arzt. Ich hatte am Telephon nur einen ganz kurzen Satz gesagt, aber als ich wieder zu Tisch kam, trafen sich nur unsere Augen, und Brecht wurde sehr froh."[19]
Daß er „sehr froh" gewesen wäre, war vielleicht übertrieben. Jedoch hatte er die Entscheidung über das Austragen von Schwangerschaften stets den Frauen überlassen. Er dachte wohl auch, daß die Verantwortung für ein Kind Berlaus seelische Lage stabilisieren würde. Aber er fürchtete auch, daß ihre Konzentrationsschwäche noch zunehmen könne. Im ersten Brief nach seiner Abreise gab er ihr „den militärischen Befehl", täglich zwei Stunden an ihrem Seemannsroman zu schreiben. „Sonst wird Simone faul, Du. // d // bertolt". Ein Postscriptum läßt vermuten, daß sie sich darauf geeinigt hatten, das erhoffte Mädchen nicht als Konkurrenz, sondern als Ergänzung der beiden Kinder zu begreifen, die er mit Weigel hatte. Er dankte ihr nämlich, daß sie mit ihm zusammen Geschenke für Stefan und Barbara gekauft hatte.[20] Am 14. April schrieb er, daß sie wegen „Simone" nicht an Arztbesuchen sparen dürfe.[21] Namenspläne für das Kind änderten sich mehrfach. Am 13. Mai fragte er: „Hast Du Dich untersuchen lassen wegen Maria? Das mußt Du."[22] Später erzählte Berlau, daß ein Mädchen Susanne, ein Junge Michel heißen sollte.[23]
Die Freude auf das Kind brachte Ruth Berlau in gute Stimmung. Sie nahm sich vor, einen Kurs im Schreibmaschineschreiben zu belegen. Brecht ermunterte sie vor allem, ihren Seemannsroman zu schreiben. Es freute ihn, daß sie auch erwog, aus dem *Kinderkreuzzug* einen Roman zu machen. Wieder betonte er, daß sie sich nicht um seine Theorien scheren, sondern „*ganz frei* vorgehen" solle.[24]

Vor seiner Abreise hatten sie die Arbeit am *Kaukasischen Kreidekreis* begonnen. Bereits in der 1940 entstandenen Erzählung *Der Augsburger Kreidekreis* [25] hatte Brecht die alte chinesische Fabel verändert: Nicht der leiblichen Mutter, sondern der Frau, die das Kind großgezogen hat, wird die Mutterschaft zugesprochen. Er schickte Rut Berlau die Szenen und bat um Kritik und Ergänzungen. Am 20. April 1944 fragte er, ob sie ihm „mit oder ohne Benützung des Vorhandenen" eine Szene entwerfen könne. „Versuchs's bitte. (Das heißt, wenn es Dir leicht fällt, sonst genügt auch eine Kritik.)"[26] Später sagte sie, daß eine der Liebesszenen hauptsächlich von ihr sei, was aus ihren überlieferten Notaten für Brecht jedoch nicht hervorgeht.[27] Etwa die Hälfte ihrer Vorschläge übernahm er. Für ihn waren Anregungen und Einwände wichtig, weil sie Lücken und Unklarheiten anzeigten. Sie fand zum Beispiel, daß zunächst nicht deutlich genug herausgearbeitet war, wieso Katja – die später Grusche heißen sollte – das Kind schon nach kurzer Zeit nicht mehr weggeben wollte. So war Ruth Berlaus Rolle beim Entstehen einiger Stücke Brechts die eines Zöllners.

Ihre Notate zum *Kreidekreis* stellen eines der wenigen schriftlichen Zeugnisse von ihr aus dieser Zeit dar. Ihren Vorschlägen schickte sie Sätze voran wie: „Ich traue mich, noch etwas zu sagen." Und mehrfach fügte sie „entschuldige" hinzu. Das scheint ein Zeichen dafür zu sein, daß Brecht ihren Unausgeglichenheiten in mehr und mehr autoritärem Ton begegnete, was wiederum ihre latente Unsicherheit verstärkte. Ihre tiefe Abhängigkeit von ihm drückte sich offenbar nun auch äußerlich in unterwürfigem Benehmen aus.

Das heranwachsende Kind schien bei Brecht jedoch die Hoffnung zu erzeugen, daß die Last des symbiotischen Liebesverlangens, die sich bislang auf ihn konzentriert hatte, von einem anderen Wesen mitgetragen und damit leichter werden könnte. Auf jeden Fall wuchs auch seine Vorfreude auf das Kind. Als Berlau ihm ein paar auf schwarzes Papier geklebte Fotos von Müttern mit Kindern geschickt hatte, antwortete er, daß er sich „seit langem nicht so gefreut" habe und inspiriert worden sei, sofort „noch drei schwarze Blätter mehr zuzuschneiden und persische und chinesische Reproduktionen aufzukleben mit Szenen wie aus dem Stück. Und jetzt wäre ich so drauf aus, sie Dir schnell zu zeigen, Liebe!"[28]

Daß Berlaus Schwangerschaft mit dem Schreiben eines Stücks parallel ging, in dem die soziale gegenüber der biologischen Mutterschaft aufgewertet wurde, erscheint nur rückblickend merkwürdig. Damals gelang es durchaus, Berlaus biologischer Mutterschaft viel positiven Sinn zu geben. Für sie blieb die Schwangerschaft zeitlebens mit der Arbeit am Stück identifiziert. Daß das für Brecht ähnlich war, zeigt ein Brief: „Meinst Du denn, im 3. Akt fehlt eine *Szene* über ihre Liebe zum Kind? (Ende des 2. Akts genügt wohl nicht, wie?) - Gibst Du acht auf Dich? Läßt Du die Blutzusammensetzung beobachten? Ißt Du gut?"
Im selben Brief freute er sich über die Mitteilung, sie wolle fotografieren lernen.[29] Berlau war in New York Josef Breitenbach begegnet, dem Fotografen, dessen Pariser *Carrar*-Aufnahmen sie für ihre Inszenierung 1937 benutzt hatte. Bei ihm machte sie im Frühjahr 1944 einen dreimonatigen Kurs.[30] Daß weder sie noch Brecht bislang in diese Richtung gedacht hatten, zeigt sein nur ein Jahr zuvor gemachter Vorschlag, im Falle akuten Geldmangels seine Leica an Kurt Weill zu verpfänden.[31] Nun aber fand Brecht es „großartig, daß Du fotografieren lernst, das können wir so gut brauchen, besonders für Theater."[32] Im Juni forderte er sie auf, mit dem Kauf von Notwendigem für das Kind zu beginnen. Da sie offenbar wieder an Eßstörungen litt, ermahnte er sie, regelmäßig zu essen und zum Arzt zu gehen.[33]

Immer wieder drängte Brecht auf die Kontrolle der Blutwerte, die Unregelmäßigkeiten aufwiesen. Im fünften Schwangerschaftsmonat stellte sich ein Gebärmuttertumor heraus, der eigentlich so rasch wie möglich entfernt werden mußte. Das hätte aber das Ende der Schwangerschaft bedeutet. Peter Lorre, der damals in New York war, gab der in Panik geratenen Ruth Berlau den Schlüssel seiner Wohnung in Pacific Palisades. „Ich kam sehr früh mit dem Zug an. Weil ich wußte, daß Brecht früh aufstand, rief ich um 7 an. 10 Minuten nach 7 war er da."[34] In Lorres Wohnung fühlte sie sich nicht wohl. Deshalb zog sie, laut FBI-Bericht, am 26. Juli ins Chalet Motor Hotel auf dem Wilshire Boulevard. Ein „kleiner Mann mit schwarzem Haar", der ein „Wrack von Auto" fuhr und „hartes Englisch" sprach, hätte ihr Gepäck gebracht und ihre Rechnungen bar bezahlt. Dem zum Hotelpersonal gehörenden Informanten hatte Berlau erzählt, daß sie in die USA geflohen sei, nachdem ihr dänischer Ehemann in Norwegen in Gefangenschaft geriet.[35] Einen Soldaten als Vater anzugeben, war ein im Krieg häufig angewandter Trick, den Status einer unehelichen Geburt aufzuwerten. Brecht wollte den Kreis der Menschen klein halten, die über das gemeinsame Kind Bescheid wußten.[36] Aber einem FBI-Bericht zufolge fanden bei seinem Ende Juli eingetroffenen „girl-friend" viele politische Diskussionen mit Freunden statt.[37] Der Termin für die notwendige Tumoroperation wurde in den siebenten Schwangerschaftsmonat verzögert, wahrscheinlich, um dem Kind eine Lebenschance zu geben. Während Ruth Berlau die Bewegungen des Kindes spürte, mußte sie zugleich um sein und ihr eigenes Leben bangen. Nach der Journalnotiz Brechts vom 31. 8. 1944 war es ihr nicht möglich, sich mit irgend etwas anderem als mit diesem Gedanken zu beschäftigen.[38] Weil er ihr immer wieder vorschlug, sich durch Lesen oder Musik abzulenken, erschien er ihr gefühllos und fremd. Aber wenn er nicht da war, wurde ihre Angst noch unerträglicher. Das FBI vermerkte, daß sie einmal den sozialen Hilfsdienst der Polizei angerufen hatte. Es kann sich um eine Panik-Attacke gehandelt haben.

In der jüdischen Klinik Cedars of Lebanon in der 4833 Fountain Avenue von Los Angeles gab sie als Vater einen neununddreißigjährigen Dänen namens Michel Berlau an. Hier wurde am 3. September versucht, per Kaiserschnitt Operation und Geburt zu verbinden, ein physisch und psychisch sehr schwerer Eingriff, der auch für eine stabilere Person als Ruth Berlau äußerst prekär war. Weil Brecht als Freund und nicht als Vater auftrat, durfte er sie zunächst nicht sehen und bekam keine Auskünfte. Von der Rezeption aus sandte er ihr einen Brief, in dem er sie bat, den Arzt[39] zu autorisieren, „daß er mir (Brecht) Auskunft gibt über Dich (für Deine Freunde in New York). Ich sage unten, daß ich aus N. Y. wegen Dir angerufen wurde. // Kannst du mir aufschreiben, wie es Dir geht und was die Diagnose ist. // J. e. d." Gerade jetzt hielt er einen Hinweis, beziehungsweise eine Erinnerung an die dritte Sache für angebracht. Unter dem Brief steht als Stärkungsversuch die Frage, ob sie sich an die „kleine" Fahne erinnere, die im Raum stand, in dem sie in Kopenhagen die *Mutter* inszeniert hatte.[40] Nachdem er den Arzt gesprochen hatte, konnte er in einem weiteren Brief seinen Besuch für den folgenden

Tag ankündigen. Er sei froh, daß sie „so tapfer" um ihr Leben kämpfe. Sie solle nicht glauben, daß er sie nicht sehen wolle, wenn sie krank sei. „Du bist sehr schön, auch dann."[41]
Am 4. September konnte Brecht mit weißem Kittel und Mütze das Zimmer betreten, in dem Ruth Berlau in einer künstlichen Lunge lag, von der aus sie die Außenwelt kaum wahrnehmen konnte. Sie glaubte, im Sterben zu liegen.
Brecht kam jeden Tag. „Davon hatte ich aber nicht viel [...]. Er erzählte mir aber, daß ich immer sehr lustig gewesen sei, aber natürlich immer nach Michel fragte."[42] Als es ihr etwas besser ging, kam ein Arzt zu ihr, der von Peter Lorre geschickt worden war. Weil sie immer noch in dem Sauerstoffgerät lag, konnte sie nur seinen Schlips sehen, „als er sehr behutsam begann, er müsse mir etwas erzählen. Ich sagte: 'Ich weiß schon, Michel ist gestorben.'" Damit sie überhaupt zu Kräften kommen konnte, hatte man ihr verschwiegen, daß das Kind nur einen Tag gelebt hatte. Brecht sagte ihr später, daß er seinen Sohn im Raum für Frühchen betrachtet hätte.
Durch die FBI-Akten erfahren wir, daß es ausgerechnet Helene Weigel war, die am 4. September – wahrscheinlich während Brecht bei Berlau war – am Telephon die Nachricht vom Tod des kleinen Michel entgegen nahm.[43] Eisler erzählte, er habe durch seine Frau und die Weigel erfahren, daß Brecht von Berlau ein Kind bekommen habe, das gestorben war. Ob sie am Leben bliebe, sei ungewiß. Brecht selbst sei in diesen Tagen verwirrt und nicht ansprechbar gewesen.[44] Auch seiner eigenen Verstörung suchte er mit behavioristischen Methoden beizukommen. Daß er am Tag nach Michels Tod ein Verhalten, einen „Plan für den Tag" vom Zeitunglesen bis zum Kriminalroman in sein Journal notierte, zeigt, daß er sich Disziplin und Ablenkung aufzwingen mußte.[45]
Berlau nahm es ihm lebenslang übel, daß in seinem Journal nur ihre „Operation" festgehalten war, von Michel aber kein Wort. Seine Art des Erinnerns bestand darin, das Kind im *Kreidekreis* Michel zu nennen. Natürlich war es kein Zufall, daß auch eine Figur in dem Drehbuch *Silent Witness* Michel hieß, das Brecht damals gerade mit Salka Viertel[46] entwarf. Bei ihr, in der Mabery Road von Santa Monica, mietete er ein Zimmer, als er Ruth Berlau aus dem Krankenhaus holte. „Die hatten ein kleines Zimmer für mich einge-

richtet, und ich war noch sehr krank. Ich gehörte ins Krankenhaus, aber da wir nicht viel Geld hatten, mußten wir das so überbrücken." Es habe auch nicht lange gedauert, „bis Brecht meinte, es sei doch möglich, daß wir uns liebten." Bei ersten Mal sei nur „Oh Ruth!" von ihm gekommen.[47]

An Möglichkeiten des Trostes kannte er nur die körperliche Nähe und den unermüdlich wiederholten Versuch, ihrer Unruhe und Angst mit Vernunftargumenten zu begegnen. In einem Brief, den er ihr für die Stunden schrieb, in denen er nicht bei ihr war, verwies er auf die zehn Jahre, in denen sie sich geliebt und füreinander gearbeitet hätten. Daß ihr gemeinsames Kind gestorben sei, mache „keinen Unterschied in dem, was es für uns bedeutet. Ich bin sehr froh, daß ich Dich nicht dabei verloren habe. So hat sich zwischen uns nichts geändert außer zum Guten und vor uns stehen Jahre, die wir zusammen zu verbringen beabsichtigen." Es gäbe keinerlei neue Schwierigkeiten. „Nichts Schlimmeres, als Du mit einem kleinen Pflaster auf der Stirn überwinden kannst."[48] Dieses kleine „Pflaster auf der Stirn" war wohl eine behavioristische Anregung, die Stirnfalten und das pessimistische Denken zu überwinden.

Aber für Ruth Berlau war es nicht einfach, „keinen Unterschied" zu der Zeit zu empfinden, als sie noch auf das Kind gehofft hatte. Der Versuch, durch ein Kind wenigstens Gleichberechtigung neben der Weigel zu erreichen, war gescheitert. Er war nicht wiederholbar. Was Brecht auch sagte oder schrieb, ihre Unsicherheit, wie er wirklich zu ihr stand, wurde eher größer. War er womöglich nur noch aus Mitleid mit ihr zusammen? Ihre Zweifel brachte sie auch aggressiv zum Ausdruck. Sie bekam schwere Eifersuchtsanfälle, wenn sie ihn telefonisch nicht erreichte.

Auch an der Frage, ob sie wieder nach New York gehen oder dableiben solle, entzündete sich Streit. Obwohl es nicht von der Hand zu weisen war, daß ihre Vermittlerfunktion dort von großer Wichtigkeit war, vermutete sie sicher richtig, daß er sie auch aus Rücksicht gegenüber der Weigel lieber in New York sah. Immer wieder versprach er ihr, daß er selbst alles versuchen würde, so viel wie möglich bei ihr zu sein. „Ich glaube, Du mußt einfach wieder anfangen, Deine Arbeiten zu machen. Morgen." Er war froh, daß sie schließlich geäußert hatte: „Liebe ist nichts Kleinbürgerliches."[49]

Das hatte sie sich aber nur schwer abgerungen. Meistens warf sie ihm vor, daß er ein kleinbürgerliches Lebensmodell mit Ehefrau und Geliebter aufrecht erhielt. Eine von Berlau getippte Kurzgeschichte im Stil des *Me-ti,* die sich durch Wortwahl und Ausdruck als Brechts Erzählung erkennen läßt, deutet das Dreiecksverhältnis anders: Ein Spießer hätte seiner Frau keinen reinen Wein eingeschenkt und im Krankenhaus auch nicht seine häusliche Telephonnummer hinterlassen. Wahrscheinlich hätte er sich um seine Geliebte im Krankenhaus nicht einmal gekümmert und wäre durch ihren Tod womöglich erleichtert gewesen. Nicht so gefühlt und gehandelt zu haben, sei eine fortschrittliche Haltung, die Würdigung verdiene.[50] Das war eine Selbstverteidigungsrede, die Brecht ähnlich vielleicht auch vor der Weigel gehalten hat.

Es half Ruth Berlau, als er ihr vorschlug, daß sie nach dem Ende des Exils ein Waisenkind adoptieren könnten. Wie das FBI vermerkte, versuchte er, sie an einem Stückplan über Rosa Luxemburg[51] zu interessieren und zur Beschäftigung mit gemeinsam konzipierten Filmstoffen anzuregen.[52] Von dem großartigen, für Peter Lorre gedachten Kriminalfilmentwurf *Das Gras sollte nicht wachsen* existiert ein von Brecht diktiertes und von Berlau getipptes Treatment. Interessant ist die Frauenfigur der Mademoiselle Tiboult, eine neue Variante der Figur der Katja in *Videre* und der Straßenbahnschaffnerin in *11 Minuten*: Die liebeskranke Frau setzt hier nicht nur ihre Berufskarriere aufs Spiel, sondern zerstört ihr Leben. In der Anlage der Figur ist das Tragische jedoch so stark ironisiert, daß der Gedanke naheliegt, Brecht habe sie bewußt abschreckend als Teil seiner therapeutisch-pädagogischen Strategie für Ruth Berlau konstruiert, zumal auch zu keiner anderen Figur eine so genaue Entwicklungsskizze vorliegt. Die Tiboult ist eine hochbegabte und bereits mit wissenschaftlichen Lorbeern ausgezeichnete Chemikerin, die als Laborantin bei dem Arzt Prunier arbeitet, einer der beiden Hauptkontrahenten. Die ersten drei Entwicklungsstadien der Tiboult korrespondieren mit Zuständen, in die auch Berlau geraten konnte, die letzten beiden können als Warnungen des Therapeuten Brecht gedeutet werden. Berlau selbst tippte die wahrscheinlich auf sie gemünzte Metapher:

„1: Das Gesicht (bevor sie [ihren Liebhaber – S. K.] Meilhac kennen lehrnte) ruhig, offen, kleine Falde zwissen den Brauen, ein wenig maskulin, Typ emansipierte Frau. – Arbeitsfähikeit ekselent. [von Brecht ersetzt durch „ausgezeichnet"]
2: (erste Zeit der Bekantschaft mit Meilhac) Sehr weiblich, weich, ausgesprochenn blühend, recht attraktiv. – Arbeitsfähigkeit womöglich noch gesteigert.
3: (zu der Zeit, wenn die [Geld-] Vorderungen Meilhac's einsetzen) Verwirt, geistesabwesend, leicht erschlappt, Blik starr, Frisur vernachlässig. – Arbeitsfähigkeit herabgesetzt.
4: (in der letzten Woschen vor ihren Tod) mehr und mehr hektisch, sex apeal erneuert *mit* Kosmetik. – Arbeitsfähigkeit gleich o.
5: (post mortem) am ehesten Stadium zwei gleichend, also betonnt weiblich, *glüchlich*.[53]

Es ist nicht zu klären, inwieweit sich Brecht damals der Falle bewußt war, in die ihn seine Beziehung zu Ruth Berlau geführt hatte. Da er sich Berlaus symbiotischen Liebeswünschen nicht unterwerfen wollte, konnte er als Liebhaber und Therapeut in Personalunion nur die Vergrößerung ihrer Abhängigkeit und perspektivisch die Verschlechterung ihrer psychischer Situation bewirken.
Daß es ihr damals besser zu gehen begann, hing vermutlich damit zusammen, daß sie auch viel Aufmerksamkeit und Solidarität von anderen Personen bekam. Neben Salka Viertel waren das vor allem Hanns und Louise Eisler. Die interessanten Kontakte mit Prominenten, die Berlau in den Salons von Viertel und Eislers knüpfen konnte, brachten sie wahrscheinlich eher auf andere Gedanken als das Filmschreiben mit Brecht. Sie lernte damals Charles Laugthon kennen. Und bei Eislers trafen Brecht und sie am 3. März 1945 zum ersten Mal dessen engen Freund Charles Chaplin. Brechts lang gehegter Wunsch, mit ihm zusammenzuarbeiten, kam aber nicht recht in Gang. Chaplin schrieb, produzierte und spielte seine Filme selbst, war auch sein eigener Regisseur und Komponist. Allerdings war er damals zugänglicher als gewöhnlich, weil er sich in einer Schaffenskrise wähnte. Er fand, daß der New Deal die Filmfigur überflüssig machte, die er jahrzehntelang verkörpert hatte: den Armen, der mit Händen und Füßen gegen seine Marginalisierung ankämpft.

Jetzt arbeitete er am Drehbuch von *Monsieur Verdoux*. Berlau erinnerte sich, daß es „an einem dieser Eislerschen Nachmittage in Malibu bei Kaffee und Whisky" doch gelang, einige Sätze in das Verdoux-Drehbuch einzubauen. Eisler hätte vorgeschlagen: „Der Krieg ist nichts anderes als Geschäfte mit anderen Mitteln."[54] Allmählich wurde klar, daß Ruth Berlau sich als künftige Beschäftigung das Fotografieren vorstellen konnte. Ende Oktober suchte sie günstige Angebote für eine Dunkelkammerausrüstung und im Winter 1944/45 belegte sie einen weiteren Fotokurs in der Venice High School in Los Angeles. Das FBI verfolgte ihre fotografischen Experimente mit größtem Interesse. Für den Dezember 1944 wurde festgehalten, daß sie eine wertvolle deutsche Leica hatte, neuerlich auch eine „33mm printing box" und eine 16mm Kamera. Sie engagierte Hilfskräfte, teils, um den Umgang mit den Geräten zu erlernen, teils für zeitraubende manuelle Arbeiten. Ein junger Mann drückte dem FBI gegenüber sein Erstaunen über die vielen Kriegs- und Hitlerbilder aus, die er bei ihr sah. Die Akte hält auch fest, daß sie oft mit Brecht zusammen ins Labor der Schule nach Los Angeles fuhr. Sie arbeiteten dort mit einem Vergrößerungsapparat.[55] Er diente zur Montage der in den letzten Jahren gesammelten Kriegsfotos mit Vierzeilern von Brecht. Das waren die ersten Versuche zur Gestaltung der *Kriegsfibel*.
Als der Physiker Hans Reichenbach, der Kenntnisse über die Atombombe besaß, Berlau bei der Entwicklung einer Technik zum Fotografieren von Typoskripten unterstützte, argwöhnte das FBI, daß das rätselhafte „microfilm copy work" im Zusammenhang mit Spionage-Aktivitäten stehen könne. Man plante bereits, eine Wohnung in der Nähe von Salka Viertel anzumieten, um die Beobachtungen bequemer durchführen zu können.
Aus Brechts Journal geht hervor, daß es um ein Filmarchiv seiner Arbeiten ging: Alle Typoskripte sollten abfotografiert werden, um konserviert und leicht verfügbar zu werden. Bei den unzähligen Versuchen, „Fehlerquellen in den Papieren, Filmen, Lichtanlagen, Linsen u.s.w. zu entdecken",[56] arbeitete Brecht nach Berlaus Erinnerungen viel mit, „er hat die Belichtungszeit, den Abstand usw. immer selbst notiert. Das war nach Michels Tod."[57] Sie kopierten auch Seiten aus geliehenen Büchern, die er für seine laufenden Arbeiten brauchte. Damals mühte er

sich morgens um die Versifizierung des *Kommunistischen Manifests*. Dabei hatte er nun Fotokopien des Originaltexts vor sich liegen.[58] Wie Steffin ihm immer wieder die Manuskripte neu abgeschrieben hatte, fotografierte Berlau den neuesten Stand seiner geklebten Manuskripte, „jedes Mal, wenn Brecht es korrigiert hatte. Dadurch kann man genau verfolgen, wie die Arbeit sich stufenweise entwickelt hat. Die Abzüge von den Fotos schickten wir sofort an Karl Korsch und Stefan, mit denen Brecht über seine Arbeit korrespondierte."[59]

Mit dem nahenden Kriegsende schienen sich für Berlau auch wieder Chancen für eigenständige Arbeiten zu ergeben. Ein FBI-Bericht erwähnt Telephongespräche, in denen sie einem gewissen „Mr. Chapman" berichtete, daß sie demnächst in New York erneut Kurzwellensendungen für Dänemark machen würde. Auch am 30. März, kurz vor ihrer Abreise, telephonierte sie mit „Chappy" und bat ihn um Ideen für eine Radiorede. Schließlich begriff der ihre Leitung abhörende Special Agent, daß der Angerufene wohl niemand anderes war als Chaplin, mit dem Berlau auch noch einen Fototermin vereinbarte.
Ihr gesamtes, teilweise für die Verschiffung zusammengestelltes Gepäck wurde von FBI-Agenten untersucht. Sie fertigten detaillierte Listen der Fotoausrüstung und der Texte auf den Filmen an, versuchten, die umfangreiche Kopiensammlung mit Arbeiten Brechts samt seiner Kommentare ( zu Dante, Shakespeare, Kant, Schiller, Goethe, Kleist) zu katalogisieren.
Genau wurde auch beobachtet, daß Brecht Ruth Berlau am 31. März 1945 mit Salka Viertels Packard zu einem Fotogeschäft und dann zum Bahnhof von Los Angeles begleitete, wo er ihr zwei Aktentaschen in den Union Pacific Challenger trug. Sie enthielten u. a. etliche Empfehlungsschreiben aus den Paramount-Filmstudios, die Berlau erneut Arbeit am OWI verschaffen sollten. Das FBI fand auch heraus, daß sie nach zwei, spätestens vier Monaten nach Kalifornien zurückkehren wollte. Sollte sie erneut im Chalet Motor Hotel wohnen, war dort das Anbringen einer Wanze vorgesehen.[60]
Wie problematisch Berlaus Abreise nach New York war, geht aus einem nur in Übersetzung des FBI vorliegenden Brief hervor, mit dem sie während der Fahrt auf einen Brief Brecht antwortete, den er ihr mitgegeben hatte. Sie hatte geargwöhnt, daß er sie endgültig los

zu werden hoffte. Sein Brief bekräftigte aber, daß er die Beziehung fortsetzen wollte, allerdings unter der alten Bedingung, daß seine Familienverhältnisse unangetastet blieben. Sie schrieb: „Bertolt. Ich habe Deinen Brief aufgemacht, O Du. Ich wurde ganz ruhig. Ich bin glücklich. Ich danke Dir." Sie versprach, seine Wünsche zu respektieren. „Ich werde mir hin und wieder Sorgen machen, das ist meistens Angst, daß Du mir vielleicht untreu wirst. Aber das ist nur ein ganz kleiner Rückschlag. Jetzt bin ich glücklich." Sie gab ihm recht, daß er ihre eigenen Fotos noch als „dilettantisch" bezeichnete, obwohl sie doch Fortschritte gemacht habe. Es sei aber gut, daß er ehrlich und streng seine Meinung sagte. Sie dankte ihm, daß er ihr ein Ticket gekauft hatte, das eine komfortable Reise garantierte. „Weißt du, es schneit jetzt. Dank für die Kleider. Ich bin froh, daß ich meinen Pelzmantel habe." Sie fragte auch, ob sie in New York zunächst zu Michaelis ziehen solle, falls es für diese nicht zu belastend sei.[61]

Daß Brecht im ersten Brief, den er Ruth Berlau nach New York sandte, von einer „Lücke in der Tageseinteilung" schrieb, an die er sich noch nicht gewöhnt habe, mußte sie mit Freude erfüllen. Er ermahnte sie, die Blutanalysen fortzusetzen. „Gerade jetzt darf man da nichts versäumen, ich brauche dich gesund, Ruth." Sie müsse sich schonen und - was ihr immer schwer fiel: regelmäßig essen.[62] Auf ihre dringende Bitte schickte er ein paar Kinderfotos von sich, „die eine leise Ähnlichkeit mit M. haben, ich meine im Typ. Liebe."[63] Das war die einzige Möglichkeit für sie, sich Michel vorzustellen. Daß sie ihr Kind nicht gesehen hatte, sollte sich mehr und mehr als fatal erweisen. Elisabeth Bergner, die ihr - laut FBI-Akten - seit dem Frühjahr 1945 ein kleines Angestelltengehalt zahlte[64], erinnerte sich, daß sich die Wohnung, die ja auch die Bleibe von Ida Bachmann war, in ein Fotolabor verwandelte: „Wenn man Ruth Berlaus Wohnung gesehen hat – auf dem Bett, auf dem Fußboden, auf dem Tisch, in der Schreibmaschine, überall lagen sorgfältig numerierte Seiten von Brechts Manuskripten. In der Badewanne lagen die Fotokopien davon. Da sie so wenig Geld hatten, war Ruths Wohnung Verlag und Kopieranstalt."[65] Bald kopierte Berlau in der Public Library, wo es Apparate gab, mit denen das Fotografieren einfacher war.[66] Sie regte die Library zum Erwerb des Mikrofilms an, der alle bishe-

rigen Stücke im deutschen Original enthielt. Vorangestellt ist eine Erklärung Brechts, wonach er sich als „author or owner of the following material" erklärte, aber Reproduktionen für nichtkommerzielle Zwecke erlaubte.[67] Unter den Stücken ist auch *Alle wissen alles* zu finden, einschließlich der Zeichnungen von Storm P. Ruth Berlau gelang es, als Volontärin wieder beim OWI anzufangen. Als der Krieg am 5. Mai für Dänemark beendet war, durfte sie eine Botschaft sprechen, an der vielleicht Chaplin mitgewirkt hatte: „Zunächst möchte ich all denen danken, die daheim ihr Leben in der Schlacht gegen die Nazis aufs Spiel gesetzt haben. Es ist gut zu wissen, daß Ihr die Schlacht jetzt im Offenen fortsetzen könnt, denn ich will Euch etwas sagen: Diesmal haben wir nicht umsonst gekämpft. Wir müssen alle Nazis und Faschisten loswerden, jeden einzelnen von ihnen. Bringt alle Schuldigen ans Licht, damit sie abgeurteilt werden können."[68] Sie ahnte nicht, daß sich der Rachedurst zuerst an den Frauen stillte, die mit deutschen Soldaten Verhältnisse gehabt hatten. Am 7. Juli 1945 brachte *Colliers* ein Foto, das zeigte, wie ein „weiblicher Quisling" in aller Öffentlichkeit auf Kongens Nytorv brutal traktiert wurde.
Berlau holte damals wieder dänische Seeleute vor das Mikrofon. Allerdings machte eine Intervention des FBI diesem Neuanfang beim OWI ein rasches Ende.[69] Depressionen, die sich deshalb hätten einstellen können, entging sie, weil Brecht am 19. Mai eintraf. Er wollte an Proben zu *Furcht und Elend des Dritten Reiches* an der New School for Social Research teilnehmen. Im Vorfeld bat er Berlau, darauf zu achten, daß nicht zu viele deutsche Emigranten mitspielten. Akzent im Amerikanischen konnte der Aufführung einen laienhaften Zug geben. So zerschlug sich auch ihr Wunsch, eine kleine Rolle zu übernehmen. Zusammen mit Breitenbach fotografierte sie die Aufführung am 11. Juni im Theatre of All Nations.[70] Sie wurde ein Reinfall, u. a. weil das Stück nach Kriegsende sofort unaktuell wirkte.
Die Wochenenden verbrachten Berlau und Brecht bei Bergner und Czinner, die ein Sommerhaus in Woodstock gemietet hatten. Dort wurde die Arbeit an *The duchess of Malfi* fortgeführt. Nach Bergners Erinnerungen besuchten sie von hier aus auch Dorothy Thompson und Carl Zuckmayer.

Mitte Juli fuhr Brecht nach Santa Monica zurück. Dort wartete Charles Laughton auf ihn, um die im Winter entstandene gemeinsame Übersetzung des *Galilei* ins Amerikanische zu überarbeiten. Endlich war ein großer Schauspieler gefunden, der darauf brannte, diese Rolle zu spielen. Laughton war sogar bereit, die Produktion zu finanzieren. Nach den Atombombenabwürfen am 6. und 9. August über Japan kam es zu einer weiteren entscheidenden Überarbeitung, an der sich Laughton wieder leidenschaftlich beteiligte.
Die Atombombenabwürfe brachten die USA und die Sowjetunion in Konfrontationskurs, was sofort Auswirkungen bis in die Kulturstrategien der beiden Weltmächte hatte. Die Sowjetunion wollte die Neutralisierung ganz Deutschlands durchsetzen und konzipierte ihre Besatzungszone zunächst nicht als sozialistischen Separatstaat. Für diesen Teil Deutschlands wurde eine offenere Kulturpolitik anvisiert als die, die in der Sowjetunion selbst praktiziert wurde. Von dieser Perspektive und von seiner nach außen loyalen Haltung zur Sowjetunion sollte Brecht künftig profitieren. Er erhielt damals ein allgemeines Angebot der Unterstützung, wenn er in die sowjetisch besetzte Zone zurückkehren würde.[71] Davon schrieb er Ruth Berlau in verschlüsselter Form: „Erinnerst Du Dich an die Leute, die wir bei Hella trafen?" Auf Marlebæk waren sie auch dem sowjetischen Botschafter begegnet. „Sie fragten mich, ob ich beabsichtige, wieder Berlin zu sehen. Ich antwortete, es werde wohl noch einige Zeit dauern, dann freilich möchte ich das. Sie stimmten mir zu. Sie würden mir behilflich sein." Bedingungslos wollte sich Brecht allerdings nicht in die sowjetische Besatzungszone begeben. Er hatte es nicht eilig und plante Umwege ein. Er mußte demonstrieren, daß er auch anderswo erfolgreich arbeiten konnte.
Um Ruth Berlaus latenten Trennungsängsten vorzubeugen, fügte er hinzu: „Du weißt, unter keinen Umständen plane ich ohne Dich."[72]

Ruth Berlau versuchte sich im Frühjahr und Sommer 1945 mit der Leica auch als Fotoreporterin. Damals entstanden auf ihrer Dachterrasse auch verschiedene überlieferte Porträtserien, teils vor schäbigen Brandmauern der Nebengebäude, teils vor den auf der anderen Seite sichtbaren Skyline, zu der auch das Chrysler-Gebäude gehörte. Stimmungsvolle Aufnahmen aus dem Central Park von Menschen in verschiedenen Freitzeitposen sind leider schlecht belichtet, teilweise auch verwackelt.[73] Beeindruckend sind ihre Fotos einer großen Demonstration gegen die nach Roosevelts Tod drohende Aufgabe der ökonomischen Regulierungspolitik des New Deal. Diese amerikanische Form des Sozialstaats hatte zu einer in der Geschichte des Landes beispiellosen Integration weiblicher und farbiger Arbeitskräfte geführt. Nicht nur diese, sondern auch die Kriegsheimkehrer fürchteten eine dramatische Verschlechterung des Arbeitsmarkts.[74] Veröffentlicht wurden die Fotos wahrscheinlich nicht.

Einen Auftrag für eine Fotoreportage bekam Berlau jedoch von *PM*, einer populären Nachmittagszeitung, deren zehnte Seite stets Fotos vorbehalten war. Es ging um die Heimfahrt des dreimastigen Segelschulschiffs ′Denmark`. Fünf Jahre hatte es zur „Seebrücke" gehört, die insgesamt 2000 dänischen Seeleuten das Leben gekostet hatte. Auf der ′Denmark` hatten dänische Offiziere 3000 amerikanische Kadetten ausgebildet. Das Typoskript der Reportage beginnt dänisch, geht aber nach einigen Zeilen ins Amerikanische über. Es enthält einen interessanten Vergleich der Arbeitsbedingungen und Löhne auf dänischen und amerikanischen Schiffen, die viele dänische Matrosen schätzen gelernt hatten. Weil der Vergleich für ihre Heimat recht negativ ausfiel, wollten sie die Arbeitsbedingungen auf amerikanischen Schiffen in gewerkschaftlichen Kämpfen thematisieren. „Ich interviewte die ganze Crew von der ′Denmark` und alle ihre Geschichten waren wundervoll [...], aber *PM* möchte nur vier davon kaufen."[75] Brecht schrieb am 30. Oktober: „Ich bin gespannt auf Deine Fotos im *PM*."[76] Doch weder der Text noch die Fotos wurden dort gedruckt. Die Fotos erschienen ohne Text jedoch auf der Rückseite vom *Ekstrabladet* am 6. November 1945, gerade rechtzeitig beim Eintreffen der ′Denmark` in Kopenhagen. Dort war man nun stolz auf die Seeleute, die sich auf die Seite der Alliierten geschlagen und damit die nun einsetzende atlantische Umorientierung ihres Landes vorbereitet hatten. Chefredakteur des *Ekstrabladet* war noch immer Ole Cavling, der einst Berlaus Berichte von der Fahrradtour nach Paris gedruckt hatte. Für die Fotos bedankte er sich überschwänglich.[77] Damit war eine wichtige Verbindung neu geknüpft.

Das Textfragment *The School Ship Denmark* wirkt besonders unkonzentriert und wurde wohl deshalb weder von *PM* noch von *Ekstrabla-*

*det* gedruckt. Im Sommer 1945 erledigte Ruth Berlau auch die Aufträge von Brecht nur langsam oder in plötzlicher Hektik. Wochenlang schrieb sie ihm gar nicht. Das waren Zeichen von psychischer Labilität. In zwei Briefen fragte Brecht nach ihrem Besuch bei Karin Michaelis, von dem er sich eine stabilisierende Wirkung erhofft hatte. Daß sie seit diesem Besuch überhaupt nicht mehr schrieb, ließ ihn befürchten, daß das Gegenteil der Fall war.[78] Wahrscheinlich hatte Michaelis sie beschworen, Brechts Familienleben nicht zu zerstören. Was ihre Position war, geht aus zwei Briefen hervor, die sie Berlau im Herbst 1944 sandte, als sie selbst schon wieder nach New York zurückgekehrt war und von der dramatischen Operation und dem Tod des kleinen Michel noch nichts wußte. Die Briefe sind Teile der FBI-Akten. Michalis versuchte Berlau klar zu machen, daß ihre komplizierte Lage ihr nicht das Recht gab, andere Menschen zu schädigen. Damit war besonders Helene Weigel gemeint, deren Mentorin und mütterliche Freundin Michaelis seit vielen Jahren war: "Du kannst immer noch vorgeben, es ist Dir im Urlaub passiert. Ich hatte an dem Morgen, als Brecht aus dem Haus ging, ohne seinen Morgenkaffe zu trinken, meinen Verdacht." Wisse Weigel Bescheid? Was sage Brecht? Im zweiten Brief heißt es: „[...] meine Fragen über Brecht haben Dir Schmerzen bereitet". Vor allem machte sie sich um Helene Weigel Sorgen, „weil ihr nichts geblieben ist, seit Stef in der Armee ist, und Barbara noch nicht groß genug, um ihr eine Gesprächspartnerin zu sein."[79] Michalis spielte zwischen Berlau und Weigel eine ähnliche Vermittlerrolle in Liebeskonflikten wie Elfie Lindner – die Protagonistin ihres Weltbestsellers von 1910 *Das gefährliche Alter*.

Weil sie den Verlust ihres Kindes nicht verwinden konnte, geriet Ruth Berlau in eine psychische Krise, deren Ausmaß die bisherigen überstieg. Mit schriftlich und sicher auch telephonisch häufig wiederholten Verhaltensregeln für einen festen Tagesrhythmus versuchte Brecht, den Absturz zu verhindern: „Bitte tu dies: steh morgen früh um sieben auf, mach Dir guten Kaffee, dusch Dich, geh aufs Dach Luft schnappen, lies die Zeitung und geh an die Arbeit." Er erinnerte sie daran, daß sie sein „Liaison-Offizier zu Bergner" für das *Malfi*-Projekt war und zu einem Verlag, der seine Gesamtausgabe in englisch drucken wollte. Außerdem zähle er auf sie, um seine „Arbeiten und

201

Beziehungen für Deutschland" vorzubereiten. „Also mußt Du frisch, freundlich, heiter und liebend sein. // d. // bertolt."[80] Die Arbeit, die sie morgens in Angriff nehmen sollte, waren die *Sailorgeschichten*.[81] Weil der Briefverkehr nicht mehr klappte, wurde viel telefoniert. Die Protokolle der Telefonüberwachung durch das FBI offenbaren eine tiefe Krise. Während Berlau immer nur wissen wollte, wann Brecht endlich nach New York käme, wollte er hören, ob „alles in Ordnung" sei – die Chiffre, daß sie sich in kein sexuelles Abenteuer gestürzt hätte. Das Schweigen und der angespannte Eindruck, den sie machte, ließen vermuten, daß nicht „alles in Ordnung" war. Im Gegenzuge wollte auch sie wissen, ob er allein schlafe. „Ja, Ute", beruhigte er, „ich bin allein hier, du mußt dir keine Sorgen machen."[82]
Brecht nahm die Krisensignale nicht ernst genug. Er war absorbiert von der Arbeit mit Laughton am *Galilei*. Weil sich dafür Aufführungschancen in New York zu entwickeln schienen, stellte er sein baldiges Kommen in Aussicht: „Wenn Du nur jetzt gescheit bleibst, Ute, es ist so wichtig, jeg elsker dig. // Ich bin nicht fern, ich arbeite nur sehr konzentriert [...]. Schreib mir, wenn Du Geld brauchst. Überhaupt: schreib!"[83] Bei einem der Telefongespräche hätte er den Eindruck gehabt, daß sie nicht allein war. Weil sie gesagt hatte, daß sie Stewardeß werden wollte, dächte sie wohl nicht mehr an eine gemeinsame Zukunft? Er jedenfalls mache „keinen Plan, in dem Du nicht wichtig bist [...]. Ich wollte, Du schriebst mir ganz absolut ehrlich und ohne Auslassung von irgendwas. Bitte, Ruth!"[84]
Am 2. 12. 1945 notierte er in sein Journal, daß er bei einem nächtlichen Anruf „Ungünstiges" erfahren habe.[85] Sie hatte zugegeben, daß nicht alles in Ordnung war und ihren Trennungswunsch geäußert. Brecht hätte sich jetzt leicht aus der Beziehung zurückziehen können. Da er jedoch überzeugt war, Berlau damit dem raschen Untergang preiszugeben, schickte er ihr ein Gedicht *Der Schreiber fühlt sich verraten durch einen Freund*.[86] Das Gedicht sollte sie aufrütteln: sexuelle Abenteuer hatten sie bislang nicht glücklich gemacht, sondern psychische Krisen verstärkt. Wenngleich fraglich ist, ob seine Gefühlserschütterung so tief war, wie das Gedicht suggeriert, geht doch echte Enttäuschung auch aus einem damaligen Journaleintrag hervor. Danach nahm er sich aber auch vor, die Beziehung zu erhalten, wenn auch „auf einer niedrigeren Plattform".[87] Das bedeutete,

daß sie von seiner Seite fortan vor allem von moralischen Antrieben her geprägt war.

Der Trennungsgrund, den Berlau am Telefon vorgegeben hatte, war vor allem der Vorwurf, daß Brecht sie von der Teilnahme am antifaschistischen Widerstand in Dänemark abgehalten hätte. Diesem Kampf entflohen zu sein, belastete damals viele Emigranten als Schuldgefühl, das bei Berlau aber besonders quälend zum Ausdruck kam. Brecht wies die Verantwortung dafür von sich und versuchte, sie zu einer anderen Sicht zu bringen: *„Du hast Dich nicht von mir alle die Jahre vom Kämpfen abhalten lassen.* Ich habe das nicht getan und nach allem, was ich von Dir weiß, hättest Du es nicht geduldet. Du bist weggegangen aus Dänemark, als Hitler einrückte, weil Du Dich viel zu sehr exponiert hattest, als daß Du hättest illegal kämpfen können." Ihre Inszenierung von *Furcht und Elend des dritten Reiches* und ihre Herausgabe der *Svendborger Gedichte* hätten zur Verhaftung gereicht. Auch ihre Arbeit im OWI und die Zusammenarbeit mit ihm in den USA müsse sie als Teil dieses Kampfes sehen. Er versicherte, daß er weder in Finnland noch in Schweden „neue [erotische] *Interessen* auch nur der flüchtigsten Art" gehabt hatte. Allerdings hätte er ihr auf diesem Gebiet „nichts versprochen und sicher hast Du gerade jetzt am wenigsten ein Recht, das zu hören, [...]." Sie warf ihm auch vor, daß er in seinem Journal, in dem sie etwas über Michel gesucht hatte, nur einen sachlichen Satz über ihre „Operation" vermerkt hatte. Darauf erwiderte er, daß sein Journal nur für Notizen zu seiner Arbeit bestimmt sei. „Die von Dir genannte Notiz ist wahrscheinlich die einzige persönliche im ganzen Jahr. Ich war in schlechter Verfassung, als ich sie schrieb, und so machte ich sie trocken." Ihr Verhalten bezeichnete er als „Flucht". Aber er betonte, daß es immer noch sinnvoll sei, ihre Entscheidungen zu überdenken und neue Fehler zu vermeiden.[88]

Was in New York geschehen war, läßt sich aus Aufzeichnungen Ruth Berlaus, aus FBI-Akten und Briefen rekonstruieren, die Elisabeth Hauptmann und Ida Bachmann an Brecht im Januar 1946 schrieben. Beiden war Berlaus physischer und psychischer Zustand seit ihrer Rückkehr aus Kalifornien prekär erschienen. Die Normalität, die während Brechts Besuch herrschte, zerbrach nach seiner

Abreise am 11. Juli. Danach versuchte sie, sich sexuell und finanziell von ihm zu befreien. Aus späteren, merkwürdigerweise heiteren Texten Berlaus geht hervor, daß sie sich in dieser Zeit erfolglos als Putzfrau, Trödelhändlerin, Leierkastenfrau und sogar im Zirkus versucht haben will.[89] Die Krise äußerte sich darin, daß sie sich äußerlich vernachlässigte, kaum aß, ihr Zimmer nicht aufräumte und viel trank. Mit Freunden und Bekannten zerstritt sie sich und wurde sehr aggressiv gegenüber Bachmann.[90] Dann arbeitete sie wieder hektisch an Fotoreproduktionen für Brecht. Aus den FBI-Akten ist zu entnehmen, daß sie in Meta Juuls Seemannsheim einen Dänen kennengelernt und sich in ihn verliebt hatte. Er war zwischen 38 bis 40 Jahre alt, „5 Fuß 9 Zoll bis 5 Fuß 10 Zoll groß, 175 Pfund schwer, Haar eisengrau, kurzgeschnitten, Augen blau, Teint dunkelhäutig, Körperbau gedrungen, Erscheinung deutsch oder jüdisch, keine Brille."[91] Sie begann, seine Lebensgeschichte in romanhafter Form aufzuschreiben. Bizarres Zeugnis dieser Beziehung könnte eine teils englisch, teils dänisch vorliegende Aufzeichnung sein. Es überrascht ein ständiger Perspektivwechsel, der für die Borderline-Krankheit charakteristisch ist:„Das soll eine Seemannsgeschichte sein. Kein Wort davon stammt von mir. Wie Sie sehen, bin ich nur das Mädchen, das tippt. Ich bin nicht mehr als eine Null. Er ist derjenige, der sprechen muß, der lebt und liebt." Plötzlich wird die Schreiberin jedoch selbstbewußt: „Ich denke, ich kenne die Welt. Ich bin schon alles mögliche gewesen: ein Journalist. Ich war Schauspielerin. [...] Fotograf, Autor. Ich denke, daß ich das Leben und die Liebe kenne. Nichts auf der Welt ist mir fremd." Ihr neuer Freund hätte sie gelehrt, daß man Glück schon angesichts eines Kartoffelessens empfinden könne, „das sind die kleinen Freuden, die zählen." Sie war sich der Beziehung jedoch nicht sicher: „Was soll ich tun? Ihn lieben? Ihn heiraten?" Aber ihr Gefühl für ihn sei „künstlich, unecht, unehrenhaft, falsch." Der Freund sähe sie zwar in den Diktatpausen „voller Liebe" an, hätte sie aber noch nicht berührt. Sollte sie selbst das Signal geben? „Soll ich es wagen?"[92] Als er sich Ende November einschiffen mußte, kam sie um vor Sorge, was ihm auf hoher See zustoßen könnte. An Brecht hatte sie unzählige Briefe geschrieben, von denen sie die meisten nicht abschickte. Das schlechte Gewissen ihm gegenüber verrät eine zwischen den

Seemannsinterviews für das OWI liegende Notiz: Sie sei „durstig" und ihr Glas leer gewesen, deshalb habe sie aus einem anderen Glas getrunken. „Das hat nichts zu tun mit einer gewünschten Intimität von meiner Seite // Dumm lächle ich und hoffnungslos."[93] Selbstvorwürfe und Eifersucht steigerten sich in einer Streßspirale zur Todesangst. Das zeigt eine *Anti-Anti-Noise* betitelte Notiz, ein verzweifelter Versuch der Selbstfindung: „I live in 57th Street. I am a writer, a *Foreigner* – so writing my first book in English, I have to concentrate." Unerträglich ist der Lärm, der von der Straße in ihr Zimmer steigt, aber auch der Lärm der eigenen Schreibmaschine. Beim Anzünden einer Zigarette geht die Streichholzschachtel in Feuer auf, aber sie bemerkt es erst, als sie sich verbrennt. Dann zerbricht sie eine kleine chinesische Tasse, nimmt es aber erst wahr, als sie sich an den Scherben verletzt. Nun nimmt sie einen Drink. Vielleicht kann sie einschlafen, wenn sie sich die Ohren verstopft. Aber im Bett hat sie Angst, daß sie den Mörder nicht hören wird und auch nicht den Schuß, der sie tötet.[94]

Als Bachmann an einem Abend kurz vor Weihnachten nach Hause kam, traf sie Berlau in großer Erregung und geistiger Verwirrung an. Mit „der Gestik und Stimme" eines Propheten habe sie verkündet, Brecht die Wahrheit gesagt zu haben und deshalb jetzt frei zu sein. Sie wisse aber, „daß es mein Leben kosten wird, [...] ich werde sterben." Dann bat sie Bachmann, sobald sie in Dänemark sei, Edith zu besuchen, eine andere „verrückt gewordene Kommunistin". Sie wollte Bachmann zum gemeinsamen Schreiben eines Stücks „für den Broadway" bewegen, „um schnelles Geld zu machen, denn das ist die einzige Methode für uns, es sei denn, wir arbeiten als Huren."[95] Das Stück sollte *Wer bist du heute?* heißen. Die Idee war, „daß eine Schauspielerin immer eine Rolle spielen würde, selbst wenn sie nicht auf der Bühne stünde. Diese Frage *Wer bist du?* ergriff immer mehr Besitz von ihr. Wer bin ich? Wer bist du? Wer sind die anderen?" Bachmann, die Phantasie und Kreativität ihrer Mitbewohnerin immer bewundert hatte, befürchtete jetzt, daß sie die Kontrolle über sich verlor.

Am 23. Dezember hatte Berlau eine Abendparty organisiert bei ihrem neuen Geliebten, ebenfalls einem Seemann. Das FBI schilderte ihn als „ungefähr 30 Jahre alt, 5 Fuß 10 Zoll groß, 190 Pfund schwer,

Haar blond, Teint hell, nordischer Typ, mit Tätowierungen auf beiden Armen".[96] An diesem Abend betrank sie sich. Ida Bachmann wußte aus früheren Jahren, daß Ruth Berlau in den Tagen um Weihnachten besonders „unausgewogen" und psychisch gefährdet war, und daß dies mit Ediths Geburtstag am 24. Dezember zusammenhing. Vielleicht von Brecht darum gebeten, kam an diesem Tag Elisabeth Hauptmann zu Besuch in die 57. Straße. Berlau sei zwar exaltiert, aber sehr nett gewesen, „sehr zärtlich zu Ida B., obwohl sie, ehe ich kam, sehr scheußlich zu ihr war." Sie fragte, ob sie die Arbeit für Brecht nicht wieder übernehmen wolle, da es zwischen ihr und ihm nun aus sei. Sie zeigte ihr eine Geschichte *Helli*, die sie der Weigel schicken wolle, sobald Hauptmann das mangelhafte Deutsch verbessert habe.[97] „Es war eine sehr ruerende (sehr gut geschriebene) Geschichte, und ich sagte, sie solle sie doch so schicken, die paar orthographischen Fehler wuerden nichts machen." Aber Berlau bestand auf der Korrektur, um so ihr Deutsch zu verbessern. „Dieses Deutsch-lernen spielte eine große Rolle und im Unterbewußtsein haengt das sicher mit dem Ende der Emigration zusammen." Auch Hauptmann wurde aufgefordert, an dem Stück *Who are you?* nach einer Idee von Nordahl Grieg, mitzuarbeiten. Am Abend half Berlau im Seemannsheim bei der Vorbereitung des für die Seeleute geplanten Weihnachtsessens. Sie trank und begann zu streiten, bis Meta Juul sie nach Hause schickte. Am nächsten Morgen lag sie im Bett, las und sagte zu Bachmann, daß sie nie schönere Weihnachten erlebt hätte und die Krise überwunden sei. Das erwies sich als falsch. Obwohl ihr Freund kam und sich um sie kümmerte, sei ihr Verhalten wieder befremdlich geworden. Sie hätte in der Bibel gelesen, weil sie „jedermann darin portraitiert vermutete". Brecht wäre ihr als Christus erschienen, später als Salomon. Sie selbst bezeichnete sich als Jeanne d´Arc, dann als Jungfrau Maria, schließlich als Verkörperung der Revolution. Bachmann wurde zur Freiheitsgöttin, der Seemann zum Satan. Berlau hätte auch viel von Brecht gesprochen, ihn oft zitiert. Der Seemann blieb Tag und Nacht bei ihr, bis er wieder auf sein Schiff mußte. Nachdem er weg war, wurde ihr Zustand schlimmer, sie wurde Ida Bachmann gegenüber sogar gewalttätig. Für Bachmann waren diese Tage, in denen Berlau ihrer Auffassung nach an „Magalomanie" litt und äußerst aggressiv war, eine schwere

Prüfung. Am 27. Dezember wurde ihr endgültg klar, daß es sich um eine Erkrankung handelte. Zu Hilfe gerufen, erschien Hauptmann in Begleitung von Peter Lorres Psychater Max Gruenthal. Berlau griff auch den Doktor an, der nur mit Mühe gehindert werden konnte, die Polizei zu rufen. Am nächsten Tag kam Ferdinand Reyher mit Dr. Gruenthal, gefolgt von Mitarbeitern der öffentlichen Nervenklinik Bellevue. Nun erfüllte sich die so viele Jahre gefürchtete Parallele zu Ediths Schicksal: Ruth Berlau wurde in einer Zwangsjacke ins Hospital gebracht. Eine Bürgschaft von Bergner und Czinner bewirkte, daß sie am 31. Dezember 1945 in die geschlossene Abteilung des privaten South Oaks Hospital in Amityville auf Long Island überführt werden konnte.

Brecht schrieb an Reyher, daß ihm Ruth Berlau am Telephon zeitweise schon wieder „ganz vernünftig" erschienen sei. Ein beiliegender Brief könne ihr helfen. „Auch muß man ihr erlauben, daß sie mich hier anruft, wenn sie dazu imstand ist. Wegen einer schweren Fiebergrippe könne er nicht sofort kommen.[98] Da er selbst die tiefere Ursache der Krise darstellte, war es auch gar nicht geraten, daß er im akuten Stadium erschien.
Wenige Tage nach ihrer Einlieferung ins South Oaks Hospital schrieb sie ihm: „Lieber Bertolt, ich habe deine zwei Briefe. Leider gibt's hier keine Ruhe, alle sind wahnsinnig und unheimlich und ich schlafe mit 3 andren." Sie habe nichts zu lesen und leide unter der schlechten Luft. Er solle sofort Dr. Gruenthal und die für sie zuständige Ärztin anrufen und verlangen, daß sie freikäme. „Mich kann man nicht mit Wahnsinnigen einsperren - ich habe keine Ruhe. [...] ich bin aber in Ordnung wieder – wie geht's dir? [...] Jetzt will ich heraus! Hilf mir Bertolt, das ist sehr schlimm sich eingesperrt zu sehen. Helfe mir sofort. Deine Ruth // Deine Kreatur epep"[99]
Außer Bergner, Reyher, Hauptmann und Bachmann kümmerten sich auch Meta Juul und Hannah Budzislawski um Ruth Berlau. Hauptmann meinte, daß es gut wäre, wenn sie in der Klinik an ihrem Roman arbeiten könne, was der Chefarzt aber noch für zu früh hielte. „Wenn es gelaenge, Ruth durch Behandlung etwas selbstaendiger zu machen, waere viel gewonnen. [...] In Ruth sind Stroemungen und Gegenstoemungen (`Mein armer Kopf ist mir zerstückt'), sie will auf

der einen Seite sich von Ihnen emanzipieren, aber auf der anderen Seite mit ungeheurer Wucht bei Ihnen bleiben. Die Worte ´Kaempfen, Kampf, Kaempferin` spielen eine große Rolle, auch aufs Politische uebertragen, das Verlieren und Gewinnen einer Schlacht, alle die vielen Anstrengungen, um zu gewinnen, alle die vielen Entaeuschungen auf der Verlustseite, hat sie ganz genau gebucht." Hauptmann warnte, daß Ruth Berlau künftig nicht mehr allein gelassen dürfe. Bachmann schilderte in ihrem Brief ein Gespräch mit der zuständigen Ärztin. Berlaus Fall hielt sie nicht für sehr schwer, Heilung sei möglich. Sie wurde mit Elektroschocks behandelt, die das Ziel hatten, die Erinnerung an die Krise und möglichst auch an die Geschehnisse auszuschalten, die zu ihr geführt hatten. Bachmann konnte aber noch nichts Positives an Berlaus Zustand erkennen. Sie meinte, daß sie etwa zwanzig Pfund abgenommen und zunächst Schwierigkeiten gehabt habe, sie und Meta Juul zu erkennen. „Ihr Blick war traurig, und es brach mir das Herz, sie so zu sehen. Ihr einziger Wunsch war fortzukommen von diesem Ort, und sie flehte uns an, sie mit nach Hause zu nehmen." Die Verhältnisse in der Klinik erschienen Bachmann so deprimierend, daß jeder Gesunde dort krank werden müsse. Viele Patienten wären laut, das Personal unfreundlich. „Mit Ruth redeten sie wie mit einem Feind und nicht wie mit einer Kranken. Ruth hatte nichts als den Blick auf die vergitterten Fenster." Wie Hauptmann meinte auch Bachmann, daß „Arbeit das einzige wäre, das sie wieder zurückbringen könnte, zusammen mit anständiger Pflege und Ruhe."
Noch als Brecht Anfang Februar kam, aß und trank sie kaum. Ihre Zustände wechselten plötzlich von Übererregtheit zu tiefster Traurigkeit. Wenn er sie besuchte, stellte sich sofort das ambivalente Verhältnis zu ihm ein, das Hauptmann als „Stroemungen und Gegenstroemungen" bezeichnet hatte. Als er einmal zusammen mit Bergner und Czinner kam und die Hoffnung äußerte, sie bald nach Hause mitnehmen zu können, wies Berlau ihm die Tür und schrie ihn an, daß sie nur mitkäme, wenn er auch die anderen zweiunddreißig Patienten der Station mitnähme, die sie mittlerweile als ihre Kameraden ansah, aber teilweise auch mit anderen Personen, z. B. Robert Lund verwechselte. Brecht flüsterte der Bergner zu, daß Berlau auch in krankem Zustand Kommunistin bleibe.[100] Diese

denkwürdige Episode ist auch in einem Brief wiedergegeben, den Brecht am 11. Februar an Helene Weigel schrieb. Er enthält neben einer ausführlichen Schilderung der Krankheitszeichen auch die Mitteilung, daß die Ärzte in Anbetracht der Krankengeschichte der Schwester Edith jetzt doch von einem ernsteren Leiden ausgingen. Da er allein in der 57. Straße wohnte, erzählte er der Weigel auch, wie er Kochen und Geschirrspülen erlerne und sie dafür bewundere, daß sie das bisher immer klaglos für ihn getan hatte.[101]
In einem Brief Brechts an Elisabeth Bergner vom 16. Februar ist die Rede davon, daß er Ruth Berlau vielleicht schon bald nach Hause holen könne[102], was wahrscheinlich am 27. Februar geschah.[103] Aus einem Brief an Reyher geht hervor, daß er sie in der ersten Zeit keinen Augenblick allein lassen konnte.[104]
Aus dieser Zeit stammen mehrere schriftliche Versuche von ihr, sich mit dem Geschehenen auseinander zu setzen. Sie hielt fest, daß sie durch die Elektroschocks nicht nur die Erinnerung an ihre Einlieferung und ihren Aufenthalt im Krankenhaus verloren hätte, sondern fast an das ganze letzte Jahr. Als Diagnose sei ihr mitgeteilt worden: „Schizophrenie, eventuell auch Psychose". In einer weiteren, auf den 25. März datierten Notiz steht, „daß Unsicherheit, Eifersucht, Mißtrauen, die Angst vor dem Alleinsein ohne den geliebten Mann schwer auf der einen Waagschale wiegen, und daß das Glück, Freude an der Wollust doch das Übergewicht halten. // Ich liebe. Ich bin verliebt. Ich bin eifersüchtig, so eifersüchtig, daß Satans Feuer mir den ganzen Leib verbrennt und Satans Teufel mich zerreißen."[105]
Brecht hatte die psychische Labilität Ruth Berlaus lange Zeit auch vor sich selbst heruntergespielt und sie durch seine eigenen therapeutischen Ansätze für behebbar angesehen. Er mußte nun eine andere Realität anerkennen. Bei seinen Versuchen, ihr zu helfen, hatte er sie offenbar überfordert. Sein damals entstandenes Gedicht über eine schöne Gabel, deren plötzliches Zerbrechen anzeigt, daß „[...] tief in ihr // Immer ein Fehler gewesen sein müßte"[106] ist ein Hinweis darauf, daß er jetzt auch konstitutionelle Gründe ihrer Fragilität anerkannte. Daß sich das Gedicht in Berlaus Kopenhagener Nachlaß befindet, zeigt, daß mit der „Krankheit" offen umgegangen wurde. Sowohl in Bezug auf Berlaus Krankheit, die mit Alkoholmißbrauch verbunden war, als auch auf Peter Lorres Drogensucht blieb Brecht

jedoch überzeugt, daß das Exil diese Leiden entscheidend verschärft hatten und daß das Ende des Exils Besserung bringen würde. 1947 schrieb er an Dr. Gruenthal, daß er Lorre, der in Hollywood an beruflicher Unterforderung zu ersticken drohe, unbedingt heilen müsse, da er in ihm eine Hauptsäule seines künftigen Theaters sähe. Außerdem dankte er „für alles, was Sie für Ruth taten".[107] Dem Arzt, der Berlau nach ihrer Entlassung wohl ambulant weiter behandelte, hatte Brecht damals gesagt, daß er sich nicht scheiden lassen werde, was sie aber nicht verstehen wolle. Für ihn käme es weder in Frage, Helene Weigel noch Ruth Berlau zu verlassen.[108]
Aus heutiger Sicht war die Behandlung durch Gruenthal weder lang noch intensiv genug. Es hätte allerdings auch eines Therapeuten bedurft, dessen Autorität Berlau in ähnlicher Weise wie die Brechts akzeptierte. Denn das eigentliche Verhängnis bestand darin, daß Brecht Partner und Therapeut zugleich war und blieb.
Die Anspannung, in die er selbst durch Berlaus Zusammenbruch geriet, ist daran zu erkennen, daß er zwischen 5. Januar 1946 und 20. Februar 1947 auf Journalnotizen verzichtete: private Problemlagen, die er stets aus seinem Alltag verdrängte, beschäftigten ihn nun um so mehr.

Er hatte begriffen, daß er Ruth Berlau nicht mehr über längere Zeit allein lassen durfte. Roda Riker, eine Freundin Helene Weigels, berichtete, daß diese ihr im Frühjahr 1946 anvertraute, ihr Mann habe am Telefon erklärt, nicht nach Hause zurückkehren zu können, wenn sie Berlaus Präsenz in Santa Monica nicht toleriere. Weigel suchte daraufhin eine Unterkunft für sie, bedingte sich aber aus, sie nicht zu Gesicht bekommen zu müssen.[109]
Berlau wohnte die erste Zeit in einer Pension. Dann konnte sie in ein großes Zimmer in einem Haus umziehen, das eine Freundin vom OWI, die Norwegerin Anne Harrington, in Santa Monica gekauft hatte. Es lag nicht weit vom Haus der Brechts.
Er kam täglich etwa um zwei Uhr zum Essen. Danach ruhte er sich aus, „und anschließend fingen wir sofort an, am *Galilei* zu arbeiten. D. h. vorzuarbeiten, bevor wir dann um vier oder halb fünf zu Charles Laughton fuhren, der auch ganz in der Nähe wohnte."[110] In einem zeitgenössischen Text gab sie die Arbeitsatmosphäre wieder: „Ich sitze und mache Notizen, aber der tiefe, weiche Sessel lädt nicht zur Ar-

beit ein, und der überaus wunderbare Scotch ist nicht ohne Wirkung. Es ist, als ob er mein Gehirn in sanfte Wolken einhüllte. Vor meinen Augen schwebt ein bläulicher Nebel, der von den fetten Upman-Zigarren stammt. Laughtons große Gestalt steigt aus dem Nebel und schreitet durch den Raum." Sie diskutierten über die segensreichen und zerstörerischen Potentiale der modernen Naturwissenschaften und kamen in diesem Zusammenhang auf die frühen Warnungen von Niels Bohr. Mehrere Merkzettel mit größtenteils deutschen Stichpunkten zeigen, daß dieser Text mit Brecht zusammen konzipiert wurde.[111] Eine gekürzte Fassung erschien unter dem Titel *Charles Laughton als Urgroßvater der Atombombe* am 21. September 1946 im *Ekstrabladet* mit Fotos von Berlau, die Laughton und Brecht zeigen. Der Untertitel warb für Berlaus alte Idee, daß Poul Reumert der richtige Mann für die Rolle des *Galilei in Dänemark* sei.

Ruth Berlaus Kontakte mit Hollywood-Stars waren für das *Ekstrabladet* interessant. Am 5. Oktober 1946 druckte Ole Cavling ein während der Dreharbeiten zu Monsieur Verdoux geführtes Interview mit Chaplin. Er gab Auskunft, wieso er eine, damals die Öffentlichkeit erregende Einladung eines „sowjetischen Schriftstellers zum Champagner" angenommen hatte[112] Ein anderer Teil des Gesprächs gibt wieder, daß Berlau versucht hatte, Chaplins Interesse für die Rolle des Fischhändlers in *Alle wissen alles* zu wecken. Sie hatte ihm Storm P.s Zeichnung von Rasmussen mit seinen sieben Hüten gezeigt. Während Chaplin sie aufmerksam betrachtete, erklärte sie, daß Rasmussen zu viel Fisch auf Kredit verkauft habe, aus dem Nachlaß eines Schuldners aber nichts anderes als sieben Hüte bekommen konnte. „Er nimmt sie als Warnung, nicht mehr auf Kredit zu verkaufen, und er erklärt seinem Lehrling, zu welchen Gelegenheiten er die verschiedenen Hüte benutzen will." Nachdem sich Chaplin die Geschichte angehört hatte, fragte er, wann der Fischhändler denn den Künstlerhut aufsetze. „Es gibt eine kleine Pause, wir schauen einander in die Augen, und dann entsteht einer dieser sogenannten unvergeßlichen Augenblicke, von denen das Leben nicht gerade voll ist. // ,Ja, Fischhändler Rasmussen wird sich nicht leisten können, ihn so oft zu tragen', sage ich. Da springt Chaplin auf und spricht: ,Nein, was den Künstlerhut betrifft, - den Künstlerhut wird er tragen, wenn er die Wahrheit sagt und es ist teuer, die Wahrheit zu sagen.'"[113] Es war der politisch engagierte und von der Presse erbarmungslos verfolgte Chaplin, der hier sprach. Die eigentlich chaplinesk angelegte Figur des Fischhändlers Rasmussen erregte jedoch nur kurz sein Interesse.

Im Sommer 1946 kam Ruth Berlau als Sekretärin Brechts ein erstes und letztes Mal in die Studios von Hollywood. Laughton war unzufrieden mit der Rolle eines Nazis, die er in dem vom Lewis Milestone gedrehten Film Triumphbogen spielen sollte. Er ließ Brecht zur Neufassung einiger Szenen engagieren.[114] Die Hauptrolle war mit Ingrid Bergman besetzt, mit der Berlau etwas befreundet war. Brecht sollte sich auch mit der Frage beschäftigen, wie Bergman in der Rolle einer Frau, die zur Luxushure wird, etwas sympathischer wirken könne. Das Problem war, daß er sie als Darstellerin nicht mochte. „Es ist typisch für Brecht, daß dieses Manuskript [bei ihm – S. K.] Die graue Gans hieß. Er meinte, wenn die Bergman bei ihm eine Chance als Schauspielerin haben konnte, dürfe sie keine Schönheit spielen. [...] Er fand sie sehr süßlich. [...] Brecht hatte es geschafft, daß ich als seine Sekretärin mit im Vertrag war, damit ich etwas Geld verdienen konnte." Er habe sofort gesehen, wie die Rolle Bergmans sympathischer gemacht werden konnte. Da Ingrid Bergman u. a. nicht auf ein paar Szenen im Badeanzug verzichten wollte, blieben seine Vorschläge außen vor. Aber ihr Partner, Charles Boyer, wollte nicht mehr vor der Kamera stehen, ohne daß Brecht im Studio war. „Er spielte ja den deutschen Arzt, und man hatte Kämpfe mit ihm, weil er nicht das Unsympathische bei den Franzosen zeigen wollte. Genau das war eine politisch sehr interessante Sache."[115] Ein zeitgenössisches Typoskript, das wahrscheinlich unveröffentlicht blieb, gibt ein Gespräch Berlaus mit Boyer und Milestone während der mittäglichen Essenspause wieder. Daraus geht hervor, daß der Film auch Probleme mit der Pornographiezensur bekam.[116]

Mitte September fuhren Berlau und Brecht in Laughtons Auto, in dem sie im Mai schon gekommen waren, wieder nach New York zurück. Für beide war es die erste Gelegenheit, das Land aus der Perspektive der großen und kleinen Straßen kennenzulernen. Berlau machte Fotoserien, die besonders die Strecke durch die Wüsten dokumentieren. Am berührendsten sind die Aufnahmen in einem bettelarmen Indianerdorf. Dazu existieren Legenden auf dänisch sowie ein längerer Text. Hier wird die im *Galilei* enthaltene Problematik der modernen Wissenschaft um die Frage erweitert, inwieweit alle Bevölkerungsteile von deren Errungenschaften profitierten. Die Ureinwohner des Landes, das die Atombombe zur Anwendung gebracht hatte, lebten in erschütternder geistiger und materieller Unterentwicklung. Diese Indianer besaßen zwar ein Wohnmobil, andere technische Neuerungen flößten ihnen aber Angst ein. Ein Foto hält eine Mutter fest, die panisch ihre Kinder ins Haus treibt, „aus Furcht, ihre Seele könnte vom Fotoapparat verschluckt werden"[117]. Am 25. September sahen Berlau und Brecht eine Aufführung der *Duchess of Malfi* in Boston mit Elisabeth Bergner. Obwohl das Stück als Bearbeitung von Brecht und Auden angekündigt war, wurde es weitgehend mit dem Text von Webster und in einem aus London importierten Bühnenbild gespielt, das für das Webster-Stück gemacht worden war. Brecht war außer sich. Berlau, die beauftragt war, sich in der Pause nach den Publikumsreaktionen umzuhorchen, bekam mit, daß das Inzestthema zu großen Anstoß hervorrief. Diese und die Aufführung von Princeton wurden bald abgesetzt. Nach Brechts Meinung waren Bergner und Czinner, der als Produzent fungierte, am Mißerfolg selber schuld. Aus seiner Sicht fehlte ihnen und dem Regisseur der Mut, den Puritanismus der Amerikaner frech genug zu provozieren. Um wenigstens für die ab Mitte Oktober geplanten Broadway-Aufführungen noch etwas zu retten, schalteten sie Brecht in die Regie ein. In Berlaus Wohnung probte er mit dem Schauspieler Brainerd Duffield. Auch mit Bergner wurde noch geprobt, die sich jedoch auf das epische Spielen überhaupt nicht einstellen konnte. Nach Berlau hatte sie nur in einer Szene mit wenig Text Erfolg, in der sie gezwungen war, sich auf den gestischen Ausdruck zu beschränken. Weil auch in der Broadway-Fassung fast alles von Brecht/Auden gestrichen wurde, zog er seinen Namen zurück. „Nach der Premiere kam es zu einem riesigen Krach. Brecht wollte die Bergner nie wieder sehen, unter keinen Umständen. [...] Ich habe aber zu ihr gehalten, trotz der Wutausbrüche von Brecht. Ich war sehr eng mit Elisabeth Bergner befreundet"[118].

Im Dezember 1946 kehrten sie nach Santa Monica zurück. Aus der folgenden Zeit, in der es Ruth Berlau offenbar immer besser ging,

gibt es neben Fotoserien auch Ansätze zu Novellen, Reportagen und Fotoserien von ihr, die sich auf zeitgenössische kalifornische Themen beziehen. Sie schrieb sie teils englisch, teils dänisch, konnte sie aber oft nicht vollenden. Darunter ist ein Text über Konsumrausch und künstlichen Schnee zu *Weihnachten in Hollywood*. Wie es typisch war für viele ihrer Texte, verwandelte sich die Reportage plötzlich in eine sehr persönliche Notiz über das Berghotel, in dem sie den 24. Dezember verbracht hatte. Die ganze Weihnacht hindurch hatten dort Betrunkene gegrölt. Erst am Morgen herrschte Ruhe. Im Wald kam ihr ein Psalm von Otto Gelsted in den Sinn.[119]
„Hollywood May 1947" ist auf dem Typosskript einer in mehreren Ausarbeitungsstufen vorliegende Reportage *The Martyr* vermerkt, die den damals in den USA noch sehr starken Antisemitismus anprangerte. Sie interviewte in dem kleinen Ort El Segundo einen Hausvermieter, der für „Gentils only" vermietete. Diese Codierung bedeutete damals, daß „Jews" und „Japs" ausgeschlossen waren. Nach den Gründen befragt, gab er schlechte Erfahrungen an. Er sei zwar gegen die Nazis gewesen, habe Hitler jedoch bewundert, weil er die Herrschaft der Juden in Deutschland habe verhindern wollen. Gerade seien sie dabei, die Herrschaft über die USA zu erringen. „Would you gas the jews?" fragte Berlau, was der Mann bejahte.
*The skin of the prisoner* ist eine vielleicht auf einer Zeitungsnotiz beruhende Geschichte eines lebenslänglich verurteilten Kindesmörders, der mit einer Hautspende das Leben eines anderen Kindes mit Brandwunden rettet. Er ist nicht nur froh, eine Zeit in einem freundlichen Krankenhaus zu verbringen, sondern auch, Sühne leisten zu können.[120] Diese und andere interessanten Ansätze blieben Fragmente. Es gibt einige Hinweise, daß sie für *Ekstrabladet* bestimmt waren, aber sie wurden nicht gedruckt.
Damals entstandenen vielleicht auch eine Reihe autobiographischer Aufzeichnungen, die im RBA in einer Manschette „1947" liegen, von denen ein Teil auch älter sein kann. Die manchmal nur wenige Zeilen, selten aber mehr als zwei Seiten umfassenden schlichten dänischen Notizen wirken wie ein von Brecht inspirierter Versuch der Lebensbilanzierung, da sie sich auf politische und Arbeitsbeziehungen konzentrieren. Auch von ihm ist nur in solchen Zusammenhängen die Rede. Einen Teil dieser Notizen hat er mit behutsamen

Bleistiftanmerkungen versehen. Bei der Novellen- und Reportageproduktion dieser Zeit scheint er nicht mitgewirkt zu haben.

Wegen anhaltender Diskussionen um die Atombombenabwürfe und des Engagements von Charles Laughton ergab sich im Sommer 1947 die Möglichkeit für Brecht, *Galileo* als einziges größeres Theaterprojekt in den USA realisieren. Am 24. Juni begannen die Proben in Beverly Hills. Nominell führte der junge Joseph Losey Regie, hauptsächlich aber Brecht. Helene Weigel leitete die Herstellung der 90 Kostüme. Ruth Berlau begleitete die Inszenierung als Fotografin. Um Modellmaterial für spätere Aufführungen zu bekommen, wünschte Brecht, daß sie, wie einst schon Breitenbach und Voltelen, buchstäblich jeden Augenblick der Inszenierung festhielt. Wie dabei vorzugehen war, hatte Brecht 1942 Berthold Viertel beschrieben: „Ich machte das immer so: mit Leica, während der Aufführung von einem Punkt aus, der womöglich im ersten Rang ist, jede Aufnahme so, daß die ganze Bühne drauf ist; so ein Film kostet sehr wenig."[121] Da das Knipsen Laughton störte, kam Berlau auf die Idee, in der Beleuchtungsloge eine Glaswand einziehen zu lassen. Und als Brecht bei 3000 Fotos immer noch Lücken beklagte, entschloß sie sich, die Aufführung mit ihrer 16mm-Kamera zu filmen.

Es war eine äußerst anstrengende Zeit für sie, denn die unzähligen Fotos mußten nachts entwickelt werden, um für die Korrektur der Aufführung am folgenden Tag zur Verfügung zu stehen. Dafür hatte sie ein Fotolabor im Keller des Hauses von Anne Harrington eingerichtet.[122]

Die Premiere fand am 30. Juli 1947 bei großer Hitze statt. Neben dem engeren Freundeskreis kamen viele Stars, darunter Chaplin mit seiner Frau Oona, Ingrid Bergman und Charles Boyer, Anthony Quinn, John Garfield[123]. Für die Kritik stand nicht Brecht, sondern Laughton im Mittelpunkt, der dreizehn Jahre nur auf der Leinwand, nicht auf der Bühne zu sehen gewesen war. Daß er Galilei „trotz seines großen Intellekts, als schweinischen Rüpel"[124] präsentiert hatte, erregte die Kritiker. Ähnlich berichtete Berlau am 13. August 1947 über die Premiere auch im *Ekstrabladet* des fernen Dänemark.

Obwohl Brecht sie mit seinen Ansprüchen auf so große Mengen Fotos bis an die Grenze ihrer Belastbarkeit brachte, erlebte sie damals

eine gute Zeit, eine Zeit der Nähe. Deshalb konnte sie mit ihrer Eifersucht wohl auch besser umgehen als zuvor. Während der *Galilei*-Inszenierung waren Begegnungen mit Weigel unvermeidlich gewesen, aber offenbar glimpflich verlaufen. Gewachsenes Selbstvertrauen bewies sie im Falle der für die Choreographie der Karnevalsszenen engagierten Tänzerin Lotte Goslar,[125] „eine hochinteressante, sehr expressive und bildhübsche Frau". Als sich Brecht zum ersten Mal mit ihr treffen wollte, fuhr Berlau ihn abends zu ihr, hatte aber selber vor, sich mit Alexander Granach einen mexikanischen Film anzusehen. Als sie Brecht anschließend wieder abholen wollte, überraschte sie ihn mit Lotte Goslar in einem Lunchsessel, „der für zwei Personen eigentlich etwas zu eng war. [...] Da wußte ich, daß Brecht einen angenehmen Abend gehabt hatte."[126]
Losey zufolge war Brecht ständig von Frauen umgeben, die ihn anhimmelten. „Er aß wenig, trank wenig und fickte sehr viel."[127] Davon war vor allem Ruth Berlau zeitlebens überzeugt. Wenn er allein in New York war, seien in ihre Wohnung „alle deutschen Emigrantenfrauen [gekommen], die Brecht aus dieser Zeit kannte (z. B. Lotte Lenya): alle haben etwas mit Brecht gehabt".[128] Für das FBI, das unehelichen Affären akribisch nachzugehen pflegte, blieb sie selbst jedoch Brechts einzige „Mistress".
Die „immoral association of Brecht with Ruth Berlau"[129] wurde damals nicht an die Öffentlichkeit gezerrt wie die angeblichen Frauenaffairen Chaplins, womit sein Ruf geschädigt werden sollte. Ein auf Brecht angesetzter special agent sandte verschiedene Memoranden an FBI-Chef Hoover, in denen er hervorhob, daß die Informationen über die Beziehung von Brecht zu Berlau nützlich werden könnten, wenn gegen ihn ein Deportationsverfahren eingeleitet werden solle.

Daß die Brüder Eisler und Brecht aufgefordert wurden, vor dem Kongreßausschuß für unamerikanische Betätigungen zu erscheinen, ging wohl vor allem auf die Einlassungen zurück, die Ruth Fischer gegenüber dem FBI gemacht hatte. Charles Chaplin, der selbst eine Vorladung bekommen hatte, meinte, daß in der Eisler-Familie ähnliche Beziehungen herrschten wie in Shakespeareschen Königsdramen.[130]
Ruth Berlau war dabei, als sich Brecht und Chaplin zusammen auf das Verhör vorbereiteten. Sie spielten abwechselnd die Rollen von

Vernehmer und Vernommenem und lachten dabei unsäglich. Wie Brecht wollte auch Chaplin die USA nun so rasch wie möglich verlassen, was nur mit Zustimmung etlicher Behörden möglich war. Zum Thema, daß für Ausländer jetzt nicht mehr nur die Einreise, sondern auch die Ausreise problematisch war, entstand eine kleine Filmidee: Chaplin ist bereits auf dem Schiff. Als er sich einer Befragung der Emigrationsbehörde unterwerfen muß, redet er in einer unbekannten Sprache. Es kommt ein chinesischer, ein japanischer, ein koreanischer Dolmetscher, aber keiner versteht den Mann. Chaplin spielte vor, wie die Behörde durch ein ausgedachtes Kauderwelsch des Ausreisewilligen geneckt wird und schließlich aufgibt. Der Film sollte enden, indem er aus dem kleinen runden Kajütenfenster herausschaut und die Freiheitsstatue erblickt, die ihm zublinzelt und ein Auge zukneift.[131] „Das war so eine kleine Sache, die sie zusammen machen wollten." [132]
Chaplin spielte auch vor, wie er sich vor dem Ausschuß in Washington zu verhalten gedachte. „Z. B. wollte er eine Nase drehen, wenn er den Polizisten gegenüber sitzt und auf Nachfrage behaupten, daß er Nasenjucken habe, seit er in der Stadt sei. Er rechnete natürlich mit vielen Zuschauern. Aber wahrscheinlich aus genau diesem Grunde blieb ihm der Ausschuß schließlich doch erspart.
Brecht war entschlossen, nach dem Verhör das Land so rasch wie möglich zu verlassen, notfalls illegal. Er reiste am 16. Oktober mit Frau und Tochter nach New York. Sie wohnten bei Hannah und Hermann Budzislawski. Auch mit diesem bereitete sich Brecht auf mögliche Fragen des Untersuchungsausschusses vor.
Am 26. Oktober 1947 fuhr er in Begleitung von Losey und Thomas Hambleton – der Co-Produzent von *Galileo* gewesen war – nach Washington. Dort wartete Berlau auf ihn. Zusammen gingen sie zum Shoerham-Hotel, wo die anderen Vorgeladenen wohnten und sich vorbereiteten. Brecht war der Gruppe der ‚Unfreundlichen Neunzehn' zugerechnet worden, Regisseure und Drehbuchautoren, die unter Kommunismus-Verdacht standen.
Als sie zum ersten Mal die Gruppe trafen, „saßen sie da (mit mindestens 18 Rechtsanwälten, die sie sich genommen hatten, denn sie waren nämlich Millionäre) in Hemdsärmeln, mit den Füßen auf dem Tisch, und knallten immer mit den Fingern." Damit wollten sie beim

217

Reden die vermutlich über Wanzenmikrophone gemachten Abhöraufnahmen für das FBI unbrauchbar machen. Um noch sicherer vor Abhörgeräten zu sein, fand ein Teil der Gespräche im Rosengarten des Hotels statt. „Brecht kannten sie nicht; vielleicht zwei von ihnen wußten, wer das war." Trotz seines andauernden Mißerfolgs in den Studios stand ausgerechnet er unter Verdacht, Stalins geistiges Einfallstor in Hollywood zu sein. In den Filmen der achtzehn Regisseure war davon nichts zu sehen. Einer von ihnen erklärte Berlau, was schon als kommunistische Infiltration gelten konnte: „Wenn der Bankdirektor fett, ekelhaft und niederträchtig war, mußte wenigstens seine Frau eine nette Person sein, die den Armen half."[133] Die anderen Achtzehn zeigten sich sehr solidarisch mit Brecht und stellten ihm einen ihrer Rechtsanwälte zur Verfügung. Er mußte ausgewechselt werden, als er hörte, daß Brecht auch Gedichte schrieb. Einer Auseinandersetzung über möglicherweise gefährliche Lyrik fühlte er sich nicht gewachsen.
Als Brecht am Morgen des 30. Oktober vor den Ausschuß trat, war Ruth Berlau unter den Journalisten. Wie viele andere hatte sie ein kleines neuartiges Gerät dabei, mit dem Vertreter der Presse, der Rechtsanwälte und der Polizei mitschrieben. Außerdem waren Rundfunk- und Filmteams da, sowie unzählige Fotografen mit Blitzlichtgeräten. „Das Volk dort ist gar nicht so dumm, wie man es machen will; es will Bescheid wissen."
Sie selbst kam, wahrscheinlich vor Nervosität, mit dem Gerät nicht zurecht. Unklar ist, ob die folgende Erinnerung ihrer anekdotischen Phantasie entsprang oder tatsächlich zu Brechts sorgfältig geplanter Inszenierung gehörte. Er erschien ihr abwesend, unkonzentriert. Zu ihrem Schrecken habe er „mehrmals in seiner Seitentasche nach seinem Kriminalroman" gegriffen. Richtig wach zu werden schien er erst, nachdem ihn der Vernehmer Stripling fragte, ob er ein Gedicht geschrieben habe, in dem die schlecht übersetzte Zeile „Du mußt bereit sein, die Führung zu übernehmen" vorkomme. Er erwiderte, daß er Verantwortung allein für seinen deutschen Originaltext übernehmen und diesen nur in seinem historischen Zusammenhang mit der drohenden Machtübernahme Hitlers diskutieren würde. Damit war der Punkt 'Gedichte` relativ leicht zu erledigen. Brisanter war die Frage, was er mit Gerhart Eisler zu besprechen pflegte. Er erstaunte den

Ausschuß, als er lapidar mit „Politik" antwortete. Außerdem hätten sie zusammen Schach gespielt. Noch mehr Verblüffung rief er hervor, als er die Frage nach Mitgliedschaft in einer kommunistischen Partei wahrheitsgemäß verneinte, die die anderen Achtzehn unter Berufung auf die Verfassung nicht beantwortet hatten. Da unklar war, ob er sich als Ausländer auf die Verfassung berufen durfte, war dieses Vorgehen mit den Anwälten und den anderen abgesprochen. Zu Berlau sagte er, nachdem er den Saal verlassen hatte, stolz: „Nicht einmal Heine konnte sich rühmen, von der Polizei übersetzt worden zu sein.!"[134]
Berlau und Brecht fuhren am selben Abend nach New York zurück. Er hatte ein auf den folgenden Tag ausgestelltes Flugticket und war im Besitz eines tschechischen Diplomatenpasses, der ihn der Notwendigkeit eines Ausreisevisums enthob.
Aus einem Brief geht hervor, wie unzufrieden Ruth Berlau war, daß Brecht an diesem letzten Abend zwischen ihr und seiner bei den Budzislawskis wohnenden Familie pendelte.[135] Am nächsten Morgen traf er noch Laughton, der sich bereits auf eine in New York programmierte *Galileo-* Inszenierung vorbereitete. Um sie zu überwachen und zu fotografieren sollte Berlau noch einige Wochen in New York bleiben. Für den Fall, daß sie zunächst nach Dänemark führe, hinterließ ihr Brecht eine Vollmacht, die sie berechtigte, seine literarischen Interessen in Skandinavien zu vertreten und seine Gelder dort einzunehmen.[136]

Über ihre letzten Monate in New York klagte sie später, daß Brecht ihr zu wenig Geld dagelassen habe. Um Filmmaterial für ihre *Galileo*-Fotos kaufen zu können, hätte sie wieder kurz davor gestanden, sich zu prostituieren.[137] Aus dieser Zeit liegen aber so viele Texte vor, daß sie in Wirklichkeit ziemlich konzentriert geschrieben haben muß. Da wäre zunächst der englisch geschriebene Filmentwurf *Time for a change or school of charm* zu nennen der als einziger der überlieferten Typoskripte zu Filmen den Zusatz „by Ruth Berlau" trägt und hauptsächlich von ihr geschrieben scheint. Grundlage war sicher ein in *Colliers* vom 16. August 1947 erschienener Artikel *School for charm*, der die Ausbildung von Models in Florida schildert. Auf großen Fotos ist zu sehen, wie Bikini-Mädchen im Gänsemarsch Pampelmusen auf dem Kopf balancieren, um schönes Gehen zu lernen.

Ausgangspunkt der Filmidee ist die Vernachlässigung der jungen Ehefrau Kate durch ihren Mann Leonard, der zu viel Zeit beim Fischen verbringt. Als sie mit Szenen nichts erreicht, kommt sie mit ihrer Freundin zu dem Schluß, daß sich Frauen für ihre Männer interessanter machen müssen. Die beiden eröffnen eine Schule des Charmes, wo Frauen in zwölf Stunden ein neuer Charakter antrainiert wird. Sie lernen anmutiger „gehen, stehen, lächeln, lachen" sowie besser „sprechen, wispern, weinen". Es wird ihnen auch beigebracht, wie sie je nach der Situation „verführerisch" oder „unschuldig" wirken können. Sie lernen charmant zu bleiben, wenn sie beim Bridge verlieren oder wenn der Mann Fischen gehen will. Weil Kate selbst in der Schule des Charmes unterrichtet, stört es sie plötzlich weniger, daß Leonard seinen Hobbys folgt. An die Schule ist eine Klinik für kosmetische Operationen und Prothesen angeschlossen. Von den Schulungskursen und Operationen machen bald auch Männer Gebrauch. Die Polizei wird auf die Schule aufmerksam, da Verdacht auf Identitätsveränderungen von Verbrechern besteht. Man findet die Leiche einer alten Frau, die sich durch viele Prothesen in eine junge Frau verwandelt hatte. Während Kate unter Mordverdacht eine Weile inhaftiert wird, denkt ihre Freundin nach, ob sich die Schule nicht mehr auf die Bildung der inneren Werte spezialisieren soll. Das haben auch Kate und Leonard begriffen und versuchen, aufeinander zuzugehen: Leonard verbringt etwas mehr Zeit zu Haus, und Kate studiert Fischkochbücher.[138]

Am 5. November 1947 brachte *Ekstrabladet* auf der Rückseite, die stets Fotos vorbehalten war, eine Bildreportage Ruth Berlaus über das dänische Schiff 'Trein Mærsk`, das im Hafen von Los Angeles lag. Im Textteil berichtete sie von ihrer Begeisterung, als sie auf dem Schiff zu heimischem Kaffee und Roggenbrot eingeladen worden war. Dabei wurde kein geringeres Thema als die Widerstandsbewegung mit „dänischem Humor" zu Seemannsgarn versponnen: Neben den Schiffs- und Seemannsfotos prangt die Aufnahme einer soldatisch grüßenden, fröhlichen Ruth Berlau mit der Kapitänsmütze auf dem Kopf.[139] Am 9. Dezember publizierte *Ekstrabladet* zwei Fotos und einen kleinen Text über Nachtclubs für Farbige von Berlau. Im Innenteil der Zeitung stand ein Interview, das sie mit Hugh Baillie,

dem „mächtigen" Präsidenten von United Press geführt hatte. Er sprach über die gemeinsamen Interessen, die Europa und die USA nun verbinden würden, und versicherte, daß weder Depression noch neuer Krieg bevorstünden. Mit Sinn für public relations hatte Berlau ihn mit der Nummer von *Ekstrabladet* in der Hand fotografiert, auf deren Rückseite ihre eigene Reportage über die 'Trein Mærsk` zu sehen war. Im Untertitel des Interviews wurde sie als USA-Korrespondentin von *Extrabladet* bezeichnet, ein Status, den Ole Cavling ihr am folgenden Tag brieflich bestätigte.[140] Gedruckt wurde am 27. 1. 1948 auch eine Reportage über die Alltagssorgen der New Yorker: *Man smiler ikke i New York* (Man lächelt nicht in New York). Sie erschien in der ständigen Rubrik *Chroniken*. Berlau beschrieb hier das harte Alltagsleben: die Jagd nach dem Job, das Hungerleben der Künstler, die ihr Geld oft im Werbegeschäft verdienten. Die Unsicherheit bringe „jeden dritten New Yorker zu einem Nervenzusammenbruch und hinaus in die skandalös überfüllten Irrenhäuser. Jeder zweite Mensch läßt sich psychoanalysieren. Eine Büroangestellte oder Verkäuferin, die 23 Dollar in einer Woche verdient, zahlt wöchentlich zehn Dollar, um von einem Psychoanalytiker zu hören, daß sie einen *Superman-Komplex* habe". Es folgen Informationen über Preise und Lebenshaltungskosten und die prekäre Lage vieler alter Leute. Fotos von Berlau über Auslagen in New Yorker Geschäften befinden sich auf der Rückseite derselben Nummer.[141] Brecht gefiel die Tonlage, in der der Artikel verfaßt war: „Du schreibst so was in so leichter Weise und so locker und persönlich."[142]
Die Begleitung der *Galileo*-Inszenierung war unerquicklich. Nach Brechts Abreise begann Laughtons politischer und ästhetischer Mut zu sinken, bei den Absprachen zu bleiben. Weil Ruth Berlau nicht verhindern konnte, daß Laughton immer mehr Änderungen einführte, bat sie ihn, Brecht darüber schriftlich zu informieren, was er ablehnte. Aber sie konnte ihn dazu bringen, in einem Studio der Carnegie Hall eine Schallplatte aufzunehmen, worauf er und der Darsteller des Andrea Brecht die Änderungen schilderten und begründeten.[143] Um den Änderungen Grenzen zu setzen, kam Berlau schließlich auf die Idee, sie auch zu filmen, was Laughten wieder sehr geärgert haben soll.[144] Die Premiere am 7. Dezember und fünf weitere Aufführungen hatten nur mäßigen Erfolg. Brecht fand Ber-

laus Fotos großartig, sie sei jetzt „Spezialist". Er habe für Ende Januar eine Inszenierung in der Schweiz in Aussicht, die ihre erste fotografische Arbeit in Europa sein werde. Daß sie Weihnachten noch einmal allein verbringen müsse, sei ihm nicht recht. Er versprach, daß das kommende Weihnachten besser werden würde.[145] Einem kuriosen, später in der DDR entstandenen Text zufolge, verlief Berlaus Weihnachtsabend 1947 „unheimlich". Während sie Koffer packte, wurde geklopft. Vor der Tür soll das FBI gestanden haben, in Gestalt eines Amerikaners und eines Dänen. „Ich zeigte gastfreundlich auf die Korbstühle und lud die Herren zum Sitzen ein. Beim Weihnachtsbaum stand noch ein kanadischer Whisky für Brecht [...]. Ich zog den schnellstens auf." Nach stundenlangen, nicht sehr bösartigen Gesprächen, in denen sie angeblich auch erzählt hatten, weshalb sie zu Geheimagenten geworden waren, sagten sie Ruth Berlau, daß sie künftig in den USA unerwünscht sei.[146]

In ihren letzten New Yorker Monaten hatte sie noch mit den Folgen von Brechts Vernehmung in Washington zu tun. Immer wieder suchten sie der KPD nahestehende deutsche Emigranten auf, um über das Verhör zu diskutieren, von dem sie Ausschnitte im Radio gehört hatten. Viele hielten seine Beantwortung der Frage nach der Parteizugehörigkeit für doppelt falsch. Sie sahen darin einen Solidaritätsbruch mit den anderen achtzehn Vorgeladenen und ein Plädoyer für die Parteiunabhängigkeit der Intellektuellen. Berlau spürte, daß Gerüchte um Brechts Aussagen vor dem Ausschuß Probleme mit sich bringen würden. Unter dem Vorwand, in Dänemark bekannt machen zu wollen, „was für Leute sich in dieses wunderbare Land einschmuggeln" würden, gelang es ihr, die Platten mit Brechts Verhör für 40 Dollar bei den Polizeibehörden zu kaufen. Sie lud viele Interessierte ein, um ihnen das ganze Verhör vorzuspielen. Außer bei Budzislawski rief Brechts schwejkhaftes Verhalten bei den deutschen Exilkommunisten nach wie vor Skepsis hervor. Die Amerikaner hätten es jedoch richtig gefunden und brachen immer wieder in Lachen aus.[147] Das Etikett der Platten überklebte Ruth Berlau mit *Hollywood-Dialog*. Als sie nach Weihnachten abreiste, erwies sich diese Vorsichtsmaßnahme als richtig. Denn auf dem Schiff wurde wieder ihr gesamtes Gepäck vom FBI untersucht."[148]

1   Siehe: Edgar Snow in *Suterday Evening Post: Will Russia invide Germany*?, 11. 9. 1943, *What Russians Think of Us*?, 23. 9. 1943, *How fast can Russia rebuilt*?, 12. 2. 1944.
2   John Fuegi: *Brecht & Co*, a. a. O., S. 625.
3   RBA 98. Er war sich darüber im klaren, daß seine Geschichte nicht gesendet werden konnte.
4   Alarm erregte beim FBI am 9. Januar 1943 ihr Telephonat mit Georg Branting, in dem der Name Wuolijokis fiel, der in Finnland ein Hochverratsprozeß gemacht wurde. - FBI Akte BBA Z 53/54. Wuolijoki erhielt das Todesurteil, das jedoch nicht vollstreckt wurde.
5   TT BBA 2166/130–131. Weniger ausführlich: *Berlau/Bunge*, S. 191ff. Sie sagte auch, daß sie damals schwanger war, was aber erst ein Jahr später der Fall war.
6   Brecht an RB, 24., 25. und 26. 6. 1943, *GBFA* 29, S. 283ff.
7   Brecht an RB, 12. 8. 1943, ebd., S. 294.
8   Brecht an RB 22. 9 1943, ebd., S. 308.
9   Brecht an RB, 2. 8. 1943, ebd, S. 288.
10  Brecht an RB, 7. 9. 1943, ebd., S. 300f.
11  *GBFA* 15, S. 92. Die gespannte Stirn RBs regte ihn auch zum Gedicht *Die Maske des Bösen* an, *GBFA* 12, S. 124. Ein Typoskript, dat. auf „28–Sept 1942 S. M.-NY" liegt in RBAHKOP.
12  FBI Akte BBA Z53/62. Laut RB hielten sich Hilde und Gerhart Eisler auch in der Zeit, in der er sich verstecken mußte, mehrfach in ihrer Wohnung auf. Auch Brechts Bespitzelung erfolgte u. a. aus diesem Motiv.
13  Ruth Fischer, eigentl. Elfriede Eisler (1895–1961), beschuldigte ihre Brüder, sowjetischen Geheimdiensten Details über die Lebensführung ihres Mannes, Arkadij Maslow, verraten zu haben, der in Havanna wahrscheinlich vom KGB ermordet wurde. Sie arbeitete mit dem FBI und dem CIA zusammen. 1948 erschien ihr Buch *Stalin and the german communism*, in dem sie Brecht als Minnesänger Stalins und Die Maßnahme als literarische Vorwegnahme der Prozesse von 1937 bezeichnete.
14  Ernst Aufricht: *Erzähle, damit du dein Recht erweist*, München 1969, S. 226.
15  *Berlau/Bunge*, S. 161f.
16  TT BBA 2166/106–107. Tatsächlich hatte sie nur an der Vorbereitung des Stücks, nicht an seiner eigentlichen Ausarbeitung mitgewirkt. Bei den Einnahmen handelte es sich jetzt um Filmrechte an dem von Feuchtwanger geschriebenen Roman, worüber am 14. 11. 1943 ein neuer Vertrag zwischen Brecht und Feuchtwanger geschlossen wurde, in dem sich Brecht pauschal verpflichtete, Berlaus Ansprüche aus dem vorherigen Vertrag zu erfüllen. Der Film wurde nicht realisiert.
17  Brecht an RB, 14. 4. 1944, *GBFA* 29., S. 319.
18  RBA 1958/93. Siehe auch: TT BBA 2166/147.
19  TT BBA 2166/117.
20  Brecht an RB, 19. 3. 1944, *GBFA* 29, S. 326.
21  Brecht an RB, 14. 4. 1944, ebd., S. 329.
22  Brecht an RB, 23. 5. 1944, ebd., S. 337.
23  TT BBA 2166/148.
24  Brecht an RB, 5. 4. 1944, ebd., S. 327.

[25] *GBFA* 18, S. 341.
[26] Brecht an RB, 20. April 1944, *GBFA* 29, S. 331f.
[27] Kreidekreis-Notate, in: *Berlau/Bunge*, S. 249–256.
[28] Brecht an RB, 20. 4. 1944, *GBFA* 29, S. 331.
[29] Brecht an RB, 27. 4. 1944, ebd., S. 332 Am 18. Mai stellte er ihr eine „technische Frage: braucht man extra Apparate, um winzigklein, für Lesen mit Mikroskop, zu fotografieren? Da könnte man Manuskripte vervielfältigen und das wäre nicht teuer, nicht? Frag mal danach." – Ebd., S. 337.
[30] Keith Holz/Wolfgang Schopf: *Im Auge des Exils. Josef Breitenbach*, a. a. O.,114.
[31] Brecht an RB am 9. 7. 1943, *GBFA* 29, S. 279.
[32] Brecht an RB am 9. 5. 1944, ebd., S. 336.
[33] Brecht an RB, Juni 1944, ebd., S. 339.
[34] TT BBA 2166/130–131.
[35] BBA Z 53/136.
[36] Obwohl viele Freunde das Verhältnis Brecht-RB einschließlich Schwangerschaft mit Toleranz sahen, reagierten einige auch gehässig. Lotte Lenya schrieb am 16. 8. 1944 an Kurt Weill, der nach Santa Monica fuhr: „Ich hoffe, Du mußt nicht das Genie treffen – die Dänin ist auch dort. Ein schönes ruhiges Familienleben werden die da haben." *Sprich leise, wenn Du Liebe sagst. Der Briefwechsel Kurt Weill – Lotte Lenya*, Köln 1998, S. 427.
[37] BBA Z 12/71.
[38] *GBFA* 27, S. 201.
[39] Das FBI fand heraus, daß Dr. Gordon Rosenblum Mitglied der KP war. – Alexander Stephan: Neues vom FBI. CNDI LA–BB–1: *Die Überwachung von Brechts Telefon in Los Angeles*, Typoskript, S. 16–17.
[40] Brecht an RB [3. 9. 1944] In der *GBFA* 29, S. 377 wird der Brief auf Mitte Februar 1946 dat.. Die Frage nach der Diagnose ergibt eher Sinn für die Tumorerkrankung von 1944.
[41] Brecht an RB, [3. 9. 1944], ebd., S. 339. Dieser Brief wurde vom FBI abgefangen: BBA Z12/171. Aus FBI: Z12/115 geht hervor, daß zwischen 1. und 15. September mehrfach versucht wurde, telephonische Auskünfte in der Klinik einzuholen. Ergebnis: „no records".
[42] TT BBA 2166/148. Siehe auch: RBA 166. In *Berlau/Bunge*, S. 188 entsteht der Eindruck, daß Brecht bei der Operation dabei war, was aber falsch ist.
[43] Typoskript: Alexander Stephan: *Neues vom FBI*, a. a. O., S. 16.
[44] *Berlau/Brecht*, S. 188f.
[45] *GBFA* 27, S. 203.
[46] Salka Viertel (1889–1978), Frau des Regisseurs Bertholt Viertel, beide mit Brecht seit den zwanziger Jahren befreundet, Erfolg mit Drehbüchern für Greta Garbo, damals aber in finanziellen Schwierigkeiten. Seit RBs Ankunft in Kalifornien verkehrte sie in Viertels Salon. RB „war Brechts Sekretärin, attraktiv und jung" und jetzt ein „paying guest" - Salka Viertel: *Das unbelehrbare Herz*, Hamburg, Düsseldorf, 1970, S.412.
[47] TT BBA 2166/148.
[48] Brecht an RB. Mitte Sept. 1944, – *GBFA* 29, S. 339f.
[49] Brecht an RB, von ihr auf 15. 11. 1944 dat (RBA N 32), *GBFA* 29, S. 258f, hier fälschlich 1942 dat..

[50] RBA 301.
[51] FBI Akte BBA 253/139.
[52] Brecht an RB, Ende 1944/Anf. 1954, *GBFA* 29, S. 343.
[53] Da keine Typoskripte zu *Das Gras sollte nicht wachsen* von Brecht gefunden wurden, ist der Entwurf unter Mitarbeit an Arbeiten anderer registriert: BBA 2210/74–87, 2210/88–95.
[54] *Berlau/Bunge*, S. 179.
[55] BBA Z53/84.
[56] *GBFA* 27, S. 215.
[57] TT BBA 2166/152.
[58] *GBFA* 27, S. 217.
[59] *Berlau/Bunge*, S. 216.
[60] FBI-Report BBA Z37/111 und Z 53/148–152.
[61] RB an Brecht, 1. und 3. 4. 1945, FBI–Report, BBA, Z53/154–155. Zit. n.: John Fuegi: *Brecht & Co.*, a., a., O., S. 648.
[62] Brecht an RB im April 1945, *GBFA* 29, S. 350.
[63] Brecht an RB, März/April [1945], ebd. S. 379. Der Brief ist in *GBFA* irrtümlich auf ein Jahr später datiert.
[64] BBA Z53/181. Daß auch Brecht ihr nach wie vor Geld schickte, belegen weitere FBI-Akten: Am 25. 3. 1945 löste sie einen von ihm ausgestellten Scheck über 1100 Dollars ein.
[65] Elisabeth Bergner: *Unordentliche Erinnerungen*, Berlin 1987, S. 180–181.
[66] Siehe: Brecht an RB März/April [1945], *GBFA* 29, S. 379. Zur Datierung siehe Anm. 63.
[67] Die Erklärung ist 1. 8. 1945 datiert. Eine weitere Kopie des Films befindet sich in RBA 79.
[68] Protokoll aus einer FBI-Akte, zit. n. John Fuegi: *Brecht & Co.*, a. a. O., S. 651.
[69] Fuegi zitiert einen weiteren FBI-Bericht, wonach eine Kommission für den öffentlichen Dienst Berlaus Fall untersuchte und das Dienstverhältnis löste. John Fuegi: *Brecht & Co.*, a. a. O., S. 651.
[70] „Danke für die Fotos der Aufführung. Sie sind ganz gut, einige wirklich schön. Aber am besten sind die, wo man die ganze Bühne sieht." Brecht an RB Juli/August 1945, *GBFA* 29, S. 361.
[71] Dies geht aus einem Antwortbrief Brechts an Michael Apletin vom September 1945 hervor, der im Brecht-Nachlaß von Victor Cohen liegt, BBA o. Sg.
[72] Bertolt Brecht an Ruth Berlau, Mitte Aug. 1945, *GBFA* 29, S. 363.
[73] *Berlau/Meyer*: RB. Fotografin, a. a. O., S. 96–99.
[74] Siehe: *Berlau/ Meyer*, a. a. O., S. 112–115.
[75] *The School Ship ‚Denmark'*, RBA 99.
[76] Brecht an RB, 30. 10. 1945, *GBFA* 29, S. 367.
[77] Die Fotopublikation erfolgte anonym, RBs Urheberschaft ist aber durch einen Brief Ole Cavlings v. 6. 11. 1945 bestätigt. RBAHKOP.
[78] Brecht an RB Juli/August 1945, *GBFA* 29, S. 360.
[79] Zit. n. Alexander Stephan: *Im Visier des FBI. Deutsche Exilschriftsteller in den Akten amerikanischer Geheimdienste*, Stuttgart, Weimar 1995, S. 218–219.
[80] Brecht an RB August/September 1945, *GBFA* 29, S. 363.

⁸¹ Brecht an RB, 14. oder 15. 7. 1945, *GBFA* 29, S. 358.
⁸² Zit. n.: Alexander Stephan: *Neues vom FBI*, a. a. O., S. 15f.
⁸³ Brecht an RB, Ende September/Anf.Oktober 1945, *GBFA* 29, S. 364f.
⁸⁴ Brecht an RB, 30. 10. 1945, ebd., S. 367.
⁸⁵ *GBFA* 27, S. 236.
⁸⁶ *GBFA* 15, S. 160.
⁸⁷ *GBFA* 27, S. 237.
⁸⁸ Brecht an RB, 20. 12. 1945, *GBFA* 29, S. 370f.
⁸⁹ Texte wie: *Meine Zeit als Reinemachefrau in New York, als Leierkastenfrau, als Kulturprüfer, als Hökerfrau* (RBA N 147) waren Auftragsarbeiten des *Magazin*, wurden aber nur z. T. publiziert. Da RB von den hier beschriebenen Erlebnissen in keinem anderen Zusammenhang erzählte, ist ihr Realitätsgehalt zweifelhaft.
⁹⁰ Ida Bachmann an Brecht, 11. 1. 1946, BBA 286/04–10. Hauptmann bestätigte, daß RB aggressiv wurde, wenn sich Bachmann von ihr nicht „bossen" lassen wollte. Elisabeth Hauptmann an Brecht, 9. 1. 1946, BBA 211/23ff. Direkte und indirekte Zitate Bachmanns und Hauptmanns im folgenden stammen aus diesen beiden ausführlichen Briefen.
⁹¹ Zit. nach John Fuegi: *Brecht & Co*, a. a. O., S. 662. (keine genaue Angabe über die FBI-Quelle)
⁹² RBA 95. In RBAHKOP liegt eine dänische Variante.
⁹³ RBA N 95.
⁹⁴ RBA N 4.
⁹⁵ Alle Beobachtungen Bachmanns hier und im folgenden: Siehe Anm. 90. In ihren langen Monologen, in denen es immer wieder darum ging, wie sie zu Geld kommen könne, bezeichnete sich RB selbst oft als „Hure". Diese fixe Idee zeigt auch folgendes, derselben Zeit entstammendes Gedicht, das den Schmerz ausdrückt, nicht am dänischen Widerstand teilgenommen zu haben.: „When I was a women, I woul choos to be a hore. // The patrikal hore. The importen men I Waschington. // The Danish tryal. Was ist right not to fight? // I like my people to be successful." RBA N95.
⁹⁶ Zit. n.: John Fuegi: *Brecht & Co*, a. a. O., S. 662. (ohne Quelle) Zeugnis dieser Beziehung sind die gegenseitig in ihrem Zimmer aufgenommen Fotos, darunter RB in einer Strip-tease-Pose. Siehe: *Berlau/Meyer*, a. a. O., S. 118–121.
⁹⁷ Alle Beobachtungen Hauptmanns hier und im folgenden: Siehe Anm. 90. Die Geschichte *Helli*, die auch ist in einem Brief Brechts an Helene Weigel erwähnt wird (Anm. 101), ist verschollen.
⁹⁸ Brecht an Ferdinand Reyher, Januar 1946, *GBFA* 29, S. 375.
⁹⁹ RB an Brecht, 11. 1. 1946, RBAH.
¹⁰⁰ James K. Lyon: *Brecht in Amerika*, a. a. O., S. 222.
¹⁰¹ Brecht an Helene Weigel, 11. 2. 1946, BBA o. Sg., Siehe: Erdmut Wizisla: *Die Brecht-Sammlung Victor N. Cohen*, in: *Pressemappe zur Vorstellung des Cohen-Nachlasses* am 14. 3. 2006 in der Akademie der Künste.
¹⁰² Brecht an Elisabeth Bergner, 16. 2. 1946, *GBFA* 29, S. 377.
¹⁰³ Aus damaligen Notizen RBs aus RBAH. Siehe: John Fuegi: *Brecht & Co.*, a., a., O., S. 627f.
¹⁰⁴ Brecht an Ferdinand Reyher, Februar/März 1946, *GBFA.*, S. 379.

[105] Siehe Anm. 103.
[106] *GBFA* 15, S. 161. Typoskript liegt in der Mappe *Meine Gedichte*, RBAHKOP.
[107] Siehe Brechts Brief an Max Gruenthal, 2. 1. 1947, *GBFA* 29, S. 409f. Als Lorre kurz darauf wegen Drogenbesitzes festgenommen wurde, schickte er ihm das Gedicht *Der Sumpf*: „Manchen der Freunde sah ich, und den geliebtesten // Hilflos versinken im Sumpf, an dem ich // Täglich vorbeigeh", *GBFA* 15, S. 183.
[108] Gespräch mit Werner Hecht, 7. 12. 2004.
[109] James K. Lyon: *Brecht in Amerika*, a. a. O. , S. 308.
[110] TT BBA 2166/126–127.
[111] RB: *Atombombens Aldfader*, BBA 1958/87–91, zitiert n. *Berlau/Meyer*, S. 67, Ü: v. Willy Dähnhardt..
[112] Im Frühjahr 1946 war Chaplin (neben Lewis Milestone und John Garfield) auf Einladung Konstantin Simonows zu einem Bankett und einer Filmvorführung auf dem sowjetischen Tanker Batumi erschienen, der im Hafen von Long Beach lag. Darauf griff ihn die Presse scharf an, obwohl Simonow auf Einladung des Außenministeriums in den USA weilte.
[113] Zit. nach dem umfangreicheren Typoskript: *Chaplin tar' skoene af & hvorvor?* (Warum zieht es Chaplin die Schuhe aus?), Sept. 1946, BBA 1958/110. RB bezeichnete hier *Alle wissen alles* als ihr Stück. Brecht hatte kein Interesse, im Nachkriegsdänemark für ein im Rohzustand gebliebenes Stück ohne aktuellen Wert unter seinem Namen zu werben.
[114] James K. Lyon: *Brecht in Amerika*, a. a. O. , S. 120–121.
[115] TT 2166/ 105, 108-109.
[116] BBA 1958/121f.
[117] *New York – Hollywood* (dän., undat.), BBA 1958/76–86. Fotos: *Berlau/Meyer*, S. 72–81.
[118] *Berlau/Bunge*, S. 163. Über Bergners spätere Einschätzungen siehe: *Unordentliche Erinnerungen*, a. a. O., S. 187ff. Siehe auch: James K. Lyon: *Brecht in Amerika*, a. a. O., S. 197–205.
[119] BBA 1958/112/117–118.
[120] Beide Texte: RBAHKOP. *The Martyr* auch: RBA 75.
[121] Brecht an Berthold Viertel, Ende Mai/Anf. Juni 1942, *GBFA* 29, S. 236.
[122] *Berlau/Bunge*, S. 184ff.
[123] Der Schauspieler John Garfield (1913–1952) beging in der Folge seiner Vorladung vor den Ausschuß für unamerikanische Betätigung Selbstmord.
[124] Patterson Green im Los Angeles Examinor v. 1. 8. 1947 zit. n. Hecht: *Chronik*, S. 792.
[125] Lotte Goslar (1907–1997), Schülerin von Mary Wigman und Gret Palucca, entwickelte Formen zwischen Tanz, Kabarett und Pantomime. 1933 Emigration. Brecht schrieb für sie eine Pantomime: *GBFA* 20, S. 184.
[126] *Berlau/Bunge*, S. 168. RB hat Brecht und Goslar fotografiert: *Berlau/Meyer*, S. 63.
[127] James K. Lyon: *Brecht in Amerika*, a. a. O., S. 301.
[128] TT BBA 21666/157 Lenya bestätigte nie eine intime Beziehung mit Brecht. Aus den Quellen geht eher ein sehr gespanntes Verhältnis hervor.
[129] Alexander Stephan: *Neues vom FBI*, a. a. O., S. 15. R. B. Hood, der zuständige special agent, sandte verschiedene Memoranden an FBI-Chef Hoover, in denen er

hervorhob, daß die Informationen über die Beziehung Brecht/Berlau nützlich wären, wenn gegen ihn ein Deportationsverfahren eingeleitet werden solle.

[130] Salka Viertel: *Das unbelehrbare Herz*, a. a. O. ,S. 442. Um Hanns Eisler zu helfen, investierte Chaplin viel Geld und organisierte u. a. eine von Picasso geführte Solidaritätsaktion von Künstlern in Frankreich.

[131] *Berlau/Bunge*, S. 171f.

[132] TT BBA 2166/132–133.

[133] *Berlau/Bunge*, S. 172f.

[134] TT BBA 2166/ 133–144. Vergl.: *Berlau/Bunge*, S. 172–174 u.: James K. Lyon: *Brecht in Amerika*, a. a. O., S. 433–450.

[135] „Und, weil Du sagst, es quält Dich, in die 73. Straße ging ich vom Bahnhof, weil dort die Budschis schon warteten und weil ich dann da gewesen war und zu Dir konnte. – Und ich war mit niemand nach Dir, Ute." – Brecht an RB, Mitte November 1947, *GBFA* 29, S. 432.

[136] Die Vollmacht ist auf 15. 10. 1947 datiert, RBA 32/42.

[137] *Wie ich Barfrau in New York wurde*, in : *Das Magazin* 10/1957. Brechts Schweizer Guthaben blieben bis zum Februar 1948 blockiert. Aus seinen Briefen geht hervor, daß er alles in seinen Kräften stehende tat, um sie mit Geld zu versorgen.

[138] BBA 1958/53–66, auch: BBA 2211/119–141. Eine in RBAHKOP liegende, in Berlaus Deutsch verfaßte Variante ( aus der hier zitiert wurde) hat neben anderen kleinen Änderungen einen neuen Schluß, der nahe legt, daß es sich um ein für die DDR leicht geändertes Treatment handelt: Der Mörder der alten Frau, die nicht nur wegen ihres Reichtums geliebt werden wollte, flieht mit ihrem Geld und ihren Juwelen nach Argentinien. Um dort nicht verhaftet zu werden, verwandelt er sich im Flugzeug in Hitler und wird als solcher herzlich begrüßt.

[139] RBs Fotos auf der 'Trein Mærsk' siehe: *Berlau/Meyer*, S. 26–31.

[140] RBA N 250.

[141] Zitiert n. *Berlau/Meyer*, S. 116– 117, Ü: Willy Dähnhardt.

[142] Brecht an RB Ende Januar /Anf. Februar 1948, *GBFA* 29, S. 443.

[143] Die am 13. 12. 1947 im Carnegie Hall Recording – Studio aufgenommenen Platten wurden kürzlich in der Schweiz gefunden. Werner Wüthrich: *Hello, dear Brecht..., Charles Laughton demonstriert Bertolt Brechts episches Theater*. In: *Neue Zürcher Zeitung*, 27. 2. 2006, S. 35. Eine weitere Kopie der Platten existiert in Dänemark.

[144] *Berlau/Bunge*, S. 187. Ein Film der New Yorker Inszenierung ist nicht überliefert.

[145] Brecht an RB Mitte Dez. 1947, *GBFA* 29, S. 438f.

[146] RB: *Unheimlicher Weihnachtsabend in New York*, in: *Berlau/Meyer*, S. 128–119, Ü: Willy Dähnhardt.

[147] John Fuegi schreibt in *Brecht & Co*, a. a. O., S. 696, daß z. B. der Drehbuchautor Lester Cole, der Mitglied der KP USA war, Brechts Verhalten vor dem Ausschuß ebenfalls nicht gebilligt hatte.

[148] TT BBA 2166/139f. Vergl: *Berlau/Bunge*, S. 175ff. Hier wird nicht wie aus den Transskriptionen der Bänder ersichtlich, daß unter den Deutschen wahrscheinlich nur Budzislawski Brechts Verhalten vorbehaltlos billigte. Dafür spricht auch, daß sich die Auffassung vom „Verrat" bis heute gehalten hat.

## 9. Zwischenstation Schweiz

Aus Paris schrieb Brecht Ruth Berlau, daß er sich auf sie freue. Da in Europa mit sinnvoller und kontinuierlicher Arbeit zu rechnen war, hoffte er auf ihre psychische Stabilisierung. Weil er wußte, daß die zwei Monate, die sie in New York allein verbrachte, riskant waren, wiederholte er brieflich seine üblichen behavioristischen Ratschläge: „Bitte, iß regelmäßig, geh früh zu Bett, dusch Dich zweimal am Tag, kauf warme Wäsche, und die Stirn muß glatt sein."[1] Auf der Zwischenstation in Paris hatte er zufällig Anna Seghers getroffen, die dort ihre Kinder besuchte. Sie habe erzählt, die Arbeitsbedingungen der Künstler in der sowjetisch besetzten Zone wären politisch so schwierig, daß man dort nur als „starke Gruppe" auftreten könne. „Ich werde Dich ziemlich brauchen."[2]

Brechts Briefen ist zu entnehmen, daß sie ihm das Versprechen abzuringen suchte, künftig fest mit ihr zusammenzuleben. Ansonsten würde sie nach Dänemark gehen. Er beteuerte: „Du mußt nie fragen, ob ich Dich will, ich will Dich." Die *Galilei*-Premiere solle sie überhaupt nur abwarten, wenn sie nicht in Zweifel gerate.[3] Für ihn sei es „scheußlich, wenn Du an gute Briefe, die ich so gierig aufreiße, böse und ungerechte Sätze anhängst." Sie dürfe ihr Verbleiben in New York nicht nur als ein Opfer für ihn ansehen. Was sie dort täte, sei doch auch eine Investition in künftige Gemeinsamkeit. Trotzdem wollte er, daß sie frei schriebe, „was immer Du denkst, und nicht all das Dumme in Dich hineinfrißt, Ruth." Weil es für sie wichtig war, daß er keine gemeinsame Wohnung mit der Weigel nahm, teilte er mit, daß er für Frau und Tochter eine Wohnung in der Nähe von Zürich gefunden habe und für sich selbst ein Atelier.[4] Um ihre Eifersucht zu mildern, betonte er auch, daß er keine attraktiven Schauspielerinnen bemerkt hätte und überdies für Abenteuer weder Zeit noch

Lust hätte. Er bearbeite *Antigone* von Sophokles für eine Schweizer Inszenierung, was er als Vorbereitung für Berlin betrachtete.[5] Er konnte nicht vermelden, daß das Schauspielhaus, das im Krieg mutig seine aktuellen Stücke uraufgeführt hatte, jetzt zu einer Aufführung bereit wäre. Das scheiterte vor allem daran, weil es sich weigerte, der Weigel eine Rolle zuzugestehen. Den ersten Theaterauftritt einer in der Schweiz unbekannten Schauspielerin, die eine fünfzehnjährige Berufspause hinter sich hatte, ermöglichte nur die experimentierfreudige städtische Bühne in Chur. Seit dem 31. Dezember führte Brecht im Zürcher Volkshaus Vorproben zur *Antigone* durch, die in Chur aufgeführt werden sollte.[6]

Ruth Berlau ging am 9. Januar 1948 in Le Havre von Bord.[7] Im Gegensatz zu Brecht und Weigel brauchte sie als Dänin für die Schweiz kein Visum und erreichte am nächsten Tag Zürich. In dem von dem jungen Dramaturgen Uz Oettinger zur Verfügung gestellten Atelier, in dem sie Brecht vermutete, fand sie ihn nicht vor und stieg in einem Hotel ab. Eine halbe Stunde, nachdem Brecht in Berlaus Hotel eingetroffen war, erschien dort auch Caspar Neher, dessen Bühnenbild Voltelen für Berlaus Kopenhagener *Mutter*-Inszenierung nachgebaut hatte. Er war nun auch Bühnenbildner für die *Antigone*. Brecht schlug vor, daß Berlau die Inszenierung fotografisch begleiten und dokumentieren solle.[8]

Zu ihrer großen Enttäuschung wohnte Brecht doch nicht allein, sondern in Feldmeilen bei Helene Weigel, die ihm dort sofort ein Arbeitszimmer eingerichtet hatte. Das von der Familie Mertens-Bertozzi zur Verfügung gestellte bescheidene Sommerhaus war bereits ein ständiger Anlaufpunkt vieler Intellektueller und Künstler, die den Mut gehabt hatten, während der Nazizeit in der Schweiz Brecht-Stücke aufzuführen. Und es kamen ganz junge Leute wie Benno Besson, die hofften, mit ihm künftig zu arbeiten. Häufiger Gast war Max Frisch, der von einer Reise nach Berlin den Brief des sowjetischen Kulturoffiziers Alexander Dymschitz[9] mitgebracht hatte, in dem Brecht erneut Unterstützung in Aussicht gestellt wurde, sobald er nach Ostberlin käme.

In Zürich herrschte damals Wohnungsknappheit. Deshalb zog Ruth Berlau in das Atelier Öttingers in der Gartenstraße 38, das aber so bald wie möglich geräumt werden mußte. Nicht nur, weil es wenig komfortabel und schwer beheizbar war,[10] sondern vor allem, weil sie an der Churer Inszenierung nur als Fotografin teilnehmen sollte, fühlte sich Berlau sofort wieder in den zweiten Rang abgeschoben. Sie hatte sich künftig als Co-Regisseurin neben Brecht gesehen. Das lag aber noch außerhalb seiner Einflußmöglichkeiten und war wohl auch der Weigel nicht zumutbar. Berlau haderte, ob sie überhaupt nach Chur kommen sollte. Ihre Versuche, sich wieder mit Obstbranntwein zu trösten, nannte Brecht unnötig, denn: „Ich liebe Dich und Du weißt es." Daß er im selben Haus wie Weigel wohne, beruhe auf den wider Erwarten noch immer knappen Geldmitteln. Eigentlich wolle er, wie vor der Emigration, ganz allein wohnen, „weil ich da gut arbeiten und mich frisch halten kann." Er verstünde, daß ihr daran gelegen war, betonte aber, daß er es nicht ihr, sondern sich selbst versprochen hätte.[11]

Während sie fieberhaft versuchte, etwas für *Ekstrabladet* zu schreiben,[12] wurde sie von Angstattacken überfallen. Weil ihr die Artikel nicht gelingen wollten, verfaßte sie einen *Der Ballon* betitelten Dialogtext über telefonische Auseinandersetzungen mit Brecht. Darin schrieb sie ihm zynische Formulierungen zu, in denen wohl eher die von ihr vermuteten Motive seiner Position zum Ausdruck kamen, als das, was er wirklich sagte. Anzunehmen ist aber, daß er sich unnachgiebig zeigte.

„'Ich dachte, wenn es wieder Aufführungen gibt, könnte ich was lernen` - 'Dann weißt du es jetzt: dich kann man nicht brauchen. Zum Fotografieren ja [...aber] was willst du denn Regie lernen in einer fremden Sprache? Man schämt sich deinetwegen, wer bist du denn, was willst du denn, du bist ungebildet und zwischen Leuten machst du einen merkwürdigen und störenden Eindruck` - 'Aber das Wesentliche ist doch, daß da eine Ehefrau eine Rolle in dem Stück spielt und da eine *Spannung* entstehen würde, wenn ich dabei bin` - 'Auch das, ja und du bist nicht nötig, wozu denn?` - 'Ich wollte immer Regie lernen, [...] das ist mein Fach!'" Das sei lange her, soll er geantwortet haben, während sie daran erinnerte, daß sie nicht nur kleine „Stückchen" geschrieben, sondern sogar in deutsch Regie geführt hatte. „'Weine jetzt nicht wieder: schlucke es mal; man kann dich nicht brauchen!` - 'Aber ich habe damit gerechnet, gerechnet! gerechnet!'" Wenn die Ehefrau nicht spiele, könne sie bei der Regie mitwirken, soll er in

Aussicht gestellt haben. Obwohl sie später behauptete, daß er ihre Drohung, nach Dänemark zu gehen und dort erneut politische Arbeit für ihre Partei zu leisten, „in Anwesenheit von Caspar Neher" als „romantischen Quatsch" bezeichnet hätte[13], steht in diesem Text, daß er sie nicht mehr zurückhalten wollte: „Das war damals, als du jung und schön warst, daß man versucht hat, dich zu halten: jetzt kannst du gehen, keiner rechnet mit dir.`" Als sie sich beklagte, in Armut und Bedeutungslosigkeit abgeschoben zu werden, soll er entgegnet haben: „Ich komme mal vorbei und vögle dich, sonst verschwinde ich und wohne, wo es wohnbar ist, hier ist es doch zu kalt, nicht für dich, aber für mich." Immer noch gab er Geldgründe an, weshalb er es ihr nicht „bequem" machen könne. Für sie aber lief alles auf den „banalen kleinbürgerlichen Satz" hinaus, daß man sich mit einem verheirateten Mann eben nicht einlassen dürfe.

Im selben Text beschrieb sie, wie sich ihre Angstpsychose auch in körperlichen Zeichen ausdrückte: Sie litt an Schüttelfrost und hörte Geräusche, die von Ratten zu stammen schienen. Wie oft in psychischen Streßsituationen hatte sie Herzschmerzen. Dazu kam jetzt das Gefühl, daß ihr am Kopf „Beulen" wüchsen, daß „etwas Physisches im Gehirn" passiere.[14] Dann tauchte das Phantombild des kleinen Michel auf. Wenn das Kind jetzt hier wäre, meinte sie, würde sich Brecht anders benehmen. Auf ihr Weinen wußte er nur behavioristische Ratschläge zu geben: Das Herz solle sie sich nicht als Ort seelischer Schmerzen vorstellen, es sei nur ein „Muskel", der bei ihr zur Zeit nicht krank sei. Geräusche gäbe es in allen Häusern. Sie solle nachschauen, ob wirklich Ratten da wären. Auch könne sie versuchen, sich durch Lesen abzulenken und sich auch mal an etwas Angenehmes erinnern, z. B. an ein Pfeifsignal, womit sie sich in Finnland geheime Botschaften übermittelt hatten.

Im weiteren Verlauf dieses Textes kam eine sich anbahnende sexuelle Krise zur Sprache. Sie war wohl auch der eigentliche Grund der Spannungen, deren Vergegenwärtigung jetzt durch den Raum als großer „Ballon" schwebte, der angefüllt war mit „unbeschreiblicher Angst". Sie war verzweifelt darüber, daß Brecht ihr schon lange nicht mehr „verboten" habe, mit anderen zu schlafen. Er wisse ja: „ich kann es nur nur nur nur nur mit dir, weil ich schon einmal wahnsinnig wurde, weil ich dich dich dich liebe." Er dagegen hätte keine

Schwierigkeiten, mit anderen zu schlafen. Ihm sei nur noch wichtig, daß sie fotografiere. Dann folgt ein bitterer Abschnitt über ihre Minderwertigkeitskomplexe gegenüber einer „besseren und klügeren Frau, die Format hat". Brecht habe trocken geraten, ein Fußbad zu nehmen, Tee zu trinken und hinzugefügt: „'Warum nimmst du denn nicht einen Zug nach Chur, wenn schon kein anderer [als ich – S. K.] den Ballon zum Platzen bringen kann?'" Sie antwortete: „Weil mein Minderwertigkeitskomplex überhand genommen und den Rest meines Rückrats und meiner Eitelkeit zermatscht hat: ich gehe schon nicht mehr hin, wo ich unerwünscht bin, ich bin kaputt". Auf sein Versprechen, daß sich die Arbeits- und Lebensbedingungen doch bald verbessern würden, antwortet sie ungläubig: „In Deutschland?"

Sie rang nicht nur um Nähe, sondern zugleich um Distanz. Deshalb suchte sie nach Zeichen des Niedergangs von Brechts Persönlichkeit, die es ihr leichter machen könnten, sich von ihm loszureißen. Im selben Text hielt sie die Beobachtung fest, daß Brecht zwar „vergnügt" dasäße und arbeite, in Wirklichkeit aber vertrottelt und einsam sei: „Er weiß nicht mehr ganz genau, wo er ist [...], er spricht sehr viel mit sich selber, das aber rechnet er schon lange nicht mehr zu den schlechten Zeichen, denn er hat nur sich selber womit er sprechen kann. Er ist immer alleine. Irgendwie findet er sich selber beim Essen, im Theater, auf der Straße alleine, so, daß es verständlich ist, daß er mit sich selber spricht"[15]

Weil sie sich weigerte, nach Chur zu kommen, war ihr noch nicht klar, daß das Gegenteil der Fall war. In den USA hatte sie sich als wichtigste, manchmal auch einzige Mitarbeiterin und Ermutigerin gefühlt. Das war zwar ein Trugschluß, aber Brecht hatte zu dieser Selbsttäuschung kräftig beigetragen, um ihren Minderwertigkeitskomplexen zu begegnen.[16] Das rächte sich nun. Schon in der Schweiz war er von viel mehr Menschen als in den USA umgeben, die sich darum rissen, Arbeiten für ihn auszuführen, die Berlau selbst nicht interessant schienen oder zu anstrengend waren. In Oettingers Atelier sitzend, hatte sie bisher nur wahrgenommen, daß Brecht ihr zu wenig zur Verfügung stand.

Für ihn waren ihre Forderungen und ihr Zustand niederschmetternd und schwer verständlich. Weil sie zu einer Belastung für die so lange vermißten Arbeitsaufgaben zu werden drohte, wußte er sich nur

mit einem autoritären Tonfall zu helfen, den er dann auch wieder bereute. Bei einem der Telefongespräche entschuldigte er sich, ihr zu leichtsinniges Geldausgeben vorgeworfen zu haben. Jedenfalls gab er zu, daß ihre Wohnsituation „scheußlich" sei und verändert werden müsse, „jetzt, wo Du so gut im Schreiben bist, in dem Atelier! // Also, Stirn glatt, Ute!"[17]
Eric Bentley, der sich als Übersetzer und Regisseur von Stücken Brechts in Studententheatern in den USA profiliert hatte und mit seiner Agentin Berlau in New York des öfteren zu tun gehabt hatte, hielt sich damals mit einem Guggenheim-Stipendium in Zürich auf. Er berichtet von einem Kinobesuch zu dritt. Sie hatten Chaplins *Goldrausch* gesehen. Danach hätte Brecht erzählt, daß er weder am Sex noch am Essen mehr Freude habe.[18] So etwas zu hören muß für Berlau einer Katastrophe gleich gekommen sein. Ein nicht datierter Brief Brechts scheint die Fortsetzung des Liebesverhältnisses an bestimmte Bedingungen ihres Verhaltens geknüpft zu haben. Ihre Vorstellung sei falsch, daß es ihm „Spaß" mache, sie „schlecht zu behandeln". Er erinnerte sie daran, „daß in vielem unsere Gespräche wie ein Unterricht waren", an dem sie interessiert gewesen sei und Freude gehabt hätte. „Daraus ist jetzt wohl für Dich eine Knechtschaft geworden und ich bin für Dich ein Tyrann geworden. [...] Mir schien es immer, daß Du doch jedes Recht hast, das Du Dir nehmen willst, und ich ein Recht habe zu streiken."[19]

Streik bedeutete keinen Bruch. Die Intimbeziehung war realiter nicht zu Ende und ein Teil der Befürchtungen Berlaus konnten aus der Welt geräumt werden. Gegen Ende Januar fand sie über eine Zeitungsannonce ein besseres möbliertes Zimmer in der Zürcher Dufourstraße 32. Hauptmieterin war Stevka Lazović, eine Angestellte der jugoslawischen Botschaft. Ihr Sohn Miroslav erinnert sich, daß Ruth Berlau bei der ersten Begegnung sympathisch, aber verwirrt wirkte. An dem Tag, an dem sie nachmittags einziehen wollte, wartete Frau Lazović vergeblich. Zu nachtschlafener Zeit stand Berlau dann vor der Tür mit umfangreichem Gepäck, darunter auch Arbeitsmaterialien Brechts. Der Taxifahrer habe durch Zwinkern klargemacht, daß sie betrunken sei. Weil der Lärm in Berlaus Zimmer dann stundenlang nicht endete, sei seine Mutter zu ihr hineingegangen „und sieht unsere neue Untermieterin splitternackt vor dem gro-

ßen Schrankspiegel. Ruth steht also vor dem großen Schrankspiegel und probiert einfach ihre Damenhüte durch." Am nächsten Morgen habe ihm seine Mutter davon erzählt und gesagt: „Diese Frau ist ja ganz übergeschnappt. Wir werden sie nicht behalten können."[20]
Doch die Bemühungen Stevka Lazovićs, für Thren Gast eine neue Unterkunft zu finden, fruchteten nicht. Und weil Ruth Berlau fest versprach, nicht mehr zu trinken, konnte sie bleiben. Es entstand nicht nur Freundschaft zwischen den beiden Frauen.[21] Auch Brecht, der wie früher Ruth Berlau jeden Nachmittag besuchte, unterhielt sich gerne mit Frau Lazović über den antifaschistischen Kampf in Jugoslawien, von dem er in den USA kaum etwas erfahren hatte. Werner Wüthrich weist darauf hin, daß die ehemalige aktive Partisanin und Mutter, die im Widerstandskampf zwei ihrer drei Kinder verloren hatte,[22] eine Inkarnation der Protagonistinnen von *Die Mutter* und *Die Gewehre der Frau Carrar* repräsentierte.[23] Genauso repräsentierte sie den kämpferischen Frauentyp, der im Mittelpunkt von Ruth Berlaus *Plays for womens at war* gestanden hatten. Stevka und Miroslav Lazović bekamen immer mehr Hochachtung vor Ruth Berlau und Bertolt Brecht. Sie hielten die beiden damals nicht für ein Liebespaar, sondern hatten viel mehr den Eindruck, daß beide äußerst intensiv arbeiteten. „Als Ruth bei uns das Zimmer hatte, dachte ich mir oft, dieser Brecht sei zu ihr wie ein Lehrer."[24] Wenn Ruth Berlau nun sofort unter Beobachtung der Schweizerischen Bundesanwaltschaft geriet, lag das nicht an ihrer Beziehung zu Brecht, sondern daran, daß die jugoslawische Konsulatsangehörige rund um die Uhr observiert wurde.[25]
Da Frau Lazović auf ihre Versetzung nach Bern wartete, stand die Übernahme der ganzen Wohnung in Aussicht.

Durch die gute Aufnahme bei den Lazovićs scheint sich Ruth Berlaus Zustand stabilisiert zu haben. Sie ließ sich schließlich auch überzeugen, doch als Fotografin an der Churer Inszenierung mitzuwirken. Dazu mußte Brecht nicht nur das Einverständnis der Weigel errungen haben, sondern auch den Theaterfotografen Theo Vonow aus der Inszenierung „herausschmeißen", der sich sehr brüskiert fühlte und nur noch heimlich hinter den Kulissen fotografieren konnte. Für Ruth Berlau hatte Brecht ein Exklusivrecht zum Fotografieren

235

durchgesetzt. Im vornehmen Churer Hotel 'Stern' bewohnte sie ab 4. Februar ein Zimmer neben den Zimmern von Brecht und Weigel.[26] „Und die Schauspieler und Schauspielerinnen, die den Regisseur-Autor etwa morgens im Hotel zu den Proben abholten, trafen ihn nun meistens mit Ruth Berlau beim gemeinsamen Frühstück an. Die Mitarbeiterin genoß seine Nähe sichtlich, wie sich [die Schauspielerin] Valeria Steinmann und Theo Vonow noch erinnerten."[27] Bunge gegenüber berichtete sie 1959 von der Begeisterung, die sie sofort erfaßte. Zum ersten Mal erlebte sie, wie Brecht ganz nach eigenem Ermessen Regie führte. Bei *Galileo* hatte er Rücksicht auf Laughton genommen, bei *Duchess of Malfi* auf Bergner. Man hatte viel Spaß, u. a. auch, weil die Weigel für die junge Antigone eigentlich zu alt war, für den alten Kreon aber nur der junge Hans Gaugler zur Verfügung stand, der seine Rolle jedoch glänzend bewältigte. Die Atmosphäre bei den Proben war freundlich und kooperativ. Die Weigel, die herrliche Schauspielkunst offenbarte, war „gut gelaunt und sehr graziös".[28] Später war Berlau stolz, noch Einfluß auf Brechts Text genommen zu haben. Sie hätte vorgezogen, daß er sich weniger an Sophokles hielt, „weil ich die Hölderlin-Übersetzung [...] viel kräftiger und amüsanter fand. Da hatten wir dann große Diskussionen, aber ich bekam die Sätze, die ich haben wollte, weil ich so hartnäckig war."[29] Sie regte ihn auch zu einigen „Brückenversen" an, die – ähnlich wie die Verse der *Kriegsfibel* – Kommentare zu Fotos waren, u. a. „Zur Liebe leb' ich, nicht zum Hasse". Aus dieser Mitarbeit folgten 20% Tantiemen, die ihr auch bei späteren Aufführungen zugute kamen.[30]

Am Vormittag des 11. Februar fotografierte Berlau aus dem Souffleurkasten heraus die Voraufführung. Aus einer sieben Jahre später gemachten Aufzeichnung geht hervor, daß der Eindruck der Weigel als Antigone auf sie ähnlich überwältigend war wie ihr Auftritt 1933 bei der Studentenfeier in Kopenhagen. Die Fotografin mußte vor Rührung weinen. „[...] obwohl ich Stativ und Auslöser benutzte und es beim Filmwechseln in der einzigen Leica, die wir damals besaßen, auf kaum eine Minute gebracht hatte, zitterten meine Hände bei dieser Arbeit. Und obwohl ich ja die Bühne gar nicht sah, sondern mit den Filmkassetten beschäftigt war, konnte ich die Ohren nicht schließen vor dieser mahnenden Stimme. Ich weiß noch genau und werde es immer wissen, wie mir ein wichtiger Film kaputt ging bei dem

Vers: ′Welcher nämlich die Macht sucht, trinkt vom salzigen Wasser, nicht einhalten kann er...` Da, liebe Kollegen, ließ sich der Film nicht weitertransportieren, und bei ′Weh mir!` zerriß mir der Film."[32]
Theo Vonow, der trotz des kränkenden Fotografierverbots die Inszenierung aufmerksam verfolgte, lieh Ruth Berlau sein Teleobjektiv und etliche weitere Objektive. Für ihn waren Brechts Fotografieraufträge, die nicht auf ausdrucksstarke Momente der Schauspieler zielten, sondern vor allem Aufnahmen von Gruppenarrangements und der Bühnentotale verlangten, höchst befremdlich. Wie sollte sich da so etwas wie eine individuelle Handschrift der Fotografin entwickeln? Er wunderte sich, daß diese sich von Brecht äußerst autoritär behandeln ließ und widerspruchlos seine Wünsche zu erfüllen suchte. Vonow erinnerte sich auch, daß er Ruth Berlau sein Labor zur Verfügung stellte, wo sie die Fotos nach dem Ende der Proben sofort selbst entwickelte, wobei sie sehr geschickt gewesen sei.[32] Sie gab später an, etwa 2000 *Antigone*-Fotos gemacht zu haben.
Obwohl die Bühne von Chur im Schweizer Maßstab sehr aufgeschlossen war, wurde die Premiere nur von einem kleinen Teil der Fachwelt als bedeutendes Kunstereignis anerkannt. Für Brecht und Weigel war jedoch klar geworden, daß sie noch eine große Zukunft als Schauspielerin vor sich hatte. Ruth Berlau war ebenfalls eingebunden in ein entwicklungsfähiges Theaterprojekt, wenn auch noch nicht in der gewünschten Position.

Brecht war überzeugt, daß seine Stücke ohne die von ihm dafür entwickelten Regieformen ihre Wirkung nicht entfalten konnten. Um seine Aufführungspraxis für andere nachvollziehbar zu machen, schloß er mit dem Gebrüder Weiß-Verlag in Berlin-Schöneberg einen Vertrag über ein Buch, das neben dem *Antigone*-Text auch die Aufführung in Chur mit Berlaus Fotos und Caspar Nehers Skizzen dokumentieren sollte. Mit Neher ging Berlau sofort an die Zusammenstellung dieses ersten „Modellbuchs".
Außerdem machte sie Fotoserien von Erlebnissen in der Schweiz, die interessant waren, wenn sie sich auch nicht verkaufen ließen. Im März besuchte sie mit Brecht und Günther Weisenborn die Eröffnungsvorstellung des Kabaretts von Valeska Gert. Von der ebenfalls aus amerikanischer Emigration in die Schweiz gekommenen Gro-

tesktänzerin gelangen ihr ausdrucksstarke Aufnahmen.[33] Am 11. Juni fotografierte sie von Max Frisch entworfene Arbeitersiedlungen und ein öffentliches Schwimmbad, die Frisch ihnen vorführte.[34] Für Berlin lagen Einladungen vor, Brecht wollte jedoch eine Aufenthalts- und Arbeitsbeschränkung auf die sowjetische Besatzungszone nicht riskieren. Weder die Schweiz noch die amerikanischen Besatzungsbehörden wollten ihm Wiedereinreisepapiere ausstellen. Deshalb ließ er sich nun doch auf ein Projekt am Zürcher Schaupielhaus ein, obgleich Intendant Hirschfeld trotz des Erfolgs von Chur der Weigel weiterhin eine Rolle verweigerte. Es ging um *Puntila und sein Knecht Matti* mit Leonard Steckel in der Hauptrolle.[35] Die von Weigel gewünschte Rolle der Branntweinemma bekam Therese Giehse, die hier 1941 bereits die Courage gespielt hatte.

Als Ruth Berlau betrunken zu den *Puntila*-Proben kam, warf Brecht sie heraus. Deshalb gibt es weniger Fotos dieser Inszenierung von ihr. Den kürzlich aufgefundenen Film drehte Alois Bommer. Zur Premierenfeier des *Puntila* flirtete Berlau heftig mit Leonard Stekkel. Brecht durchkreuzte den Flirt, es kam zu einem kleinen Skandal. Er wollte sie an einem Abenteuer hindern, das sie wie üblich, später bereuen würde. Mittlerweile scheint er sich darüber im klaren gewesen zu sein, daß öffentlich zur Schau gestellte Eifersucht für sie ein Liebesbeweis war, der sie eine Weile beruhigen konnte.

Die Künstler vom Churer Stadttheater, denen gegenüber Brecht immer freundlich und kollegial auftrat, waren erstaunt, in welch autoritärem Ton er mit Berlau umging. Sie wiederum trat allgemein herausfordernd auf, während sie sich Brecht gegenüber unterwürfig benahm. Deshalb bekam sie den Spitznahmen ′ds Jäggli – ′die Strickjacke` – von Brecht. Man ahnte eine verhängnisvolle Symbiose.[36]

In dieser Situation traf es sich gut, daß sie von Ole Cavling einen Auftrag bekam, für *Ekstrabladet* einen „trip through Germany" zu unternehmen.[37] Vor der Abreise muß sie Brecht wieder einmal mitgeteilt haben, daß sie nicht sicher sei, zurückzukommen. Er zeigte sich überrascht, daß sie ihn ausgerechnet jetzt verlassen wollte, und bat sie, seine Materialien zusammenzulegen.[38] Die Trennungsabsicht wurde aber wohl schon vor der Abreise annulliert. Jedenfalls fuhr Berlau mit verschiedenen Aufträgen Brechts nach München.

Sie sollte dort mit dem Verleger Kurt Desch und den Kammerspielen verhandeln, wo Harry Buckwitz *Die Dreigroschenoper* plante. Sie sollte auch Hans Albers treffen, der die Rolle des Macheath spielen wollte. Brecht hatte nicht vergessen, daß er sich 1938, im selben Jahr als Göring zu den Hamletfestspielen nach Helsingør fuhr, das Stück in Odense angeschaut und der *Fyens Stiftstidene* mutig gesagt hatte, daß er es „interessant" fände.[39]

Der Zug von Zürich nach München war am 27. Juni fast 10 Stunden unterwegs. Berlau war die einzige Reisende, was wohl am Wechselkurs lag. Nach der Währungsreform vom 20. Juni 1948 bekam man für 20 Schweizer Franken nur 15 deutsche Mark. Als der Zoll der französischen Besatzungszone für vier mitgeführte Päckchen Zigaretten 35 Franken verlangte, entledigte sie sich lieber ihrer Zigaretten. Im Bahnhof von Lindau beobachtete sie, wie ein Schweizer Eisenbahner seinem deutschen Kollegen ein Stück Brot aus dem Fenster reichte. Statt in ein Hotel zu gehen, fand sie es interessanter, in München das von einem deutschen Eisenbahner angebotene Nachtquartier in der Trappentreustraße 4 zu nutzen. In einer Familie ließen sich die Lebensbedingungen in der zerbombten Stadt besser erforschen. Mit den 200 Mark, die der Eisenbahner verdiente, lebte die Familie bescheiden. Aber man war froh, daß der Kaffee jetzt nicht mehr auf dem Schwarzmarkt gekauft werden mußte. Der Mann erzählte vom Krieg, der ihn nach Polen, Frankreich und Italien geführt hatte. Für einen Bayern sei es aber natürlicher zu arbeiten, eine Frau und Kinder zu haben und sich am Bier zu freuen. Beim Preußen mochte das anders sein. Dann wurde diskutiert, inwieweit er für Hitler gewesen war und welche Verantwortung er heute fühle. Der Mann brachte das allgemein um sich greifende Argument an, daß es nicht in der Macht des kleinen Mannes gelegen habe, an der Politik etwas zu ändern. Nicht nur die zerstörte Stadt, auch die Menschen machten auf Berlau einen beklemmenden Eindruck: „In der Straßenbahn sitzt mir ein Mann gegenüber – er hat ein Glasauge. Es starrt durch mich hindurch, hinaus auf die Ruinen. Ich sehe nach unten und sehe eine Reihe von Schuhen, die einmal Schuhe gewesen sind. Allerdings hat es hier jetzt drei Wochen lang geregnet, so daß ich mich beeile wegzuschauen und versuche, das Glasauge zu übersehen. Aber zu meinem Erschrecken sehe ich, daß sie ja alle Glasaugen haben."[40] Dieser *Glasaugen in München* betitelten Chronik, die im *Ekstrabladet* vom 22. Juli 1948 erschien, fügt sich eine weitere an. Hier schrieb sie über die auch nach der Währungsreform noch zum Stadtbild gehörenden *Einkaufsschlangen in München*: Auf einem elenden Markt stehen „ungefähr 400 Frauen und ein einziger Mann [...] inmitten von zerborstenen Mauern, Eisenresten, mit Blick auf ein ehemaliges Haus, aus dem ein ganzes Kachelofenrohr in den Himmel ragt." Hier wurden elende Altkleider und zum Teil verdorbene Nahrungsmittel angeboten. Es gab aber schon Wohlhabende genug, daß im Hotel Bayrischer Hof eine glanzvolle Modenschau stattfinden konnte. „Hitlers Hausfrauentyp" war hier nicht mehr zu sehen, sondern Mode im Stil von Hollywood und Paris. Stoffe und Kleider stammten schon wieder aus Deutschland. Aber ein Meter Seide kostete 20 Mark und die Kopie eines Modellkleids 1000.

Eine Schlange stand auch vor den Münchener Kammerspielen. Der Andrang galt der Premiere von Jean Giraudoux's *Die Irre von Chaillot*. Das Stück spielte ebenfalls in Trümmern. Nach der Premierenfeier begleitete Harry Buckwitz Berlau mit seinem Wagen ins Hotel. Er könne sich noch nicht vorstellen, Brecht zu spielen, sagte er, weil Kortner als Galilei nicht zur Verfügung stünde und Lorre nicht als Schwejk. Als er klagte, daß zu viele amerikanische Stücke gezeigt würden, fragte Berlau, wieso man sich nicht skandinavischen Dramatikern zuwende? Buckwitz war interessiert. Den von ihr vorgeschlagenen Kjeld Abell würde man „auf Händen tragen und ihm Rosen vor die Füße streuen". Im Auto saß auch Kurt Desch, der „größte Verleger der Westzone". Er fragte sie, welche skandinavische Autoren Buchlizenzen nach Deutschland vergeben würden. Sie nannte Hans Scherfig und Andersen Nexø. Berlaus Aufruf an skandinavische Autoren, den Hunger des deutschen Lesepublikums nach aufgeklärter ausländischer Literatur zu stillen, war im *Ekstrabladet* vom 27. September 1948 zu lesen. Der in Dänemark schon wieder marginalisierte Nexø war genannt. Der weniger prominente Kommunist Scherfig fiel der Zensurschere zum Opfer.[41]

Mit Kurt Desch vereinbarte sie damals u. a. die Neuherausgabe des *Dreigroschenromans*. Da er sich davon erhebliche Einnahmen versprach, dankte ihr Brecht, „unseren Wohlstand [...] wieder begründet" zu haben. Er könne nun auch anderen Verlegern Bedingungen stellen.[42] Des weiteren erreichte sie, daß die Münchener Kammerspiele Anfang September mit Hans Albers Stellproben für die *Dreigroschenoper* ansetzten. Sie besuchte Albers am Starnberger See. Er sprach über seinen nur mühsam verdeckten Nazihaß und seine Freude, endlich den Mackie Messer zu spielen. Auch ein *Dreigroschenoper*-Film in Farbe kam ins Gespräch. Berlau kürte Albers zum deutschen Bing Crosby. Nicht *La Paloma*, sondern sein Lied über einen kleinen „Nigger", der nicht glücklich werden könne, sei sein gesangliches Meisterwerk.[43] Daß sich die beiden sympathisch waren, zeigen ihre schönen Fotos von ihm.[44]

Der USA-Korrespondentin des dänischen *Ekstrabladet* verhalfen die Militärbehörden zu erheblichen Erleichterungen. Berlau konnte im Münchener Pressezentrum, in der Wasserburger Landstraße 6 wohnen und bekam Bezugsscheine für Armeeläden. Zu ihren Privilegien gehörte eine schnelle Postverbindung und die für Deutsche damals noch nicht bestehende Möglichkeit, ins Ausland zu telefonieren.[45] Sie fuhr auch nach Nürnberg, wo sie einige der Anschlußprozesse des Nürnberger Tribunals von 1945 besuchte. Vom Aufenthalt in Nürnberg sind nur die von Berlau deutsch notierten Erzählungen einer Friseuse erhalten: Nachdem sie über die Kriegserlebnisse ihres Bruders und ihres Cousins bei den heimtückischen Russen gesprochen hatte, konstatierte sie, daß es ihr unter Hitler nicht schlecht gegangen sei. Erst bei den Bombardierungen waren Zweifel gekommen: „H. kann doch nicht sein ganzes Volk opfern, irgendwann muß er Schluß machen. Dann ging es aber weiter und weiter." Es folgt ein Gespräch mit einer schwangeren Straßenbahnschaffnerin. „Sie zog aus ihrer Tasche einen kleinen Hut und zeigte ihn mir lächelnd: Das Leben geht weiter."[46]
*Glasaugen in München* enthielt die Bemerkung, daß der hauptsächliche Anlaß der Reise der Auftrag eines US-Magazins gewesen war, eine Story über amerikanische Kinder in Deutschland zu verfassen. Zu diesem Zweck besuchte sie das amerikanische Viertel im Münchener Vorort Harlaching, wo sie keine Ruinen, sondern nur pompöse Villen in großen Gärten sah. Tagelang hatte sie dort Kinder fotografiert und interviewt. Zeugnis davon ist der englisch geschriebene Text *On open book* über den siebenjährigen Bruce, der einige Monate bei seinem in München stationierten Vater lebte und von Spielgefährten schon deutsch gelernt hatte. Berlau ging mit Bruce in den Zoo

und ließ ihn auf einem Elefanten reiten, den er mit Erdnüssen und Bananen fütterte. Der Junge konnte sich den Unterschied zwischen seinem Wohlstand und der kümmerlichen Nachkriegsexistenz deutscher Kinder nicht erklären, denen es sogar an Essen fehlte. Jedenfalls wollte er nicht in Deutschland bleiben und auch seine elektrische Eisenbahn in die Staaten mitnehmen, weil es dort keinen Stromausfall gäbe. Berlau schockierte einiges in seiner Sprache: „Don`t say that, or you´il be burned in the stoves" oder „They`il make you into a piece of soap". Ohne den Hintergrund zu ahnen, hatte er diese Ausdrücke von deutschen Freunden übernommen. Das machte Bruce zu einem „offenen Buch" auch für den geistigen Zustand der jüngsten Einheimischen. „Nachdem ich die grauen Gesichter der deutschen Kinder gesehen habe, mißtrauisch, hilflos, nur zögerlich sprechend, war ich voller Emotion, wenn ich Bruce zuhörte."[47]

In einem Brief vom 8. August schlug Berlau einem „dear Hobert" in den USA die Geschichte von Bruce als Synopse eines 15-minütigen Films vor, der einen Beitrag zur Entnazifizierung und zur Verbesserung der deutsch-amerikanischen Beziehungen leisten werde. Er könne von der unter Aufsicht der Militärbehörden stehenden Bavaria-Filmgesellschaft realisiert werden, mit der sie bereits in Kontakt stand. Könne Hobart für diesen Film 10000 Dollar und einen Vertrieb in den USA finden? Sie bat ihn auch, *On open book or Peacejourney (The Elephant as a pet)* im Copyright-office in Washington anzumelden.

Berlau unterbreitete weitere Vorschläge über Interviews mit amerikanischen Militärs. In Nürnberg hatte sie Soldaten befragt, warum die einheimischen Frauen für sie so interessant seien. Einer hatte gesagt: „They tread us like kings and wash our feed so can`t blame me when I prefer european woman."[48] Eine „positive Seite" der amerikanischen Besatzung habe sie in einer Frau verkörpert gefunden, Mrs. Ruth Clark, die Gattin von James A. Clark, des Direktors der Control Division of Military Government for Bavaria.[49] Das Paar scheint sich für Berlaus Projekte begeistert und engagiert zu haben. Jedenfalls wohnte sie eine Zeit bei ihnen, in der Harlachinger Geiselgasteigerstraße 124. Der in korrektem Amerikanisch verfaßte Brief an Hobert könnte von Mrs Clark, bzw. einer Sekretärin getippt worden sein. Im selben Brief schlug Berlau auch Texte vor über die Modenschau im Bayrischen Hof und über die Warteschlange vor den Kammerspielen für *Die Irre von Chaillot*.[50] Hugh Baillie antwortete persönlich, daß United Press Associations *Two Lines in Munich* abgelehnt habe.[51]

Der Brief an Hobart enthielt neben der Geschichte von Bruce eine weitere Bitte um die Anmeldung eines Copyrights: für einen Sketch, in dem Kinder das Nürnberger Tribunal spielen. Möglicherweise ist ein makaberer Sketch *Judenfriedhof* mit diesem Projekt identisch, über dem „Nürnberg 1946" steht: Auf einem Friedhof stehen zwanzig Kisten mit der Aufschrift R. J. F. Auf der anderen Seite der Bühne befragt ein Richter einen Zeugen, der für industrielle Verwertung der Konzentrationslager zuständig gewesen war. Nachdem er eine Weile geleugnet hat und die Kisten langsam in Gräber gesenkt werden, gibt er zu, daß R. J. F. für „Seife, gute Seife" gestanden habe. Als der Richter weiter in ihn dringt, sagt er, die drei Buchstaben hätten „Reines Jüdisches Fleisch" bedeutet.[52] Es war ein damals verbreiteter, wenn auch nicht allgemein durchsetzungsfähiger Gedanke, schon die jüngsten Deutschen in die Auseinandersetzung mit dem Geschehenen einzubeziehen.

An den *Warteschlangen in München* war auch das *Extrabladet* nicht interessiert. Mit *Glasaugen in München* brachen Berlaus Reportagen dort ab. Es folgten noch ein paar als aktuell ausgegebene Fotopublikationen, die realiter aber aus ihrer Zeit in Hollywood stammten: Aufnahmen von Laughton und Lorre. Am 3. Dezember erschienen auf der Rückseite später berühmt werdende Porträts von Chaplin und seiner Frau Oona.[53]

Bei der Durchsicht damaliger dänischer Zeitungen fällt auf, daß das Interesse für Deutschland merklich abnahm und damit auch Berlaus Chancen, auf diesem Gebiet Geld zu verdienen. Das Land orientierte sich jetzt strikt auf das von Henrik Kauffmann und der „Seebrücke" vorbereitete atlantische Bündnis. Mitgefühl für Hunger und Misere der Deutschen sowie spezielles Interesse für Ostdeutschland fand sich damals am ehesten in *Land og Folk*, dem Nachfolger des kommunistischen *Arbejderbladet*. Es wurde von Børge Houmann geleitet, der einst als Geschäftsführer von Riddersalen die Aufführung von *Die Rundköpfe und die Spitzköpfe* ermöglicht hatte. Im anspruchsvollen Kulturteil von *Land og folk*, den Houmann noch

243

etliche Jahre frei vom Einfluß des Sozialistischen Realismus sowjetischer Prägung hielt, schrieben Berlaus Freunde Kirk, Scherfig, Gelsted und Nexø. Für die Autorin der Boulvardzeitung *Ekstrabladet* war damals dort kein Raum.
Am 31. August starb in Kopenhagen mit nur 51 Jahren Per Knutzon. Er hatte es endlich geschafft, im Königlichen Theater zu inszenieren und probte dort Ibsens *Wildente*. Nach seiner Premiere von *Medea*, die er in Riddersalen inszeniert hatte - er spielte auch selber mit – erlitt er einen Herzinfarkt.[54]

Als Berlau sich Ende August zurückmeldete, schrieb Brecht ihr, sie sei auch willkommen, wenn sie den versprochenen Steyr nicht mitbringe: „Und glaub nicht, daß ich ein Auto vorzufinden erwarte, ich erwarte nur Dich." Sie solle ihm ihre Ankunft nach Feldmeilen telegraphieren, „oder komm selbst. Liebes."[55] Am 28. August kehrte sie zurück. Die Wohnung der Familie Lazović, die nun ganz zur Verfügung gestanden hätte, konnte man sich nicht leisten. Ruth Berlau bezog ein Zimmer im Parterre desselben Hauses. Zumindest ein Teil von Brechts und Berlaus Arbeitsmaterialien konnten im Keller der Dufourstraße 32 gelagert werden.[56]
Als Brecht im September endlich eine Wiedereinreisegarantie für die Schweiz erlangte, wagte er sich nach Berlin, wo er für mehrere Projekte erwartet wurde. Das bedeutendste war eine Gastinszenierung von *Mutter Courage und ihre Kinder* am Deutschen Theater. Da er nicht durch die westlichen Besatzungszonen reisen durfte, fuhr er mit Weigel über Österreich und Prag. In Berlin wurden sie im Seitenflügel des Hotel Adlon untergebracht, der die Bombardements überstanden hatte. Obwohl für prominente Rückkehrer reserviert, war er schlecht heizbar und von Stromausfällen betroffen. Berlau, die noch einmal als Prozeßbeobachterin nach Nürnberg gefahren war, traf im November ein. Auch sie bekam ein großes Zimmer im Adlon. Dort fanden die ersten Gespräche für *Courage* statt. „Brecht suchte Schauspieler, mußte sich ein *Ensemble* sammeln; er hat sie zusammengefischt, wo er nur konnte. Daher kam ich auch auf den Namen [Berliner Ensemble – S. K.], weil wir immer davon sprachen, wir müßten erst ein Ensemble haben."[57]
Wie die deutschen heimgekehrten Künstler kam auch Berlau in den Genuß einer besonderen Lebensmittelversorgung. Dazu gehörte ein

„Pajok" genanntes Solidarpaket vom sowjetischen Schriftstellerverband. Später erinnerte sie sich, wie sie von dem ebenfalls im Adlon untergebrachten Arnold Zweig lernte, daß man schimmliges Brot nicht wegwerfen, sondern sorgfältig ausschneiden müsse. Wenn Zweig sein Tee-Ei aus der Kanne gefischt hatte, stellte er es in einen Eierbecher, um die ablaufenden Tropfen beim nächsten Aufguß wieder zu verwenden.[58] Seine Zeremonie des Pfeifereinigens sei von „unvergesslicher Schönheit" gewesen. Er mußte die Instrumente dicht unter die Augen halten, weil er sehr schlecht sah. Deshalb habe sie auch nicht darauf geachtet, „wie ich aussah, wenn er zu mir kam oder wenn ich ihn besuchte". Trotzdem habe Zweig ihre Stimmung damals besser erfaßt, „als Männer die mich liebten [...]. Ich konnte noch so lustig sein, noch so viel lachen, er brach ab: Warum bist du heute traurig, Ruth?"[59]

Ihre Stimmung war labil, weil Brecht nicht genug Zeit für sie hatte. Als ein hoffnungsvolles Zeichen erneuter Nähe empfand sie, daß er sie Ende November bat, ihn zum Zahnarzt zu begleiten. Die *Courage*-Proben hatten begonnen, und er fand, daß ihn seine Zahnprobleme beim Sprechen hinderten. „Daß er mich dabeihaben wollte – wie eine Auserwählte fühlte ich mich." Nachdem elf Zähne gezogen waren, und Brecht etwas „Vorläufiges [...] in den Mund gebaut" worden war, wollte er sofort zur Probe gefahren werden. Zu seinem Ärger war niemand da, weil er ja als zahnkrank gegolten hatte. Erstaunlicherweise setzte er sich „ans Klavier auf der Bühne – niemand war da, der Zuschauerraum dunkel und leer – und sang, wie ich ihn nie singen gehört habe, nie! Was er sang? Sein berühmtes *Lied an Marie A.*." Den *V*ers „Doch ihr Gesicht, das weiß ich nimmermehr", habe sie „als junge Kämpferin für Frauenrechte" einst gehaßt. Nun aber, wo sie auf der leeren Bühne stand, wurden ihr die Knie schwach. „Seine Stimme, die Macht seiner Sinnlichkeit.[...] Nur einmal wieder ist mir diese Knieschwäche passiert: als ich vor Chaplin stand."[60]

Brechts „Chauför" war Berlau auch, wenn er sich mit Alexander Dymschitz traf,[61] dem für Theaterfragen zuständigen Kulturoffizier des sowjetischen Sektors. Weil diese Besatzungsmacht noch keinen sozialistischen Separatstaat, sondern ein neutrales Gesamtdeutschland anstrebte, war die sowjetische Kulturpolitik hier wesentlich liberaler als in der Sowjetunion. Damals spielte man auch in Ostberlin noch amerikanische Jazzmusik. Dymschitz war ein aufgeklärter Gelehrter, kannte die Brecht-Übersetzungen Tretjakows und engagierte sich auch aus persönlicher Überzeugung für ein Brecht-Theater. Sowohl die deutschen Theaterkritiker als auch die Führungskräfte, die das Exil in der Sowjetunion verbracht hatten - insbesondere Walter Ulbricht – konnten das gar nicht verstehen. Echt interessiert an Brecht scheint dagegen der künftige Präsident Wilhelm Pieck gewesen zu sein.

Kaum daß Ruth Berlau in Berlin eingetroffen war, bekam sie eine Mitteilung vom sozialen Dienst der Klinik St. Hans in Roskilde. Edith befand sich jetzt in der offenen Abteilung, und es wurde geprüft, ob sie in einer Pflegefamilie leben könne. Mit dem Kriegsende hatte sich in vielen europäischen Ländern die Einstellung zu psychisch Kranken geändert. Ein Selbstmordversuch aus Liebeskummer galt nicht mehr als Grund lebenslanger Psychiatrisierung. Edith Berlau gehörte zu den ersten, die von einer Psychiatriereform in Dänemark betroffen waren. Die Entlassung der Menschen, denen man zuvor kein selbständiges Leben zugetraut hatte, war jedoch nicht von ausreichenden öffentlichen Mitteln zur Resozialisierung flankiert. Sie sollte fast ganz von den Familien geleistet werden. Der Sozialarbeiter teilte Ruth Berlau mit, daß ihre Schwester verstimmt sei, weil die Mutter ihren alten Korbkoffer mit Kleidung nicht gefunden hätte.[62]

Ida Bachmann hatte das zu Weihnachten 1946 gegebene Versprechen gehalten und sich nach Edith erkundigt. Sie sei ungeduldig, entlassen zu werden, schrieb sie, und träume vom Leben auf einem Bauernhof. Sie wollte alle verklagen, die für ihre Einsperrung verantwortlich seien: die Ärzte, aber auch ihre Verwandten. Ruth müsse so schnell wie möglich kommen, um Edith zu helfen, aber auch, um zu große Hoffnungen zu dämpfen. Edith warte täglich auf die Ankunft der Schwester und dürfe über den Termin nicht getäuscht werden. Bachmann hatte Edith von New York erzählt und betont, wie oft Ruth von ihr gesprochen hatte.[63]

Verständlicherweise war Edith ungeduldig und konnte sich nicht in die Lage der Verwandten versetzen, die nicht mehr mit ihrer Rückkehr gerechnet hatten. Am 25. Oktober 1948 bat Edith die Mutter, dafür zu sorgen, daß sie keine Elektroschocks mehr bekäme, die „grausamste

Schmerzen" verursachten. Sie wolle nicht warten, bis sie eine Zweizimmerwohnung gefunden hätte, in der sie zusammen leben könnten: „Kann ich nicht mit Dir wohnen, hinten in Deinem Geschäft?" Daß Blanca Berlau kein Geschäft mehr hatte, verarmt und krank war, konnte sich Edith nicht vorstellen.
Als Ruth Berlau nun selbst konfrontiert war mit der Verantwortung für einen Menschen, der praktisch total von ihr abhängig und immer noch psychisch labil war, appellierte sie an Ediths Vernunft, nicht anders als Brecht, Hauptmann und Bachmann es 1946 ihr gegenüber getan hatten. Sie müsse begreifen, schrieb sie ihr, daß sie „sehr krank" gewesen sei, und daß die Ärzte alles getan hätten, um ihr zu helfen. Edith hatte sich beklagt, daß ihr zwei Zähne fehlten, was ihr als Indiz für erlittene Gewalt galt. Ruth versuchte, ihr begreiflich zu machen, daß die Zähne vielleicht gezogen wurden, weil sie krank gewesen waren. Edith sollte die Ärzte fragen, warum sie Elektroschocks bekommen hätte. Den Koffer mit den Kleidern sollte Edith am besten vergessen. Sie würde für eine neue Garderobe sorgen, „aber das kann ich nicht von Berlin aus regeln, nach dem Krieg ist es hier schwierig, Kleidung zu kaufen, die Menschen sind hier sehr arm." Sie werde bald kommen, und „wir wollen zusammen mit den Ärzten darüber sprechen, ob Du bald an einem anderen Ort wohnen kannst. [...] Und Edith, mach unter all das einen dicken Strich [...]. Soll ich Dir ein paar Bücher schicken oder Zeitungen?"[64]
Vom 22. November 1948 stammt ein Brief Ida Bachmanns über einen Besuch bei Edith. Sie kannte sie nicht nur aus Berlaus Erzählungen, sondern auch aus der Novelle Der Regen. Deshalb wohl erwähnte sie den schlimmsten dänischen Regen, als sie Edith an der Domkirche von Roskilde getroffen hatte. „Da stand eine ziemlich dünne Frau mit einer braunen Kappe und soliden Schuhen, kastanienbraunem Haar, durchnäßt vom Regen. Sie wandte sich mir zu, und als wir uns gegenüberstanden, konnte ich eine gewisse Ähnlichkeit mit Dir erkennen – sicher besonders, was die Nase betrifft. Ihre Augen sind grau, wie verblüht nach so vielen Jahren des Leidens, aber es war doch auch eine vorsichtig aufglimmende Hoffnung und Humor in ihnen zu erkennen." Die beiden gingen in ein Café. Edith sei voller Angst, ständig von der Umwelt betrogen zu werden. Sie habe die „fixe Idee", daß sie unrechtmäßig ihrer Freiheit beraubt

worden sei und wolle sobald als möglich mehrere Anklagen wegen Freiheitsberaubung erheben. Sie war stolz, für die 20 Kronen, die sie besaß, gearbeitet zu haben und bestand darauf, ihre Rechnung selbst zu bezahlen. In der Klinik half sie beim Abwaschen und in einer Weberei. Dann kam Edith auf die Qualifikationen zu sprechen, die sie vor ihrer Krankheit erworben hatte. Ihr Studium könne sie nicht mehr abschließen, aber sie beherrsche mehrere Sprachen und könne Kinder darin unterrichten. Bachmann wollte sich dafür einsetzen, daß sie in der Klinikbibliothek arbeiten dürfe. Für das nächste Treffen schlug Edith einen gemeinsamen Besuch der Domkirche am Sonntagmorgen vor. Höflich fügte sie hinzu: "Wenn Sie Lust haben. Das Innere der Kirche ist sehr schön." Daß Edith sich mit Gott tröstete, war Ida Bachmann verständlich. Ihr fehle der Kontakt zu Menschen mit intellektuellem Niveau.

Als die beiden das Lokal verlassen hatten, warf sich Edith vor Bachmann auf die Knie und flehte sie an, ihr weiter zu helfen. Bachmann meinte, daß das „absolut kein theatralischer Gestus" gewesen sei, „sie ist geradezu ein Inbegriff von Aufrichtigkeit – eher war das der letzte Weg, den sie aus äußerster Not sah." Edith brauche Hilfe, um „ins Leben, in die Freiheit" zu finden. „Erinnerst Du Dich an das alte Märchen von dem Prinzen, der in einen Schwan verwandelt wird – oder in ein anderes Tier – und erst wieder Mensch werden kann, wenn ihn ein anderer Mensch küßt?" Dies sei Ediths Situation, "die so viele Jahre ohne Glauben, ohne Hoffnung und vielleicht auch ohne Liebe gelebt hat."[65] Für Edith war es eine furchtbare Entdeckung, daß auch ihre Bücher nicht mehr vorhanden waren.[66] Zwischen 9. und 23. Dezember fuhr Ruth Berlau nach Dänemark und versuchte, Ediths Probleme zu regeln. Sie hat nie erzählt oder Aufzeichnungen darüber hinterlassen, was in dieser Zeit geschehen ist. Daß sie Weihnachten nicht mit Mutter und Schwester verbrachte, läßt vermuten, daß das Treffen äußerst ungünstig verlaufen war. Ein vom 8. Januar 1949 stammender Brief von Edith an ihre Verwandten in Deutschland bestätigt dies. Sie war zutiefst enttäuscht, daß weder die Mutter, die in einem einzigen Zimmer hauste, noch die Schwester, die im Ausland lebte, ihr die Hilfe leisten würden, die sie erwartete. Ähnlich wie ihre Schwester im St. Oaks Hospital es von Brecht verlangte, erwartete nun auch Edith, daß die Verwandten nicht nur

sie, sondern auch die restlichen, in St. Hans eingesperrten 2000 Menschen befreiten. Im Krieg seien hier sogar 3000 Menschen untergebracht gewesen. Injektionen, die man ihr verabreichte, hatte sie als Tötungsversuch wahrgenommen. Viele Elektroschockbehandlungen waren unsäglich schmerzhaft gewesen. Sie schilderte auch sexuelle Übergriffe von Seiten der Ärzte, die ihre Mutter angeblich gebilligt hätte. Jedesmal, wenn sie um ihre Freiheit gebeten habe, hätten die Ärzte mit der Polizei gedroht. Diese Ärzte, aber auch ihre Eltern, seien „Mörder und Menschenfresser", die hinter Gitter gehörten. Dasselbe träfe für eine Person zu, die sich ihre Schwester nenne, Ruth Berlau, sowie ihren Mann, Robert Lund. Diese vier Personen, Dr. Knud Krabbe und weitere Ärzte sollten juristisch verfolgt werden. Allen wünschte sie den baldigen Tod. Im übrigen war sie sicher, daß Ruth Berlau nicht ihre leibliche Schwester und Blanca Berlau auch nicht ihre leibliche Mutter sei. Sie wollte auch 17300,28 Kronen für Arbeitsleistungen in der Klinik einklagen. Ihren Unterstützern werde sie dann „Taubenbraten, Eis und ein Glas Champagner in einem Hotel spendieren".[67]
Ediths noch immer überspannter Zustand einerseits und der kräftige Initiativgeist, mit dem sie ihre Forderungen und Drohungen vertrat, setzten Ruth Berlau in Verlegenheit. Effektive Hilfe für ihre Schwester hätte ihre totale Zuwendung verlangt. Dazu sah sie sich nicht in der Lage. Edith stand noch ein jahrelanger Aufenthalt in der offenen Abteilung von St. Hans bevor.
Berlau kehrte kurz nach Neujahr 1949 nach Berlin zurück. Am 11. Januar fand – bei Anwesenheit der Kulturoffiziere der vier Besatzungsmächte – unter dem Dach des Deutschen Theaters die Premiere von Mutter Courage und ihre Kinder statt, die den Weltruhm des Berliner Ensemble begründete. Helene Weigel trat nun endgültig aus dem Schatten ihres Mannes. Mit einem Schlage war sie anerkannt als Schauspielerin höchsten Ranges. Außerdem leitete sie das Ensemble. Dies bedeutete auch, sich mit komplizierten sozialen Belangen der oft noch von Hunger und Krankheiten geschwächten Künstler und Mitarbeiter zu befassen.
Die *Courage*-Inszenierung fotografierte neben Ruth Berlau auch ihre alte Freundin Gerda Singer, die nun Gerda Goedhart hieß und im holländischen Scheveningen wohnte. Von ihr stammen die meisten

Aufnahmen. Berlau widmete sich vor allem den für die laufende Arbeit und die Dokumentation sehr wichtigen Fotos der Bühnentotale.

Ende Februar 1949 reiste sie mit Brecht nach Zürich zurück. Er wollte seine Schweizer Aufenthaltspapiere erneuern und sich um seine erkrankte Tochter kümmern, die dort in die Schule ging. Auch hatte er vor, Schauspieler und andere Mitarbeiter für das Berliner Ensemble zu gewinnen.

Auf der Reise von Prag nach Zürich begannen sie, über eine Bearbeitung des Stücks *Die Niederlage* von Nordhal Grieg nachzudenken. Berlaus alter Freund war 1943 als norwegischer Offizier und Kriegskorrespondent auf Seiten der Alliierten im Luftkampf über Berlin umgekommen. Sie hatten Steffins Übersetzung des Stücks dabei. Während Berlau eingenickt war, las er dann „endlich halbwegs" das Stück. Als sie aufwachte, sagte er: ′Das geht überhaupt nicht. Jetzt verstehe ich, daß der dänische König und die Herren im Frack geklatscht haben, als die Kommunarden starben.′" Daß am Anfang des Stücks Ratten auftauchten, wollte Brecht nicht ändern, obwohl Berlau damit Urheberrechtsprobleme mit Griegs Erben befürchtete. Aber Brecht behauptete, daß man während der Eroberung von Paris wirklich Ratten gegessen hätte. Er weigerte sich auch, aus Griegs Figur der Lehrerin eine Bibliothekarin zu machen.[68]

Obwohl Griegs Stück aus seiner Sicht erhebliche Mängel aufwies, interessierte ihn das Thema, wie die Chance eines sozialistischen Systems verspielt wurde. Ein irgendwann in Aussicht stehendes eigenes Theater wollte er gern mit einem Stück über die Pariser Kommune eröffnen. Dazu mußte es aber so umgebaut werden, daß nicht mehr die Tragödie der dramaturgische Drehpunkt war, sondern bestimmte Lehren. Formal sollte es aber kein Lehrstück werden. Die den Sozialistischen Realismus sowjetischen Typs vertretende Kulturbürokratie war schon nach der *Courage*-Premiere alarmiert und durfte ästhetisch nicht all zu stark herausgefordert werden.

In Zürich quartierten sie sich in der Pension ′Au bien être′ in der Hottingerstraße 25 ein. Da die meisten Berliner Bibliotheken noch geschlossen waren, suchte Berlau in Zürich Hintergrundmaterial zur Pariser Kommune, strich an, fotografierte Dokumente. Sie begannen die Arbeit mit dem Titel *Die 72 Tage*. Berlau machte selbst

Vorschläge zu Szenen. „Da ich aber gleichzeitig kochen, für Barbara sorgen und auf Brechts Wunsch außerdem bei den Besprechungen mit Caspar Neher dabei sein sollte, [...] mußte ich diese Vorarbeiten nachts machen. Brecht ging ja früh zu Bett, wenn er Zeit hatte, und am nächsten Morgen lagen dann vor seiner Tür die eingestrichenen Bücher und ein Szenenvorschlag von mir. Seinen Kaffee machte er morgens selber, in einer kleinen Kupferkanne. Ich wohnte in derselben Pension ganz oben, und er kam dann so um 10 Uhr. Und dann besprachen wir seine Arbeit. Er wollte immer so gerne zeigen, was er in der Zeit von 7 bis 10 gemacht hatte." Auch Caspar Neher und Benno Besson stießen zum Arbeitsteam.[69]

Um sowohl den sowjetischen als auch den deutschen Behörden gegenüber Unabhängigkeit zu gewinnen, versuchte Brecht, sich die Schweiz als Hauptwohnsitz zu sichern. Vergeblich. Aussichtsreicher war sein Antrag auf die österreichische Staatsbürgerschaft, die Helene Weigel als geborene Wienerin – sie hatte in den zwanziger Jahren die deutsche Staatsangehörigkeit angenommen – wiedererlangen und auch ihm ermöglichen konnte. Unterstützung bekam Brecht vom Direktor der Salzburger Festspiele, Gottfried von Einem. Berlau erinnerte sich, wie dieser prophezeite, „wenn er dem Bürgermeister von Salzburg sagt, daß Brecht etwas für die Festspiele liefern würde, sei es ganz sicher, daß er österreichischer Bürger werden kann." Brecht entwarf einen *Salzburger Totentanz*. „Wir arbeiteten wie die Wilden an diesem *Totentanz*, aber die Entwürfe wurden immer schlimmer; sie starben alle. Das wäre wirklich nichts für die Salzburger gewesen." Der Antrag auf den Paß lief aber. Berlau begleitete Brecht auf seinen Gängen zum österreichischen Konsulat in Zürich. Zu diesem Anlaß habe er Schlips und einen befremdlichen blauen Hut getragen.[70] Den *Salzburger Totentanz* inspirierte das Baseler Fastnachtstrommeln, das ihn als uralter Volksritus tief beeindruckte. Vom Fastnachtstrommeln existiert eine Fotoserie Berlaus, die Brecht lange mit sich herumtrug und gern herumzeigte.[71]

Ende Mai brachen sie endgültig die Zelte in der Schweiz ab. In Berlin war inzwischen das Budget des Berliner Ensemble genehmigt. Ein eigenes Haus stand noch nicht zur Verfügung, man mußte weiter auf der Bühne des Deutschen Theaters spielen Die Weigel hatte eine geräumige Villa am Weißen See gemietet, in der Brecht einige

Zimmer bezog und in der auch Gästezimmer eingerichtet wurden. Berlau kam in den Gästewohnungen des Künstlerclubs 'Möwe' unter. Hier hatte das Berliner Ensemble auch seine Büroräume. Im August fuhren Brecht und Berlau nach München, wo sie u. a. mit Hans Albers zusammentrafen, dann auch nach Augsburg. Brechts Hoffnung, die Schauspieler zu gewinnen, mit denen er in Hollywood befreundet gewesen war, zerschlug sich. Mit Lorre waren sie in München verabredet. Er „fuhr aber gleich nach Garmisch-Partenkirchen, wo er mit seiner Morphium-Geschichte lag. Danach wollte Brecht Homolka holen, aber der wollte nur Weißwein trinken in Salzburg. Lorre wollte nur Morphium. Und der dritte (das war Kortner) wollte selber Stücke schreiben. So hat Brecht also seine Leute nicht zusammengekriegt."[72] Es war aber gelungen, Giehse, Steckel und junge Talente wie Hans Gaugler, Regine Lutz und Benno Besson für Berlin zu interessieren.

Brecht erlaubte Aufführungen seiner Stücke an anderen Theatern nur, wenn die Regie bereit war, sich mit der von ihm entwickelten Aufführungspraxis zu beschäftigen. Das hieß nicht nur, die Einfühlung der bürgerlichen Bühne durch Verfremdung zu ersetzen. Die Spieler sollten von bloßer Textdeklamation abgebracht werden und – ganz behavioristisch – Vorgänge mehr durch körperlichen Ausdruck deutlich machen. Dafür war die genaue Beobachtung des sozialen Habitus erforderlich. Die Bedeutung des gestischen Spiels betraf sowohl die einzelnen Schauspieler als auch die Gruppenarrangements. Um solche auf soziologischen Beobachtungen basierende Techniken einzuführen, sandte Brecht den interessierten Theatern ein „Modellbuch". Es enthielt die Bühnenfassung des Berliner Ensembles, geklebt unter zahlreiche Fotos, die die Arrangements sehr detailliert zeigten. Außerdem bot er an, Mitarbeiter zu entsenden, die sich in den von ihm vorgeschlagenen Techniken auskannten. Erfolgreiche Gastspiele von *Mutter Courage und ihre Kinder* in Leipzig, Weimar, Braunschweig und Köln hatten das Terrain geebnet, daß einige Theater Interesse an einer solchen Modellinszenierung zeigten. Im Sommer 1949 planten die Städtischen Bühnen Wuppertal die Aufführung von *Mutter Courage und ihre Kinder*. Brecht schrieb dem Theater, daß das Stück seine Wirkung nur im epischen Stil entfalten werde. Deshalb rate er, „sich diesen Stil einfach vorführen zu lassen" und „Frau Ruth Berlau, meine langjährige Mitarbeiterin und ausgezeichneten Regisseurin, zu gestatten, das Grundarrangement mit den Schauspielern vornehmen zu lassen." Dabei könne sie die Schauspieler in die unbekannten Techniken einführen. Natürlich solle diese neue Spielweise frei angewendet werden. Um sie aber erst einmal zu verstehen, sei es erforderlich, das „Eigene", was die Schauspieler einzubringen hätten, erst nach den Arrangierproben zu entwickeln.[73] Damit ergab sich für Ruth Berlau die Chance, als Botschafterin der Brecht-Methode beruflich in der deutschen Theaterlandschaft Fuß zu fassen. Auf diesem Wege konnte sie ihr Ziel ansteuern, selbst Regie zu führen. Brecht riet ihr: „Am wichtigsten, Du bist freundlich und *langsam*, vergiß nicht, sie müssen nachkommen, erinnere Dich an das kleine Tier, das immer in Skovsbostrand auf meinem Schreibtisch stand!" Gemeint war der Esel mit dem Schildchen „Auch ich will dich verstehen". Sie solle ihm jeweils mit Eilpost berichten, wie sich die Dinge in Wuppertal entwickelten. „Und die Stirn ist glatt!"[74] Eine Modellinszenierung im Westen mußte auf Polemik der Presse stoßen. Regisseur Willi Rohde verzichte auf „eigene Initiative", da eine „delegierte intime Mitarbeiterin des Autors Brecht ihm assistiert, die dafür sorgen wird, daß die *Generallinie* [...] innegehalten wird. [...] Nun kommt die Regiekonfektion!" Eine Modellinszenierung sei als „künstlerische Selbstvernichtung" zu bewerten.[75] Ein anderer Kritiker sprach von „ostzonaler Diktatur [...] auf das westdeutsche Theater". Die Augsburger *Schwäbische Zeitung* begrüßte es jedoch am Tag vor der Premiere, daß in Wuppertal „nach den Richtlinien der Berliner Aufführung des Deutschen Theaters" inszeniert werde. „Zu diesem Zweck hat Brecht seine Mitarbeiterin Ruth Berlau nach Wuppertal entsandt, die die Grundkonzeption der Inszenierung Willi Rhodes *überwacht*." Der Autor verwies auf Äußerungen von Gustaf Gründgens, der sich auf einer Stuttgarter Bühnentagung gegen den Typ des „selbsteitlen Spielleiter[s] und seinen Ehrgeiz" gewandt habe, jede Inszenierung durch eine neue Regie-Idee zu übertrumpfen. Warum sollte aus einer guten Inszenierung nichts übernommen werden? Aus der Theatergeschichte ergäbe sich der Gedanke der Mustervorstellungen von selbst. Auch Richard Wagner habe in Bayreuth einen Ort für Standardaufführungen seines Werks geschaffen.

Einige andere Kritiker sahen es ebenfalls positiv, daß „Brecht seine Regieassistentin nach Wuppertal geschickt" habe, „um durch Interpretation der Regieanweisungen des Autors, durch zahlreiche Photobeispiele und wohl auch durch praktische Hilfe bei der Einstudierung zu erreichen, daß die Wuppertaler Aufführung dem Stil der Berliner Aufführung entspräche wie eine Kopie des Modells. Dies wurde in einem erstaunlichen Maße erreicht. Dabei verfuhr man in Wuppertal keineswegs sklavisch." Es habe nicht nur Abweichungen im Bühnenbild gegeben, sondern sogar „sprachliche Varianten". Daß Brecht Textänderungen der Schauspieler nicht nur duldete, sondern geradezu erwartete, wiederlege die Legende, daß er sich mit der Modell-Methode als Theater-Diktator einführen wolle.[76] Wer aus dem „Anspruch Brechts, den Stil der Interpretation zu bestimmen, ein politisches Faktum" machen wolle, erliege einem „Mißverständnis". Einer „Persönlichkeit von seinem Range" sei es nicht zu bestreiten, daß sie sich „gegen falsche Auslegungen und unzutreffende Handhabung seiner Mittel wehrt." Im übrigen ziele Brecht nicht auf eine „Einbuße an individueller Entfaltungsmöglichkeit" der Darsteller.[77] Auch Berlaus Notizen über Probleme der Wuppertaler Aufführung[78] zeigen, daß das Modell nicht als mechanische Reproduktion aufgezwungen wurde. Vielmehr sollten Erfahrungen als Möglichkeiten und Bereicherungen in Betracht gezogen werden.

[1] Brecht an RB, 4. 11. 1947, *GBFA* 29, S. 425.
[2] Brecht an RB, 5. 11. 1947, ebd., S. 427.
[3] Brecht an RB, Mitte November 1947, ebd., S. 432.
[4] Brecht an RB, Ende November 1947, ebd., S. 434.
[5] Brecht an RB, Mitte Dezember 1947, ebd., S. 437.
[6] Einen Teil der Daten und Fakten dieses Kapitels verdanke ich Werner Wüthrich, der mir freundlicherweise sein Manuskript *Chronik Ruth Berlau in der Schweiz*, das im Sommer 2006 erscheinen soll, zur Verfügung stellte. Diese Chronik enthält auch Auszüge aus den Akten der Schweizer Fremdenpolizei über RB.
[7] Die Reisedaten RBs zwischen 9. 1. und 24. 2. 1948 sind ihrem Reispaß entnommen, RBA 90.
[8] TT BBA 2166/158.
[9] Alexander Dymschitz an Brecht, 23. 11. 1947. In dem erst kürzlich im Brecht-Nachlaß von Victor Cohen gefundenen Brief ist noch nicht konkret von einem Theater die Rede. (BBA o. Sg) Dymschitz war Chef der Kulturabteilung der sowjetischen Militärverwaltung in Deutschland, u. a. 1958 Direktor des Instituts für Theater u. Musik in Leningrad, übersetzte *Die Tage der Kommune*.

[10] RB war noch nicht klar, daß das Heizen im ganzen Nachkriegseuropa ein Problem war. Auch die Wohnung, die die Weigel in Feldmeilen hergerichtet hatte – eigentlich ein Sommerquartier - war schlecht heizbar. Ungemütlich kalt war auch der Probenraum in Chur.
[11] Brecht an RB, [Januar 1948], *GBFA* 29, S. 452. (Hier auf Frühjahr/Sommer 1948 datiert).
[12] Brecht schlug ihr vor, Bauernmasken im Zürcher Landesmuseum zu fotografieren, die ihn an chinesische Masken erinnert hatten. Daraus könne sie eine Chronik für Ekstrabladet entwickeln und die Fotografien wären auch ein wichtiger Beitrag für das Archiv. Brecht an RB, Januar/Februar 1948, *GBFA* 29, S. 442.
[13] RB an Hans Mayer, 11. 5. 1955, RBA Nachlaßnachtrag III. „Bitte kein Danmark!" hatte Brecht ihr schon im Dezember/November geschrieben, *GBFA* 29, S. 435.
[14] Aus weiterem Briefwechsel geht hervor, daß „Beulen" am Kopf Synonym für eine psychische Streßsituation RBs waren.
[15] *Der Ballon*, RBAHKOP.
[16] „Du und Eisler sind sowieso meine letzten Leser.", Brecht an RB, 20. 9. 1942, *GBFA* 251, S. 251.
[17] Brecht an RB [Jan./Feb.1948], *GBFA* 29, S. 445. (Hier auf Februar/März 1948 datiert).
[18] Eric Bentley: *Erinnerungen an Brecht*, Berlin 1989, S. 60.
[19] Brecht an RB. In *GBFA* 29 ist der undat. Brief doppelt gedruckt, sowohl in die finnische Zeit (S. 194) als auch in die amerikanische (S. 321) gelegt. Wahrscheinlicher wäre die Datierung in der Schweizer Zeit.
[20] Mündliche Mitteilung von Miroslav Lazović im Gespräch mit Werner Wüthrich, Genf, 19. 2. 2005. Zit. n. ders: *Die Dependence im Zürcher Seefeld. Ankunft Ruth Berlaus in Zürich und ihre Wohnungssuche*, in: *1948 – Brechts Zürcher Schicksalsjahr*, Manuskript, S. 9f. Wüthrich schließt nicht ganz aus, daß Berlaus Umzug in die Dufourstraße erst im Februar stattfand, d. h. nach der Inszenierung in Chur.
[21] Davon zeugt u. a. ein Brief von Stevka Lazović, BBA 1186/07-8.
[22] Frau Lazović war u. a. als Krankenschwester und als Dolmetscherin Titos tätig gewesen.
[23] Werner Wüthrich: *Bertolt Brecht kam täglich zu uns*, in: *Brechts Zürcher Schicksalsjahr*, a., a., O., S. 3ff.
[24] Miroslav Lazović im Gespräch mit Werner Wüthrich, Genf, 19. 2. 2005, ebd., S. 11.
[25] Werner Wüthrich: *Die Dependence*, a., a., O., S. 10f.
[26] Gespräch mit Werner Wüthrich, 9. 6. 2005. Siehe auch: ders: *Die Dependence*, a., a., O., S. 15 und ders.: *Und es ist Zeit für ein Theater der Neugierigen*, in *1948 – Brechts Zürcher Schicksalsjahr*, a., a., O., S. 5 ff.
[27] Werner Wüthrich: ebd., S. 4.
[28] *Berlau/Bunge*, S. 202.
[29] TT BBA 2166/158–160. In *Berlau/Bunge*, S. 200 durch Hinzufügungen Bunges abweichende Darstellung.
[30] Siehe Belege in RBA 1959/74, RBA o. Sg. u. im Archiv Klaus Völker.
[31] *Berlau/Bunge*, S. 278.
[32] Werner Wüthrich : *Und es ist Zeit für ein Theater der Neugierigen*, in: *1948 – Brechts Zürcher Schicksalsjahr*, a., a., O., S. 7ff.
[33] *Berlau/Meyer*, a. a. O., S. 142f.

[34] Ebd., S. 138–141 und *GBFA* XVII, S. 271.
[35] RBs Fotos siehe: *Theaterarbeit*, hrsg. v. Berliner Ensemble, Berlin 1967, S. 22.
[36] Gespräch mit Werner Wüthrich, 9. 6. 2005.
[37] Ole Cavling an RB, 30. 1. 1948, RBA N 250. Weil der Brief den amerikanischen Besatzungsbehörden vorgelegt werden mußte, war er in englisch abgefaßt.
[38] Brecht an RB, Frühjahr/Sommer 1948, *GBFA* 29, S. 453.
[39] Harald Engberg: *Brecht auf Fünen*, a. a. O., S. 207.
[40] RB: *Glasøjet i München. Ekstrabladets Kronik*, 22. 7. 1948.
[41] Gedruckt wurden auch 2 Fotos von der Modenschau und 2 Fotos, die Armut vor Ruinen zeigen. Hier zit. n. Typoskript: *Köer i München*, RBAHKOP. Fotos des Marktlebens siehe: *Berlau/ Mayer*, S. 148.
[42] Brecht an RB, August 1948, *GBFA* 29, S. 459.
[43] Den muntre side af München, RBAHKOP. Hier existiert auch eine englische Version.
[44] *Berlau/Meyer*, S. 149.
[45] RBA N 249.
[46] RBA 147.
[47] RB: *On open book*, August 1948. RBA 2.
[48] RBAHKOP. Fragment blieb auch ein Interview mit einer amerikanischen Soldatin, ebd.
[49] Es war nicht zu ermitteln, ob es sich um ganz Bayern oder die Filmgesellschaft Bavaria handelte, die unter Zensuraufsicht der Besatzungsbehörde stand. Letzteres ist zu vermuten. In RBA 249 liegt Ein offener Brief und ein offenes Wort an den Lizenzträger über Humor und Demokratie, Takt und Fragebogen etc. , in: *Mitteilungen der Theater- und Musikkontrolle München*, hrsg. vom Office of Military Government for Bavaria /Information Control Division / Theatre and Music Control, AKO 403 / US Army.
[50] RB an Hobart [ohne Zunamen], 8. 8. 1948, RBAHKOP.
[51] Hugh Baillie an RB, 24. 9. 1948, RBAHKOP.
[52] Ebd.. Die Idee dieses Kindersketchs wurde vielleicht inspiriert von einer im Ekstrabladet am 6. 11. 1946 erschienenen Meldung, daß „deutsche Kinder den Nürnberger Prozeß spielen".
[53] Die RB sehr wohlgesonnene Hilde Eisler druckte die Fotos im *Magazin* no. 9/1956 vermutlich nicht aus Versehen unter dem Namen Gerda Goedhart. RBs Honorarunterlagen beim *Magazin* weisen keine Nachzahlungen für diese Fotos aus. Mit Goedhart kam es in den fünfziger Jahren auch zum Urheberstreit um andere Fotos. Daß Fotos dieser Chaplin-Serie auch später wieder unter RB erschienen, liegt wohl an einer Notiz auf einem dieser Fotos im HBA 657. Mit Schreibmaschine ist „etwa 1946, Foto: Ruth Berlau" festgehalten, darunter mit Bleistift: „wahrscheinlich 1954 in Vevey, Schweiz, B. M." Unter Annahme von letzterem auch 2003 in: *Berlau/Meyer*, a. a. O., S. 175–179.
[54] Mågen Hetsch: *Per Knutzon pludselig død*, in: *Ekstrabladet*, 1. 9. 1948.
[55] Brecht an RB, August 1948, *GBFA* 29, S. 459.
[56] Werner Wüthrich: *Die Schweiz, das war unsere Vorbereitung auf Berlin*, in: *1948 – Brechts Zürcher Schicksalsjahr*, a. a. O., S. 3.
[57] TT 2166/ 163–164.

[58] RB: *Arnold Zweig: seine Brille – Pfeife –Tee-Ei und Pajok*. Dem *Neuen Deutschland* zu Zweigs 80. Geburtstag am 10. 10. 1967 vorgeschlagen, kein Drucknachweis, RBA 108.
[59] Notiz, 21. 5. 1955 (St. Josephs Hospital), RBAHKOP.
[60] RB: *Der Kapitän und sein Schiff*, in: *Das Magazin* 10/1967, S. 10f. Siehe auch: *GBFA* 27, S. 284.
[61] RBA N 80.
[62] Sozialer Dienst von St. Hans an RB, 10. 11. 1948, RBA N 178.
[63] Ida Bachmann an RB, 11. 11. 1948, RBA N 220.
[64] RB an Edith Berlau, 16. 11. 1948, RBA N 200.
[65] Ida Bachmann an RB, 22. 11. 1948, RBA N 220.
[66] RB an Bianca Berlau, RBA N 201.
[67] Edith Berlau an Rut [sic, unbekannt], 8. 1. 1949, RBA o. Sg.
[68] *Berlau/Bunge*, S. 211.
[69] TT BBA 2166/165–168. Auch Elisabeth Hauptmann wurde mit Dokumentationsaufgaben für *Die Tage der Kommune* beauftragt. (Hecht: *Chronik*, S. 867).
[70] TT BBA 2166/162. Brecht und Weigel erhielten ihre österreichischen Pässe erst im Oktober 1950.
[71] *Berlau/Meyer*, a. a. O., S. 144.
[72] TT BBA 2166/86.
[73] Brecht an die Städtischen Bühnen Wuppertal, 26. 8. 1949, *GBFA* 29, S. 543.
[74] Brecht an RB, 29. 8. 1949, ebd., S. 544.
[75] H. Sch.: *Autor befiel – wir folgen!* In: *Rheinpost*, 16. 9. 1949.
[76] Rolf Trouwborst: *Brecht als Theaterdiktator?* In: *Rhein-Echo*, 21. 9. 1949. Siehe dazu: *GBFA* 25, S. 391.
[77] Johannes Jacobi: *Brechts Saga*, a. a. O.
[78] *Probleme bei Nachahmung der Modell-Courage Wuppertal*, BBA 508/31–32.

## 10. Zwischen Regiepult und geschlossener Abteilung

Eine der ersten Aufgaben Berlaus in Berlin war die Inszenierung eines Sketchs nach Brechts *Badener Lehrstück*. In Form einer Clownerie wurden einem Mann mit seinem Einverständnis von zwei anderen Männern nach und nach die Glieder abgenommen, bis hin zum eigenen Kopf. Die Parabel wurde auf die damalige Situation Deutschlands hin aktualisiert, das einen verhängnisvollen Krieg geführt hatte und nun den Vorgaben der Besatzungsmächte folgen mußte. Der Sketch sollte in Betrieben und Kulturhäusern aufgeführt werden.

Es fiel den Schauspielern schwer, den Zirkusstil zu treffen: „das Lachen des Clowns, seine freien, runden Bewegungen und den blöden Gang, der durch den Sand in der Manege entsteht. [...] Die Premiere näherte sich, ab und zu steckte Brecht den Kopf in den Probensaal, aber ach, nur um ihn zu schütteln." Berlau entschloß sich, die Clowns Beppo und Adi vom Zirkus Barlay zu engagieren. Diese beharrten darauf, von der ersten Probe an mit Schminke und Kostüm zu arbeiten. Das wiederum erforderte eine genaue Kenntnis über den Typ, den sie darstellen sollten. In der Probe saß Brecht neben Hella Wuolijoki, die mittlerweile Chefin des finnischen Rundfunks war und sich in Berlin *Puntila und sein Knecht Matti* ansehen wollte. Brecht amüsierte sich und fand manchmal, daß der neue, von den Clowns improvisierte Text besser sei als sein alter, den er, wie sich herausstellte, aber nicht mehr richtig kannte. Er verlangte einen „genauen stenografischen Bericht".[1]

Laut der *BZ am Abend* wurde der Sketch im Dezember 1949 im Kabelwerk Oberschöneweide aufgeführt. „Was hier geschieht, ist gar kein Theater mit Verzauberung und Illusion. [...] Hier sitzt der *deutsche Michel* mit unförmigem Kopf, Riesenhänden, Stelzbeinen. Neben ihm stehen Mr. Marshall in Uniform und Polizeihelm und sein Kanzler, Herr Adenauer, im Zylinder, Frack und Glacéhandschuhen. Michel hat Schmerzen." Die beiden anderen Clowns nehmen ihm die Glieder ab, bis er kopflos auf dem Rücken liegt. Die ganze Demontage gibt sich als menschenfreundlicher Akt. Danach werden Songs mit einer fürs Publikum befremdlichen hämmernden Musik vorgetragen, schließlich kommt es zu lebhafter Diskussion. „Laßt den deutschen Michel doch nicht hilflos liegen. Stellt einen neben ihn, der ihm zuruft, wie er sich wehren soll." Die Schauspieler erklärten, daß der Sketch mit Michels Kreuzlage endete, damit sie, die jungen Arbeiter, selbst über eine Lösung nachdächten.[2] Der Sketch kam nur zweimal zur Aufführung. Im drei Jahre später erscheinenden Kollektivwerk *Theaterarbeit* gab das Berliner Ensemble zu, daß er von den Arbeitern abgelehnt worden war, weil die „Spaltung Deutschlands nicht in einem Clownsspiel dargestellt werden sollte. Ihre Einwände richteten sich in der Hauptsache gegen die Form."[3] Wahrscheinlich gab es auch Mißbehagen gegenüber der Aussage. Vielen erschien die sowjetische Besatzungsmacht als größtes Hemmnis der Selbstbestimmung.

Brechts Grundsatz, die Aufführung seiner Stücke an anderen Theatern nur zu erlauben, wenn sie sich mit den Modellen seiner eigenen Regie auseinandersetzten, stieß manchmal auch im Osten auf Ablehnung. Dennoch kam es häufig zu Modellinszenierungen. Seine Schüler konnten sich dabei auch andernorts als Regieassistenten oder Regisseure profilieren. Ruth Berlau hatte Ende 1949 die Chance, *Die Mutter* in den Leipziger Kammerspielen nach dem Modell von 1932 und ihrer eigenen Erfahrung von 1935 selbständig zu inszenieren. Wieder entschied sie sich für das Bühnenbild Nehers. Erhalten ist ein Briefentwurf mit Korrekturen Brechts an die Kammerspiele nach dem Casting. Sie freute sich über die gute Besetzung. Als „alte Theaterratte bin ich doch gewöhnt, Schauspieler zu erkennen." Leider aber habe die ihr vorgeschlagene Hauptdarstellerin anstatt „Heiterkeit und Vitalität" ein „tragisches Gesicht" und scheine „nicht die Kraft zu haben, die Dickköpfigkeit und Stärke, die wir brauchen für unsere *Mutter*. Entschuldigt mir mein schnelles Urteil,

aber ich bin da ziemlich sicher."[4] Charlotte Küter, die 1938 in Prag die Carrar gespielt hatte, entsprach zunächst nicht den Vorstellungen von Berlau und Brecht: „Liebe, // die paar Sachen, die Du der Küter sagtest, waren sehr richtig und das Vormachen *sehr* gut."[5] Dann entwickelte sich die Arbeit mit ihr aber doch positiv. Ab 5. Januar nahm Brecht an den Endproben teil. Wie dieser, ließ auch Berlau genaue Probennotizen von ihren Regieassistenten machen.[6]
Die Premiere am 15. Januar 1950 wurde ein Erfolg, ein „Ruhmesblatt in der Geschichte des sogenannten *Provinztheaters*"[7] Brecht protestierte jedoch am 22. Januar, weil in der Aufführung vom 20. Januar die Szene gestrichen worden war, in der drei Nachbarinnen die Mutter mit Bibelversen über die Exekution ihres Sohnes Pawel trösten wollen. Sie nimmt die Kondolenz zwar an, verweist aber auf ihren Atheismus. Ruth Berlau hatte nach Rücksprache mit Brecht am Tag der Premiere den Satz hinzugefügt: „Ihr könnt glauben, was ihr wollt, wenn ihr nur wißt, was ihr wissen müßt!" In seiner Antwort erklärte Intendant Grohe, daß es heftige Diskussionen mit Zuschauern gegeben hätte, die sich als Christen beleidigt fühlten. Er wolle aber Brechts Verlangen Rechnung tragen, die Bibelszene wieder aufzunehmen. Brecht seinerseits erlaubte, die Projektion des Marx-Zitats „Religion ist Opium für das Volk" und das Zerreißen der Bibel wegzulassen.[8] Aus einem Brief Berlaus vom 15. Februar geht hervor, daß es zu Protesten gegen die *Bibelszene* auch bei Gastspielen im Stahlwerk Riesa und in den Chemiewerken von Leuna gekommen war, wo Arbeiter unter Protest den Saal verlassen hatten. Sie schlug vor, die Szene mit Brechts Unterstützung nochmals umzuschreiben.[9]
Die Episode zeigt, daß sich Brecht den Gebrauch der ´Modelle` keineswegs diktatorisch wünschte. Begründete Textänderungen ließ er zu. Die Bibelszene vollkommen wegzulassen oder zu entschärfen kam für ihn nicht in Frage. Sie erregte die Gemüter auch noch bei der Berliner Inszenierung von 1951.[10]
Als Botschafterin der Brecht-Methode verkörperte Berlau eine undogmatische Anverwandlung der Modelle. Kühle und Distanziertheit waren auch in der Regie nicht ihre Sache. Aus ihren Notizen geht hervor, daß aus ihrer Sicht die Modell-Methode vor allem „Zeitersparnisse" brachte für Problemlösungen, z. B. wenn die Zuschau-

er etwas sehen sollen, was die Figuren auf der Bühne aber nicht sehen dürfen.[11] Sie hielt auch Unterschiede fest zu ihrer Erfahrung mit den Arbeiterlaien. Für die professionellen Schauspieler war das Darstellen von Arbeitern sehr schwierig. „Arbeiter bleiben in Gruppen zusammen, Schauspieler nicht; schon wenn einer einen Satz zu sprechen hat, tritt er aus der Gruppe." Besonders in Szenen mit wenig Text, in denen die Handlung durch gestisches Spiel voran getrieben wurde, waren die alten Fotos nützlich.[12] Diese für die Überwindung von Deklamationshaltungen wichtigen Texte entstanden mit Brecht, der eine Zusammenfassung über *Allgemeine Tendenzen, welche der Schauspieler bekämpfen sollte* formulierte.[13]

Ruth Berlau hatte von der Intendantin Weigel einen bis auf den Januar 1949 rückwirkenden Vertrag erhalten als Leiterin des literarischen und fotografischen Archivs des Berliner Ensemble. Sie bekam 650 Mark monatlich plus Bereitsstellung von Arbeitsräumen und einer Wohnmöglichkeit.[14] Berlau verpflichtete sich, für jede Inszenierung drei Exemplare „Regiebücher", d. h. Modellbücher herzustellen, zwei für das Archiv des BE, eines für die Deutsche Verwaltung für Volksbildung. Das Copyright blieb bei ihr. Berlaus Grundgehalt war etwa zweieinhalb Mal so hoch wie ein damaliger Facharbeiterlohn. Für Regietätigkeiten wie z. B. in Leipzig konnte sie mit zusätzlichem Einkommen von 1500 DDR-Mark rechnen.[15] Im Dezember 1949 bezog sie eine Wohnung in der Charitéstraße 3, wenige Minuten vom Deutschen Theater entfernt. Es gab einen großen Salon mit Parkettfußboden und Balkon, von dem aus man bis zum Karlplatz blickte. Drei andere Räume sowie Bad, Küche und Speisekammer hatten Fenster zum weiß gekachelten Hinterhof. Im Quergebäude war eine Fabrik, was in Berlaus Augen kein Ärgernis, sondern von Interesse war. Weigel organisierte für sie dieselben Versorgungsprivilegien wie für die anderen Mitarbeiter. In ihrer Wohnung wurden Maurer-, Verputz- und Malerarbeiten durchgeführt, das elektrische Netz teilerneuert, Vorhänge angebracht, außerdem bekam sie 1000 kg Braunkohlebriketts.[16] Obwohl Berlaus Lage im Vergleich zum durchschnittlichen Lebensniveau sehr privilegiert war, nagte Neid und Eifersucht an ihr. Nicht sie, sondern Weigel teilte die Macht mit Brecht im Ensemble. Und nicht sie, sondern Weigel bewohnte mit Brecht eine große Villa in

Weißensee. Es kam zu Szenen zwischen den beiden Frauen. Die aus dieser Zeit vorliegenden Briefe Berlaus an Weigel klingen sehr unflätig. In einem Brief vom Januar 1950 warf Berlau Weigel einen "dreckigen Kampf" vor und, daß sie Brecht nicht richtig ernähre.[17] Da Weigel mit Brecht unter einem Dach lebte, meinte Berlau, daß sie auch privat mehr von Brecht habe als sie selbst. Das tat besonders weh zu Weihnachten, das er nach wie vor mit seiner Familie beging. Um der Einsamkeit an diesem Tag zu entgehen, organisierte sie in ihrer neuen Wohnung eine Party für mehrere Nachbarsfamilien sowie deren Verwandte aus Westberlin. Auf diese Party bezieht sich Berlaus Erzählung *Die Jacke aus Sibirien und der Pelz aus Norwegen*, deren fiktive Anteile jedoch hoch einzuschätzen sind. Es war ein bemerkenswerter Versuch, ihre nicht heilenden seelischen Verletzungen literarisch zu bewältigen: das Trauma Edith, das durch die neue Entwicklung sich eher verschärft hatte, und das Trauma Michel. Vielleicht folgte sie einer Vorhaltung Brechts, daß auch andere Menschen ähnlich schwere Schicksalsschläge zu verkraften hätten, als sie eine Geschichte mit Figuren konstruierte, die Gemeinsamkeiten mit Edith, Michel und mit ihr selbst hatten. Einer „Jacke aus Sibirien", war sie im Zug zwischen Berlin und Leipzig begegnet, wo sie mit Kriegsheimkehrern ins Gespräch gekommen war. Einer trug eine dicke Wattejacke, die er aus sowjetischer Kriegsgefangenschaft mitgebracht hatte.[18] Der häufige Wechsel der Erzählperspektive und der Bedeutung der Personen ist hier sowohl als Krankheitszeichen als auch als bemerkenswerter Versuch einer Selbsttherapie zu sehen. Dazu paßt auch, daß sie der Geschichte einen widerspruchsgeladenen aktualpolitischen Hintergrund gab. Auch dadurch konnte das persönliche Leidensgefühl vielleicht relativiert werden.

Eine Weihnachtsgesellschaft, zu der auch einige Kinder gehören, sitzt nach dem Essen beim Weinbrand. Ein von den Nazis Verfolgter namens Richard erzählt, daß seine Frau, während sie mit dem gemeinsamen Neugeborenen im Luftschutzkeller saß, erschlagen wurde, weil sie gesagt hatte, daß sie nur noch auf die Russen warte. Ein Arzt, der im selben Keller war, konnte das Kind retten und ins Krankenhaus bringen. „Er war ja nur 9 Tage alt. Sie soll ihn Michel genannt haben. // Michel – ja du deutscher Michel. // Michel starb im Hospital. Der junge Mediziner hat, sagt er, alles getan, um den

Kleinen am Leben zu halten. Der soll so schön gewesen sein, ganz schwarze Augen und gar nicht, so wie viele Neugeborene, häßlich. Haare hatte er auch. Ganz schwarze Haare, sagt man mir. // Ich habe ihn nie gesehen! // Meinen Sohn. // Ich habe diesen, meinen kleinen Sohn nie gesehen." Ihre eigenen Gefühle über den Tod ihres Kindes übertrug Berlau auf diesen fiktiven Vater, in den dann aber auch von ihr vermutete Haltungen Brechts einflossen. Der Verfolgte konnte nur heimlich und kurz bei seiner Frau sein: „[...] die Wärme, die hundert Küsse, die sie mir gab, diese Umarmungen machten Michel. Soll ich nun ein schlechtes Gewissen haben? War es für sie schwierig, ihn zu tragen? Nein, ich weiß, es war ihr eine große Freude – sie war dann nie allein. // Nie allein! [...] Meine Frau hieß Ruth."
Mittlerweile hatte Richard ein Liebesverhältnis mit einer Frau namens Edith: „Ediths Augen sind blau. Direkt schauen sie dich an, immer sozusagen Aug in Auge – da gibt's keine Flucht. Ab und zu denke ich: Sie liest dir einfach deine Gedanken ab! So direkt schaut sie. Ich liebe Edith." Edith unterhielt sich mit einem unbekannten Mann, den sie mitgebracht hatte. „Er hatte eine Jacke aus Sibirien an. Schließlich zog der Mann die Jacke aus und Edith gab ihm Geld dafür."
Dann begann die Gesellschaft zu politisieren. Ein Mann aus Westberlin, im Krieg Flieger gewesen, war immer noch stolz, seine Maschine vom Angriff auf London heil zurückgeflogen zu haben und schwor, daß er auch noch über Moskau fliegen werde. Der Mann, der die Jakke mitgebracht hatte, erzählte, daß er in der Kriegsgefangenschaft ein Freund der Sowjetunion geworden war. Unter diskreter Anleitung von Edith – die sich hier in die Regisseurin eines Kindersketchs verwandelt – trugen die Kinder dann Brechts Gedicht *Mein Bruder war ein Flieger*[19] vor. „Die Kinder fanden das Gedicht lustig und es ist nicht richtig, [...] daß so etwas den Kindern schaden kann, nein."
Später erzählte Edith der Gastgeberin von einem geliebten Mann, der als Soldat in Norwegen umgekommen war. Von ihm hatte sie einen Pelz bekommen, in dem sie an diesem Abend auch erschienen war.[20] Die beiden hatten eine Absprache, zu bestimmten Zeiten, z. B. zu Weihnachten, das Sternbild Kassiopeia zu betrachten, „einen Stern, ungeheuer oben[21] – über uns, über unserer Qual und Sehnsucht." Nun verschmolz die Berliner Edith mit der Erzählerin. Beide wünschten, sich von ihrer alten Liebe zu befreien: „Ich war [...] niederträchtig

genug, diesen Weihnachtsabend mich zu freuen, tief zu freuen, daß Kassiopeia vom Balkon aus nicht zu finden war." Und plötzlich ist, wie in der Novelle *Regnen,* Brechts Stimme der Vernunft zu hören: „Warum wollte sie auch immer weiter in ihrem Schmerz bohren? Zwar habe ich auch mehrmals vor der kleinen Urne im Krematorium gestanden, der so kleinen Urne mit Michels Asche. Aber mal muß man darüber wegkommen – vergessen nie, das ist schon wahr – aber mein Gott, nicht hineinbohren. // Nach vorn schauen – nur nicht nach hinten. // Ich ging verbittert wieder in die Stube. – Edith blieb draußen, um ihre verdammte Kassiopeia zu suchen." Später beschloß Edith, sich von der Kriegstrophäe zu befreien, entzündete ihren Pelz an den Weihnachtsbaumkerzen und zog die Jacke aus Sibirien an. Noch in der Weihnacht fegte die Gastgeberin/Erzählerin die Asche aus Norwegen auf und hoffte, daß das Sternbild nie mehr erscheine. „Aber da winkte dieser Stern und strahlte gerade über dem Balkon. Kassiopeia werde ich nie los. [...] Wie sollte es nun weitergehen: Ost und West in einer Stadt – Hand in Hand tanzend um einen Weihnachtsbaum. Einer vernichtet die Beute – einer hofft noch einmal etwas vom Krieg herauszuholen, einen Schnitt zu machen beim Töten.[22] [...] In dem Eimer lag nun der versehrte Pelz aus Norwegen und Edith ging weg mit der Jacke aus Sibirien: brennend aber nicht versehrt."[23] Berlaus persönliche Orthographie sorgte hier für eine – vielleicht ungewollt – überraschende Pointe.

Brecht las die Geschichte als Anfang eines Romans und meinte, es lohne sich, weiter zu schreiben. Es störe ihn nicht, wenn sie ihn zitiere. Aber er fand, daß sie es nicht allzu oft tun solle. Den Namen 'Michel' solle sie lieber ändern, „so hieß nur *ein* Kind für uns."[24]

Es war ihm schwer verständlich, wieso Berlau trotz des Regieerfolgs in Leipzig unzufrieden blieb und ihn ständig zu Auseinandersetzungen zwang. Während die Weigel unter den vielfältigen Belastungen aufblühte, zeigte es sich, daß Berlau nur sehr begrenzt belastbar war: „Du hast zu viel gearbeitet, daran bin ich schuld." Möglicherweise Bezug nehmend auf schroffe Haltungen Weigels, gab er zu: „Und Du bist nicht freundlich behandelt worden und nicht kameradschaftlich. Verzeih es. // Und versuch, wieder stark und weich zu sein."[25] Sie dachte aber wieder an Trennung. Dabei spielte nicht nur die Kon-

kurrenz zur Weigel eine Rolle, sondern auch die der vielen jungen Leute, die gerne mit und für Brecht arbeiteten. Unter ihnen waren nicht nur begabte Regieassistenten, sondern auch Fotografen, die besser ausgebildet waren als sie. In *[den] Ring gehen* ist ein Gedicht betitelt, das sie Brecht zu seinem Geburtstag, am 10. Februar 1950 gab: durch all die jahre // hab ich viel von dir // gelernt // und viel verlernt. /// ich liebe dich // ich liebe dich // ich liebe dich. /// geschrieben hast du mir, daß du mich brauchst // da warst du fremd // in fremden ländern // jetzt bist du hier // in deinem BERLIN, // gedruckt wird, // was ich fotografierte, // meine Arbeit ist beendet. // Ich danke dir... // Ich liebe dich. // Jeg elsker dig.[26]
Um den Minderwertigkeitskomplexen zu entgegnen, sandte er ihr eine *Übersicht über die Lage*, die sie „bei einer Pfeife" lesen sollte. Es war eine Bilanz von Positivem und Negativem, was sie bislang in Deutschland erreicht hatte. Er nannte ihre erfolgreiche Modellberatung im Westen und die beste Modellinszenierung, die es im Osten bislang gegeben hatte – damit war die Leipziger *Mutter* gemeint. Sie habe mitgearbeitet an den Inszenierungen von *Antigone, Courage* und *Puntila*, davon viele Fotos gemacht und Assistenten angelernt. Die Herausgabe des Modellbuchs *Antigone* und die Vorarbeiten zum *Courage*-Modellbuch nannte er auch wichtige Leistungen. Aber offenbar hatte ihr das zu hohe Anstrengung abgefordert, da sie überall auf Gegnerschaft gestoßen war. Daß sie viel unterwegs gewesen war, hatte sich die „Gründung eigener Existenz" verzögert. Sie sei überarbeitet und erschöpft. Da sie auch in Berlin Skandale hervorgerufen hatte, möglicherweise mit politischem Akzent, riet er zu „Vorsicht bei öffentlichem Auftreten und im Verkehr mit Personen, die im öffentlichen Leben stehen, das heißt Selbstzensur. (Möglichst nichts Schriftliches aus der Hand geben!) Beibehaltung von verläßlichen Menschen in Haushalt und Arbeit. Regelmäßiges Essen, Schlafen usw." Obwohl sie für damalige DDR-Verhältnisse viel verdiente, kam sie mit ihrem Geld nicht aus. In diesem Punkt beruhigte er: „Geldprobleme Brecht überlassen."[27]
Anfang März, als schon einige Zeit zum Ausruhen verstrichen war, konstatierte er, daß sie ihm weiter feindselig begegnete. Da ihn das sehr irritiere, kündigte er an, die üblichen Besuche bei ihr auch mal ausfallen zu lassen.[28] Nicht zu kommen, war aber noch schlimmer.

Denn es war nicht nur Erschöpfung, die sie in einen fragilen psychischen Zustand versetzte. Stärker noch als früher standen im Kern der Auseinandersetzung sexuelle Probleme. Brecht scheint immer mehr Schwierigkeiten gehabt zu haben, mit ihr zu schlafen, obwohl er sich bewußt gewesen sein dürfte, daß gerade das ihren Zustand verschlimmerte. Daß sie manchmal versuchte, sich auf diese Situation einzustellen, zeigt ein im Februar 1950 entstandenes Gedicht *Die Kälte*: „Kam die Kälte // Die kam vom Schoße // Ging in Arme, Beine, Herz und Stirn: // Die feine reine Kälte // Ich liebe nicht. // Verschwunden ist: // Das tiefe, schmerzvolle Glück // Ich habe nichts und doch genug: // Den Drang nach Wahrheit und die Lust am Trug!"[29] Das Gefühl, erkaltet zu sein, war freilich nicht von Dauer. „Lust am Trug" oder an der Intrige schlechthin waren bei Ruth Berlau eigentlich Zeichen der Verzweiflung. Ende Februar 1950 schraubte sie einen Haken in einen Türstoß ihrer Wohnung. Das weckte bei ihrer Haushälterin den Eindruck, daß sie an Selbstmord dachte. Auch einige Gedichte, in denen sie ihren Tod als letztes Liebesopfer für Brecht darstellte, ließen das befürchten: „Wie merkwürdig es klingen mag: ich habe keinen anderen Ausweg als den Tod. [...] Er will, daß ich sterbe. // Er will mich nicht mehr // Dann will er, daß ich sterbe // Kein anderer soll mich haben"[30].

Brecht sah sich vor die Alternative gestellt, eigene Arbeitsvorhaben einzustellen oder für Berlau medizinische Hilfe zu organisieren. Es war sicher keine leichte Entscheidung, sie am 2. März in die neurologische Abteilung der Charité zu begleiten, deren Eingangstor näher an Berlaus Wohnung lag als das Deutsche Theater. Fünf Jahre zuvor hatten andere ihm diese Aufgabe abgenommen. Nun kam er unweigerlich in die Rolle des Freiheitsräubers, die Robert Lund seiner ersten Ehefrau und auch Edith gegenüber gespielt hatte. Es gibt darüber eine Notiz von Ruth Berlau. Zuerst war sie bereitwillig mit Brecht mitgegangen. Als sie jedoch aus der Haustür traten, sei ihnen ein blasser junger Mann begegnet, der in die Luft gesprochen habe, daß eben die Wiederbelebungsversuche seiner Schwester in der Charité gescheitert waren. Berlau fühlte sich sofort an den Selbstmordversuch Ediths erinnert und an den kleinen Zettel, den sie ihr hinterlassen hatte: „Ich bin Kommunist, aber mein Nervensystem ist konservativ." Offenbar meinte sie, daß das auch auf sie selbst zutraf. Sie verspürte einen Impuls, dem unglücklichen jungen Mann zu helfen, indem sie ihn in ihre Wohnung holte. Sie rannte dann aber doch allein zurück ins Haus und in ihre Wohnung. „Brecht wollte mich in der geschlossenen Abteilung abliefern – War es nun ´die Zeit der beginnenden Umnachtung`? – Jedenfalls schrieb ich wieder Gedichte – Das ist für Brecht unheimlich, wenn ich Gedichte schreibe." Sie sei schließlich von der Volkspolizei in die Klinik gebracht worden.[31]

Ihr wurde rasch klar, daß der Suizidverdacht einen längeren Klinikaufenthalt nach sich ziehen konnte. Deshalb schrieb sie Brecht umgehend, er solle Professor Thiele sagen, daß es ihr mit dem Selbstmord nicht ernst gewesen sei. In betrunkenem Zustand habe sie von Selbstmord gesprochen, weil sie ihn endlich einmal wieder eine Nacht bei sich haben wollte. Aber er habe sie noch nicht einmal mehr bei den Proben akzeptiert. Aus ihrer Sicht steckte Weigel dahinter: „Ach, selbständiger Denker, wie kannst Du Dir verbieten lassen, mich zu sehen?" Vor fünf Jahren, als sie noch jünger war, hätte er sich das nicht verbieten lassen.[32]

Die Proben, von denen Ruth Berlau ausgeschlossen worden war, weil sie sie betrunken gestört hatte, betrafen die Inszenierung des Sturm- und Drang-Stücks *Der Hofmeister* von Jacob Lenz, das Brecht zusammen mit ihr, Benno Besson, Egon Monk und Caspar Neher bearbeitet hatte. Der Hofmeister ist ein Hauslehrer, der sein Triebleben nicht beherrscht und sich entmannt, um wenigstens zu einer bescheidenen Berufskarriere zu kommen. Er verkörperte für Brecht den Grundtyp des deutschen Lehrers, der sein Amt erst ausüben konnte, wenn er sich seine eigene Natur ausgetrieben hatte. Wie eine in der Charité entstandene Aufzeichnung Berlaus verrät, fand sie im *Hofmeister* ihre eigene Tragödie wieder. Auch bei ihr waren unstillbare sexuelle Sehnsüchte zur Ursache unstillbaren Schmerzes geworden. Eines Nachts in der Klinik fand „ein langes Gespräch in meiner weißen, schönen Zelle, mit Jacob Michael Reinhold Lenz" statt. Er stand als Schatten an der Wand, neben ihrem eigenen „Schattenbild", das „keine Runzeln" hatte. Er „verbeugte" sich, „fast gleichzeitig verbeugte ich mich." Nach einer Diskussion um die fleischliche Liebe sagte Lenz: „´Nun gerade jetzt im Jahre neunzehnhundertundfünfzig, ist es ja nicht komisch, und da ist nichts zu lachen, wenn ein Mensch

sich kastrieren muß, um zu leben, gerade jetzt, wo ganz Deutschland kastriert und demontiert vor unseren Augen liegt!' [...] Mir wurde schlecht, ich merkte, daß ich mich übergeben möchte und sagte: 'Schließlich geht`s mich nichts an, wie kastriert, gezähmt, gelähmt und geschlagen ihr auch seid – ich bin nicht deutsch!'"[33]
Im Unterschied zum South Oaks Hospital lag sie jetzt in einem erträglichen Einzelzimmer. Der sie behandelnde Dr. Müller-Hegemann hatte sich als Wissenschaftler vorgestellt, mit dem Berlau auch über ihre persönlichen Probleme hinaus diskutieren konnte, z. B. über seine interessante Forschungsarbeit *Die psychische Struktur des deutschen Faschisten,* von der er ihr ein Manuskript gab.[34] Obwohl Berlaus Behandlung jetzt unter besseren Bedingungen und von engagierten Ärzten vorgenommen wurde, war ihr das Eingesperrtsein wieder so unerträglich, daß sie kaum Bereitschaft zeigte, sich auf eine wirkliche Therapie einzulassen. Allein, daß auch hier die Kranken die Fenster nicht öffnen durften, bereitete ihr Höllenqualen. Unablässig bat sie Brecht, sie herauszuholen. Er versprach ihr, darum zu kämpfen, daß sie das Fenster öffnen dürfe und der Aufenthalt so kurz wie möglich bliebe. Aber er rechne auch mit ihrer Vernunft. Damit sie nicht auf die magere Klinikspeisung angewiesen war, ließ er ihr Essen aus der 'Möwe` bringen, dem durch Sonderzuteilungen privilegierten Künstlerclub. „Bitte, schreib nicht nur vom Herausholen, das ist so schrecklich für mich, weil ich es im Augenblick doch nicht *kann*, ich will dich doch selber heraus haben."[35] Zwei Tage später kam es zum Streit, weil er sich angeblich nicht genug Zeit für Besuche nahm. Sie gebärde sich jedoch immer noch als „eine so *strenge Richterin*", daß er nach einem zweistündigen Besuch „zwei Tage arbeitsfrei bräuchte, um wieder ins Gleichgewicht zu kommen. // Liebe."[36] Künftige Nähe, erklärte er immer wieder, hinge davon ab, ob sie ihre Vernunft über ihre Eifersucht stellen könne.
Berlaus Ärzte regten offenbar einen Schritt an, der ihre Abhängigkeit von Brecht in einem wichtigen Bereich vermindern konnte. Im Gegensatz zu dem, was er vorgeschlagen hatte – nämlich ihre Geldprobleme ganz ihm zu überlassen – verlangte sie, daß die unerwartet umfangreichen Arbeiten für Modellbücher künftig Gegenstand eines Privatvertrags zwischen ihnen sein sollten, „damit die Gelder direkt auf mein Konto geschickt werden, damit Du gar nichts mehr

mit meinen Geldangelegenheiten zu tun hast, jede zweite Woche, so wie auch die vom Kontrakt mit dem Berliner Ensemble". Das betraf die Modellbücher zu *Die Mutter, Der Hofmeister, Courage* und *Galilei*, die sie zusammenstellen wollte. Ferner versprach sie, sein Archiv zu vervollständigen. Beim Vertrag über das *Courage*-Modellbuch wollte sie eine prozentuale Beteiligung haben, sowie eine Notiz von ihm, „daß die Bilder nicht nur vom fotografischen Standpunkt aufgenommen sind, damit ich erwähnt werde in den Kritiken nicht als Fotograf, sondern als Fachmann. (Und nicht wie in der *Antigone*-Kritik, nämlich gar nicht!)." Was das Private anbelangte, forderte sie, daß Brecht endlich sein Versprechen erfüllen solle, sich eine eigene Wohnung zu nehmen. Sein Vorschlag, sie einmal in der Woche zu besuchen, reichte ihr nicht. Sie wollte freien Zugang zu den Räumen haben, in denen er seine Freizeit verbrachte. „Weigel stellte in Schweden die Forderung, daß ich nicht in ihr Haus kommen sollte, aber daß Du hingehen konntest, wo Du wolltest; dieses Versprechen warst Du in Deiner Lage gezwungen abzugeben, das galt aber nur für die Emigration, sagtest Du mir oft."[37]
Wohl auf Anregung der Ärzte begann auch Brecht am selben Tag aufzuschreiben, wie er sich ihr Verhältnis künftig dachte. Er wünschte sich Konzentration auf die dritte Sache, während das „Persönliche und Private" zurücktreten sollte. Es wäre besser, sich mehr der Zukunft als der Vergangenheit zuzuwenden, Gutes sollte erinnert, Böses vergessen werden. „So, als träfen wir einander neu, wollen wir versuchen, uns einander angenehm zu machen." Damals entstand eine Würdigung ihrer Persönlichkeit. Er nannte sie den großzügigsten Menschen, den er kannte: „Kaum je habe ich Dich für Dich selber etwas kaufen sehen. Das Geld, das ich Dir mitunter geben konnte, verwandtest Du sofort für mich – nicht nur für Arbeitsmaterial, sondern auch für kleine Bequemlichkeiten. Du selbst lebtest in allergrößter Bescheidenheit, oft Armut, dabei tatest Du immer die Arbeit mehrerer Menschen zugleich, [...]" Ihre Arbeiten seien Pionierleistungen, die die Umwelt oft nicht verstanden habe, die sie aber „ohne Furcht vor dem Gelächter oder der Intrige" ausgeführt habe. Er bescheinigte ihr chinesischen Fleiß und seltene geistige Unabhängigkeit. „Dazu half Dir dann Dein Sinn für das Wichtige, der auch selten ist. // b."[38] Diese Würdigung war eigentlich eine Be-

schwörung. Die hier aufgezählten Eigenschaften waren bei Ruth Berlau nur aktiv, wenn sie gesund war. Und ihre Gesundheit war abhängig von den Schwankungen des Verhältnisses mit Brecht. Wenn er „streikte", konnten die genannten Qualitäten verschwinden. Nach weniger als drei Wochen wurde sie entlassen. Am 2. April 1950 notierte Brecht in sein Journal: „Ruth, wieder gesund, sieht in Schwerin, wo man ihr Leipziger Modell der *Mutter* benutzt, wie schwer es ist, Humor und Grazie zu übertragen." Die Modellinszenierung habe sich hier als „Zwangsjacke" erwiesen.[39] Auch wollte weder der Suhrkamp Verlag noch der Aufbau-Verlag Modellbücher drucken, was bedeutete, daß sie für interessierte Theater per Hand gemacht werden mußten. Dafür waren jeweils hunderte Fotos zu entwickeln, in richtiger Reihenfolge anzuordnen und mit den jeweiligen Passagen des Textbuchs aufzukleben. Daß der von Berlau geforderte Privatvertrag für diese Arbeiten abgeschlossen wurde, geht aus einem Brief Brechts hervor, in dem von Geldern die Rede ist, die ihr für die Modellbücher zustanden.[40]

Hegemann hatte ihr offenbar geraten, sich damit abzufinden, daß Brecht und Weigel unter einem Dach lebten. Dafür verbrachte er nun täglich die Mittagszeit mit ihr in der Charitéstraße. Sie aßen zusammen, und er ruhte sich in dem für ihn eingerichteten Zimmer aus. Das Mobiliar der Wohnung bestand zum Teil aus Gegenständen, die in Stockholm zurückgeblieben und von Hans Tombrock nach Berlin gebracht worden waren. Neben diversen Kupfersachen gehörte Brechts geliebtes altes Stehpult dazu. An ihm sollte, wie Berlau gern hervorhob, einst *Die Dreigroschenoper* entstanden sein. Tombrock lehrte jetzt an der Kunsthochschule Weimar und plante mit Brecht ein Buch mit Zeichnungen zum *Galilei*.

Obwohl die Adoption eines Kindes unrealisierbar blieb – u. a. auch weil Berlau viel reiste –, war der Gedanke nicht vergessen. Während der Mittagsstunden hielten sie die Tür offen für Nachbarskinder. Diese Kontakte inspirierten Brecht zu Kinderversen, u. a. zu *Die Pappel vom Karlsplatz*.[41] Der Baum war das einzige Grün, das man von Berlaus Balkon aus sehen konnte. In den später berühmten Versen dankte er den Anwohnern, daß sie die Pappel in den Nachkriegswintern nicht abgeholzt hatten. Wie er es bei seinen eigenen Kindern getan hatte, testete Brecht auch seine neuen Kindergedichte bei den kleinen Nachbarn. „Es zeigte sich, daß das Gedicht *Mailied der Kinder* das beliebteste war, jedenfalls für die Kinder über 10. Aber das Lied *Bitten der Kinder* kam als Nummer 1 für kleinere Kinder."[42] Einmal kamen Kinder aufgeregt angerannt und meldeten, daß die Pappel vom Karlplatz gerade abgeschlagen worden sei, weil sie den dahinter liegenden Büroräumen zu viel Licht nahm.[43]

Nach der Krise von 1950 plante Berlau eine Erholungsreise zu ihrer langjährigen Freundin Gerda Goedhart nach Holland. Als Fotografinnen im Berliner Ensemble standen sie nicht in Konkurrenz. Auch intime Fragen besprachen sie miteinander. Seit längerem versuchte Goedhart, holländische Bühnen für Brecht-Inszenierungen zu interessieren und Berlau dabei als Regisseurin ins Spiel zu bringen.[44] Am 11. April brachte Brecht Berlau nach Tempelhof, von wo sie nach Hamburg flog. Obwohl sie sich auf die Reise gefreut hatte, trennte sie sich ungern von ihm. Auf dem Bahnhof in Hamburg stellte sich dann aber gute Laune ein: „Danke für alles, ich fahre wie ein Luxustier, sehr angenehm, ich danke Dir und dafür bekommst Du eine gesunde, heitere Ute zurück."[45]
Brecht schrieb ihr über die triumphale Premiere des *Hofmeister*. Aber die von anderen gemachten Fotos erschienen ihm „merkwürdig unpoetisch", es fehle „fast immer das besondere, individuelle Auge, das die Deinen haben."[46] Damals erkundigte er sich auch bei Hella Wuolijoki, die finnisches Interesse an Inszenierungen von *Courage* und *Puntila* signalisierte, ob Berlau als Regisseurin in Frage käme. Er selbst war bereit, zu den Abschlußproben zu kommen.[47]
Auch Weigel war wieder bereit, im Kompromiß zu leben. Anfang August 1950 fuhr die ganze Familie Brecht-Weigel zusammen mit ihrem Anhängsel Berlau nach Ahrenshoop, „Helli mit den Kindern, ich mit Ruth im Steyr."[48] An der Ostsee bereiteten sie sich auf eine gemeinsame Regie von *Courage* mit Therese Giehse an den Kammerspielen in München vor.
Neben Berlau assistierten dort auch Egon Monk, Harald Benesch von der Wiener Scala und Eric Bentley. Dieser beobachtete, daß Brecht wie ein Filmregisseur arbeitete. „Jedes *Bild* mußte ihn als ein Kunstwerk zufriedenstellen, und auch nachdem die Vorstellung störungsfrei lief, ließ er Ruth noch alle paar Sekunden ein Photo

machen." Brecht kontrollierte selbst mit Lichtmesser und Stoppuhr, ob die Bühnenarbeiter seinem Wunsch nach einer ungewohnt hellen Bühne, bzw. dem raschen Umbau zwischen den Szenen nachkamen. Was nicht klappte, führte er auf „faschistische Sabotage" zurück. Einmal, als er in einem für ihn reservierten Zimmerchen seine Siesta gehalten hatte, hörte man ihn plötzlich „*Scheißkerle*, die Nazis!" brüllen. Berlau flüsterte Bentley zu, „daß sie nach oben laufen würde, um nachzusehen, was los war." Sie stellte fest, daß er die falsche Tür zu öffnen versuchte. Auf dem Münchener Oktoberfest hätten sie aber auch echte Nazis erlebt „Brecht, Ruth und ich saßen in einem Zelt und tranken Bier, als ein paar junge Männer an einem Nebentisch zu singen anfingen: traditionelle deutsche *Studenten-Melodien.*" Plötzlich habe sich Brechts Gesicht violett verfärbt. „Ich glaubte, Ruth und ich hätten es mit einem Schlaganfall zu tun. Plötzlich sprang er auf. Ruth und ich erhoben uns ebenfalls. Brecht stieß die Bänke um, auf denen wir gesessen hatten, und stapfte hinaus. Wir hinterher." Es wurde ein antisemitisches Lied gesungen.

Der Eindruck, von unbelehrten Nazis umgeben zu sein, ließ sie die ganze Zeit in München nicht los. Berlau habe vorgeschlagen, daß die Giehse einmal „aus ihrer Rolle fallen" und „mit dem Finger auf die Nazis im Publikum zeigen" solle, während sie sang: „Der Krieg ist nix als die Geschäfte // Und statt mit Käse ists mit Blei". Als Bentley einwandte, daß solche Antikriegspropaganda dem Charakter der Mutter Courage nicht entsprach, verwarf Brecht Berlaus Vorschlag.[49] Ganz ging er jedoch nicht unter. Giehse, die als Jüdin und Linke München 1933 verlassen hatte, fand eine andere Form, die Zuschauer daran zu erinnern, daß in ihrer Stadt die „Bewegung" stark geworden war. „Beim *Lied von der großen Kapitulation* ging die Courage mit gesenktem Kopf die Rampe entlang."[50]

Zur Premiere am 8. Oktober war auch Helene Weigel angereist. Brecht wollte, daß sich die Schauspieler nun nicht mehr auf den Regisseur, sondern ausschließlich auf das Publikum konzentrierten.[51] Deshalb wartete er „mit Ruth Berlau in einem kleinen Wirtshaus in der Hildegardstraße nervös auf die Nachrichten aus der Maximilianstraße, die der hin- und herlaufende Egon Monk permanent überbrachte. Aber der Meister musste gar nicht zittern, es war ein grandioser Erfolg." Manche Zuschauer weinten.[52]

Bentley, dessen eigene Situation als Brecht-Verfechter in den USA politisch heikel war, hielt Brecht nur für einen neunundneunzigprozentigen Kommunisten, die Frauen um ihn aber für einhunderteinsprozentige. Kurz nach der Premiere lud Berlau ihn in ein exzellentes Restaurant ein und sagte: „'Brecht will, daß ich dich aushorche.` 'Worüber denn? Kann er nicht selber mit mir reden?` 'Er wollte dich nicht überrumpeln.`" Berlau, die für Bentley bisher der „warmherzigste Mensch in Brechts Umgebung" gewesen war, warf ihm nun heftig die in seinem 1946 erschienenen Buch *The playwright as thinker* gemachte Behauptung vor, Brechts Gewicht als Autor würde noch steigen, wenn er den Marxismus aufgäbe. Wer Brecht in den USA repräsentieren wolle, sagte sie, könne nicht ästhetisch für ihn und politisch gegen ihn sein. Bentley erklärte seine Position mit den Moskauer Prozessen. „Ruth explodierte sofort. Sie sprang auf und schrie: `*Du bist so dumm!* Und so unwissend! Was weißt du über die Moskauer Prozesse? [...] Du kannst *nie und nimmermehr* Brecht in Amerika vertreten [...]! Die Leute an den Nebentischen wandten ihre Köpfe, um einen Blick auf die schreiende Dänin zu werfen, doch mit einem Mal setzte sie sich ruhig hin, bezahlte die Rechnung und wurde wieder völlig liebenswürdig." Bentley nahm an, „daß Ruth ihrem Herrn und Meister von unserem verhängnisvollen Gespräch erzählt hatte, doch zog er daraus nicht die Konsequenz, mir zu sagen, ich könnte ihn in Amerika nicht mehr vertreten".[53]

Von München aus unternahmen Brecht und Berlau einen letzten Versuch, Peter Lorre, der sich immer noch in Garmisch behandeln ließ, ans Berliner Ensemble zu locken, wo er den Hamlet spielen sollte. Außerdem versuchte Brecht, ihn für die Hauptrolle in einem Filmprojekt *Der Mantel* nach Gogol zu erwärmen. Nichts davon wurde realisiert.[54]

Noch im selben Monat entstand der älteste überlieferte Versuch Berlaus zu einem Porträt Brechts, das wie ein Pendant zu dem Würdigungstext wirkt, den er ihr in die Charité geschickt hatte. Freundlicher Ton und ordentlicher Zustand des Manuskripts deuten auf verbesserten gesundheitlichen Zustand. Beschrieben wird Textarbeit mit jungen Assistenten an Gerhard Hauptmanns Dramen *Der Biberpelz* und *Der rote Hahn*. Brecht, der einen Mangel an brauchbaren Stücken beklagte und auch diese beiden Stücke nicht sehr mochte, wollte sie

miteinander verbinden. Berlau schilderte, wie er „kalkweiß" vor Langeweile in einem „häßlichen grünen Lehnstuhl" sitzt und jede Gelegenheit nutzt „zu einem Lachen zu kommen". Von jeder Seite werden Vorschläge gemacht und geprüft, „damit die Jungen was lernen. B. ist sehr beliebt, so geliebt, daß von Respekt nicht die Rede ist, [...] auf einem Sofa hängend, werden seine Vorschläge oft mit Kopfschütteln abgelehnt. Ab und zu hat B. was vorgearbeitet und bringt es mit [...]. Wenn er, auch nur für 5 Minuten das Zimmer verläßt, stirbt alles aus: *Er* ist nicht da! // B. fühlt sich ungeheuer wohl zwischen den jungen Leuten". Brecht nehme Kritik von allen Seiten in Anspruch. Aus Prestigegründen etwas „durchzuboxen" läge ihm fern. Er sei fleißig, arbeite nach wie vor in den ganz frühen Morgenstunden für sich allein: "Eine Armeuze ist B. En Myre.[55]" und das Berliner Ensemble sei „Myretien" - Ameisenland. „Alles was in seiner Reichweite ist, muß angeschleppt werden. Eine kleine Tannennadel hier, ein kleiner Spint Holz von dort, ein Stück Moos." Die Aufgaben, die er sich stelle, könnten sich als zu groß erweisen: „Er schleppt sich zu Tode."[56] Urplötzlich konnte sich Berlaus Sicht auf Brecht radikal wandeln, vor allem, wenn sie das Gefühl hatte, daß er sich nicht genug um sie kümmerte. Aus derselben Zeit stammt ein Brief, in dem er ihr vorhielt, daß sie ihn im Theater angeschrieen habe, weil die Heizung ihres Büros nicht funktionierte. Auch andere im Haus hätten gefroren, ohne daraus ein solches Drama zu machen. Er zählte eine ganze Liste organisatorischer und politischer Probleme auf, denen er sich gleichzeitig stellen mußte. Konflikte entstanden auch immer wieder um Geld. Nach wie vor kam sie mit ihrem Gehalt nicht aus. Obwohl das nicht den Abmachungen entsprach, die Dr. Hegemann vorgeschlagen hatte, kündigte er an, ihr Geld zu schicken, das sie als Vorschuß für künftige Modellbücher betrachten könne. Von ihren Schulden solle sie ein Verzeichnis machen, er werde sie dann sofort begleichen.[57]
Es muß die jungen Schüler sehr erstaunt haben, daß sich die langjährige Freundin und Mitarbeiterin ihres Meisters, der die Vernunft als höchsten Wert proklamierte, von einer Minute auf die andere in seine unvernünftige Antithese verwandeln konnte. Berlau war in ein Land gekommen, in dem man psychisch Kranke nur wenige Jahre zuvor nicht nur eingesperrt, sondern sogar euthanasiert hatte. Erfahrung oder gar Toleranz im Zusammenleben mit solchen Kranken war damals

bei den meisten Deutschen nicht vorauszusetzen. Obwohl Brecht nun wußte, daß ärztliche Hilfe unabdingbar war, stand es für ihn niemals zur Debatte, Berlau dauerhaft in eine Nervenklinik abzuschieben. Er zwang sich selbst und seine Umgebung zu einem von vielen als ungewöhnlich empfundenem Integrationsprojekt. Sein Theater mußte Berlau akzeptieren, unabhängig davon, was am Vortage geschehen war.

Goedhart hatte bei Rotterdams Toneel Interesse an *Mutter Courage und ihre Kinder* geweckt und Ruth Berlau als Botschafterin des Modells vorgeschlagen. Zunächst konnte man sich eine „Frau als Hilfsregisseurin" nicht vorstellen. Wie Goedhart Brecht Mitte November 1950 schrieb, habe sie das Theater schließlich überzeugt, ihr die ganze Regie zu übertragen. Goedhart selbst war als Fotografin engagiert. Kurz vor Weihnachten sollte Premiere sein. Die Probenarbeit würde kompliziert, weil die Schauspieler oft außerhalb Rotterdams Gastspiele hatten. Als Berlau um den 20. November erwartet wurde, waren nicht einmal die Rollen verteilt.[58] Eine besondere Herausforderung war diese Inszenierung auch deshalb, weil es die erste *Courage* in einer Fremdsprache war. Auch waren die Holländer im Zweiten Weltkrieg Opfer und nicht Täter gewesen: Rotterdam war von der deutschen Luftwaffe dem Erdboden gleichgemacht worden.
Obwohl es sich um eine enorme berufliche Chance handelte, konnte sich Berlau wieder nur schwer von Brecht trennen. Am 28. November schrieb sie ihm zwar, daß sie, um Inszenierungen in Skandinavien zu bekommen, tatsächlich gern die Hauptregie übernehmen wolle. Aber sie habe „ab und zu scheußliche Sehnsucht". Vor dem „25. Dezember kann ich wohl nicht bei Dir sein." Schon erwog sie, nur bis zu den Stellproben auszuharren.[59] Brecht zeigte sich zufrieden, daß sie ihre gemeinsame „Theatersache" in die Welt trüge, wenn sie auch bei der vom Berliner Ensemble begonnenen Inszenierung der *Mutter* fehle. „Bist Du gut untergebracht? Ißt Du richtig? Und trink die schweren Aquavite nicht!"[60]
Trotz allerhand Schwierigkeiten, machte ihr die Arbeit, nachdem sie sie einmal begonnen hatte, dann doch Spaß. Ihr in den letzten Jahren immer schlechter gewordenes Gehör funktionierte plötzlich besser: „Das ist wahr, ich *höre* wieder!! [...] Hoffentlich schreibst du deiner Kreatur und Ute. [...] noch 20 Tage und ich sehe dich."[61]

Berlaus Rotterdamer Notate, die Brechts Korrekturmarken tragen, sind wertvolle Belege für kreativen Umgang mit den Modellen.[62] Besonders interessant war die Arbeit mit der Hauptdarstellerin Aaf Bouber, eine berühmte Volksschauspielerin, die bislang nur mit „Einfühlung" gespielt hatte. Für sie war es auch aus persönlichen Gründen schwer, die Rolle mit Distanz zu spielen. In der Szene, in der die Courage vor der Leiche ihres Sohnes steht und ihn verleugnen muß, weinte die Bouber immer. Ihr „eigener Sohn war von den Nazis abgeholt worden, und sie hatte ihn nie wieder gesehen. Jedesmal, wenn sie auf der Probe vor der Leiche stand, wurde ihr schlecht, und sie konnte sich kaum beherrschen." Ebenfalls vom Verlust eines Kindes betroffen, war Berlau bei dieser Szene sehr mitfühlend. Gerade diese Parallele bot aber vielleicht die Möglichkeit, der Sequenz die ´Einfühlung` doch auszutreiben. Bouber wählte „von den Möglichkeiten des Modells die Lösung der Giehse, eine freche Haltung, deren Künstlichkeit erschütterte". In der Inszenierung entstand ein neuer Schlußsatz der Courage. Weil sich Bouber immer noch „mehr erwartete von dem Mitleid der Zuschauer als von ihrer harten Kritik dieser Mutter, fügten wir, wenn sie, die drei Kinder im Krieg verloren hat, sich allein vor den Wagen spannt, hinzu: ´Ich muß wieder in`n Handel kommen!`" Und weil selbst das folgende „´Nehmt`s mich mit!` immer noch überschattet war von Trauer und Sentimentalität", ließ Berlau die Trommel der toten Kattrin am Wagen schaukeln, die „den Blick des Zuschauers fing: Eine Trophäe des Krieges, der über die Courage gesiegt hatte". Das Beispiel zeigt die Bedeutung der Requisiten. In Brechts Theater sollten sie früh bei den Proben eingesetzt werden, um mehr Phantasie für die gestische Umsetzung zu entfesseln. Das war neu für die an deklamatorische Haltungen gewöhnte Bouber, die am liebsten erst in der Premiere mit Kostüm und Requisiten gespielt hätte.[63]
Vor dem Hintergrund des Korea-Kriegs und der Remilitarisierung Europas versuchte Berlau die holländischen Schauspieler zu überzeugen, das Stück als aktuelles Anti-Kriegsstück aufzufassen. Es gelang ihr aber nicht. Aaf Bouber, die von tiefem Haß gegen die Deutschen erfüllt war, wollte Berlaus Versicherung nicht glauben, daß es jetzt auch ein neues, dem Frieden verpflichtetes Deutschland gäbe. „Aber die Russen sind in Korea", pflegte Bouber zu antworten. Das war in Berlaus Augen ein „Idiotensatz".[64] In den Ty-

poskripten ihrer später mehrfach publizierten Inszenierungsberichte wies Berlau ganz im Ton der offiziellen Parteilinie darauf hin, daß Holland ein Land sei, „wo das Straßenbild überschattet ist von amerikanischen Uniformen, den sogenannten Marshall-Uniformen, wo im Hafen die Marshallhilfe in Form von Waffen abgeladen wird, wo Inflation und Arbeitslosigkeit herrscht".[65] Brecht, der sich um einen diplomatischeren Umgang mit dem Westen bemühte, hat bei seiner Korrektur diese Passage gestrichen. Er ließ nur historische Parallelen zum achtzigjährigen Krieg der holländischen Geschichte und zu den Schrecken der deutschen Besetzung stehen.[66]
Kurz vor der Premiere gab Berlau eine Pressekonferenz. Zunächst erschien sie als „gefühlvolle junge Frau voller flinker Einfälle", mit viel Lob für die ihr anvertrauten Schauspieler. Als es jedoch um die Verteidigung des Prinzips der Modellaufführung ging, habe sie sich in eine „hartnäckige alte Schachtel" verwandelt. Erstaunen erregten die von ihr präsentierten fünf dicken Alben mit 532 Fotos der Standard-Aufführung von *Mutter Courage*. Daß Brecht alle Inszenierungen verpflichten wolle, sich damit auseinander zu setzen, erschien als seltsames Ansinnen eines Mannes, der vor der Hitlerdiktatur geflüchtet war. Auch verwunderte, daß nach Fotos inszeniert wurde, die gar „kein richtiger Fotograf" aufgenommen habe.[67] Der Berlau beigesellte Regisseur Richard Flink könne nicht mehr tun, als darauf zu achten, daß das Bühnengeschehen mit den Berliner Fotos übereinstimme. Vergeblich verwies Berlau auf Brechts Arbeit mit Laughton, um zu beweisen, daß er die Individualität der Darsteller keineswegs unterdrücken wolle.
Erste Kritiken, über die am 23. Dezember stattfindende Premiere erschienen nach den Feiertagen. Der Haager *De Nederlander* fand das Stück einen Tag vor Weihnachten falsch plaziert. Die große Aaf Bouber habe nervös gewirkt, erst mit der Zeit an Sicherheit gewonnen.[68] Die Rotterdamer Rezensenten fanden das Singen der Bouber peinlich. Trotzdem bekam sie am Ende Beifall und Blumen, während die Regisseurin „vermißt" wurde.[69] *De Tijd* aus Amsterdam lobte wie fast alle Rezensenten Mieke Flink als stumme Kattrin und Kees Brusse als Feldprediger. Das Stück aber, das unter der Regie von Ruth Berlau „von Episode zu Episode voranschreitet" und somit „eher eine Erzählung als ein eigentliches Drama ist", sei „in wenig

überzeugender Manier über die Rampe gekommen."[70] „Interessant, aber nicht groß", fand das Rotterdamer *Vrije Volk* den Abend. Die Regie hätte sich zu sehr an Vorgaben Brechts und des Bühnenbildners Theo Otto geklammert. „Wahrscheinlich hat Frau Berlau aus Bescheidenheit und Unfähigkeit der Bühne nicht die Aufmerksamkeit entgegengebracht, die besonders Aaf Buber hätte gelten müssen."[71] *Het Vrije Volk* von Arnhem schrieb sogar von einer „schlampigen, ja abwesenden Regie" und „unsicheren Schauspielern, die sich erst nach der Pause gefangen" hätten.[72]
Obwohl sich die Kritik mühte, nicht nur die Regie, sondern auch das Stück zu verreißen – immer wieder wurde gesagt, daß nur der Brecht der *Dreigroschenoper* groß sei –, ließ sich die Truppe nicht entmutigen und gastierte am 24. Januar auch in der Amsterdamer Stadsschouwburg. Der Tenor der Kritik blieb gleich. Das Stück, „das von der dänischen Regisseurin Ruth Berlau in Szene gesetzt wurde, die schon an vielen Orten der Welt Regie geführt hat, bekam nur wenig Chancen. Ihre Arbeit mit den Rotterdamern war sicher schrecklich schlecht." Das Publikum sei teilweise in der Pause gegangen.[73] Man konstatierte eine „erstaunlich primitive und phantasielose Regie",[74] die den guten Schauspielern eine gewisse „Mattheit" nicht hätte austreiben können.[75]
Inwieweit diese Kritiken gerechtfertigt waren oder das Brecht-Theater für die Holländer zu fremd war, ist nicht mehr festzustellen. Daß es Berlau nicht gelang, wirkliches Verständnis für Brechts Dramatik zu wecken, lag nicht nur an den schwierigen Bedingungen, sondern auch daran, daß sie in Wirklichkeit nur daran dachte, so schnell wie möglich zu ihm zurück zu kommen. In seinem Weihnachtsbrief kündigte er die Premiere der Berliner *Mutter* für Mitte Januar an. Weil er Fieber bekommen habe und zu Hause bleiben müsse, leite Caspar Neher „die Proben (da Du nicht da bist). [...] Du kannst aber noch helfen. Wirst Du Weihnachten nicht bei Gerda sein?" In ihrer Wohnung stünde jedenfalls ein Weihnachtsbaum. Von Suhrkamp sei Geld auf ihr Konto überwiesen worden. „j.e.d. // bertolt // Gute Weihnachten! // e p e p // d // Freue mich auf Dich, Ute!"[76]
Tilly Visser, Verantwortliche eines Arbeiterkulturvereins, der vorhatte, die Rotterdamer *Courage* für eine „Volksvorstellung" noch einmal nach Amsterdam zu holen, begleitete eine verstört wirkende

Ruth Berlau zum Bahnhof. Da sie behauptete, keinen Pfennig in der Tasche zu haben[77], bot sie ihr Geld an, das aber abgelehnt wurde. Berlau wirkte so mitleiderregend, daß Tilly Visser selbst in Mitleidstränen ausbrach.[78]

Berlau fuhr nicht direkt von Rotterdam nach Berlin, sondern über Kopenhagen, um ihre Mutter für einige Wochen zu sich zu holen. Edith, die Haßgefühle gegenüber Mutter und Schwester nicht abgebaut hatte, verkehrte mit ihnen nur über einen Anwalt. Offenbar noch nicht im juristischen Besitz ihrer Mündigkeit, versuchte sie weiterhin vergeblich auf juristischem Wege die Bestrafung derjenigen durchzusetzen, die sie für die erlittene Freiheitsberaubung verantwortlich machte: ihre Eltern, Robert Lund, und ihre Schwester Ruth, die sie nach wie vor als „Mörder und Menschenhasser" bezeichnete. Edith scheint auch Bittgesuche bei Prinz Ole und Prinzessin Inga Lisa gestellt zu haben.[79] Immerhin hatte sie sich mittlerweile aber die Freiheit erkämpft. Seit kurzem bewohnte sie ein winziges Zimmerchen in der Kopenhagener Saxogade 55B. Statt der geforderten 20354, 71 Kronen hatte man ihr bei der Entlassung aus St. Hans als Entgeld für Arbeitsleistungen nur 84, 57 Kronen ausgezahlt. Nun versuchte sie, sich mit Weben und Häkeln etwas Geld zu verdienen. Das Zimmer war dunkel. Vom Fenster starrte man auf eine Mauer. Essen brachte ihr ein Sozialdienst.[80] Robert Lund sollte es allmählich gelingen, Ediths Vertrauen wieder zu gewinnen. In einem späteren Brief dankte ihm Berlau dafür, daß er ihrer Mutter 500 Kronen für die Schwester gegeben habe, „obwohl sie Kommunistin war". Er sei ein „verständnisvoller, kluger und freundlicher Mensch". Ihre Mutter dagegen sei weltfremd, was sich unter anderem darin äußere, daß sie ihren Aufenthalt in Amerika noch immer als eine Art Vergnügungsreise ansehe und nicht verstünde, weshalb sie jetzt nicht in Dänemark lebe.[81]
Obwohl Ruth Berlau in den ersten Januartagen 1951 hoch nervös und überanstrengt mit ihrer Mutter in Berlin ankam, zeigen Arbeitsnotate, daß sie sich sofort an den Endproben für *Die Mutter* beteiligte. Die vorjährige Leipziger Inszenierung hatte sich bei der Kulturbürokratie den Vorwurf des Formalismus eingefangen. Brecht kannte die Argumente bereits aus dem Formalismusstreit im Mos-

kauer *Wort* während der dreißiger Jahre und mußte sein Theater für gefährdet halten. Damals bereitete er die Aufführung des *Lukullus* an der Staatsoper vor, die in noch stärkerem Maße unter dem Verdacht des Formalismus stand.
Hinsichtlich der *Mutter* machte er einen taktischen Kompromiß, indem er auf das funktionale Bühnenbild von 1932 verzichtete. Neher selbst entwarf eine realistische Dekoration, die Berlau begeisterte. Die Kostüme sollten ihrer Meinung nach „noch verlumpter" werden, „speziell die Fußbekleidung", die „immer, auch übrigens jetzt für uns [in der DDR – S. K.] für die Arbeiter das schlimmste", darstelle. „Die Beleuchtungsfrage ist *nicht* gelöst." Im ersten Bild dürfe die Mutter nicht im Dunkeln auf dem Sofa sitzend zuhören. Die „*Mutter muß immer beleuchtet sein* und zwar knall-hell." Sie kritisierte auch den von der Mascha angeschlagenen Ton als zu zart, zu sentimental. Es scheine für Schauspielerinnen gefährlich zu sein, Weigels Ton nachzuahmen, der „zwar leise, aber kräftig und nie sentimental, nie unecht" sei.
Für die Agitationsszene auf dem Land machte sie einen Aktualisierungsvorschlag, der auf die auch in der DDR zu beobachtende Eigenschaft der Kleinbauern zielte, „lieber alles verrotten zu lassen oder in die Erde unterzugraben, als billig zu verkaufen. [...] „Hätte ich nur mein *Mutter-Exemplar und meine roten Tagebuchnotizen* – die liegen auf meinem Tisch – wollte ich versuchen eine ganz kleine Szene Dir zu skizzieren."[82]
Die Unterlagen fehlten ihr, weil sie in der Nacht vom 4. auf den 5. Januar 1951 erneut in die geschlossene Abteilung der Charité eingeliefert worden war. Sie hatte Brecht im Theater geohrfeigt. Anlaß war gewesen, daß sie bei der für den 6. Januar geplanten geschlossenen Voraufführung für die Presse nicht mit ihm und Neher in der Regieloge, sondern mit ihrer Mutter in der siebenten Reihe sitzen sollte.[83] Auch diese siebente Reihe galt als wichtiger Beobachtungsposten der Regie.
Brecht hatte die Ohrfeige hingenommen. Es war wohl Helene Weigel, die seine Kräfte vor der Premiere schützen wollte und – anscheinend ohne Wissen Brechts – eine außergewöhnliche Maßnahme einleitete. Brechts Augsburger Jugendfreund, der Arzt Otto Müllereisert, der damals in Westberlin praktizierte und oft an Proben im Berliner En-

semble teilnahm, wurde gebeten, Ruth Berlau in die Nervenklinik der Charité zu bringen, notfalls auch gegen ihren Willen. Berlau und Müllereisert kannten sich, seit er in den dreißiger Jahren ein paar Tage beim Ehepaar Lund gewohnt hatte. Ihr Zustand nach der Rückkehr aus Amsterdam war so labil, daß sie Müllereisert selbst gebeten hatte: „Otto, bring mich zu Professor Thiele, sofort wenn Du meinst, daß es nötig ist." Trotzdem vertraute Müllereisert nicht darauf, daß sie freiwillig in die Charité gehen würde. Er besuchte sie und scheint ihr ein Schlafmittel gegeben zu haben. Das läßt ein empörter Brief vermuten, den Berlau Müllereisert am 19. Januar schrieb, einen Tag vor ihrer Entlassung. Sie war zwischen drei und vier Uhr in einem fremden dunklen Raum aufgewacht. „Ich fühlte herum: ich war doch in Berlin, ich war doch zurück von Holland – von Holland, wo man mich fast eingesperrt hatte, weil ich ein russisches Visum habe in meinem Paß. Wo war ich also? // Schnell, durch die kleinen Löcher, durch die man die Wahnsinnigen betrachtet, entdeckte ich, wo ich nun also war. Ich klopfte und klopfte auf die Zellentür: Keine Antwort." Sie warf Müllereisert vor, nicht bei ihr geblieben zu sein und nicht dafür gesorgt zu haben, daß sie wenigstens ihre Brille und etwas zum Lesen mitbekommen hätte. Sie räumte ein, „überanstrengt" gewesen zu sein: „Die Arbeit war groß, in Holland gibt's einfach keine Theaterleute: alles habe ich selber machen müssen." Aber sie sei nicht krank, im Gegensatz zu Brecht, der wirklich Ruhe benötige. „Weiß er, was vor sich geht? Nein – so was steht sonst nur in Romanen."[84]

Dem Brief zufolge, den Brecht ihr am 5. Januar in die Klinik geschickt hatte, war er überzeugt, daß sie sich freiwillig in Behandlung begeben hatte. Er teilte ihr mit, Mutter Blanca sei bei ihm in Weißensee untergebracht. „Ich bin froh, daß Du sie mir geschickt hast." Für ihre Diät und Wärme sei gesorgt. Seinen Besuch schätze Dr. Thiele augenblicklich als zu aufregend für sie ein. „Wenigstens Deine Stimme hätte ich gern gehört!"[85]

Sie bettelte um seinen Besuch und auch darum, daß er wieder Rechnungen beglich: „Es ist für Dich natürlich schwierig, einer schon *sieben Jahre ausgehaltenen Freundin* weiterhin zu helfen." Daß sie nach Geld fragte, solle er nicht – wie wahrscheinlich schon öfter geschehen - als Krankheitszeichen deuten.[86] Da Brecht nach Auskunft

des Theaterbuchhalters damals kein eigenes Konto führte, bekam sie am 19. Januar 500 Mark von Helene Weigel überwiesen.[87]
Nach der *Mutter*-Premiere begab sich Brecht, der sich schon wochenlang krank fühlte, sofort ins Hedwigskrankenhaus, wohin ihm Berlau Geschenke sandte: eine Uhr, einen Zigarrenanzünder, eine Brieftasche.[88] Als er am 27. Januar entlassen wurde, fragt er an: „Geht es besser? Bist Du freundlich? Willst Du mittags [nach Weißensee – S. K.] herauskommen?"[89]
Sie wollte ihn aber nicht besuchen, schrieb sie, weil ihr die Ärzte rieten, Aufregung zu vermeiden. Sie werde verreisen. Sie sei ruhig, vernünftig, liebe ihn, habe aber begriffen, daß sie in seinem Theater nichts zu suchen habe, was für sie eine „Erleichterung" darstelle. Der Brief schloß: „Unsere private Liebe ist sehr in den Hintergrund getreten – es ist ganz nett mit dir mal zu schlafen, aber wirklich, das kann ich mit vielen. // Und diese Gedichte und wenn du mal wieder ein Stück schreibst, kann ich es ja lesen. Wichtig ist für mich, als Deine Kreatur: Du brauchst mich nicht mehr."[90]
Der Brief suggerierte eine endgültige Abreise nach Dänemark, die ihr Ole Cavling vom Ekstrabladet auch empfohlen hatte, nachdem sie ihm aus der Klinik ihr Liebesleid mit Brecht bis hin zum gemeinsamen Kind, geschrieben hatte.[91] Realiter fuhr sie nicht nach Kopenhagen, sondern nach Schloß Wiepersdorf bei Jüterbog, wo Künstler sich erholen, bzw. in Ruhe arbeiten konnten. Von dort schrieb sie vorwurfsvoll an Brecht, daß die Reise „unerhört" gewesen sei, weil sie über zwei Stunden im Zug stehen mußte, „und zwar im Dunkel". Sie wisse, daß er nur antworten würde: „'Ich bin kein Zugschaffner' oder 'Ich kann nicht für die Züge Lampen besorgen, damit Du Licht hast' [...]. Bist Du oder bin ich verrückt???" Sie stellte fest, daß weder er noch die Weigel einen zwanzigminütigen Fußweg auf sich nehmen würden.[92] Obwohl der Aufenthalt in Wiepersdorf ein Privileg war, konnte sie sich nicht damit abfinden, daß sie weniger Privilegien besaß als Brecht und Weigel. Am nächsten Tag bat sie die Intendantin um Auflösung ihres Vertrags als Archivleiterin. Und sie wolle auch nicht mehr fotografieren. Das Labor habe nicht einmal einen großen Tisch, sie müsse die Fotos am Boden ordnen. Die Modellbücher würde sie nur weiter herstellen, wenn ihr ein Regieassistent zur Seite gestellt werde mit dem Auftrag „mal zu arbeiten und

nicht nur herumzuhängen im Theater." Die Assistenten hätten „nur im Kopf, daß sie selber Regie führen wollen". Sie hätten davon aber „keine Ahnung" und müßten „erst lernen zu arbeiten."[93]
Ihr haßerfüllter Zustand schlug rasch um in sein Gegenteil. Am selben Tag datiert sind die reuevollen Verse *Das blutrote Tuch*: „Dann kniete sie. // Und trocknete die // Roten Tropfen auf: // Sie hatte ihn geschlagen." Sie schrieb auch den schönen Dreizeiler *Schwächen*: „Du hattest keine // Ich hatte eine // Ich liebte" von dem aber auch eine Version in Brechts Handschrift existiert.[94]

Ebenfalls am 28. Januar 1951 notierte sie in einen als Geschäftstagebuch[95] bezeichneten Kalender „B. Ute" und danach ein Zeichen: zwei übereinanderliegende Punkte, zwischen denen ein horizontaler Strich gezogen ist, vielleicht ein Symbol für die befürchtete endgültige Auflösung der Liebesbeziehung.

Aus dem Geschäftstagebuch geht hervor, daß Brecht sie an seinem Geburtstag, am 10. Februar, für eine halbe Stunde besucht hatte. Um einer Szene vorzubeugen, kam er in Begleitung. Der Name dieser Person ist unleserlich. Daß Berlau ihn nicht mehr allein traf, zeigen auch Eintragungen vom 15. und 16. Februar, wo sie ihn nur in der „Probebühne gesehen" hatte. Vereinsamt war sie aber keinesfalls. Am 17. Januar hatte sie in der Klinik Besuch von Emil Hesse-Burri und Therese Giehse bekommen. Der alte dänische Freund Hans Scherfig logierte mehrere Tage in der Charitéstraße. Im Dankschreiben für ihre Gastfreundschaft lud er sie nun endlich im Namen von Land og folk ein, Berliner Chroniken zu schreiben und über Theaterereignisse, zu denen man auch ihre Fotos publizieren würde. Sie solle die in Dänemark verbreitete Auffassung widerlegen, daß Ostdeutschland eine Kulturwüste sei. Allerdings könne die Zeitung nur kleine Honorare zahlen.[96] Am 20. Februar fuhr Scherfig nach Dresden, um eine Reportage über den dort zur Erholung weilenden Nexø zu schreiben. Einen Tag später bekam sie Besuch ihres alten Freundes und Liebhabers Edvard Heiberg.

Vergessend, daß sie selber Privilegien hatte und unablässig mehr Privilegien forderte, trat sie Brecht nun gegenüber immer wieder als Anwältin der Unterprivilegierten auf. In Wirklichkeit versuchte sie Kraft zu schöpfen aus der Vorstellung, daß er nicht nur die Liebe, sondern auch die dritte Sache verraten habe. In einem Gedicht, das sie ihm zum Geburtstag schenkte, schrieb sie, daß sie nicht ihm, sondern ihrem Heizer ein Geschenk mache: eine von dessen Sohn dringend benötigte Hose.[97] Brecht sähe, notierte sie an anderer Stelle, die Welt nur noch aus der Perspektive seines Autos, sollte sich aber einmal die von Arbeit gezeichneten Hände der Leute anschauen, die in der Fabrik ihres Hinterhofs arbeiteten. Diese hätten ihr erklärt: „Die Krippen sind dieselben, bloß die Ochsen haben gewechselt"[98] Natürlich existiert auch ein Text mit der gegenteiligen Aussage: Brecht unterhielte sich am liebsten mit Arbeitern, weil diese keine vorgefaßten, sondern direkte Meinungen zum Ausdruck brächten. Arbeitern gegenüber nehme er die Haltung eines Menschen ein, „der selber lernt. [...] er hört scharf zu". Und wenn er auf Fragen antworte, füge er meistens selbst noch eine Frage hinzu. „Für B. sind die interessantesten Fragen die, [die] Arbeiter stellen. Das ist sein Publikum. Es ist ja auch selten, daß ein Arbeiter eine Kritik oder eine Frage stellt [...] wie : Die Leute oder die Massen oder das Publikum oder sogar das Volk hat das und das nicht verstanden oder war enttäuscht." Hier spielte sie auf die Argumentationsweise der Kulturbürokraten im Formalismusstreit an, der im Namen der Volkstümlichkeit geführt wurde. „Ein Arbeiter spricht von sich selber, [äußert] seine eigene Meinung oder höchstens die seiner Frau. So sind die Fragen immer konkret. Eine Kritik oder Frage über andere Leute langweilt Brecht, das will er dann lieber von den anderen Leuten selber hören."[99]

Je mehr die Intimität zwischen ihr und Brecht gestört war, um so mehr erschien das Geld als Substitut. Da sie stets mehr als ihr für damalige Verhältnisse ziemlich hohes Gehalt verbrauchte, versuchte sie ständig Geld zu pumpen, sogar von Brechts Fahrer Lindemann. Sie verstand nicht, wieso ihr keine im Maßstab von Brechts wachsendem Ruhm ansteigende Apanage zustand. Zwar bezahlte er ihre Schulden, sobald sie ihm zu Ohren kamen. Seiner Geliebten aber – nach Vorbild des Adels – regelmäßig eine bestimmte Summe auszuzahlen hielt er nicht für richtig: Die auf Arbeit beruhende finanzielle Autonomie der Individuen gehörte zum ethischen Grundgerüst sozialistischen Denkens. Sicher in Absprache mit den Ärzten verlangte Brecht, daß Berlau ein Haushaltsbuch über ihre Ausgaben führte, was ihr aber unmöglich war.

Beim Krankheitsschub von 1951 verfolgte sie nicht nur Brecht mit Haßausbrüchen – wobei ein solcher Brief an Brecht trotzdem mit „Ich liebe Dich" unterschrieben sein konnte. Sie war auch wieder erfüllt von der Sucht zu intrigieren. Elisabeth Hauptmann wurde öffentlich bezichtigt, bei Gerda Goedhart um Geld zu betteln bzw. sie zu erpressen.[100] Otto Müllereisert bekam gesteckt, daß er Brecht langweile, „sogar sehr".[101] Helene Weigel drohte sie mit politischen Beziehungen zu Genossen aus ihrer Zeit in Spanien und sogar mit Freunden, die sie kannte, bevor sie Brecht kennengelernt hatte.[102] Gemeint war u. a. wohl Alfred Kurella, den sie 1933 in Paris getroffen hatte und der sich seit 1931 im Namen der sowjetischen Kunst-Doktrin als Brecht-Gegner betätigte.

Gleich zwei politische Denunziationen leistete sie sich, als sie sich im Februar 1951 beim Aufbau-Verlag beschwerte, daß dieser einen Roman ihres Landsmanns Harald Herdal[103] veröffentlicht hatte. Mit dem Satz: „Herdal ist ausgeschlossen aus der kommunistischen Partei Dänemarks", begann das Pamphlet. Nexø, dessen Bücher in der DDR hohe Auflagen hatten, höre „leider gern zu, wenn Herdal unsere Partei kritisiert", sähe ihn als Schüler und einzigen proletarischen Schriftsteller Dänemarks an. Herdals in einer Mietskaserne spielender Roman *Man muß ja leben* (1934) sei zwar „hervorragend geschrieben und alles ist die volle Wahrheit: Ich kenne Dänemark! Aber wozu, ist die Frage: Wozu gerade Geschlechtsverkehr auf Treppenaufgängen so ausführlich beschreiben - besoffene Huren - Zuhälter u.s.w." Sie schloß: „Für unsere FDJ ist dieses Buch *nicht*!!!"[104] Damit arbeitete sie dem damals offiziellen Kurs zu, der u. a. zu Sextribunalen gegenüber ehebrechenden SED-Mitgliedern und zur Verfolgung nacktbadender Jugendlicher führte. Das Pamphlet gegen Herdal war einer von mehreren unglücklichen Versuchen, als Gutachterin skandinavischer Literatur tätig zu werden. Sie empfahl auch das erfolgreiche Buch ihres alten Freundes Hans Kirk *Der Sklave* und behauptete, daß Brecht dazu ein Vorwort verfassen werde.[105] Peinlicherweise war das Buch bereits 1950 deutsch erschienen.

Zu prüden Anwandlungen hinsichtlich der Moral der FDJ paßte es schlecht, daß sie einen Monat zuvor, noch von der Charité aus, Peter Suhrkamp *Jedes Tier kann es* vorgeschlagen hatte. Das Buch sei von ihr und Brecht zusammen geschrieben worden und „modern und neuartig und brechtisch". Es fehle noch ein Kapitel, das geschrieben, aber nicht ganz vollendet sei: „eine Kritik an Frauen. Und, glauben Sie mir, da ist Brecht ganz groß. Eigentlich verachtet er ja uns Frauen tief, nur über Rosa Luxemburg und über Krupskaja, Lenins Frau, kann man ihm Gutsagen abpressen. Ja, und natürlich über die Weigel!!! Mich hat er immer behandelt wie den letzten Dreck – leider liebe ich ihn." Das noch unfertige Schlußkapitel sei wichtig, um den Eindruck zu vermeiden, das Buch stamme von einer homosexuellen Frau. „Ich liebe Männer. Aber Brecht hat mir fünfzehn Jahre lang verboten zu lächeln. ′Dein Hurenlächeln!` nannte er mein Lächeln. Ich wurde grau." Der Brief enthält auch eine traurige Einschätzung ihrer Lage am Berliner Ensemble, wo sie sich nicht ernst genommen fühlte: „Hier bin ich halt für die Leute Brechts Freundin, die einmal sehr schön war. Jetzt aber sucht Brecht junges Fleisch. So reden die Leute." Ihre Arbeit sei ihr nun das Wichtigste. „Ich will aber nicht mehr fotografieren. In Berlin gibt's nun wirklich gute Fotografen genug, und jetzt kann er sie bezahlen. In Amerika war ich eine billige Arbeitskraft, und ich habe mich abgerackert. // Ich will schreiben und Regie führen. Das ist mein Fach."[106] In der Bundesrepublik, wo ein konservatives Bild der Ehe als gesellschaftliches Leitbild gepflegt wurde, war *Jedes Tier kann es* ebenso wenig von Interesse wie in der damals ebenfalls sehr prüden DDR.

Daß Brecht jetzt junges Fleisch suche, klingt seltsam gefaßt. Aber sie hatte ihn ja schon immer verdächtigt, sie mit anderen Frauen zu betrügen. Das waren jedoch, wie die vermutete Affäre mit Lotte Goslar, in ihren Augen flüchtige Begegnungen gewesen. Nun aber gab es junge Frauen am Berliner Ensemble, die einen Teil der Funktionen, die sie in der Vergangenheit für Brechts Arbeit ausgeübt hatte, schneller und vor allem mit mehr Elan wahrnahmen als sie selbst. Da war vor allem Käthe Rülicke[107], die seit Oktober 1950 am Berliner Ensemble als Regieassistentin engagiert war und organisatorische Aufgaben jeder Art übernahm. Berlau wußte, daß ihr Einsatz auf Brecht erotisierend wirkte. Das war für sie um so schmerzvoller, weil Rülicke mangels eigener Wohnung für einige Monate in einem der Gästezimmer in Weißensee untergekommen war, wo sie, ohne darum gebeten worden zu sein, seine unbewältigten Korrespondenzen aufarbeitete und sein

Zimmer in Ordnung hielt.[108] Ende 1950 entstanden ein Liebesgedicht für sie[109] – das erste, das Brecht seit vielen Jahren für eine andere Frau als Berlau und Weigel schrieb. Auch Rülicke mußte die Bedingung akzeptieren, seine bereits bestehenden Beziehungen zu respektieren. Das gelang ihr in Bezug zur Weigel, die sie als ebenso wertvolle Mitarbeiterin empfand wie Brecht selber. In Bezug zu Berlau erreichte sie das damals nicht. Rülicke scheint sich schnell aus der erotischen Beziehung zu Brecht zurückgezogen zu haben. Viel mehr lag ihr an einer dauerhaften Vertrauens- und Arbeitsbeziehung. Unbeirrt von auch sie heimsuchenden Gefühls- und Stimmungswechseln assistierte sie bei allen Inszenierungen und bekam Anfang 1951 das ganze Ausmaß des kunstpolitischen Streits um den *Lukullus* mit. Rülicke unterstützte Brecht in zahlreichen kulturpolitischen Initiativen: bei den Querelen um die Akademie der Künste, den Aufrufen, Erklärungen, offenen Briefen, Vorschlägen, der Ausbildung von Schülern usw. Bald begann sie auch, von Brecht inspirierte eigene Arbeiten.[110] Gerade weil sie ihr Verhältnis zu ihm schnell verstandesmäßig einrichtete, war sie in Berlaus Augen eine unbegreifliche und um so gefährlichere Konkurrenz.

Daß Brecht sich für Ruth Berlau nicht mehr gänzlich aufopfern wollte, drückte sich vor allem darin aus, daß er Beziehungen zu anderen Frauen nicht mehr abstritt. Das hieß aber nicht, daß er sich aus der Beziehung zu ihr wirklich zurückziehen wollte. Denn er blieb überzeugt, daß sie allein nicht überlebensfähig war. Aber das Zusammensein machte er davon abhängig, daß sie ihm freundlich begegnete. Infolge ihres viel zu kurzen Klinikaufenthalts im Januar waren ihre Begegnungen „außer einer in Gegenwart eines Arztes – häßlich und peinigend" gewesen. Wenn sie „auch nur für zwei Pfennige Vernunft" in sich finden könnte, würde sie „jetzt für ein paar Tage auf Komfort" verzichten und sich erneut in Behandlung begeben.[111] Als bessere Lösung fand sich ein dreiwöchiger Erholungsurlaub im noblen Winterkurort Schierke im Harz. Neben Ermutigungen, die Geschichte *Der Pelz aus Norwegen und die Jacke aus Sibirien* fortzusetzen, schickte Brecht ihr dorthin „Notate von mir über Regie, in der ER-Form" und bat: „Bitte kontrolliere und kritisiere". Es handelte sich um Elemente für ein „Büchlein über Regie"[112], das unter ihrem Namen erscheinen sollte. Gemeinsames

Schreiben schien aus seiner Sicht die einzige erträgliche Möglichkeit künftiger Nähe.
Tatsächlich flaute die Krise ab, Berlau kehrte zur Arbeit zurück. Ihre Forderung, daß ihr junge Assistenten beim Kleben der Modellbücher helfen sollten, wurde erfüllt. Weil diese Geduldsarbeit die Kenntnis über die Details der Inszenierung vertiefen konnte, hielt Brecht das sogar für eine ausgezeichnete Idee und er verpflichtete gerade die von ihm am meisten geschätzten Schüler dazu. Besson, Monk, Peter Palitzsch, bald auch Manfred Wekwerth mußten alle, wenn auch oft widerstrebend, unter Berlaus Anleitung kleben.
Als Ende März 1951 das Stadttheater Döbeln die Hilfe eines Mitarbeiters des Berliner Ensembles für einige Probleme erbat, die bei der schon über ein Jahr laufenden Aufführung der *Courage* aufgetreten waren, reiste Ruth Berlau an. Die *Leipziger Volkszeitung* lobte: „Zwei Monate Probenarbeit in enger Fühlung mit dem Brechtschen Ensemble in Berlin haben sich gelohnt. Das merkte man an Tempo, Straffheit und Genauigkeit der Inszenierung."[113]
Energievoll erlebte sie auch Franz Josef Bautz, ein Jungkommunist aus Augsburg, der Brecht 1948 kennengelernt hatte und im Frühjahr 1951 an einem Treffen von Kulturbund Ost und Kulturbund West teilnahm. Ein früherer Freund von ihm war Chef vom Dienst beim *Neuen Deutschland.* Als dieser erfuhr, daß er bei Ruth Berlau wohne und sich für Brechts Arbeit und die politischen Schwierigkeiten der *Lukullus*-Inszenierung[114] interessierte, beklagte er, daß Linke im Westen Brecht zu einem „Mythos" machten. In der Wochenendausgabe würde ein sehr kritischer Artikel gegen Brecht erscheinen. Bautz erzählte die Sache sofort Berlau. „‚Das darf nicht geschehen`, sie werde jetzt sofort den zuständigen sowjetischen Kulturoffizier in Karlshorst anrufen, der ein großer Freund und Bewunderer Brechts sei, um die Publikation dieses Artikels zu verhindern." Nachdem sie „über einige Vermittlungen" die Telefonnummer gefunden hatte, berichtete sie ihm „in einem besonders aufgeregten, aber deshalb auch besonders drolligen Dänisch-Deutsch über die vorbereitete massive Attacke des *Neuen Deutschland*. Schließlich legte sie den Hörer auf und sagte erleichtert: ′Er wird sofort intervenieren, der Artikel wird nicht erscheinen.′"[115]
Das *Geschäftstagebuch* weist für den 24. April ein gemeinsames Essen mit Brecht und Max Schröder, dem Chef des Aufbau-Verlags

aus. Rot ist eingetragen, daß sie mit Brecht zusammen den 1. Mai verbrachte. Am 14. Mai besuchte sie ihn in Weißensee. Ende Mai und im Juni ist Arbeit mit Palitzsch und Besson vermerkt, wahrscheinlich an Modellbüchern. Am 14. Juni nahm sie mit Brecht zusammen eine Verabredung mit der FDJ wahr. Am 26. Juni traf sie sich mit Paul Dessau, am 29. ist „Aksel" eingetragen – womit wohl ihr ab und zu in der DDR weilender alter Freund Aksel Larsen gemeint war, immer noch Vorsitzender der dänischen KP.[116]

Am 9. Juli fuhr man wieder gemeinsam nach Ahrenshoop. Im Troß waren auch Peter Palitzsch, Claus Hubalek und Käthe Rülicke. Mit ihnen begannen Brecht und Berlau die Zusammenstellung eines umfangreichen Bandes über die *Theaterarbeit* des Berliner Ensemble, der die bisherigen Inszenierungen ähnlich, aber kürzer als die von Verlagen verschmähten Modellbücher dokumentieren sollte. Rülicke erinnerte sich später: „Wir organisierten Artikel, redigierten, suchten Fotos usw. aus. Wir waren mit großen Tischen, den Modellbüchern usw. in den *Urlaub* gefahren."[117] Berlaus *Geschäftstagebuch* hält für den 16. August bereits die Rückfahrt im Zug fest, weil das „Auto kaputt" war. Es folgen Eintragungen über ihre Teilnahme an Proben. Im August 1951 drückte sie brennende sexuelle Eifersucht in einem Gedicht aus, in dem sie sich Brechts Liebesakt mit „Käthe" ausmalte. Das Schlimmste schien ihr, daß er bei seiner Geliebten die Schweizer Zigarren rauchte, die sie ihm zu kaufen pflegte. „Sagte er ihren Namen Käthe?"[118] Es ist unklar, ob sie an Käthe Rülicke oder Käthe Reichel[119] dachte. Beide hatten Brechts Zuneigung gewonnen, weil sie nicht klagend und fordernd, sondern sehr aktiv im Leben standen, obwohl auch sie schwere Jahre hinter sich hatten. Anders als Berlau stammten sie aus einfachen Verhältnissen und hatten echten Nachkriegshunger gelitten. Wahrscheinlich weil Brecht weiterhin die Mittagsstunden bei ihr verbrachte, eskalierte die Situation nicht. Sie aßen zusammen, ruhten sich aus. Vielleicht schliefen sie auch ab und zu miteinander. Nicht selten empfingen sie auch Freunde und Mitarbeiter zu Arbeitsgesprächen. Unter Brechts Briefe an gemeinsame Freunde setzte Berlau oft ein paar energievolle Worte.
Im Oktober fuhr sie nach Greiz, wo Otto Ernst Tickardt die *Antigone* nach ihrem Modellbuch inszenieren wollte. Sie half bei der Insze-

nierung und machte an die 1000 Fotos, die das Modell bereicherten. Das Greizer Projekt lockte einen Studenten aus Greifswald an, Hans Joachim Bunge. Er mußte eine Seminararbeit über den Vergleich der *Antigone* von Walter Hasenclever und Brecht schreiben. Zunächst fand er Brechts Fassung abstoßend. „Ich sah nur Gewaltsamkeit im Umgang mit der Sprache Hölderlins und der Dichtung des Sophokles – und Diktatur für den Aufführungsstil für andere Theater. Was ich an sprachlichen Schönheiten entdeckte, schien mir in diesem Zusammenhang eher schädlich als bewundernswert." Im Verlauf der Arbeit kam Bunge jedoch zum gegenteiligen Ergebnis und nutzte seine mageren Ersparnisse, um „quer durch die Republik [...] die deutsche Erstaufführung der *Antigone* Brechts anzusehen. Ich lernte Ruth Berlau, die älteste Mitarbeiterin[120] Brechts kennen. Auf der Rückfahrt von Greiz hatte ich [in Berlin – S. K.] Gelegenheit, Brecht selbst zu sehen und zu sprechen."[121] Bunge war von der Arbeit in Greiz und den beiden Personen fasziniert. Mit der Zeit entwickelte er ein Gespür für die Tragik zwischen ihnen und wollte wirklich helfen. Er begriff, daß dies am besten möglich war, wenn er menschlich hundertprozentig zu Berlau hielt, auch in Fällen, wenn sie nicht recht hatte. Wahrscheinlich erkannte auch Brecht die Chance, daß Berlau einen so zuverlässigen Freund gefunden hatte, der zwischen ihnen vermitteln konnte. Schon in Greiz, wo Bunge zu ihrem Assistenten wurde, begann sie ihn „Blitz" zu nennen.[122] Da er sein Studium noch abschließen mußte, verstrichen bis zu seiner Anstellung am Berliner Ensemble noch eineinhalb Jahre.[123]

Obwohl Berlau später selbst festhielt, daß das Greizer Ensemble „mit Freude" mit dem Modellbuch arbeitete und „die ersten Früchte meiner unzulänglichen und schäbigen fotografischen Tätigkeit" erkennbar wurden,[124] gab ihr das damals kein nachhaltiges Selbstbewußtsein. Wieder fiel sie in ihre winterliche Depression, wieder versuchte sie, ihr mit Alkohol zu begegnen. Als Brecht am 1. Dezember in ihr Büro trat, fand er es von einem Alkoholexzeß verschmutzt vor. Das in der Schreibmaschine hängende Papier schien „in Jauche getaucht. [...] So darf das Leben nicht werden. Ich hoffe immer, daß Du eines Morgens aufstehst und [...] die großen Dinge von den kleinen unterscheiden kannst und keine Furcht mehr hast und an die Arbeit gehst." Greiz habe die Bedeutung ihrer Arbeit gezeigt, die sie nur fortsetzen müsse. „Laß mich nicht der Gefangene sein, sondern der Gast, Ruth."[125] In weiteren Briefen forderte er sie auf, sich ein von Hanns Eisler empfohlenes Medikament gegen die Alkoholkrankheit zu beschaffen, sowie ein von Dr. Thiele verordnetes Mittel, das schon einmal ihre Erregungszustände vermindert hatte. Wenn sie erregt sei, genüge „ein einziges unvorsichtiges Wort von mir (oder von sonstwem), Dich noch mehr aufzuregen. Und dann stehe ich plötzlich vor Shui Ta, dem bösen Vetter [...]."[126] Das von Eisler empfohlene Medikament Antabus verhinderte, daß der Alkohol schmeckte.

Wie verzweifelt auch Brecht war, zeigt eine Notiz Berlaus vom 17. Januar 1952. Er hätte ihr am Vortage „mit großem Ernst" gesagt: „Wenn ich morgen auf der Straße umfalle, bist du schuld. Du hast mich fünf Jahre meines Lebens gekostet. Ich bin jetzt 53 Jahre alt und sehe 5 Jahre älter aus und *du* hast Schuld." Sie aber meinte, daß nicht sie, sondern zu viel Arbeit und Kämpfe die Ursache seines gesundheitlichen Verfalls seien. Wenn er sie „als würdige Mitarbeiterin" betrachtet hätte, hätte sie ihm „sogar helfen können."[127]

Beide tauschten Anfang 1952 pornographisch anmutende Gedichte aus, in denen es um Brechts Beobachtung der „Übersexualität" ging, an der sie seiner Auffassung nach litt. Auf den 14. Januar ist ein Gedicht datiert, in dem sie ihn anflehte, sie endlich freizugeben, da er nicht oft genug oder gar nicht mehr mit ihr schlief: „[...] Küßrig bin ich nach einem Schwanz // Es braucht ja nicht der Deine zu sein".[128] Da er selbst nun offen andere Frauen hatte, war die Asymmetrie, die dem Therapievertrag zugrunde lag, zum echten Dilemma geworden. So legitim Berlaus Forderung war, in Brechts Erfahrung hatten Liebesabenteuer mit anderen aber niemals zur Verbesserung, sondern immer nur zur Verschlechterung ihres Zustands geführt. Sein Rollengedicht vom 19. März kann die drastische Antwort auf ihr Gedicht sein, die sie aufrütteln sollte: „Sagst du, komm, gib mir die Fotze her // Kann ich meine Schenkel nicht mehr halten. // Eine Spalte ist gemacht zum Spalten // Sagt die Logik. Denken ist so schwer [...]"[129] Eine Herabsetzung war damit nicht beabsichtigt. Alles, was sie aus Liebe tue, könne sie nicht „entwürdigen", heißt es in einer damals entstandenen Geschichte von Lai-Tu und Kin-Je.[130]

Zu dieser Zeit traf aus Kopenhagen eine Sensationsmeldung ein.

Ida Bachmann schrieb, daß sich ihre Schwester verheiratet habe und sich für sie „vieles zum Guten" entwickele. Tatsächlich verehelichte sich Edith damals mit dem wesentlich älteren, wohlsituierten Handwerker Christensen. Daß Bachmann damals auch fragte, ob Berlau wieder schauspielere, und zwar in Brecht-Rollen,[131] zeigt, daß sie keine Vorstellung davon hatte, wie es ihrer Freundin wirklich ging.

Am 3. Februar 1952 teilte Brecht Berlau mit, daß in der Charité für sie ein Zimmer freigemacht worden sei, damit sie sich so bald wie möglich in Behandlung begeben könne.[132] Daß sie das wirklich tat, zeigt ein aus der Charité gesandter Wunschzettel. Er beinhaltete: Westzigaretten, Zigarren, Vorräte an Nescafé, das Auswechseln des Farbbands ihrer Schreibmaschine und warme Pyjamas, aber auch Bände aus Lenins *Gesammelten Werken*, Angorawäsche und „Perlseidenstrümpfe". Den letzten Wunsch untermauerte sie mit einem abgewandelten Zitat aus *Furcht und Elend des Dritten Reiches*: „Man kann eben nicht in einem Land leben, wo es eine Katastrophe ist, wenn ein Strumpf kaputt ist."[133] Zum Glück kümmerten sich stets viele um sie. Hanns Eisler schickte ihr neben Büchern, einem Nachthemd, Antabus-Pillen auch ein paar Zeilen über den Streß, in dem er sich damals wegen der politischen Ächtung seiner *Faust*-Oper befand: „Wir alle sind ein wenig erschöpft, überarbeitet und übererregt. So beneide ich Sie, dort die Chance [zu] haben sich auszuruhen." Gerne würde er ein Zimmer neben ihrem reservieren. „Da könnte ich mich auch erholen und mit Ihnen plaudern. Nicht einmal dazu habe ich Zeit."[134]
Die vorbeugende Inanspruchnahme ärztlicher Hilfe zahlte sich nicht aus, wenn die Behandlung zu rasch abgebrochen wurde. Das geschah aber, wenn Termine interessanter Arbeitsaufgaben heranrückten. Begleitet von Hans Tombrock fuhr Berlau am 20. Februar nach Eisenach, um den Chefdramaturgen Kaspar Königshof bei der Regie einer Modellaufführung der *Mutter* zu unterstützen. Aus einem späteren Bericht Königshofs geht hervor, daß sie drei Nächte hintereinander nicht geschlafen hatte. „Die erste Nacht war sie mit dem Zug unterwegs. Die zweite Nacht hat sie sich mit dem Schauspieler Czayka [dem Darsteller des Pawel - S. K.] bis morgens um 6 Uhr unterhalten. Die dritte Nacht hat sie sich mit dem Spielleiter Kaiser ebenfalls bis in die Frühe unterhalten. [...] Frau Berlau hatte in ihrem krankhaften

Zustand einen trüben Blick. Ihre seelischen Erregungen wechselten jäh und völlig unbegründet. Mehrfach brach sie während der Proben in Enthusiasmus aus, um dann plötzlich Weinkrämpfe und anschließend Tobsuchtsanfälle zu bekommen. Dies oft innerhalb von Sekunden und Minuten." Weil die Bühnenarbeiter den Umbau nicht rasch genug bewältigten, verlor sie die Geduld. „Sie schlug einen Bühnenarbeiter ins Gesicht. Der Inspizientin schlug sie vor die Brust, daß sie zurücktaumelte. Mir selbst versetzte sie ebenfalls einen Hieb in Gegenwart einiger Kollegen. Die Requisiteuse nannte sie ein 'faules dummes Tier'." Zwischen Königshof und dem Intendanten säte sie Zwietracht. Da letzterer das Stück „nicht leiden" mochte, nutzte er den Wirrwarr aus, um dem Orchester nur eine Probe zu bewilligen „Desgl. versuchte er ständig, die Darsteller der *Mutter* für die Operette einzusetzen. Als ein Pianist krank wurde, stellte er uns keine Ersatzkraft zur Verfügung." Nachdem es auch mit Schauspielern zu Auseinandersetzungen gekommen war, erschien Berlau zur Generalprobe „in einer Art Kosakenkostüm mit angeklebtem Spitzbart, Perücke, Pelzmütze, Hosen usw., [...] damit ich sie nicht erkenne." Die Tarnung war nutzlos, da sich aus ihrem Munde „ein ununterbrochener Redeschwall" Bahn brach. „Abwechselnd Händeklatschen, Bravorufe, Tränenstürze, wilde Flüche usw. Wir setzten neben sie zwei Kollegen, die die Aufgabe hatten, sie zu beruhigen." Sie war aber so laut und aufgeregt", daß „sich die Kulturfunktionäre nach der Generalprobe über Frau Berlau beschwerten. Ihre erste Frage war nicht das Stück, sondern: wer war diese Frau." Um sich mit den Bühnenarbeitern zu versöhnen, trank sie mit ihnen zusammen nach der Generalprobe „fünf Flaschen Schnaps. Das hatte zur Folge, daß die Bühnenarbeiter betrunken waren und eine nachzuholende technische Probe ausfallen mußte". Es gelang nicht, Ruth Berlau vor der Premiere am 1. März zur Abreise zu bewegen. Ein ihr in der Loge beigesellter Kollege schaffte es nur mit Mühe, daß sie die Aufführung nicht unterbrach." Als Königshof danach von Kulturfunktionären beglückwünscht wurde, mischte sie sich ein und verriß die Inszenierung. „In dieser heiklen Situation half nur der Kreissekretär der SED, welcher die Aufführung sehr gut fand." Berlau aber habe nach der Premiere auch gegenüber „einigen Funktionären der Regierung, der Parteien und der Organisationen" die Aufführung getadelt. Zu-

sammen mit der Kritikerin vom *Eisenacher Volk* verfertigte sie einen Verriß. „Den Stil Frau Berlaus werden Sie schnell wiedererkennen. Die übrigen Zeitungen schrieben alle positiv." Während ihrer Anwesenheit habe das ganze Theater unter einem „dumpfen Druck" gestanden. „Nur wenige wagten zu widersprechen. Ständig drohte sie, bei Widerspruch das Stück abzusetzen, bzw. sowjetische Offiziere zur Unterstützung zu holen."[135]
Brecht war nicht erreichbar gewesen, da er mit dem Ensemble in Polen war. Dann wurde er nur durch Berlau informiert und bedankte sich am 5. März beim Intendanten Köther „für die Hilfe, die Sie meiner Mitarbeiterin, Frau Ruth *Berlau* gegeben haben."[136] Erst nachdem von anderer Seite Nachrichten über die Eisenacher Vorgänge eintrafen, forderte er den Bericht Königshofs an.
Berlau hatte sich in Eisenach auch aber auch Verbündete gemacht. Dies zeigt ein rührendes Telegramm aus Berlin, das sie der Mannschaft sandte: „Ich denk an euch. Pförtner, Intendant, alle sehe ich vor mir. Mein Herz liegt auf der Bühne, tretet behutsam auf - stop - liebe Kameraden."[137] Zum Darsteller des Pawel, Rolf Czayka, hatte sie mütterliche Beziehungen geknüpft. In einem am 11. März von ihr diktierten Brief nannte sie ihn „Mein lieber Sohn" und sorgte sich um die schlechte Ernährungssituation für Künstler in der Provinz. Sie versprach, ihm einen Pullover zu schicken, der von Brecht stammte. „Wem der gehört, sag niemandem, aber trage ihn mit Würde."[138]
Ende März kam es wieder zu einer Zwangseinweisung in die Charité. Da es nun kein reserviertes Zimmer für sie gab, fand sie sich in einer Zelle mit „sehr schlechter Luft" wieder, die von einer „im Saal freistehenden Toilette" rührte. Zehn Tage lang war sie von der Außenwelt isoliert und mußte den „Anblick sehr kranker Menschen, das Geschrei Unglücklicher" ertragen. Dann nahm sie schriftlich zu den Ereignissen Stellung, die zu ihrer „Verhaftung" geführt hatten. Am 27. März war sie wegen Störung einer Theateraufführung mit dem Ordnungsdienst des Deutschen Theaters zusammengestoßen.[139] Einen Tag später hatte sich eine Skandalszene „vor dem Haus des Herrn Bertolt Brecht" in Weißensee abgespielt. Lautstark hatte sie zwei ihr gehörende Koffer gefordert, weil er seit Tagen nicht mehr zum Essen zu ihr gekommen sei. Brecht habe sich ein falsches Bild über ihr Verhalten in Eisenach gemacht und angekündigt, daß sie

„in der Zone" nicht mehr für ihn arbeiten könne. Ihr Beruf sei aber Regisseurin und Schriftstellerin. Brecht habe sie gegen ihren Willen zur Archivleiterin gemacht. „Ebenso gut könnte man verlangen, Ärzte sollten Tischler werden, z. B. oder Brecht Akrobat." Nur auf Brechts Wunsch habe sie die Arbeit an den Modellbüchern übernommen. Dafür aber sei Kontakt mit ihm unabdingbar.
Die tiefere Ursache des Geschehens ins Weißensee – so läßt ihr Text durchblicken – schien Brechts Verbindung zu Käthe Reichel zu sein: „[...] welcher Regisseur hat sich nicht in sein Gretchen verliebt? Also Brecht hat sich bei Käthe Reichel eingerichtet." Die ganze Stadt spräche davon, „daß er Faust spielt." Da ihr Brecht nie Treue versprochen habe, hätte sie dafür Verständnis. Sie wolle aber ihre Geschenke zurückholen. Auf Reichels Wand hätte sie etwas entdeckt, was sie selbst Brecht geschenkt hatte, „nicht einmal ein Geschenk, sondern eine Arbeitssache, die zu einem Stück gehört, woran ich mitgearbeitet habe." Um so rasch wie möglich ihre Freiheit zu erlangen, verpflichtete sie sich, Brecht nicht mehr zu sehen – obwohl das im Widerspruch zum Kontaktwunsch stand. Käme sie frei, wäre sie bereit, sich auch vor Gericht zu verantworten und sich bei Brecht zu entschuldigen.[140]
Knapp zwei Wochen später schrieb sie ihm: „Ich weiß, daß ich krank war – jetzt bin ich hier drei Wochen – ich bin gesund. Ich kann nicht länger hier bleiben." Sie habe seine Ratschläge befolgt, geschlafen, gelesen und geschrieben. „Du und Professor Thiele, Ihr müßt jetzt für mich garantieren."[141] Kurz darauf wurde sie entlassen.

Ganz strikt war das Verbot, Brecht „in der Zone" zu vertreten, nicht. Die Entlassung aus der Charité stand auch in Zusammenhang mit den Endproben einer Laieninszenierung, die Hans Bunge in Greifswald auf den Weg gebracht hatte: *Die Gewehre der Frau Carrar* mit Studenten. In einem Brief an den lieben „Blitz" hatte Berlau im Februar beanstandet, daß er das Textbuch und weiteres „Archivmaterial" zum Stück schon weit über die verabredete Zeit hinaus behalten habe. Sie schloß herzlich mit „Deine Tante Ruth".[142] Das „Archivmaterial" waren Fotos der Kopenhagener und Pariser Aufführung. An die „Sehr verehrte, liebe Frau Berlau" schrieb Bunge, daß er das Material nicht der Post anvertrauen, sondern selbst nach Berlin

bringen wollte. „Unser Kulturbund hat keinen Pfennig Geld in der Kasse – und bei mir war leider auch völlige Ebbe." Seine Regie würde er gern einmal an Berlau abtreten. Er war beunruhigt, weil das an mehreren Mecklenburger Bühnen gespielte Stück durch eine Kulturkommission abgesetzt worden war. Angeblich war es nicht zeitgemäß. Er bat um Nachricht, ob aus Berliner Sicht ein solches Verbot auch für seine Laieninszenierung drohen könne und unterzeichnete mit: „Ihr Blitz".[143]
Die von lokalen Amtsträgern mehrfach verfügte Absetzung der *Carrar* stand im Zusammenhang mit der Remilitarisierung beider deutscher Staaten. Die Bildung von kasernierten Einheiten der Volkspolizei war auf Protest bei pazifistischen Teilen der Bevölkerung getroffen, worauf manche Lokalbehörden Rücksicht nehmen wollten. Das Stück über die Spanierin Carrar, die nach langem Zögern ihrem Sohn Waffen gibt, konnte als Parallele gesehen werden zu einem von manchem befürchteten deutsch-deutschen Bürgerkrieg. Tatsächlich wollte ein Mitglied der Laiengruppe deshalb nicht mitspielen, sondern nur soufflieren.[144] Um die Aufführung zu ermöglichen, waren etliche Anstrengungen hinter den kulturpolitischen Kulissen erforderlich.[145] Die entscheidende Hilfe war wohl ein Artikel über das Greifswalder Projekt im *Sonntag*, dem wichtigsten überregionalen kulturpolitischen Presseorgan. Hier wurde die Aktualität des Stücks allein „in Korea und Vietnam, in Malaya und überall da, wo die unterdrückten Nationen sich gegen ihre Peiniger erheben" gesehen.[146]
Ende März, also noch aus der Charité, schrieb Berlau an „Blitz", daß sie an drei Hauptproben teilnehmen werde, bei denen schon Kostüme, Masken und Requisiten benutzt werden müßten. Bunge sollte zur Generalprobe Studenten zum Diskutieren einladen. Brecht stellte die Bedingung, daß die Aufführung kostenlos sein solle. Zur Premiere werde er selbst kommen. Berlau erklärte: „Verstehe bitte, Blitz: Es ist [für uns – S. K.] sozusagen ein Wendepunkt, daß junge Wissenschaftler episches Theater versuchen."[147]
Wegen der Eisenacher Ereignisse erlaubte Brecht nur, daß sie einige wenige Tage in Greifswald mitarbeitete. Nach Aussage von damals Mitwirkenden bekam die Regie durch Ruth Berlau einen wesentlichen neuen Schwung. Vieles mußte sie an die Laieninszenierungen in Kopenhagen erinnern. Auch dieser Gruppe stand kein Geld zur Ver-

fügung. Bunge hatte die Requisiten vom Stadttheater geliehen und haftete dafür. „Nach den Proben gingen wir alle feiern. Es war wohl nach 12 Uhr nachts, als wir durch die Straßen gingen. Da sah ich eine Gestalt, die mit einem Rucksack und drei Gewehren beladen war. Er watete durch die Straße. Es war Mondschein, ich sah ihn ganz deutlich; ich werde das nie vergessen. Das war Joachim Bunge mit den ganzen Requisiten. Und für das Stück braucht man viele. // Als ich nach Berlin kam, erzählte ich Brecht das und sagte: 'Den brauchen wir`. Brecht [zur Premiere doch nicht erschienen – S. K.] sagte auch sofort: 'Gut, wir nehmen ihn.'"[148] Bunge, der sie hier wohl an den Toten Maurer erinnert hatte, brauchte aber noch ein Jahr zum Studieren.
Die Greifswalder Laienaufführung der *Carrar* war eine Privatinitiative gewesen, die sich gegen staatliche, bzw. kommunale Institutionen durchsetzen mußte. Zur selben Zeit begann aber auch die offizielle Kulturpolitik, sich der Tradition der zwischen den beiden Weltkriegen existierenden Arbeiterkulturbewegung zu entsinnen. Wie aus einem in mehreren Varianten vorliegenden Artikeltyposkript Berlaus *Die Kunst dem Volke* hervorgeht, hatte sie am Abend des 26. Januar 1952 in Leipzig an der feierlichen Eröffnung eines Wettbewerbs aller Sparten von Laienkünstlern durch die Staatliche Kommission für Kunstangelegenheiten teilgenommen. Diese auch mit staatlichen Subventionen ausgestattete Kulturpolitik konnte sie als Erfüllung von Vorstellungen ansehen, für die sie sich seit langem einsetzte. So erklärt sich der emotionale Anfang ihres Artikels: „Unter vollen Segeln, man kann schon sagen, nicht nur mit frischem Wind, sondern mit Sturm, lief ein neues Schiff vom Stapel. Es trägt den Namen *Laienkunst*." Diese konnte sich freilich nicht aus sich selbst heraus entwickeln. Die Funktion des „Motors", schrieb Berlau – ganz im Sinne von Brecht – müßten Fachleute ausüben, „und zwar auf allen Gebieten der Laienkunst."[149] Hinter diesem selbstverständlich klingenden Satz stand deutlich die Forderung, daß die Laienkunst nicht durch die SED bzw. durch Kulturfunktionäre der Staatliche Kunstkommission angeleitete werden sollte, sondern durch erfahrene Künstler. In Brechts Theaterprojekten wurden seit Ende der zwanziger Jahre Laien ausgebildet, indem sie an der Seite von Professionellen spielten. Dieser Weg setzte die Anerkennung der Autonomie der Kunst durch die Offiziellen voraus, aber auch ein

Umdenken der Kunstszene. Bekanntlich gelang es kaum anderswo in der DDR als im Berliner Ensemble, vom Staat zwar Finanzmittel zu bekommen, aber doch beträchtliche Autonomie zu wahren. Durch die staatliche Unterstützung der Laienkunstszene konnte das *Carrar*-Stück nun von verschiedenen Gruppen gespielt werden. Und auf Anforderung der Leipziger und Dresdener Zentralhäuser für Laienkunst wurde sogar die Subventionierung eines von Berlau mit Peter Palitzsch zusammengestellten *Carrar*-Modellbuchs erreicht,[150] das noch 1952 erschien.

Ebenfalls 1952 erschien der repräsentative Band *Theaterarbeit. 6 Aufführungen des Berliner Ensemble*. Er stellte nicht nur nach dem Muster der Modellbücher sechs Aufführungen mit vielen Fotos vor, sondern enthielt auch programmatische Texte, die zeigten, wie sich neue Schauspielkunst, neue Zuschauerschichten, neue Rezeptionsweisen einander bedingten und beinflußten. Als Redakteure zeichneten: Ruth Berlau, Bertolt Brecht, Claus Hubalek, Peter Palitzsch, Käthe Rülicke. Im Vorfeld der Publikation hatte es Schwierigkeiten gegeben. Die Abteilung Kultur beim ZK der SED gab ein Gutachten über den formalistischen „Brecht-Kreis" in Auftrag. Ergebnis war, daß das Buch zwar erscheinen konnte. Es sollte aber keine Subvention des Kulturfonds bekommen und müsse kritisiert werden.[151]

Weil sich Brecht gesundheitlich immer schwächer fühlte und nun auch an Depressionen litt, bat er Käthe Rülicke, nach einem Haus für ihn außerhalb Berlins zu suchen, wo er am Wochenende in Ruhe arbeiten und seine Kontakte selbst bestimmen konnte. Einer Annonce folgend, waren die beiden im Oktober 1951 nach dem etwa 35 km von Berlin entfernten Buckow gefahren. Angeboten wurde einer der dort bis 1939 betriebenen Wassertürme, der auf einem großen, hügeligen Grundstück stand, durchquert vom Bächlein Stöbber. Verdeckt von hohen Laubbäumen und Birken war der Turm von der Straße aus nicht zu sehen. Aus dem obersten Raum hatte man einen herrlichen Blick über Buckow und die Märkische Schweiz. Brecht beschloß sofort, das geräumige Bauwerk zu erwerben. Bei weiteren Besichtigungen in Buckow im Februar 1952 fand er ein zu pachtendes Grundstück am See mit mehreren Bauten. Aussicht und Atmosphäre waren dem Blick auf den Sund in Skovsbostrand nicht unähnlich. Weigel überließ er die

repräsentative Eiserne Villa, in der es auch einen für kollektives Arbeiten geeigneten Raum gab. Für sich reservierte er ein bescheideneres Gartenhaus, in das er später eine Kopie von Voltelens Parkettfußboden in Vallensbæk legen ließ. Berlau schlug er während ihres Charitéaufenthalts den Turm vor. Sie antwortete, daß er ihn in seinem und ihrem Namen kaufen solle, und hoffte, daß sie ihm dort, wenn sie neunzig Jahre alt und einander wieder nähergekommen seien, etwas über „Kinye" und seine „Lieblingsschülerin Lai-tu" vorlesen könne.[152]
Eine junge Buckower Architektin bekam den Auftrag, den unweit vom Bahnhof gelegenen Turm zu modernisieren. Weil er mit seinen hallenartigen Etagen auch für die Aufnahme von Gästen dienen konnte, wurden mehrere Küchen, Badezimmer und Toiletten eingebaut.[153] Brecht wollte für die Einrichtung so viel Geld zur Verfügung stellen, daß sie den Turm ganz nach eigenem Geschmack einrichten und ihre Freude an ihm haben könne. „Du *mußt* wieder auf eigenen Beinen stehen, Ruth. Und die Stirn muß glatt sein."[154]
Im Sommer 1952 fand in Buckow kollektive Textarbeit an Erwin Strittmatters *Katzgraben* statt, ein Stück über die durch die Abschaffung des Großgrundbesitzes erfolgten sozialen Umbrüche in der ostdeutschen Landwirtschaft. Außer Strittmatter, Brecht und Berlau nahmen auch Rülicke, Palitzsch und Hubalek teil.
Erster Gast in Berlaus Turm war Hanns Eisler im August 1952.

Die Eisenacher Ereignisse hatten sich in der Theaterwelt herumgesprochen. Deshalb lagen im Herbst 1952 keine Einladungen für Ruth Berlau vor. Sie nahm an den Proben von *Die Gewehre der Frau Carrar* im Berliner Ensemble teil. Der Regieassistent Carl Weber erinnert sich, daß sie ihre Anregungen und Einwände so unkontrolliert von sich gab, daß es zu schweren Auseinandersetzungen mit Brecht kam, der sie einmal sogar herauswarf.[155] Um den vorhersehbaren Aufenthalt in der Charité zu vermeiden, unterzog sich Berlau im Krankenhaus Buch einer Schlaftherapie.[156]
In besserer Form nahm sie Ende November an einer Exkursion des Berliner Ensembles in die Lausitz teil. Bei der Arbeit an *Katzgraben* waren Zweifel gekommen, ob der Stoff überhaupt schon theatertauglich war.[157] Beobachtungen und Gespräche mit Bauern und Funktionären auf dem Lande schienen der beste Weg, das zu klären. Über die

Exkursion, die Schauspieler, Assistenten, Bühnen- und Kostümbildner mit zwei Bussen in das Dorf Eichwege unternahmen, existiert ein von Berlau gezeichneter Artikel im *Sonntag*. Ziel des Ausflugs war, nach Veränderungen in der Haltung der Bauern zu suchen, die die neuen Besitzverhältnisse und die von den Maschinen-Traktoren-Stationen zur Verfügung gestellte Technik sowie die erstmals auf dem Lande existierenden Freizeit- und Kultureinrichtungen bewirkt hätten. War eine Entwicklung des Bewußtseins vom individualistischen zum gesellschaftlichen Denken in Gang gekommen? Weil sich große Teile des Stücks in einer Bauernküche abspielten, interessierte sich Brecht besonders für die Küchen von Eichwege. Mittags waren die Theaterleute von Bauernfamilien zum Essen eingeladen. Er konstatierte, daß immer noch die gut geheizte Küche der Lebensmittelpunkt der Bauernfamilie war. Aber doch war der als Kulturraum genutzte Saal der Gastwirtschaft überfüllt, als die Gäste am Nachmittag die sowjetische Posse *Ein fremdes Kind* von Aschach Tokajew aufführten. „Was haben wir geerntet?" fragte der Artikel. „Anregungen für die Dekorationen unseres Stücks, realistische Details. Wir haben den alten einsinkenden Grubenweg gesehen, der in Strittmatters Stück Streitpunkt ist, und den neuen Weg, um den gekämpft wird." Umfang und Komplexität des Artikels legen nahe, daß er eine Kollektivarbeit des *Katzgraben*-Teams war.[158]

Mit den Eindrücken von Eichwege gab sich Brecht nicht zufrieden. Später schrieb Berlau, er habe sie auch in die Flüchtlingslager nach Westberlin geschickt und „sich berichten lassen, warum dieser oder jener Bauer von uns weggegangen ist".[159]

Die wichtigste Erfahrung des Ausflugs war wohl, daß nicht die Bauern, sondern die Funktionäre die Kollektivierung vorantrieben. Um aus *Katzgraben* kein flaches Propagandastück zu machen, hielt Brecht es für notwendig, gerade auch diese Figuren mit menschlichen Schwächen und Fehlern zu konzipieren. Aus den Probennotaten geht hervor, daß Berlau ihn fragte, ob sich die Zuschauer nicht in die Figur des Parteisekretärs „auf der Bühne einfühlen" müßten, um den Wunsch zu entwickeln, es ihr „gleichzutun". Es wäre effektiver, meinte Brecht, wenn die Zuschauer erkennen, daß ein Prinzip „auf Situationen angewendet werden kann, die der vorgeführten nicht ganz gleichen". Ob das nicht sehr schwer sei, hakte sie nach. Er bejahte: „Es ist nicht leicht, Helden zu bekommen."[160] Damit postulierte er eine erhebliche Abweichung des von der Kulturbürokratie für jedes Kunstwerk geforderten durchweg positiven Helden. Bei einer Szene, in der ein Bauer Schulden zurückzahlen muß, erinnerte sich Brecht an Gustav Gabrielsens langes Suchen nach einigen Münzen im Portemonnaie. Während der Arbeiterschauspieler aus eigener Erfahrung zu dieser Geste gekommen war, fiel es dem Berufsschauspieler Friedrich Gnass jetzt schwer, eine „Pause" zu wagen, die Brecht lang genug war. Wie Palitzsch hielt auch Berlau die Szene zunächst für zu naturalistisch.[161] Später war sie stolz, daß Brecht auf etwas zurückgegriffen hatte, was aus ihrem Arbeitertheater stammte.[162] Zur Voraufführung am 17. Mai 1953 lud das Ensemble fünfzig Bauern aus der Umgebung Berlins ein. Danach fand eine Diskussion statt. Eine Frau kritisierte, daß die Kartoffelpreise nicht stimmten. Zur allgemeinen Verwunderung nahm Brecht auch solche Detailkritik auf.[163]

Erwin Strittmatter – der nominelle Autor des Stücks – wohnte während des ganzen Vierteljahres, in dem geprobt wurde, bei Brecht in Weißensee. Weigel war ausgezogen und trug sich wieder mit Scheidungsabsichten. Ihr Mann hatte sie während der *Carrar*-Proben oft grob angefahren. Auch war sie es leid, seine komplizierten Beziehungen zu anderen Frauen weiter zu tolerieren. Bei ihr führten solche Schwierigkeiten aber weder zu Nervenkrisen noch zu beruflichen Einbußen. Als sie in *Katzgraben* die Großbäuerin spielte, riß er sich zusammen und behandelte sie wieder achtungsvoller.

Rückblickend verwundert die forsche Naivität, mit der Brecht, Strittmatter und das Ensemble damals die heikle Bauernfrage angingen. Man hoffte, daß die von der Besatzungsmacht der DDR aufgezwungene Form des Sozialismus bald doch noch eine Dynamik bekäme, durch die die Menschen in Entscheidungsprozesse einbezogen würden. Daß die Entwicklung in andere Richtung lief, begriff Brecht erst durch den 17. Juni 1953. Nach Rülickes Aufzeichnungen fehlte am Morgen des historischen Tags bei der Versammlung im Theater niemand.[164] Eine Spur Berlaus läßt sich in diesen dramatischen Stunden jedoch nicht finden. Sie hielt sich jedenfalls nicht in ihrem Buckower Turm auf. Dort hatte nur Carl Weber übernachtet, mit dem sie damals zusammen am *Katzgraben*-Modellbuch arbeitete. Weber

erinnert sich an einen Spaziergang mit Berlau und Paul Dessau nach dem 17. Juni, auf dem dieser die eventuelle Notwendigkeit eines neuen Exils erörterte.[165]
Obwohl sie keine zehn Minuten entfernt vom Brandenburger Tor wohnte, einem Brennpunkt der Ereignisse, und obwohl der 17. Juni auch sie in Zweifel stürzen mußte, fehlen darüber Aufzeichnungen Ruth Berlaus. Kritik am realsozialistischen Experiment äußerte sie zwar hin und wieder mündlich, aber es lag ihr immer fern, sich schriftlich damit auseinanderzusetzen. Brecht scheint sie nur noch punktuell in sein eigenes, mit anderen Mitarbeitern und Freunden betriebenes politisches Weiterdenken einbezogen zu haben. Das kann ihm zu riskant erschienen sein, da sie in Krankheitsphasen zu unvorsichtigen Äußerungen neigte. Das suggeriert jedenfalls der bereits zitierte Brief vom 22. 2. 1950 über „Selbstzensur", die Personen des öffentlichen Lebens gegenüber angebracht sei.[166]
Merkwürdige Weltentrücktheit spricht aus zwei Blättern, die Berlau Anfang August 1953 schrieb. Sie gehören zu ihren Vorbereitungen für eine Brecht-Biographie und stehen mit einer der scheinbar unpolitischen *Buckower Elegien* in Zusammenhang: *Der Blumengarten.* Die Verse hätten sie „tief getroffen", weil sie „Bescheidenheit" ausdrückten: „fast kopfschüttelnd schaut er die Rosen an" Einem fiktiven Publikum teilte sie mit, daß Brechts Verhältnis zur Natur stark, schön, aber scheu sei, „als stört er, wenn er zu lange hinschaut oder wird er gestört, wenn er mehr als *zwei* Sekunden hinschaut? Glaubt mir, er saugt das Ganze ein." Es sei die „Freiheit der Natur", die er an ihr mochte. „In seine schön geformten Meissener Vasen setzt er zarte Blumen, leichte Farben. Schaut er die an? Und wann? Ist das für ihn wie Frauen? Schönheit und Humor braucht er, Menschen oder Blumen!"
Trotz der melancholischen Grundierung dieser Zeilen spricht daraus auch eine gewisse Harmonie, die zwischen ihnen immer wieder möglich war. „Ich kenn ihn besser als irgend jemand, und das heißt, ich kenn ihn nicht – keiner kennt ihn, doch ich am besten – und wie er zur Natur steht, kann ich euch nur beschreiben als: *scheu.*"[167] Brecht fand: „Das über die Natur ist sehr schön geschrieben". Das Lob über ihn müsse sie streichen. Der persönliche Ton solle erhalten bleiben, „da die Person interessant ist, ich meine Dich."[168]

1   Ungedruckter Teil des Typoskripts zu: RB: *Der Clown im Krieg*, BBA 1958/14–15.
2   Maurer: `Kino is wie Pudding` *Bert Brecht im Kabelwerk. Parabel vom deutschen Michel*. In: *BZ am Abend*, 13. 12. 1949.
3   Unsigniert: Unsere Veranstaltungen in Betrieben, in: *Theaterarbeit. 6 Aufführungen des Berliner Ensemble*. Redaktion: RB, Bertolt Brecht, Claus Hubalek, Peter Palitzsch, Käthe Rülicke, Berlin 1952, S. 402.
4   RBA 240.
5   Brecht an RB, 22. 10. 1949, *GBFA* 29, S. 557.
6   Das vom 29. 1. 1949 bis 7. 1. 1950 geführte Buch mit Probennotizen liegt im Archiv Werner Hecht.
7   Heinz Lüdecke in: *Neues Deutschland*, 19. 1. 1950.
8   Siehe: Wilhelm Grohe an Brecht, 27. 1. 1950, RBA N 300. Der erwähnte Brief Brechts ist nicht überliefert.
9   RB an Wilhelm Grohe,15. 2. 1950, BBA 1186/37-39.
10  Da die denkbaren Formalismusvorwürfe im Vorfeld beseitigt worden waren, argumentierten die Brechtgegner nun nach dem Muster der Publikumsproteste gegen die Bibelszene der Leipziger Inszenierung RBs. Die kulturpolitische Wochenzeitung *Sonntag* schrieb: „Jetzt noch streichen sollte man die vielfach als abstoßend empfundene Kondolenz-Szene bei der Mutter, [...]. Die da auftretenden Vertreterinnen des christlichen Glaubens sind in keiner Weise typisch für die christliche Geisteswelt überhaupt. [...] Das Frauengekeife um den Besitz der *Bibel* ist widerlich. Brecht will damit die Scheinheiligkeit anprangern, aber wohl alle Christen unter den Zuschauern fühlen, daß durch diese ganze Szene die christliche Weltschau nicht bloß kritisiert oder verneint, sondern verächtlich gemacht wird. Will Brecht das auch? Wir bezweifeln es." – Ypsi: *Bertolt Brecht:* `Die Mutter`. In: *Sonntag*, 14. 1. 1951., S. 4.
11  RB: *Zeitersparnisse beim Benützen der Modelle* – BBA 1164/43–44. Siehe auch: *Fragen und Kritik des Modell-Materials* – BBA 1164/40–42.
12  *Das Mutter Modell* – BBA 1164/38–39. Siehe: *Theaterarbeit*, a. a. O., S. 336.
13  *GBFA* 23, S. 170.
14  RBA 55.
15  RBA N 259.
16  *Helene Weigel* an RB, 23. 2. 1950, RBA N 222.
17  Ruth Berlau an Helene Weigel, Januar 1950. In: Jan Knopf: *Sex for text*. In: *konkret* 19/1994, S. 54.
18  RBAHKOP.
19  Die 1937 entstandenen Verse gehören zu den *Svendborger Gedichten. GBFA* 12, S. 22.
20  Der norwegische Pelz als Kriegstrophäe ist inspiriert von Brechts Versen „Und was bekam des Soldaten Weib aus Oslo über dem Sund? // Aus Oslo bekam sie das Kräglein aus Pelz" – *GBFA* 15, S. 71f.
21  In Erinnerung an die Marie A: war die Wolke „sehr weiß und ungeheuer oben", *GBFA* 11, S. 92–93.
22  Der „Schnitt", den manche im Krieg zu machen hoffen, war eine Assoziation zu *Mutter Courage*.
23  *Die Jacke aus Sibirien und der Pelz aus Norwegen*, BBA 977/102ff, eine ande-

re Fassung mit Korrekturen unter RBA 15. Einen Publikationsversuch belegt eine unter RBA o. Sg. liegende Bestätigung von Fritz Kracht, für zwei Illustrationen zu Die Wattejacke und der Pelz über 10 Mark à conto von RB.

[24] Brecht an RB, 25. März 1951, *GBFA* 30, S. 666.
[25] Brecht an RB, 26. 1. 1950, *GBFA* 30, S. 12.
[26] BBA 977/62. Unter dem Titel Im Kreis gehen in: Berlau/Bunge, S. 256.
[27] Brecht an RB, 22. 2. 1950, 30, *GBFA*, S. 14.
[28] Brecht an RB, 2. 3. 1950, ebd., S. 17.
[29] Zit. nach Zeilenkommentar *GBFA* 15, S. 446. Ein Original in RBs Orthographie: RBAHKOP. Auf dem Brecht gesandten Typoskript steht: „Für Bertolt Brecht: Nacht Febr. 50. RB. Auf der Rückseite in Brechts Schrift: *Schwächen* // Du hattest keine // Ich hatte eine: // Ich liebte. *GBFA* 15, S. 223. Der Zeilenkommentar vermerkt, daß Brecht ein weiteres Manuskript dieses Gedichts mit „R.B." zeichnete. Das kann sowohl „von" als auch „für" RB bedeuten. Die Zuordnung dieses Gedichts ist umstritten. Siehe auch Anm. 94.
[30] RBA N 245.
[31] Tagbuchnotiz, undat., RBAHKOP.
[32] Zit. n. Zeilenkommentar, *GBFA* 30, S. 484.
[33] Dieser letzte Abschnitt bezieht sich auf 1946 entstandene Verse Brechts – *GBFA* 15, S. 178. Der Text über die Erscheinung des Hofmeisters in der Charité ist datiert auf den 11. 3. 1950, zit. n. Zeilenkommentar *GBFA* 30, S.485ff, siehe auch: HBA 350/ 350/60.
[34] Dietfried Müller-Hegemann (1910-1989), Spezialist der Neuroplogie und Psychiatrie, als Student im Widerstand, 1943 Lazarettarzt. Das auf 1945 datierte Manuskript in: RBA N 384.
[35] Brecht an RB, 5. 3. 1950, *GBFA* 30, S. 17f.
[36] Brecht an RB, 8.3.1950, ebd, S. 18.
[37] RB an Brecht, 8. 3. 1950, zit. n. Zeilenkommentar *GBFA* 30, S. 484.
[38] Brecht an RB, 8. 3. u. 14. 3. 1950, ebd. S. 19–20.
[39] *GBFA* 27, S. 310. Die Premiere an der Maxim-Gorki-Bühne Schwerin hatte am 28. 3. 1950 stattgefunden.
[40] Brecht an RB, Oktober/November 1950, *GBFA* 30, S. 41.
[41] Die Pappel vom Karlsplatz [eigentl. Karlplatz], *GBFA* 12, S. 295. Siehe Zyklus *Kinderlieder*, und *Neue Kinderlieder, GBFA* 12, S. 291 – 303.
[42] RB: *Die Rolle der Simone Machard*, in: *Neues Deutschland*, 6.–7. 4. 1957 (Beilage *Kunst und Literatur*).
[43] RB: *Brecht und die Kinder*, in: *Das Magazin* 8/ 1957. Es gab in den sechziger Jahren Bürgerinitiativen für die Neuanpflanzung von Pappeln am Karlplatz, wo heute mehrere stehen.
[44] Aus einem Brief Gerda Goedharts an RB v. 6. 8. 1949 geht hervor, daß sie Theater in Amsterdam und Amstelveen kontaktiert hatte.
[45] RB an Brecht, 11. 4. 1951, BBA 977/56–57.
[46] Brecht an RB, Mitte/Ende April 1950, *GBFA* 30, S. 22.
[47] Brecht an Hella Wuolijoki, 3. 5. 1950, *GBFA* 30, S. 24.
[48] *GBFA* 27, S. 314.
[49] Eric Bentley: *Erinnerungen an Brecht*, a. a. O., S. 74–87.

⁵⁰ Bertolt Brecht: *Modellbuch der Aufführung 1949* [ergänzt um spätere Modellerfahrungen] in: *Mutter Courage und ihre Kinder*. Materialien, hrsg. v. Werner Hecht, Berlin 1968, S. 62.
⁵¹ Brecht/RB: *Phasen einer Regie: Modellbuch Die Gewehre der Frau Carrar*, Dresden 1952, S. 22–26. Obwohl Brechts Autorschaft an diesem wichtigen Text unzweifelhaft ist – es könnte sich um ein Diktat handeln, das RB tippte – nicht in *GBFA*, aber unsigniert: Theaterarbeit, a. a. O., S. 256ff.
⁵² M. A. Boese in *Süddeutsche Zeitung* v. 3. 2. 1998.
⁵³ Eric Bentley: *Erinnerungen an Brecht*, a. a. O., S. 87 – 93.
⁵⁴ *GBFA* 27, S. 315f.
⁵⁵ en Myre = dän.: eine Ameise
⁵⁶ RBAHKOP.
⁵⁷ Brecht an RB, Oktober/November 1950, S. 41.
⁵⁸ Gerda Goedhart an RB, 7. 11. Da holländische Institutionen die DDR boykottierten, war auch unklar, ob RB ein Honorar ausgezahlt werden konnte.
⁵⁹ Zit. n. Zeilenkommentar *GBFA* 30, S. 497.
⁶⁰ Brecht an RB, 27. 11. 1950, *GBFA* 30, S. 42.
⁶¹ RB an Brecht, 6. 12. 1950, BBA 971/39.
⁶² RB: *Der kleine wilde Säbeltanz*, BBA 205/29–30. In: *Theaterarbeit*, a. a. O, S. 326.
⁶³ RB: *Die holländische Courage*, in: *Theaterarbeit*, a. a. O., S. 328–331.
⁶⁴ RB an Tilly Visser, 23. 1. 1951, RBA 209.
⁶⁵ RB: *Die holländische Courage* (mit Korrekturen Brechts), BBA 1164/71–76. Vergl. mit Anm. 61. Siehe weitere Courage-Notate von RB: 1164/ 2, 33 u.: BBA 1969/4–5, 38f, 43–44, 50, 145, BBA 1218/29, BBA 1970/208–209.
⁶⁶ RB: *Benutzung von Modellen unter besonderen Bedingungen. Die holländische Courage*. In: *Theaterarbeit*, a. a. O., S. 328–332. RBs Arrangement der Schlußszene: BBA 205/31–35.
⁶⁷ *Moeder Courage. Zo will Bert Brecht dat zijn stuk wordt gespeeld* (van onze kunstredacteur). In: *R'damsch Nieuwsblad*, 18. 12. 1950.
⁶⁸ P. M.: *Moeder Courage in Rotterdam*. In: *De Nederlander*, Den Haag v. 27. 12. 1950.
⁶⁹ Ohne Autor: *Moeder Courage en haar wagen. En krachttoer* (Kraftakt) *van Rotterdams Toneel*. In: *Nieuwe Rotterdamse Courant*, 27. 12. 1950.
⁷⁰ L.H.: *Moeder Courage en haar kinderen*. In: *De Tijd* (Amsterdam), 3. 1. 1951.
⁷¹ Ohne Autor: *Moeder Courage en haar kinderen. Interessant maar niet groots*. In: *Het vrije Volk*, Rotterdam, 27. 12. 1951
⁷² Jan H. De Groot: *Rotterdams Toneel kon' mislukt stuk niet redden*. In: *Het Vrije Volk*, Arnhem, 11. Jan. 1951.
⁷³ A. Koolhaas: *Mutter Courage* in: *De Groene Amsterdammer* v. 27. 1. 1951.
⁷⁴ Oh. Autor: *Rotterdams Toneel speelt Moeder Courage*. In: *Algemeens Handelsblad*, Amsterdam, 25. 1. 1951.
⁷⁵ R. Blijstra: *Matheid kenmerkt Moeder Courage*. In: *Het Vrije Volk*, Amsterdam, 25. 1. 1951.
⁷⁶ Brecht an RB, Dezember 1950, *GBFA* 30, S. 48.
⁷⁷ Die Dokumente BBA 973/01–02, 62 und 88 zeigen politisch bedingte Probleme

der Vertragsverhandlungen. Wegen ihres Wohnsitzes in Ostberlin gab es Schwierigkeiten, das vereinbarte Honorar von 500 Gulden auszuzahlen. An Bargeld hatte sie nur 100 Westmark, die Brecht ihr für Kleiderkauf mitgegeben hatte. (Rechnung: RBA 1959/155.). RB verfügte aber über eigene Devisenreserven. Am 19. 4. 1951 eröffnete sie mit 6782 Kronen ein Konto in Dänemark, das bis 1956 auf 11000 Kronen anwuchs. RBA 260.

[78] Tilly Visser an RB, 30. 12. 1950, RBA N 199.
[79] Edith Berlau an Carl Jensen in Hannover, 1. 10. 1949, RBA 238.
[80] Edith Berlau an Cousine Gerda, 10. 11. 1951, RBA 238. Hier und in RBA 239 liegen mehrere Briefe, aus denen ihre juristischen Bemühungen ersichtlich sind wie auch die Ratlosigkeit der Verwandten. Am 12. 11. 1951 schrieb Rechtsanwalt Bernth an Edith, daß er ihre Briefe an RB nicht mehr weiterleiten werde. Er riet, von Klagen gegen Verwandte abzusehen, da sie sich dadurch wahrscheinlich nur selbst Schaden zufüge. RBs Textfragment Von mein Fenster aus gesehen, (RBA 30) das Berlau aus der Perspektive ihrer Schwester schrieb, verrät, daß sie wohl in die Saxogade gegangen war und versucht hatte, Frieden zu schließen.
[81] RB an Robert Lund, 23. 2. 1952, RBA N 221.
[82] *Notate über die Mutter*, 3. und 4. 1. 1951, BBA 971/86–87. Siehe auch: *Die gefährliche Mutter*, BBA 1164/21–24.
[83] RBA 245.
[84] RB an Otto Müllereisert, 19. 1. 1951, BBA 971/83–85.
[85] Brecht an RB, 5. 1. 1951, *GBFA* 30, S. 51.
[86] RB an Brecht, von ihr auf Februar 1951 dat., sicher einen Monat vorher geschrieben, BBA 971/47–48.
[87] Siehe: RB an Buchhalter Walbrecht, 25. 1. 1951, HBA 350/81. Brecht arbeitete zunächst am BE ohne Gehalt. Sein erster Vertrag als 1. Spielleiter war rückwirkend auf 1. 11. 1953 am 23. 2. 1955 ausgestellt. Hecht: *Chronik*, S. 1148.
[88] Brecht an RB, 21. 1. 1951, *GBFA* 30, S. 53.
[89] Brecht an RB, 27. 1. 1951, ebd., S. 54.
[90] RB an Brecht [Januar 1951], BBA 971/79–80.
[91] RB an Ole Cavling, Nacht v. 16./17. 1. 1951, auf Briefbogen des Suhrkamp Verlags, RBAHKOP.
[92] RB an Brecht, 27. 1. 1951, BBA 977/100.
[93] RB an Helene Weigel und Herrn [Brecht], 28. 1. 1951, HBA 350/81.
[94] Dat.: 28. 1. 1951. Zit. n. *Berlau/Bunge*, S. 265. Das Gedicht findet sich auch in einem Brief RBs an Brecht vom 10. 3. 1951, BBA 1186/21f. Zu *Schwächen* siehe Anm. 29.
[95] RBA N 246.
[96] Hans Scherfig an RB, 27. 3. 1951, RBA N 188.
[97] RB: *Mein Heizer*, BBA 973/48.
[98] RB: Notiz, Februar 1951, BBA 972/107.
[99] RB: *Fragen und Antworten*, undat., BBA 508–504.
[100] RB an Brecht, undatiert, BBA 971/ 79–80. Hauptmann forderte RB in einem Brief v. 22. 1. 1951 auf, diese Behauptung zurückzunehmen, EHA 30
[101] RB an Otto Müllereisert, 19. 1. 1951, BBA 971/85.
[102] RB an Helene Weigel, 25. 1. 1951, BBA 1186/46-48.

[103] Harald Herdal (1900–1978), Lyriker, Journalist und Romancier.
[104] RB an Aufbau-Verlag, 20. 2. 1951, RBAHKOP.
[105] RB an Max Schröder, 8. 2. 1952, RBA 188.
[106] RB an Peter Suhrkamp am 16. 1. 1951, zit. n. *Jedes Tier kann es*, a. a. O., S. 149ff.
[107] Käthe Rülicke (1922–1992), Germanistikstudium bei Hans Mayer, bewarb sich mit ihrer Abschlußarbeit über Brecht bei diesem am 10. 6. 1950. Nach Brechts Tod verließ sie das BE, 1965–1967 Chefdramaturgin beim Fernsehen, ab 1967 Prorektorin der Hochschule für Film und Fernsehen in Potsdam-Babelsberg.
[108] Gerda Goedhart, Käthe Rülicke-Weiler: *Brecht Porträts*, BBA Z42/26.
[109] *Sieben Rosen hat der Strauch GBFA* 15, S. 241.
[110] Aus Gesprächen mit dem Bestarbeiter Hans Garbe entwickelte sie eine eigene Publikation, die Brecht am 13. 12. 1952 eine „schöne und reine Arbeit" nannte. *GBFA* 30, S. 154.
[111] Brecht an RB, 17. 2. 1951, *GBFA* 30, S. 56.
[112] *GBFA* 30, S. 666. Diese Notizen Brechts sind wohl z. T. Grundlage (oder identisch) von RB: *Poesie der Regie*. In: *Sinn und Form*, Zweites Sonderheft Bertolt Brecht 1957, S. 337ff. Siehe auch: *Phasen einer Regie* (siehe Anm. 51).
[113] G. H. : *Bert Brechts Mutter Courage im Stadttheater Döbeln*, in: *Leipziger Volkszeitung*, 1. 3. 1952.
[114] Insbesondere die Musik von Paul Dessau, aber auch einige Textpassagen Brechts führten zu Konflikten mit der Kulturbürokratie, in die sich auch Parteichef Ulbricht (feindselig) und Präsident Pieck (beschwichtigend) sowie Ministerpräsident Otto Grotewohl u. a. Minister einmischten.
[115] Franz Joseph Bautz: *Schnuppen vom Planeten b.b.*. In: *Berliner Zeitung*, 27. 6. 2003, S. 9. Bautz war 1946–1949 Chefredakteur der linkskatholischen Jugendzeitung *Ende und Anfang*, 1958–1962 Chefredakteur von *Deutsche Woche*, 1968–1990 Leiter der Abteilung Kultur des Bayrischen Rundfunks.
[116] In dem bald nur noch sporadisch geführten Geschäftstagebuch ist am 18. 12. 1951 ein Treffen mit Paul Robeson vermerkt, der mehrfach in der DDR war. RBA N 46.
[117] Matthias Braun im Gespräch mit Käthe Rülicke-Weiler: *Auskünfte über Helene Weigel und Bertolt Brecht I*. In: *Theater der Zeit* 11/1985, S. 62.
[118] *Gedanken*, August 1951 RBA N 244.
[119] Käthe Reichel (1926), kam 1950 als Schauspielerin ans BE, spielte u.a.: Gustchen in Brechts Bearbeitung des Hofmeister von Lenz, Gretchen in Faust, Gouverneurin und Grusche im Kriedekreis, trat bald auch in der BRD auf. Aufsehen erregte 1961 ihre neuartige Darstellung der Minna von Barnhelm am Deutschen Theater.
[120] Er wußte noch nicht, daß Elisabeth Hauptmann seit 1924 Brechts Mitarbeiterin war.
[121] Hans Bunge: Typoskript, RBA N 368.
[122] Den Spitznahmen hatte sich Hans Bunge schon als Kind beim Schnellrechnen verdient.
[123] TT 2166/150/151.
[124] *Die Wahrheit ist konkret, Berlau/Bunge*, S. 277.
[125] Brecht an RB, 1. 12. 1951, *GBFA* 30, S. 95f.

307

[126] Brecht an RB, um 1951, ebd, S. 99.
[127] Notiz, 17. 1. 1952. Vergl. Bunges abweichende Bearbeitung: *Berlau/Bunge*, S. 270.
[128] Notiz , 14. 1. 1952, HBA 424.
[129] Statt eines Briefes, *GBFA* 15, S. 258. Laut Zeilenkommentar steht auf der Rückseite: „Erst abends im Bett zu lesen...". Von dem Gedicht ist nur die Abschrift RBs überliefert und die Textgestalt daher nicht gesichert.
[130] *GBFA* 18, S. 193.
[131] Ida Bachmann an RB, 2. 1. u. 19. 1. 1952, RBA N 220.
[132] Brecht an RB, 3. 2. 1952, *GBFA* 30, S.30
[133] Wunschzettel, [vermutl. an Brecht gerichtet], 5. 2. 1952, BBA 973/52–53. Originaltext: "Aber man kann eben nicht in einem Land leben, wo es eine Katastrophe ist, wenn es regnet." (Der Spitzel) *GBFA* 4, S. 392.
[134] Hanns Eisler an RB, undat., RBA o. Sg
[135] Kaspar Königshof an Brecht, 29. 3. 1952. Bestätigung der „Charakteristik" von „krankhaften Symptomen" durch die Schauspielerin und Regieassistentin Gertrud E. Zillmer, BBA 973/44–46.
[136] Brecht an Karl Köther, 5. 3. 1952, 30, S. 116.
[137] RBA N 240.
[138] RB an Rolf Czayka, 11. 3. 1952, RBA N 211.
[139] RBA N 238.
[140] RB: Notiz, 6. 4. 1952, BBA 1959/44 – 52.
[141] RB an Brecht, 17. 4. 1952, BBA 973/43.
[142] RB an Hans Bunge, 14. 2. 1952, RBA 30.
[143] Hans Bunge an RB, 18. 2. 1952, BBA 1959/165–166.
[144] *Über jemandes Leben und Betragen. Hans Bunge im Gespräch mit Ulrich Enzensberger: Süddeutsche Zeitung*, 9. 1. 1986.
[145] Aus Bunges Kopie eines Briefes der Landesleitung des Kulturbundes Mecklenburg an die Landesregierung Mecklenburg, Verwaltung für Kunstangelegenheiten, Referat Laienkunst, 10. 5. 1952 (d. h. nach der Greifswalder Premiere) geht hervor, daß es weitere Versuche gab, das schwierige Diskussionen provozierende Stück als „ein unerwünschtes, ja sogar verbotenes Stück" zu behandeln. Ferner müsse man „bei dieser Laienspielgruppe der Universität ein wachsames Auge haben". RBA o. Sg.
[146] Gustav Erdmann: *Greifswalder Studenten spielen Brecht*. In: *Sonntag*, 20. 4. 1952.
[147] RB an Hans Bunge, 26. 3. 1952, RBA, o. Sg.. Eine von RB verfaßte kurze Zusammenfassung der einzelnen Szenen entstand wahrscheinlich in der Vorbereitungszeit. BBA 508/25–26.
[148] BBA TT 2166/150–151.
[149] RB: Die Kunst im Volke, RBA 150.
[150] Briefwechsel RB – Herbert Keller/Ursula Blank, RBA 207 und RBA o. Sg.
[151] Hecht: *Chronik*, S. 1001.
[152] RB an Brecht, 1. 4. 1952, BBA 1186/20.
[153] Gespräch mit Annedore Günzel-Merk, 24. 8. 2003.
[154] Brecht an RB, [1952], *GBFA* 30, S. 226.
[155] Telephonat mit Carl Weber, 15. 4. 2004.

[156] Siehe: Mahnung aus dem Klinikum Buch vom 25. 3. 1953 zur Rechnung für die Schlafkur vom 17. 1. 1953 über 292 Mark, mit Hinweis, daß die Summe von der Sozialversicherung erstattet würde. RBA 1959/73.
[157] Brecht an Käthe Rülicke, 13. 12. 1952, *GBFA* 30, S. 154.
[158] Das Fehlen eines Typoskripts im RBA legt das ebenfalls nahe. Schauspieler ernten bei Bauern. In: Sonntag, 2. 12. 1952.
[159] *In Erinnerung an Bertolt Brecht,* in: *Das Magazin*, 10/1956.
[160] *GBFA* 15, S. 456. Hainer Hill und RB baten Brecht in einem undat. Brief, seine Positionen zum ´positiven Helden` in *Katzgraben* möglichst bald zu publizieren, BBA 1959/86.
[161] *GBFA* 25, S. 446f, 456, 411f. BBA 1959/86.
[162] Über das für den Schauspieler schwierige langsame Geldzählen siehe auch den wohl mit Brechts Hilfe geschriebenen Artikel RBs: *Bertolt Brecht probt Katzgraben* von Erwin Strittmatter. In: *Sonntag*, 10. 5. 1953, S. 6.
[163] *Der Kumpel Bertolt Brecht*, RBA 117. Siehe auch RBs späteres Porträt Strittmatters, RBA 167.
[164] BBA Z42/289
[165] Carl Weber an Sabine Kebir, 19. 2. 2005.
[166] Siehe Anm. 24.
[167] BBA 973/79–80.
fl Brecht an RB, *GBFA* 30, S. 189.

## 11. „Jetzt kehrst du mir den Rücken"

Schon 1952 plante Ruth Berlau eine Reise nach Skandinavien, die sie zu allen Orten führen sollte, die in ihrer Beziehung zu Brecht eine Rolle gespielt hatten. In dem Brief, mit dem sie sich bei Hella Wuolijoki anmeldete, berichtete sie zwar, daß sich Brecht „kaputt" arbeite. Aber insgesamt schwärmte sie sehr von ihrer neuen Heimat. Es sei „wunderbar und unbegreiflich, unter einem Arbeiterpräsidenten [Wilhelm Pieck – S. K.] zu leben und zu arbeiten, einer Regierung, die die Kunst unterstützt, obwohl wir ja viele Diskussionen haben. // Unser herrlicher Präsident saß zur Premiere von Deinem und Brechts Stück *Puntila* in der Regierungsloge." Sie schlug vor, in Finnland vor Studenten, Theaterleuten und Gewerkschaftern über die DDR zu sprechen, über „den Fortschritt hier, und auch Gegner können nach Freiheit und Demokratie fragen – ich selbst kann gut antworten und Fakten und Zahlen sprechen für sich selbst. // Stell Dir vor, ich bin todmüde."[1]

Eine Skandinavien-Reise ergab sich erst im Sommer 1953. Das Königliche Theater in Kopenhagen wollte *Mutter Courage und ihre Kinder* inszenieren. Regisseur war Thorben Svendsen, Ehemann ihrer alten Freundin Karin Nellemose, immer noch eine beliebte Schauspielerin. Svendsen war mit einer Modellberatung unter der Bedingung einverstanden, daß sie im geheimen stattfand, was bedeutete, daß sie auch nicht honoriert wurde. Den Dänen, denen Brechts Positionen weiterhin fremd waren, war eine „Modelldiktatur" nicht zumutbar.

Trotz dieser wichtigen Herausforderung fiel es Berlau wieder schwer, sich von Brecht zu entfernen: „Got, *wie* schwer es ist, von dir wegzufahren, dich nicht sehen, nicht hören. Wie dumm doch Liebe ist! Jetzt soll ich doch alle meine Freunde sehen, mein kleines, lausiges Land, erleben wie das herliche Stück wiedermal entsteht in meine Sprache.

Ich freue mich so tief, und doch ist es als werde ich zerrissen, verbrandt." Wie zu früheren Zeiten war ausgemacht, daß sie sofort zurückkommen sollte, wenn sie sich nicht gut fühlte.
In der ersten Kopenhagener Nacht träumte sie „von genau der Stelle, wo ich dich traf, wo ich zuerst in deine Augen sah und dich [...] sofort liebte. Da stand ich nun alleine, ein herlicher Wind küsste mich überal, ein kalter, starke Wind. Ich legte mich in das hohe Gras – langsam senkte sich die Erde und sterbend hatte ich noch die blöde, weibliche Gedanke das ich acht geben müsste lächeln mit geschlossene Mund, mein 10-Dollea-Lächeln wie Du es nanntest, mein Monalisa Lächeln, wie Hella Wuolijiki es nannte musste ich festhalten, *warum?*" Im weiteren Verlauf des Briefs gab sie zu, daß sie „zu tief" gesunken sei. Als „Kommunist" habe sie auf schlechtes Benehmen kein Recht. „Ich schäme mich." Sie bat ihn, ihr die Rohform des begonnenen Stücks *Turandot* zu senden.[2]
Eine Woche später teilte sie mit, daß sich die *Courage*-Inszenierung gut entwickle. Regisseur Svendsen „schluckt alles von unserem Modell (natürlich geheim, nach der Probe, bis tief in die Nacht, wegen seiner ´Reputation`). Gerade das ist es ja, was wir wollten, *ihm die Ehre, uns die Butter.*" Mit der Hauptdarstellerin Ellen Gottschalch, die wie Aaf Bouber einen Sohn im Widerstand verloren hatte, arbeite sie sehr gut. Sie sei zwar „kein Viertel Weigel, aber es wird gehen, sie ist sehr populär." Es gäbe jetzt viele Brecht-Bewunderer in Dänemark. Das Buch *Theaterarbeit* mache großen Eindruck. „Wir sind weiter als wir selber wissen, Bertolt." Sie bedankte sich für 1000 Kronen, die er ihr ans Theater geschickt hatte und versprach, sparsam zu sein. Allerdings sei alles „irrsinnig teuer".[3] Brecht hielt sie über die Fortschritte an *Turandot* auf dem laufenden. Er ermahnte sie, vorsichtig mit Alkohol umzugehen und Entgleisungen auf den Proben unbedingt zu vermeiden.[4]
„Eine wunderbare Arbeit hab ich – und dank dir." Berlau beriet auch den Requisiteur und den Kostümbildner. Sie hatte Voltelen getroffen und für einen Abstecher ans Berliner Ensemble als Beleuchtungsspezialist interessiert. Er sei jetzt international anerkannter Lichtexperte, habe in Genf und in den USA gearbeitet. Bei Voltelen bestellte sie zwei Lederstühle für Brecht.[5] Sie fühle sich so gut, daß sie nach der Premiere nach Schweden weiterfahren wolle. Weigel und die

Sekretärin Frau Prima könnten „es noch schaffen", ihr das Ticket zu schicken.[6] Wenig später bat sie auch um ein Ticket nach Helsinki. Nach 13 Jahren traf sie Robert Lund wieder. Er untersuchte ihre Schwerhörigkeit und kaufte ihr das dringend benötigte Hörgerät. Erst jetzt wurde sie sich darüber klar, daß viele Mißverständnisse zwischen Brecht und ihr, aber auch in Arbeitsbesprechungen, auf ihrem schlechten Gehör beruhten. Edith gehe es „*sehr* gut. Nur darf ich sie nicht treffen, sagen die Ärzte." Ihr Mann sei zwar alt, aber sehr nett. „Und Edith hat eine Halbtagsstellung – kurz: ich bin so froh, obwohl es sehr weh tut, daß ich sie nicht sehen kann, ohne ihr zu schaden. Aber ich kaufe ihr eine PH-Lampe und ein paar Sachen, die sie braucht, lasse aber Freunde ihr das geben."[7] Auch Hans Kirk hatte sich offenbar um Edith gekümmert, diese einst „junge kommunistische Juristin", die aus Geldmangel ihr eigenes Recht nicht hätte erkämpfen können.[8] Ruth Berlau ließ damals über ihren alten Rechtsanwalt Vøhtz ermitteln, ob ihr für die im OWI für Dänemark produzierten Sendungen nicht die Freiheitsmedaille der Widerstandskämpfer zustand. Sie erhielt einen abschlägigen Bescheid. Die Sendungen aus den USA waren während es Krieges so gut wie nicht gehört worden, weil die Dänen die BBC vorgezogen hatten.
Die alten Freunde wiederzusehen tat Ruth Berlau gut. Es war ihr gelungen, Otto Gelsted und sogar Poul Hennigsen zum Nachdichten von Brecht-Songs zu gewinnen. Gelsteds *Feldprediger-Song* sei „einfach so schön, daß ich, weil ich nun mal eine Dichterhure bin, das fast schöner auf dänisch finde! Sowas kann Gelsted natürlich. Und: *Hat eine Ros ergetzet* ist, lach nicht – bestimmt so schön wie die deine. Aber Schärfe hat Gelsted nicht – er versteht einfach den *Salomon-Song* nicht." Ihr alter Kollege John Price sei ein phantastischer Feldprediger, Kirsten Rolffes als stumme Katrin großartig. Poul Reumert, der ein idealer Koch gewesen wäre, hatte sie in Aalborg getroffen, um ihm erneut den Galiei vorzuschlagen. Es bekümmerte sie, daß er nur noch kleine Rollen spiele. „Bertolt, welche Bitterkeit, wie schlimm ein kleines Land ist – Reumert ist hin, Bodil Ipsen versaut[9] – Otto Gelsted ein Wrack und doch möchte ich hierbleiben, Bertolt, lieber, – ich möchte hierbleiben." Weil sie sich ausmalte, daß Rülicke, Reichel oder Brechts neue Freundin Isot Kilian[10], ihre Briefe lesen könnten, wollte sie ihn „lieber in der Ferne lieben und nimmer mehr gebissen

werden vom Schmerz". Zwar würde sie gern an seinem nun endlich bald fertiggestellten Schiffbauerdammtheater mitarbeiten. Entscheiden solle er. „Ich glaube, ich könnte nützlich sein, aber ich war nie gut in der Konkurrenz – konkurrieren und sabotieren in der falschen, unproduktiven Art möchte ich *nicht mehr*. [...] Glaub nicht, daß ich ewig von deinem Geld leben muß." Er solle sich frei fühlen: „Es ist nicht der Tod für mich, wenn du genug hast mit: Kattrin[11] – Käthe – Kilian – Weigel." Sie selbst wolle zwar „lieber no. 5 bei dir als no 1 bei meinen vielen Liebhabern hier sein. Aber es ist ernst, jetzt hast du die Wahl, die Chance." Es bliebe ihr allerdings wichtig, die erste zu bleiben, die seine neuen Stücke lese. „Fast das Genick" hätte es ihr „gebrochen" als sie mitbekam, daß er Rülicke aus dem *Coriolan* vorgelesen hatte. Ruth Berlau grüßte Brecht auch von seiner dänischen Carrar, Dagmar Andreasen.[12]

Ausgerechnet mit Knud Rasmussen, der jetzt beim Svendborger *Social-Demokrat* war, kam es zu Konflikten. Seit Jahren hatte er nicht nur seine Honorare für Übersetzungen Brechts in Empfang genommen, sondern auch Brechts Gelder, die jetzt für Berlau zur Verfügung stehen sollten, die er ihr aber nicht auszahlte.[13] Brecht ließ ihr über seinen Agenten Lars Schmidt weitere 1000 Kronen schicken und beruhigte sie, daß niemand ihre Briefe und *Turandot* gelesen habe, demnächst aber eine Kopie der Rohfassung an sie abginge.[14] Ruth Berlau war zufrieden wie lange nicht mehr: „Ute lacht, lacht fröhlich, warum? Weil du deine Kreatur nicht wiedererkennen wolltest – kurz: ich sehe wirklich gut aus. [...] Danke daß du mir die Gelegenheit gabst, hier zu arbeiten." Über ihren „Pfirsichteint" werde Brecht staunen. Daß sie dank der Antabus-Pillen Tee anstelle von Alkohol trinke, habe die Gottschalch beleidigt und Gelsted verwundert.[15]

Am Telefon stellte Brecht fest, sei ihm ihre Stimme „ganz wie früher, frisch und nüchtern und voll einer dritten Sache" erschienen.[16] Auch über ein von ihr selbst mit der Leica vor einem Spiegel aufgenommenes Foto freute er sich, „weil du darauf lustig aussiehst."[17] Wenig später war er jedoch beunruhigt, weil ihre Stimme am Telefon doch wieder „ungeduldig und grau" geklungen habe.[18] Das waren aber wohl nur kurze Stimmungstiefs.

Ole Cavling vom *Ekstrabladet* fieberte der Premiere entgegen und fragte Ruth Berlau brieflich, ob Brecht an ihrer Seite erscheinen

werde.[19] Er schrieb aber nur ein paar Zeilen für das Programmheft.[20] Nach der Generalprobe am 6. Oktober sah Berlau enormen Erfolg voraus. 500 Fotos habe sie bereits aufgenommen. Auf ihre Initiative seien Studenten und Schüler der Kunstakademie eingeladen worden, deren „junges und unbestechliches Lachen" habe „wunderbar von oben nach unten in dem schönen, großen Theater" geklungen. Ellen Gottschalch habe „leicht und lustig" gespielt.[21]
Der Bericht über die am 8. Oktober 1953 stattfindende Premiere klang schlechter: das Tempo sei „katastrophal", die Bühne zu „düster" gewesen. Für das Königliche Theater wäre es jedoch eine hervorragende Aufführung, nach den Maßstäben des Berliner Ensemble Dilettantismus. Sofort habe ein politischer Kampf um das Stück begonnen, der aus ihrer Sicht vor allem von den Sozialdemokraten ausging.[22] Sie kam auf die Idee, den Ministerpräsidenten Hans Hedtoft mit seiner Frau persönlich zu einer Aufführung einzuladen. 1937 war er als Gewerkschaftsfunktionär der Organisator der zweiten *Carrar*-Aufführung gewesen. Er nahm die Einladung an. Als sie sich hinterher trafen, ließ Berlau es sich nicht nehmen, den Ministerpräsidenten, den die KP als Architekten von Dänemarks atlantischer Orientierung betrachtete, zu provozieren. Sie erzählte ihm vom Ende des Toten Maurers und fragte ihn, was er davon halte, daß Franco immer noch regiere. Trotzdem hätten sie viel gelacht. „Er ist so dick geworden, daß sein Lachen mir grauste."[23]
Ruth Berlau genoß einige mediale Aufmerksamkeit. Das *Magasin* von *Politiken* widmete ihr eine große Mittelseite unter dem Titel *Tourist im eigenen Land*[24]. In einem Interview sagte sie, daß sie am Berliner Ensemble nur „eine Art *Handy-man*" sei, ein Gepäckträger, der die schwere Last trüge, Brechts Inszenierungen fotografisch festzuhalten.[25] Aksel Larsen wollte ihre Prominenz ausnutzen und bat sie, einen Aufruf zur Wahl der KP am 22. September zu schreiben. Als altes Parteimitglied rechnete sie den Dänen vor, daß ihnen die Stationierung der amerikanischen Soldaten täglich drei Millionen Kronen koste. Es sei eine sozialdemokratische Lüge, daß die Sowjetunion Dänemark angreifen wolle.[26]
Der Rundfunk engagierte sie für eine Rezitationssendung mit dänischer Lyrik. Die von ihr ausgesuchten Nexø-Gedichte erregten Anstoß: „Das steht Ihrer Stimme nicht so gut, lassen wir Nexø weg!"

Sie wollte das Studio unter Protest verlassen, dachte dann aber, daß es auch für Gelsted wichtig war, wenn sie seine Gedichte vortrüge.[27] Anfang November fuhr Ruth Berlau nach Schweden herüber und besuchte zunächst Georg Brantings Schwester Sonja in Stockholm. Das Land kam ihr kulturell aufgeschlossener vor als Dänemark. Kritiker wie Erwin Leiser[28] und Ingmar Holm sowie einige Universitätsprofessoren hatten Brechts Bedeutung erkannt und waren bereit, für eine Skandinavien-Tournee des Berliner Ensembles zu werben. „Hier bist du halt der größte lebende Schriftsteller, [...] Die größten schwedischen Dichter kämpfen, um Dich zu übersetzen." Obwohl sie noch weiter nach Finnland fahren wollte, freute sie sich „ungeheuer" auf ihren Buckower Turm, „ich brauche Ruhe".[29] Eine Woche später war sie bei Hella Wuolijoki. Obwohl sie mittlerweile an einer Krebskrankheit litt, war sie agil wie früher. Berlau mußte sich den 3. Teil von *Die Frauen von Niskavuori* ansehen, den sie „entsetzlich langweilig" fand, und sich in nächtelange Diskussionen über den geplanten 4. Teil einlassen. Das „beste von der langen Reise" sei das Wiedersehen mit Hertta Kuusinen gewesen, die wie Wuolijoki mehrere Kriegsjahre im Gefängnis verbracht hatte und zur zweiten heroischen Figur des finnischen Kommunismus geworden war. Sie leitete nun die Volksdemokratische Partei, die Finnland dem Ostblock näher bringen wollte. Berlau hatte sich in sie „verliebt" und schlug vor, eine Broschüre über sie in der DDR zu veröffentlichen wie auch ihre im Gefängnis geschriebenen Kindergeschichten. Sie meldete Brecht, daß es ihr mit dem Medikament Antabus gelungen sei, die ganze Zeit dem Alkohol zu widerstehen. „Laß dir nur nicht von jemandem einreden, daß ich nicht gesund bin."[30]
In der Nacht vom 15. zum 16. November nahm sie das Schiff nach Stockholm. Bei der Erinnerung, wie schicksalhaft für sie 1940 die Fahrt in umgekehrter Richtung gewesen war, spürte sie, als sie Kassiopeia suchte, Sinnlichkeit aufsteigen. Um nicht in Versuchung zu geraten, mußte sie sich „streng isolieren um halbwegs alleine zu bleiben, obwohl ich jetzt 47 Jahre alt bin. Ich ziehe mich zurück mit meiner Schreibmaschine, aber ich sitze vor der Maschine, ohne schreiben zu können, und jetzt schreibe ich nur, weil ich ihm schreibe!" Sie hatte Ovid auf dänisch gelesen, der behaupte, daß die Frau nichts verliert, selbst wenn der Mann sie tausendfach betrüge. Er verliere dabei nichts

an Vitalität. Wieso, fragte sie, sage Ovid nichts darüber, wie auch die Frauen „tausende" Männer haben können? „Warum bekommen wir das, was du 'diesen großen Genuß` nennst, nur, wenn wir lieben?" Wenn sie sich an ihre Liebhaber erinnerte, ginge nur ein Name „in den Schoss, wenn ich an Bertolt denke." Ovid, so reflektierte sie weiter, hätte in Bezug auf Brecht nicht recht. Seit er andere Frauen hatte, verweigerte er sich ihr. Bitter erinnerte sie sich, daß er ihr verboten habe, mit anderen zu schlafen. Und nun habe er ihr sogar verboten, seine Zigarren zu kaufen. „Das kalte Meer lockt natürlich meinen brennenden Schoß: Ute ist jetzt eine aufdringliche, überflüssige geworden."[31]
Diese Tagebuchnotiz scheint die einzige kurze Depression während der Reise gewesen zu sein. Am nächsten Morgen in Stockholm, beim Lars Schmidt–Theaterverlag war sie bereits wieder Brechts agile Agentin. Der junge Schmidt konferierte mit ihr über eine Tournee des Ensemble durch ganz Skandinavien. Schon am selben Abend setzte sie sich in den Zug nach Uppsala und inspizierte das wegen seiner großen Drehbühne für *Courage* geeignete neue Theater. Im Nachtzug ging es weiter nach Oslo[32], wo sie das Musical *Paint your wagon* von Alan Jay Lerner in einem Stil inszeniert fand, der mit dem des Berliner Ensemble vergleichbar war, insbesondere, was offen demonstrierten Sex-apeal der jungen Schauspielerinnen betraf.[33]
Sie kam gerade noch rechtzeitig nach Malmö zu den Endproben der Inszenierung des *Guten Menschen von Sezuan,* an der Peter Palitzsch mitgewirkt hatte. Auch hier fehlte es an Tempo. Außerdem bemängelte Berlau, daß es zwischen Shen Te und Shui Ta „kaum einen Unterschied" gegeben habe. „Nur in Hosen, aber selbst die Haare hingen herunter genau wie bei Shen te!"
Ein Stockholmer Abend, an dem über Brecht diskutiert wurde, war „sehr heiß und scheußlich: alles ging von dem Artikel in dem Westberliner Magazin *Der Monat* aus, geschrieben ist dieser Schweine-Artikel von einem Herrn Lüthy.[34] Erwin Leiser habe Brecht verteidigt, so daß seine „Beschmutzer" ausgelacht worden seien. „Bald werde ich diesen so sehr diskutierten Brecht selber sehen."[35]
Auf der Rückreise in Kopenhagen fand sie einen Brief von Bunge, der mittlerweile als Dramaturg am Ensemble arbeitete und ihr ausführlich Neuigkeiten berichtete. Die beginnenden Proben zum *Kaukasischen Kreidekreis* erschienen ihm chaotisch. Die Regieassisten-

ten hielt er für einen um Brecht kreisenden, aber von ihm nicht mehr recht kontrollierten „Fliegenschwarm". Er erzählte auch, wie wenig befriedigend Brechts Versuch sei, mit Unterstützung von Käthe Reichel und Käthe Rülicke seine neue Wohnung in der Chausseestraße einzurichten, wofür sich Helene Weigel nicht mehr zuständig fühlte. Für Ruth Berlau war es von größtem Interesse, welche Frau ihm künftig am nächsten stehen würde. Darüber konnte er nichts Definitives mitteilen, meinte aber, daß Brecht sich erst wieder wohlfühlen würde, wenn sie zurückkäme.[36]
Ruth Berlau war über Bunges liebevollen Brief sehr zufrieden und antwortete ihm nach einer lustigen Nacht. Alte Freunde vom Theater hatten sie in ihrem Hotelzimmer besucht und waren um 5 Uhr morgens herausgeworfen worden: „Die Schauspieler kopierten Minister und Radioreden vom König, und die Leute im Hotel wurden langsam gegen 3 Uhr morgens nervös, obwohl sie durch die Wände die Stimmen ihrer Lieblingsschauspieler umsonst hören konnten." Nun sei sie allein, aber erneut hätten sich Gäste beschwert, wenn sie beim Lesen seines Briefs immer wieder in lautes Lachen über den *„herumflatternden Fliegenschwarm"* ausgebrochen sei. „Unreife, faule Kinder", seien die Assistenten, die „sich amüsieren und dafür Geld" bekommen wollten. Nach den Briefen von Brecht und den Telefongesprächen mit ihm hätte sie den Eindruck, daß er sie doch am meisten liebe. Sie schlug ein Bündnis vor, um Brecht vor schädlichen Einflüssen der jungen Leute zu schützen.[37]

Mit einer tschechischen Maschine kehrte sie am 8. Dezember zurück von ihrer langen Reise. Daß diese Brecht viel Geld gekostet hatte, fiel vor allem Elisabeth Hauptmann auf, die die Vertragskorrespondenz mit Skandinavien bisher im Rahmen ihrer Tätigkeit für das Ensemble geführt hatte. Nach einer Auseinandersetzung mit Berlau ein Jahr später übergab sie ihr diese Arbeiten und betonte, daß sie sich selbst „idiotischerweise auch nicht mit einer Schwedenkrone während all dieser Jahre bereichert" habe, „an Brechts schwedischen Aufführungen oder einer Kommission dafür. Das tut mir leid. Wegen meiner Arthritis vor allem."[38]
Daß Brecht nun endlich eine eigene Wohnung in der Chausseestraße hatte, die etwa zehn Minuten von der ihren entfernt lag, konnte

317

Ruth Berlau nicht lange freuen. Weigel versöhnte sich wieder mit ihm und bezog die über der seinen liegende Wohnung. Sie schien es nicht zu stören, daß er nun mit Isot Kilian eine Liebesbeziehung hatte. Diese verstand es – ähnlich wie Käthe Rülicke – ihr Verhältnis zu Brecht mit Loyalität zur Weigel zu verbinden. Auch sie war eine enge Vertraute in den von Brecht geführten politischen Kämpfen. Das in Berlaus Briefen so sorgfältig gezeichnete Bild des durchweg guten Eindrucks, den sie durch Alkohol-Abstinenz und ihre Arbeit in Skandinavien hinterlassen hatte, zerstörte ein Brief Knud Rasmussens an Helene Weigel, in dem er erklärte, weshalb er Berlau das Geld nicht gegeben hatte. Sie habe sehr viel getrunken, ihn und andere als „Diebe" und „Verbrecher" bezeichnet, weshalb man sie für „geisteskrank oder verrückt" gehalten habe. Es sei nicht glaubhaft gewesen, „daß sie vom Berliner Ensemble nach Kopenhagen geschickt war".[39] Auch in Berlin machte sie schnell wieder den Eindruck einer Alkoholikerin. Es sei ihr wohl nicht bewußt, schrieb ihr Brecht, wie sie sich verändere, wenn sie trinke. Sie wirke dann „verworren, keifend, lügnerisch und so aggressiv, daß jeder Mensch einfach Angst bekommt." Das „herrliche Bild", das er von ihr gehabt habe, verblasse. Er habe gehofft, daß sie Manfred Wekwerth bei dessen Neueinstudierung der *Mutter* helfen könne, was aber nur möglich sei, wenn sie das Trinken ganz einstellen könne, „eine einzige Keiferei und Deine Mitarbeit *müßte* abgebrochen werden".[40] Ihre Antwort erreichte ihn bei einem seiner häufig gewordenen Krankenhausaufenthalte. Sie sei verzweifelt, ihm erneut „Kummer" bereitet zu haben und versprach, „alles zu tun, was du für richtig hälst, Bertolt. Sie zeigte sich erschrocken, daß er so krank sei und wolle sich zusammenreißen, um nicht mehr „hinter Gitter" zu kommen. Wenn er nur etwas Geduld mit ihr habe, könne sie sich im Herbst wieder mit Modellbüchern beschäftigen. An der *Mutter* wolle sie gern mitarbeiten und sie freue sich über seinen Vorschlag, beim *Kaukasischen Kreidekreis* dabei zu sein. „Entschuldige daß ich kaputt gegangen bin."[41]
Es war indes nicht sie, sondern Gerda Goedhart, die den Auftrag bekam, den *Kreidekreis* zu fotografieren. Sie empfand es nicht als Zumutung, die zahlreichen Fotos, die sie morgens aufgenommen hatte, nachmittags oder auch nachts zu entwickeln, damit sie am nächsten Morgen zur Arbeitsbesprechung zur Verfügung standen.[42] Ruth Ber-

laus Mitarbeit am *Kreidekreis* ließ sich schlecht an, weil Isot Kilian nicht nur ebenfalls an der Regie beteiligt war, sondern auch die kleine, aber markante Rolle der Sachverständigen aus der Stadt im Vorspiel übertragen bekam. Das konnte sich Berlau nur aus sexuellen Motiven erklären, zumal Brecht die Auffassung vertrete, daß es „so unbeschreiblich Wurst" sei, „wer was spielt."[43] Weil er auf sie nicht hörte, kam ihr Brecht plötzlich wie der schlimmste Theater-Diktator vor: „Wie leicht spricht er jemandem ins Gesicht, wie leicht tritt er jemandem ins Gesicht – er hat die *Macht*! [...] Wenn er schreit – ich habe Mitleid, es ist wie Hitler in seinen letzten Tagen – ohnmächtig brüllt er – daß jeder lacht. Ärmlicher Depp, denk ich und möchte ihm helfen, aber er hat so viele bezahlte Arschlöcher um sich herum, daß er glaubt, geholfen zu sein."[44]

Daß das Kind im *Kreidekreis* den Namen Michel trug, erwies sich jetzt als großer Fehler. Berlaus nie verheilte Wunde riß auf, sobald Szenen mit Michel geprobt wurden. Brecht, so schien es ihr, habe dagegen eine „fröhliche Stimme" gehabt, wenn er dem Kinderschauspieler Anweisungen gab: „Michel, hallo...Michel...gib acht, Michel muß weiter weg."[45] Ihre Fassung verlor sie völlig, wenn Kilian Regieanweisungen gab. „Wie oft hörte ich den Namen Michels, gerufen vom Regietisch mit Kilians Stimme."[46] Sie geisterte auch hinter den Kulissen umher. Bunge erinnerte sich, daß sie plötzlich neben ihm stand, als er für die Szene auf dem Gebirgspaß eine Windmaschine betätigen sollte. „Stark betrunken" habe sie ihn von der Windmaschine weggedrängt. „Und dann hat sie das Ding gedreht. Keiner versteht mehr sein eigenes Wort. Brecht, hilflos, bedeutet mir, wieder zu übernehmen. [...] Das war unmöglich. Also brach Brecht die Probe ab und bat die Schauspieler in die Garderobe. Wir gingen auch, zu dritt. Sie warf ihm vor, daß etliche Leute seinetwegen schon Selbstmord gemacht hätten, und nannte, als Brecht nachfragte, drei Namen. Na ja, und da wollte Brecht, daß ich sie in die geschlossene Abteilung der Charité einlieferte. 'Brecht', sagte ich, 'wenn schon, dann müssen Sie selbst anrufen.'"[47] Es kam damals zu keinem Klinikaufenthalt. Berlaus Zustand stabilisierte sich. Sie schaffte es sogar, eine Reportage über die *Kreidekreis*proben für die *Neue Berliner Illustrierte* zu publizieren, allerdings nicht mit eigenen Fotos.

Am 19. März 1954 wurde das Theater am Schiffbauerdamm als eigenes Haus des Berliner Ensemble eröffnet. Wenig später meldete sich Elisabeth Bergner zu einem Besuch an. Sie lebte und arbeitete mittlerweile in London, gastierte damals am Kurfürstendammtheater. Auf der privaten Ebene galt ihr Besuch vor allem Ruth Berlau. Später erinnerte sie sich an „eine strahlende Ruth".[48] Die beiden machten einen Stadtspaziergang. Berlau fotografierte ihre Freundin mit dem seidenen Tuch, auf dem das Logo des Berliner Ensemble zu sehen war. Seine farbenfrohe Komposition – vier um eine Friedenstaube gruppierte Masken, die schwarze, gelbe, rote und weiße Menschen repräsentierten – ging wie die Friedenstaube auf dem Vorhang des Ensembles auf einen Entwurf Picassos zurück.[49] Wie viele Besucher aus dem Westen wollte Bergner die Stalin-Allee sehen, auf der Bauarbeiter die Unruhen des 17. Juni ausgelöst hatten. Jetzt präsentierte sie sich als pompöse sozialistische Wohn- und Einkaufsstraße, deren teilweise große Läden zwar gediegen, aber wegen des insgesamt bescheidenen Warenangebots merkwürdig verfremdet wirkten. Manchmal konnten Besucher aber auch Überraschungen erleben. Im Haus der Stoffe begeisterte sich die Bergner für die große Auswahl von chinesischen Seiden- und Brokatstoffen. Gern wollte sie ein paar Proben mitnehmen und ihrem Mann zeigen, der auch ihr Berater in Garderobenfragen war. Aber die Verkäuferin kannte den Star nicht und sagte scharf: „Wir geben keine Proben!" Hinter solch ärmlicher Kleinlichkeit, versuchte Berlau zu erklären, verberge sich letztlich Reichtum. Die Stoffe waren ja preiswert, im Gegensatz zum Westen, „wo jedenfalls in den *vornehmen Geschäften* kein Bauer oder Arbeiter" zu sehen sei.[50]

Bergner besuchte u. a. auch eine Probe von *Der Prozeß der Jeanne d'Arc* nach einem Hörspiel von Anna Seghers mit Käthe Reichel. Sie erlebte „einen ganz neuen Brecht. Einen zufriedenen, einen glücklichen Brecht". Stolz zeigte er ihr das ganze Theater, vor allem die modernen technischen Installationen. Dabei sprach er stets von seinem „Schiff". Das brachte Bergner dazu, ihn den „Kapitän" zu nennen, was Ruth Berlau sehr treffend fand und oft wiederholte. Der Krach wegen der *Duchess of Malfi* war vergessen. Brechts erneuten Anwerbungsversuchen widerstand die Bergner,[51] erwog aber, mit Strindbergs *Traumspiel* im Berliner Ensemble zu gastieren. Aus einer Notiz Berlaus geht hervor, daß es weiterhin weltanschauliche Differenzen gab. Der *Jeanne d'Arc,* meinte die Bergner, habe Brecht zwar „eine enorme Schönheit" und „eine *große* Form" gegeben, fand aber daß der Konflikt zu wenig als Religionsstreit dargestellt wäre.[52] Berlau sah in Bergners Kritik die Bestätigung, daß „wir [...] erreicht haben, was wir wollten", nämlich den Konflikt als Macht- und weniger als ideologischen Konflikt zu zeigen.[53]

Zu den Veränderungen, zu denen sich die DDR-Führung nach dem 17. Juni durchrang, gehörte die Ersetzung der Kunstkommission durch ein Kulturministerium, an dessen Spitze Johannes R. Becher stand. Obwohl er in der Moskauer Redaktion von *Das Wort* eine zwielichtige Rolle gespielt hatte und zwischen ihm und Brecht auch Dichterkonkurrenz bestand, vertraute letzterer ihm erheblich mehr als den Funktionären, die bisher die Zensur repräsentiert hatten. Weitere Veränderungen betrafen die Presselandschaft. U. a. wurde eine Unterhaltungszeitschrift geschaffen, die sich von westlichen Massenblättern zwar unterscheiden, aber doch an den Wünschen der Bevölkerung orientieren sollte. Als einzige in der DDR erscheinende Zeitschrift vermied *Das Magazin* die hysterische Abgrenzung zu allem Westlichen. Es enthielt neben Novellen und Reportagen von Autoren, die nicht selten aus dem Westen stammten, auch Witze, Zeichnungen und vor allem viele, zum Teil farbige Fotos eigener und internationaler Stars. *Das Magazin* schien die Utopie einer einzigen ungeteilten Welt zu vertreten. Es begann als erste und lange einzige Zeitschrift Aktfotos zu publizieren und das Thema Liebe und Sexualität zu diskutieren. Da Brecht an den Diskussionen um die Konzeption der Zeitschrift in der Akademie der Künste mitgewirkt hatte,[54] bekam Ruth Berlau sofort Verbindung zur Redaktion. Trotz des hohen Aufwands, den die Bearbeitung ihrer Texte erforderte, war Chefredakteur Heinz H. Schmidt[55] sofort bereit, von ihr Novellen, Reportagen und Theaterkritiken zu drucken. Zur Konzeption des *Magazin* gehörte es auch, Prominente zum Thema Liebe zu befragen. Für solche Aufgaben war Ruth Berlau prädestiniert. Ihr erster Auftrag betraf Martin Andersen Nexø. Im Mai 1954 besuchte sie ihn in seinem Dresdener Exil, wo er mit Frau und Töchtern auf dem Weißen Hirsch eine Villa als ´Ehrenwohnung` bekommen hatte.[56]

Als sie ihn fragte, ob er aus seinen alten Manuskripten eine Liebesgeschichte „aussortieren" könne, sagte er lachend: „Schublade 3 links" und fügte hinzu: „Nein, nein, Liebe kann man nicht aussortieren." Berlau hatte gehofft zu hören, wie er seine Frau Johanna kennengelernt hatte. Aber er wich lieber ins allgemeine aus. Liebe sei „ein Lied von Freude und Schmerz", sagte er und wurde auch schnell politisch: „Weißt du, daß es lange dauerte, bis ich nach dem Krieg zwei junge Leute Hand in Hand gehen sah? Die Liebe war fast ausgestorben." Nun kam Frau Johanna mit einem Manuskript. „´Bestimmt hat sie die Liebe gefunden`, sagte Nexø lachend und die zwei schauten sich so liebevoll an, als handele es sich um eine Verlobung."[57]
Berlau hielt Johanna Nexø für eine beneidenswerte Ehefrau, die erreicht hatte, was ihr selbst das Schicksal versagt hatte: Sie lebte als offizielle Ehefrau und Muse eines berühmten Mannes, der nicht mehr von ihr zu verlangen schien, als Büro und familiäres Alltagsleben zu organisieren.[58]
Im Laufe der drei Tage, die sie bei Nexø verbrachte, kam sie auf ihr Liebesleid mit Brecht zu sprechen. Zu ihrer Überraschung sagte er: „Brecht hat dich mehr geliebt als du ihn."[59] Er ermahnte sie, sich zusammenzunehmen. „Nimm die Zügel fest in deine Hände und steure dein Leben selber. Laß nicht deine Nerven mit dir durchgehen!"[60] Er vertraute Berlau an, daß er die von Brecht und Steffin gemachte Übersetzung seiner Memoiren[61] nicht schätze. Brecht könne nicht in eine „Übersetzung hineinsteigen, ohne etwas Eigenes zu geben" und habe aus ihm einen Intellektuellen gemacht. Nexø war aber gerade stolz, ein proletarischer Dichter zu sein: „Die Intelligenz ist nicht der interessanteste Teil der Bevölkerung."
Sie diskutierten auch kulturpolitische Fragen. Obwohl er selbst immer wieder als leuchtendes Beispiel für sozialistisch-realistisches Erzählen gefeiert wurde, war er mit der herrschenden Doktrin nicht einverstanden. Ähnlich wie Brecht hielt er den ´positiven Helden`, den jedes Kunstwerk enthalten sollte, für Unsinn. Aus seiner Sicht verstellte die Doktrin den jungen Schriftstellern den Weg zur Beobachtung der Realität. Der Nachwuchs solle frei schreiben. „Wenn er nur nicht für den Krieg schreibt oder für Rassenverfolgung, kann uns nicht viel passieren!"[62] Nexø gab Berlau für Brecht eine Büste von Margarete Steffin mit, die er während deren Aufenthalte in

Stenløse hatte anfertigen lassen. Sie deponierte die Büste aber in ihrer Speisekammer.

Kurz nach Berlaus Besuch starb Nexø. Der Däne Kulle Seeger erinnerte sich, wie er damals in ihrer Wohnung gesessen und über Nexø gesprochen habe. „Ich musste mich in Brechts Sessel setzen und eine von den guten Zigarren rauchen, die Du immer für ihn parat hattest. Und dann tranken wir zu dritt immer noch einen und noch einen – und es wurde uns langsam wieder wärmer ums Herz."[63] Die „Dritte" war eine 'Kattrin` – wahrscheinlich Käthe Reichel, für die Ruth Berlau nun starke Freundschaftsgefühle empfand.

Es ist nicht sicher, ob Ruth Berlau – wie ein *Magazin*-Artikel[64] suggeriert – den Sarg Nexøs zusammen mit Aksel Larsen und der Ehreneskorte der Volkspolizei bis Warnemünde und von dort auf der Fähre bis Dänemark begleitete. Dort wurde der tote Dichter von zahlreichen Menschen erwartet. Mehrere tausend folgten ihm auf seinem Weg zum Nørrebro-Friedhof. Die gewaltige Demonstration konnte aber nicht vergessen machen, daß die Linke politisch erneut isoliert war. Berlau war der Meinung, daß aus ihrem kleinen Land durch den Atlantik-Pakt ein zweites Chikago, „ein Gangsterland" geworden sei.[65] Mit dem *Magazin*, dessen Chefredaktion 1955 Berlaus alte Freundin Hilde Eisler übernahm, entwickelte sich kontinuierliche Zusammenarbeit. Im Oktober 1954 wurde Berlaus Geschichte *Der Ponystall* gedruckt. Es ging um ein Liebespaar, Lehrlinge, die sich seit der Kindheit im Bombenkeller kannten. Sie liebäugelten mit dem Leben in Westberlin, entschieden sich dann aber für Ostberlin. Die Illustrationen lieferten der damals berühmte dänische Zeichner Herluf Bidstrup[66] und Herbert Sandberg[67]. Da Zeichnungen und Karrikaturen im *Magazin* eine große Rolle spielten, konnte Berlau für das Augustheft 1954 ein Porträt Storm Ps schreiben. Ihre stets persönliche Erzählperspektive, die auch bei den von ihr geschilderten Menschen auf Persönliches zielte, war in der DDR damals nicht üblich. Das *Magazin* betrat damit Neuland. Da es gut zahlte, konnte Ruth Berlau mit solchen Veröffentlichungen ihr Einkommen erheblich aufbessern.

Ende Juni 1954 nahm das Berliner Ensemble mit *Mutter Courage und ihre Kinder* an einem Internationalen Festival der dramatischen Kunst in Paris teil. Als Berlau Brecht im Frühjahr 1954 ihre Sommerpläne mitteilte, schrieb sie, daß sie ihren Turm für sich selbst nur in den zwei Wochen beanspruche, in denen viele Mitglieder des Ensemble in Paris waren. Falls er für Paris eine Aufgabe für sie habe, würde sie auch für diese Zeit ihren „so sehr schönen Teil des Turms" zur Verfügung stellen. Palitzsch oder sogar Isot Kilian könnten dort ihren Urlaub verbringen. „Isot ist ein moderner Mensch, es macht ihr nichts aus, daß es für mich gebaut wurde. [...] Laß Du diesmal alle kleinbürgerlichen Gefühle fallen: am liebsten hätte ich Kilian mit ihren Kindern und Haushälterin oben – das ist ein Fakt! Ich will einen Mensch da oben haben, den Du gern hast – der alle meine kleine Sachen da versteht." Für sie selbst sei der Turm problematisch, weil sie dort ständig nur auf ihn warte. „Jetzt kehrst Du mir den Rücken, schaust mich ungern an: Du liebst halt Schönheit und brauchst *schöne Leute*." Das wichtigste sei ihr jetzt die Arbeit. Aber sie beschwor ihn, sie nicht „in ökonomischen Schwierigkeiten" versinken zu lassen, ihr Tantiemenprozente zu geben, z. B. von *Galilei*. Sie gestand, sich von seiner Tochter Hanne ein „bißchen West[geld]" geliehen zu haben, um ihm z. B. Tomatensalat anbieten zu können. Jetzt, „wo du reich bist, laß mich nicht in Angst leben."[68]

Nach Paris konnte nur mitfahren, wer in der *Courage* mitspielte oder bei organisatorischen Aufgaben unersetlich war. Letzteres traf auf Rülicke und Kilian zu. Daß ihre beiden Konkurrentinnen mitfuhren, bedeutete für Berlau einen schweren Schlag. Brecht, der vor dem Festival noch zum Kongreß des PEN nach Amsterdam fuhr und nicht genau wußte, ob er selber nach Paris kommen würde, regte Berlau an, sich für das Festival einen Presseauftrag beim *Magasin* von *Politiken* zu beschaffen.

Ruth Berlau flog am 26. Juni nach Paris und quartierte sich im Grand Hotel du Louvre ein, wo auch Brecht und ein Teil des Ensemble untergebracht waren. Daß sie ihrer Meinung nach weder in die Proben noch in die Freizeitaktivitäten angemessen einbezogen war, brachte sie durch aggressives Verhalten zum Ausdruck. Zu einer Skandalszene kam es mit Käthe Rülicke, als diese sich von ihr etwas Geld leihen wollte. Auch zerstritt sie sich mit ihrem Freund Erwin Strittmatter, der sie angeblich nicht herzlich genug begrüßt hatte. Sie schieb ihm, daß er eingeschüchtert sei durch Käthe Rülicke, die sie als „Hitler-Mädchen" bezeichnete.[69]

Brecht machte ihr klar, daß es, wenn sie in dieser Stimmung sei, nicht gut war, wenn sie im selben Hotel wohne. Wie aber konnte sie in Paris unter einem anderen Dach wohnen als er? Sie erinnerte ihn daran, daß er selbst angeregt hätte, für *Politiken* „über *Pariser Courage* zu schreiben – selber war ich nie auf die gute Idee gekommen. Vielen Dank!" Allerdings habe sie keine Lust gehabt, Rülickes Theaterkarte zu zahlen. Die 1000 Francs, die er ihr geschickt hatte, sandte sie ihm zurück. Trotzdem lud Sie ihn ein, sich in ihrem Zimmer auszuruhen.[70] Niemand hindere sie, antwortete er, ihren Presse-Auftrag auszuführen. Allerdings werde es nötig sein, „daß Du nicht trinkst und niemanden beschimpftst. – Daß die jungen Leute, die Du schon beschimpft hast, das immerzu vergessen, kannst Du und kann ich nicht verlangen." Er habe sie nicht nach Paris eingeladen, aus Furcht „über Dein Trinken und Beschimpfen in Berlin". Für ihn gäbe es nichts Schlimmeres, „als wenn jemand seine Vernunft wegsauft. Ich will Dich also nicht sehen." Um sie zu besänftigen schickte er ihr aber 10 000 Francs, „für den Fall, daß Du etwas brauchst oder *kaufen willst*, was mich freuen würde."[71] Auch Käthe Rülicke bekam 10 000 Francs. Für „mindestens die Hälfte" sollte sie etwas für sich kaufen, für die andere Hälfte die Ensemblemitglieder beim Kauf von Theaterkarten unterstützen.[72]
Trotz dieser internen Unwetter gewann das Berliner Ensemble den ersten Preis des Festivals. Im Abbiegen von Skandalen war Helene Weigel besonders geschickt. Sie sah in Berlau nicht mehr die Konkurrentin, sondern eine Kranke, die diplomatisch beruhigt werden mußte. Als sie bei einem der Empfänge den Sohn Salka Viertels, Hans, traf, sagte sie mit sanfter Stimme: „Da ist Ruth! Du mußt ihr Hallo sagen!" Diese Haltung beeindruckte Viertel, sie „war so anders als all das, was man heute so in den Büchern liest".[73]

Nach der Abreise des Ensembles, verwandelte sich Berlaus Aggressivität in depressive Scham. Mit Selbstmordgedanken fuhr sie in einen „Wald vor Paris", vermutlich war es aber der Bois de Boulogne.[74] Sie wußte einfach nicht, wie sie weiterleben sollte. In ihrer Beziehung zu Brecht war sie in der Situation der durstigen Frau in *Regnen*: Je tiefer sie sich über den Brunnen beugte, desto schneller wich der Wasserspiegel zurück.[75]

Plötzlich schlug ihre Stimmung um: Ihr fiel ein, daß sie es gar nicht nötig habe, sich an Brecht zu hängen. Kannte sie nicht andere wichtige Leute? Sie faßte den kühnen Plan, Chaplin zu besuchen. Seit seiner Abschiebung aus den USA 1953 lebte er im Manoir de Ban bei Corsier-sur-Vevey in der Schweiz. Durch Fotos und ein Interview mit ihm konnte sie den Ausrutscher von Paris vielleicht ausbügeln? Tatsächlich fuhr sie in die Schweiz. An Louise Eisler, die mittlerweile mit Ernst Fischer verheiratet war und in Wien lebte, schrieb sie eine Ansichtskarte aus Corsier, daß sie Chaplin besuche und von ihm „sehr verwöhnt" werde.[76] Auch schriebe sie eine neue Reportage über ihn. Aber die Postkarte wurde nicht abgeschickt. Auch das Typoskript der Reportage war ein ähnlich künstliches Produkt ihrer Erfindungsgabe wie ein Teil der einst für *Ekstrabladet* geschriebenen Artikel der Fahrradreise nach Paris. Der Text enthält nichts Aktuelles, er rekapitulierte ihre früheren Aufzeichnungen zu Chaplin. Neu ist, daß er sie angeblich als „dänischen weiblichen Clown" für *Rampenlicht* engagieren wollte, nachdem er gehört hätte, daß sie einmal eine Akrobatenschule besucht habe.[77] Vermutlich hat kein Treffen stattgefunden. Vielleicht war Chaplin nicht empfangsbereit oder nicht anwesend.
Dennoch schien es, daß die Reise in die Schweiz wenigstens in einem Punkt erfolgreich werden könnte. Sie nahm Kontakt mit dem Filmarchiv in Lausanne auf, das sie für einen Ankauf ihres *Galilei*-Films zu interessieren vermochte.
Während Ruth Berlau in Corsier vergeblich auf ein Zeichen von Chaplin wartete, brachte sie fieberhaft die großen Frustrationen ihres Lebens zu Papier: von Brecht und Helene Weigel habe sie nur Undankbarkeit und Ausbeutung erfahren. Der Text setzt ein mit der Geschichte des *Galilei*-Films. Helene Weigel und Joseph Losey hätten einen Film mit Laughton, in dem seine Stimme nicht zu hören war, für unwichtig gehalten und verhindert, daß sie eine Kopie im Museum of Modern Art hinterlegte. Brecht mache ihr die Rechte an dem Film streitig, obwohl sie für seine Herstellung „gehungert" hätte. Seine schönsten Gedichte und 5119 Briefe habe er geschrieben, damit sie ihre Partei, ihr Land, ihren Mann verließ. Dann zählte sie ihre Verdienste für Brechts Stücke am königlichen Theater auf sowie Lunds Hilfe bei der ärztlichen Versorgung der Brecht-Familie in Dänemark, die sie allerdings selbst bezahlt hätte. Brecht aber

behaupte: „Du hast von meinem Geld gelebt". In Kalifornien hätte er sie in die Dunkelkammer verbannt und zu seinem „Arbeitstier" gemacht. Dabei hätte sie „keinen Fotografierapparat in der Hand gehabt, bevor es mir wichtig erschien, *Brechts* Arbeit festzuhalten." Mit dem Fotografieren habe sie überhaupt nur begonnen, weil er ihr schrieb: „*Liebe ist Produktion*". Nun liebe sie ihn nicht mehr und werde kein einziges Bild mehr aufnehmen. Privat sei Brecht „ein ekelhafter Nazi", er „schluckte Menschen, fraß sie auf, daß sie nur ja keinen selbständigen Satz schreiben sollten – er hat uns viel gegeben, war das die vielen Leute wert, die er tötete?" Für Sex habe er jede Freundschaft aufs Spiel gesetzt. Sie klagte Brecht und Weigel auch an, am Tod von Margarete Steffin schuld zu sein, „mein Gott, ich kann dies nicht schreiben, ohne zu weinen. [...] Eine Büste von Steffin existiert, wenn ich die aufstelle, glaubt Brecht, ich bin von Sinnen!????" In fünfzig Jahren würden nur wenige noch „seine Stücke studieren, aber mein Buch über ihn wird gelesen werden." Sie werde es übrigens von ihm selbst redigieren lassen. Und mit den Filmen, die sie für ihn gemacht habe, wolle sie sich nun ein Feuer machen, um sich zu wärmen.[78] Letzteres ist als Metapher für die Veräußerung von Filmmaterial zu verstehen.

Ihrer alleinigen Rechte am *Galilei*–Film doch nicht ganz sicher, war sie im Filmarchiv von Lausanne als Frau Brecht aufgetreten. Möglicherweise bekam sie dort einen Vorschuß. Einen Monat später wandte sich das Archiv brieflich über die DEFA an Madame Bert Brecht mit der Bitte, den in Hollywood gedrehten Amateurfilm persönlich zu bringen oder zu schicken. Man wolle Brecht zu einem workshop über das Filmen von Theateraufführungen einladen. Die DEFA leitete den Brief an die Weigel weiter, die wohl nur mit Mühe rekonstruieren konnte, was es damit auf sich hatte. Für das Berliner Ensemble war der Film mit Laughtons *Galilei* Arbeitsmaterial wie die Modellbücher. Da eine Inszenierung des Stücks geplant war, wurde er bald gebraucht. Müßte man in Zukunft Gebühren zahlen, um Zugriff auf das eigene Material zu haben? Auf dem Brief aus Lausanne ist mit Bleistift vermerkt: „Bunge mit Frau Weigel besprochen".[79] Ihm kam die Aufgabe zu, Berlau zu beschwören, weder den Film noch andere Dokumente zu veräußern, die etwas mit Brecht zu tun hatten. Diese heikle Vermittlerrolle spielte Bunge noch viele Jahre.

Nach Berlin zurückgekehrt, bekam Berlau auch unerfreuliche Post von Ole Cavling, dem sie Fotos und eine Reportage über Chaplin angeboten hatte. Er stellte aber fest, daß Text und Fotos zu stark den Texten und Fotos ähnelten, die er 1946 und 1948 im *Ekstrabladet* publiziert hatte. Nachdem er Berlau mit einer Mischung aus Respekt und Ironie „Kaere Mutter Courage" angeredet hatte, erklärte er, daß er alle ihre nicht publikablen Vorschläge zurücksende, auch den über Chaplin. Ihre Chroniken, teilte er mit, würden eingestellt.[80]
Auf den in Corsier verfaßten Text, den sie Brecht als Brief zugesandt hatte, antwortete er, daß er ihm wie ein „Korb mit Schlangen" erscheine. „Du machst ein Bild von mir wie von einem Oger und zeigst es mir, aber dann soll der Oger lächeln. Du betrinkst Dich, aber ich bin schuld." 1935 habe sie weder seine Umgebung beschimpft noch ihm Vorschriften gemacht. Und auch er habe sie akzeptiert, wie sie gewesen war. „Du hast mich nicht nach Dingen gefragt, die ich Dir nicht sagen wollte, so wurdest Du auch nicht belogen. Von vielem, was Du tatst, glaubte ich, es sei für eine dritte Sache. Du tatst viel für mich, ich kann nicht gar nichts für Dich getan haben." Er teilte ihr mit, daß ihre Wohnung aufgeräumt sei und ihr Büro im Ensemble in dem Zustand, in dem sie es verlassen hatte. Die Aufträge, die sie den Fotografen gegeben habe, seien ausgeführt.[81]

Trotz der Turbulenzen, in die Ruth Berlau das Ensemble immer wieder stürzte, war sie dem Theater nach wie vor auch von Nutzen. Sie hatte ihm außer Hans Bunge mehrere wertvolle Mitarbeiter verschafft. Wenn eine Tournee nach Skandinavien zunächst auch nicht zustande kam, waren ihre Kontakte dorthin doch hin und wieder nützlich. So half der mit ihr befreundete Herluf Bidstrup[82] bei der Auseinandersetzung um das formalismusverdächtigte Picasso-Logo des Berliner Ensembles. Bidstrup hatte im April 1954 Aufführungen gesehen und war von Ruth Berlau über die in Ostberliner Zeitungen lancierten Leserschmähungen gegen das Logo informiert worden. Berlau teilte Helene Weigel mit, daß Bidstrup bereit war, dem Berliner Ensemble mit der Veröffentlichung einer Gegenmeinung in einer DDR-Zeitung zu helfen. Da er Stalin-Preisträger war, hatte eine solche Stellungnahme Gewicht. Tatsächlich erschien in der *BZ am Abend* am 28. April 1954 folgendes Plädoyer von ihm: „Picasso hat elegant und dekorativ die

vier Weltrassen durch Masken symbolisiert, welche die Friedenstaube einrahmen, die zentrale Figur aller Kultur. // Ich habe gehört, daß die Form dieses Plakates in Berlin Proteste hervorgerufen hat. Die Deutsche Demokratische Republik muß ein glückliches Land sein. In Dänemark würde das Plakat auch Proteste hervorgerufen haben, aber nicht auf Grund der Form, sondern auf Grund des Inhalts. Hoffentlich ist die Zeit nicht fern, wo auch die Theater der Atlantikpakt-Länder es wagen dürfen, die Friedenstaube als Symbol ihrer Kunst zu benützen."
Weigel übernahm den Text in das Programmheft vom *Kaukasischen Kreidekreis*, in dem es u. a. eine Rubrik *Picasso-Plakat im Meinungsstreit* gab. Neben anderen, auch ablehnenden Positionen kam Berlaus Freundin Erna Watson[83] zu Wort, die für die dänische Frauenorganisation 'Vi Kvinder` (Wir Frauen) beim Berliner Ensemble nachfragte: „Habt Ihr genug von den schönen Picasso-Plakaten? Wenn Ihr uns welche überlassen könnt, könnten wir sie für 10 Kronen das Stück verkaufen und so Geld für unsere Friedensarbeit beschaffen."[84]
Neben Mutter Blanca verbrachte Herluf Bidstrup mit seiner ganzen Familie den Sommerurlaub 1954 in Berlaus Buckower Turm. Seine Kinder hatten im unteren Teil des Grundstücks, am Ufer der Stöbber, ein Zelt aufgeschlagen.[85] Aus einer damaligen Notiz geht hervor, daß Ruth Berlau durch Befolgen von Brechts alten behavioristischen Ratschlägen wieder Ordnung in ihr Leben zu bringen versuchte. Sie ist mit *Der Tag eines Trinkers* überschrieben: „Ein neuer Tag – noch einer. Vom Bett eile ich zum Fenster und fresse einen Schluck Luft, wie es geschrieben steht bei Me-ti – schnell Wasser über [das Gesicht – S. K.] genetzt – dann das Gesicht ins Wasser tauchen – dann der erste Schluck Kaffee – drei echte Genüsse, vorgeschrieben von Me-ti." Hier bricht der Text ab.[86]
Obwohl sie selber fand, daß sie kein Archiv führen könne, wurde am 1. September 1954 ihr Vertrag als Leiterin des literarischen und fotografischen Archivs erneuert. Für DDR-Verhältnisse war ihr Gehalt von 1000 Mark monatlich sehr hoch.[87] Am selben Tag konnte sie auch einen Vertrag über die Herausgabe der *Kriegsfibel* beim Eulenspiegel-Verlag unterschreiben, nachdem diese der Obrigkeit jahrelang als zu pazifistisch erschienen war.[88] Bei der Endredaktion half Brechts Assistent Günter Kunert. Die graphische Gestaltung oblag Palitzsch. Am 27. 11. 1954 konnte Brecht auch mit dem Henschelverlag einen

Vertrag über die Herausgabe der Modellbücher von *Courage, Galilei, Antigone, Die Mutter, Der Kaukasische Kreidekreis, Der gute Mensch von Sezuan, Mann ist Mann, Puntila, Schwejk und Dreigroschenoper* abschließen, in dem Ruth Berlau mit einem Drittel seiner Autorentantiemen (15%) beteiligt war. Außerdem sollten ihre Fotos durch Brecht mit weiteren 5 % von seinem Anteil am Ladenpreis extra bezahlt werden.[89] Dies waren langfristige Projekte der Zusammenarbeit. Weil sie ihn dadurch aber fast nur noch mit anderen zusammen sah, zählte das in ihren Augen wenig. Aus einem Brief Brechts vom Oktober 1954 geht hervor, daß er eines Abends mit Palitzsch zu ihr kam, sie aber so betrunken war, daß nicht gearbeitet werden konnte. Beim Fotografieren vom *Kreidekreis* habe sie sogar während der Aufnahmen getrunken, sich mit den anderen Fotografen gestritten und das Fotolabor nicht abgeschlossen. Durch diese Unachtsamkeit seien 600 Pressefotos abhanden gekommen.[90] Obwohl er jetzt alle Hindernisse, die der Publikation der Modellbücher im Wege standen, beseitigt hätte, habe nun „jedermann, mich eingeschlossen", Angst, mit ihr zusammen zu arbeiten.[91] An verschwundene Fotos erinnert sich auch Vera Tenschert, die 1954 als Praktikantin im Fotoarchiv des Berliner Ensembles begann. Obwohl es nicht die ihren waren, hätte Berlau diese Fotos in einem Schrank eingeschlossen, um die Kontrolle darüber zu behalten. Tenschert sah ihre Chefin nur selten. Die Dunkelkammer habe sie gar nicht mehr betreten. Ihre Freundlichkeit sei oft blitzschnell in Zorn umgeschlagen.[92]

Brecht machte das Zusammensein abhängig von ihrem Verhalten. „Besser wir sehen uns ein paar Wochen nicht, als daß ich immer weiter mich von Dir entferne, weil ich die Verwandlung nicht mehr aushalte, die mit Dir in diesen Zuständen vor sich geht."[93] Er rief sie aber regelmäßig an, meist zweimal am Abend: um 19 Uhr und „eine kurze 'Gute Nacht` um 23 Uhr". Berlau war überzeugt, daß er hintereinander alle Frauen anrief, mit denen er ihrer Vorstellung nach ein Liebesverhältnis hatte. Denn, wenn „man etwas zu sagen vergessen hat und zurückrufen will, ist sein Telephon schon besetzt."[94] Trotzdem war sie froh, wenn er gegen 23 Uhr noch einmal anrief. „Danke ich schlafe so viel besser, wenn du *Gute Nacht*' sagst, Bertolt ... lieber Bertolt." Eines Morgens brachte die Post ein Buch.

„Es ist von Ernst Bloch *Das Prinzip Hoffnung*". Sofort schlug ihre Stimmung um. Ein Großer hatte an sie gedacht! Gleich machte sie sich daran, ihm einen Brief zu schreiben. Sie fragte, ob sie ihm ihre Aufzeichnungen über Brecht schicken könne. Hätten sie einen Wert? Sollten sie in knapper Berichtsform gehalten sein, sich ganz auf ihn konzentrieren? „Ich will so ungern ganz umsonst gelebt haben. Ich will etwas abliefern." Sie könne aber nicht ins Leere schreiben, sie brauche einen Adressaten. In sein, Blochs Gesicht, wolle sie ihr Elend „hineinschreiben".[95]

Wie es typisch für Borderline-Kranke ist, vermochte sie an manchen Tagen nur an den Schockreaktionen anderer zu erkennen, daß sie existierte. Wenn sie mitten im Winter nackt auf ihren Balkon trat, zeigte ihr nur die Kälte auf der Haut und die Verwunderung der Vorübergehenden an, daß sie lebte. Sie konnte auch im Pelzmantel zur Probe erscheinen, ihn plötzlich ablegen und im Evakostüm posieren: „Mein Hintern ist doch nicht schlechter als der von Weigel!"

Als sie einmal zu einer Arbeitsbesprechung in Brechts Wohnung nicht eingeladen worden war und daraufhin „ein Pflasterstein durch die Fensterscheibe flog, und mitten im Zimmer liegen blieb", sagte Brecht „nach einer Weile des Schweigens sehr still: ´Wekwerth, bringen Sie bitte Frau Berlau nach Hause`." Wekwerth erinnert sich, daß sie einem Teil der Ensemblemitglieder schlichtweg verrückt erschien. Anderen und ihm selbst sei sie dagegen Ausdruck eines vitalen „Lebenswillens" gewesen, „den Brecht als Voraussetzung jeder Produktivität" ansah, „auch da, wo er verletzlich ist."[96]

Wie recht Brecht hatte, das Theater zu zwingen, Berlau nicht nur als Person, sondern, wenn irgend möglich, auch als Mitarbeiterin weiterhin ernst zu nehmen, zeigt ein von einer Sekretärin getipptes Protokoll vom 8. Oktober 1954. An diesem Tage fand in ihrer Wohnung eine *Diskussion mit Praktikanten* statt: Bunge, Besson, Wekwerth u. a.. Die Gastgeberin, diesmal nicht betrunken, offenbarte an diesem Tag aufrichtiges Interesse für die Entwicklung der jüngeren Brecht-Schüler. „Ich möchte wissen, was ist z. B. für Besson, der als Nachwuchsregisseur zu uns kam, wichtig: wie machst Du Dich von Brechts Regie frei?" Besson gab selbstbewußt zu, daß er weder die Geduld, noch die Kaltblütigkeit, noch die Perspektive des Stückeschreibers besäße: „Wenn ich ihm etwas klauen kann, tue ich es. Aber nur das,

was ich selbst verwerten kann." Später verlangte Berlau, das Verhältnis zwischen Brecht und seinem Widerpart Stanislawski zu definieren. Aus politischen Gründen schien es damals geraten, vor den Differenzen auch die Gemeinsamkeiten mit Stanislawski zu nennen. Sie sagte: „Wir haben nur diesen großen Lehrer [= Stanislawski]. Dann kommt Brecht. [...] Gehen sie zusammen? Wo gehen sie auseinander?" Wekwerth brachte ein Beispiel dafür, daß Brechts Theater zwar durchaus mit Einfühlung arbeite, dem Zuschauer durch bewußt angewandte Mittel der Verfremdung aber vor allem den Umgang mit Widersprüchen vorführen wolle.[97]
Anläßlich einer Umfrage der Zeitschrift *Neue Deutsche Literatur*, welches Buch ihn im letzten Jahr am meisten beeindruckte, nannte Brecht Mao-tse-tungs Aufsatz *Über den Widerspruch*.[98] Im Gegensatz zu Stalin hatte Mao die Lehre Hegels von den unversönlichen Widersprüchen aus seinem System nicht eliminiert. Brecht erwarb 50 Exemplare der Broschüre und verteilte sie an seine Schüler. Ruth Berlau stellte damals im Vestibül ihrer Wohnung einen überlebensgroßen Mao-Kopf auf.

Wenn Berlau verzweifelt war, erschien ihr Berlin als „häßliche Stadt" mit „traurigen Ruinen". Um nach Buckow zu kommen, mußte sie drei Mal umsteigen und in trostlosen Sälen auf Anschlüsse warten. Bitter dachte sie daran, daß sie auch in ihrem Turm noch Kilometer von Brecht trennten. Einst sei sie schon fast gestorben, wenn sie „mehr als ein halber Zentimeter" trennte. „Immer wenn ich mit Zügen, Auto, Motorrad fuhr, war es, um ihm näher zu kommen. Jedes bum bum bum brachte mich eine Minute näher [...] meine Lippen waren ausgetrocknet vor Durst nach ihm, dagegen mein Schoß wie ein Bach. // Jetzt fuhr ich ins Nichts." Es kam vor, daß sie ein Wochenende in Buckow verbrachte, ohne Brecht zu Gesicht zu bekommen. Da im Turm kein Telefonanschluß installiert werden konnte, war Kontaktaufnahme unmöglich, sobald die Nachbarn abwesend waren.[99]
Im Februar 1955 entwarf sie für *Das Magazin* ein fiktives Gespräch über Liebesprobleme zwischen zwei jungen Mädchen und einer älteren Frau. Lieselotte hatte unstillbaren Kummer, weil ihr Freund Erwin am Sonntag, dem einzigen Tag, den sie zusammen sein konnten, auf den Fußballplatz gehen wollte. Sie mitzunehmen hätte bedeutet, sich

vor den Freunden zu blamieren. Ihre Freundin Irene entgegnete, daß es mit der Liebesromantik früherer Zeiten eben vorbei sei. Wegen der vielen Kriegstoten kämen jetzt auf einen Mann sieben Frauen. Daher müsse man die Männer so nehmen, wie sie sind, oder sich trennen. Sowohl Irene als auch die erfahrene Tante Alma betonen, daß Liebesleid weniger wiegt, wenn man eigenes Geld und eine interessante Arbeit hat. Statt sich zu grämen, solle Lieselotte Marx und Engels lesen und eine Schulung besuchen. Obwohl die drei Frauen zu keiner gemeinsamen Meinung kommen, ist auch Lieselotte am Ende überzeugt, daß es schade um die Lebenszeit sei, die man mit Liebeskummer verbringt.[100] Noch einmal ist hier die Problematik von *Videre*, von *11 Minuten* und von Fräulein Tiboult in *Das Gras sollte nicht wachsen* abgehandelt: Die unglücklich verliebte Frau kann weder denken noch arbeiten. Obwohl das *Gespräch über Liebe* als ein von fremder – wahrscheinlich Bunges – Hand sauber hergestelltes Manuskript vorliegt, wollte Hilde Eisler es nicht drucken.[101]
Im Frühjahr 1955 konnte Berlau sich nicht vorstellen, den Sommer in Buckow zu verbringen. Sie hatte Brecht schon mehrmals gebeten, eine in der Nähe von Strittmatters Haus in Schulzenhof bei Dollgow liegende Jagdhütte zu erwerben. Es existiert eine Aufzeichnung Berlaus zu einem Gespräch darüber, bei dem Strittmatter anwesend war. Trotz der Pariser Auseinandersetzung waren sie wieder gute Freunde. Brecht war skeptisch, ein weiteres Haus zu kaufen, „wo dann Ruth nur zwei Mal hingeht." Auf seine Frage, wie die Jagdhütte zu erreichen sei und Strittmatter geantwortet hatte, daß vier Kilometer durch den Wald zurückzulegen seien, befürchtete Brecht, daß Berlau dafür einen Chauffeur vom Berliner Ensemble verlangen werde. Sie meinte darauf, daß sie doch nur ein Hörspiel zu schreiben brauche, um sich selbst einen Wagen leisten zu können. Als Brecht gegangen war, sagte Strittmatter: „Brecht will nicht, daß du einen Wagen hast. Er hat mir erzählt, wie Heinrich Manns Frau sich zu Tode gefahren hat, weil sie eine Trinkerin war."[102]
Eva Strittmatter erinnert sich an mehrere Besuche Berlaus in Schulzendorf, die die Familie stark belasteten. Sie spürte auch die am besten versteckten Alkoholreserven auf. Über ihre Antabus-Pillen sagte sie, daß sie sie nur bei sich führe, weil Brecht und Weigel das verlangten. Einnehmen würde sie sie nicht.[103]

Die Zustände schwerer Depression, die sie mittels Alkohol bekämpfte, was sie wiederum aggressiv machte, ließen einen erneuten Versuch ärztlichen Eingreifens notwendig erscheinen. Arnold Zweig, dessen Frau ebenfalls einmal psychiatrischen Beistand in Anspruch genommen hatte, empfahl Dr. Wand im katholischen St. Josephs Krankenhaus in Weißensee.[104] Die Behandlung wurde mit Berlaus Einverständnis und im Namen des Berliner Ensembles arrangiert. Die Intendantin und etliche Ensemblemitglieder verpflichteten sich, die Patientin zu betreuen.[105]
Im Wagen, der Ruth Berlau nach St. Joseph brachte, saß auch Brecht. Später beschrieb sie den beklemmenden Abschied in der Klinik: „Hinter meinem Gitter stand Bertolt Brecht und sagte tröstend: 'Es wird schön hier, wenn alles grün wird.'"[106]
Er besuchte sie noch einmal, bevor er am 22. April nach Frankfurt am Main reiste. Dort wollte er Käthe Reichel bei den Endproben für Harry Buckwitz' Inszenierung des *Kreidekreis* helfen. Am Premierentag erhielt Reichel ein Telegramm Ruth Berlaus, das wahrscheinlich ihre Haushalthilfe aufgegeben hatte: „Ruhig mein Herz, nichts ist gleichgültiger als Premierenpublikum und Kritik. Stop. Ich bin mit dir wenn der Vorhang geht. Deine Ruth."[107]
Den Abstand, den Reichel zu Brecht gefunden zu haben schien, wollte Berlau durch das Schreiben des Buchs über ihn gewinnen. Daß er selbst sie dazu ermutigte, machte die Sache nicht einfacher. Sie wollte über ihre Liebe schreiben. Er wollte, daß sie über seine Arbeit schrieb. An Hans Mayer, dem sie mehrfach mit Brecht zusammen begegnet war[108], schrieb sie aus St. Joseph einen Brief über diesen Zwiespalt, den sie selbst nicht lösen konnte. An den bereits vorliegenden Passagen werde er erkennen, daß sie nicht „hinter Brechts Rüggen" schreibe. Sei das Buch zu sentimental angelegt? Werde der Leser es akzeptieren, wenn sie die Liebesgeschichte aus ihrer, der Perspektive des „kleinen Partners" beschreibe? Zumal es aus ihrer derzeitigen Sicht „nur ein Zufall war, daß Brecht all die Jahre nur mich liebte." Sie fragte Mayer auch, ob er eine Auswahl von Brechts Briefen und Gedichten an sie zusammenstellen wolle und ob man die Lai-Tu-Geschichten ohne Kommentar, „ohne Beschreibung wie und warum die entstanden sind", drucken könne.
Sie kündigte an, daß sie nach Dänemark zurückkehren wolle, wenn

sie die unter Vertrag stehenden vier Modellbücher fertig hätte. „Leicht wird es nicht sein, als 50jährige von vorn anzufangen und Brecht fragte mich heute, wovon ich denn leben will, wenn er mir keinen Vertrag mehr beim Berliner Ensemble gibt."[109]
Mayers Antwort ist nicht überliefert. Wahrscheinlich setzten er und Bloch sich telefonisch mit Brecht in Verbindung und erfuhren, daß ein Brecht-Buch eines der wenigen Dinge war, die Berlau beschäftigen und vielleicht auch ein wenig therapieren konnten. Wahrscheinlich haben die beiden Berlau per Telefon zu ihrem Vorhaben ermutigt. Ihr wäre eine schriftliche Antwort der „großen Männer" wohl wichtiger gewesen.
Einige erstaunlich humorvolle Notizen Ruth Berlaus über das Klinikpersonal und die Mitpatienten zeigen, daß sich Dr. Wands Klinik bemühte, Austausch und gruppendynamische Prozesse zu fördern. Zeitweise gelang es ihr, ihre Probleme angesichts der Lebensprobleme anderer zu relativieren. Aber obwohl sie als Privatpatientin einigen Komfort genoß, gelangte sie nicht zu dem Punkt, sich geduldig auf einen längeren Heilungsprozeß einzulassen. Nie vergaß sie, daß sie eingesperrt war. An der Decke ihres Zimmers glaubte sie den Abdruck zweier Hände zu sehen, den sie einem früheren Patienten zuschrieb, der fliehen wollte. Brecht mochte sich ihrer Interpretation nicht anschließen. „Er stellte sich auf einen Stuhl und klatschte zwei Hände auf die Wand und jetzt sitzt sein Händeabdruck da. Wenn er von dem Stuhl herunterkletterte, sagte er böse: 'Die sollen den Dreck abwaschen!'" Scharfsinnig stellte sie fest: „1955 wollte er nicht eingestehen, daß jemand [der eingesperrt ist – S. K.] gegen eine Wand schlägt, 1935 hätte er das für möglich gehalten."[110] In einer anderen Notiz heißt es: „Wenn es um mich geht, meint er: 'Man lernt vom Unglück`, schreiben tut er: 'Unglück macht dumm.'"[111]
Seit er aus Frankfurt zurück war, eskalierte der Streit wieder. Der Versuch, ihrem Leben eine neue Richtung zu geben, werde scheitern, schrieb er ihr, wenn sie weiterhin „wie ein Shylock" herumlaufe, „der alte Schulden" einzutreiben suche. Sie solle einfach darauf vertrauen, daß sie liebenswert sei, wenn sie es selbst nur wolle.[112] Eine gute Woche später teilte er ihr mit, daß er, um den neuen Start zu erleichtern, ihre Wohnung renovieren lasse.[113]
Und bevor er am 17. Mai nach Moskau fuhr, wo ihm der Stalin-

Friedenspreis verliehen werden sollte, traf er für sie günstige testamentarische Verfügungen für den Fall seines Todes. Danach sollte sie den Turm in Buckow sowie die Hälfte aller Einnahmen für *Der gute Mensch von Sezuan, Die Tage der Kommune* und die Kalendergeschichten erhalten. Für die Modellbücher sollte sie die gesamten Verfügungs- und Auswertungsrechte bekommen. Diese Verfügungen Brechts sind, seit sie bekannt wurden, als Belege für seine Anerkennung von Urheberrechten mißdeutet worden. Da z. B. auch Jacob Walcher die Hälfte der Einnahmen aus *Puntila und sein Knecht Matti* bekommen sollte, ist jedoch klar, daß es sich um Brechts Vorstellungen handelte, wie seine Mitarbeiter später einmal versorgt werden sollten.[114]

Hatte er Ruth Berlau am Telephon von seinen Absichten erzählt? Das könnte erklären, wieso sie plötzlich in eine milde Stimmung verfiel und Helene Weigel, die ihn nach Moskau begleitete, zuvor noch einen sehr freundlichen Grußbrief sandte. Sie wünschte ihr nicht nur eine gute Reise, sondern versicherte der Intendantin ganz behavioristisch: „Ich mache mich also jetzt gesund, damit ich wieder gut arbeiten kann."[115]

Mit dem großen Strauß weißer Nelken, mit dem Brecht bei seiner Rückkehr auf dem Ostbahnhof offiziell empfangen wurde, ließ er sich direkt nach St. Joseph fahren. Dort fand er jedoch keine Ruth Berlau mehr vor. Sie hatte die Behandlung abgebrochen und sich von Isot Kilian nach Hause begleiten lassen. Bei ihren Klinikgefährten – die sie bald wiedersehen sollte – hinterließ der weiße Strauß einen bleibenden Eindruck. Sie nannten ihn „das Braut-Bouquet".[116]

Daß die Renovierung ihrer Wohnung nicht abgeschlossen war, hatte sie erbost. Brecht mußte zur Kenntnis nehmen, daß sie bereits Schuldige gesucht, Menschen bedroht und beleidigt hatte. Er sähe sich außerstande, schrieb er, sie dem Ensemble weiterhin zuzumuten. Auch könne er es nicht mehr riskieren, sie nach Buckow kommen zu lassen, weil sie auch in diesem ihm „politisch mißgünstigen Kleinbürgernest" Skandale provoziert hatte. Ihre Schulden werde er künftig nicht mehr bezahlen. Er wolle aber ihrem Wunsch entsprechen, ihr zu helfen, nach Dänemark zu gehen. Vielleicht könne sie dort „wieder Berührung mit dem realen Boden gewinnen." Er habe sicher viele Fehler gemacht, diese würden aber nicht alles erklären.

„Einmal warst Du nur Shen Te, dann kam mitunter der Vetter, jetzt ist nur noch der Vetter da."[117] Sie sollte ihm mitteilen, wie viele Kronen sie monatlich in Dänemark benötige. „Aber nicht für ein Leben wie hier, sondern ein einfaches, mit Arbeit. Wir scheinen uns als Feinde trennen zu müssen, wir können uns als Freunde wiedersehen."[118] Man verkehrte nun nur telefonisch miteinander oder über dritte. Elisabeth Hauptmann gegenüber stellte Berlau nun Isot Kilian, die sie oft besucht und auf Wunsch sogar aus der Klinik abgeholt hatte, auch schon mal als „gutes Mädchen" hin.[119] Kilian war es gelungen, durch vielerlei Freundlichkeiten ihr Vertrauen zu gewinnen. Aber auch Brecht setzte immer wieder Signale, um zu zeigen, daß Rückkehr zu normalem Umgang jederzeit möglich war. Ende Juli schickte er Geschenke, die er in den letzten Monaten für sie gekauft, ihr aber nicht gegeben hatte: eine Tasche aus Moskau, einen Sweater aus Paris, einen Schal aus München und eine rote Brieftasche aus Nürnberg.[120]

Im Brief an Mayer hatte Berlau geschrieben, daß sie von Elisabeth Bergner nach London eingeladen sei. Sie verbrachte den Sommer aber in Berlin, scheinbar in guter Form. Über ihren Humor konnte sie leicht Kontakt zu Jüngeren herstellen. Beim führenden Maß-Schneider Ostberlins, zu dem sie mit ihrem Fahrrad gefahren war, machte sie eine Bekanntschaft. „Da steh ich also und probiere ein Kleid, kennt ihr unsere Bert-Mode in der Friedrichstraße? Bert macht doch die herrlichen Modenschauen in der Stalinallee und überall in unseren Betrieben. In der kleinen Kabine stehe ich ungeduldig, ich hasse Anprobieren – ich gucke durch die Spalte des Vorhangs: da geht ein junger Mensch hin und her, er trägt FDJ-Abzeichen auf der Brust. Was will er hier zwischen nackten Damen? Will er ein bisschen kibitzen? Immerfort schielt er in meine Kabine. ´Willst du ein neues Kostüm für die FDJ entwerfen, Bert?` frage ich gereizt vom Lange-Stillstehen-Müssen. ´Gute Idee`, grinst unser Modeschöpfer Bert, ´aber so ist es nicht.`" Der junge Mann wolle sie für einen Vortrag *Theater für die Jugend* gewinnen. „Eine Stecknadel hat sich ausgerechnet in den fleischreichsten Teil meines Körpers hineingebissen und ich schreie: „Nein, nie wieder spreche ich von Theater!" Daß sie einen solchen Vortrag am 3. Juli 1955 im Jugendclub *Max Reimann* doch gehalten hat, belegt das Gedicht einer begeisterten Zuhörerschaft.[121]

Der junge Mann mit Nachnamen Quast, der sie bei Moden-Bert aufgespürt hatte, war Bäckergeselle beim Volkseigenen Backbetrieb 'Aktivist' und besuchte sie mit zwanzig weiteren Bäckerlehrlingen in der Charitéstraße. Quast kochte ein phantasievolles Menü, zu dem u. a. Reis mit Erdbeeren gehörte. Unterdessen hörte sich Berlau die Lebensgeschichten und Zukunftswünsche der jungen Leute an und tippte sie in die Schreibmaschine. Quast hatte wegen FDJ-Agitation in Westberlin dort schon dreimal im Gefängnis gesessen. Schließlich erzählte auch sie, wie sie einst mit dem Fahrrad nach Paris gefahren war. Quast kochte auch später noch für Berlau, z. B. wenn sie Gäste hatte.[122]

Wegen der Arbeit an den Modellbüchern fuhr Berlau doch ab und zu nach Buckow. Dort entstand im Sommer 1955 auch ein umfangreiches Porträt Käthe Reichels, publiziert vom *Magazin* im Oktober unter dem Titel *Willst du Schauspielerin werden?* Es enthält die Lebensgeschichte der Reichel und viele Prinzipen der von Brecht angestrebten Schauspielkunst, deren Aufzählung wahrscheinlich von Brecht, Berlau und Reichel zusammen bewerkstelligt wurde: daß ein Schauspieler ein fesselnder Erzähler sein und das Publikum zum Lachen bringen muß, daß das Gefühl der Berufung allein nicht genüge, daß er sich bilden und viel lesen müsse, daß eine Lehrzeit beim Zirkus ein Vorteil sein kann. „Wenn du Schauspielerin werden willst, misch dich in alles und alle hinein. Schrei laut, wenn du Ungerechtigkeit siehst." Der Artikel enthält auch einen Bericht über Reichels erfolgreiches Gastspiel in Frankfurt: „Wir tauschen gern unsere Künstler mit Westdeutschland aus und sollten es noch viel mehr tun, bis man eines Tages nicht mehr zu sagen braucht, dieser oder jener Künstler kommt aus Ostdeutschland und der aus Westdeutschland." Den Namen Käthe Reichel solle sich das Publikum merken, weil sie, „wie ich meine, der kommende Star sein wird. Nicht nur auf dem Theater, sondern ein richtiger, echter Filmstar, den wir lieben können." Die - nicht von Berlau gemachten - Fotos zeigen eine fröhliche Reichel in ihrem Buckower Häuschen.[123]

Aber der Weg nach Buckow blieb für sie steinig. Aus einem Schreiben der Kriminalpolizei Strausberg an die Betriebsparteiorganisation des Berliner Ensemble geht hervor, daß sie am 31. Juni auf dem Bahnhof einen Skandal verursacht hatte. Offenbar unter Alkohol hatte sie

gegen 23 Uhr vor dem Fahrkartenschalter einen Fahrgast beschimpft und angegriffen, der sie gebeten hatte, vor ihr bedient zu werden, da sein Zug in Kürze fuhr. Sie verkündete, daß Dänen den Deutschen gegenüber zu keiner Freundlichkeit verpflichtet seien, „ihr habt uns lange genug unterdrückt!" Als andere Fahrgäste eingreifen wollten, habe sie sie mit den Namen Brechts und Weigels einzuschüchtern versucht. Auf das Volkspolizeikreisamt gebracht, habe sie auch dort die Polizisten beleidigt und sich wiederholt als Widerstandskämpferin bezeichnet. Von einer Anzeige war abgesehen worden. Gegen 2 Uhr in der Nacht wurde sie von der Polizei nach Buckow, „ihrem jetzigen Sommeraufenthalt" gefahren. Der Bericht schließt damit, daß Berlaus Einstellung „gegen Deutsche schlechthin" nicht hingenommen werden könne. „Wir pflegen den Gedanken des proletarischen Internationalismus und lehren unseren Volkspolizisten die Liebe zu den anderen Völkern. Das Verhalten der Kollegin Berlau jedoch ist nicht dazu angetan, unsere Bemühungen zu unterstützen."[124]
Es folgten offenbar weitere Skandale. Kurze Zeit später wurde sie durch die Volkspolizei in die psychatrische Klinik Wuhlgarten in Biesdorf eingeliefert. Da ihr dort nicht der Komfort einer Privatpatientin gesichert werden konnte, brachte Kilian sie am 5. August wieder nach St. Joseph. Dr. Wand befand, daß Besuche von Brecht der Patientin schaden würden. Da der Henschelverlag aber auf Abgabe des Manuskripts der Neuausgabe des *Antigone*modells drängte, fanden die Arbeitskontakte brieflich statt. Berlau sorgte sich, daß sie durch die Publikation der vielen unscharfen Fotos ein für alle Mal als schlechte Fotografin gelten würde. Sie hatte beim Verlag erreicht, daß sie in einer kurzen Notiz die Gründe darlegen konnte. Sie führte ihre mangelnde Ausbildung und die schwierigen Arbeitsbedingungen beim Aufnehmen der *Galilei*-Inszenierungen in den USA sowie bei der *Antigone* von Chur an und beschrieb auch ihre große Emotion angesichts der schauspielerischen Kraft der Weigel.[125] In zwei Zusatzerklärungen beschwor sie Brecht und Palitzsch, ihren viel zu lang geratenen Text nicht als Ergüsse einer Kranken aufzufassen.[126] Brecht hielt es aber gar nicht für nötig, sich für die Fotos zu entschuldigen. Obwohl die manchmal nur Schatten wiedergebenden Bilder zunächst aus Berlaus technischen Schwierigkeiten entstanden waren, hatte Brecht in dieser Notproduktion rasch eine Tugend gesehen und grobkörnige Bilder sogar gefordert. Sie vermittel-

ten seiner Meinung nach den Körpergestus und die Gruppendynamik besser als es schärfere Fotos vermocht hätten. Er schrieb ihr, daß er mit Palitzsch einen Extrakt ihres Textes gemacht habe, der auf die ungünstigen Arbeitsbedingungen verweise. Ihren ausführlicheren persönlich gehaltenen Aufsatz könne sie aber auf jeden Fall bei Erscheinen des Buchs in einer Zeitschrift unterbringen.[127] Es entwickelte sich nun ein von Berlaus Seite verzweifelt geführter Briefwechsel, in dem sie um den Erhalt gerade der persönlichen, emotionalen Stellen ihres Textes gegen die sachlichere Form kämpfte, die Brecht ihm gegeben hatte. In diesem Streit ist sie nun selbst identisch mit der in ihren literarischen Arbeiten immer wieder gezeichnete Figur der gefühlsbetonten Frau, die in die rational geprägte Arbeitswelt der Männer einfach nicht hineinpaßt. Um Brecht dazu zu bringen, beim Henschel Verlag ihren längeren Text durchzusetzen, schrieb sie ihm sogar die Meinung der freundlichen Nachtschwester Irmgard, die auch lieber etwas Persönliches läse als trocken–wissenschaftliche Texte.[128]

Ausgerechnet an Berlaus Geburtstag eröffnete ihr Dr. Wand, daß Brecht auf seinen Rat hin ein westliches Psychopharmakum namens Megafin[129] besorgt habe. Es wurde u. a. gegen Angst- und Wahnvorstellungen von Schizophrenen eingesetzt. Weil sie Nebenwirkungen und Abhängigkeit fürchtete, hatte Berlau bislang ähnliche Medikamente abgelehnt, die Otto Müllereisert beschafft hatte. Und nun wehrte sie sich vehement gegen Megafin, das ihr in Form von Spritzen verabreicht werden sollte. Sie erinnerte Brecht daran, daß er „sie ein Leben lang gelehrt" habe, nichts einzunehmen, was das „Gehirn verändert." Sie beschwor ihn, sie zu dem Herz-Kreislauf-Spezialisten Theodor Brugsch[130] in die Charité verlegen zu lassen. Er war damals einer der wenigen Ärzte, die nach psychosomatischen Zusammenhängen forschten. Bei ihm könne auch ihr Herz untersucht und die Behandlung ihres Ischias begonnen werden. Außerdem solle er sich eine Kopie des Briefs geben lassen, den sie am selben Tag an den Anwalt Dr. Kaul[131] geschrieben hatte.[132] Mit Hilfe Kauls wollte sie notfalls Rechtsmittel einlegen, um die Klinik verlassen zu können. Bunge hatte für sie bei Kaul bereits in Erfahrung gebracht, daß in der DDR eine Ausländerin gegen ihren Willen nur dann in einer geschlossenen Abteilung gehalten werden dürfe, wenn sie polizei-

lich eingeliefert worden war. Statt in einer Nervenklinik mit Medikamenten traktiert zu werden, zöge sie es vor, sich vor Gericht zu verantworten. Weiterhin verlangte sie zu prüfen, ob Dr. Wand sie zur Megafin-Behandlung zwingen könne. Da sie unter Alkoholabstinenz keine Entzugserscheinungen habe, sei sie „kein Alkoholiker", sondern „ein ganz gewöhnlicher Däne. Unsere nationale Stärke besteht gerade darin, daß wir unsere Komplexe mindestens zwei Mal im Jahr mit Alkohol kurieren – da gibt es keinen talentierten Dänen, der nicht trinkt." Wenn dabei ein Schaden entstünde, würde man eben zahlen oder eine Weile ins Gefängnis kommen. Die Zeit sei aber rechtlich begrenzt. Von Kaul erhoffte sich Berlau auch Hilfe für eine rasche Rückkehr nach Dänemark, notfalls unter polizeilicher Bewachung bis zum Flughafen Schönefeld. Die Ausreisepapiere lägen im Berliner Ensemble schon bereit, und in Kopenhagen würde sie ihr früherer Mann abholen, Professor Robert Lund. Notfalls, drohte sie, würde sie sich an die dänische Gesandtschaft oder auch an westliche Medien wenden, die sich sehr für die Meldung interessieren dürften, daß Brechts dänische Freundin ihren Gesandten gebeten habe, ihr aus einem Irrenhaus der DDR heraus zu helfen." So entschlossen sie war, sich der Megafin-Behandlung zu entziehen, so schimmerte doch auch wieder ihre Unfähigkeit durch, den Schritt nach Dänemark wirklich zu vollziehen. Fange sie erst an, hier „wieder zu arbeiten, Brecht zu sehen, meine gute Wohnung zu lieben u. s. w., kann ich auch diesmal nicht weg – und ende dann zum 10. Mal im Irrenhaus."[133]
Die Idee, nach Dänemark zu gehen wird auch abgehandelt in einer Notiz, die zugleich einen Briefentwurf an Johannes R. Becher und seine Frau Lilly darstellt. „Dann schreibe ich meinem Kulturminister, sagte ich zu mir, und wußte genau, daß es Schwindel war: Ich schreibe meinem Tagebuch dies! Aber in ein Gesicht hinein muß ich es schon schreiben – ein Paar Augen muß ich vor mir haben – warum dann nicht Johannes R. Becher?" Lilly Becher hielt sie für eine glückliche Ehefrau, auf die sie „neidisch" sei. „Die zwei haben`s geschafft, durch dick und dünn ihre Gefühle zu schützen und zu pflegen." Sie erzählte den Bechers nicht nur ihr unglückliches ganzes Leben mit Brecht, sondern auch das ihrer Schwester, ohne freilich den günstigeren Verlauf zu erwähnen, den es in den letzten Jahren genommen hatte. In der Emigration habe Brecht kein

341

Geld für Sekretäre, kein Theater, keine Schauspielerinnen gehabt, „woher sollte er dann einen Harem nehmen, der Arme! Jetzt zahlt der Staat alles: Sekretäre, Schauspielerinnen, Dramaturginnen, Regissörinnen." Trotz allem hielte sie daran fest, der Nachwelt ein gültiges Buch über ihn zu hinterlassen. In Dänemark wollte sie „in einer Fabrik anfangen und für unsere Zeitung *Land og folk* schreiben". Ihre Freunde seien „die besten Schriftsteller Dänemarks".[134]
An diesem schrecklichen Geburtstag schrieb sie auch einen Brief ähnlichen Inhalts an die „liebe Helli und Brecht", die, wenn es um sie ginge, ihren Humor verloren hätten. Über den „süßen" Brief der Kriminalpolizei in Straußberg hätten sie lachen sollen, anstatt Megafin zu beschaffen.[135] In einer Variante dieses Briefs schrieb sie, nicht mehr „für Euch, als Leiterin des Archivs" arbeiten zu wollen. Erstens sei sie kein Archiv-Mensch und zweitens würden ihre Urheberrechte nicht respektiert, „da Du meine Sachen, meine Arbeiten einfach auslieferst an Deine jungen Leute". Auch würden die geklebten Modellbücher in viele Länder geschickt, ohne, daß sie eine Sondervergütung bekomme.[136]
In einem späteren Brief schob sie die Entscheidung, nach Dänemark zu gehen, wieder Brecht zu: Wenn er meine, daß ihre Mitarbeit sinnvoll sei, bleibe sie. „Wenn ich Deinen Namen schreibe, regnet es immer noch. [...] Gute Nacht mein Leben. [...]. Doch eine Bitte: laß mich arbeiten. // Nun schreibst du mir einen Zettel, was du willst. Oder sagts es Dr. Wand oder der Polizei oder Frau Bunge oder Isot oder dem Wind oder dem Mond."[137] Er antwortete, daß er weiter hoffe, sie werde die Megafin-Kur akzeptieren. Auch sei es allein ihre Entscheidung, „wo Du leben, was Du arbeiten willst."[138]
Weil sie mit ständigen Telefonaten das ganze Ensemble tyrannisierte, durfte sie nur noch angerufen werden. Helene Weigel bat Dr. Wand, der Patientin klar zu machen, daß eine Abreise unter Polizeiaufsicht nach sich ziehen würde, daß sie nicht mehr in die DDR zurückkehren könne. Und falls sie in krankem Zustand in Dänemark einträfe, bestünde dort die Gefahr einer erneuten Klinikeinweisung. Dr. Wand bekräftigte, daß sie nur in gesundem Zustand entscheiden könne, ob sie künftig in der DDR oder in Dänemark leben und arbeiten wolle. Er könne sie allerdings nicht weiter behandeln, wenn sie sich keiner dreimonatigen Megafin-Kur unterziehen wolle.[139]

Um Megafin und einen längeren Freiheitsentzug zu vermeiden, schrieb Berlau an Weigel, daß sie ab 1. September kündige. Als Intendantin hätte sie dann auch keine Fürsorgepflicht mehr und solle keinerlei Kosten mehr für sie übernehmen. Während sie diesen mutigen Schritt ernsthaft zu erwägen schien, konnte sie die Vergangenheit plötzlich auch einmal aus der Sicht ihrer Konkurrentin sehen. Als sie im Jahr zuvor bei Wuolijoki war, schrieb sie, habe diese erzählt, wie sie 1941 „Dich gesehen hat – weinend ins Gras beißend, Helli, ich schäme mich über mich selber, meine dumme Verliebtheit, daß ich blind war und Dir großen Schaden zufügte." Nicht vergessen habe sie die guten Beziehungen, die sie in den ersten zwei Jahren in Dänemark hatten, „wo ich nur in Freundschaft mit Brecht arbeitete", auch nicht ihre „Hilfe bei den *Carrar*-Proben und Hellas Stück im Königlichen Theater". Sie habe gehofft, diese Freundschaft wieder herzustellen. Weigel sei oft „großzügig und freundlich" zu ihr gewesen, „auch bin ich überzeugt, was Du jetzt unternommen hast, um mir zu helfen in meiner unglücklichen Lage, entsprang erstens Deiner Fürsorge für kranke Mitglieder Deines Ensembles, aber auch ein wenig unserer alten Freundschaft." Dann brach sich aber erneut Bitterkeit Bahn: die „kleine verrückte Dänin" sei ihr und Brecht nun eben doch „gleichgültig" geworden. „Ihr braucht kein Visum von Branting mehr, wenn Du [nach Schweden S. K.] fährst, dann im Triumph mit Deinem *Courage*-Wagen – bald muß ja wohl auch der Nobelpreis da sein."[140]

Ruth Berlaus Ablehnung der Megafin-Kur wurde respektiert. Auf eigenen Wunsch wurde sie am 9. September wieder in die Klinik Wuhlgarten verlegt[141] und konnte am 12. September zu Brugsch in die Charité. Aber die Ruhe, die sie sich dort erhofft hatte, wurde jäh gestört durch einen Brief von Walter Janka, dem Chef des Aufbau-Verlags, der für sie der „niederschmetterndste und unhöflichste" war, den sie je erhalten habe. Für die Umschläge der vierbändigen Ausgabe seiner Stücke hatte Brecht Fotos von ihr ausgesucht. Dafür hätte Janka telefonisch angeblich pro Bild 500 Mark zugesagt, wolle nun aber insgesamt nur 600 Mark zahlen. Janka müsse wissen, daß ihre fotografischen Arbeiten nicht als Eigentum des Berliner Ensembles gelten dürften, wo sie nie einen Vertrag als Fotografin gehabt habe. Sie hätte mit den 2000 Mark fest gerechnet, um den

Aufenthalt bei Brugsch und ihre Rückkehr nach Dänemark zu bezahlen. „Ich habe gekündigt am Berliner Ensemble, wie viele andere, die die undemokratische Arbeitsweise, den diktatorischen Ton nicht länger produktiv finden."[142]
Nach diesem Ärger scheint sie ein paar Wochen mit den Untersuchungen bei Brugsch beschäftigt gewesen und ruhiger geworden zu sein. Als sie erfuhr, daß sich Brechts Gesundheit gefährlich verschlechterte, erwachte sie aus dem Wahn, das alleinige Opfer zu sein. Er hatte zunehmende Herzprobleme, litt unter ständiger Temperatur und nicht endenden Grippeerscheinungen. Während Brugsch bei Berlau keine organischen Leiden festgestellt hatte, war er bei Brechts Krankheitszeichen ratlos wie der ebenfalls konsultierte Westberliner Internist Otto Mertens. Aus einem Brief Berlaus vom 1. Oktober ist zu erkennen, daß aus ihrer Aggressivität Niedergeschlagenheit geworden war. Sie dankte Brecht, daß er ihrer Mutter, die in Schwierigkeiten war, ihre Krankenversicherung zu zahlen, 100 Kronen geschickt hatte, „es hat mich so beruhigt das sie was bekommt – aber ich bin unruhig, wenn du krank bist, Bertolt." Ihrer Vorstellung nach kümmerte sich keine Frau richtig um ihn: „nimmst du immerfort ein reines Taschentuch? Wie geht es Dir? Ich weine nur – es wird nichts mehr."[143]
Für eine Orientierungsreise Berlaus nach Dänemark gab Brugsch Ende Oktober grünes Licht. Als sie ihre Abfahrt vorbereitete, kam es im Zusammenhang mit der geplanten Inszenierung von *Galilei* noch einmal zu einer heiklen Situation. Weigel bat sie, das gesamte Material zum Stück, das sie verwahrt habe, dem Ensemble vor ihrer Abreise zur Verfügung zu stellen. Empört über „diesen Zettel von Helli" schrieb sie an Brecht, daß sie das *Galilei*-Material nicht in Verwahrung habe, es handele sich vielmehr um ihre Arbeit. Sie müsse zumindest wissen, „wo[zu] ihr meine Arbeit braucht – so ging es alle die Jahre in Berlin. [...] ich frage mich: soll ich diesmal um eine Quittung bitten? [...] Wenn du jetzt neben anderen den Film, das Material Dir anschaust, will da kein Tropfen sein – keine Sekunde – nichts in Dir, das sich bewegt? Wie wirst du an Deinen alten Arbeitskameraden denken? Wirst du Dich fragen ob Du ihn auch weiter arbeiten lässt – benützend die Vorarbeiten?" Sie verlangte, daß er sie selbst um die Materialien bitten solle. „Ich bin völlig zerrissen

– ob wir doch nicht den letzten Schritt zusammen machen müssen:
mich ins Nichts zu stoßen. Deine Kreatur."[144]
„Den letzten Schritt machen" – aber „zusammen" – selbst in dieser
Formulierung spiegeln sich die sie seit über zehn Jahre zerreißenden
„Strömungen und Gegenströmungen". Wahrscheinlich rief Brecht
sie an, bat sie nochmals um das Material und erinnerte sie daran,
daß niemand anders als er ihren Aufenthalt in Dänemark finanzieren
werde. Jedenfalls gab sie den Film und die Fotos heraus, darunter
auch Farbdias. Von Brecht ist ein Dankbrief für das Material überliefert, das er eine „riesige und wunderbare Arbeit" nannte.[145]

In Kopenhagen bezog sie bei Erna Watson in der Sørtedam Dosse-
ringen Nr. 3 für 100 Kronen monatlich ein Zimmer. In seinem ersten
Brief dorthin riet Brecht wieder, ihren Tag „ein wenig militärisch"
zu organisieren. Zigaretten und Kaffee sollte sie sich in Rationen
teilen. „Und trink nicht mit Trinkern, Liebe." Um ihr deutlich zu
machen, wie lebendig für ihn die gemeinsam verbrachte Zeit sei,
zählte er Gegenstände in seinem Zimmer auf, die sie ihm geschenkt
hatte: einen Lehnstuhl, das Konfutse-Rollbild, viele Fotos, einen
Strohkorb und einen Kupferbecher für den Schreibtisch. Im Bücher-
zimmer standen die Sessel von Voltelen, eine französische Uhr in
Form einer Kupferpfanne hing an der Wand. Abends benütze er ein
Messer und ein Bierglas von ihr. „Das ist nicht wenig, zumal alles
sehr schön ist." Sie solle ihm regelmäßig schreiben, auch über die
gemeinsamen Freunde.[146] Wohl aus therapeutischer Sicht schien ihm
wichtig, daß sie sich aktiv mit ihrer Umgebung auseinandersetzte.
So forderte er sie auf, jeden Morgen ein paar Notizen zu machen,
„über die Stadt und die Leute. Gerade das kannst Du vorzüglich."[147]
Er regte auch an, sich außerhalb von Kopenhagen ein Hotel zum
Erholen zu suchen. „Was es kostet, mußt Du mir nur schreiben, ich
lasse das Geld anweisen."[148]
Jeden Dienstag morgen, so war ausgemacht, rief er sie an. Am 22.
November freute er sich über eine „freundliche Stimme". Sobald er
etwas gesünder sei, wolle er ihr schreiben, was er über künftige Gemeinsamkeiten denke. „Da muß es einen Weg geben!"[149] Am 1. Dezember schickte er ihr das später berühmte Gedicht mit der Bitte um
ein Blatt, das sie von einem Strauch pflücken sollte, der mindestens

eine halbe Stunde von ihrem Wohnort entfernt stand.[150] Sie schickte ihm ein Antwortgedicht, in dem davon die Rede ist, daß auf den Bäumen schon Schnee läge: „Ich kann dir den Schnee ja nicht schicken // So wenig wie all meine glühende Liebe // Liebe schmilzt zu Schnee // So wird sie zu Tränen // Jeg elsker dig". Wie solle sie weiterleben, wo „ich Dich nicht fröhlich machen kann, nicht produktiv." Sie sei zwar kein Neher und kein Eisler, „und doch bin ich der beste Regisseur hinter dir. – Ich weiß, daß nichts mehr kommt".
Obwohl er ihr immer wieder Geld angewiesen hatte und fragte, ob sie mehr brauche, ergab sich erneut das Problem, daß es nie genug war. Sie hatte es sich einfacher vorgestellt, in Dänemark vom Schreiben zu leben. Immer wieder bat sie, daß er ihr Tantiemenanteile zusprechen solle. Vor allem aber wollte sie wissen, ob ihn mehr mit ihr verbände als Mitleid, „siehst du einen Arbeitsweg? Sag mal wirklich."[151]
Wochenlang war er zu schwach gewesen, um mit den *Galilei*-Proben zu beginnen. Jetzt aber, schrieb er im Dezember, probe er jeden Tag zwei Stunden mit Ernst Busch. Für ihren Laughton-Film hatte er einen älteren Projektionsapparat beschaffen müssen. Mit den neuen Apparaten habe es ausgesehen, als wenn Laughten sich bewege wie Chaplin. Ihre Farbdias seien eine große Hilfe für die Konzeption der Kostüme gewesen."[152]
Zu Weihnachten schickte er ihr Wollsachen und an Hans Scherfig weitere 1000 Kronen für sie.[153] Am Weihnachtsabend telefonierten sie. Wenig später setzte er ihr auseinandersetzte, wie wichtig es sei, auch in Dänemark arbeitsmäßig Fuß zu fassen. Das bedeute nicht, Wohnung und Arbeit in Berlin aufzugeben, würde ihr aber helfen, dort selbstsicherer aufzutreten. Beide Orte, Kopenhagen und Berlin, würden sich gegenseitig „verfremden" und vergleichen lassen. Er gab zu, daß er, seit sie in Berlin waren, viele Fehler gemacht habe, „Du auch".[154] Und er warnte sie, am Silvesterabend zu viel zu trinken und Leute zu beschimpfen. Wie stehe es überhaupt „mit der heiligen Nüchternheit"?[155]
Am 2. Januar 1956 bedankte er sich für einen Bericht, den er „vernünftig und heiter bei aller Tristesse des Stoffs" fand. Es handelt sich vielleicht um die überlieferte Beschreibung des Versuchs, für ihre Mutter „Altersrentenversorgung, Sozialversicherung, Medikamentversorgung" zu regeln. In der DDR machte so etwas keine große

Mühe. Jetzt hatte sie den Eindruck, in einem bürokratischen „Sumpf" zu versinken. „Wenn man sich da hineinbegibt, ist man verloren. Also Finger weg – Augen zudrücken." Der Bericht wirkt wie eine ziemlich direkte Aufforderung an Brecht, für ihre Mutter eine private Krankenversicherung zu bezahlen.[156] Ihre Versuche, selbst Geld zu verdienen – etwa mit Novellen –, waren nicht ermutigend verlaufen. Günstiger wäre es vielleicht im Rundfunk, wo es einige Freunde gab, darunter Hans Kirk, der einzige linke Autor, der auch bei bürgerlichen Verlagen gedruckt wurde.[157] „Meine ganz kleine, bescheiden angelegte Roman-Novelle könnte ich vielleicht verkaufen – die könnte ich aber auch in der Charitéstraße schreiben – so gern wollte ich in meine Wohnung, wo Du alles geweißt hast, zu gern zwischen unseren Sachen sein – dankbar für ein kleines Gespräch mit Dir im Monat – mit Dir über unsere Arbeit. Einmal im Monat: ja."[158] Mit der Roman-Novelle war das Buch über das gemeinsame Leben gemeint. In einem anderen Brief nannte sie Titelvorschläge wie *The man behind* oder *Es war lustig, ihn gekannt zu haben*.[159] Kirk und Scherfig versuchten, ihr eine Brücke in die Heimat zu bauen. Sie ermöglichten, daß *Land og Folk* im Februar ihre Novelle *Der Clown im Krieg* mit einer Zeichnung Bidstrups publizierte. Es handelte sich um einen der Clowns, die sie im Zirkus Barlay kennengelernt hatte. Interessant sind die Erinnerungen des Mannes an seine Zeit als Militärkünstler in Rußland. Unglaubwürdig ist dagegen die Beschreibung seiner Erlebnisse mit russischen Partisanen, die ihn nicht gefangen nahmen und sich – entgegen den Sabotageregeln, die sie einst in *Der weiße seidene Himmel* aufgestellt hatte – sogar als hilfreiche Wegweiser erwiesen. Brecht zeigte sich aber froh, daß sie „etwas gedruckt gekriegt" hatte.[160]

Seit Anfang Januar äußerte sie immer vehementer den Wunsch nach Rückkehr. Brecht schrieb, es sei besser, „den ersten Ansporn" dazu zu überwinden, und lieber „in lässigerer Weise" zurückzukehren.[fe] Mitte Januar hatte er am Telefon wieder ihre Alkoholstimme vernommen und auch über Scherfig erfahren, daß sie hin und wieder aggressiv aufgetreten war. Für ihre Rückkehr formulierte er strenge Bedingungen. Eine Wiederholung dessen, was in den letzten sieben Jahren zwischen ihnen geschehen sei, könne er bei seiner geschwächten Gesundheit „nicht mehr aushalten". Sie habe wegen vermeintlicher alter Ansprüche Berlin als „Pfründe" betrachtet. Wenn es ihr nicht gelänge, ihre Bedürfnisse einigermaßen in Einklang mit ihrem Einkommen zu bringen, könne sie in der DDR nicht leben, „ohne die Selbstachtung zu verlieren. Es heißt immer noch: jeder nach seinen Leistungen, nicht nach seinen Bedürfnissen." Er selbst lebe auch nicht von seinen Werken, sondern gehe tagtäglich zur Arbeit. „Ich werde auch Dich nicht von Renten und Tantiemen leben lassen." Und endlich schrieb er ihr, was er wirklich über ihre Mitarbeit dachte: „Wir sind nicht zwei Dramatiker, die zusammen Stücke geschrieben haben." Wenn er aus ihre Ratschlägen mehr gemacht habe als sie aus den seinen, „so ändert das nichts daran, daß Du einen so winzigen Teil bekommen würdest von, sagen wir *Puntila*, daß es noch kein Hundertstel wäre. Das ist die Wahrheit und wir müssen uns daran halten. // Aber Deine Kritik von entstehenden Stücken war produktiv wie mancher Rat bei Proben und Deine Erfindung des Modellbuchs ist von großer Bedeutung für die Studierbarkeit meiner Arbeiten." Auch seien die Herausgabe der *Svendborger Gedichte*, des *Antigonemodell* und der *Kriegsfibel* große Leistungen. Sie sei auch lange eine "freundliche und viele begeisternde Helferin" gewesen. Deshalb werde er ihr auch weiterhin helfen. Nur wolle er nicht als ihr „ewiger, immer säumiger Schuldner" dastehen. Scherfig habe ihm erzählt, daß sie eine Weile lang freundlich war und nicht getrunken habe. Warum war es nicht dabei geblieben? Es sei besser, wenn Rückfälle in Dänemark passierten als in Berlin. „Zurück kann nur Shen Te, niemals mehr Shui Ta." Sie solle nicht ungeduldig mit sich selbst werden, sich ein Zimmer einrichten, Möbel kaufen. Das Zimmer könne vermietet werden, wenn sie nach Berlin käme. Schließlich gab er ihr wieder die alten Ratschläge, angefangen vom morgendlichen Waschen mit kühlem Wasser, gefolgt von einer Tagebuchnotiz, Suchen von Zimmer und Möbeln, Aufstellen von Arbeits- und Speiseplänen. Bevor er mit „e. p. e. p." unterschrieb – was in den letzten Jahren manchmal gefehlt hatte – regte er an, daß sie sich auch jeden Tag eine Frage aufschreiben solle, über „die heißen Eisen!"[162] Damit waren politische Fragen gemeint, deren Lösung sich linke Intellektuelle vom bevorstehenden XX. Parteitag der KPDSU versprachen. Brecht stand vor der Abreise nach Mailand, wo er zu den Endproben für die *Dreigroschenoper* im Piccolo Teatro erwartet wurde.

Solange er dagegen sei, werde sie nicht kommen, antwortete Berlau, aber das viele Geld, das sie ihn koste, bedrücke sie. Mit dem Pendeln zwischen Kopenhagen und Berlin war sie einverstanden. Es würde sie beruhigen, wenn er für sie in Dänemark ein kleines Konto einrichte. Scherfig meine, daß es günstiger sei, ein Haus zu kaufen als ein Zimmer zu mieten. Schriftstellerisch, meinte sie jedoch, könne sie besser in der Charitéstraße tätig sein, „da kann ich doch Artikel verkaufen – ich schwöre Dir, ich bin ohne *Forderungen*." Ein Jahr „völlige Ruhe zum Schreiben" brauche sie. Bisher sei sie zu sehr auf seine Arbeiten eingestellt gewesen. Im Zusammenhang mit *Galilei* dürfe er sie nicht nur als Fotografin nennen. „Selbstverständlich bin ich froh, sehr froh, daß Grethe da steht als Mitarbeiter, aber das war die alte Fassung." Bei der mit Laugthon entstandenen Fassung habe sie mitgearbeitet, sie habe die Pestszene, die er in Hollywood gestrichen hatte, „gerettet" und auch in Zürich seine Notate zum Rollenaufbau „verfremdet". Für ihre künftige Arbeit sei „es nicht nur nötig, sondern lebensnotwendig, daß ich nie und nimmer als Fotograf dastehe, ohne, was die Tatsache ist, als Regie- und Notat-Mitarbeiter." Die „häßliche, ermüdende Arbeit in der stinkenden Dunkelkammer" werde zu gering geschätzt. Nur die Notate, die sie zu *Antigone*, *Galilei* und *Courage* machte, gäben ihr künftig eine Regiechance. „Laß mich nicht dastehen als Fotograf!" Schließlich habe er sie einst als seinen „besten Hilfsregisseur" bezeichnet.[163] Dieser Illusion begegnete Brecht behutsam in seinem Brief aus Mailand mit der Feststellung, daß Giogio Strehler „vermutlich der beste Regisseur Europas" sei. Er wünsche aber sehr, „daß alles zwischen uns wieder würde wie früher, auf einer neuen Basis, da wir ja nicht mehr so jung sind, besonders ich bin es nicht. Dann wäre es gut, Dich so wo dabeizuhaben."[164]
In ihrer damaligen Verfassung konnte er Berlau nicht mehr als Regisseurin empfehlen. Aber wie seine verschiedenen Ansätze zum Testament zeigen, schwankte er, ob er ihr nicht doch Tantiemenanteile zusprechen solle. Hinsichtlich ihrer zweiten Bleibe in Dänemark fragte er, was ein Haus wie das in Vallensbæk oder eine kleine Wohnung kosten würde.[165]
Der damalige Dialog, ein Ringen um die Bedingungen der künftigen Beziehung, verschärfte sich erneut, weil die Übersendung weiterer Gelder vom Lars Schmidt-Verlag aus Stockholm nicht klappte. Auch

war Berlau nicht einverstanden, daß Brecht Geld für sie an Scherfig überwiesen hatte, womit er sie vor den Genossen entmündigt habe.[166] Er hatte diese Maßnahme aber für nötig gehalten, weil sie ihren hohen Geldverbrauch oft damit begründete, daß sie angeblich anderen, z. B. ihrer Mutter, etwas gekauft hätte.
Mehr und mehr konkretisierte sich der Kauf eines Hauses. Brecht wollte, daß es winterfest und in ihrer Abwesenheit vermietbar sei. Es solle auf seinen Namen gekauft werden, ihr aber lebenslang zur Verfügung stehen. Das würde in seinem Testament verbrieft. „Zusammen mit Einkünften aus Stücken." Sobald sie in Berlin in einen Erregungszustand geraten würde, müsse sie „sogleich in die Charité gehen oder nach Dänemark, damit hier nichts zerbrochen wird."[167] Lars Schmidt bat er 42000 dänische Kronen bereit zu halten.[168] Berlau äußerte Gewissensbisse, daß er so viel Geld in ein Haus für sie investiere, damit sie getrennt sein könnten. Rechtfertigen ließe sich der Kauf nur, „wenn du selber mal Ruhe haben wolltest und hier etwas arbeiten?" Sie werde ihn nie mehr stören und freue sich sehr auf „die Charitéstrasse, mein eigenes Bett, meine Bücher, es ist schlimm in so gemieteten Zimmern und wie froh bin ich, da du sagstest, im September kann ich wieder da sein – danke."[169]
Als Makler beauftragte sie den Kopenhagener Rechtsanwalt Christian Vilhelm Hagens, der auch mit Brecht in Briefkontakt trat.[170] Aus der Charité, wo er seit dem 12. April bei Brugsch lag, weil eine unbesiegbare Infektion seine Herzklappen erreicht hatte, dankte er ihr, daß sie ihm zum 1. Mai chinesische Kleinigkeiten und einige Gegenstände aus dem geliebten Kupfer geschickt hatte. Während er sich nun nicht mehr nur durch seine Krankheit, sondern auch durch die Enthüllungen Chrustschows auf dem 20. Parteitag niedergeschlagen fühlte, stellte er fest, daß sie die dritte Sache offenbar „traurig fallen lassen" habe. Es sei aber nötig, die Arbeit an den Modellbüchern „wieder politisch, kommunistisch" zu verstehen, denn in der DDR werde alles „schnell formal, äußerlich, mechanisch". Er hatte abgelehnt, daß sie ihm einen Krankenbesuch machte, aber eine Perspektive für den Herbst eröffnet. Im Augenblick spüre er „keine rechte Kraft".[171]
Am 27. Juli äußerte er sich noch einmal zu dem Haus. Einerseits stelle es eine materielle Absicherung für sie dar und einen Versuch, ihr Verhältnis zu bessern. Sie gewänne mehr Freiheit, habe aber

auch mehr Pflichten. „Du kannst Dich dadurch leichter dem Trinken zuwenden und ich kann Dich leichter, wenn Du das tust, *abschieben*. Das mußt Du lustig ansehen, nicht anders." Tatsächlich konnte das Haus in Dänemark eine Alternative zur Nervenklinik darstellen. Um ihre politischen Interessen wachzuhalten, schickte er am 27. Juli „für die dänischen Freunde" einen kleinen, später berühmten Text, wie Stalin vom Motor zur Bremse des Sozialismus geworden sei und was seiner Meinung nach notwendig war, um diesen wieder entwicklungsfähig zu machen.[172]

Am 2. August schrieb ihm Berlau, sie habe ihn testamentarisch zum Universalerben ernannt. Damit bestätigte sie, daß das Haus nach ihrem Tod an ihn zurückfallen würde. Der kleine Text für die durch den XX. Parteitag erschütterten dänischen Genossen, habe diese „aufgeheitert. Dein Satz: 'Stalin als Motor und als Bremse' ist so weise."[173]

Am 13. August 1956 teilte Elisabeth Hauptmann Rechtsanwalt Hagens mit, daß in Schweden nicht genug Geld für den Hauskauf läge, sie aber für Brecht die notwendigen Formalitäten eingeleitet habe, um die fehlenden 40 000 Kronen aus der Schweiz überweisen zu lassen. Am 14. August schrieb Hagens, daß er tags zuvor ein Haus für Berlau bekommen habe. Auftragsgemäß läge es in der Nähe ihrer Freunde Scherfig und Kirk.[174]

Am selben Tag starb Brecht. Sieben Tage zuvor hatte er von Lise Lindbæk[175] eine ausführliche Auskunft über die bei Prag liegende Klinik 'Apolinaris' eingeholt, in der Alkoholkranke, darunter auch prominente Intellektuelle, erfolgreich behandelt wurden.

[1] RB an Hella Wuolijoki am 15. 1. 1952, BBA Z5/173–174.
[2] RB an Brecht, 6. 8. 1953, in: Who was Ruth Berlau?, a. a. O., S. 236.
[3] RB an Brecht, 14. 8. 1953, BBA 973/42.
[4] Brecht an RB, Mitte August 1953, *GBFA* 30, S. 192.
[5] Sie stehen bis heute in Brechts Bibliothekszimmer, Chausseestr. 125.
[6] RB an Brecht, undat., BBA 973/81–82.
[7] RB an Brecht, 3. 9. 1953, BBA 971/64.
[8] RB an Brecht, undat., BBA 972/85.
[9] Ipsen war 1940 von der Regierung aufgefordert worden, Vorstandsmitglied der dänisch-deutschen Gesellschaft zu werden. Sie agierte politisch so zurückhaltend, daß ihr das keine Vorwürfe der Widerstandsbewegung einbrachte. Nach dem Krieg war sie Regisseurin des Widerstandsfilms Die roten Wiesen. 1953 lebte sie von den Einnahmen aus einem Kino, das sie gekauft hatte.
[10] Isot Kilian (1924–1986), Schauspielerin, seit 1949 am BE, übernahm kleine

Rollen sowie Regie- und Organisationsaufgaben, damals mit Wolfgang Harich verheiratet, 1968 Arbeit bei der DEFA und an der Schauspielschule Ernst Busch.

[11] Käthe Reichel.
[12] RB an Brecht, undat., BBA 971/26–31.
[13] „Sei mit Martner ganz entschieden, er hat Dir das Geld auszuzahlen." Brecht an RB, September 1953, *GBFA* 30, S. 210.
[14] Brecht an RB, September 1953, *GBFA* 30, S. 209ff.
[15] RB an Brecht, 3. 9. 1953, BBA 971/64.
[16] Brecht an RB, Sept. 1953, *GBFA* 30, S. 210.
[17] Brecht an RB, 10. 10. 1953, *GBFA* 30, S. 214. Foto: Berlau/Bunge, S. 223.
[18] Brecht an RB, Ende September 1953.
[19] Ole Cavling an RB, 4. 9. 1953, RBAHKOP.
[20] *GBFA* 24, S. 274.
[21] RB an Brecht, 6. 10. 1953. BBA 971/17 und am 11. 10. 1952, RBA 117.
[22] RB an Brecht, 11. 10. 1953, BBA 971/76 und 972/79.
[23] RB an Brecht, 11. 10. 1953. BBA 972/104.
[24] Unter RBA o. Sg. liegt ein weiterer Artikel (Ausriß) über sie mit dem Foto, für das sich Brecht bedankt hatte.
[25] BBA 1958/21–24. Siehe: RBs Darstellung über Bert Brecht und sein Theater, BBA 1958/06–11, ein Entwurf über Gottschalchs Courage: Laßt Mutter Courage warme Würste geben und einen kratzbürstigen Schnaps für die Füße und ein titelloser Entwurf über die Anfänge des Stücks in Dänemark, BBA 1958/28–34.
[26] RB: En stemme af guld , 14. 9. 1953, RBA 163 (wahrscheinlich für *Land og folk* bestimmt).
[27] RB an Brecht, undat., BBA 971/75.
[28] Am 22. Juni traf sich Brecht mit dem schwedischen Publizisten und Übersetzer Erwin Leiser in Westberlin und erzählte ihm über die Verstümmelung seines Briefs an Ulbricht anläßlich der Ereignisse des 17. Juni im Neuen Deutschland. Er wollte ihm über Rülicke eine für die westliche Presse bestimmte ergänzende Erklärung schicken. Rülicke hielt dieses Schreiben – wahrscheinlich im Parteiauftrag – zunächst zurück. In einem Brief an sie beschwerte sich RB, daß Leiser das politisch wichtige Dokument so spät erhalten habe. Hecht: *Chronik*, S. 1065 und 1086f.
[29] RB an Brecht, 3. 11. 1953, BBA 972/21–22.
[30] RB an Brecht, 9., 12., 13. und 14. 11. 1953, BBA 972/55–56, 972/62–63 sowie: 971/40–41 und 971/ 99–100.
[31] Notiz, 15. 11. 1953, BBA 971/37–38. Die Notizen dieser Zeit sind Mitteilungen an Brecht, denen sie – auf seinen Wunsch hin – eine epische Form gab.
[32] Notiz, 16. 11. 1953, BBA 971/ 36.
[33] Notiz, 19. 11. 1953, BBA 971/78.
[34] Herbert Lüthy: *Vom armen Bert Brecht*. In: *Der Monat*, hrsg. von: Information Division, Office of Public Affairs, HICOG, no. 44, Mai 1952, S. 115–144. Lüthy schrieb die Position Ruth Fischers fort.
[35] Notiz, 22. 11. 1953, BBA 971/60.
[36] Hans Bunge an RB, 20. 11. 1953, RBA o. Sg.
[37] RB an Hans Bunge, 24./25. 11. 1953, RBA o. Sg..
[38] Elisabeth Hauptmann an RB, 6. 4. 1954, EHA 216. Am 25. 9. 1954 schrieb sie

an Schmidt, daß Brecht sie erneut mit der Korrespondenz beauftragt habe. RB war dazu nicht in der Lage. Hecht: *Chronik*, S. 1123.
39  Knut Rasmussen an Helene Weigel, 16. 12. 1953, BBA 2201/28.
40  Brecht an RB, Ende März 1954, *GBFA* 30, S. 236.
41  RB an Brecht [Ende März 1954], BBA 972/05.
42  Gerda Goedhart, Käthe Rülicke-Weiler: *Brecht-Porträts*, a. a. O., BBA Z42/314.
43  An Brecht im Juni 1954 gesandte Notiz, BBA 1959/55.
44  Notiz, Juni 1954, RBAHKOP.
45  Daß sich Brecht wohl gewaltsam von Erinnerungen an den Ursprung des Stücks losriß, suggeriert eine Notiz Bunges, wonach er vergessen zu haben schien, selbst der Autor zu sein. „Er tut nicht nur so, sondern ist völlig unvoreingenommen, benutzt bei den Proben selten ein Buch [...], verwechselt die Akte miteinander und läßt jede Darstellung auch bei mehrmaliger Wiederholung auf sich wirken, als sähe er sie zum ersten Mal." Zit. n. Hecht: *Chronik*, S. 1088.
46  RB an Hans Mayer, 11. Mai 1955, in: *Who was Ruth Berlau?*, a. a. O., S. 232.
47  Ulrich Enzensberger: *Über jemandes Leben und Betragen. Gespräch mit Hans Bunge*. In: *Süddeutsche Zeitung*, 9. 1. 1986.
48  Elisabeth Bergner: *Unordentliche Erinnerungen*, a. a. O., S. 214.
49  Picasso hatte das Tuch für die Franzosen entworfen, die 1951 an den Weltfestspielen der Jugend in Ostberlin teilnahmen. Siehe: Bergner Foto, in: Berlau/Meyer, S. 169.
50  RBAHKOP.
51  Elisabeth Bergner: Unordentliche Erinnerungen, a. a. O., S. 214.
52  Probennotat, 7. 1. 1953, RBAHKOP.
53  Notiz, 13. 4. 1954, BBA 972/31.
54  Archivbericht: *Das Magazin*. Redaktioneller Artikel zum 80. Geburtstag der Zeitschrift, März 2004, S. 50f.
55  Heinz H. Schmidt (1906–1989), Emigration in London, 1946 Intendant des Rundfunks. 1949 als Westemigrant funktionslos, nach 17. Juni gemaßregelt, 1955 Chefredakteur des *Magazins*, 1956–1958 Leiter des *Eulenspiegel*, dort auch abgesetzt, später Funktionen im Presserat der Nationalen Front.
56  *Berlau/Meyer*, 162.
57  *Liebe kann man nicht aussortieren. Erinnerungen an Martin Andersen Nexø*, in: *Das Magazin* 6 / 1959.
58  RB projizierte ihre eigenen Wünsche bezüglich Brechts auf Johanna Nexø. Dessen Arbeitszimmer soll so eingerichtet gewesen sein, daß sie „immer dabei saß, wenn er arbeitete. Es ist nicht leicht, eines großen Manns Frau zu sein – entweder verschwindet man selber in der Hilfe für das Große, aber sie wurde sein tägliches Brot." RBA N72. Der Bezug zum Apfel, dessen Ehre es ist, gegessen zu werden, ist offensichtlich.
59  RB an Hans Mayer, 11. Mai 1955, a. a. O.
60  RBA 155.
61  Martin Andersen Nexø: *Die Kindheit. Erinnerungen*. Deutsch von Margarete Steffin und Bertolt Brecht, Dietz Nachf. GmbH, Berlin, 1946. Originalausgabe 1940 bei Meschdunarodnaja Kniga, Moskau. Das Buch erschien auch in der Reihe Erbe und Gegenwart der Vereinigung Kultur und Volk 1945 in Zürich.
62  RBA N 72, 160, 161, RBAHKOP.

[63] Kulle Seeger an RB, 25. 8. 1956, RBAHKOP.
[64] *Der gefährliche Tote* = Abschnitt des Artikels *Liebe kann man nicht aussortieren*, a. a. O.
[65] RB an Herbert Ihering, [1951], RBA N 206.
[66] Herluf Bidstrup (1912–1988), politisch-satirischer Zeichner, 1935 für *Social-Democraten, Kulturkampen, Land og Folk*, Reisebücher über Ostblockländer, illustrierte auch klassische Werke wie das *Decamerone*.
[67] Herbert Sandberg (1908–1991), Schüler Otto Muellers an der Kunsthochschule Breslau, 1934–1945 im Zuchthaus Brandenburg und KZ Buchenwald. In der DDR gehörte Sandberg zu den wichtigsten Zeichnern und Grafikern. Mit Brecht und Berlau befreundet.
[68] RB an Brecht, [Frühjahr 1954], RBAH.
[69] RB an Erwin Strittmatter, Ende Juni 1954, RBA 208.
[70] RB an Brecht, Ende Juni 1954, BBA 972/51.
[71] Brecht an RB, Ende Juni / Anf. Juli 1954, *GBFA* 30, S. 261f.
[72] Brecht an Käthe Rülicke, Ende Juni /Anfang Juli 1954, *GBFA* 30, S. 261.
[73] Zit. n.: Carola Stern: *Männer lieben anders. Helene Weigel und Bertolt Brecht*, Berlin 2000, S. 176–177.
[74] RBA 120.
[75] RBA 147.
[76] RB an Louise Eisler, jetzt Fischer [Sommer 1954], RBA o. Sg..
[77] *Mennesker jeg mødte og dem jeg ikke mødte eller Jeg er en snop* (Menschen, die ich mag und die ich nicht mag oder: Ich bin ein Snob), Manoir du Ban - Corsier, Juli 1954, RBAHKOP.
[78] RBA N 244. Es ist augenscheinlich, daß Texte wie diese das Brecht-Bild vieler Autoren geprägt haben, vor allem John Fuegi: *Brecht & Co.*, a. a. O.
[79] Henri Langlois an Mme Bert Brecht, 14. 8. 1954, RBA 1959/70.
[80] Ole Cavling an RB, 20. 7. 1954, RBAHKOP.
[81] Brecht an RB, 19. 6. 1954, *GBFA* 30, S. 266.
[82] Herluf Bidstrup (1912–1988), politisch-satirischer Zeichner, 1935 für *Social-Democraten, Kulturkampen, Land og Folk*, Reisebücher über Ostblockländer, illustrierte auch klassische Werke wie Boccaccios *Decamerone*.
[83] Erna Watson (1910–1973), Publizistin, Redakteurin bei *Land og Folk*.
[84] Zit. n. Programmheft Kaukasischer Kreidekreis. Einige hier abgedruckte Leserbriefe aus Ost- und Westberlin vertraten die Auffassung, daß Picasso zwar ein Friedenskämpfer, aber doch auch ein Formalist sei. Helene Weigel hatte das Logo geschickterweise einer Kindergruppe zur Beurteilung vorgelegt: „Es stellte sich heraus, daß den Kindern dieses Plakat ganz selbstverständlich und leicht faßbar war.[...] Das ist ja klar, das sind gelbe, rote, schwarze und weiße Menschen, und alle verbindet die Friedenstaube. – Und es sind nicht vier halbe Gesichter, sondern vier Masken, und das Theater wird seit alters durch Masken dargestellt." Weigels Erwähnung des Maskencharakters der Gesichter verweist auf die damals ebenfalls geführte Auseinandersetzung, ob die für die Inszenierung benutzten Masken als formalistisch zu gelten hätten.
[85] [Versuch eines Porträts von Bidstrup]: *Kraft des Hasses, Macht der Liebe*, RBA 147.
[86] RBAN244.

[87] RBA 55.
[88] Siehe: Erdmut Wizisla: *Virtuelle Kriegserfahrung mit Brecht-Texten: Die Kriegsfibel*. In: *Brecht und der Krieg*, a. a. O. Der Vertrag, der RB 5% vom Ladenpreis zusicherte, liegt in RBA N 259.
[89] Kopie des Modellbuch-Vertrags für RB: RBA 55. Am Telefon beschuldigte RB Brecht, kein Extrahonorar für die Fotoarbeiten ausgehandelt zu haben, RBA 120, S. 32.
[90] In RBA N 221 liegen Kopien von Entschuldigungsbriefen RBs an Palitzsch wegen der Fotos. Über durch RBs Schuld verlorene Fotos klagt auch Goedhart in einem undat. Brief an Brecht: RBA 67/8.
[91] Brecht an RB, Oktober 1954, *GBFA* 30, S. 273f.
[92] Gespräch mit Vera Tenschert, Juni 2003.
[93] Brecht an RB, 2. Halbjahr 1954, *GBFA* 30, S. 290.
[94] Drei Telephongespräche, in: *Berlau/Bunge*, S. 272-273.
[95] RB: *Telefonzeit*, RBA 120.
[96] Manfred Wekwerth: *Erinnern ist Leben. Eine dramatische Autobiographie*, Leipzig, 2000, S. 75–76.
[97] Protokoll: *Diskussion mit Praktikanten am 8. 10. 1954 bei Frau Berlau*, RBAH-KOP.
[98] Hecht: *Chronik*, S. 1128.
[99] *Schwungvoll oder `Was soll sein?`*, RBA 120.
[100] *Gespräch über Liebe*, 28. 2. 1955, RBAHKOP.
[101] Hilde Eisler an RB, 18. 3. 1955, ebd.
[102] *Es war nicht schön*, 24. 3. 1955, ebd.
[103] Gespräch mit Eva Strittmatter am 30. 2. 2005.
[104] Brecht an RB . Der Datierungsversuch des Briefs „um 1951?" in *GBFA* 30, S. 100 scheint mir viel zu früh angesetzt. Aus einer am 21. 5. 1955 in St. Joseph dat. Notiz geht hervor, daß Zweig RB einen Besuch angekündigt hatte. RBAHKOP.
[105] Siehe: Helene Weigel an RB, 18. 4. 1955, RBA N 198.
[106] RB: Notiz, 9. 9. 1955, RBA 241.
[107] RB an Käthe Reichel, [27. oder 28. 4. 1955], RBA 208.
[108] Von der herzlichen Beziehung zeugt ein Brief Hans Mayers an RB, 22. 2. 1952. Sie wurde von Mayer auch gegenüber Werner Hecht bestätigt.
[109] RB an Hans Mayer, 11. Mai 1955, a., a., O, S. 230-235.
[110] RBA 61. Im Anschluß an diesen Text finden sich Lebensläufe von Mitpatienten und der Schwestern, die RB auch als Rohmaterial für Novellen gesammelt haben kann. In RBA 88 ist der Blick auf den Garten von St. Joseph beschrieben, in dem sie sich mit einer Norwegerin unterhielt. Hier liegen auch Notizen über den hospitalisierten „Arbeiterführer und Parteigenossen" Karl Heinrich, der politische Schwierigkeiten gehabt hatte sowie Aufzeichnungen dieses Mannes zur Dialektik, „seiner Leidensgenossin gewidmet".
[111] Notiz, Mai 1955, RBAHKOP.
[112] Brecht an RB, 30. 4. 1955, *GBFA* 30, S. 353.
[113] Brecht an RB, 7. 5. 1955, ebd., S. 338.
[114] John Fuegi veröffentlichte das von ihm abgeschriebene Testament aus dem Nachlaß Isot Kilians: Brecht & Co., a., a., O., S. 828f. Es war auf den 15. Mai 1955 datiert und erlangte nach Brechts Tod keine Gültigkeit, da es nicht notariell beglaubigt war.

[115] RB an Helene Weigel, 12. 5. 1955, BBA 1186/50.
[116] Notiz [Sommer 1955], die stellenweise als Brief an Johannes R. Becher und seine Frau Lilly formuliert ist, RBA N 244.
[117] Brecht projizierte ihre Ambivalenz noch mehrfach in das Bild von Shen te und Shui Ta. Siehe das Gedicht: Veränderung, aber zum Schlechten (1956), *GBFA* 15, 298–299.
[118] Brecht an RB, 6. 6. 1955, *GBFA* 30, S. 351.
[119] RB an Elisabeth Hauptmann, 22. 6. 1955, EHA 216. Hier liegen mehrere Briefe RBs auch aus den folgenden Monaten. In einem steht die Frage, ob Hauptmann Brecht auch zu anstrengend fand.
[120] Brecht an RB, 27. 6. 1955, *GBFA* 30, S. 362.
[121] RBA 289 Der „großen dänischen Genossin und Künstlerin" wurde folgendermaßen gedankt: „Wir haben gelauscht // mit Gedanken // und haben gefühlt // mit Taten // und sprachen // mit dem Tyrannen in Raten [Hitler?] // Wir haben gelauscht // gefühlt, gehofft // Und mahnen konkret // Die Wahrheit ist konkret."
[122] Mein Koch, August 1955, mehrere Varianten, darunter einer von anderer Hand bearbeitet, kein Drucknachweis. Bei dem Material liegt eine Postkarte von Quast an RB: er spiele als Filmkomparse bei der DEFA einen spanischen Bauernjungen. Auch kündigte er einen Besuch in Buckow an. Auf die Vorderseite hatte er RBs Losung 'Die Wahrheit ist konkret` geschrieben. RBAHKOP.
[123] Willst du Schauspielerin werden? In: *Das Magazin*, 10/1955.
[124] Leiter der Abteilung Kriminalpolizei Strausberg an den Genossen 1. Sekretär der Betriebsparteiorganisation der SED des 'Berliner Ensembles`, 3. 8. 1955. Käthe Rülicke, damals Parteisekretärin des BE, sandte am 15. 8. 1955 eine Kopie des Schreibens an Dr. Wand, RBA 241.
[125] RB: *Die Wahrheit ist konkret*. In: *Berlau/Bunge*, S. 276–279.
[126] Siehe: RB an Brecht und RB an Brecht und Peter Palitzsch [Aug. 1955], RBAH-KOP.
[127] Brecht an RB, 20. 8. 1955, *GBFA* 30, S. 368f.
[128] RB an Brecht, [21. oder 22. 8. 1955], RBA N 206.
[129] Megafin war das erste Mittel, das gezielt bei Schizophrenie, aber auch bei Parkinson eingesetzt wurde. Es wirkte nur wenig antipsychotisch, dämpfte aber sehr. Bei längerer Anwendung kam es zu starken Nebenwirkungen: Bewegungsstörungen, Krämpfe, verlangsamtes Denken, Abschwächung sexueller Wünsche.
[130] Theodor Brugsch (1978–1963), renommierter Herz-Kreislauf-Spezialist, der sich auch für die Zusammenhänge von Konstitution, Persönlichkeitsstruktur und organischen Leiden interessierte. 1935 aus politischen Gründen als Ordinarius entpflichtet, 1945–1957 Ordinarius an der Charité.
[131] Friedrich Karl Kaul (1906–1981), einflußreicher Anwalt und Kriminalschriftsteller, 1932 KPD, 1935–1937 Haft, dann Emigration nach Südamerika. Als Anwalt nahm K. an Prozessen um die großen faschistischen Verbrechen in DDR und BRD teil, u. a. am Frankfurter Auschwitzprozeß.
[132] RB an Brecht, undat., RBA 203. Vermutlich einer von mehreren am 24. 8. 1955 verfaßten Briefen.
[133] RB an Dr. Kaul, 24. 8. 1955. Da Kaul nicht sofort antwortete, schrieb sie ihm am 1. 9. erneut. Sie drohte, einen anderen Anwalt zu nehmen, wodurch Brecht Schaden

zugefügt werden könne. Da Kaul auch Brechts Anwalt war, könnten die Konflikte ohne großes Aufsehen gelöst werden, RBA N 207.
[134] RBA 269.
[135] RB an Weigel und Brecht, 24. 8. 1955, RBA N 210.
[136] RB an Weigel und Brecht [24. 8. 1955] RBA 241. – Daß auch Helene Weigel RBs Schulden und offene Rechnungen beglich, zeigt ihr Brief an RB in die Klinik v. 15. 5. 1955, RBA N 198.
[137] RB an Brecht, August 1955, RBA 203.
[138] Brecht an RB, 7. 9. 1955, *GBFA* 30, S. 374.
[139] Notiz RBs, RBAHKOP.
[140] RB an Helene Weigel, 3. 9. 1955, RBA 210.
[141] RB an Dr. Stecker, 6. 9. 1955, RBA 208.
[142] RB an Walter Janka, zwei Versionen [nach 15. 9. 1955]. Am 30. 8. 1955 schrieb sie ihm u. a. daß sie „als einziger Mitarbeiter Brechts nicht nur Aufnahmen machte, sondern die ganze englische Bearbeitung und jetzt die Zusammenstellung der deutschen Ausgabe mitmachte". RBA 206.
[143] RB an Brecht, 1. 10. 1955, RBA 68/2.
[144] RB an Brecht, [Ende Okt. 1955], RBAHKOP.
[145] Brecht an RB, Oktober 1955, *GBFA* 30, S. 389.
[146] Brecht an RB, 31. Oktober 1955, ebd., S. 388.
[147] Brecht an RB, 7. 11. 1955, ebd., S. 390.
[148] Brecht an RB, 11. 11. 1955, ebd., S. 390f.
[149] Brecht an RB, 23. 11. 1955, ebd., S. 391.
[150] Brecht an RB, 1. 12. 1955, ebd., S. 397.
[151] RB an Brecht, [Dezember 1955], RBA 68/2.
[152] Brecht an RB, 14. 12. 1955, *GBFA* 30, S. 400.
[153] Hans Scherfig an Brecht, undat., RBAHKOP.
[154] Brecht an RB, Ende Dezember 1955, *GBFA* 30, S. 407.
[155] Brecht an RB, Ende Dezember 1955, ebd., S. 408.
[156] Notiz, Januar 1956, RBAHKOP.
[157] RB an Brecht über die schwierige Arbeits- und Geldsituation linker Autoren, 13. 3. 1956, RBA 906.
[158] RB an Brecht, 31. 1. 1956, RBA 203.
[159] RB an Brecht, undatiert, RBA 203.
[160] Brecht an RB, Februar 1956, *GBFA* 30, S. 433.
[161] Brecht an RB, 16. 1. 1956, ebd., S. 413f.
[162] Brecht an RB, 20. 1. 1956, ebd., S. 416ff.
[163] RB an Brecht, 31. 1. 1956, RBA 203.
[164] Brecht an RB, 11. 2. 1956, *GBFA* 30, S. 429.
[165] Brecht an RB, [Mitte, Ende Februar 1956], ebd., S. 420. Die Datierung „30. 1. 1956" in *GBFA* ist nicht haltbar, wenn man Fragen und Antworten ihrer und seiner Briefe synchronisiert].
[166] RB an Brecht, 2. 3. 1956, RBA 203.
[167] Brecht an RB, [Ende] Februar [oder später] 1956, *GBFA* 30, S. 433f.
[168] Brecht an Lars Schmidt, 26. 2. 1956, BBA 706/21.
[169] RB an Brecht, 13. 3. 1956, RBA 906.

[170] RBs Briefwechsel mit dem Büro Hagens und andere Dokumente zum Hauskauf, darunter Briefe Scherfigs: RBA 68/2, N 188, N 206, N 221, N 257. Der Briefwechsel zwischen der Kanzlei Hagens und Brecht, teilweise von Isot Kilian und Elisabeth Hauptmann geführt, liegt in BBA 975/72-88.

[171] Brecht an RB, Ende Apr. 1956, *GBFA* 30, S. 450.

[172] Brecht an RB, 27. 7. 1956, ebd., S. 472. Text zu Stalin: *GBFA* 23, S. 417. Original: RBA 62/13-14.

[173] RB an Brecht, 2. 8. 1956, RBA 68/2.

[174] BBA 975/83 f.

[175] Lise Lindbæk (1905-1961), norwegische Autorin dänischen Ursprungs, war als Korrespondentin einer norwegischen Zeitung im spanischen Bürgerkrieg, verfaßte ein Buch über die Thälmann-Kolonne und verwirklichte RBs Vorhaben, ein Buch über die skandinavischen Seeleute zu schreiben, die auf Seiten der Alliierten gekämpft hatten: 1000 norwegische Schiffe. Über den Einsatz norwegischer Seeleute im 2. Weltkrieg. Sie schrieb Brecht am 7. 8. 1956 ausführlich über ihre positiven Erfahrungen in 'Apolinaris` und empfahl die Behandlung RBs dort, BBA 1646/09.

## 12. „Weine nicht"

Nachdem sie die Todesnachricht erhalten hatte, reiste Ruth Berlau sofort nach Berlin. Dort kümmerte sich Eva Strittmatter um sie. Zu Brechts engstem Freundeskreis gehörend, wurde sie von Helene Weigel und Stefan Brecht zu der am 17. August um 9 Uhr auf dem Dorotheenstädtischen Friedhof stattfindenden Beisetzung gebeten. In einem Interview sagte Berlau später, daß Weigel ihr Gelegenheit gab, eine Weile mit dem Toten allein zu sein. Dafür war sie ihr sehr dankbar.[1] Sie gehörte auch zu den wenigen, die einen Abguß der Totenmaske bekamen.

Den Kauf des Hauses stellte Helene Weigel nicht in Frage[2] und beauftragte Hauptmann, die dafür begonnenen Überweisungsprozeduren fortzusetzen. Am 18. August, am Tag der offiziellen Zeremonie zu Brechts Tod, an der Ruth Berlau nicht teilnahm, bestätigte sie selbst mit einem Brief an Rechtsanwalt Hagens, daß alles in Ordnung sei.[3] Sie war seltsam gefaßt. Keineswegs hatte sie den Kopf verloren. Ihre Fähigkeit zu Entscheidungen und Handlungen war erstaunlich. Heute weiß man, daß es zur Charakteristik der Borderline-Kranken gehört, oft auch in Krisen die Handlungsfähigkeit nicht zu verlieren. Es scheint, daß Brechts Tod für Ruth Berlau die Erlösung von einer langen Anspannung darstellte. „Ich habe jetzt noch das Gefühl, als ob ich über zwanzig Jahre nicht gesessen hätte", sagte sie Hans Bunge 1959.[4] Die an sie gerichteten Kondolenzschreiben zeigen, daß ihre Freunde damals einen psychischen Zusammenbruch befürchteten. Daß sie ausgerechnet den größten Schmerz durch sinnvolle Aktivitäten zu mindern vermochte, schien niemand für möglich zu halten. Ebenfalls am 18. August schrieb sie einen Brief an die Intendanz des Berliner Ensemble, in dem sie Bedingungen für weitere Zusammenarbeit stellte: „Liebe Freunde, ich möchte euch mitteilen, daß,

wenn Ihr meine Arbeit weiterhin braucht, ich auf folgendem Vertrag bestehe: // Mindestgage: 1500,00 // Jährlich eine Matinee unter meiner Regie // Jährlich eine Kindervorstellung unter meiner Regie, von Kindern gespielt für Erwachsene // Ab und zu Umbesetzungsproben bei Stücken, deren Regie ich kenne, // Mir die Möglichkeit zur Verwirklichung meiner schöpferischen Einfälle zu geben, z. B. jeden zweiten Monat eine Nachmittagsvorstellung für Bäckerlehrlinge und Bäcker."[5] Die „Bäcker" verweisen auf ihre weiter bestehenden Kontakte zu den Lehrlingen des Backkombinats. Diese standen sicher symbolisch für Nachtarbeiter, für die die berühmten Sonntagsmatineen des Ensemble zeitlich ungünstig lagen.
Um die Herausgabe der Modellbücher abzusichern, schrieb Berlau auch einen geschickten Brief an Kulturminister Becher.[6] In Dänemark versuchte sie ebenfalls, strategische Weichen zu stellen. Das Team von *Land og folk* bat sie telegrafisch um eine Besprechung wegen einer dänischen Brecht-Ausgabe. An Herbert Steinthal von *Politiken* telegrafierte sie: „Möchte Euch sprechen."[7]
An ihrem 50. Geburtstag, am 24. August, flog sie nach Dänemark, in ihr „Bauernhaus mit Strohdach" am Dageløkkevej 76, im Kopenhagener Vorort Humlebæk. Brecht habe es auch für sich gekauft, schrieb sie an Elisabeth Bergner, um in Ruhe arbeiten zu können, „sein buckow war zu nah [an] berlin". Hier, in Dänemark habe er sein *Einstein*-Stück vollenden wollen.[8] Berlau schöpfte Kraft daraus, daß sie Brecht jetzt leichter nach ihren Wünschen interpretieren konnte. Durch seinen Tod schien er ihr nun plötzlich mehr, ja ganz zu gehören. In dem Brief spielte auch das Anfang September geplante Londoner Gastspiel eine Rolle, das die Weigel planmäßig durchzuführen gedachte. Angeblich „wollte und sollte" Berlau „mit die ganze truppe fahren". Dazu paßte die Bitte nicht, bei Bergner und Czinner wohnen zu dürfen.[9] Daß sie tatsächlich nach London fuhr, geht aus einem Brief an Hauptmann hervor, in dem sie um Eintrittskarten bat.[10]
Am Rande des triumphalen Gastspiels kam es zu einem Treffen zwischen Weigel, Hauptmann und Lars Schmidt. Er wurde in Kenntnis gesetzt, daß Brechts Testamentsentwürfe notariell nicht beglaubigt waren und deshalb die vom bürgerlichen Gesetzbuch vorgesehene Erbfolge zum Zuge käme. Damit waren auch frühere Tantiemenvoll-

machten für Ruth Berlau in Skandinavien hinfällig, weitere Zahlungen sollte sie nicht bekommen. Das Protokoll wurde ihr zugestellt.[11]

Die Bedingungen, die Berlau für ihre Weiterarbeit am Berliner Ensemble gestellt hatte, waren illusorisch. Aber Weigel erneuerte ihren Vertrag, allerdings zu ihren eigenen Bedingungen. Berlau mußte respektieren, daß Weigel das alleinige Verfügungsrecht über Veröffentlichungen von Brechts Werk und allen persönlichen Dokumenten hatte, einschließlich derer, die sich in ihrem Besitz befanden. Brechts Vertrag mit dem Suhrkamp Verlag über dessen Erstpublikationsrecht bestand ja weiter. Außerdem sollte sie eine noch zu Brechts Lebzeiten aufgesetzte Erklärung unterschreiben, wonach sie sich mit einer fristlosen Auflösung des Vertrags einverstanden erklärte, „wenn durch mein Verhalten das Ansehen des *Berliner Ensemble* am Schiffbauerdamm geschädigt oder durch mein Verschulden die Arbeit des *Berliner Ensemble* am Schiffbauerdamm gestört wird." Die Feststellung schuldhaften Verhaltens oblag gemeinsam der Personalabteilung und der Betriebsgewerkschaftsleitung.[12] Berlau unterschrieb und nahm ab 15. September ihre Arbeit auf.
Bereits im Oktoberheft des *Magazin* erschien *In Erinnerung an Bertolt Brecht*. Der Artikel beginnt pathetisch: „Da hat er sich einfach zur Ruhe gelegt. // Ihr, die ihr da unten im Dunkeln sitzt und auf seine helle Bühne schauen werdet, hört zu, um was er euch bittet und was er euch schenkt." Dann folgt eine wohl mit Bunges Hilfe geschriebene Darstellung von Brechts kulturpolitischem Sonderweg, der die Verbindung zwischen Kunst und Publikum auf direkte Weise und nicht durch Interventionen der Partei gesichert wissen wollte.[13]
Hilde Eisler, die versuchte, Themenbereiche des Privaten von einer sozialistischen Perspektive her anzugehen, gab Berlau weiterhin Publikationsmöglichkeiten. Sie durfte sich damit im *Magazin* die im Osten einzigartige Aura einer Frau schaffen, die vielen Berühmtheiten nahegestanden hatte. Damit konnte sie gerade den Teil ihrer Persönlichkeit öffentlich machen, der für ihr Identitätsgefühl wichtig war. So verständnisvoll und freundschaftlich sich Hilde Eisler Ruth Berlau gegenüber verhielt, unkritisch war sie nicht. Im September 1956 druckte sie bis heute oft noch Berlau zugeschriebene Fotos von Charles und Oona Chaplin unter dem Namen von Gerda Goe-

361

dhart, der damit zurückgegeben wurde, was ihr wohl immer gehört hatte.[14] Daß Berlaus Honorarliste beim *Magazin* auch nachträglich keine Auszahlung für diese Fotos aufweist, zeigt, daß es sich nicht um einen Irrtum handelte.[15]
Durch Brechts Autorität, durch die Erfolge des Berliner Ensemble im Ausland und nicht zuletzt durch die zahlreichen Zuschauer aus Westberlin, besaß das Theater eine gewisse Autonomie in der kulturpolitischen Landschaft. Würde es Helene Weigel gelingen, sie zu wahren? Das setzte einen zuverlässigen Korpsgeistes zwischen älteren und neueren Mitarbeitern voraus. Darin ist der Grund zu sehen, daß der Störenfried Berlau als eines der vielen ungewöhnlichen Erbstücke Brechts durchaus dort weiter seinen Platz hatte. Es kam sogar zur Annäherung an Käthe Rülicke. Berlau zeigte ihr die in ihrer Speisekammer verborgene Büste Steffins und behauptete nun, daß sie eine ähnliche Rolle wie Steffin für Brecht gespielt hätte.[16] Spätere Kontakte sind u. a. durch aufschlußreiche, leider lückenhafte Korrespondenzzettel belegt, die die beiden 1969, offenbar während einer Versammlung, ausgetauscht haben. Sie betreffen Behauptungen, die Rülicke hinsichtlich Brechts Tod gemacht hätte und über die Berlau sich wunderte. In ihrer Schrift ist zu lesen: „Rülicke zweifelte, ob Brecht [weiter] leben wollte! Ein Grund bitte!"
Auf einem anderen Zettel ist von Rülickes Hand vermerkt, daß sie bei täglichen Besuchen im Krankenhaus mit ihm über die in der DDR nicht publizierte Geheimrede Chrustschows zu Stalins Verbrechen diskutiert habe.[17] Rülicke war überzeugt, daß diese Rede zur entscheidenden Verschlechterung seines Zustands beigetragen hatte. Berlau jedoch scheint über die konfliktuelle Seite von Brechts Verhältnis zur Sowjetunion nicht im Bilde gewesen zu sein und auch seine letzten Gedichte über den „verdienten Mörder des Volkes" nicht gekannt zu haben.

1956 plante Harry Buckwitz in Frankfurt am Main die *Die Gesichte der Simone Machard* uraufzuführen und hatte die Hauptrolle zunächst Käthe Reichel zugedacht. Berlau und Weigel waren sich aber sicher, daß Brecht die Rolle mit einem Kind besetzen wollte, um den Patriotismus der Simone glaubhafter zu machen.[18] Berlau schlug Buckwitz ein Mädchen aus ihrer Nachbarschaft vor, mit der sie bereits geprobt

hatte. Sie bot auch ihre Regieassistenz an, „ich habe doch das Stück mit Brecht geschrieben, weiß genau, was er wollte."[19]
In einem späteren Artikel beschrieb sie, wie sie mit Dorothea Jecht probte. „Ich habe gelernt von Brecht, mit Kindern zu sprechen, wie mit Erwachsenen. Das haben die Kinder scheinbar gern." Sie gab ihr von Anfang an die Requisiten: einen Wäschekorb, Spieß, Helm, lange Schürze. Da noch keine Musik existierte, sang Dorothea nach selbst ausgedachten Melodien. Berlau nahm die Proben auf Tonband auf, „um genau nachzuprüfen, daß sie deutlich sprach, daß Nuancen vorhanden waren." Dorothea mußte ihre Fähigkeiten auch im Berliner Ensemble vorführen. Sie „stieg auf die Bühne als wäre sie eine sechzigjährige routinierte Schauspielerin, machte unseren langjährigen Requisiteur nervös, indem sie den angebotenen Helm ablehnte: 'Wissen Sie, das ist ein deutscher Helm, ich brauche einen französischen!' [...] Am meisten, glaube ich, hat Helene Weigel sich amüsiert über diese Genauigkeit. [...] Benno Besson gab die Stichworte. [...] Buckwitz griff sofort zu, der Vertrag war da." In Begleitung ihrer Mutter, mit einer riesigen Babypuppe und ihren Schulbüchern, flog Dorothea zu den Proben nach Frankfurt.[20] Berlau selbst nahm an der schließlich sehr erfolgreichen Inszenierung nicht teil.
Durch ihre Arbeit mit der Kinderdarstellerin hatte Berlau offenbar auch bei Weigel Prestige gewonnen. Aber mit der Uraufführung der *Gesichte der Simone Machard* entbrannte auch ein jahrelanger Streit um Tantiemen und Publikationsrechte. Berlau bat Feuchtwanger um eine Kopie des alten Vertrags, der zu Beginn der Arbeit geschlossen worden war, wonach ihr ein Drittel der Einnahmen zustanden.[21] Feuchtwanger sandte Kopien an Hauptmann und an den Suhrkamp Verlag.[22] Über mehrere Jahre bemühte Ruth Berlau sowohl den Anwalt Kaul als auch ihren dänischen Anwalt Vøhtz vergeblich in dieser Angelegenheit. Sie hatte schlechte Karten, da sie bereits in der Anfangsphase der Arbeit nach New York gegangen war und ihre kurze Mitarbeit als abgegolten durch Unterhaltszahlungen Brechts interpretiert werden konnte.
Unter den nach Brechts Tod bei Ruth Berlau eintreffenden Kondolenzen war auch ein Schreiben des Hamburger Verlegers Ernst Tessloff gewesen,[23] der ein vor Jahren geplantes Buchprojekt über Brechts und Tombrocks Zusammenarbeit beim *Galilei* wiederbele-

ben wollte.[24] Das Buch sollte auch auf Berlaus Rolle bei der Entstehung des Stücks eingehen und u. a. viele ihrer Fotos enthalten. Ihr bereits vorliegender Text *Als Bardame in Amerika*, in dem sie beschrieb, daß sie sich für das Filmmaterial für die New Yorker Aufführung beinahe prostituiert hätte, hielt Tessloff für ein besonders interessantes Kapitel des Buches. Da er wußte, daß Berlau Schwierigkeiten hatte, Texte alleine zu verfassen, bot er an, für die weitere Arbeit in Hamburg eine Stenotypistin zur Verfügung zu stellen und selbst beim Redigieren zu helfen.[25]
Es war für Tessloff, aber besonders für Tombrock und Berlau sehr enttäuschend, daß Weigel ihre Zustimmung zum Abdruck des *Galilei*-Stücks in einem solchen Buch verweigerte und das Unternehmen dadurch zu Fall brachte. Sie konnte sich auf die Kopie eines Briefs Brechts an Tessloff berufen, in dem er 1955 den Buchplan annulliert hatte, weil er einen Teil der Radierungen für nicht gelungen hielt und durch Tombrocks Weggang in den Westen keine Zusammenarbeit mehr möglich sei.[26] Auch ohne diesen Brief hätte Weigel dem Projekt nicht zugestimmt. Eine Sonderedition des Stücks aus dem Blickwinkel zweier Mitarbeiter, die ihre Rollen bei der Entstehung des Stücks sehr überschätzten, lag nicht in ihrem Interesse. Sie machte Ruth Berlau brieflich klar, daß sie keinerlei Verhandlungsrecht über Brechts Werke besaß.[27] Diese Kräftekonstellation nach Brechts Tod akzeptierte Ruth Berlau nie.
Mit dem *Galilei* konnte sie sich nur in Hinblick auf das von Weigel auch weiterhin gewünschte Modellbuch beschäftigen. Weil sie davon aber nur Bruchstücke ablieferte, erhielt sie fortlaufend Mahnungen.[28] Weigel wollte außerdem sicher stellen, daß das dänische Haus nach Berlaus Ableben wieder an die Brecht-Erben fiel. Im Juni 1957 bat sie über ihre Anwältin um eine notariell beglaubigte Abschrift von Berlaus Testament.[29]

Berlau begab sich für die Ferienzeit nach Humlebæk. Dort nahm sie einen neuen Anlauf, um ihr Leben mit Brecht niederzuschreiben. Und sie versuchte, ihre Freunde Kirk, Scherfig und Bidstrup zu bewegen, Brechts für sie geschriebenen Liebesgedichte – womöglich in Übersetzung Gelsteds – in Dänemark zu publizieren, z. B. in *Land og folk*. Doch die Freunde waren sich bewußt, daß Helene Weigel an der Pu-

blikation von Gedichten im Vorgriff auf eine Gesamtausgabe nicht interessiert war. Auch Berlaus „Liebesroman" standen sie skeptisch gegenüber. Ihre Enttäuschung geht aus einem gereizten Brief an Bidstrup hervor, den sie im Herbst aus der Charitéstraße unter Brechts „grinsender" Totenmaske schrieb. Ihr Brecht-Buch, das *Græd ikke* (Weine nicht)[30] heißen solle, würde sie zu einem kleinen Preis für einfache Leute in einem eigenen Verlag herausbringen. „Seid Ihr alle so naiv gewesen zu glauben, daß ich mit dem Meister lediglich *gehurt* habe???" In ihrem Buch werde Brecht „in den Liebhaber und den Meister" aufgespalten. „Somit findest Du ein Kapitel über ihn: // *Der Schneider von Ulm* // Ich will überliefern, was nur ich über Brecht weiß und somit seine herrlichen Liebesgedichte und Briefe zum Besten geben, ohne, daß die Erben und die Witwe Helene Weigel (vor der Ihr alle kriecht) es verbieten können oder gekränkt sind."[31] Publikationsmöglichkeiten für die an sie gerichteten Gedichte suchte Berlau im September 1957 auch in Westdeutschland. Wie aus einem Brief aus München an Bunge hervorgeht, hatte sie eine Mappe dabei, in der sich Kopien von Gedichten, Briefen, Lai-Tu-Geschichten und vom Anfang ihres „kleinen Romans" über ihre Zeit mit Brecht befanden. Bunge hatte diese Kopien in seiner Funktion als Archivleiter angefertigt.[32]
Im Oktober nahm Elisabeth Hauptmann Stellung zu einer besorgten Nachfrage des Aufbau-Verlags. Man hatte erfahren, daß in München „von unbefugter Seite Manuskripte Brechts herumgezeigt und vielleicht sogar Verlegern angeboten" worden waren. Hauptmann schrieb, die Brecht-Erben seien im Bilde, daß Ruth Berlau dem Verleger Kurt Desch Briefe und Gedichte gezeigt habe. Diese seien zum größten Teil bereits als Kopien im Archiv. Berlau habe die Sachen auch Suhrkamp in Frankfurt gezeigt. „Er hat sie an sich genommen und Frau Berlau gesagt, daß sie weder Briefe noch Gedichte, auch wenn sie an sie persönlich gerichtet waren, veröffentlichen kann, [...] ohne Einwilligung von Bertolt Brecht Erben." Bunge hätte im Namen des Brecht-Archivs bereits einen Bericht darüber an die Akademie der Künste geschickt.[33] Hinter diesem Verwirrspiel läßt sich eine Strategie erkennen. Weil Berlau die an und für sie geschriebenen Brecht-Texte zur Veröffentlichung anbieten wollte, hatte sie Bunge erlaubt, sie zu kopieren. Auf diese Weise waren sie

aber auch für das Archiv gesichert. Daß ihre Publikationshoffnungen aussichtslos waren, begriff Ruth Berlau lange nicht.
In der von Weigel mit Suhrkamp geplanten Gesamtausgabe, deren Erscheinen sich über viele Jahre hinstrecken würde, sollte der ganze, auch der in der DDR politisch mißliebige Brecht enthalten sein. Damit setzte sich Helene Weigel mutig über die Wünsche der Kulturbürokratie hinweg.[34] Aber auch alles an und für Ruth Berlau Geschriebene sollte durchaus in die Systematik dieses Projekts eingearbeitet werden. Die noch unpublizierten Gedichte würden in einigen Jahren, die Briefe aber noch lange nicht an der Reihe kommen.
Da Berlaus Reise nach München und Frankfurt während der Spielzeit stattgefunden hatte, bekam sie nicht nur von der Intendantin, sondern auch von Iva Besson als Vertreterin der Gewerkschaftsleitung eine Mahnung. Sie enthielt auch die Feststellung, daß die Modellbücher nicht fertig seien und die vorliegenden Teile die gewünschte Qualität nicht aufwiesen.[35] Vor allem wohl deshalb wurde Berlaus Vertrag 1957 in einen Vertrag über freie Mitarbeit umgewandelt. Sie sollte die Modellbücher für *Die Mutter* und für *Carrar* mit Manfred Wekwerth, sowie *Puntila* mit Carl Weber fertigstellen. Außerdem wurde ihr Arbeit mit Nachwuchsschauspielern, gelegentliche Mitregie an Studio-Aufführungen und auch Fotografieren angeboten.[36]
In einem schamvollen Brief Ruth Berlaus an Helene Weigel entschuldigte sie sich, erneut Schwierigkeiten gemacht zu haben. „Es ist großzügig von dir, daß du mir noch eine Chance gibst." Sie bat Weigel, mit Professor Diederich von der Nervenklinik der Charité zu sprechen, der bereit sei, ihren Gesundheitszustand regelmäßig zu kontrollieren. „Er meint, daß die Erregungszustände überstanden sind, weil, wenn man alt wird, geht das vorüber." Außer der Fertigstellung der Modellbücher traute sie sich Arbeit mit Nachwuchsschauspielern zu, „wenn ich unter ärztlicher Kontrolle stehe. [...] ich danke Dir."[37]
Berlaus zerknirschte Haltung beruhte vielleicht auch darauf, daß es ihr ausgerechnet im *Magazin* gelungen war, ein unveröffentlichtes Brecht-Gedicht zu publizieren, für das sie auch ein Beschaffungshonorar von 100 Mark erhalten hatte. Anläßlich seines ersten Todestags brachte die Zeitschrift einen als „Auszüge aus einem noch unveröffentlichten Buch" bezeichneten Text von ihr über *Brecht und die Kinder*. Auf recht kitschige Art wurden hier seine Beziehungen zu den

Nachbarskindern erzählt, in der Zeit, als er bei ihr die Mittagsstunden verbrachte. Dem Artikel vorangestellt war das Gedicht *Der Liebende nicht geladen*. Der Zusatz „Schweden 1941" legte aufmerksamen Lesern nahe, daß es aus dem Tresor der Liebesgedichte für die Autorin des nachfolgenden Artikels stammte.

Wenn Hilde Eisler später auch keine unpublizierten Brecht-Gedichte mehr druckte, fuhr sie doch unbeirrt fort, ihrem Schützling Berlau eine Tribüne zu bieten, von der aus sie der Welt ihren ganz persönlichen Brecht präsentieren durfte. Sogar die im Brief von Tessloff erwähnte Erzählung erschien unter dem Titel *Wie ich Barfrau in New York wurde*, im Oktoberheft 1957. Ebenso aufsehenerregend war sicher der im Februarheft 1958 erscheinende Artikel *Wie war Bertolt Brecht?*, mit dem an dessen 60. Geburtstag erinnert wurde. Der Text enthält neben Anekdoten sehr interessante Charakterisierungen von Brechts Alltagsverhalten. Da er bis zu seinem Tode öffentlich angegriffen worden war und noch keine Biographie existierte, waren Berlaus Artikel von keiner geringen Bedeutung für seine Popularisierung.

Bunge half Berlau bei der Redaktion von: *Poesie der Regie*, ein Text, der in einer Brecht gewidmete Sondernummer der Zeitschrift *Sinn und Form* gedruckt wurde.[38] Er basiert wahrscheinlich auf Brechts Notizen für „das Büchlein über Regie", die er ihr im März 1951 geschickt hatte.[39]

Nachdem auch im Sommer 1958 die Modellbücher nicht vorlagen, stellte Weigel Berlau keinen neuen Vertrag mehr aus. Sie ließ ihr aber mitteilen, daß sie ihr für die nächsten zwei Jahre eine monatliche Beihilfe von 500 Mark überweisen würde, bis sie eine neue Tätigkeit gefunden habe.[40] Daß Weigel Berlau zwar kündigte, sie aber nicht völlig im Regen stehen ließ, entsprang ihrem sozialen Gewissen. Es gab aber auch andere Gründe, eine Brücke zu erhalten. So bat Weigel Berlau, einem Buch über Brecht, das der Kindler-Verlag plante, kein Fotomaterial zur Verfügung zu stellen, da sie mit der Konzeption des Bandes nicht einverstanden sei.[41] Tatsächlich schrieb Berlau dem Herausgeber eine harsche Absage, der offenbar bei ihr nachgefragt hatte, wer Brecht in Dänemark das Haus in Skovsbostrand zur Verfügung gestellt hatte. Ihre Antwort: „Helene Weigel, seine Frau, sorgte immer dafür, daß er ein Dach über dem

Kopf hatte, seine Schreibmaschine – und da war keine Rede, niemals und nimmer, von Armut, dazu war er zu fleißig. [...] Es hat ihm kein Mensch ermöglichen müssen, irgendein Haus zu beziehen." Sie wisse, daß der Kindler Verlag auch antisowjetische Bücher im Programm habe und betonte, daß es „mittelalterlich" sei, „gegen das Land des Sputnik irgend etwas herauszugeben."[42]
Nach außen funktionierte der alte Korpsgeist auch, als Wolf Biermann, der zwischen 1957 und 1959 Eleve im Ensemble gewesen war, Berlau in einem Theaterclub mit einem Spottlied über die Weigel begrüßte. Sie trat ihm ans Schienbein und ging.[43]
Obwohl Ruth Berlau zeitweilig Hausverbot im Berliner Ensemble hatte, hörte sie nicht auf, es zu betreten, wenn ihr danach war. Wie früher reagierte Weigel in solchen Fällen mit Nachsicht.

Vom Sommer 1958 stammt der erste überlieferte Bericht des Ministeriums für Staatssicherheit über Ruth Berlau. Die Einleitung verblüfft: „In politischer Hinsicht wird die B. als eine interesselose und indifferente Person bezeichnet." Ihre Partei- und Organisationszugehörigkeit sei unbekannt, am gesellschaftlichen Leben nähme sie keinen Anteil. Nach 1989 gelöscht sind Abschnitte, die Aussagen zum moralischen Lebenswandel enthielten, sowie ihre Beziehungen zum Brecht-Kreis. Oft kämen Paul Dessau und die Brüder Eisler zu Besuch, weitere Kontaktpersonen waren nicht ermittelt. Außer ihren „Eltern" in Kopenhagen hätte sie keine Westkontakte.[44] Der Grund für diese auffällig realitätsferne Beschreibung war vielleicht, daß der Informant, der vielleicht aus dem Berliner Ensemble stammte, den Geheimdienst daran hindern wollte, Ruth Berlau als Informationsquelle über das Theater zu entdecken. Auch die offenbar gezielte Nennung berühmter und schwer angreifbarer Freunde wie Dessau und die Gebrüder Eisler deutet darauf, daß weitere Nachstellungen der Staatssicherheit abgebogen werden sollten. Verleugnet blieb ihr großer Freundeskreis, der sich nach wie vor auch in die westliche Welt erstreckte und bei der Nachbarschaft häufig Aufsehen erregte. Bei Berlau fanden nächtelange feuchtfröhliche Gelage statt. Nicht jeder Besucher wußte, daß sie wegen ihrer Schwerhörigkeit die Wohnungstür offen ließ. Elisabeth Bergner und Curt Bois schrieen einmal eine halbe Stunde im Hof nach „Ruth", um sich Eintritt zu verschaffen.[45]

Obwohl es keine weiteren Berichte aus dieser Zeit gibt, ist anzunehmen, daß die Staatsmacht damals prüfte, inwieweit mit ihr ein Gegenpol zur Weigel aufgebaut werden konnte. Angesicht der zunehmenden Weltgeltung des Ensemble, dessen Intendantin das Werk ihres Mannes nicht unter der Kontrolle des Kulturministeriums sondern auf Grund alter Verträge nach eigenen Vorstellungen in Westdeutschland edierte, wurde Brecht von der Staatsmacht auch nach seinem Tode als unkalkulierbar empfunden. So war es vielleicht eine Folge des Berichts für die Staatssicherheit, daß Berlau am 25. September 1958 einen sehr vorteilhaften Buchvertrag mit dem Verlag des Ministeriums für Nationale Verteidigung unterschrieb. Danach sollte sie schon am 1. März 1959 ein Manuskript mit dem Arbeitstitel *Ich kannte Brecht* abliefern.[46] Angesichts eines solchen Angebots mag sie die Kündigung ihres Vertrags mit dem Berliner Ensemble nicht sehr bedrückt haben. Ebenfalls im September 1958 druckte die Illustrierte *Freie Welt* eine dreiteilige, reich bebilderte Serie von ihr: *Brecht als Flüchtling, Der Fabrikdirektorssohn wird Kommunist* und *Brechts Berliner Ensemble – Helfer unseres Aufbaus*. Diese ganz in Einklang mit der kulturpolitischen Phraseologie stehenden Überschriften zeigen, daß sich Berlau auf die „Normalisierung" Brechts im Ton offizieller DDR-Diskurse eingelassen hatte. In der Einleitung zu ihrem damals begonnen Buch-Manuskript machte sie Brecht zu einem Stachanow-Arbeiter der Kultur: „Ja, Bertolt Brecht war ein Kumpel in seinem Beruf – er schuf[tete?], schaufelte, bohrte, stützte und förderte. Er war ein Schwerarbeiter, der mit Recht seine Karte A verdiente. Aber er erlebte nicht die Zeit, wo wir die Lebensmittelkarte aufheben konnten und gerade das wollte ihn gefreut haben, weil, er war kein Dichter im Elfenbeinturm, er forschte nach, wie weit unsere junge Republik mit der Hebung des Lebensstandards gekommen war, freute sich über jede Preissenkung, obwohl er sich selber nie was kaufte. [...] Er bohrte nach der Wahrheit wie ein Kumpel nach Kohlen." Dann folgen eigentlich nur Anekdoten.[47]
In ihrem Begleitbrief zum ersten Kapitel riet sie den Lektoren, nicht über den Titel zu erschrecken: *Der Kumpel Bertolt Brecht*. Aus diesem sowie einem weiteren Brief geht hervor, daß die Zusammenarbeit mit dem Verlag nicht klappte. Man hatte dort offenbar „keine Zeit für kollektive Arbeit" am Manuskript wie sie es gewohnt war.[48] Aus dem Projekt wurde nichts.

Einzelne Passagen aus *Der Kumpel Bertolt Brecht* fügte Hans Bunge den Tonbandgesprächen im *Lai-Tu*-Buch hinzu. Die Idee zu einem planmäßig geführten Interview mit Ruth Berlau kam ihm, nachdem er bereits Tonbandgespräche mit Hanns Eisler und Helene Weigel über Brecht begonnen hatte. Die Gespräche mit Berlau begann er am 14. September 1959 im südöstlich von Berlin gelegenem Prieros, im Sommerhaus von Hanns Eisler. Sie wurden im Oktober in der Charitéstraße fortgesetzt. Diese Form erwies sich schließlich als die beste, in der Berlau ihrem Leben für Brecht Ausdruck zu geben vermochte. Einer loyal nachfragenden Person konnte sie auch heikle Punkte besser mündlich darlegen, als wenn sie allein vor ihrer Schreibmaschine saß und sich von Gefühlen überrollen ließ oder die Konzentration verlor. Daß Berlaus Erzählungen viele Ungenauigkeiten und Selbststilisierungen enthielten, entsprang ihrer Konzentrationsschwäche und ihrer Persönlichkeitsstruktur. Sie schmälern die grundsätzliche Bedeutung des Unternehmens nicht.

Während der Gesprächsarbeit mit Bunge kam ihr die Idee, Kopien der Briefe Brechts, die sie nicht publizieren durfte, an die treue Elisabeth Bergner zu schicken. Diese antwortete, daß sie die Briefe hintereinanderweg gelesen und vor Rührung geweint habe.[49] Wenigstens diese Befriedigung konnte Berlau aus ihrem Brecht-Erbe ziehen.

Die von Weigel ausgestellte Rente konnte sie gelegentlich mit Artikeln für *Das Magazin* aufbessern. 1959 erhielt sie Vorschußhonorare u. a. für *New Yorker Skizzen*. Sie konnten auf Interesse rechnen, weil sie die Reisesehnsüchte der DDR-Menschen ansprachen. Geplant waren Beiträge nach dem Schema *Meine Zeit als Reinemachefrau in New York*, als Leierkastenfrau, als Kulturprüfer, als Hökerfrau, als Fotograf, im Kriegs-Informationsdienst sowie *Unheimlicher Weihnachtsabend in New York*. Bis auf *Meine Zeit als Fotograf in New York* und *Meine Zeit im Kriegs-Informationsdienst* liegen von solchen Texten Typoskripte vor.[50] Da viele der hier beschriebenen Abenteuer aber in zeitauthentischen Briefen und Gesprächen nie erwähnt wurden, waren sie wahrscheinlich zu großen Teilen erfunden. Hilde Eisler druckte die *Reinemachefrau* und die *Leierkastenfrau*. Immerhin konnte sich Berlau Anfang 1960 den Unterhalt eines - wahrscheinlich gebrauchten – Volkswagens[51] leisten.

Bessere Verdienstmöglichkeiten als die Presse bot das Fernsehen. Es lag nahe, eine Verwertung der mit Brecht in Hollywood geschriebenen Filmentwürfe ins Auge zu fassen. Einen Verbündeten für ein solches Unternehmen fand Berlau in Carl Weber, der mit ihr Modellbücher von *Katzgraben* und *Puntila* geklebt hatte. Seit 1956 inszenierte er beim Fernsehfunk in Adlershof. 1959 bearbeiteten sie zusammen den alten Entwurf *Das Gras sollte nicht wachsen* für das Fernsehen der DDR. Als Verfasser für das Exposé sind Maria Sten und Carl Weber genannt. Letzterer kann sich nicht erinnern, woran das schöne Projekt scheiterte.[52]

Bis ins Dialogstadium gelangte ein anderes Fernsehspielprojekt mit dem Titel „*Wer bist du heute? Eine Zeit-Klamotte / 1959-Berlin-D.D.R.* [von] Ruth Berlau". Es dreht sich um eine vor dem Examen stehende junge Schauspielerin, deren Eheleben durcheinander gerät, weil die Schauspielschule die schwierige Aufgabe stellt, klassische Rollen für das zeitgenössische Publikum neu zu interpretieren. Es handelt sich zweifellos um einen bemerkenswerten Realisierungsversuch von Berlaus altem Plan *Who are you?*, den sie während der Krise zu Weihnachten 1945 gefaßt hatte.[53] Auch dieses Projekt wurde ebenso wenig abgeschlossen wie ein Stückentwurf für Curt Bois, der zunächst denselben Titel trug, dann aber *Brennend, aber nicht verzehrt* heißen sollte. Es handelt von dem ehemals berühmten, nun arbeitslosen Schauspieler Colorius Fanatikus (ein Name, der seit 1952 auch als Pseudonym Berlaus auf Manuskripten auftaucht). Er übt vor seinem Butler James ein Vorsprechen, in dem er sein eigenes Schicksal spielt. Weil er Hunger leidet, will er sich in anderen Berufen umsehen, die angeblich „jeder ausführen kann". Neben der Fassung von 1960 existiert eine ältere Fassung vom Mai 1955, vielleicht ein Hinweis, daß der erste Entwurf noch unter Mitwirkung Brechts entstand.[54]

Erstaunlich ist, wieso Berlau ihr Talent, junge Schauspieler auszubilden, nur gelegentlich zum Einsatz brachte, obwohl sie damit vielleicht sogar Geld hätte verdienen können. Der damals in Westberlin wohnende Schauspieler und Tänzer Peter Penewskij[55] schätzt es noch heute als großes Glück, daß er in Westberlin bei Mary Wigman Tanz- und in Ostberlin bei Berlau Schauspielunterricht nehmen konnte. Zuerst, erinnert er sich, ließ sie ihn den Boten aus Brechts *Antigone* einstudieren. Dabei habe er die Bedeutung des gestischen Spiels begriffen. Berlau schärfte seinen Sinn für Eleganz. Überhaupt sei sie einer der stilvollsten Menschen gewesen, denen er je begegnete. Sie half ihm auch beim Einstudieren von Chansons. Trotz ihrer Schwerhörigkeit soll sie in musikalischer Hinsicht über das „absolute Gehör" verfügt haben. Penewskij begleitete sie ins Theater – sei es ins Berliner Ensemble, wo man ihr stets zwei Premierenkarten reservierte, sei es nach Westberlin, wo sie sich Stücke mit Kortner oder Bois ansahen. Penewskij erinnert sich auch, daß Berlau Besuch von Robert Lund bekam, für den sie Gulasch kochte. Er soll noch immer ein sehr gut aussehender, stattlicher Mann gewesen sein. Lund starb im März 1960. Da Penewskij einen westdeutschen Paß hatte, konnte die Freundschaft auch fortgesetzt werden, nachdem die Berliner Mauer errichtet war. Zu diesem historischen Großereignis gibt es genau so wenig überlieferte Kommentare Berlaus wie zum 17. Juni. Obwohl für die Dänin die Grenze durchlässig blieb, war es nun doch beschwerlicher, sie zu überschreiten. Penewskij und seine Mutter wurden zu Verwaltern ihres Westgelds. Er versorgte Berlau mit Kriminalromanen, Zigaretten und Schokolade der Marke 'Toblerone', sowie mit Schlaftabletten. Wenn er bei seinen Besuchen einen Freund mitbrachte, konnte sie unerhörte Eifersucht an den Tag legen. „Trotz Paranoia", so Penewskij heute, habe Ruth Berlau „ein ganz großes Herz" gehabt. Menschlich, künstlerisch, literarisch sei sie für ihn eine „Lehrerin im umfassendsten Sinne des Wortes" gewesen.

Letzteres berichten viele damals sehr junge Leute, die sie nach wie vor magisch anzog. Einer von ihnen war Wilfried Gundlach, der Berlau 1960 kennenlernte, als sie der Leipziger Studentenbühne bei einer Inszenierung von *Furcht und Elend des Dritten Reiches* half. Wenn er sie in der Charitéstraße besuchte, nahm sie im Brecht-Sessel Platz, während er sich auf einen kleinen Schemel davor setzen mußte, ehe sie zu diskutieren begannen. Auch er begleitete sie mehrfach in Ost- und Westberliner Kinos und Theater. Auf Berlaus weniger schöne temperamentvolle Szenen, die die jungen Leute ebenfalls erlebten, reagierten sie gelassener als die Älteren. Gundlach erzählt, den Eindruck gehabt zu haben, daß schwere Auseinandersetzungen, die sie als „epischen Krach" bezeichnete, von ihr bewußt herbeigeführt worden und oft nicht wirklich ernst gemeint gewesen seien. Während einer solchen Szene, hatte er beobachtet, konnte sie auch hinterrücks lachen.[56]

Am 24. August 1961, zu ihrem 55. Geburtstag, ließ der Schriftstellerverband der DDR, dessen Mitglied Berlau seit 1960 war[57], einen Blumenglückwunsch überbringen. Bote war der Dichter Heinz Kahlau.[58] Er war zwischen 1953 und 1956 Meisterschüler Brechts gewesen und hatte Berlau damals nur flüchtig gekannt. Sie begrüßte ihn aber wie einen alten Freund. Neugierig trat er in eine chaotische Wohnung. Berlau kochte Tee, fragte, was er arbeite. Sie machte auf ihn – irrtümlicherweise – einen vereinsamten, auch etwas hilflosen Eindruck. Deshalb lud er sie zu sich nach Hause ein.
Kahlaus damalige Frau, Gisela Steineckert[59], mochte sie „schon auf den ersten Blick nicht. [...] Ihre Augen hatten einen harten Blick, sie schienen mir stechend, und sie sagte, zu früh, gewagte Dinge, zum Beispiel: 'Wie wunderbar, wenn man in meinem Alter noch einmal neue Freunde bekommt.` Das war mir unbehaglich. [...] Sie sprach, sie sprach ohne Pause. Sie sprach nur über Brecht. Und über sich. Und über Frauen, über Kränkungen, über falsche Freunde, Enttäuschungen."[60]
Bei seinem zweiten oder dritten Besuch forderte Berlau Kahlau auf, sich in den Brechtsessel zu setzen. Nun war sie es, die auf dem Schemel Platz nahm, ein Zeichen, das sie Kahlau für einen Meister ansah. Die beiden schmiedeten an einem Lustspielprojekt für die politökonomische Auseinandersetzung mit dem Kapitalismus. Es trug den Titel *Das Gasthaus* und spielte in Italien. Der Vorarbeiter eines Sägewerks will sich von Ersparnissen eine Gastwirtschaft kaufen, wird aber von seinem bisherigen Arbeitgeber dazu verführt, das Geld in sein Unternehmen zu investieren. Nun fühlt er sich nicht mehr als Ausgebeuteter, sondern als Partner. Damit noch mehr Geld zusammenkommt, soll er eine alte, aber reiche Frau heiraten. Diese unterhält ein Bordell mit Minderjährigen. Ein Teil dieser Straßenkinder antizipiert die Befreiung, liest Werke von Marx und Engels. Die Konflikte ufern jedoch nicht in Revolution aus, sondern in eine ziemlich herkömmliche Gaunerkomödie: eine wilde Verfolgungsjagd bis nach Argentinien. Im Flugzeug dorthin wird schließlich sogar noch Hitler gesichtet.[61] Verse von Kahlau verfremden die Handlungsstränge, in manchen Fassungen sind es auch Gedichte oder Zitate von Brecht. Das ständig durch einen Papagei wiederholte Grundmotiv ist der Begriff der 'Privatinitiative`, damals ein ideologischer Zankapfel zwischen Ost und West.

Kahlau definiert rückblickend seine damalige Rolle als die des Aufschreibers, der sprudelnde Einfälle Berlaus auf ihre dramaturgische Brauchbarkeit hin abklopfte, korrigierte, weiterschrieb und dann alles wieder vorlegte.[62] Aber das Ministerium für Kultur verweigerte 1963 die Druckerlaubnis u. a., weil in dem Stück Arbeiter nicht zu Revolutionären, sondern zu Gaunern wurden. Dennoch wurden die Autoren ermuntert, am Stück weiterzuarbeiten.[63] Zum Scheitern kam es, als Berlau Kahlau beschuldigte, ihr verschiedene Wertgegenstände gestohlen zu haben, z. B. Zinnkrüge von Brecht. Solche Anschuldigungen konnte sie gegen jeden Besucher erheben, auch wenn sie den Eindruck gehabt hatten, die vermißten Sachen geschenkt bekommen zu haben.

Gisela Steineckert war damals mit der Herausgabe eines Bandes von Liebesgedichten beschäftigt und wollte Ruth Berlau um einen Beitrag bitten. Zum Essen eingeladen, traf sie auf eine angetrunkene Frau, die eine „Tütensuppe zusammenrührte, die sie dann doch nicht auf den Tisch brachte, sondern mit bösen Blicken gegen mich für den nächsten Tag wegstellte. Weil ich so verlegen war, habe ich Berge von Geschirr abgewaschen, die dort herumstanden." Das versöhnte Berlau. Sie begann, Schönheit und Intelligenz ihres Gastes zu loben. „Zwischen ihrem Wohnzimmer und ihrem Schlaf- [und Arbeits- - S. K.]zimmer war ein so großer Unterschied, als wohnten zwei Wesen in derselben Wohnung. Im Wohnzimmer [das auch das Brecht-Zimmer hieß – S. K.] war alles unverrückbar. Ich durfte mich nur dort hinsetzen, wohin sie mich wies." Berlau erzählte ihr, als wäre die Vergangenheit ganz frisch, über ihre Eifersucht in Bezug auf Helene Weigel und Isot Kilian. Das zuvor als abholbereit bezeichnete Gedicht für die Anthologie lag nur handschriftlich vor: „Gemeinsame Hinterlassenschaft von ihr und Brecht." Eine Schreibmaschine gab es nicht. „Ich war heilfroh, als ich endlich mit dem Gedicht aus der Wohnung war."[64]
Es handelte sich um in Verse gesetzte Teile der noch unpublizierten Lai-tu-Geschichte Brechts *Kin-jeh über die Liebe*[65], jetzt betitelt: *Liebe ist eine Produktion*. Kahlau sagte mir, daß er es war, der seinerzeit die Versifizierung des Prosatextes vorgenommen hatte. Das ´Gedicht` erschien 1962 jedenfalls unter Berlaus Namen in Steineckerts Anthologie.[66] Im März 1963 wurde es von der Frauenzeitschrift *Für Dich* nachgedruckt. In Unkenntnis, daß das Gedicht auf einem Text von

Brecht beruhte, wurde es durch den Präsidenten der Volkskammer, Johannes Dieckmann, im *Sonntag* als allzu plakative Anverwandlung aktueller ökonomischer Losungen kritisiert. Das sei kein sozialistischer Realismus, sondern „blanker Irrealismus. Das Publikum hat ein feines Gefühl dafür, ob sich einer nur das Schild vorhält, um dahinter seine Mittelmäßigkeit oder sein künstlerisches Unvermögen zu verstecken, oder ob der künstlerisch Schaffende es versteht, das neue Lebensgefühl unserer neuwerdenden oder schon neugewordenen Menschen, ihre Widersprüche in Kopf und Herz, ihre kämpferischen Probleme zum guten Ausdruck zu bringen."[67] Damit wurde das Gedicht zum am härtesten kritisierten Bestandteil der Anthologie, die der Staats- und Parteiführung insgesamt äußerst suspekt war.

Um weitere öffentliche Kritik an dem Text zu verhindern, wurde dem Volkskammerpräsidenten vielleicht gesteckt, daß der Text eigentlich von Brecht war. Jedenfalls konnte auch die Brecht-Freundin Berlau nicht sanktioniert werden.

In der *Für Dich* wurde eine sanfte Form des damals üblichen Rituals von Kritik und Selbstkritik gefunden. Die Zeitschrift druckte im Juniheft einen Leserbrief aus Halberstadt, der das Gedicht ebenfalls kritisierte: „Wir – meine Frau und ich – meinen, daß Liebe keine Produktion ist." Der Leser hatte ein kleines Gegengedicht *Liebe ist nicht Produktion* geschrieben: danach konnte die Liebe nur als Gefühl im Einklang mit der Natur gelebt werden. Daneben brachte die Zeitschrift eine Stellungnahme Ruth Berlaus zu dem Leserbrief. Da sie in Wirklichkeit ja eine ähnlich romantische Auffassung von der Liebe wie der Leser hatte, fiel es ihr nicht schwer, ihm zuzustimmen: „Recht haben Sie! Ich hab mich da wieder mal ungenau ausgedrückt, wo ich nur sagen wollte, ich alte Frau, daß Liebe *auch* eine Produktion ist." Dann erklärte sie, daß die Zeit nach der ersten Verliebtheit, die Bewältigung des gemeinsamen Alltags dann doch „Produktion" sei. Dieser Alltag könne – um Gegensatz zu ihrer Heimat Dänemark – unter sozialistischen Verhältnissen von den jungen Paaren frei von Existenzsorgen gelebt werden. „Hiermit korrigiere ich meinen Fehler, mich nicht deutlich genug über die Liebe ausgedrückt zu haben."[68]

Im Mai 1962 schuf sich der einstige Laiendarsteller des Padre in der Greifswalder *Carrar*-Inszenierung Gelegenheit zu einem Treffen mit der

Regisseurin. Hans Malinowski war inzwischen Deutschlehrer in Pößneck und reiste nun mit seiner Oberschulklasse nach Berlin, um mehrere Vorstellungen des *Berliner Ensemble* zu besuchen und Ruth Berlau wieder zu sehen. Als erstes erlebte die Gruppe einen Brecht-Abend und nahm an einem Theatergespräch mit Zuschauern teil. Anschließend wurden die jungen Gäste in der Theaterkantine zu ihrer großen Verwunderung von Helene Weigel persönlich begrüßt. Und Ruth Berlau erwartete ihren „besten Padre" und seine Schüler mit einem Imbiß. Christa Herwig[69], eine der Schülerinnen, traf an ihrem Tisch auf Berlaus Freunde Gisela Steineckert und Heinz Kahlau. Ruth Berlau stellte den Jugendlichen auch Hanns Eisler, Erich Engel, Manfred Wekwerth und die Schauspieler Gisela May, Stefan Lisewski und Dieter Knaup vor. Spät abends lud sie die Klasse noch in ihre Wohnung ein. Die Schüler durften sich im Brecht-Zimmer ausbreiten, das berühmte Stehpult begutachten, an dem die *Dreigroschenoper* entstanden sein sollte. Mit einem nächtlichen Telephongespräch brachte es Ruth Berlau fertig, daß ein Mann mit einem Sack erschien, in dem sich 22 Exemplare von *Theaterarbeit* befanden, von dem jeder der Schüler eins geschenkt bekam.
Zwischen Ruth Berlau und Christa Herwig entstand eine jahrelange enge Freundschaft. Die junge Frau war die einzige, die sie etwas trösten konnte, als 1966 ihre Mutter starb und als sie sich mehreren schweren Hüftoperationen in der Charité unterziehen mußte. Sie unterstützte sie auch bei der Korrektur von Texten und bei den fortlaufenden Versuchen, ein Buch über Brecht zu schreiben. Christa Herwig lernte ausschließlich die sonnige und übermäßig großzügige Ruth Berlau kennen. Wenn sie zusammen in die 'Möwe` gingen, war es selbstverständlich, die arme Studentin mit den teuersten Delikatessen zu verwöhnen.

In Berlaus Nachlässen liegen Pläne und Ansätze, die zeigen, daß sie seit Anfang der sechziger Jahre versuchte, für Dänemark ein Buch über Brecht zu schreiben, das ganz anders als das DDR-Projekt angelegt war. Sowohl aus einem auf August 1962 datiertem Inhaltsverzeichnis als auch aus etlichen Texten ist ersichtlich, daß sie meinte, ihren ursprünglichen Plan einer Liebesgeschichte eher dort verwirklichen zu können. Die Beziehung zu Brecht ist hier als Teil ihrer eigenen Biographie konzipiert. Neben einem Kapiteltitel *Bertolt Brecht: Er war ein lustiger Mann*, stand auch: *Mein Vater war Kellner.*[70] In

diesem Verzeichnis findet sich eine Ankündigung des Scherfig gegenüber erwähnten Kapitels *Der Schneider von Ulm*. In einem ähnlichen Verfremdungsverfahren wie in *Der Pelz aus Norwegen und die Jacke aus Sibirien* wird auf der ersten Seite der fragmentarischen *Geschichten von Ute* über diesen Schneider gesagt, daß Ute über 13 Jahre lang sein „bestes Spielzeug" gewesen sei.[71] Ein weiteres Blatt, *Bertolt Brecht als Gebrauchskunst* zeigt, daß sie nochmals versuchte, in Dänemark für *Alle wissen alles* zu werben und zwar mit der verwegenen Behauptung, daß sie damals Brechts „ghost-writer" gewesen sei.[72]
Ein weiteres Inhaltsverzeichnis einer dänisch geplanten Autobiographie überrascht, weil Brecht hier überhaupt nicht vorkommt. Dafür werden Kapitel angekündigt über ihre Beziehungen mit skandinavischen Berühmtheiten: Bodil Ipsen und andere Angehörige des Königlichen Theaters, Branting, Wuolijoki, der Exilminister Kauffmann, aber auch Chaplin und Paul Robeson. Seltsamerweise fehlen außer Brecht auch Nexø und Grieg.[73]
Nach dem Mauerbau wurde in vielen westeuropäischen Ländern DDR-Kultur boykottiert. Als 1963 auch ein Gastspiel des Berliner Ensemble in Dänemark abgesagt wurde, kam Berlau auf die Idee, dort einen Brecht-Abend mit einem unumstrittenen westlichen Star zu organisieren. Nur sie, schrieb sie Elisabeth Bergner, könne „den Dänen, die er gern hatte, den wirklichen Brecht zeigen, seine Stärke und doch so zart, nur Du, die Bergner." Der Organisator des Abends wolle mit dem Überschuß aus den Einnahmen eine Brecht-Berlau-Stiftung für junge Künstler ins Leben rufen. „Du verstehst, es wäre für mich sehr schön, mal meinen Namen mit Brecht zu verbinden, solang ich noch lebe, Elisabeth."[74]
Der Abend kam ebenso wenig zustande wie die Stiftung. In Dänemark hatte Berlau seit langem den Ruf einer psychisch gestörten Person. Nicht nur ihrer Mutter gegenüber trat sie noch immer als aktive Mitarbeiterin des Berliner Ensemble auf.[75] Manche Dänen erinnern sich, daß sie mit Brechts Totenmaske in der Handtasche herumlief, in deren innerer Wölbung sie mal eine Schnapsflasche, mal Geld aufbewahrt haben soll. Es kam vor, daß sie die Maske herausnahm und mit ihr zärtliche Gespräche führte oder sie beschimpfte. Der Schauspieler Ole Topp bekam sie schließlich an den Kopf geworfen. Er trug eine Verletzung davon.[76]

Aus Berlaus Korrespondenz mit ihrer Mutter geht hervor, wie positiv sich dagegen Ediths Leben entwickelt hatte. Sie war mittlerweile Witwe, wohlhabend und unternehmungslustig. 1963 begab sie sich auf eine Weltreise. Sie blieb, wo es ihr gefiel und nahm einfache, auch schwere Arbeit an. Mit ihrer Schwester hatte sie keinen Kontakt mehr, wohl aber mit der Mutter. Diese schickte Ediths Post an Ruth weiter. Von Anfang 1964 stammt eine Karte aus dem „herrlichen Südfrankreich", wo sie eine „anstrengende Arbeitszeit von 14–15 Stunden" gehabt hätte. Dann flog sie nach Los Angeles, wo sie als Kinderfrau und Haushaltshilfe tätig war: „Ich bin sehr glücklich hier zu sein und werde nach einem Jahr nach Australien weiterfahren."[77] Dort blieb sie bis an ihr Lebensende.

Aus einer von Elisabeth Hauptmann 1964 für Helene Weigel verfaßten Erklärung geht hervor, daß die monatliche Rente „ohne jede Bedingung" auch nach dem Ablauf der zwei Jahre weiter an Ruth Berlau gezahlt wurde.[78] Da außer einigen Artikeln alle Projekte, die sie allein oder mit anderen zusammen unternommen hatte, fehlgeschlagen waren, reichte das Geld nicht. Der Förderausschuß des Ministerpräsidenten gewährte ihr Anfang 1962 auf Vorschlag des Schriftstellerverbands eine einmalige, nicht rückzahlbare Beihilfe von 500 Mark. Im Dankesschreiben an den Verband schrieb sie: „Nach zwanzig Jahren Zusammenarbeit mit Bertolt Brecht ist es halt schwer, in der Welt sich zurechtzufinden ohne ihn."[79]
Immer noch versuchte sie, aus Brechts Briefen doch noch Geld zu schlagen. Es ging jetzt um Originaldokumente selber. Die weitere Zahlung der Leibrente machte Weigel aber mehr und mehr davon abhängig, daß Brechtiana ausschließlich an sie selbst, Hauptmann oder Siegfried Unseld abgegeben würden.[80] Die Originale waren für eine exakte und chronologisch richtige Publikation des Gesamtwerks von großer Bedeutung.
Bis auf magere *Antigone*-Tantiemen von der direkten Verwertung des Brecht-Werks abgeschnitten, rächte sich Berlau durch die stillschweigende Abänderung ihres Testaments. 1960 legte sie fest, daß aus ihrem Haus in Humlebæk ein Künstlerhaus mit dem Namen Brecht-Huset werden sollte. Müßte es nach ihrem Ableben verkauft werden, sollten große Teile des Erlöses Künstlern zugute kommen.[81]

Obwohl ihr dringend abgeraten wurde,[82] versuchte sie als 'Verlag Ruth Berlau` ein Vertriebsbüro für Brecht-Bücher sowohl aus der DDR als auch aus der Bundesrepublik in Dänemark zu errichten.[83] Mitte 1962 schienen die Verhandlungen mit dem Suhrkamp-Verleger Siegfried Unseld über den Transfer von Brecht-Briefen soweit gediehen, daß dieser bereits Vorschußzahlungen in Aussicht stellte. Auf einen Brief von ihm tippte Berlau jedoch: „Ich habe dann nicht Brecht-Briefe verkauft, sondern mein Bertolt-Brecht-Haus."[84] Da ihr Lebensmittelpunkt tatsächlich in der DDR lag und die Kosten für den Unterhalt des Hauses zu hoch waren, entschloß sie sich 1962 zu diesem Schritt.[85] In Berlin erfuhr davon niemand außer Bunge.[86] Durch den Hausverkauf war Berlaus Bedarf an westlichen Devisen für eine Weile gedeckt. Wahrscheinlich ging sie deshalb auf die ihr zu niedrigen Angebote des Suhrkamp Verlags nicht ein. Vielleicht waren die Briefe gewinnbringender anderswo zu verkaufen? Aber auch dieser Versuch schlug fehl. Als 1963 plötzlich einige dieser Briefe auf dem internationalen Handschriftenmarkt angeboten wurden, behauptete sie gegenüber der Akademie der Künste und der Nachrichtenagentur ADN, daß ihr in Dänemark Brecht-Briefe gestohlen worden seien.[87] Durch eine einstweilige Verfügung wurden die Briefe als gestohlen und unverkäuflich deklariert. In Dänemark erklärte jedoch der Königliche Kapellmusiker Bent Lylloff, der bereits Autographen von Napoleon und Goethe besaß, am 21. Mai 1963, daß er im Juli 1962 in *Berlinske Tidene* eine Anzeige gefunden hätte, in der Ruth Berlau handgeschriebene Briefe Bertolt Brechts zum Verkauf anbot. Er habe für fünf Briefe 500 Kronen bezahlt. Weil sie die Briefe später zurück verlangte, habe er sie wiedergegeben, dafür aber keine Quittung erbeten. Auf diese Erklärung Lyloffs schrieb sie: „Lüge. 27. 6. 1963. Ich verkaufte keine Brecht-Briefe, sondern mein Haus."[88]
Da 1964 dann die Originalmanuskripte von Gedichten für die Gesammelten Werke dringend gebraucht wurden, teilte Helene Weigel im April mit, daß sie Berlau weiterhin 500 Mark monatlich zahlen wolle, wenn sie die Manuskripte zur Verfügung stelle.[89] Unseld bot erneut an, Brecht-Briefe zu kaufen. Künftig könne sie auch unbegrenzt Brecht-Bücher vom Suhrkamp Verlag bekommen. Er wollte überprüfen lassen, ob der Verlag *Jedes Tier kann es* herausbringen könne. Außerdem ermunterte er sie, über einen Brecht-Bildband nachzudenken und

täglich einige Erinnerungen an Brecht zu notieren.[90] In ihrer Antwort nannte sie ihn einen „Gangster", schlug ihm aber doch ihren autobiographischen Roman vor: „*Der Snob im Bett* heißt ein Kapitel [...] Da kommen die alle vor, von Nordhal Grieg bis zur Top-Figur Bertolt Brecht." Auch einen Bildband über Brecht könne sie machen, „so was wie diese Goedhart in der Schweiz[91], [...] nur besser, weil von mir."[92] Weil sie dem Verkauf der Dokumente nicht oder nicht im gewünschten Umfang entsprechen wollte, setzte sich Ruth Berlau am 3. Juni 1964 jedoch mit Elisabeth Hauptmann zusammen, um die für den 5., 6. und 7. Band geplanten Gedichte mit den Originalen zu vergleichen und Datierungen durchzusprechen.[93] Diese bis tief in die Nacht dauernde Arbeit bedeutete einen großen psychischen Schmerz für sie. An Bunge schickte sie Verse, aus denen hervorgeht, daß ihre alten Schmerzen dabei voll aufgebrochen waren: „Alle seine Gedichte zu mir /// Haben die mit[publiziert – S. K.] // Sogar meine Strophen // Schwächen // Du hattest keine // Ich hatte eine // Ich liebte. // – was sagst du dazu? /// Blitz: es waren grauenvolle // Stunden // diese vielen Gedichte // Ob du die alle kennst?"[94] Sie hatte vergessen, daß sie sich vor sieben Jahren über Bunges Kopien gefreut hatte.
Um die Abhängigkeit Berlaus von Weigels Leibrente zu beenden, fand Bunge eine Lösung. Die Ostberliner Akademie der Künste bot ihr 50 000 Ostmark für die in ihrem Besitz befindlichen Brechtiana an. Dazu gehörten auch Kunstwerke, Möbel und persönliche Gebrauchsgegenstände Brechts, die sie jedoch auf Lebenszeit nutzen konnte. Die Summe sollte in jährlichen Raten gezahlt werden.[95]
Nach dem Transfer der Dokumente an die Akademie war Berlau von Zweifeln erfüllt, ob er richtig gewesen war. In Versen setzte sie sich damit auseinander, daß sie ihre wertvollsten Herzensschätze veräußert hatte. Unlösbar war für sie die Frage, ob die Gedichte, die Brecht für sie geschrieben hatte, zwischen anderen Gedichten und losgelöst von ihrer Person gelesen werden sollten. Er selber hätte ihr einmal gesagt: „Es ist ganz gleich ob es für // Frau Meier oder Fräulein so und so geschrieben ist. // So ist es aber nicht, // Es ist in Freude, Liebe, Schmerz geschrieben // Zu mir, zu mir allein // Sein lustiger Kampf um mich, die Schöne // Durch all die Jahre zu behalten // Sein Versagen, wenn ich alt wurde // Seine tiefe Freundschaft in das Versagen hinein".[96]

Mit dem Verkauf ihres Hauses und der Übergabe eines Großteils ihrer Brechtiana an die Akademie war Berlau der materiellen Sorgen enthoben. 1965 wurde ihr die Altersrente zugesprochen, obwohl sie noch nicht das für Frauen bei 60 Jahren liegende Rentenalter erreicht hatte. Durch Aufstockung mit der Ehrenpension des Freien Deutschen Gewerkschaftsbundes für „Kämpfer gegen den Faschismus" erreichte sie knapp 1500 Mark[97], eine für DDR-Verhältnisse sehr hohe Rente. Hinzu kamen die jährlichen Zahlungen der Akademie.
Das Gezerre um Brecht-Briefe kam im Februar 1969 noch einmal zu einem Höhepunkt. Am 12. 2. 1969 notierte eine Sekretärin des Berliner Ensembles einen Anruf Ruth Berlaus: „Haben Sie Bleistift und Block? Dann notieren Sie: Ich habe in Stockholm Briefe von Brecht an Weigel kaufen können. Wenn Frau Weigel daran interessiert ist, morgen früh verbrenn ich sie."[98] Tatsächlich waren solche Briefe aus den zwanziger Jahren im schwedischen Exil zurückgeblieben und von Tombrock vor Jahren nach Berlin gebracht worden. Er hatte sie jedoch nicht bei der Adressatin, sondern bei Berlau abgelegt. Daß diese sie erst so spät zum Handelsobjekt machte, zeigt, daß sie verschnürt und auch von ihr unerkannt in einer Schublade gelegen haben mußten. Der Verkauf scheiterte an unklaren Bedingungen Ruth Berlaus.[99]
In offenbar homöopathischen Dosen scheint aber ein Brechtiana-Handel über den Suhrkamp Verlag in Gang gekommen zu sein. Zur Publikation ihres immer wieder vorgeschlagenen Novellenbands, den Siegfried Unseld auch mal „*Jedes Tier hat Recht*" nannte, konnte er sich nicht entschließen.[100] 1965 schlug sie den Band auch dem Hanser Verlag vor, der ihn 1968 als „literarisch nicht sehr erheblich" endgültig ablehnte,[101] obwohl eigentlich ein neues, radikal feministisches Zeitalter angebrochen war. Der Lektor fand die Thematik „monoton".[102]

Es scheint, daß Hans Joachim Bunge auf Grund seiner großen und verständnisvollen Zuneigung viele Jahre lang kaum unter wechselnden Launen Berlaus zu leiden hatte. Das änderte sich Mitte der sechziger Jahre, als sie in wichtigen Fragen verschiedene politische Positionen einnahmen.
Nachdem Bunge wegen Unterstützung Wolf Biermanns und Robert Havemanns 1965 von der Akademie der Künste entlassen worden war, legte das MfS eine Akte über ihn an. Zu den Informanten gehör-

te auch Ruth Berlau, die als „Mitarbeiterin der Akademie der Künste" bezeichnet war. Aus der Akte geht hervor, daß die Beziehungen im September 1964 auf Grund ihrer „geistigen Verfassung" abgebrochen worden seien. Bunge, der auch nach der Errichtung der Mauer im Westen dort Vorträge zu Brecht gehalten hatte, sah sich plötzlich einem Reiseverbot ausgesetzt. Er machte Ruth Berlau dafür verantwortlich, die ihn seiner Meinung nach bei der Leitung der Akademie der Künste politisch denunziert hätte. Als er sie daraufhin am 11. Juni 1965 zur Rede stellte, behauptete sie, „daß er in Westdeutschland Professor H.[-avemann – S. K.] mit Brecht verglichen hätte. So einen Vergleich könnte sie absolut nicht verstehen." Die Akte gibt auch preis, daß sich die Beziehung wieder einspielte. Beide arbeiteten für eine Radiosendung zum 10. Todestag Brechts am 14. 8. 1966 zusammen. Dabei kam es jedoch erneut zu Auseinandersetzungen, von denen Berlau das MfS in Kenntnis setzte. Bunge und eine in der Akte geschwärzte Person hatten vergeblich versucht, sie „zu überzeugen, daß das Liederreservoir Biermanns positiv wäre."[103]
Als Bunge 1968 am Rostocker Theater die *Flüchtlingsgespräche* inszenierte, war die alte Freundschaft wieder hergestellt. Dafür schickte Berlau ihrem „Blitz" schöne Anekdoten über die Widerstandszeit in Dänemark, Erzählungen ihrer Mutter, aber auch von Kirk und Scherfig.[104] Als der Rostocker Intendant Anselm Perten vorhatte, *Galilei* zu inszenieren, warnte Berlau ihn davor, „Problem-Biermann als Balladensänger" einzusetzen. Aber: „Dr. Bunge schafft die Regie".[105] Daß die Beziehung jederzeit wieder abstürzen konnte, zeigt ein weiterer, beim MfS abgelegter Bericht von 1971. Danach hatte Berlau Bunge telefonisch beschuldigt, Brechts Journale einem westdeutschen Verlag unbefugt ausgehändigt zu haben. Sie drohte, daß er deshalb „von der Staatssicherheit abgeholt" würde. Ein halb geschwärzter Satz am Ende dieses Berichts verrät die Erkenntnis des MfS, daß Berlau „durch [ihre psychische Verfassung – S. K. ] nur noch bedingt [zurechnungsfähig – S. K.]" sei.[106]

Da zwei Hüftoperationen 1965 und 1966 mißlungen waren, hatte Ruth Berlau in ihren letzten Lebensjahren viele Schmerzen und war stark gehbehindert. Bei den Einkäufen halfen ihr Nachbarn. Nachdem Bunge sich zurückgezogen hatte, wurde Johannes Hoffmann[107],

Chef des nahe gelegenen Künstlerclubs 'Die Möwe', ihr engster Vertrauter. Er kannte Berlau noch aus Brechts Zeiten, hatte einige Auseinandersetzungen miterlebt. 'Die Möwe' bot ihr einen Freizeitraum, in dem sie andere Künstler treffen und sich vor hin und wieder stattfindendem Mobbing geschützt fühlen konnte. Hoffmann, der ihr oft selbst das Mittagessen brachte, war auch bereit, zu jedweder Tages- und Nachtzeit zu kommen und zu helfen. Er kam auch auf Bitten der Polizei, denn er war der Einzige, der sie besänftigen konnte, wenn die Nachbarn sich wegen Ruhestörung beschwerten.
Unverbrüchlich blieb auch die Freundschaft von Elisabeth Bergner, die Berlau mit eleganter Garderobe aus der Hamburger Edelboutique 'Gloria' versorgte. Ebenso treu war Hilde Eisler, die sie immer mal wieder Artikel über Brecht im *Magazin* schreiben ließ, aus denen auch für Uneingeweihte eine sehr enge Beziehung ersichtlich war. Zu seinem 65. Geburtstag schilderte Berlau, daß sie, wenn sie das Grab besuche, einen Jungen namens Michael mitnähme: „Sorgfältig begießt Michael den jungen Birkenbaum, an dessen unheimlich lebendigen Blättern es mir zuwispert: 'Ruhe kriegt man *nur im Grab*'" Illustriert war der Artikel von ihrem bislang unveröffentlichtem Foto, das Brecht mit Zigarre vor dem Hintergrund des Chrysler-Building zeigt: „Bertolt Brecht auf der Terrasse seiner New Yorker Wohnung als Emigrant in den USA."[108]
Im Klima der Beunruhigung, das durch den Vietnamkrieg entstanden war, wurde die Bedeutung der *Kriegsfibel* allmählich einem größeren Publikum bewußt. Wie kein anderes Buch oder Kunstwerk hatte sie auch die asiatischen Kriegsschauplätze gezeigt und damit bereits den Zweiten Weltkrieg als globalen Krieg verdeutlicht. Es war eine große Genugtuung für Berlau, als 1968, zum 70. Geburtstag Brechts, eine Neuausgabe herauskam, die als Lizenz auch in der Schweiz erschien.
Mit Brechts wachsendem Weltruhm interessierten sich immer mehr jüngere Leute aus vielen Ländern für Ruth Berlau. Besonders häufig kamen Besucher aus Skandinavien. Dazu gehörte auch Peter Weiss. Die intensiven Gespräche, die er mit ihr führte, prägten entscheidend seine kritische Sicht auf Brecht in der *Ästhetik des Widerstands*. Berlau hielt sich selbst noch mehrfach in Schweden auf, wo sie u. a. mit dem Schauspieler Anders Ek befreundet war. Anfang Januar

1969 hielt sie auf Einladung der Staatlichen Schauspielschule von Stockholm dort Vorträge.[109] Von 1971 gibt es ein Foto, das Berlau mit Studenten dieser Schule in der Ostberliner 'Möwe` zeigt.[110]

Intensive Erinnerungen an Berlau in den sechziger Jahren hat Klaus Völker, der seit 1963 als Mitarbeiter der Ausgabe von Brechts *Gesammelten Werken* Kurierdienste zwischen Elisabeth Hauptmann, Helene Weigel und dem Suhrkamp Verlag übernahm. Dazu gehörte auch die Aufgabe des schnellen und nicht unkomplizierten Transfers von Brecht-Kopien, Druckvorlagen und Druckfahnen über die Grenze. Er erkannte, daß Wahrheiten über Brecht und sein Werk nicht allein bei seinen legitimen Erben zu finden waren. So knüpfte er auch zu Berlau engere Beziehungen und tippte im Hinblick auf eine spätere Edition alle an sie gerichteten Briefe Brechts ab, des weiteren auch ein kompaktes Bündel früher Briefe und Karten Brechts an Helene Weigel.[111] Auch setzte er sich bei Unseld, später beim Hanser Verlag, für *Jedes Tier kann es* ein.[112] Da Völker ähnlich wie Bunge verstand, sie zum Erzählen anzuregen, bereicherte dieser Kontakt seine Brecht-Biographie.[113]

Allerdings war die Freundschaft zwischen Berlau und Völker auch schmerzhaften Prüfungen ausgesetzt. Zu einer Kette von Katastrophen kam es, als sie im Februar 1969 zur Premiere von Bessons Uraufführungsinszenierung von *Turandot oder der Kongreß der Weißwäscher* nach Zürich kam. Völker, damals Chefdramaturg des Zürcher Schauspielhauses, hatte sie offiziell eingeladen und für die nötigen Einreisepapiere gesorgt. Zwischen Ostberlin und Zürich gab es damals nur einmal wöchentlich eine Flugverbindung über Prag. Als er Berlau am Flugplatz erwartete, kamen ihm, den Kopf bedauernd schüttelnd, als erste Passagiere die Weigel und ihre Tochter entgegen. Als letzte Passagierin verließ die schwer hüftgeschädigte Berlau im Rollstuhl das Flugzeug. Im Hotel 'Florhof` bestand sie darauf, auch ein Zimmer für Elisabeth Bergner zu reservieren, die ebenfalls kommen wolle. Besson verlangte von Völker, dafür zu sorgen, daß Berlau nicht zu den Proben käme. Daraufhin schickte sie ihm besorgte Briefbotschaften, eine Uhr und belegte Brote zur „Stärkung". Zur Premiere wurde sie von Siegfried Unseld in die Mitte der ersten Reihe geleitet und von vielen Zürchern für Helene Weigel

gehalten. Am Ende der Vorstellung klatschte sie begeisterten Beifall, schlug mit dem Gehstock auf die Rampe und warf rote Rosen auf die Bühne. Das werteten manche Zeitungen am folgenden Tag als Begeisterung von Brechts Witwe. Weigel hatte jedoch, vor neugierigen Blicken getarnt, in der rechten Seitenloge Platz genommen.
Entgegen der Abmachung sprach Berlau auf der Premierenfeier dem Alkohol lebhaft zu und weigerte sich, von Völker ins Hotel gebracht zu werden. Er erfuhr am nächsten Morgen von dem um den Ruf seines Hauses besorgten Hoteldirektor, daß sie um fünf Uhr lärmend und schimpfend zurückgekommen war und viele Gäste aus dem Schlaf gerissen hatte. Völker mobilisierte den Theaterarzt, der Berlau und das Hotelpersonal zu beruhigen verstand, doch wie alle anderen übersah, daß sie Alkoholvorräte aus dem Prager Flughafen-Shop im Gepäck hatte. Sie ließ dann niemanden mehr in ihr Zimmer, telephonierte unentwegt, lärmte und drohte erneut. Schließlich mußte doch die Polizei kommen und ihr Zimmer aufbrechen. In einer Zwangsjacke wurde sie in die Nervenklinik Burghölzli gefahren, wo sie auf einer Unterbringung 1. Klasse bestand. Der in große Verlegenheit gebrachte Völker rief Hauptmann an, um zu fragen, wie die Kosten aufgebracht werden konnten. Sie autorisierte ihn, im Namen Helene Weigels die bestmögliche Unterbringung Berlaus sicher zu stellen. Der zuständige Arzt riet Völker, die Patientin nicht zu besuchen, weil sie ihn als Hauptschuldigen für ihre Internierung ansah. Als mögliche „Bezugsperson" empfahl er die ihr durch viele Telephonate vertraut gewordene Sekretärin des Verwaltungsdirektors des Schauspielhauses, die sie dann mehrere Male besuchte. Nach drei Wochen wurde Ruth Berlau für reisefähig erklärt. Die Gattin des Verwaltungsdirektors erklärte sich bereit, als die ärztlich verordnete Begleitperson zu fungieren und mitzufliegen. Zufällig war Helene Weigel, die einen Urlaub in Italien absolviert hatte, wieder im selben Flugzeug. Sie erlebte mit, wie Berlau die Begleiterin, die darauf zu achten hatte, daß ihr kein Alkohol gereicht wurde, laut verdächtigte, Agentin imperialistischer Geheimdienste zu sein. Da die Frau Angst bekam, in Ostberlin womöglich verhaftet zu werden, entschloß sie sich schon in Prag, ihre Mission zu beenden und nach Zürich zurückzukehren.[114]
In einer damaligen Notiz Ruth Berlaus werden die Ereignisse anders gedeutet: "Da wurde Bertolt Brechts Mitarbeiterin in Zürich

verhaftet. 8. 2. 1969, wie Bertolt Brecht immer wieder im Hotel von Polizei besucht, dann abgeführt von Polizei, in Einzelhaft, so wie der 1. Amerikaner der nicht mitmachen wollte gegen Vietnam." Dann folgt das Gedicht *Ardens sed virens*.[115]
Neben den Berichten von solchen traurigen Katastrophen gibt es immer wieder Erinnerungen an Begegnungen, in denen Ruth Berlau auch in ihren letzten Lebensjahren als imposante und weise Persönlichkeit erscheint. Frido Solter[116] erinnert sich, daß er eines Tages mit seinem Wagen durch die Chausseestraße kam und eine jämmerlich an Krücken humpelnde Berlau traf. Er fragte sie, ob er sie irgendwohin bringen könne. Sie wollte in die Nuschkestraße, ins Filmarchiv, um sich ihren *Galilei*-Film anzusehen. Kaum waren sie losgefahren, sahen sie, wie ein großer schwarzer Tatra – eine luxuriöse Limousine, in der Regierungsmitglieder zu vermuten waren – ein kleines Mädchen anfuhr. Es kam mit dem Schrecken davon. Obwohl sich erwies, daß außer dem Chauffeur niemand im Tatra saß, regte Solter sich auf, weil sich ein „Regierungsfahrer" besonders rücksichtslos erwiesen hatte. Ruth Berlau hielt ihn von einer Anzeige ab. „Begreif doch, es ist nur der Chauffeur. Wenn du ihn anzeigst, vernichtest du seine ganze Existenz und die seiner Familie!"

Zu Premieren im Berliner Ensemble saß die in schwarze Seide gekleidete Berlau mit Johannes Hoffmann stets in der ersten Reihe. Bei Empfängen und Gesprächen nach der Aufführung begrüßte die Weigel sie freundlich und stellte sie als „eine der ersten Mitarbeiterinnen von Brecht" vor.[117]
Am 6. Mai 1971 riefen Ruth Berlau und Hilde Eisler bei Hoffmann in der 'Möwe' an und teilten ihm mit, daß Helene Weigel gestorben sei. Er solle in die Charitéstraße kommen und etwas zu trinken mitbringen. Als er in die Wohnung trat, fand er zwei Damen, die sich schluchzend darüber unterhielten, was die Weigel für eine großartige Person gewesen war.
Im Dezember 1973 beschädigte ein Sturz Berlaus Hüfte erneut. Hinzu kam ein Bruch im Fußknöchel und ein Bruch im Unterarm. Die Betreuung, die Hilda und Johannes Hoffmann leisten konnten, würde künftig nicht ausreichen. Für die Zeit nach dem notwendigen Krankenhausaufenthalt mußte ein Altersheim gefunden werden.

Als die Hoffmanns kamen, um Berlau in die chirurgische Abteilung der Charité zu bringen, tranken sie zusammen noch einen Kaffee. In diesen letzten Momenten, die Ruth Berlau in ihrer eigenen Wohnung verbringen konnte, schweiften ihre Gedanken nicht zu Brecht, sondern sie dachte daran, was Robert Lund für ein wunderbarer Mensch gewesen sei.
Im Sauerbruch-Haus der Charité bezog sie ein Chefzimmer für privilegierte Kranke, das in einem separaten Gang der 1. Etage lag. Der Schauspieler Dieter Knaup, seit 1954 am Berliner Ensemble engagiert, befand sich wegen einer Blinddarmoperation zur gleichen Zeit in der chirurgischen Abteilung, allerdings in einem großen Saal mit 24 Betten. Die beiden verbrachten manche Stunde zusammen. Er erinnert sich, daß Berlau damals gut gelaunt war, manchmal vielleicht etwas verwirrt. Da sie nicht laufen konnte, ließ sie ihm nach seiner Operation durch eine Schwester einen kleinen Brief bringen, der ihn aufmuntern sollte: „Komme: 24. 8. zu meinem 100 jährigen Geburtstag // Salute // Ruth Berlau.[118] Sie sprach immer wieder davon, daß sie zu ihrem Geburtstag auch Elisabeth Bergner erwarte.
Am 11. Januar 1974 unterschrieb sie einen Aufnahmeantrag in ein Feierabendheim für Verfolgte des Nationalsozialismus, das zweifellos den höchsten in der DDR möglichen Standard an Komfort und Pflege bot. Der Antrag enthielt ein am 15. Januar datiertes ärztliches Gutachten, das sie u. a. als „kaum gehfähig", aber „geistig rege" bezeichnete.[119] Depressiv war sie nicht in diesen Tagen. Aber die Vorstellung, nicht in ihre geliebte Wohnung zurückzukehren, hat ihr sicher doch nicht gefallen. Vielleicht war es Lebensmüdigkeit, vielleicht Gewohnheit, daß Ruth Berlau am späten Abend des 15. Januar 1974 mit einer Zigarette der Marke 'Pall Mall' in der Hand einschlief und in dem sich entwickelnden Schwelbrand erstickte. Als der am nächsten Morgen gerufene Johannes Hoffmann die Station betrat, erblickte er schon Meter vor ihrem Zimmer schauerlich verrußte Wände. Die außen um das Fenster liegenden Backsteine trugen die schwarzen Brandspuren noch viele Jahre.
Bestürzenderweise hatte sie neunzehn Jahre zuvor, in der St. Josephs-Klinik, einen Feuertod vorhergeträumt und Isot Kilian mitgeteilt: Aus der Kassiopeia ist ein Stern gefallen, hat das Dach zum Einbruch gebracht und ihren Schoß entzündet. Sie kann das Feuer

mit den Händen löschen, die rechte Hand brennt nun aber wie eine Fackel. Brecht, der in Gesprächen mit anderen Leuten vertieft ist, schaut zu ihr herüber. Zuerst ruft er ihr einige Zeilen aus *Brennend, aber nicht verzehrt* zu und sagt dann drohend: „Von kalter Asche habe ich nichts!" Schließlich läßt er die Feuerwehr rufen. „Da fällt der zweite Stern aus der Kassiopeia. Aber schon ist die Feuerwehr da und holt mich weg und deckt mich zu."[120]

[1] *Brænende – men vorbrændt*, Radiofeature von Rudi Hassing, gesendet am 12. und 19. 10. 1985. Es ist zu vermuten, daß Helene Weigel sich darüber im klaren war, wie verheerend es für RBs Psyche gewesen war, daß sie ihr Kind weder lebend noch tot gesehen hatte.

[2] Brecht hatte Otto Müllereisert wenige Stunden vor seinem Tod u. a. diktiert, daß RB 50 000 dänische Kronen für ein Haus unter der Bedingung bekommen solle, daß es nach ihrem Tod an Helene Weigel fiele. Hecht: *Chronik*, S. 1252f.

[3] RB an Christian V. Hagens, 18. 8. 1956, BBA 975/88.

[4] *Berlau/Bunge*, S. 9.

[5] RB an die Intendanz des BE, 18. 8. 1956, RBAHKOP.

[6] RB an Lilly und Johannes R. Becher [Aug. 1956], RBAHKOP.

[7] Diese u. a. Telegramme: RBA N 211. Mit Steinthal war RB freundschaftlich verbunden. Er interviewte sie auch ausführlich.

[8] RBs Wunsch, daß Brecht das Haus für sich gekauft hätte, wurde Legende: Eine Fotoreportage über den heutigen Zustand des Hauses behauptet, der „weltberühmte Dichter" hätte über mehrere Jahre darin gewohnt. Helen Kaas, Marianne Fryland: Brecht-Huset, en Landling Oase, in *Femina* 33/1991, S. 70f.

[9] RB an Elisabeth Bergner [Ende August 1956], in: *Who was Ruth Berlau*, a.a.O., S.241f.

[10] RB an Elisabeth Hauptmann, September 1956, RBA N 221.

[11] *P. M. : from meeting between Mrs Helene Weigel, Mrs. Elisabeth Hauptmann-Dessau and Mr. Lars Schmidt at the Shaftesbury Hotel in London, Tuesday September 4th*, 1956, RBAHKOP.

[12] Kopie der Erklärung in einem Umschlag des BE, darauf steht mit Bleistift „Privat R. B.", RBA 34/41.

[13] *In Erinnerung an Bertolt Brecht*. In: *Das Magazin* 10/1956.

[14] Siehe: Impressum von *Das Magazin*, 9/1956. Die Fotos illustrieren einen Artikel v. Hans Winge: *Wie Chaplin Chaplin wurde*, ebd., S. 40f. Da RB und Gerda Goedhart befreundet gewesen waren, ist es denkbar, daß frühere Publikationen unter RBs. Namen einvernehmlich geschahen.

[15] Im Falle eines Irrtums, wäre RB später das Honorar gezahlt worden. Ihre Honorarunterlagen beim Magazin, die ich freundlicherweise einsehen durfte, enthalten eine solche Korrektur nicht.

[16] Hartmut Reiber: *Das eigene Leben des Anderen*. Gespräche mit Käthe Rülicke-Weiler, a. a. O., S. 171.

[17] Rülicke hatte die Geheimreden aus Polen beschafft und Brecht übersetzt. Eines der Korrespondenzblätter ist auf den 21. 6. 1969 dat., RBA 240.

[18] „Brecht wollte ein Kind dafür, so jung wie möglich, und Feuchtwanger wollte sie älter und älter machen. Und das muß gewesen sein, als ich in New York war, die zweite Fassung." BBA TT 2166/108. Siehe auch: *GBFA* 29, S. 434.
[19] RB an Harry Buckwitz, [Herbst/Winter 1956], RBA N 221.
[20] RB: *Die Rolle der Simone Machard*, in: *Neues Deutschland* (Beilage *Kunst und Literatur*), 6.–7. April 1957.
[21] RB an Martha und Lion Feuchtwanger, RBA, [1958?], o. Sg.
[22] Lion Feuchtwanger an Arnold Zweig, 18. 2. 1958: „Mein Vertrag mit Brecht über Simone liegt vor, und der Anteil, den Ruth Berlau an den Tantiemen erhalten soll, ist darin genau festgelegt. Ich habe die Fotokopie des Vertrages an Elisabeth Hauptmann geschickt und auch an Suhrkamp. Ich selber habe übrigens bis jetzt Tantiemen aus Aufführungen der Simone weder aus dem Westen noch aus dem Osten erhalten." *Lion Feuchtwanger an Arnold Zweig. Briefwechsel 1933–1958*, Berlin, Weimar 1984, Bd. 2, S. 379.
[23] Ernst Tessloff an RB, 18. 8. 1956, RBA N 223.
[24] Hans Tombrock an RB, 31. 11. [1956], RBA N 94.
[25] Ernst Tessloff an RB, 13. 2. 1957, RBA N 223.
[26] Brecht an Ernst Tessloff, 3. 1. 1955, *GBFA* 30, S. 293. Tombrocks Galilei-Radierungen liegen im BBA. Die Beziehungen Brechts zu Tombrock sowie dessen Grafiken sind dokumentiert in: Rainer Noltenius: *Bertolt Brecht und Hans Tombrock. Eine Künstlerfreundschaft im skandinavischen Exil*, Essen 2004.
[27] Helene Weigel an RB, 14. 12. 1956, *Wir sind zu berühmt*, a. a. O., S. 77f.
[28] Weigel an RB, 12. u. 13. 3. 1957. RBA 198.
[29] Ingeburg Gentz an RB, 2. 6. 1957, RBAHKOP. Siehe auch: John Fuegi: *Brecht & Co.*, a. , a., O., S. 880.
[30] Manuskriptteile und Pläne: RBA 183, RBA 142.
[31] RB an Ellen und Herluf Bidstrup [Ende September/Anfang Oktober 1957], RBA o. Sg.
[32] RB an Hans Bunge, September 1957, RBAHKOP.
[33] Elisabeth Hauptmann an Klaus Gysi, 8. 10. 1957, EHA 30. In RBAHKOP liegt ein diesbezüglicher Brief Suhrkamps an RB v. 7. 3. 1958.
[34] Sabine Kebir: *Brecht-Erbin und Mutter des Ensembles*, in: *Abstieg in den Ruhm*, a. a. O., S. 279-343.
[35] Iva Besson (Vertreterin der Gewerkschaftsleitung des BE) an RB, 11. 9. 1957, RBAHKOP.
[36] Vertragsentwurf, 11. 9. 1957, RBA 198.
[37] RB an Weigel, 25. 9. 1957, RBA N 210.
[38] RB: *Poesie der Regie*, in: *Sinn und Form, Zweites Sonderheft Bertolt Brecht*, 1957, S. 339. Das von der Druckversion abweichende Typoskript *Ein Weg* liegt in RBAHKOP.
[39] Siehe Anm. 51 und Anm. 112 in Kap. 10.
[40] Siehe: *Mitteilung von Barbara Brecht-Schall* in: Hans Bunge: *Nachwort zu: Berlau/Bunge*, S. 314. Zu den umfangreichen Zahlungen Weigels an RB bis 1964 existieren auch viele Belege im RBA.
[41] Notiz RBs in RBAHKOP.
[42] RB an Hanns Arens, 18. 9. 1958, RBA N 200. Im Kindler-Verlag erschien im selben Jahr: Kurt Fassmann: *Brecht. Eine Bildbiographie*.

⁴³ Hans Bunge: Nachwort zu: *Berlau/Bunge*, S. 294.
⁴⁴ Ermittlungsbericht v. 15. 9. 1958 des Referats II der Abt. VIII für die Abt. V/1, BStU A 1 M 5177/91, Bd. I.1, S. 89–92.
⁴⁵ Gespräch mit Peter Penewskij, 9. 2. 2005.
⁴⁶ Der Vertrag liegt in RBA o. Sg..
⁴⁷ RBA 117/4–8.
⁴⁸ RB an Jürgen Gruner und Rudi Strahl, 19.12. 1958, RBA 117. Siehe auch: RBA N 228.
⁴⁹ Elisabeth Bergner an RB, 20. 10. 1959, RBA o. Sg.
⁵⁰ Siehe RBA N 147.
⁵¹ RBA 263, RBA N 227.
⁵² Carl Weber an Sabine Kebir, 17. 3. 2004. Typoskripte des Exposés: RBA 310. Siehe auch : TT 2166/102.
⁵³ RBA N 324, 327–331.
⁵⁴ RBAHKOP. Siehe auch: RBA N 324.
⁵⁵ Peter Penewskij (geb. 1938), hatte in Westberlin die Schauspielschule Max Reinhardts und die Tanzschule von Mary Wigman besucht. Mit ihm sprach ich seit 2001 mehrfach über RB.
⁵⁶ Gespräch mit Wilfried Gundlach, Januar 2006.
⁵⁷ Aufnahmebestätigung, 6. 4. 1960, RBA N 223.
⁵⁸ Heinz Kahlau (geb.1931), veröffentlichte ab 1950 Gedichte und Lieder, erfolgreich im Kindertheater, Film, Opernlibretti, Hörspiele, Lyrik. Gespräche mit Kahlau am 4. und 11. 12. 2001 über RB u. *Das Gasthaus*.
⁵⁹ Gisela Steineckert (geb. 1931), Autorin, auch von Lyrik und Chansons, Beraterin des Oktoberclubs, Präsidentin des Komitees für Unterhaltungskunst, 1990 Ehrenvorsitzende des Deutschen Frauenbunds e. V.
⁶⁰ Gisela Steineckert an Hans Bunge, Juli 1988, zit. nach: *Ich umarme Dich in Eile. Briefe an Frauen*, Berlin 1992, S. 116.
⁶¹ Derselbe Schluß findet sich in der wahrscheinlich auch aus dieser Zeit stammenden deutschen Variante des Filmprojekts *Schule des Charmes*. Siehe Kap. 8, Anm. 138.
⁶² RBA 307.
⁶³ Henschelverlag an RB und Heinz Kahlau, 4. 11. 1963, RBAHKOP. Siehe auch: RBA N 224.
⁶⁴ Gisela Steineckert: *Ich umarme Dich*, a. a. O., S. 116–118.
⁶⁵ *GBFA* 18, S. 175f.
⁶⁶ *Liebesgedichte*, hrsg. von Gisela Steineckert, Berlin 1962.
⁶⁷ Johannes Dieckmann: *Um die große Hilfe der Kunst*, in: *Sonntag* 14 v. 7. 4. 1963.
⁶⁸ Leserbrief und Gedicht sowie die Antwort RBs wurden unter dem Titel *Auch eine Produktion* in: *Für Dich* 25/ 1963, S. 37 publiziert.
⁶⁹ Christa Neubert-Herwig (1943), Theaterwissenschaftlerin, publizierte u. a. Bücher über Wolfgang Langhoff und Benno Besson. Ich sprach mit Christa Neubert-Herwig seit 2004 mehrfach über RB.
⁷⁰ Bertolt Brecht: *Han var en morsom mand* und *Min far var tjener*, RBA 142, auch RBAHKOP.
⁷¹ *Historien om Ute*, RBA 38.

⁷² *Bertolt Brecht som Brug-kunst*, RBA 142.
⁷³ RBA 903.
⁷⁴ RB an Elisabeth Bergner, 6. 6. 1963, RBA o. Sg.
⁷⁵ Am 27. 9. 1963 kündigte sie ihrer Mutter ihren sofortigen Rückflug nach Berlin an, weil sie dort bei der Inszenierung des 3. Brechtabends am BE mithelfen müsse.
⁷⁶ Von Nørregaard und Hassing verbürgt. Brechts Totenmaske in RBs Handtasche spielt auch eine Rolle in Per Olov Enquists Novelle *Gestürzter Engel. Ein Liebesroman*, München 1991. 1961 deponierte RB die Totenmaske neben schriftlichen Dokumenten in der Königlichen Bibliothek Kopenhagen. Sie ist am rechten Ohr beschädigt.
⁷⁷ Edith Berlau an Bianca Berlau [Anf. 1964], RBA N 102.
⁷⁸ EHA N 679. Entwurf, in dem es heißt, daß bis zum 1. 4. 1964 insg. 70 000 Mark gezahlt wurden. Weitere Zahlungen würden erfolgen, wenn RB „Briefe und Manuskripte" Brechts dem Archiv übergibt.
⁷⁹ RB an Alfred Schulz, 6. 4. 1962, RBA 296.
⁸⁰ Nur falls diese drei den Kauf eines Briefes ablehnten, bliebe er zu ihrer freien Verfügung. Entwurf [von Haupmann?], RBA N 253.
⁸¹ Das Testament trägt das Datum v. 17. 10. 1960. RBAHKOP.
⁸² Broby-Johansen an RB, 21. 8. 1961, RBAHKOP.
⁸³ RB an Anna Borg, Sept. 1961, RBAHKOP und RB an Siegfried Unseld [1961], RBA o. Sg..
⁸⁴ Siegfried Unseld an RB, 19. 6. 1962, RBAHKOP.
⁸⁵ Vollmacht für einen Rechtsanwalt, das Haus zu verkaufen, 11. Mai 1962, RBA N 253.
⁸⁶ Hans Bunge an RB, 27. 7. 1962, RBAHKOP.
⁸⁷ RB an Dr. Hossinger, 10. 5. 1963, RBA N 227. Die ADN-Erklärung liegt in RBAHKOP.
⁸⁸ Diese u. a. Dokumente über den Briefverkauf sowie die juristischen Folgen in RBAHKOP. In RBA N 254 liegt ein Vertrag mit Lyloff, in dem er sich verpflichtete, einen Brief Brechts zu kopieren und als Pfand eine wertvolle Handschrift aus seinem Besitz bei RB zu hinterlegen. RBA N 227
⁸⁹ Siehe: *Mitteilung von Barbara Brecht-Schall*, a. , a., O.
⁹⁰ Siegfried Unseld an RB, 29. 6. 1964, RBA o. Sg.
⁹¹ Gerda Goedhart: *Bertolt Brecht. Portraits*, Zürich 1964.
⁹² RB an Siegfried Unseld, [Sommer 1964], RBA o. Sg.
⁹³ Elisabeth Hauptmann an Siegfried Unseld, 4. 6. 1964, RBAHKOP.
⁹⁴ RBAHKOP.
⁹⁵ Vertrag und Zusatzerklärung: RBAHKOP.
⁹⁶ RBAHKOP.
⁹⁷ Laut Rentenbescheid vom 4. 6. 1965 betrug die Rente 487 Mark, die Ehrenpension 800 Mark. RBA o. Sg.
⁹⁸ HWA 233.
⁹⁹ Siehe: *Mitteilung von Barbara Brecht-Schall*, a., a., O.
¹⁰⁰ Gespräch mit Klaus Völker, 28. 3. 2002. Das Buch erschien bei Suhrkamp 2001.
¹⁰¹ Fritz Arnold an Klaus Völker, 19. 6. 1968, Archiv Klaus Völker.

[102] Hanns Grössel: Gutachten zu *Ethvert Dyr kan det*, 11. 6. 1968, ebd..
[103] MfS Zentralarchiv, BStU AR 8, Archiv–Nr. AOP 9654/71, Bd 1,S. 56, 79; Bd 2, S. 6–7; Bd 3, S. 45–46.
[104] RBA 207.
[105] RB an Anselm Perten [Anf. 1968], ebd.
[106] MfS Zentralarchiv, BStU Archiv-Nr. AM 17358/79, Bd. 1, S. 218.
[107] Johannes Hoffmann (1923–2004), seit 1954 Leiter des Künstlerclubs Die ´Möwe`, wo er auch Kulturveranstaltungen mit internationalen Künstlern organisierte. Mit Johannes und Hilda Hoffmann sprach ich über RB mehrfach zwischen 2001–2002.
[108] *Der Kapitän und sein Schiff*, in: *Das Magazin* 10/1967.
[109] RBA N 101.
[110] *Berlau/Bunge*, S. 254.
[111] Da die Originale verschollen sind, wurden Völkers Abschriften die Publikationsgrundlage in der *GBFA*.
[112] Wie aus einem Brief RBs an Völker [Januar 1969] hervorgeht, plante sie auch, das Buch bei Reclam in Leipzig herauszubringen, „egal ob ich selber zahlen muss!!! Raus soll es.", RBA o. Sg.
[113] Bertolt Brecht. Eine Biographie, München, Wien 1976 Völker gab 1989 beim Persona Verlag in Mannheim *Jedes Tier kann es* heraus.
[114] Gespräch mit Klaus Völker am 28. 3. 2002.
[115] RBA o. Sg.
[116] Frido Solter (1933) Schauspieler u. Regisseur, hospitierte am BE zu Brechts Zeiten, Regisseur u. a. am Deutschen Theater und beim Fernsehen. Mit Solter sprach ich 2003.
[117] Diese und die folgenden Informationen: Gespräche mit Johannes Hoffmann 2001-2002.
[118] Gespräch mit Dieter Knaup am 18. 1. 2005. Das Blatt befindet sich im Archiv Peter Voigt.
[119] Aufnahmeantrag und ärztliches Gutachten: RBA N 304.
[120] RB an Isot Kilian, 12. 8. 1955, HBA 348. Zit. nach: *Ein Traum*, in: Berlau/Bunge, S. 290.

# Lebensdaten Ruth Berlaus

## 1906-1927
24. 8. 1906 geboren am Enighedsvej 17, Charlottenlund bei Kopenhagen / 27. 1. 1907 in der Vor Frue Kirk in Kopenhagen getauft / wohnt ca. ab 1910 in der Kopenhagener Fredericiagade 14 / bis 1919 Besuch der katholischen Schule St. Josephe / Arbeit als Komissioniererin für Kaffee, Sprechstundenhilfe eines Zahnarztes

## 1928
Wohnung in der Bjelkes Allee / 2. 8. – 26. 8. : Fahrradreise für *Ekstrabladet* nach Paris / Kurse in einer Übersetzerschule abgebrochen. / 24. 11. Eheschließung mit Robert Lund, Wohnung an der Dossering 14 (heute Peblinge Dossering)

## 1930
private Schauspielausbildung beim Schauspieldirektor des Königlichen Theaters Thorkild Roose und an Per Knutzons Experimentalbühne, dort am 17. 5. erfolgreiches Debüt als Anna in *Trommeln in der Nacht* / ab 6. 6.: Reportagen von einer Fahrradreise durch Schweden, Finnland, Estland für *Politiken*, Weiterreise mit dem Flugzeug nach Leningrad, Moskau / Mitglied der KP Dänemarks / 1. 9. Aufnahmeprüfung an der Schauspielschule des Königlichen Theaters bestanden / spielt Zigarettenarbeiterin in *Carmen*

## 1931
nach einer kurzen Trennung von Robert Lund (beantragt am 16. 3.) bezieht die Familie eine Wohnung in der Kronprinsessegade 18

## 1932
spielt im *Sommernachtstraum* am 12. 2. Hermia, am 27. 4. Puck / weiterhin: Schwester Marcella in *Nonnenbarnet* von Martinez-Sierra / Regie beim Agit-Prop-Stück *12 Jahre Soviet* mit einem Laientheater von Seeleuten, Aufführung am 7. November.

## 1933
21. 5: Reise nach Moskau mit dem RT zur Theaterolympiade / 9. 8.: Bekanntschaft mit Brecht und Weigel / im Herbst mehrere Wochen in Paris

## 1934
1. 8.: Festanstellung beim Königlichen Theater / spielt Mildred in *Du schöne Jugend* von Eugene O'Neill

## 1935
Filmrolle als Dienstmädchen in *Det gyldne smil* von Paul Fejos / Dienstmädchen Margarete in *Maria Stuart* und Sofie in *Kærlighed* von Kaj Munk / übersetzte mit

Otto Gelsted Brechts *Mutter*, ab September dafür Proben mit dem RT, Aufführungen einzelner Szenen/ Oktober: Roman *Videre* erscheint bei Hasselbalch/Kopenhagen

## 1936

Beginn des Liebesverhältnisses mit Brecht / Frühjahr: Reportagereise in die Kohlenminen von Cardiff / Dezember: spielt eine Lehrerin in *Eva leistet ihre Kinderpflicht ab* von Kjeld Abell und Alice in *Madame* von Noël Coward

## 1937

Januar/Februar: schreibt mit Brecht: *Alle wissen alles* / 17.- 18. 7.: Teilnahme am 2 Internationalen Schriftstellerkongreß zur Verteidigung der Kultur, anschließend Autorenexkursionen im spanischen Bürgerkrieg / August: Inspektion von Flüchtlingsunterkünften in Frankreich, Rückkehr nach Dänemark um den 1. September / 30. 9. : Premiere ihrer Inszenierung von Valentin Katajews Stück *Der Blumenweg* mit dem Arbejdernes Theater (AT) / Übersetzung mit Voltelen von *Fru Carrars Geværer* / 4. 12. : spielt Trinkerin in *Niederlage* von Nordhal Grieg / 19. 12. : Premiere ihrer Inszenierung: *Die Gewehre der Frau Carrar* mit dem AT

## 1938

14. 2. : Inszenierung v. *Die Gewehre der Frau Carrar* mit deutschen Emigranten u. Helene Weigel / Frühjahr: Aufführung mit AT von Szenen aus *Die Heilige Johanna der Schlachthöfe*, die sie wahrscheinlich auch selber spielte / Sommer: Trennung v. Robert Lund / Herbst: Arbeit im dänischen Rundfunk / November-Dezember: Inszenierung von Szenen aus *Furcht und Elend des Dritten Reiches, in denen sie als jüdische Frau auftrat / Spielt: Martta in* Hella Wuolijokis *Die Frauen von Niskavuori*

## 1939

März: Proben für Christine in *Traumspiel* von Strindberg und Kristina in *Gustav Vasa* v. Strindberg / März-April: Regie bei *Alles wissen alles* mit dem Amatørteater / Mitte August: Proben für Heilsarmeemädchen in: *Der Mann ohne Seele* v. Per Lagerquist / Juli : Erscheinen des von ihr herausgegebenen Subskriptionsdrucks von Brechts *Svendborger Gedichten* / 14. August: In der Volkshochschule v. Tollare (Schweden) wird ihre Regiearbeit von *Was kostet das Eisen* mit Laien aufgeführt

## 1940

10.April 1940: *Ethvert dyr kann det* erscheint im Arthur Jensens Forlag, Kopenhagen / Aufnahme in den dänischen Schriftstellerverband / 3. 5. spielt Norah in Eugene O'Neills Komödie *Du schöne Jugend* / mit Brecht entsteht das Hörspiel *Madame Bovary* / um den 15. 5. 1940: Abreise nach Stockholm /20 .5. 1940 polizeiliche Anmeldung in Helsinki, Unterkunft in der Pension Fridhäll, Seurasaarentie / 7. 7. 1940: Abmeldung aus Helsinki nach Marlebäck/Kausala, Mitarbeit an *Puntila* u. *Flüchtlingsgesprächen* / Anfang Oktober: Pension Fridhäll in Helsinki / 19. 11. 40 bis 15. 1. 1941: Bulevardi 30B1 / Dezember: Inszenierung eines von ihr und Brecht geschriebenen Kindersketchs *Die letzte Kaffeebohne* / Ehe mit Lund geschieden

## 1941

16.1.41 bis 19.5.41 Ruolahdenkatu 10A18 / 16.-21. 6.: Reise über Leningrad, Moskau, Wladiwostok. Los Angeles / Einige Wochen Untermiete bei dem holländischen Maler Ernst van Leyden/

August: 844-26 Street, Santa Monica. Zusammenarbeit mit Brecht an Filmstorys und mit Brecht und Feuchtwanger an *Die Gesichte der Simone Machard*

## 1942

9. Mai: Rede auf einem Kongreß der National Womans Party in Washington / Anschließend in New York als Sprecherin und Redakteurin für dänische Rundfunksendungen in der skandinavischen Abteilung des Office of War Information / Wohnung: 124 East 57$^{th}$ street

## 1943

12. Februar bis Anfang Mai: Brecht besucht sie in New York / 23. Juli: Entlassung bei OWI / 19. November 1943–22. März 1944 Brecht wieder bei ihr in New York

## 1944

März: Feststellung einer Schwangerschaft / Mitarbeit am *Kaukasischen Kreidekreis* per Korrespondenz / etwa Ende April bis Mitte Juli: Fotokurs bei Joseph Breitenbach / Ende Juli krank nach Santa Monica, wohnt im Chalet Motor Hotel, auf dem Wilshire Boulevard / 3. September: Operation und Kaiserschnitt, Michel Berlau stirbt am 4. 9. / wohnt bis 30. März 1945 bei Salka Viertel, 165 Mabery Road, Santa Monica / November: Fotokurs in der Venice High School in Los Angeles / mit Brecht erste Filme von den Typosskripten seiner Stücke und anderer Arbeiten hergestellt

## 1945

30. März: Rückkehr nach New York / weitere Mikrofilme von Brechts Werken / Mai: wenige Wochen Volontärin beim OWI / Fotoreportagen / ab Sommer zunehmende psychische Schwierigkeiten / 28. 12: Bellevue-Nervenklinik / 31. 12: geschlossene Abteilung der privaten St. Oaks-Klinik in Amityville

## 1946

Ende Februar: Entlassung, mit Brecht in 124 East 57$^{th}$ st. / 8. 5. - 22. 9. : Fahrt mit Brecht im Auto nach Santa Monica und zurück / Gelegentliche Artikel für *Ekstrabladet* bis 1948

## 1947

Autobiographische Notizen / Novellen / Sommer: fotografische und filmische Begleitung der Inszenierung von *Galileo* / Ende Oktober: Begleitung Brechts zum Verhör vor dem HUAC / Kontrolle und fotografische Begleitung der *Galileo*-Inszenierung in New York / Jahresende: Abreise per Schiff nach Europa

## 1948

9. Januar: Ankunft in Le Havre / 10. Januar: Zürich, wohnt im Atelier c/o Oettinger, in der Gartenstr. 38, ab Ende Januar in der Dufourstr. 32, c/o Stevka Lazović / 4.–17. 2.: fotografische Begleitung der *Antigone*-Inszenierung in Chur / Zusammenstellung des Modell-Buchs mit Caspar Neher / 27. 6.: Korrespondententätigkeit u. a. für *Ekstrabladet* in München, wohnt im Pressezentrum, Wasserburger Landstr.6, später in Harlachberg / 28. 8.: Rückkehr nach Zürich / 7. Oktober: besucht Prozesse gegen Nationalsozialisten in Nürnberg / November: Berlin. Unterkunft im Hotel Adlon / 9.- 23. Dezember: Kopenhagen / Berlin

## 1949

22. Februar: Reise mit Brecht über Prag nach Zürich, Pension in der Hottingerstr. 25, Dokumentation und Zusammenarbeit für *Die Tage der Commune* / 28. Mai: po-

lizeiliche Anmeldung in Berlin unter der Adresse Deutsches Theater, Schuhmannstr. 13a / September: Regieassistenz *Mutter Courage und ihre Kinder*, Städtische Bühnen Wuppertal / Winter 1949: Einzug in die Charitéstr. 3 / Dezember-Januar 1950: Regie *Die Mutter* an den Kammerspielen Leipzig

### 1950

2. 3. – Ende März: Klinikaufenthalt Charité wegen Nervenkrise / März: Regieassistenz *Die Mutter* an Maxim-Gorki-Bühne, Schwerin / September/Oktober: Regieassistenz bei Brecht für *Mutter Courage und ihr Kinder* an Münchener Kammerspielen / November/Dezember: Regie *Mutter Courage und ihre Kinder* an Rotterdams Toneel-Theater

### 1951

5.-20. Januar: Klinikaufenthalt Charité wegen Nervenkrise / Februar: Regieassistenz bei *Courage* in Döbeln / Oktober/November: Regieassistenz bei Antigone in Greiz, Beginn der Freundschaft mit Hans Joachim Bunge

### 1952

Anf. – Mitte Februar: Nervenklinik Charité / 20. 2. – 1. 3.: Regieassistenz *Die Mutter* am Landestheater Eisenach / Ende März–ca. 20. 4. : Nervenklinik Charité / April/Mai: Co-Regie: *Die Gewehre der Frau Carrar* mit einer Laiengruppe der Universität Greifswald / August: bezieht als Sommerquartier den von Brecht gekauften Wasserturm, Hauptsraße 41 in Buckow / dort und in Berlin: Mitarbeit an *Katzgraben*

### 1953

Anf. August – 8. 10.: Regieberatung bei *Mutter Courage und ihre Kinder* in Kopenhagen / 22. 10.: Aufzeichnung einer Rezitationssendung dänischer Lyrik im Rundfunk (gesendet: 24. 1.) / Reise nach Schweden und Finnland, Norwegen

### 1954

Reise zum Gastpiel des BE nach Paris, anschließend Lausanne und Corsier in der Schweiz / Beginn der publizistischen Arbeit für *Das Magazin*

### 1955

19. 3. –Mitte Mai u. 5. 8. – 9. 9. : Nervenklinik St. Joseph in Berlin Weißensee / 9. 9. – 12. 9. in Nervenklinik Wuhlgarten in Berlin Biesdorf / 13. 9. –30. 10. Abteilung Brugsch in der Charité / Ende Oktober: Reise nach Dänemark, um sich dort eine zweite Existenz als Autorin und Journalistin aufzubauen.

### 1956

13. 8. : Brecht kauft für sie ein Haus am Dageløkkevej 76, in Humlebæk bei Kopenhagen / 14. 8. : Brechts Tod / Ab 15. 9: 1-Jahresvertrag mit BE über Modellbücher

### 1957

11. 9. Vertrag über freie Mitarbeit am BE, der neben Modellbüchern u.a. auch Arbeit mit Nachwuchsschauspielern und Berichte über Brechtinszenierungen beinhaltet

### 1958

Beendigung des Vertragsverhältnisses mit dem BE, Privatpension von 500 Mark monatlich von Helene Weigel

### 1959

September–Oktober: Tonbandgespräche mit Hans Bunge in Prieros und Berlin

## 1960
Aufnahme in den Deutschen Schriftstellerverband
## 1965
Mai: Vertrag mit der Akademie der Künste der DDR über die Überlassung der in ihrem Besitz befindlichen Originaldokumente Brechts / Hüftoperation
## 1974
15. 1. 1974: Tod bei einem von ihr selbst ausgelösten Brand im Sauerbruch-Haus der Berliner Charité

# Bibliographie Ruth Berlau
## (Stand: Sommer 2006)

### Bücher

*Videre. Roman* Hasselbalch-Verlag, Kopenhagen 1935

*Ethvert dyr kan det,* Arthur Jensens Forlag, Kopenhagen, 1940
*Jedes Tier kann es,* (Lizenzausgabe) Persona Verlag, Mannheim 1989, Suhrkamp, Frankfurt am Main 2001

*Brechts Lai-tu. Erinnerungen und Notate.* Hrsg. und mit einem Nachwort von Hans Bunge, Luchterhand, Darmstadt und Neuwied 1985, Eulenspiegel Verlag, Berlin 1987, enthält auch Texte:
*Ein Geschenk,* S. 249 // *Kreidekreis-Notate,* S.249–256 // *Im Kreis gehen,* S. 256 // *Eine Klassenkampfhure kommt in Schwierigkeiten, weil sie nicht erkennen kann, wer am besten der dritten Sache nützt,* S. 258 // *Warten,* ebd. // *Mein Hintern ist mir zu gut,* S. 259 // Gedichte, Briefe, Tagebuchnotizen, Telephongespräche, S. 258–276, S. 279, S. 285 // *Die Wahrheit ist konkret,* S. 276–279 // *Wie war Bertolt Brecht?,* S. 280-285 // *Bertolt Brecht und die Tugenden,* S. 286-288.
Dänische Lizenzausgabe: *Brechts Lai-tu. Erindringer og notater af Ruth Berlau,* hrsg. v. Hans Bunge, dänisch von Leif G. Berthelsen, Gyldendal, Kopenhagen, 1986.

*Ruth Berlau. Fotografin an Brechts Seite,* hrsg. v. Grischa Meyer, Propyläen, München 2003, enthält auch Tagebuchnotizen, Briefe, und Texte : *Der Urgroßvater der Atombombe und Charles Laughton,* S. 67 // *Man lächelt nicht in New York,* S. 116–117 // *Unheimlicher Weihnachtsabend* in New York, S. 128 // *Die Wahrheit ist konkret* (Auszug), S. 136 // *Von meinem Fenster aus gesehen* [betr. Edith Berlaus Fenster], S. 155 // *Unsterbliche Fotografen. Echter Fotografengeist!,* S. 183

### Herausgabe

Herausgabe/Übersetzung (mit Otto Gelsted): *Bertolt Brecht: Fru Carrars Geværer,* Diderot-Bibliothek 1, Kopenhagens Zentraldruckerei 1938
Bertolt Brecht: *Svendborger Gedichte,* Kopenhagen, 1939

Bertolt Brecht, Caspar Neher: *Das Antigonemodell 1948,* Gebrüder Weiß-Verlag, Berlin-Schöneberg, 1949
Kollektive Herausgabe: *Theaterarbeit. 6 Aufführungen des Berliner Ensemble.* Redaktion: Ruth Berlau, Bertolt Brecht, Claus Hubalek, Peter Palitzsch, Käthe Rülikke, Berlin 1952, 3. Auflage: 1966
Bertolt Brecht: *Die Gewehre der Frau Carrar,* Verlag der Kunst, Dresden, 1952
Bertolt Brecht: *Die Kriegsfibel,* Berlin, Eulenspiegel Verlag 1955, 1967, 1968: Gemeinschaftsausgabe mit Pfalz Verlag, Basel, 1977, 1983, 1994: um unveröffentlichte Montagen und Verse erweiterte Ausgabe
Bertolt Brecht, Caspar Neher: *Das Antigonemodell 1948,* Henschelverlag Kunst und Gesellschaft, Berlin 1955
Bertolt Brecht: *Aufbau einer Rolle. Galilei. Laughtons Galilei,* Henschelverlag Kunst und Gesellschaft, Berlin 1956
Bertolt Brecht: *Couragemodell 1949,* Henschelverlag Kunst und Gesellschaft, Berlin 1958

## Beiträge in Anthologien

*Antikriegspropaganda (13. Szene* [von *Die Mutter*] in: Theaterarbeit, a. a. O. , S. 147–148 Wiederpubliziert*: Materialien zu Die Mutter,* Berlin 70, S. 149–152. Frankfurt am Main 1969
*Modelle des Berliner Ensembles,* ebd., S. 294–296.
*Der kleine wilde Säbeltanz* [des Eilif in *Mutter Courage*], ebd., S. 326.
*Benutzung von Modellen unter besonderen Bedingungen. Die holländische Courage,* in: *ebd, S.* 328–332 (Wiederpubliziert: Bertolt Brecht: *Mutter Courage und ihre Kinder. Materialien,* Frankfurt 1964, Berlin 1968, S. 114–120)
*Kopenhagen 1935, Leipzig 1950, [Berlin 1951]* [Modelle: *Die Mutter*], ebd., S. 336–341.
*Theaterfotografie,* ebd., S. 341–345
*Poesie der Regie.* In: *Sinn und Form, Zweites Sonderheft Bertolt Brecht* 1957, S. 337–339. (Wiederpubliziert in: *Wer war Brecht?* Berlin 1977)
*De olika faserna i en iscenesät.* In: Bertolt Brecht: *Regeln och undantaget / Fru Carrars gevär,* Tidens Förlag, Stockholm 1959, S. 91–96
*Anmerkungen zu Bertolt Brecht: Die Gewehre der Frau Carrar, Erfahrungen der Pariser, Kopenhagener und Greifswalder Aufführung.* In: Brecht: *Die Gewehre der Frau Carrar,* Reclam, Leipzig 1960, S.41–57
*...mit seiner großzügigen, einmaligen, enormen Freundlichkeit. Beiträge von Freunden, Mitarbeitern und Schülern.* In: *Sinn und Form Sonderheft Hanns Eisler,* 1964, S. 326–397
*Über Charlie Chaplin.* In: *Schriftsteller und Film.* Dokumentation und Bibliographie. Aus den Sammlungen der Sektion Literatur und Sprachpflege, Arbeitsheft 33, Akademie der Künste der DDR, Berlin 1979
*Die Modellmappe Ruth Berlaus* [*zur Greifswalder Inszenierung Die Gewehre der Frau Carrar*]: *Brechts Gewehre der Frau Carrar,* Frankfurt/Main, 1982, S. 111–131
*Meine erste Zusammenarbeit mit Brecht.* In: *Erinnerungen an Brecht,* Leipzig 1964, S. 122–125
*Anekdoten um Brecht.* In: *Gehörtes und Unerhörtes,* Berlin, Eulenspiegel-Verlag 1961, S. 21 (Wiederpubliziert 1962)

*4 Anekdoten um Brecht* in *Tascheneulenspiegel*, Berlin 1961, S. 21
*2 Anekdoten um Brecht, 2 Anekdoten um Helene Weigel.* In: *Anekdoten*, hrsg. v. Gerhard Branstner & Werner Sellhorn, Berlin 1962, S. 72, 91, 142
*3 Anekdoten über Brecht* in: *Geschichten vom Herrn B*. 111 Brecht-Anekdoten, aufgeschrieben v. André Müller und Gerd Semmer, Berlin 1968, S. 48, 70, 73
*Jedes Tier kann es*. In: *Lettre International*, Berlin, no. 3, 1988, S: 69–71

In: *Who was Ruth Berlau?* In: *The Brecht Yearbook* 30, Wisconsin 2005, stehen folgende Texte:
*Tivoligäste* S. 219–222 // *Speech Made at National Woman's Party Congress, Washington*, D. C. 9th, 1942, ebd., S. 223–224 // *My time as a Cleaning Lady in New York*, ebd., S. 225–226 // *Fachleute*, ebd., S. 227f // *Ein Fremder sieht D.D.R.*, ebd., S. 228f // *Der Fluß*, ebd., S. 229f // *Schwächen* (Gedicht), ebd., S. 23 // *RB an Hans Mayer*, 11. 5. 1955, ebd., S. 230–235 // *RB am Bertolt Brecht*, 6. 8. 1953, ebd., S. 236f // *Da will ich doch mal notieren*, ebd., S. 237 // *Du bist mir so lieb* (Gedicht), ebd., S. 238 // *Er zeigte mir seine Liebe*, ebd. // *So gibt's Momente*, ebd. // *Heute nacht lag ich wach* (Gedicht), ebd., S. 239 *keine zeit*, ebd., S. 240 // *O my friend*, ebd. // *Selbständigkeitsgefühl*, ebd., S. 241 // *RB an Elisabeth Bergner*, 14. 8. 1956, ebd., S.241–242 // *heute nacht hatte ich ein langes gespräch* [mit Jakob Michael Reinhold Lenz], ebd., S. 243ff

## Zeitungen – Zeitschriften

### Ekstrabladet

*Paa Cycle til Paris* 7. 8. 1928
*Strækningen København–Køln er tilbagelagt paa 4 Dage*, 9. 8. 1928
*Med Ruth og Fut paa Eventyr*, 11. 8. 1928
*Ruth og Fut har naaet Paris i God behold*, 14. 8. 1928
*Med Ruth og Fut i Paris*, 17. 8. 1928
*Det gaar atter Hjemad mod Danmark*, 21. 8. 1928
*Med Ruth og Fut i Arrest*, 23. 8. 1928
*Ruth og Fut i Amsterdam*, 25. 8. 1928
*Fotoreportage vom Schulschiff Danmark* [ohne Namensangabe] 6. 11. 1945
*Charles Laughton som Atombombens Oldefar: Galilei*, 21. 9. 1946. Mit Fotos: Laughton und Laugthon/Brecht
*Hvor Chaplin tager Støvlerne af*, 5. 10. 1946. Mit Foto: Chaplin
Foto von Laugthon mit Hinweis auf Galilei–Premiere, 13. 8. 1947
*'Trein Mærsk' hjem hvertandet aar*, 15. 11. 1947. Mit Fotoreportage auf der ganzen letzten Seite der Zeitung
*USA interesserer sig i dag enormt for Europa. Ti spørgsmal – og et halvt – fra Ekstrabladet's Korrespondent til Chefen for United Press Hugh Baillie*, 9. 12. 1947. Mit Foto: Baillie in derselben Ausgabe: 2 Fotos auf Bildrückseite: Schwarze Nachtclubs in New York.
*Man smiler ikke i New York. Ekstrabladets Kronik*, 27. 1. 1948. Mit Foto im Text und Fotoreportage auf der Rückseite
*Brecht har skrivet folke–komedie* [über *Puntila*], 6. Juli 1948
*Glasøjet i München, Ekstrabladet*s Kronik den 22. 6. 1948

Foto von Charles Laughton mit kleinem Kommentar, 15. 9. 1948
27. 9. 1948: Tyskland faar ingen bøger eller skuespil udefra: det kann ikke betale forfatterne noget honorar (beigegeben vier Fotos)

## Politiken
Min Cykle og jeg. Ruth Berlaus Tur gennem Sverige med Moskva som Maal, 8. 6. 1930
Min Cykle og jeg, 11. 6. 1930
Min Cykle og jeg. Stockholm – Helsingfors, 14. 6. 1930
Min Cykle og jeg. Ruth Berlau starter ind i Rusland, 17. 6. 1930
Ruth Berlau i Rusland, 21. 6. 1930
Brudtsykker om Brecht in: Magasinet (Wochenendbeilage), 13.10.1956

## Vore Damer
Er der Mennesker i Sovjetrusland?, 1. 8. 1933, S. 4ff

## Aandehullet (Atemloch)
Anekdote über ihr Hotel in Paris 1928, Februar 1934

## Arbejderbladet
R. T. : Opfører *Moderen*, 8. 5. 1935

## Vi Gymnasiaster
Teilnahme an Umfrage über die Theaterkrise (für das Königliche Theater existiert sie nicht, da es Brechts *Sieben Todsünden* sowie Schostakowitschs *Katharina Ismailowa* aufgeführt habe, wirbt für Rückkehr Storm P.s an das Königliche Theater), Mai 1937

## Veien Frem
*Just for a little Fire*, no. 4 / 1937, S. 28f

## Folkets Jul 1937 (Weihnachtssonderheft von Arbejderbladet)
*Adressen* [kleiner Artikel über ein Kinderschicksal im spanischen Bürgerkrieg]

## Kulturkampen
Teilnahme an einer Umfrage: Für oder gegen die spanische Republik?, März 1938

## Eeva
Dezember 1940: Maria Sten: *Ilta Tivolissa. Kertomus Kööpenhaminasta* [Ein Abend im Tivoli. Erzählung aus Kopenhagen], S. 34ff
Februar 1941: Maria Sten: *11 minuuttia*, S. 10, 39.
März – August 1941: Eleonora von Tranaborg: *Rakkautta Suomea kohtaan. Transkatar tuli katsomaan tuhatjärvien maata* [Liebe zu Finnland. Eine Dänin sieht das Land der Tausend Seen], März: S. 8f; April: S. 12, 39; Mai: S. 16f , 37; Juni: S. 12f; Juli: S. 15–18, 32, Aug.: S. 8f.

Oktober 1941: Maria Sten: *Nälkäinen enkeli. Kööpenhaminalainen kertomus* [Der hungrige Engel. Eine Kopenhagener Geschichte], S. 23f

## Sonntag
2. 11. 1952: Schauspieler ernten bei Bauern
10. 5. 1953: *Bertolt Brecht probt Katzgraben von Erwin Strittmatter*, S. 6

## Aufbau
7 / 1950: *Sie gab mir ihre Perlen* [Nachruf auf Karin Michaelis], S. 655f

## Friedenspost
8 /1952: *Freie Fahrt für ein neues Schiff*, S.5f

## Wochenpost
11. 12. 1954: *Dünn wie ein Faden. Ruth Berlau plaudert über Marcel Marceau*
15. 1. 1955: *Eine wahre Geschichte* [*Mutter Courage* in Amsterdam und Kopenhagen]
26. 3. 1955: *Paris–Berlin* [Gastspiel des Pariser Theatre Populaire mit Gérard Philippe]
23. 7. 1955: *Elisabeth Bergner im Schiff* [bauerdammtheater]

## Das Magazin
6/1954: Martin Andersen Nexø: *Ja, die Liebe!* Aus dem Dänischen übertragen von Ruth Berlau, weiterhin: *Ein Kompliment für Dichter: Das ist also Schwindel! Gespräch mit Nexø und Familie*
8/1954: *Was uns durch`s Leben trägt, sind unsere Füße! Eine wahre Geschichte über den dänischen Zeichner Robert Storm Petersen*
9/1954 *Der Kaukasische Kreidekreis*
10/1954 *Der Ponystall*. Erzählung
12/1954: *Ich will in Deinem Herzen leben.* [Über Aufführung von *Viel Lärm um nichts*, enthält Portrait von Inge Keller als Beatrice]
1/1955 *Die Winterschlacht von Johannes R. Becher* [enthält Interview mit Ekkehard Schall]
3/1955 *Ein jugendlicher Held und Liebhaber wird dringend gesucht.* [über Tournee des Landestheaters Parchim]
5/1955 *Sind schöne Menschen selten?* [Über Gérard Philippe]
10/1955 *Willst du Schauspielerin werden?* [Porträt von Käthe Reichel]
10/1956 *In Erinnerung an Bertolt Brecht*
4/1957 *Im Tivoli*
8/1957 *Brecht und die Kinder*
10/1957 *Wie ich Barfrau in New York wurde*, Erzählung
2/1958 *Wie war Bert Brecht? Portrait.* Wiederpubliziert in: Magazin 3/2004
6/1959 *Liebe kann man nicht aussortieren*, Porträt v. Andersen Nexø
10/1959 Anekdote für eine Umfrage *Lustige Erlebnisse aus den letzten zehn Jahren.*
12/59 *Meine Zeit als Leierkastenfrau in New York*
12/1962 *Meine Zeit als Reinemachefrau in New York*
2/1963 *Ich wäre gerne auch weise. Zu Brechts 65. Geburtstag*

7/1963 *Freundschaft. Zum 65. Geburtstag von Hanns Eisler*
10/1967 *Der Kapitän und sein Schiff*
8/1969 *Brecht und die humorvollen Dänen*

## Neue Berliner Illustrierte (NBI)
3. 8. 1954 *Brecht führt Regie* . Zum Beginn der Theatersaison erzählt Ruth Berlau von den Proben zu Brechts *Kaukasischer Kreidekreis* im Berliner Ensemble am Schiffbauerdamm

## Das Blatt des Verbandes bildender Künstler
Zu: Rat an die bildenden Künstler, das Schicksal ihrer Kunstwerke in den kommenden Kriegen betreffend, 2/3, Feb./März 1955, S. 2

## Land og folk
19. 2. 1956 *Klovnen i Krig*

## Freie Welt
4. 9. 1958 *I. Brecht als Flüchtling*, S. 3ff
11. 9. 1958 *II. Der Fabrikdirektorssohn wird Kommunist*, S. 10–11
18. 9. 1958 *III. Brechts Berliner Ensemble – Helfer unseres Aufbaus*, S. 10–11

## Der Eulenspiegel
33/1959: Brecht-Anekdoten

## Neues Deutschland
6./7. 4. 1957 *Die Rolle der Simone Machard.*
13. 8. 1960 *Meine erste Zusammenarbeit mit Brecht.*

## Für Dich
14/ 5. 3. 1963: *Liebe ist eine Produktion*
26/ 3. 6. 1963: Antwort auf einen kritischen Leserbrief

## Märkische Volksstimme
15. 4. 1965: *Sein eigener Sohn* (Rubrik: *Die Schaubude*) Brecht-Anekdote

## Als Mitarbeiterin an zu Lebzeiten Brechts gedruckten Werken/Bearbeitungen genannt

*Der Hofmeister* (weitere Mitarbeiter: Benno Besson, Egon Monk, Caspar Neher),in : *Versuche 11*, Berlin 1951
*Der gute Mensch von Sezuan*, (weitere Mitarbeiterin: Margarete Steffin), in: *Versuche 12*, Berlin 1953
*Der kaukasische Kreidekreis,* in: *Versuche 13,* Berlin 1954

# Mitarbeit an Stücken, die ganz oder teilweise nach Brechts Tod gedruckt wurden

*Die Tage der Commune,* GW 5, 1965.
*Dansen*
*Was kostet das Eisen*
*Flüchtlingsgespräche*
*Alle wissen alles.* Schwank in drei Akten, ein Auszug wurde hrsg. v. Sabine Kebir, in: *Theater der Zeit*, Berlin no 57/2002 2, S. 25–29

# Personenverzeichnis

Abell, Kjeld 35
Albers, Hans 239 241 252
Alfelt, Else 97 100
Andersen, Henry Jul 97f 100 297
Andreasen, Dagmar 35f 42 47 53 55 97–99 115 119 158 313
Apletin, Michail 149
Aronssohn, Holger 167
Auden, Whiston Hugh 186 213
Aufricht, Ernst 175 184 186
Bautz, Franz Joseph 288
Baum, Vicky 184
Bruckner, Ferdinand 24f 73
Bachmann, Ida 167f 174 176 184 197 203–208 246ff 292
Baillie, Hugh 220f 243
Becher, Johannes, R. 151 321 341 360
Becher, Lilly 151 341
Bendix, Hans 183
Benesch, Harald 271
Benjamin, Walter 31 89 105
Bentley, Eric 243 271ff
Bergman, Ingrid 212 215
Berlau, Blanca 15–18 20 22 24 51 83 123 126 246–249 279ff 329 344 346f 350 376
Berlau, Edith 15–18 22–24 26 36f 42 48 50f 58 70 72 75 102 116 143 205ff 209 246–249 262ff 266 276 279 292 312
Berlau, Heinrich 15 17f 20

Berlau, Michel 187 190ff 197 201 203 232 262f 264 319
Besson, Benno 230 251f 267 288f 331 384
Besson, Iva 366
Bergner, Elisabeth 28 161f 174f 184 186f 197f 201 207ff 213 236 320f 337 360 368 370 377 383f
Bidstrup, Herluf 323 328 347
Biermann, Wolf 368 381f
Blach, Einar 128
Bloch, Ernst 331 335
Bois, Curt 368 371f
Bommer, Alois 238
Bor, Niels 106 211
Borberg, Svend 25f 28 31f 49 53 106
Bouber, Aaf 276f
Boyer, Charles 212 215
Branting, Georg 92 94 98 116f 122 129 134 315 343 377
von Brentano, Bernhard 88
Brecht, Stefan 49 83 95 122 137 141f 151f 158 171 187 196 270 350
Brecht–Schall, Barbara 49 83 95 122 137 141f 151f 158 171 187 201 217 229 250f 270 384
Bredel, Willy 92
Breitenbach, Josef 97 99 189 198 215
Brugsch, Theodor 340 343ff 350
Brusse, Kees 277
Buckwitz, Harry 239f 334 362f

405

Budzislawski, Hanna 174 207 217 219
Budzislawski, Hermann 174 217 219 222
Bunge, Hans, Joachim 7ff 11 20 27 29 49 59 72 84 92f 118 186 236 290 29ff 316f 319 327f 331 340 342 359 361 365 367 379 382 384
Busch, Ernst 346
Cavling, Ole 18 200 211 221 221 238 282 313 328
Chaplin, Charles 123 173 194 196 198 211f 215ff 234 236 243 245 290 295ff
Chaplin, Oona 215
Christian X. 16f 85 101 177 250 317
Christophersen, Gerda 52
Chrustschow, Nikita 362
Clark, James A. 242
Clark, Ruth 242
Crosby, Bing 241
Czayka, Rolf 292 294
Czinner, Paul 161 175 198 207f 213 360
Davidson, Dagmar – siehe: Andreasen
Davidson, Peter 97
Desch, Kurt 239f 365
Dessau, Paul 175 289 302 368
Dieckmann, Johannes 375
Diederich, Prof. 366
Diktonius, Elmer 144 148
Dimitroff, Georgi 147
Dudow, Slatan 95
Duffield, Brainerd 213
Dymschitz, Alexander 230 245f
von Einem, Gottfried 251
Eisler, Gerhart 94 174 185 216 218 223 368
Eisler, Hanns 46 51 67 94 146 174 191 194f 216 291f 299 346 368 370 376
Eisler, Hilde 94 174 323 333 361 367 370 383 386
Eisler, Louise 94 152 160 194f 326
Ek, Anders 383
Engel, Erich 376
Feuchtwanger, Lion 150 157ff 184 186 363
Feuchtwanger, Martha 157 159
Fischer, Ruth 185f 216
Flaubert, Gustave 125f
Flink, Mieke 277
Flink, Richard 277
Framlev, Julius Thorvald 84 86
Franco, Francisco 90 100 114
Freud, Sigmund 21 71 105
Frisch, Max 230 238
Gabrielsen, Gustav 47 119 301
Gade, Svend 31
Garfield, John 215
Gaugler, Hans 236 252
Gelsted, Otto 21 31 35 49f 58 77 99 125 158 214 244 312f 315 364
George, Heinrich 105
Gert, Valeska 237
Giehse, Therese 238 252 271f 276 283
Gnass, Friedrich 301
Goebbels, Joseph 105f
Goedhart, Gerda 67 89 249 271 275 278 285 318 361 380
Göring, Hermann 105 115
Goslar, Lotte 216 286
Gottschalch, Ellen 311 313f
Granach, Alexander 157 216
Grieg, Nordhal 23f 43 66 77 90 100f 173 206 250 377 380
Grohe, Wilhelm 260
Gruenthal, Max 207 210
Gründgens, Gustaf 105
Hambleton, Thomas 217

Hansen, Hans, siehe: Hedtoft
Harrington, Anne 210 215
Hauptmann, Elisabeth 8 174f 178
 203 206ff 247 285 317 337 351
 359f 363 365 378 380 384f
Hauptmann, Gerhard 273
Havemann, Robert 381f
Hays, Hoffmann 146 175 186
Hedtoft–Hansen, Hans 99 146 314
Hegel, Georg Wilhelm 21
Dietfried Müller–Hegemann 268
 270 274
Heiberg, Edvard 35 42 44 283
Hemingway, Ernest 184
Henningsen, Poul 30 35 121
Herdal, Harald 285
Herzfelde, Wieland 83 121
Hertz, Henrik 22
Hesse–Burri, Emil 283
Hitchcock, Alfred 184
Hiob, Hanne 324
Hirschfeld, Kurt 238
Hitler, Adolf 42 52 54 100 114 122f
 125 128 135 146 149 158 161
 163 165 195 203 214 218 239ff
 277 319 324 373
Hölderlin, Johann Ch. F. 236
Hoffmann, Hilda 11 386
Hoffmann, Johannes 11 382 386
Holberg, Ludvig 22
Holm, Ingmar 315
Homolka, Oskar 252
Hoover, J. Edgar 216
Hoppe, Marianne 105
Houmann, Bǿrge 243
Houseman, John 175
Hubalek, Claus 289 298f
Ibarruri, Dolores 92
Ipsen, Bodil 21f 25 35 53 98 99 105
 128 133 312 377
Jacobsen, Agnes 133
Janka, Walter 343

Juul, Meta 168 204 206ff
Juul, Svend Jensen 60
Kafka, Franz 103 115 126
Kahlau, Heinz 373f 376
Kant, Immanuel 71f 116 196
Katajew, Valentin 96
Kauffmann, Henrik 166 172 174
 243 377
Kaul, Friedrich, Karl 340f 363
Kilian, Isot 312f 318f 324 336f 339
Kilpi Sylvi–Killiki 147f
Kirk, Hans 35 44 50 58 129 244 285
 374 387
Kisch, Egon Erwin 90
Knaup, Dieter 376 387
Knutzon, Per 23ff 30 35 42f 46 48f
 52ff 78f 95 101f 158 244
Kolzow, Michail 90 93 149 152 162
Köther, Karl 294
Königshof, Kaspar 292ff
Koppel, Valdemar 25f 28
Korsch, Karl 51 175 187 196
Kortner, Fritz 158 240 252 372
Krabbe, Knud 24 36
Krogh, Thorben 31
Kreymborg, Alfred 176 184
Krupskaja, Nadjeschda 286
Küter, Charlotte 260
Kunert, Günter 329
Kurella, Alfred 43f 285
Kuusinen, Hertta 136 315
Kuusinen, Otto, Vilhelm 136 148
Lagerquist, Per 128
Lander, Harald 32 79
Lang, Fritz 69 160 169 171
Larsen, Aksel 29 34 43 101f 289
 314 323
Laughton, Charles 199 202 210ff
 215 219 221 236 243 277 326f
 346
Lazović, Miroslav 234f 244
Lazović, Stevka 234f 244

407

Leiser, Erwin 315f
van Leyden, Oskar Moritz Ernst 157
Lenya, Lotte 175 216
Lerner, Alan Jay 316
Lindbćk, Lise 351
Lindemann, Werner 284
Lisewski, Stefan 376
Ljungdal, Arnold 135
Lorre, Peter 160f 175f 189 191 193 207 209f 240 243 252 273
Losey, Joseph 215ff
Lund, Cecilie 20 29 31
Lund, Jŕrn 20 29 31
Lund, Robert 20–24 29 31f 35ff 46 52 54 56 59 64 68 78 84 95 104f 126 134 139 143 146f 166 168 208 249 266 279 281 312 341 372 387
Lutz, Regine 252
Luxemburg, Rosa 193 286
Lylloff, Bent 379
Lyon, James, K. 161 175
Lüthy, Herbert 316
Malinowski, Hans 376
Malraux, André 67 90
Matthies, Henry Peter 116f 120 122 130
May, Gisela 376
Mayer, Hans 334f
Michaelis, Karin (eigentl. : Karen) 44 46 69 84f 90 96 170 176f 185 197 201
Milestone, Lewis 212
Mŕller, Andreas 32 116
Mŕller, Christian 106
Müllereisert, Otto 280f 285 340
Munch–Petersen, Arne 89
Mussolini, Benito 100
Neher, Carola 88 149
Neher, Caspar 55 230 232 237 251 259 267 278 280
Nellemose, Karin 22 32 35 102 310

Nexř, Martin, Andersen 30 36 52 90 122 127f 149 158 240 244 283 285 314 321 323 377
Nexř, Johanna 321f
Nielsen, Storm 85 88
Nikolaus, Waltraut 46 88
Marx, Karl 260
Müllereisert, Otto 280 285 340
Monk, Egon 267 271f 288
Oboler, Arch 162
Oettinger, Uz 230 233
Osten, Maria 93 149 152
Ottwald, Ernst 46 85 88f
Palitzsch, Peter 288f 298f 301 316 324 329f 339f
Penewskij, Peter 371f
Perten, Anselm 382
Petersen, Hans 84f
Petersen, Robert Storm 15 29 33 52 56 85 87 118 198 211
Picasso, Pablo 320 328f
Pieck, Arthur: 150
Pieck, Wilhelm 246 310
Piscator, Erwin 43 174
Pontoppidan, Clara 32
Prévert, Jacques 43
Price, John 35 312
Quast.. 338
Quinn, Anthony 215
Rankin, Jeanette 165
Rasmussen, Knud 114–122 125–129 133 138 143–146 148 158 313 318
Reichel, Käthe 289 295 317 320 323 334 338 362
Reichenbach, Hans 195
Reinhardt, Max 28
Reumert, Poul 105f 211 312
Reyer, Ferdinand 158 207 209
Riker, Roda 210
Robeson, Paul 177
Rolffes, Kirsten 312

Roose, Thorkild 22f 25 27f 31 51
    79 105
Roosekamp, Helga Agnete 16
Roosevelt, Eleanor 165 176
Roosevelt, Franklin D. 163 166 200
Rosenberg, Alfred 42
Rülicke, Käthe 286f 289 298f 301
    312f 317f 324f 362
Sandberg, Herbert 323
Santesson, Ninnan 122
Scavenius, Erik 177
Scherfig, Hans 35 52 240 244 283
    346ff 349ff 364 377 382
Schmidt, Heinz H. 321
Schmidt, Lars 313 316 349f 360
Schröder, Max 288
Schyberg, Frederik 25 99
Seeger, Kulle 323
Segers, Anna 229 320
Shakespeare, William 83 88 169 216
Sheridan, Richard Brinslay 120
Singer, Gerda: siehe: Goedhart
Slye, Robert W. 167
Solter, Frido 386
Sophokles 230 236
Stalin, Josef 89 135 150 186 218
    332 351 362
Stanislawski, Konstantin 332
Stauning, Thorvald 25 42 65 95 98
    102 114 128
Steckel, Leonard 238 252
Steffin, Margarete 8 48–51 53 59f
    64 66f 69 78 83 87ff 94f 101
    114 116f 121f 126f 130 135–139
    141f 143f 146 152 159 170 196
    250 322 327 362
Steineckert, Gisela 373f 376
Steinmann, Valeria 136
Steinthal, Herbert 360
Storm P.: siehe: Petersen, Robert
    Storm
Strakosch, Carl 101

Strehler, Giorgio 349
Strindberg, August 30 117 320
Stripling, Thomas 218
Strittmatter, Erwin 299f 301 324 333
Strittmatter, Eva 9 333 359
Suhrkamp, Peter 270 278 285 361
    363 365f
Svendsen, Thorben 310
Tenschert, Vera 330
Tessloff, Ernst 363f
Tickardt, Otto Ernst 289
Thiele, Prof. 267 281 291 295
Thoeren, Robert 159f
Thompson, Dorothy 163 174 176
    198
Tombrock, Hans 122 123 270 292
    363f 381
Tretjakow, Sergej 59 149 246
Tuomioja, Vappu 139
Unseld, Siegfried 378f 381 384
Vala, Erkki 145 148
Viertel, Berholt 169
Viertel, Hans 325
Viertel, Salka 191 194f 196 215
    241 325
Visser, Tilly 278f
Vŕhtz, Gustav 95 101 118 363
Völker, Klaus 12 94 384f
Voltaire, François Marie 21
Voltelen, Mogens 4 30 43ff 48 51
    53 55 58 83 97 99f 102 107 133
    139f 142 144f 215 230 299 311
    345
Vonow, Theo 235ff
Walcher, Jakob 174
Walcher, Hertha 174
Wand, Dr. 334f 339–342
Watson, Erna 329 345
Watson, John Broadus 73
Weber, Carl 299 301 366 371
Webster, John 175 18 213
Wegener, Erik 17 22

409

Weigel, Helene 7 44–49 51ff 55 64 69 79 83 87 89 95f 98f 102 101 107 114ff 122 135ff 139 143 146ff 151f 158 160f 169 171 185 187 191ff 201 206 209ff 215f 226 229f 235 238 244 249 251 261f 264f 267 269–272 280 282 285ff 298 301 306 311 313 317f 325–329 331 333 336 339 342ff 359–370 374 376 378–381 384ff
Weill, Kurt 175 183 189
Weinert, Erich 92
Weisenborn, Günther 237
Weiss, Peter 383
Wekwerth, Manfred 288 318 331f 366 376
Wells, Herbert George 67
Welles, Orson 173
Wigman, Mary 371
Wollweber, Ernst 48
Wuolijoki, Hella 107 136–139 141 143 148 150 258 271 310 315 343
Zetkin, Clara 174
Ziegler, Lulu 23 38 43 46 53f 95 99 158
Zola, Emile 125
Zuckmayer, Carl 198
Zweig, Arnold 245 334

# Editions
# Lalla Moulati

- ein Verlagshaus in Algier, das vor allem mit Büchern für
Kinder und Jugendliche das
INTERKULTURELLE LERNEN
fördern will. Die Bücher erscheinen auf arabisch, französisch, deutsch
und kabylisch

Wer einmal in *1001 Nacht* geschaut hat, weiß, daß sich die muslimische Kultur nicht im Islamismus erschöpft. In ihrem volkstümlichen Märchen- und Sagenschatz gibt es viele unternehmungslustige Frauen, die ihr Schicksal tatkräftig in die eigene Hand nehmen. Die wunderschöne kleine Mistkäferin Khonfussa möchte heiraten. Sie kämmt sich die Haare, setzt auf jeden Finger einen Ring, hängt sich als Ohrringe Kirschen um die Ohren, pudert sich das Gesicht, legt Lippenrot auf und färbt sich die Augenlider mit grüner und schwarzer Farbe. So setzt sie sich an den Eingang des Marktes, um sich einen Bräutigam auszusuchen. Es melden sich viele. Aber Fräulein Khonfussa nimmt nicht den ersten Besten. Der muslimischen Phantasie sind durchaus auch emanzipationsfreudige Männer geläufig. Und nur ein solcher Mann kommt für Khonfussa in Frage. Aber das Kochen ist für das Mistkäfer-Männchen nicht einfach. Was wird Khonfussa tun, wenn zuerst der Kochlöffel und dann der ganze Mann in den Topf fällt?

Die Autoren der Bücher sind der Fabulierer Saddek Kebir (www.Saddek-Kebir.de) und die Schriftstellerin Sabine Kebir (www.Sabine-Kebir.de) Die Zeichnungen stammen von Konrad Golz, Günter Wongel und Wolfgang Mond.
Saddek Kebir und Sabine Kebir haben die Geschichten bereits in vielen Schulklassen aller Altersgruppen in Nordafrika, Deutschland, Frankreich, Österreich und in der Schweiz erzählt und sie auch mit den Schülern gespielt.

Bisher verfügbar:
- Unterm Feigenbaum. Algerische Verse und Geschichten : 4-9 Jahre
- Mistkäfers Hochzeit: 4-10 Jahre
- Mistkäfers Kochkunst: 4-10 Jahre
- Hamidusch und die Prinzessin der sieben Meere: 7-12 Jahre
- Zwei Sultane. Von Liebe und Liebesliebe. Eine moderne Adaption von 1001 Nacht: für Leser zwischen 12 und 100 Jahren

Zu bestellen unter: S.Kebir@t-online.de
S.Kebir@web.de

Saddek & Sabine Kebir
# Zwei Sultane

VON LIEBE UND LIEBESLIEBE

peoples globalization edition

Saddek & Sabine Kebir:

## *Zwei Sultane. Von Liebe und Liebesliebe*

Peoples Globalization Editon / Lalla Moulati Editions

Fastenmonat Ramadan in der hochmodernen Wüstenstadt Kallama. Die 26. Nacht, die 'Nacht der Offenbarung`, ist angebrochen. Nach dem Fastenbrechen strömen viele Menschen ins Café Nedjma. Hier tritt der Erzähler Assam auf, der im vergangenen Jahr die Öffnung des Himmels erlebt und sich gewünscht hatte, daß diesmal die Figuren aus *1001 Nacht* als Gäste erscheinen. Tatsächlich reisen Schahrased, Dunjased, Schahriar und Schahsamen, Ali Baba und seine vierzig Räuber auf fliegenden Teppichen an. Mit ihnen und dem Publikum unternimmt Assam eine Rekonstruktion der nur bruchstückhaft oder gefälscht überlieferten Geschichten. Was erlebten die zwei Sultansbrüder wirklich, als sie merkten, daß sie von ihren Haremsdamen mit ihren Sklaven betrogen wurden? In Wut und Verzweiflung beginnen beide eine ausgedehnte Wüstenreise. Sie glauben, daß sich ihre Wunden nur schließen, wenn sie noch unglücklichere Menschen kennenlernen. Sie werden mit den schrecklichsten Sandstürmen, grausamsten Räubern und frechsten Frauen konfrontiert, aber auch mit der Weisheit.
In dieser modernen Anverwandlung leuchtet die universelle Macht dieses klassischen Werks der arabischen Literatur erneut in erstaunlicher Aktualität auf. Ob Sultan, Frau, Sklave, Tier, Geist oder wer auch immer - *1001 Nacht* kennt keine wirkliche Rangordnung. Weil allen Wesen der gleiche Glücksanspruch zugestanden ist, gibt es kein Ende der Geschichte. Und nichts, was zwischen Himmel und Hölle geschehen kann, ist Schahrased fremd.

In deutsch oder französisch zu bestellen:
S.Kebir@web.de
Moulati2000@yahoo.fr

Il est interdit de reproduire intégralement ou partiellement le présent
ouvrage sans l'autorisation de l'éditeur et de l'auteur

Editions Lalla Moulati, Algier
ISBN 9961-788-06-0
Dépôt légal : 1877-2006
e-mail : moulati2000@yahoo.fr

1. édition 2006
Copyright: Sabine Kebir

Couverture: Aksinia Raphael
La photo (Académie de Beaux Arts, Berlin)
montre Ruth Berlau et Bertolt Brecht en 1938
(photo: Mogens Voltelen)